법계도기총수록
法界圖記叢髓錄

동국대학교 불교기록문화유산아카이브사업단(ABC)
본서는 문화체육관광부 지원으로 동국대학교 불교학술원에서 간행하였습니다.

한글본 한국불교전서 고려 6

법계도기총수록

2014년 6월 30일 초판 1쇄 발행
2024년 4월 30일 초판 2쇄 발행

지은이 미상
옮긴이 해주
발행인 박기련
발행처 동국대학교출판부

출판등록 제1973-000004호
주소 04626 서울시 중구 퇴계로36길2 신관1층 105호
전화 02-2264-4714
팩스 02-2268-7851
Homepage https://dgpress.dongguk.edu/
E-mail abook@jeongjincorp.com

편집디자인 꽃살무늬
인쇄처 네오프린텍(주)

ISBN 978-89-7801-422-9 93220

값 30,000원

한글본 한국불교전서 고려 6

법계도기총수록
法界圖記叢髓錄

저자 미상
해주海住 옮김

동국대학교출판부

법계도기총수록法界圖記叢髓錄 해제

해주海住
동국대학교 불교대학 교수

1. 개요

『법계도기총수록法界圖記叢髓錄』(이하 『총수록』)은 『일승법계도一乘法界圖』(668)에 대한 신라시대의 주석서와 이와 관련된 인용 문헌들을 『일승법계도』 원문과 아울러 집성한 것으로서 1254년경 『고려대장경高麗大藏經』 보유판에 입장되어 전해져 왔다. 그런데 『총수록』은 언제, 누구에 의해서 편찬되었는지 명확하지 않으며 『고려대장경』 판본 이외에 그 이전의 간본에 대해서도 전혀 기록이 없다.

『총수록』은 전체 상(1, 2)·하(1, 2)의 4권으로 이루어져 있다. 각 권의 첫머리에 『일승법계도』 원문을 수록하고 이에 해당하는 『대기大記』·『법융기法融記』·『진수기眞秀記』 등 신라시대 주석과 그 이해를 돕기 위한 관련 문헌을 나누어 싣고 있으나 편자의 주석은 보이지 않는다.

『일승법계도』는 해동화엄의 초조初祖로 숭앙되는 의상義湘(625~702)의 대표 저술로서 『대방광불화엄경大方廣佛華嚴經』의 세계인 일승법계一乘法

界를 그림으로 나타낸 「반시槃詩」와 이 「반시」에 대해 의상 스스로 주석한 「법계도기法界圖記」를 합한 것이다. 「반시」는 「법계도인」과 「법성게」를 합한 '합시일인合詩一印'이다.

『일승법계도』는 의상의 법손들에 의해서 신라, 고려, 조선에 이르기까지 끊임없이 전승되고 또한 꾸준히 주석되었다는 점에서 한국 불교사에서 유례를 찾아볼 수 없는 유일한 저술이라고 할 수 있다. 『총수록』은 이러한 한국 화엄의 주석 전통을 대표하는 저술로서의 가치는 물론, 수록하고 있는 다양한 관련 문헌들을 통해 집성 당시까지의 화엄교학의 내용과 특징을 알려 준다는 점에서 학술적 가치 또한 크다고 할 수 있다.

이러한 『총수록』에 대해서 편자, 서지 사항, 구성과 내용, 사상적 특징 등으로 나누어 좀 더 살펴보기로 한다.

2. 편자

위에서 언급한 바와 같이 『총수록』이 언제, 누구에 의해 집성되었는지는 정확하게 알 수 없다. 왜냐하면 『총수록』이 수록된 『고려대장경』 보유판본에는 편자의 이름이 기록되어 있지 않으며 서문이나 발문 등도 전혀 없기 때문이다. 다만 여러 정황상 고려 후기인 14세기경의 체원體元 또는 13세기 중엽의 천기天其라고 추정되어 왔다.

그러나 체원은 1330년 전후에 활동하였으므로 고려 고종 41년(1254) 전후에 조판된 『고려대장경』 보유판에 실린 저술의 편자로 보기는 힘들다.

천기(~1250~)는 그에 대한 전기 자료가 남아 있지 않다. 다만 1250년경에 계룡산 갑사甲寺의 고장古藏에서 균여均如(923~973)의 저술을 찾아내어

방언을 삭제하고 『고려대장경』 보유판에 입장시켰으며, 또한 그 당시 유통되었던 의상의 『일승법계도』에 대한 균여의 주석서인 『일승법계도원통기一乘法界圖圓通記』의 여러 이본들을 대조하여 3권의 목판본을 조성한 기록 등을 볼 때 균여의 뒤를 이은 의상계 화엄학승으로 생각된다. 이처럼 천기가 균여의 화엄 저술을 정리하고 유통시켰으며, 『고려대장경』 보유판에 입장시킨 점 등으로부터 천기를 『총수록』의 편자로 간주하기도 한다.

『총수록』의 편찬 시기는 그 인용 문헌에 균여의 저술도 보이므로 위로는 균여가 저술 활동을 한 시기인 10세기 후반부터 아래로는 『고려대장경』 보유판의 조성 시기인 13세기 중엽까지로 추정된다.

3. 서지 사항

이 책에서 『총수록』의 저본으로 삼은 것은 『한국불교전서韓國佛敎全書』 제6책(동국대학교출판부, 1979)에 실려 있는 『법계도기총수록』이다. 『한국불교전서』 제6책 수록본은 『고려대장경』 제45권(동국대학교출판부, 1976)을 저본으로 하고 『대정신수대장경大正新脩大藏經』 제45권의 『법계도기총수록』을 교감본으로 하고 있다. 그리고 『일승법계도』 원문 부분은 『속장경續藏經』 제2편編 8투套 4책冊의 『화엄일승법계도』 또한 교감본으로 사용하고 있다.

『총수록』에 수록된 『일승법계도』 원문의 제목은 '일승법계도합시일인오십사각이백일십자一乘法界圖合詩一印五十四角二百一十字'이다. 『총수록』에 수록되어 있는 『일승법계도』와 『한국불교전서』 제2책본의 『화엄일승법계도』는 상이한 부분이 적지 않은데 『고려대장경』본이 오탈자와 누락된 부분이 상대적으로 적음을 볼 수 있다.

4. 구성과 내용

1) 주석 원문 : 『일승법계도』

『총수록』의 구성과 내용은 『총수록』이 『일승법계도』의 주석서를 집성한 것인 만큼 전체적으로 『일승법계도』의 구성에 근거하고 있다. 따라서 『총수록』의 구성을 살펴보기 위해 먼저 『일승법계도』의 구성을 간략히 도시하면 다음과 같다.

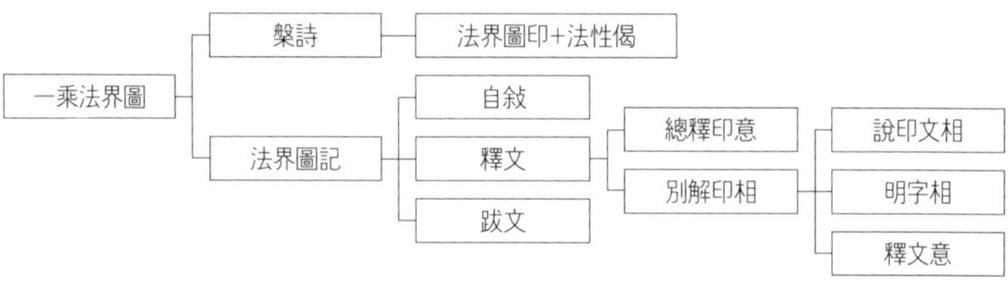

「반시」는 「일승법계도합시일인一乘法界圖合詩一印」이라고도 하며, 하나의 붉은 줄로 이루어진 「법계도인法界圖印」과 7언 30구 210자의 검은 글자로 된 「법성게法性偈」가 흰 종이 위에 그려진 것이다. 「법계도기」는 이 「반시」에 대한 의상 자신의 주석으로서, 「자서自敍」와 「석문釋文」과 「발문跋文」으로 구성되어 있다. 「자서」는 「반시」를 짓는 목적 및 시를 읽는 독시법을 밝힌 것으로서 「반시」 앞에 놓여 있다. 따라서 『일승법계도』는 [자서] → [반시] → [석문] → [발문] 의 순서로 이루어져 있다.

2) 주석(三大記)

『총수록』은 이 『일승법계도』 원문을 넷으로 나누고 여기에 주석을 붙여 상하 각 2권씩 총 네 권으로 편집되어 있다. 『총수록』 『고려대장경』본을 보면 주석 원문, 즉 『일승법계도』를 먼저 실은 후, 이에 대한 주석인 삼대기를 한 글자 낮추어 판각하고, 『일승법계도』 원문과 삼대기의 이해를 돕기 위한 기타 인용 문헌을 삼대기보다 다시 한 글자 낮추어 판각하였다.

『총수록』 권상의 1은 『일승법계도』의 제목과 「자서」 그리고 「반시」까지, 권상의 2에서는 「석문」 가운데 명자상明字相까지, 권하의 1에서는 「석문」의 석문의釋文意 가운데 '수행자의 방편'까지, 끝으로 권하의 2에서는 '득이익' 이하의 원문을 다 수록하고 있다. 「발문」에 대한 주석은 생략되었다.

이상과 같은 『총수록』의 전체 구성을 도시하면 다음과 같다.

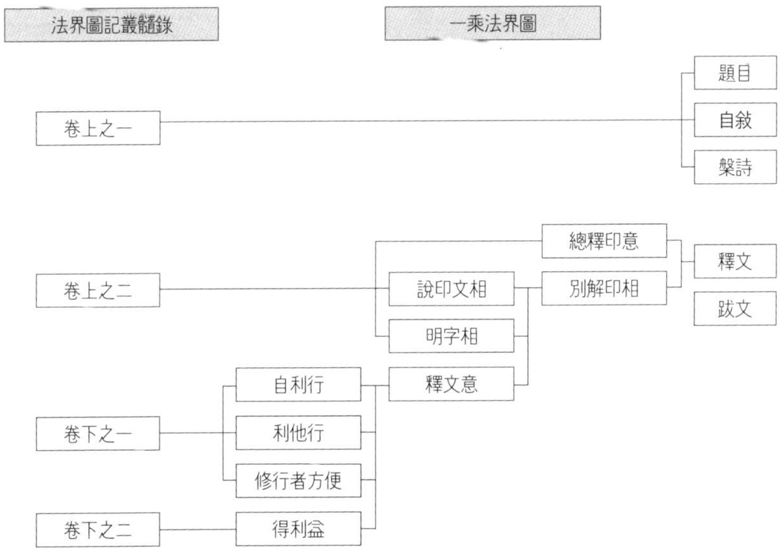

주석의 구성 형식에 있어서 『총수록』의 편자는 먼저 『일승법계도』 해당

원문의 처음과 끝 구절을 간략히 인용한 후, 이에 해당하는 삼대기와 그 이해를 돕기 위한 관련 문헌을 수록하고 있다.

『일승법계도』에 대한 독립된 주석서였던 것으로 보이는 삼대기 각각의 간략한 개요와 기타 인용 문헌에 대한 것은 아래와 같다.

(1) 『대기』

『대기』는 『총수록』에 55회 인용되어 있으며 가장 많은 분량을 차지하고 있다. 그러나 『대기』를 언제 누가 저술했는지는 명확하지 않다. 다만 『대기』 가운데 대략 9세기 중엽까지 활동했던 화엄학승의 설이 인용되어 있는 것으로 보아 9세기 중엽 이후 신라 하대에 의상계 화엄학승에 의해서 저술된 것으로 추정할 뿐이다. 또한 『대기』가 저자의 이름에 따라 붙여진 서명인지 아니면 다른 의미를 가진 것인지도 확실하지 않다.

(2) 『법융기』

『법융기』는 『일승법계도』에 대한 법융法融의 주석서로서 『법융대덕기法融大德記』, 『법기法記』, 『융기融記』, 『법융운法融云』 등으로 표기되기도 하며, 『총수록』에 총 48회가 인용되어 있다. 법융은 의상→상원相元→신림神琳→법융으로 이어지는 의상계 화엄의 적손으로서 800년을 전후한 시기에 활동한 대표적인 화엄학승 중의 한 사람이다. 고려시대 균여는 『십구장원통기十句章圓通記』에서 지엄의 십구十句에 주석을 가한 『십구장十句章』이 법융의 저술이라는 설을 전하고 있다.

(3) 『진수기』

『진수기』는 『일승법계도』에 대한 진수眞秀의 주석서로서 『진수대덕기眞秀大德記』, 『진수덕기眞秀德記』, 『진기眞記』 등으로도 표기된다. 『진수기』는 『총수록』에 총 24회 인용되어 있으나 진수에 대해서는 다른 문헌에서 찾아보기 어려우며, 신라 하대에 활동한 것으로 추정된다.

3) 기타 인용 문헌

『총수록』에서 삼대기의 이해를 돕기 위해 인용된 기타 인용 문헌은 삼대기보다 한 칸 더 아래에 판각되어 있다. 이들 인용 문헌 가운데에는 현존하지 않는, 신라나 중국의 화엄 전적을 다수 소개하고 있다. 또 인용 문헌들은 『총수록』 집성 당시 어떠한 화엄 관련 전적이 유통·연구되었는가에 대해 단서를 제공해 주기 때문에 삼대기 못지 않은 중요성을 지니고 있다. 이들 인용 문헌을 크게 한국 화엄 전적과 중국 화엄 전적 그리고 기타 전적으로 나누어 보면 다음과 같다.

(1) 한국 화엄 전적

① 『추혈기錐穴記』 : 『지통기智通記』, 『지통문답智通問答』, 『추동기錐洞記』, 『추혈문답錐穴問答』. 단편.
② 『도신장道身章』 : 『도신장道申章』, 『일승문답一乘問答』. 단편.
③ 『십구장十句章』 : 『십구장원통기』의 원문.
④ 『관석觀釋』 : 단편.
⑤ 『남악관공기南嶽觀公記』 : 단편.

⑥『지귀장원통초旨歸章圓通鈔』:『석화엄지귀장원통초釋華嚴旨歸章圓通鈔』. 2권.

⑦『원통수좌기圓通首座記』:『석화엄교분기원통초釋華嚴教分記圓通鈔』. 10권.

⑧『원통수좌기圓通首座記』:『공목장기孔目章記』. 단편.

⑨『십구장기十句章記』:『십구장원통기十句章圓通記』. 2권.

⑩『간의장簡義章』: 단편.

⑪『자체불관론自體佛觀論』: 단편.

⑫ '고기古記':『총수록』에 20여 회 인용

(2) 중국 화엄 전적

①『수현기搜玄記』:『대방광불화엄경수현분제통지방궤大方廣佛華嚴經蒐玄分齊通智方軌』. 5권.

②『입법계품초入法界品抄』: 단편.

③『육상장六相章』: 단편.

④『교분기敎分記』:『화엄일승교분기華嚴一乘敎分記』,『화엄일승교의분제장華嚴一乘敎義分齊章』,『화엄오교장華嚴五敎章』. 4권(혹은 3권).

⑤『지귀장旨歸章』:『화엄경지귀華嚴經旨歸』. 1권.

⑥『화엄경탐현기華嚴經探玄記』: 20권.

⑦『청량소淸涼疏』:『대방광불화엄경소大方廣佛華嚴經疏』. 60권.

⑧『청량연의淸涼演義』:『대방광불화엄경수소연의초大方廣佛華嚴經隨疏演義鈔』. 90권.

⑨『정원신역화엄경소貞元新譯華嚴經疏』: 10권.

⑩『화엄략책華嚴略策』:『대화엄경략책大華嚴經略策』. 1권.

⑪『십이인연관十二因緣觀』: 1권.

⑫『화엄경행원품소초華嚴經行願品疏鈔』:『대방광불화엄경보현행원품별

행소초大方廣佛華嚴經普賢行願品別行疏鈔』. 6권.

⑬『화엄금관초花嚴錦冠鈔』: 단편.

(3) 기타 전적

①『대종지현문론大宗地玄文論』: 20권.

②『묘리원성관妙理圓成觀』: 단편.

③『섭대승론석소攝大乘論釋疏』: 단편.

④『심륜초心輪鈔』: 단편.

⑤『사대상전법륜관四大常轉法輪觀』: 단편.

이 외에 위의 인용 전적과 삼대기의 내용 가운데에 인용되고 있는 문헌도 다수 있다.

5. 사상적 특징

『총수록』의 사상적 특징에 대해서는 우선 크게 두 가지 측면에서 고려해 볼 수 있다. 하나는 『일승법계도』 원문과 삼대기 혹은 기타 인용 문헌에서 전승하고 있는 의상의 화엄사상이다. 다른 하나는 삼대기 등 주석과 인용 문헌에 보이는 의상의 화엄사상을 바탕으로 더욱 발전시킨 화엄사상이다. 이 두 가지 측면을 아울러 『총수록』의 사상적 특징을 크게 오중해인五重海印, 오척법성五尺法性, 관법觀法, 구래불舊來佛의 네 가지로 거두어 살펴본다.

1) 오중해인五重海印

의상은 화엄법계인 삼세간이 모두 해인삼매에 의지하여 일어난 것이며, 이타행도 해인삼매의 힘이라고 하여 해인삼매를 중요시했다. 이를 이어받아서 삼대기는 『일승법계도』를 오중해인으로 연결시켜 재해석하고 있다.

특히 『대기』는 『총수록』 주석 첫 부분에서 『일승법계도』의 제목을 삼중의 오중해인五重海印에 배대하여 풀이하고 있다. 즉 '一乘法界' · '圖' · '合詩一印' · '五十四角' · '二百一十字'에 각각 망상해인忘像海印 · 현상해인現像海印 · 외향해인外向海印 · 정관해인定觀海印 · 어언해인語言海印의 오중해인을 해당시키고 있다.

그리고 제오중 어언해인에 배대되는 '二百一十字'(30句)를 다시 오중해인으로 풀이하고, 이 가운데 제사중해인에 해당하는 이타행 4구를 또다시 오중해인으로 풀이하고 있다. 이와 같이 『대기』는 거듭해서 삼중의 오중해인으로 『일승법계도』 전체를 포섭한다. 이를 도시하면 다음과 같다.

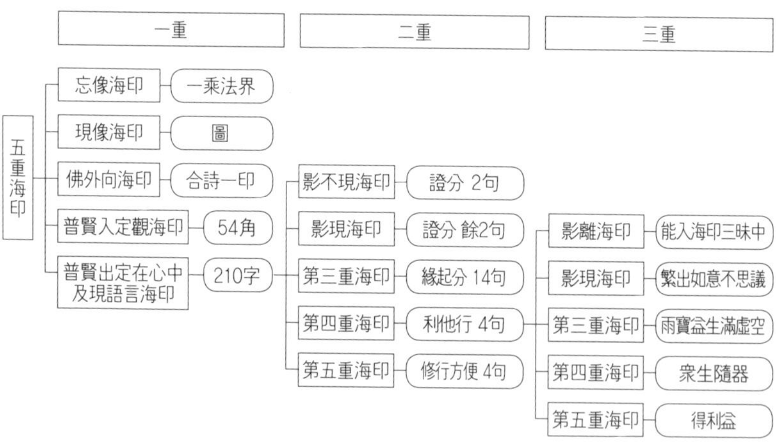

『대기』에서는 이와 같이 오중해인을 삼중으로 거듭하면서 일체법계를 망상해인, 즉 깨달음의 증분세계로 포섭시키고 있다.

『법융기』 또한 『일승법계도』의 「자서」를 주석하면서 오중해인 가운데 앞의 두 해인을 주목한다. 즉 '이법(理)에 의거하고 가르침(敎)에 근거하여'에서 '이법'은 곧 모습을 잊은 해인(忘像海印)이니 부처님의 마음 가운데 삼세간을 증득하지만 부처님의 증득하는 마음은 하나로서 분별이 없기 때문이고, '가르침'은 곧 모습을 나타내는 해인(現像海印)이니 부처님이 증득하신 삼세간의 법이 각자의 자리를 움직이지 않으며 성性이 중도에 있음을 분명하게 보이기 때문이라는 것이다.

「반시」로 상징되는 세 가지 세간인 화엄법계가 온전히 드러남은 법성을 완전히 증득함으로써 가능하다. 달리 말해서 오중 해인삼매로 포섭하고 있는 법계는 법성의 성이 그대로 일어난 법성성기의 세계로서 이를 오척 되는 몸과 마음이 법신 자체라는 오척법성으로 귀결시키고 있다. 의상의 4세 법손인 숭업崇業의 『관석觀釋』에서는 해인 거울에 나타나는 모습이 곧 나의 오척 되는 몸으로 이 몸이 삼세간을 갖추어 달리 머무는 곳이 없다고 한다. 즉 이 몸이 삼세간을 갖추어 달리 머무르지 않고 움직이지 않는 법신 자체임을 해인 거울에 관련시켜 풀이하고 있는 것이다.

2) 오척법성五尺法性

의상은 『일승법계도』에서 특히 「법성게」를 통하여 일체법이 원융한 법성의 성기사상을 잘 드러내고 있다. 『일승법계도』에서는 '성기'라는 용어를 직접 사용하고 있지는 않으나, 『화엄경문답』에는 '법성'이 곧 '성기'라고 명시하고 있다. 『화엄경문답』은 의상의 강의를 제자 지통이 기록한 「지통기」와 같은 책인 것으로 간주되기도 한다. 또한 『총수록』 삼대기에서도 의상의 법성성기 사상을 계승하여 '성기'라는 용어를 사용하면서 이를 더욱 적극적으로 발전시키고 있다.

『대기』에서 뚜렷이 의상의 법성 성기관을 계승·발전시키고 있는 곳 가운데 하나는 십현문十玄門을 해석하는 부분이다. 십현문은 법계의 연기세계를 설명하는 대표적인 연기문인데, 『대기』는 십현문 가운데 하나이면서 또 십현문 전체를 나타내는 것이기도 한 유심회전선성문唯心迴轉善成門의 '유심'을 열한 가지의 조림심稠林心 및 열 가지의 '성기심'으로 파악하고 있다. 여기에서 조림심은 조밀한 숲과 같은 중생의 마음을 아는 지혜로서 곧 보살지菩薩智이고, 성기심은 바로 불지佛智이다. 즉 연기의 오묘한 도리를 열 가지로 나타낸 십현문을 주석하면서 연기의 체體인 마음을 바로 부처님의 마음, 부처님의 지혜로 풀이하고 있는 것이다.

『법융기』에서는 「법성게」의 열 부처님(十佛) 중 '심불心佛'의 '심'을 '성기심'으로 나타내고 있다. 일체 모든 법이 마음 아님이 없다고 하면서 이때 이 마음은 진심眞心도 망심妄心도 아닌, 한 법계의 성기심·조림심이라고 한다. 즉 일체 모든 법이 마음일 뿐이고 이 마음은 바로 부처님의 마음인 성기심이라는 것이다. 『법융기』는 또한 연緣을 기준으로 하면 연 이전에 법이 없지만, 성性을 기준으로 하면 연 앞에 법, 성기법의 본체가 있다고 설하기도 한다.

『진수기』에서도 별교일승의 인연을 관觀하는 십중십이인연관十重十二因緣觀을 풀이하면서 두 번째 '한 마음에 거두어짐(一心所攝)'의 '한 마음'을 '열 가지의 성기심'으로 주석한다.

이처럼 삼대기를 중심으로 『총수록』에서는 의상의 법성성기 사상을 계승하면서 이를 더욱 적극적으로 전개시켜 일체 모든 법은 '마음'일 뿐이며, 이 '마음'을 '성기심'으로 파악하고 있음을 알 수 있다.

일체 모든 법이 마음일 뿐이고 이 마음이 부처님의 마음인 성기심일 때, 그것이 과연 지금 여기의 '나'와 무슨 관계가 있을까? 이와 관련하여

『대기』는 '움직이지 않는 나의 몸이 바로 법신 자체'라는 의상의 설을 전하고 있다. 즉 움직이지 않는 나의 몸을 법신으로 파악하고 있음을 볼 때 부처님의 마음인 성기심은 다름 아니라 나의 오척 되는 몸을 기준으로 한 것임을 알 수 있다. 나의 오척 되는 몸이 바로 법계의 본래 자리이고(『대기』) 내 몸과 마음이 곧 참 부처님으로서 오척법성의 법성신(『법융기』)이라는 것이다.

3) 관법觀法

『총수록』에서는 다양한 수행 방편을 보이고 있는데, 그 가운데 특히 관법이 주목된다. 의상의 법손들이 실제로 이를 실천 수행했음을 볼 수 있다. "움직이지 않는 나의 몸이 바로 법신 자체임을 어떻게 알 수 있습니까?"라는 표훈·진정 등의 질문에 의상이 "모든 연의 근본은 나이고 일체 법의 근원은 마음이며 말은 크게 중요한 근본이니 진실한 선지식이나.(諸緣根本我。一切法源心。語言大要宗。眞實善知識。)"라는 사구게四句偈로 답하였다. 이 사구게에 표훈은 오관석(실상관·무주관·성기관·연기관·인연관)을 짓고, 진정은 삼문석(수행증장문修行增長門·이사구덕문理事具德門·사융현리문事融現理門)을 지었다. 그리고 표훈은 다시 진정의 삼문석에 부동건립문不動建立門을 추가하여 사문석을 짓고 있다. 『대기』는 이를 「법성게」 30구에 배대시켜 사구게와 「법성게」를 관법으로 완성시키고 있다.

이와 더불어 의상의 다른 직제자인 지통이 소백산 미리암굴에서 화엄관법을 수행하여 삼세가 하나(三世同一際)라는 뜻을 깨닫자, 이를 의상이 인가하여 「법계도인」을 주었다는 기록 또한 의상계 화엄의 수행전통을 보여준다. 『총수록』의 기타 인용 문헌 가운데 의상계 화엄 문헌으로 보이는 『자체불관론自體佛觀論』에서 위 사구게에 대해 어떻게 관觀할 것인지를 논하는 점과 아울러, 숭업崇業이 지은 『관석觀釋』의 제목 등도 이러한 사실을 뒷받침해 준다.

이와 같이 『총수록』을 포함한 의상계 화엄의 전통은 의상의 법성성기 사상을 구체적으로 오척인 내 몸을 통해 이해하고, 이것이 해인삼매라는 장場을 통해 펼쳐지는 것으로 풀이하면서 단순히 사상적 논의에만 그치지 않고 관법이라는 구체적 실천수행법으로 계승하고 발전시켜 나갔던 것이라 하겠다.

4) 구래불舊來佛

의상은 「법성게」에서 '법성'을 '구래불'로 바꾸어 이름하고 있다. 움직이지 않는 내 몸 그대로가 오척법성으로서 부처임을 깨닫게 될 때, 이 부처님을 미혹을 다 끊고 복덕과 지혜가 원만구족한 '구래불'이라고 하며 구체적으로 『화엄경』의 십불을 설한다. 『화엄경』의 십불설 가운데 의상은 무착불·원불·업보불·지불·화불·법계불·심불·삼매불·성불·여의불의 십불을 구래불로 들고 있다.

이 구래불에 대해서 『대기』는 「반시」 중 처음 '법法' 자에서 시작하여 마지막에 '불佛' 자에 이르는 그 첫 글자와 마지막 글자가 한가운데 한자리인 것에 주목하여, 처음의 출발과 마지막의 이르름이 같은 곳이기 때문에 '구래'라고 설명한다. 그리고 의상의 '가도 가도 본래 자리요, 도달하고 도달해도 출발한 자리이다(行行本處至至發處)'라는 설을 인용하고 있다. 의상은 출발하고 도달한 자리가 다르지 아니한 도리를 육상방편으로 이해시키고 있는데, 그 육상원융의 설명에 총수록에서도 상당히 많은 지면을 할애하고 있다. 그리하여 육상원융이 방편인 연기설에 그치는 것이 아니라, 둘이 아닌 그 자리가 바로 융삼세간의 지정각 세간이고, 법성가내의 진실

덕용이며, 실제의 중도 자리인 구래불이라는 의상의 불신관을 잘 보여주고 있다.

『법융기』는 의상이 구래불을 십불로 설명한 부분을 주석하면서 이는 오직 내 몸과 마음인 참 부처가 지니는 도리를 열 가지 이름으로 설하여 보인 것일 뿐이라고 하여, 의상의 불타관인 구래불과 십불을 오척법성과 연관시키고 있다.

『진수기』에서는 예부터 움직이지 않음을, 본래 깨달았으나(本覺) 발심의 연緣에 의해 비로소 깨닫는 것(始覺)으로 이해하는 입장을 삼승의 설로써 비판한다. 만약 삼승이라면 존중해야 할 정해진 근본과 이에 상대하는 지말이 있기 때문에 오직 시각이 본각과 같다는 뜻만을 취하여 깨달음을 논하지만, 일승은 존중해야 할 정해진 근본이 없어서 근본과 지말이 정해져 있지 않기 때문에 필요로 함을 따라서 모두 하나를 얻는다는 것이다.

이상과 같이 『총수록』은 『일승법계도』의 의상 사상을 계승하는 동시에 발전적으로 전개시키고 있다. 『일승법계도』의 「반시」가 니디내는 세 가지 세간이 해인삼매에 의해 나타난 것임을 오중해인설을 통해서 더욱 구체화시키고, 이렇게 나타난 세간이 바로 예부터 움직이지 않는 내 오척 되는 몸, 즉 오척법성인 것으로 풀이한다. 이러한 사상에 바탕하여 오관석 등의 구체적 관법을 통해서 그 경계를 현증現證하고, 또 스승으로부터 인가를 받았다는 기록들은 의상계 화엄의 실천적 경향을 잘 보여준다. 『총수록』에서는 이렇게 현증하여 나타난 부처의 경계를 『일승법계도』를 이어받아 구래불과 십불로 풀이한다.

이는 오늘 연緣 이전에 본래 있는 여래성기구덕심如來性起具德心의 여래가 곁이 없는(無側) 내 오척 되는 몸(五尺身)으로 출현하는 여래출현의 의미로 파악한 사상적 특징을 보여주는 것이기도 하다.

차례

법계도기총수록 상권 1

법계도기총수록 상권 2

법계도기총수록 하권 1

법계도기총수록 하권 2

주석

일러두기

1 '한글본 한국불교전서'는 문화체육관광부의 지원을 받아 동국대학교 불교학술원에서 수행하고 있는 '불교기록문화유산아카이브사업(ABC)'의 결과물을 출간한 것이다.

2 이 책의 번역은 『한국불교전서』(동국대학교출판부 간행) 제6책의 『법계도기총수록法界圖記叢髓錄』을 저본으로 하였다.

3 저본에 대한 교감본으로 『고려대장경』 제45권의 『법계도기총수록』을 사용하였다. 『법계도기총수록』에 실린 『일승법계도』 원문은 『한국불교전서』 제2권·『만속장경』 제103권·『대정신수대장경』 제45권에 수록되어 있는 『화엄일승법계도華嚴一乘法界圖』와 교감하였다. 『한국불교전서』는 『고려대장경』 제45권의 『법계도기총수록』을 저본으로 하였고, 『속장경』 제2편 8투 4책의 『화엄일승법계도』를 갑본, 『대정신수대장경』 제45권의 『법계도기총수록』을 을본으로 이용하였다.

4 이 책의 번역과 관련된 제반사항은 동국대학교 불교학술원의 한국불교전서 번역 지침을 따랐다.

5 본 역서의 차례는 『법계도기총수록』의 구성에 의거하여 역자가 넣은 것이다.

6 저본의 교감주는 ㉯, 역자의 교감주는 ㉰으로 표기하였다.

7 번역 지침에 따라서 저본의 원문을 그대로 사용하였다. 다만 교감이나 문맥에 의거하여 저본을 따르지 않은 경우 역자의 교감주(㉰)에서 그 내용을 밝히고 번역에 이를 반영하였다.

8 출전에서 『고려대장경高麗大藏經』은 K, 『대정신수대장경大正新脩大藏經』은 T, 『만속장경卍續藏經』은 卍, 『한국불교전서韓國佛敎全書』는 H로 약칭하였다.

9 산스크리트어는 [S], 팔리어는 [P]로 표시하였다.

10 『법계도기총수록』 상·하 각 2권에 총 네 부분으로 나뉘어 실린 『일승법계도』 원문에 대한 주석은 『정선 화엄 I』(해주海住 외 역주, 대한불교조계종 한국전통사상서 간행위원회 편, 한국전통사상총서·불교편 04, 대한불교조계종 한국전통사상서 간행위원회 출판부, 2010년)을 참조하기 바란다. 또 『정선 화엄 I』에 수록되어 있는 「법성게」 30구절의 게송에 대한 『법계도기총수록』의 삼대기 부분의 설명 역시 해당 각주를 참조하기 바란다. 이 책에서는 해당 부분의 원문 교감과 출전 그리고 약간의 내용 보완에 그치기로 한다. 단 그 중요성이나 난이도에 따라 중복될 수도 있다.

법계도기총수록* 상권 1

| 法界圖記叢髓錄 卷上之一 |

* 저본(底)은 『한국불교전서』 제6책(동국대학교출판부)에 수록(pp.768~850)된 『법계도기총수록』(이하 『총수록』)이다. 이에 대한 교감본으로 『고려대장경』 제45권에 수록된 『총수록』(高)을 사용하였다. 『총수록』에 실린 『일승법계도』 원문은 『한국불교전서』 제2권과 『만속장경』 제103권과 『대정신수대장경』 제45권에 수록되어 있는 『화엄일승법계도華嚴一乘法界圖』(차례대로 韓, 卍, 大)와 교감하였다. 『한국불교전서』 제6책의 『총수록』은 『고려대장경』 제45권의 『총수록』을 저본으로 하였고, 『속장경』 제2편 8투 4책의 『화엄일승법계도』를 갑본으로, 『대정신수대장경』 제45권의 『총수록』을 을본으로 이용하였다.

법계도기총수록 상권 1

『일승법계도』 원문 一 (一乘法界圖~「盤詩」)

일승법계도 합시일인 오십사각 이백일십자[1]

一[1)]乘法界圖合詩一印[2)]五十四角二百一十字[3)]

1) ㉎ 갑본에는 '一' 앞에 '華嚴'이 있다. 2) ㉎ 갑본에는 '合詩一印'이 없다. 3) ㉧ 韓·卍·大에는 '華嚴一乘法界圖'로 되어 있다. 저본의 갑본에는 '五十四角二百一十字'가 제목이 아니라「자서」의 말미에 주각으로 표기되어 있다.

무릇 위대한 성인의 훌륭한 가르침은 (일정한) 방법이 없어 근기에 응하고 병病에 따라서 하나가 아니다. 미혹한 자는 자취를 고수하여 본체를 잃는 줄 알지 못해서 부지런히 하여도 근본(宗)으로 돌아갈 날이 없다. 그러므로 이법(理)에 의거하고 가르침(敎)에 근거하여 간략히 「반시槃詩」를 지어서 이름에 집착하는 무리가 이름 없는 참된 근원으로 되돌아가기를 바란다.

시를 읽는 법은 마땅히 가운데 '법法'으로부터 시작하여 구불구불 돌고 돌아(盤廻) 구부러지고 굽어져서(屈曲) '불佛'에 이르러 마치니 도인圖印의 길을 따라서 읽도록 한다.[2]

夫大聖善敎無方。應機隨病非一。迷之[1)]者守[2)]跡[3)]不知失體。勤[4)]而歸宗未[5)]日故。依理據敎。略制盤[6)]詩。異[7)]以執名之徒。還歸無名眞源。讀詩之法。

1 『총수록』에 수록된 『일승법계도』 원문과 상권 1의 「법성게」 30구 해석 번역에서 내용 각주는 '일러두기'에서 밝힌 것처럼 해주 외 역주, 한국전통사상서 04, 『정선 화엄 Ⅰ』(대한불교조계종 한국전통사상서 간행위원회 출판부, 2010)의 각주를 참고하기 바란다. 아래에서는 이와 다르거나 새로 추가한 부분만을 다루고자 하나, 그 중요성이나 난이도에 따라 간혹 중복될 수도 있을 것이다.

2 「槃詩」 아래의 「법성게」는 역자가 임의로 번역과 함께 번호를 붙여 이 독서법에 따라 읽어서 이루어지는 30구 210자의 시를 역자가 다시 소개한 것이다. 「법성게」의 주요 용어는 『총수록』 해당 부분에서 주석하기로 한다.

宜從中法爲始。盤[8]廻屈曲。乃至佛爲終。隨印道讀。[9]

---

1) (원) 갑본에는 '之'가 없다. (역) 韓·卍·大도 저본의 갑본과 같다. 이하 韓·卍·大가 저본의 갑본, 즉『續藏經』제2편 8투套 4책冊의『華嚴一乘法界圖』와 동일한 경우에는 별도로 표기하지 않는다. 2) (원) 갑본에는 '守'가 '字'로 되어 있다. 갑본은 관주冠註에서 '字'가 '守'로 의심된다고 한다. 3) (원) 갑본에는 '跡'이 '迹'으로 되어 있다. 4) (원) 갑본에는 '勤'이 '懃'으로 되어 있다. 5) (원) 갑본에는 '末'가 '未'로 되어 있다. 갑본은 관주에서 어느 본에는 '末'이 '未'로 되어 있다고 한다. 6) (원) 갑본에는 '盤'이 '槃'으로 되어 있다. 7) (원) 갑본과 을본에는 '異'가 '冀'로 되어 있다. (역) 底·高에는 '異'로 되어 있지만 번역에서는 韓·卍·大를 따라 '冀'로 바꾸어 해석하였다. 8) (원) 갑본에는 '盤'이 '繁'으로 되어 있다. (역) 韓·卍·大에는 '繁'으로 되어 있어 '번다하게 돈다'로 해석할 수 있으나, 여기에서는 아래의『大記』주석에 '盤蟄', '廻着', '屈執', '曲執'으로 '盤廻屈曲'을 주석하는 부분(H6, 768c12~16)을 참조하여 底·高의 '盤'을 따랐다. 9) (역) 韓·卍·大에는 이어서 '五十四角二百一十字'가 주각으로 표기되어 있다.

一	微	塵	中	含	十	初	發	心	時	便	正	覺	生	死
一	量	無	是	卽	方	成	益	寶	雨	議	思	不	意	涅
卽	劫	遠	劫	念	一	別	生	佛	普[1]	賢	大	人	如	槃
多	九	量	卽	一	切	隔	滿	十	海	人[2]	能	境	出	常
切	世	無	一	念	塵	亂	虛	別	印	三	昧	中	繁	共
一	十	是	如	亦	中	雜	空	分	無	然	冥	事	理	和
卽	世	互	相	卽	仍	不	衆	生	隨	器	得	利	益	是
一	相	二	無	融	圓	性	法	叵	際	本	還	者	行	故
一	諸	智	所	知	非	餘	佛	息	盡	寶	莊	嚴	法	界
中	法	証[3]	甚	性	眞	境	爲	妄[4]	無	隨	家	歸	意	實
多	不	切	深	極	微	妙	名	想	尼	分	得	資	如	寶
切	動	一	絶	相	無	不	動	必	羅	陁[5]	以	糧	捉	殿
一	本	來	寂	無	名	守	不	不	得	無	緣	善	巧	窮
中	一	成	緣	隨	性	自	來	舊	床	道	中	際	實	坐

---

1) (역) 大에는 '普'가 '善'으로 되어 있다. 2) (원) 갑본에는 '人'이 '入'으로 되어 있다. (역) 底·高에는 '人'으로 되어 있지만 아래「法性偈」번역에서는 韓·卍·大를 따라

'入'으로 바꾸어 해석하였다. 3) ㉯ '訂'은 '證'과 통한다.(편집자) ㉧ 이후 같은 내용의 저본 편집주는 일일이 표기하지 않는다. 다만 원문의 '訂' 자에 *로 표시한다. 4) ㉯ 갑본에는 '妄'이 '忘'으로 되어 있다. 5) ㉧ 韓·㉠·因에는 '陁'가 '陀'로 되어 있다.

① 법성은 원융하여 두 모습 없고	法性圓融無二相
② 모든 법은 움직이지 아니하여 본래 고요하다.	諸法不動本來寂
③ 이름도 없고 모습도 없으며 일체가 끊어져	無名無相絶一切
④ 증득한 지혜로 알 바이고 다른 경계가 아니다.	訂智所知非餘境
⑤ 진성은 매우 깊고 극히 미묘하여	眞性甚深極微妙
⑥ 자성을 고수하지 않고 연을 따라 이룬다.	不守自性隨緣成
⑦ 하나 가운데 일체이고, 많은 것 가운데 하나이며,	一中一切多中一
⑧ 하나가 곧 일체이고, 많은 것이 곧 하나이다.	一卽一切多卽一
⑨ 하나의 미세한 티끌 가운데 시방을 머금고	一微塵中含十方
⑩ 일체 티끌 중에도 또한 이와 같다.	一切塵中亦如是
⑪ 한량없는 먼 겁이 곧 한 순간이고,	無量遠劫卽一念
⑫ 한 순간이 곧 한량없는 먼 겁이다.	一念卽是無量劫
⑬ 구세와 십세가 서로 상즉하면서도	九世十世互相卽
⑭ 그로 인해 혼잡하지 않고 나뉘어 따로 이룬다.	仍不雜亂隔別成
⑮ 처음 발심할 때가 곧 정각이며	初發心時便正覺
⑯ 생사와 열반이 항상 함께이다.	生死涅槃常共和
⑰ 이법과 현상이 그윽하여 분별이 없으니	理事冥然無分別
⑱ 열 부처님과 보현보살의 위대한 성인의 경계이다.	十佛普賢大人境
⑲ 능히 해인삼매 가운데 들어가	能入海印三昧中
⑳ 여의를 번다하게 나타냄이 불가사의하다.[3]	繁出如意不思議

3 여의를 번다하게 나타냄이 불가사의하다 : 이 구절은 '번다하게 나타냄의 여의함이 불가사의하다' 또는 '번다하게 나타냄이 여의하여 불가사의하다'로 해석될 수도 있다.

㉑ 보배를 비 내려 중생을 도와 허공을 채우니	雨寶益生滿虛空
㉒ 중생이 근기 따라 이익을 얻는다.	衆生隨器得利益
㉓ 그러므로 수행자는 본래 자리에 돌아와	是故行者還本際
㉔ 망상 쉼을 반드시 얻지 않을 수 없고	叵息妄想必不得
㉕ 무연無緣의 선교로 여의를 잡아서	無緣善巧捉如意
㉖ 집으로 돌아가 분수 따라 자량을 얻는다.	歸家隨分得資糧
㉗ 다라니의 다함없는 보배로써	以陀羅尼無盡寶
㉘ 법계의 진실한 보배궁전을 장엄하여	莊嚴法界實寶殿
㉙ 마침내 실제의 중도 자리에 앉으니	窮坐實際中道床
㉚ 예부터 움직이지 아니함을 부처라 이름한다.	舊來不動名爲佛

주석

[1] 제목 一乘法界圖至二百一十字

'일승법계도'부터 '이백일십자'까지[4]
一乘法界圖至二百一十字

대 기

『대기大記』[5]에 이른다. 이 '일승법계도' 등으로 지엄智儼[6] 스님의 오중해인五重海印[7]에 분배한다. 말하자면 '일승법계一乘法界'는 '모습을 잊은 해인

---

4 『총수록』(H6, 768b1). 이에 해당하는 『일승법계도』 원문은 H2, 1a; H6, 768a3~4.

5 『大記』. 『총수록』 중 『일승법계도』의 문장에 따라 해석한 이른바 삼대기三大記 가운데 하나로서 『총수록』에 50여 회 인용되어 있다. 『대기』가 저자 이름을 따른 것인지 아니면 다른 의미인지는 불확실하다. 단지 인용 문헌 등을 통해 볼 때 대략 9세기 중엽 이후 신라 하대의 의상계 화엄학승이 저술한 것으로 추정된다.

6 지엄智儼 : 602~668. 중국 감숙성甘肅省 천수天水 출신으로 속성은 조趙이며 12세 때 두순杜順(557~640)에게 출가했다. 지상 대사至相大師, 운화 존자雲華尊者라고도 한다. 두순에 이어 중국 화엄종의 제2조로 일컬어지며 화엄종의 토대를 마련한 것으로 평가된다. 저서로는 총 20여 부가 알려져 있으며 현존하는 것은 60권 『大方廣佛華嚴經』의 주석서인 『大方廣佛華嚴經蒐玄分齊通智方軌』(이하 『搜玄記』)와 강요서인 『華嚴經內章門等雜孔目』(이하 『孔目章』) 등 7부이다. 제자로는 의상義湘과 법장法藏 등이 있다. 『총수록』은 지엄의 현존 저술뿐만 아니라 지금은 전해지지 않는 저술을 인용하고 더불어 지엄과 의상과의 문답 등을 전하는 등 지엄 연구에 중요한 자료를 제공하고 있다. 지엄에 대한 가장 기본적인 전기 자료는 법장이 지은 『華嚴經傳記』 중 「智儼傳」(T51, 163b18~164b13)이며, 이외에 부분적으로 지엄의 생애에 대해서 알 수 있는 자료로는 도선道宣(596~667)의 『續高僧傳』 중 「杜順傳」(T50, 653b15~13)과 최치원崔致遠(857~904?)의 『法藏和尙傳』(T50, 280c19~286b7)과 염조은閻朝隱(?~713)의 『大唐大薦福寺故大德康藏法師之碑』(T50, 280b2~c16) 등이 있다. 후대의 자료로는 속법續法(1641~1728)의 『法界宗五祖略記』 등이 있다.

7 오중해인五重海印 : 화엄교학 전적 가운데 『총수록』에만 보이는 해인설이다. 『대기』에서

(忘像海印)'에 분배한다.【(대)기의 파손된 첫 폭幅은 이 분배의 해석을 말한 것이다.】

大記云。以此一乘法界圖等。分配儼師五重海印。謂一乘法界。配忘像海印。【記破初幅云此配釋。】

'도圖'의 한 글자는 '모습을 나타내는 해인(現像海印)'에 분배하니, 말하자면 도란 형상이다. 경에 이르기를, "곧 그 형상대로 신통력을 나타내셨다."[8]라고 하였다. 법장法藏[9] 스님은 주석하여 이르기를, "그 (보살들이) 생

는 지엄이 지은 것으로 전하지만 지엄은 물론 중국 화엄교학에 그 내용이 보이지 않고 의상계 화엄에서만 전해진다. 의상 또는 의상계 화엄학승이 지엄에게 가탁한 것으로 추정된다. 『대기』는 『일승법계도』의 제목, 즉 '일승법계'·'도'·'합시일인'·'오십사각'·'이백일십자'를 오중해인에 배대시키고 있다. 『대기』는 아래에서 '이백일십자' 「법성게」 내용을 다시 오중해인에 배대시키고, 「법성게」 중 이타행利他行 4구를 또다시 오중해인에 배대시켜서 삼중의 오중해인으로 『일승법계도』 전체를 거두고 있다. 이상의 내용을 도시하면 아래와 같다.

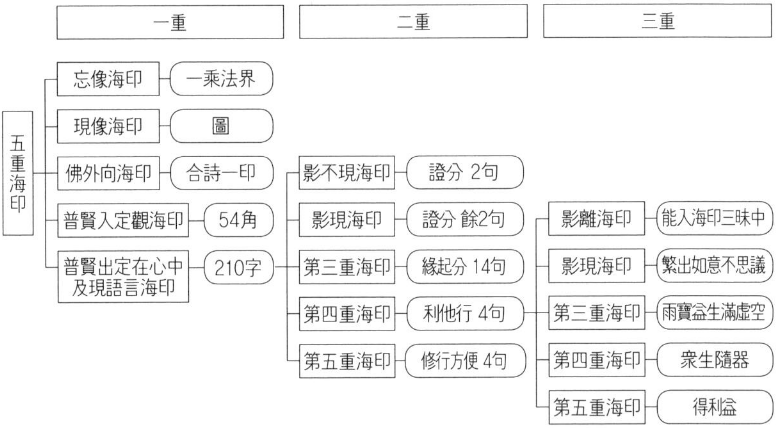

8 60권 『대방광불화엄경』, 「如來名號品」(K8, 27a5~6; T9, 418b18~19)의 도입 부분으로서, 부처님이 적멸도량寂滅道場 가운데 정각을 이루어서 보광법당普光法堂에 계실 때 보살들이 부처님께 부처님의 나라 등을 보여주시기를 마음속으로 생각하자, 부처님이 그 생각에 따라서 신통력을 나타내시는 구절이다. ※ 이하 60권 『대방광불화엄경』은 『육십화엄』으로, 80권 『대방광불화엄경』은 『팔십화엄』으로, 40권 『대방광불화엄경』은 『사십

각한 바와 같이 저 위의 124질문[10]과 아래 제6회에 이르기까지 설하신 법문으로 이 질문에 답한 것[11]이 모두 여래의 법계의 몸 가운데 두렷이 밝아서 단박에 그 형상을 나타내지 않음이 없다. 운운."[12] 하고, "아래에 경에 이르기를, '청정한 법신 가운데 나타나지 않는 형상이 없다.'[13] 이상."[14]라고 하

화엄』으로 약칭한다. 화엄대경을 총칭할 때는『화엄경』으로 약칭한다.

9 법장法藏 : 643~712. 속성은 강康으로서 선조는 강거국康居國 출신이다. 호는 현수賢首이며 향상 대사香象大師, 강장 국사康藏國師라고도 한다. 지엄에게서 수학하였으며 지엄 입적 후 출가하였다. 중국 화엄종의 대성자로 일컬어진다. 지엄에게서 문지文持라는 호를 받았으며 이를 반영하듯 약 30부 100여 권의 많은 화엄 관계 저술을 남겼다. 대표작으로는『육십화엄』의 주석서인『華嚴經探玄記』와 화엄학 입문서로 유명한『華嚴一乘敎分記』등이 있다.『총수록』에서는 법장의 저술을 총 4부 6회 인용하며『일승법계도』해석에 보충자료로서 이용하고 있다.

10 124질문(一百二十四問) :『육십화엄』「여래명호품」(K8, 26c17~27a4; T9, 418b5~17)에서 보살들이 부처님께 청한 물음을 가리킨다. 법장은『화엄경탐현기』에서 유裕와 범梵 법사 등이 이 물음을 124가지로 나누었다고 소개한다.(K47, 515b21~24; T35, 168b7~10) 그 내용을 정리하면 아래와 같다.

『화엄경탐현기』		『육십화엄』「여래명호품」	질문 수 (총 124)
初十問	법신의 자체 행	示現佛刹。示佛所住。示佛國莊嚴。示諸佛法。示佛土清淨。示佛所說法。示佛剎體。示佛功德勢力。示隨佛剎起。示成正覺。	10
中間一百問	보신의 수행을 일으키는 행	開示十方一切如來所可分別菩薩。十住。十行。十迴向。十藏。十地。十願。十定。十自在。十頂菩薩。	90
		隨喜心。不斷如來性。救衆生。滅煩惱。知衆行。解諸法。離垢穢。拔衆難。決疑網。竭愛欲。	10
後十四問	방편신의 평등한 행	佛無上地。佛境界。佛住壽。佛行。佛力。佛無所畏。佛定。佛神足。佛勝法。佛不動轉。佛六情根。佛光。佛智。佛無上功德一切具足。	14

11 『육십화엄』중 제2회부터 제6회까지의 법문을 일컫는다.(K8, 26c8~253c10; T9, 418a25~631b5)

12 법장,『화엄경탐현기』(K47, 516b16~18; T35, 169b8~10).

13 『육십화엄』「입법계품」의 마지막에서 보현보살이 선재동자에게 한 설법을 게송으로 다시 설하는 부분 중 일부이다.(K8, 424c2; T9, 788a7) 해당 게송 전체를 소개하면 다음과 같다. "비유하면 깊은 대해에 진귀한 보배가 끝이 없으며 그중에 중생 부류의 형상을 모두 나타내는 것과 같이, 매우 깊은 인연의 바다에 공덕의 보배가 끝이 없으며 청정한 법신에 나타나지 않는 형상이 없다.(譬如深大海。珍寶不可盡。於中悉顯現。衆生形類像。甚深因緣海。功德寶無盡。清淨法身中。無像而不現。)"(K8, 424b25~c2; T9,

였다. 이 글은 안으로 증득함과 밖으로 교화함에 통하나 지금은 안으로 증득함을 기준으로 분배한 것이다.

圖之一字。配現像海印。謂圖者像也。經云。卽如其像。現神通力。藏師釋云。如其所念。如上一百二十四問及下至弟[1)]六會來所說法門。答此問者。皆於如來法界身中。無不圓明頓現其像。云云。下經云。淸淨法身中。無像而不現故也。已上。此文通於內訂*外化。今約內訂*配也。

1) ㊙ 을본에는 '弟'가 '第'로 되어 있다. ㊊ 이후 같은 내용의 저본 교감주는 일일이 표기하지 않는다. 다만 원문의 '弟' 자에 *로 표시한다.

'합시일인合詩一印'은 '부처님의 밖으로 향하시는 해인'에 분배하니, 말하자면 시詩는 보현普賢[15]의 기틀을 나타내고 인印은 부처님의 밖으로 향하시는 마음을 나타낸다. 부처님의 밖으로 향하시는 마음의 인이 보현의 큰 기틀이 안으로 향하는 마음 첫머리와 그윽이 합하기 때문이다.

合詩一印。配佛外餉[1)]海印。謂詩表普賢機。印表佛外向心。佛外向心印。冥合普賢大機。內向心頭故也。

1) ㊊ 底·高에 '餉'으로 되어 있으나 문맥상 '向'으로 보인다.

'오십사각五十四角'은 '보현이 삼매에 들어가 관하는 해인'에 분배하니, 말하자면 보현의 안으로 증득함에 두 가지 뜻이 있다. 첫째, 만약 부처님

788a4~7)

14 법장, 『화엄경탐현기』(K47, 516b21~22; T35, 169b14~15).

15 보현普賢 : Ⓢ Samantabhadra. 여기서는 보현보살普賢菩薩을 나타낸다. 보현은 문수文殊(Ⓢ Mañjuśri)와 함께 『화엄경』의 양대 보살이다. 행원行願을 상징하며, 『화엄경』의 보살도를 대표해서 보현행이라고도 한다. 의상 또한 「법성게」에서 법계의 연기분을 총설하면서 열 부처님과 함께 보현보살을 들고 있다. 『총수록』에서도 의상이 보현을 중시하는 경향을 계승하고 있다.

과 보현의 문을 기준으로 하면, 보현이 삼매에 들어감은 다만 밖으로 향하는 마음의 인을 궁극적으로 증득할 뿐만 아니라 또한 처음과 두 번째 해인[16]도 통틀어 증득한다. 보현이 안으로 향하면 곧 열 부처님(十佛)[17]이고 열 부처님이 밖으로 향하면 곧 보현이기 때문이다. 둘째, 만약 근기에 나아가 구분을 짓는 문을 기준으로 하면, 곧 부처님의 밖으로 향하심에는 오직 일부분만을 증득하니 원만하지 않기 때문이다. 지금은 뒤의 뜻을 기준으로 한다. 이 정장삼매(淨藏定)[18] 가운데 오교五敎[19] 내지 무량승의 근기와 성품의 덜익음(生)과 성숙함, 그리고 법계 모든 법의 모습(頭角)이 단박 나타나기 때문이다.

---

16 처음과 두 번째 해인 : 모습을 잊은 해인(妄想海印)과 모습을 나타낸 해인(現像海印)을 가리킨다.

17 열 부처님(十佛) : 『화엄경』의 여러 곳[『육십화엄』(K8, 292a21; T9, 663b18; K8, 185b15; T9, 565b16 등)]에 보이며, 지엄은 「離世間品」을 근거로 하는 행경십불行境十佛과 「십지품」 제8지에 기반을 둔 해경십불解境十佛의 두 가지 십불설을 확립하였다.[『공목장』(T45, 559c29 등)] 의상은 이 가운데 행경십불을 통해 십불을 드러내면서도 융삼세간불融三世間佛을 상징하는 「반시」를 통해 해경십불의 의미 또한 나타냄으로써 이종십불 모두를 거두고 있다. 『총수록』(H6, 834b11~835a22)에서는 열 부처님과 보현보살의 관계에 집중하면서 『일승법계도』에서 언급한 무착불無着佛·원불願佛·업보불業報佛·지불持佛·화불化佛·법계불法界佛·심불心佛·삼매불三昧佛·성불性佛·여의불如意佛 등 십불에 대한 의상의 자세한 설을 소개하고 있다.

18 정장삼매(淨藏定) : 『육십화엄』「盧舍那佛品」(K8, 16c19~22; T9, 408b13~16)에서 보현보살이 들어가는 삼매의 이름이 '일체여래정장삼매一切如來淨藏三昧'이다. 해당 경문을 소개하면 다음과 같다. "이때, 보현보살이 여래의 앞에서 연화장사자자리에 앉으니 곧 일체여래정장삼매에 들어가 바르게 받아서, 일체 법계의 모든 여래의 몸을 두루 비춤에 걸리는 바가 없으며 허물을 여의어 만족되어서 허공과 같았다.(爾時。普賢菩薩。於如來前。坐蓮華藏師子之座。卽入一切如來淨藏三昧正受。普照一切法界諸如來身。無所障礙。離垢滿足。猶如虛空。)"

19 오교五敎 : 화엄교학의 교판 중 하나이다. 오교의 구체적인 항목은 여러 가지이니, 인천(人天, 혹은 世間), 소승小乘, 대승大乘(始敎·終敎·頓敎), 일승一乘을 어떻게 거두는가에 따른 차이이다. 『대기』에서는 오교가 무엇인지에 대해서 명시하고 있지 않지만 후에 사섭四攝·사무량四無量을 소승·시교·종교·돈교·일승의 분제를 통해 풀이하는 구절[『총수록』(H6, 794b16~795a6)] 등을 볼 때 『대기』의 오교는 ① 소승교, ② 대승시교, ③ 대승종교, ④ 돈교, ⑤ 일승교임을 추정할 수 있다.

五十四角。配普賢入定觀海印。謂普賢內訂。* 有二義。一若約佛普賢門。則普賢入定。非但窮訂*外向心印。亦乃通訂*初二海印。以普賢向內則十佛。十佛向外則普賢故。二若約就機作區門。則於佛外向。唯訂*一分。以未滿故。今約後義。於此淨藏定中。五教乃至無量乘。根性生熟。及法界諸法頭角。頓現故也。

'이백일십자二百一十字'는 '보현이 삼매에서 나와 마음에 있음과 언어를 나타내는 해인'에 분배하니, 말하자면 이 해인에 오주인과五周因果[20] 등의 법을 나누어 보이며 문자언어를 시설하기 때문이다.

二百一十字。配普賢出定在心中及現語言海印。謂於此海印。分示五周因果等法。施設文字語言故也。

신림神琳[21]의 뜻은 (다음과 같다.) 즉 '일승법계도'에서 법계의 법은 증

20 오주인과五周因果 : 중국 화엄종에서 『화엄경』의 근본종지로 내세운 '인과연기이실법계因果緣起理實法界'를 다섯 가지 인과로 구분한 것이다. 법장의 『화엄경탐현기』(K47, 470b13~24; T35, 120a28~b12)에 의거하여 『육십화엄』의 34품을 오주인과에 배대하면 다음 표와 같다.

오주인과		『육십화엄』
所信因果		盧舍那佛品(蓮華藏世界分 : 果, 普莊嚴童子分 : 因)
成解因果	差別因果	如來名號品~佛小相光明功德品 (如來名號品~菩薩住處品 : 因, 佛不思議法品~佛小相光明功德品 : 果)
	平等因果	普賢菩薩行品 : 因, 寶王如來性起品 : 果
成行因果		離世間品(先分 : 因, 後分 : 果)
證入因果		入法界品(祇樹給孤獨園分 : 果, 善財童子分 : 因)

21 신림神琳 : 8세기 중엽 활약한 대표적인 의상계 화엄학승이다. 자세한 전기는 전하지 않지만 의상—상원相元—신림으로 이어지는 의상의 제3세 부석적손으로 추정된다. 의상의 직제자들과는 달리 입당入唐하여 융순融順과 문답을 나눈 기록이 있다. 『총수록』(H6, 798c23~799a2). 신림의 교설은 균여均如(923~973)의 저술에 20여 회, 『총수록』에 10여 회나 인용되는 등 후대 화엄사상사에서 큰 비중을 차지하고 있으며 제자

득의 대상(所證)이고 오늘의 내 마음은 증득의 주체(能證)이니 곧 이 주체와 대상을 얻을 수 없는 곳이 '일一'이다. 수행하는 사람의 행과 지위를 '승乘'이라 이름한다. 이와 같이 움직이지 않는 법칙의 분제가 이루어지는 까닭에 '법계'라고 한다. 법계의 법의 본래 자리는 나의 오척 되는 몸이다. 이 뜻을 나타내고자 법계 전체를 한 몸의 형상으로 그린 까닭에 '도圖'라고 한다.

> 神琳之意。則一乘法界圖者。法界之法是所訂。* 今日我心是能訂。* 卽此能所不可得處是一。能修之人行位名乘。如是不動之軌則分齊成。故云法界也。法界法之本位。是吾五尺身。欲示此義。畫作全法界一身之像故云圖也。

말하자면 도인에서 '구불구불(盤)'은 삼승三乘[22]이다. 말하자면 일승一乘[23]의 평등한 길의 가르침 중 머무름 없는 본체를 등지고 한 생각도 나지 않고 둘이 아닌 곳에 구불구불 고집하고, 내지 한 모습, 한 자취 중 과보로서의 부처님의 과위에 집착하기 때문이다. '돌고 돌아(迴)'는 소승이다. 말하자면 법공法空의 진여가 있는 줄 알지 못하고 다만 스스로 인공人空의 이치에 돌고 돌아 집착하기 때문이다. '구부러지고(屈)'는 인천人天이다. 말하자면 세간을 벗어나는 수행의 공덕이 있는 줄 알지 못하고 오계五戒[24]와

로는 법융法融·숭업崇業·융수融秀·질응質應·대운 법사 군大雲法師君 등이 알려져 있다.

22 삼승三乘 : 일반적으로 성문승·연각승·보살승을 통틀어 가리키지만 소승, 일승과 대비되어 함께 사용되는 이 구절에서는 대승시교大乘始敎, 대승종교大乘終敎, 돈교頓敎를 가리킨다. 지엄, 『공목장』(T45, 537b13~19) 등.

23 일승一乘 : Ⓢ ekayāna. 오직 하나의 수레라는 뜻으로, 부처님의 가르침은 오직 하나라는 의미이다. 화엄교학에서는 이 일승을 삼승과 일승이 융회해서 같다는 상대적 견지의 동교일승同敎一乘과 삼승과 다르다는 의미, 즉 삼승을 초월한다는 절대적 견지의 별교일승別敎一乘으로 구별하여, 화엄교학을 별교일승에 해당시킨다.

24 오계五戒 : Ⓢ pañcaśīlāni. 재가남녀가 평소에 지니는 다섯 가지 계이다. 구체적으로

팔계八戒[25]의 인천의 업에 구부러져서 집착하기 때문이다. '굽어져서(曲)'는 삼도三途[26]이다. 말하자면 인천의 수행과 업이 있는 줄 알지 못하고 삿된 견해에 굽어져서 집착하여 삼도에 떨어지기 때문이다. 이와 같이 삼승과 삼도의 모습을 다 그리는 까닭에 "법계 전체를 한 몸의 모습으로 그린다."라고 한다.

謂圖印中盤者是三乘也。謂背一乘平道教中無住本體。盤蟄一念不生不二之處。乃至着[1]於一相一跡之中報佛果故。廻者是小乘也。謂不知有法空眞如。但自廻着*人空理故。屈者是人天也。謂不知有出世行德。屈執五戒八戒人天業故。曲者是三途也。謂不知有人天行業。曲執邪見墮三途故。如是畫盡三乘三途之相。故云畫作全法界一身之像也。

1) ㉯ 을본에는 '着'이 '著'으로 되어 있다. ㉮ 이후 같은 내용의 저본 편집주는 일일이 표기하지 않는다. 다만 원문의 '着' 자에 *로 표시한다.

는 ① 생명을 죽이지 않는 것(不殺生), ② 도둑질하지 않는 것(不偸盜), ③ 삿된 음행을 하지 않는 것(不邪婬), ④ 올바르지 않은 말을 하지 않는 것(不妄語), ⑤ 음주를 하지 않는 것(不飮酒)이다. 『長阿含經』(K17, 831b12~21 ; T1, 14c2~10), 『四分律』(K23, 49b7~9 ; T22, 601b11~12), 『根本說一切有部毘奈耶』(K22, 3c2~5 ; T23, 628a17~20 등).

25 팔계八戒 : Ⓢ aṣṭāṅgasamanvāgatopavāsa. 재가 남녀가 정해진 날(六齋日)에 세속의 집을 떠나 승원에 하루 낮밤을 머물면서 출가생활을 가까이 하며 지키는 여덟 가지의 계로서 팔관재계八關齋戒·팔계재八戒齋·팔재계八齋戒라고도 한다. 구체적으로는 오계의 항목에 ⑥ 꽃 등으로 장식하고 가무를 즐기지 않음(不著華香瓔珞不歌舞倡伎亦不往觀聽), ⑦ 화려하고 고급스런 의자에 앉거나 침대에 눕지 않음(不高廣床上坐), ⑧ 때 아닌 공양을 하지 않음(非時不食)을 더한 것이다. 『中阿含經』「持齋經」(K18, 256a6~260a16 ; T1, 770a16~773a1 등). 이것은 출가자 가운데 사미·사미니가 지니는 십계 중 돈이나 보물 등에 손을 대지 않는 계(不著金銀珍寶)를 제외한 나머지 아홉 계를 여덟 가지로 구성한 것이다.

26 삼도三途 : 중생이 자신의 악업으로 인해 가게 되는 세 갈래 길을 의미하며 삼도三塗·삼악도三惡道·삼악취三惡趣와 같은 뜻이다. 즉 지옥중생과 아귀와 축생, 또는 그 장소를 일컫는다.

법융기

『법융대덕기法融大德記』[27]에 이른다. 『일승법계도』에는 두 종류의 가려내고 취함이 있다. 첫째는 교분敎分을 가려내고 오직 증분證分만을 취하는 것이다. 말하자면 일승의 법은 증분과 교분에 통하지만 '계'라고 말한 것은 교분을 가려낸 것이니, 증분은 일승법의 구경의 경계이기 때문이다. 둘째는 오직 삼승을 가려내고 일승의 증분과 교분 둘을 통틀어 취하는 것이다. 말하자면 일승으로써 삼승을 가려내기 때문이다.

法融大德記云。一乘法界圖。有二重簡取。一簡敎分。唯取訂*分。謂一乘之法。通於訂*敎。而言界者簡敎分也。以訂*分者一乘法之究竟際故。二唯簡三乘。通取一乘訂*敎二分。謂以一乘簡三乘故。

이 일승의 '일一'과 이 아래 처음과 끝을 여읜 '하나의 붉은 도인(一朱印)'은 지엄 스님의 본말상생문本末相生門[28] 가운데 일자의 도장(一字印)[29]과 더불어 나란히 한 뜻이다. 『(화엄)대경』의 첫머리에 일자로 된 도장을 찍어 놓은 것은 (『화엄경』) 한 부의 처음부터 끝까지 설해진 문장과 문장, 구절

---

27 『法融大德記』: 법융이 지은 『일승법계도』에 대한 주석으로 『총수록』 삼대기 중 하나이며 총 48회가 인용되어 있다. 법융은 의상—상원相元—신림神琳—법융으로 이어지는 의상의 적손嫡孫으로 800년을 전후한 시기에 활동한 대표적인 화엄학승이다. 고려시대 균여는 『十句章圓通記』(H4, 40a10~18)에서 지엄의 십구에 주석을 가한 『십구장』이 법융의 저술이라는 일설을 전하고 있다. 내용을 보면 『일승법계도』의 문장을 따라서 해석하면서도 전체적으로 증분證分과 법성法性에 대한 언급이 대단히 많아서 법융의 『일승법계도』에 대한 주석 경향을 짐작할 수 있다.

28 본말상생문本末相生門 : 현존하는 지엄의 저술 중에는 '본말상생문'으로 명명된 구절이 보이지 않는다. 『법기』가 현존하지 않는 지엄의 저술 중에 있던 '본말상생문'을 가리킨 것인지 아니면 '본말상생문'으로 명명되어 있지 않지만 뜻을 취하여 그렇게 지칭한 것인지 확정하기 어렵다.

29 일자의 도장(一字印) : 법융 당시에 『화엄경』이나 지엄의 저술, 또는 다른 화엄교학 문헌에 '一' 자 모양의 도장을 찍어 놓은 것을 가리킨다.

과 구절이 오직 '일'을 나타냄을 밝히고자 한 것이다.

此一乘之一及此下離始終之一朱印。與儼師本末相生門中一字印。並一義也。大經之首。按一字印者。欲明一部始終所說文文句句唯現一也。

또 오권소五卷疏[30]에서 삿됨을 대치하고 올바름을 나타내는 곳(對邪現正之處)[31]에 일자로 된 도장을 찍어 놓은 것은, 모든 법 가운데 만약 두 가지 알음알이를 내면 곧 삿된 것이고, 법이 하나임을 알면 곧 올바른 것이기 (때문이다.) 말하자면 보살이 한 번 성내는 마음을 일으키면 60문의 보행(六十門普行)[32]이 백만 장애를 이룬다.[33] 진실로 성내는 마음은 자신과 남이 다르다고 집착하는 데서 생기기 때문이다. 그러므로 "만약 두 가지 알음알이를 내면 곧 삿된 것"이라고 한 것이다. 만약 보살이 동체대비를 일으키

30 오권소五卷疏 : 지엄의 저술 중 5권으로 된 『수현기』를 일컫는다.

31 삿됨을 대치하고 올바름을 나타내는 곳(對邪現正之處) : 『수현기』에 '對邪現正'이라는 명목의 장이나 절은 보이지 않는다. 다만 삿됨을 대치하고 올바름을 나타내는 곳이 『육십화엄』「보현보살행품」 중 60문의 보행과 백만의 장애 등을 통해 설명되는 것을 볼 때 「보현보살행품」과 밀접한 관계를 맺고 있는 것으로 생각된다.

32 60문의 보행(六十門普行) : 『육십화엄』「보현보살행품」(K8, 231a3~c4; T9, 607b25~608a19)에서 보살이 닦고 얻는 여섯 가지의 10종 행을 일컫는다. 여섯 가지는 ① 바른 법(正法), ② 청정한 법(清淨之法), ③ 바른 지혜(正智), ④ 교묘히 수순하여 들어감(巧隨順入), ⑤ 올곧은 마음(直心), ⑥ 모든 부처님의 교묘한 방편법(諸佛巧方便法)이다. 지엄은 『공목장』(T45, 580b27~c1)에서 이를 「보현품」의 60행이라고 설한다. 또 『수현기』(K47, 59c5~13; T35, 79b2~11)에서는 오주인과의 평등인과 중 인因에 해당하는 「보현보살행품」 가운데 앞의 50행을 인행, 뒤의 10행을 인因 중의 과果라고 풀이한 후 전자는 십신十信부터 십지十地까지의 지위에 배대하고, 후자는 법法·보報·화化의 삼신과三身果에 배대하고 있다.

33 보살이 한 번 성내는 마음을 일으키면 백만의 장애를 이룬다는 내용은 『육십화엄』「보현보살행품」(K8, 230b10~12; T9, 607a12~15)에서 다음 구절의 뜻을 취한 것으로 보인다. "불자야! 보살마하살이 한 번 성내는 마음을 일으키면 일체의 악 중에 이 악보다 더한 것이 없다. 왜 그런가? 불자야! 보살마하살이 성내는 마음을 일으키면 곧 백천의 장애되는 법문을 받는다.(佛子。若菩薩摩訶薩起一瞋恚心者。一切惡中無過此惡。何以故。佛子。菩薩摩訶薩起瞋恚心。則受百千障礙法門。)"

면 곧 백만 장애문이 육십 보행普行을 이룬다. 말하자면 삼세간三世間[34]의 법이 자신의 몸과 마음인 것을 보고 동체대비를 일으킨다. 그러므로 "법이 하나임을 알면 곧 올바른 것"이라고 한 것이다.

又五卷疏。對邪現正之處。按一字印者。於諸法中。若生二解。則是邪。知法是一。卽是正也。謂若菩薩起一嗔心。則六十門普行成百萬障也。良以嗔心起於自他別執之中。故云若生二解卽是邪也。若菩薩起同體大悲。則百萬障門成六十普行也。謂見三世間法是自身心。爲起同體大悲。故云知法是一卽是正也。

또 『입법계품초入法界品抄』[35]에 일자의 도장을 찍어 놓은 것은 모든 법이 둘이나 셋이라고 보면 곧 여덟 가지의 근본죄[36]를 범하여 일승의 법계에 들어갈 수 없고, 모든 법에 대해서 두 가지 견해를 내지 않으면 곧 일승의 법계에 들어갈 수 있기 때문이다. 여기에서도 또한 그러하다. 처음에서부터 마지막에 이르도록 둘을 설하고 셋을 설한 것이 아니라 다만 하나를 나타내고자 한 것일 뿐이다.

又入法界品抄。按一字印者。若見諸法爲二爲三。卽犯八根本罪。不得入於一乘法界。若於諸法不生二解。卽得入於一乘法界故也。此中亦尒。從始至

---

34 삼세간三世間 : 온 법계를 세 가지로 나눈 것으로, 의보依報에 해당하는 기세간器世間과 정보正報의 중생세간衆生世間과 지정각세간智正覺世間을 가리킨다. 『일승법계도』(H2, 1b4~7).

35 『入法界品抄』 : 1권. 지엄의 저술로서 현재는 전해지지 않으나 그 명목은 균여의 『一乘法界圖圓通記』(H4, 38a14~16)와 의천義天의 『新編諸宗敎藏總錄』(T55, 1167b3) 등에 보인다. 의천의 기록(T55, 1167b4)에 의하면 의상은 이 저술에 대한 주석인 『入法界品鈔記』를 남겼다고 한다.

36 여덟 가지의 근본죄 : 이에 대해서는 아래 본문의 『입법계품초』 인용문 참조.

終。非是詮二詮三。只[1)]要現一故耳。

1) 역 高에는 '口'로 되어 있다.

'일'이라고 말한 것은 주체와 대상이 없는 가운데 우선 굳이 그것을 나누니 관의 주체(能觀)로서의 하나가 있으며 관의 대상(所觀)으로서의 하나가 있다. 말하자면 만약 자신의 몸과 마음이 모든 법을 다 거두어서 곁도 없고 남음도 없으며 주체와 대상이 끊어진 것을 알면 곧 관의 주체로서의 하나가 된다. 이 몸과 마음이 머무는 곳에 즉함이 관의 대상으로서의 하나가 된다.

所言一者。無能所中。且强分之。有能觀一。有所觀一。謂若了自身心摠攝諸法無側無遺絶能所。則爲能觀一。卽此身心住處。爲所觀一也。

문 이 '일一' 가운데 어떻게 들어갈 수 있는가?
답 지관止觀을 닦는다.
문 무엇이 지관인가?
답 일승에 의거하여 지관을 닦으면 육상六相[37]의 도장으로써 열 보법

37 육상六相 : 총상總相(S sāṅga) · 별상別相(S upāṅga) · 동상同相(S salakṣaṇa) · 이상異相(S vilakṣaṇa) · 성상成相(S vivarta) · 괴상壞相(S saṃvarta)을 가리키며, 화엄교학에서는 이 육상이 원융하다는 육상원융이 십현연기와 함께 법계연기를 드러내는 주요한 방편으로 사용된다. 이 육상의 명목은 『십지경』과 『팔십화엄』에 보이며, 『육십화엄』에서는 총상總相 · 별상別相 · 유상有相 · 무상無相 · 유성有成 · 유괴有壞로 번역되어 있다. 세친世親, 『十地經論』(K15, 23c20~24a4; T26, 139a14~20), 『팔십화엄』(K8, 636c20~25; T10, 181c23~28), 『육십화엄』(K8, 165c22~166a5; T9, 545b25~c3). 세친은 『십지경론』(K15, 3a22~3c13; T26, 124c3~125a6)에서 육상의 의미를 자세하게 밝히고, 경에서 설해진 모든 열 구절에 이 육상의 뜻이 있다고 하면서도 음陰 · 계界 · 입入의 사事는 제외시킨다. 이후 지론종의 정영사淨影寺 혜원慧遠(523~592)은 세친의 육상설을 받아들이면서도, 사상事相을 따르면 육상에서 사事는 제외되지만, 체의 뜻(體義)을 따르면 모든 사법에 육상의 문門을 갖춘다고 설하여 육상의 범주를 모든 법으

(十普法)[38]에 도장 찍어 각각의 자리를 움직이지 않고서 융섭하여 하나가 되어 알고 알아서 분명한 것이 관觀이다. 도장으로 사물에 도장 찍음에 들지도 않고 굴리지도 않는 것처럼 이와 같이 관하는 지혜가 법에 꼭 맞

로 확장시킨다. 『大乘義章』(T44, 524a1~b16). 이후 지엄은 세친의 육상설을 혜원의 입장에서 받아들인다. 『수현기』(K47, 48a15~22; T35, 66b9~19). 의상은 『일승법계도』(H2, 7c9~10)에서 도인圖印의 비유를 통해 육상의 뜻을 설명하는 데 있어서 세친과 혜원과 지엄의 설에 의거하고 있으나, 이 육상설을 무분별無分別 부주不住의 중도의中道義를 드러내는 방편으로 중요시하고 있다는 점에 그 특징이 있다.

38 열 보법(十普法) : 보법은 두루하여 원만하지 않음이 없는 법으로 『화엄경』 곳곳에서 설해진다.(K8, 346b21~c3; T9, 713c20~26 등) 화엄종에서는 화엄교 전체를 보법으로 지칭하기도 한다. 보법 내지 열 보법의 용례는 『총수록』 전 부분에 걸쳐서 보인다. 『법기』(H6, 793c6~12)는 열 보법을 「普法章」에 의거해서 설명하는데, 이 「보법장」은 지엄의 『공목장』 중 「初會十門料簡一經意」(T45, 536c20~537a17)를 가리킨다. 『대기』는 열 보법을 「보법장」에서는 5대五對 10법十法으로, 법장의 『화엄경탐현기』(H6, 842a13~843b19)에서는 10대 20법으로 나누는 등 논서에 따라서 구체적인 항목이 다르지만 두 가지 모두 열고 합함(開合)의 차이일 뿐 뜻에 증감은 없다고 한다. 이들 열 보법을 도시하면 다음과 같다. 표에서 (6)~(10)은 10대인 경우 후 5대를 가리킨다.(*卍은 CBETA에서는 R로 표기된 것임. 이하 동일)

구 분	1	2	3	4	5
	(6)	(7)	(8)	(9)	(10)
『수현기』 T35, 15a29~b24	敎義	理事	解行	因果	人法
	分齊境位	師弟法智	主伴依正	逆順體用自在	隨生根欲示現
『공목장』 T45, 536c20~537a17	人法	理事	義文	解行	因果
『일승법계도』 H2, 8a9~b5	人法	理事	敎義	解行	因果
『일승십현문』 T45, 515b17~c26	敎義	理事	解行	因果	人法
	分齊境位	法智師弟	主伴依正	逆順體用	隨生根欲
『화엄일승교의분제장』 T45, 504c22~505a10	敎義	理事	解行	因果	人法
	分齊境位	師弟法智	主伴依正	隨生根欲示現	逆順體用自在
『화엄경탐현기』 K47, 473a24~b6 T35, 123a27~b8	敎義	理事	境智	行位	因果
	依正	體用	人法	逆順	應感
『속화엄경약소간정기』 * 卍5, 41b11~42a12	人法	理事	境智	行位	因果
『대방광불화엄경소』 T35, 514a16~24	敎義	理事	境智	行位	因果
	依正	體用	人法	逆順	應感

아서 주체를 여의고 대상을 끊어서 하나로서 무분별하여 움직이지 않는 것이 지止이다.

問。於此一中云何得入。答。修止觀也。問。云何止觀。答。若依一乘修止觀者。以六相印。印十普法。不動各位。融而爲一。了了分明者。觀也。如印印物不擧不轉。如是觀智稱契於法。離能絶所。一無分別而不動者。止也。

'승乘'이란 위의 일一의 자리에서 능히 결정코 믿는 것(決定信)을 승이라고 이름한다. 이와 같이 믿지 않는 것은 승이라 이름하지 않는다. 만약 삼승이라면 진여의 법을 듣고서 단박 믿지 못하고 점차 믿는 까닭에 십신十信이 있으며, 단박 이해하지 못하고 점차 이해하는 까닭에 십해十解가 있으며, 내지 단박 깨닫지 못하고 점차 깨닫는 까닭에 십증十證이 있으니, 이와 같이 점차로 부처님의 과위에 이르기 때문에 승이라고 이름한다. 여실한 길을 타고 와서 정각을 이루는 것이 그 뜻이다. 만약 일승이라면 위 일의 자리에서 원만한 믿음을 일으키면 곧 원만한 깨달음인 까닭에 승이라고 이름한다. 하나가 움직이면 일체가 움직이는 것이 곧 그 뜻이다.

乘者。於上一處。能決定信。名爲乘也。不如是信。不名乘也。若三乘。則聞眞如之法。不能頓信。漸次信故。有十信。不能頓解。漸次解故。有十解。乃至不能頓訂。* 漸次訂*故。有十訂。* 如是漸次至佛果故。名爲乘也。乘如實道。來成正覺者。是其義也。若一乘。則於上一處。若起圓信。卽是圓訂。* 故名乘也。一運卽一切運者。卽此義也。

'법法'이란 나의 몸과 마음이다. '계界'란 곧 이 몸과 마음이 모두 포섭하여 상대가 끊어져서 앞과 뒤의 분제가 끊어진 것이니 곧 법의 궁극적인 가장자리의 뜻이다.

'도圖'란 형상이다. 코끼리를 알지 못하는 사람을 위하여 코끼리의 형상을 그림으로 그려 그것을 보여주는 것과 같으니 이와 같이 수행자가 자신의 몸과 마음이 법계의 부처님임을 알지 못하는 까닭에 법계의 부처님 형상을 그림으로 그려서 가리켜 보여주는 것이다.

法者。是我身心也。界者。卽此身心。統包絶待。前後際斷。卽是法之究竟邊際義也。圖者。像也。如爲不知象人。畫作象像而示之。如是行者。不知自之身心是法界佛。故畫作法界佛像而指示也。

입법계품초

『입법계품초』에 이른다. 이제 법계에 들어감에 상응하는 바에 따라서 법의 분제를 이루되 먼저 그 허물을 여의어야 한다. 처음 발심한 보살이 대승을 향해 나아감에 여덟 가지 근본죄가 있어서 일체의 선근을 태워 다하고 악취惡趣에 떨어지며 편안한 곳을 여의고 인천人天의 즐거움을 잃고 또한 대승경계의 즐거움을 잃는다.[39]

入法界品抄云。今入法界。隨所相應。成法分齊。先離其過。初發心菩薩趣向大乘。有八根本罪。燒盡一切善根。墮於惡趣。離安隱處。失人天樂。亦失大乘境界之樂也。

한번 오탁의 세상(五濁世)[40]에 태어남에 남은 선근이 있어서 선지식을

39 이 여덟 가지 근본죄에 대한 내용은 『虛空藏菩薩經』(K7, 806a15~808b17; T13, 652c5~654a24)에서 일부 구절의 뜻을 취한 것이다.

40 오탁의 세상(五濁世) : 말법의 시기로서 다섯 가지 혼탁함(五濁, Ⓢ pañcakaṣāyāḥ)이 가득 찬 시대를 가리킨다. ① 겁탁劫濁은 뒤의 네 가지 혼탁함에 의해 시대가 혼탁한 것을 총칭하고, ② 견탁見濁은 삿된 견해가 만연하는 것이고, ③ 번뇌탁煩惱濁은 탐진치

가까이하여 깊은 법으로 되돌아 나아가 위없는 마음을 일으키며 매우 깊은 법을 듣고 독송하고 받아 지닌다. 지혜가 적은 사람을 향해 (이 매우 깊은 법을) 독송하고 해설하면 다른 사람이 듣고서는 놀라고 의심하며 두려워하고 겁을 내서 보리심으로부터 물러나 성문승을 좋아하게 되니 이것이 첫 번째 무거운 죄이다. 오직 근기를 헤아리고 마음을 알아서 차례로 위하여 설하되 낮은 곳에서 깊은 곳으로 나아가야 한다.

一生五濁世。有餘善根。近善知識。歸趣深法。發無上心。聞甚深法。讀誦受持。向小智人。讀誦解說。他人聞已。驚疑怖畏。於菩提心而生退沒。樂聲聞乘。是弟*一重罪。唯須知根了心。次弟*爲說。從淺至深。

또 사람에게 말하여 이르기를, "당신이 어떻게 대승의 마음을 일으키겠는가? 일찍이 성문·연각을 향하여 열반에 들어가는 것만 같지 못하다."라고 하면 이것이 두 번째 무거운 죄이다.

又語人言。汝何能發大乘心。不如早向聲聞緣覺。入於涅槃。是弟*二重罪。

또 사람에게 말하여 이르기를, "당신은 계와 위의威儀를 배워서 어디에 쓸 것인가? 빨리 대승의 마음을 일으켜서 대승경전을 받아 지니고 독송하면 몸과 입과 마음의 업이 청정해지고 또한 나쁜 과보를 받지 않

貪瞋癡 등의 각종 번뇌가 가득 차는 것이고, ④ 중생탁衆生濁은 견탁과 번뇌탁 등에 의해 중생의 근기가 저열해져서 마음과 신체의 복덕 등이 감소하는 것이고, ⑤ 명탁命濁은 견탁과 번뇌탁 등에 의해 중생의 수명이 100세 이하로 줄어드는 것이다. 지엄은 『공목장』「五濁章」(T45, 551a14~24)에서 오탁이 소승에는 있지만 초교初敎에서는 공이며 종교終敎는 진여이고 일승에 의하면 곧 법계라고 설한다.

을 것이다."라고 하면 이것이 세 번째 무거운 죄이다.

又語人言。汝何用學戒威儀。當速發大乘心。受持讀誦大乘經典。身口意業當得淸淨。亦不受惡報。是弟*三重罪。

또 사람에게 말하여 이르기를, "당신은 성문의 경전을 독송해서는 안 되며 성문의 경전을 덮어야 한다. 성문의 법에서는 번뇌와 미혹을 끊지 못하니 청정한 대승의 매우 깊은 경전을 듣고 지녀야 할 것이다. 이것은 악을 멸하고 깨달음(菩提)의 선을 낸다."라고 해서 믿고 받아들이는 이가 있으면 (말하고 듣는) 두 사람 모두 네 번째 무거운 죄를 얻게 된다.

又語人言。汝不應讀誦聲聞經典。當覆聲聞經典。聲聞法中不能斷結使惑。當聽受淸淨大乘甚深經典。此能滅惡。生菩提善。有信受者。二人俱得弟*四重罪。

또 이익을 구하기 위한 까닭에 대승의 법을 설하여 (다른 이가) 대승을 설하여 이익 얻는 것을 보고 미워하고 비방하며 경시하고 질투하면 이것이 다섯 번째 무거운 죄이다.

又爲求利故。說大乘法。見說大乘得利。憎毁輕嫉。是弟*五重罪。

또 이익을 구하기 위한 까닭에 "나는 깊은 법을 이해한다."라고 하고 다른 이로부터 들어서 얻었다고 말하지 않아서 모든 부처님과 보살을 어기고 등지면 이것이 여섯 번째 무거운 죄이다.

又爲求利故。我解深法。不言從他聞得。違負諸佛菩薩。是弟*六重罪。

또 전다라旃陀羅[41]의 행을 짓고 다른 선한 비구의 물건과 삼보三寶의 물건을 취하여 높은 관리와 대왕에게 주어서 왕과 관가의 힘에 의거하여 선한 비구를 경시하며 화내고 싫어하고 미워하며 질투하면 이것이 일곱 번째 무거운 죄이다.

又作旃陁羅行。取他善比丘物及三寶物。賞上官人及與大王。依王官力。輕善比丘。嗔嫌憎嫉。是弟*七重罪。

또 악행을 짓고 왕과 관가의 뛰어난 힘을 스스로 믿고 재물 준 것을 믿어서 선한 비구를 경시하며 희롱하고 욕보이며 싸워서 어지럽게 한다. 법이 아닌 것으로 법을 설하며 바른 경과 율을 버리고 법을 어기고 제도를 세운다. 선을 행하는 비구와 좌선하고 경전을 독송하는 이들에게 번뇌가 없는 이는 번뇌를 생기게 하고 이미 번뇌가 있는 이는 늘어나게 하면 이것이 여덟 번째 무거운 죄이다.

又作惡行。自恃王官勝力。及恃財施。輕善比丘。戲辱鬪亂。非法說法。捨正經律。違法立制。於善行比丘及坐禪讀誦經典。無惱生惱。已惱增長。是弟*八重罪。

이미 (위의 죄를) 범하였다면 마땅히 허공장보살虛空藏菩薩[42]에 의거

41 전다라旃陀羅 : Ⓢ caṇḍāla. '旃荼羅'라고도 한다. 고대 인도의 사성제도 바깥에 있는 천한 계급으로 불가촉천민을 일컬으며, 도살 즉 살생을 업으로 삼는 부류와 옥졸 등을 가리킨다. 혜림慧琳, 『一切經音義』(K42, 17b2~4 ; T54, 315b16~18 등).

42 허공장보살虛空藏菩薩 : Ⓢ Ākāśagarbha, Gaganagañja. 법보法寶를 보시하여 중생을 이익되게 함이 광대하고 무량하여 허공과 같으므로 이를 허공에 비유한 것이다. 『大方等大集經』(K7, 158c4~20 ; T13, 108a13~26), 징관澄觀(738~839) 『大方廣佛華嚴經隨疏演義鈔』(이하 『청량소초』)(T36, 145c13~15) 등. 『허공장보살경』에 의하면 사바세계

하여 죄를 뉘우쳐 그것을 없애야 할 것이다. 처음 발심한 보살이 큰 법을 널리 유통시켜서 자기와 남을 이익되게 하고자 한다면 먼저 앞의 허물을 여의고 후에 아홉 번째 지地[43]의 법사의 법문에 의거하면 곧 법계에 응할 것이다.

若已犯者。當依虛空藏菩薩懺罪滅之。初發心菩薩。若欲弘通大法利益自他者。先離前過。後依弟*九地法師法門。卽應法界。

진수기

『진수대덕기眞秀大德記』[44]에 이른다. '일一'이란 다른 것이 없다는 뜻이다. 삼승에서는 성性이 하나라고 하고, 일승에서는 연緣이 하나라고 한다. 연緣이 하나란 중도와 진여를 기준으로 한 것을 따른 것이다. 이것은 「십회향품」의 백구의 진여(百句如)[45]이다. 말하자면 해의 진여, 달의 진여 등이

의 서쪽에 있는 '일체향집一切香集'이라는 국토에 '승화부장勝華敷藏'이라는 여래가 계시고 그곳에 허공장보살이 머물다가 이곳 사바세계에 석가모니부처님이 출현하여 설법을 하시자 그것을 들으러 사바세계에 오는 것으로 묘사되어 있다. 『육십화엄』「입법계품」(K8, 303b4~13; T9, 676a6~15)에서는 근본법회에 참여하는 보살로서 등장한다. 또한 선재동자善財童子가 역참하는 제40번째 선지식인 묘덕원만천妙德圓滿天은 여래가如來家에 태어나게 되는 열 가지 방법 중 세 번째로 방편을 현전시켜서 적멸寂滅을 관찰하는 허공장보살이 태어나는 법(現前方便觀察寂滅虛空藏菩薩受生法)을 설하고 있다.(K8, 385b19~386a14; T9, 751a1~b17)

43 아홉 번째 지地 : 아홉 번째 지地는 선혜지善慧地로서 사무애지四無礙智(法無礙·義無礙·辭無礙·樂說無礙)를 얻어 대법사가 되는 지위이다. 『육십화엄』(K8, 189a9~18; T9, 569a28~b8).

44 『眞秀大德記』 : 『일승법계도』에 대해 진수眞秀가 지은 주석으로서 『총수록』의 삼대기 중 하나이다. 『眞秀德記』, 『眞秀記』, 『眞記』라고도 하며, 『총수록』에 총 24회 수록되어 있다. 『진수기』에는 지엄, 법장, 그리고 고덕古德의 설이 인용되어 있으며 대체로 신라 하대의 저술로 추정된다. 다른 삼대기와 마찬가지로 『일승법계도』 전체를 법성성기法性性起의 입장에서 파악하고 있어서 의상계 화엄의 법맥을 충실히 계승하고 있음을 알 수 있다.

45 백구의 진여(百句如) : 『육십화엄』「金剛幢菩薩迴向品」(K8, 142a4~146a10; T9,

다. 비록 곧 진여이지만 해의 이름, 해의 모습, 달의 이름, 달의 모습이 있어서 이름과 모습이 없는 것이 아니다. 그러나 보현의 깨달음을 기준으로 하면 이 이름과 모습이 없다. 다만 삼승을 인도하고자 이름과 모습에 의지한 것일 뿐이다. 이것은 보현의 교분을 기준으로 하여 변별한 것이다.

眞秀大德記云。[1] 一者無他之義。三乘云性一也。一乘云緣一也。緣一者。隨約是中道及如也。此是廻向品百句如。謂日如月如等也。雖卽是如而有日名日相月名月相。不無名相。然約普賢訂*者。無此名相。但爲引三乘依名相耳。此約普賢敎分辨也。

1) ㉮ 高에는 '去'로 되어 있지만 '云'의 잘못으로 보인다.

문 중도를 기준으로 한 것을 따른 것이 이미 매우 깊은데 다시 무슨 뜻을 기준으로 하여 보현의 증분으로 삼는가?

답 중도와 진여를 기준으로 한 것을 따른 것은 삼승의 가르침에 의거하여 해의 이름과 해의 모습 등을 사용한 것이다. 그래서 가르침과 상응한다고 한다. 이 증분이란 언어의 길이 끊어졌기 때문에 이름을 끊은 것이고 마음이 행해지는 자리가 멸했기 때문에 모습을 여읜 것이다.

問。隨約是中道。已是甚深。更約何義爲普賢訂*耶。答。隨約是中道及如者。依三乘敎。用日名日相等。故云與敎相應也。此訂*分者。言語道斷故絶名也。心行處滅故離相也。

524b19~528b4) 가운데 여덟 번째, 진여의 모습인 회향(如相迴向)에 나오는 구절이다. 지엄은 이를 해석하여 '일백구문一百句文' 또는 '백구여百句如'라고 풀이한다. 『수현기』(K47, 30a26~28; T35, 46a17~18), 『공목장』(T45, 558c16~559a24). 법장은 『화엄경탐현기』(K47, 611a7~8; T35, 270b13~14)에서 이에 대해 '백구여'라는 용어를 사용하면서도 실제 경문을 검토해 보면 99구라고 밝히고 있다. 참고로 이에 해당하는 『팔십화엄』(K8, 611a4~616a25; T10, 160c25~165a28)의 구절은 105구이다.

문 만약 그렇다면 이 자리가 정명의 침묵(淨名默)[46]과 어떻게 다른가?

답 정명의 침묵은 이름과 모습이 전도되었으므로 이 이름과 모습을 여의어야 바야흐로 침묵이 된다. 아홉 법회에서의 부처님의 침묵[47]은 이름과 모습 가운데에서의 침묵이다. 그래서 현격하게 다르다. 말하자면 이름과 모습을 버리지 않고서 이 이름과 모습에 즉한 가운데 침묵하는 것이니 허공에 도무지 사물이 없는 것과는 같지 않다. 이것은 보현의 증분을 기준으로 하여 변별한 것일 뿐이다.

問。若爾。此處與淨名默何別。答。淨名默者。以名相倒。離此名相。方爲默也。九會佛默。名相中默。故玄別也。謂不捨名相。卽此名相中默。非如虛空都無物也。此約普賢訂*分辨耳。

문 언어의 길이 끊어진 것과 마음 가는 곳이 없는 것 또한 극히 매우 깊은데 다시 무슨 뜻을 기준으로 하여 열 부처님의 경계로 삼는가?

답 앞은 비록 침묵이지만 이름과 모습 중의 침묵이다. 만약 과분이라면 처음부터 이름과 모습을 보지 않는 자리이다.

問。言語道斷心行處滅。亦極甚深。更約何義爲十佛境界耶。答。前雖是默。

---

46 정명의 침묵(淨名默) : 『維摩經』「入不二法門品」에서 정명 거사가 둘이 아닌 법문(不二法門)이 무엇인가에 대한 31보살과 문수보살의 설명에 대해 본인은 어떠한 말도 하지 않고 침묵한 것을 가리킨다. 정명은 유마힐維摩詰(Ⓢ Vimalakīrti)의 의역어이다. 『유마경』은 범본이 현존한다. 한역본으로는 오吳의 지겸支謙(3세기 중반 활동)이 번역한 『佛說維摩詰經』과 요진姚秦의 구마라집鳩摩羅什이 406년 역출한 『維摩詰所說經』과 당唐의 현장玄奘이 한역한 『說無垢稱經』 등 3종이 있으며 티베트역본도 2종이 남아 있다.

47 아홉 법회에서의 부처님의 침묵 : 일곱 장소 아홉 법회에서 설해진 『팔십화엄』의 교주인 부처님의 침묵을 가리킨다. 『팔십화엄』에서 부처님은 광명으로만 설법하시고 각 회나 품마다 대표되는 보살이 설주가 되어 다시 한번 언설로 법을 설한다.(단 「阿僧祇品」과 「如來隨好光明功德品」의 두 품은 부처님께서 직접 언설로 설하신다.)

名相中默。若果分。則初初不見名相處也。

문 만약 그렇다면 이 자리(과분)는 법도 없고 사물도 없는가?

답 앞의 지위 중에서 논한 것과 같은 법은 처음부터 없다.

문 그러하다면 이 중에는 실로 법이 없는가?

답 모두 있다.

문 어떤 사물이 있는가?

답 이것이 옛 스님이 말씀하신 바이니 망정을 돌이켜 보는 자리(反情見處)[48]이다.

問。若爾。此處無法無物耶。答。如前位中所論之法初初無也。問。然則。此中實無法耶。答。具有也。問。有何物耶。答。此是古德所云。反情見處也。

'승乘'은 실어 나른다는 뜻이다.

문 위의 '일' 자에 이미 세 가지 뜻이 있었으니[49] '승'도 또한 그러한가?

---

48 망정을 돌이켜 보는 자리(反情見處) : 이와 관련하여 도신 스님이 의상의 강의를 받아 적은 「道身章」의 다음 구절들이 참조된다. "도신장에 이른다. 일승의 연기법은 망정으로 미칠 바가 아니다. 비록 망정으로 미치지는 않지만 멀리서 구할 것도 아니다. 망정을 돌이키면 곧 이것이다. 문 망정을 돌이키는 방편은 무엇입니까? 답 방편은 한량없지만 그 요긴한 것은 보는 자리를 따라서 마음을 집착하지 않는 것이 이것이고, 듣는 법을 따라서 문장대로 취하지 않으면 곧 그 말미암은 바를 깨달을 수 있으며, 또 법의 실상을 깨닫는다.(道身章云。一乘緣起法。非情所及。雖非情及。而不遠求。反情卽是。問。反情方便云何。答。方便無量。而其要者。隨所見處不着心爲是。隨所聞法不取如文。卽能解其所由。又解法實相。)"(H6, 827b8~13); "신림 대덕이 네 개의 생멸로써 (십중 십이인연관을) 풀이하였다. 말하자면 앞의 (여덟은) 인연생멸이고, 아홉 번째는 연기생멸이고, 열 번째는 성기생멸이고, 망정을 뛰어넘어 보는 자리는 무주생멸이다.(林德以四生滅釋也。謂前因緣生滅。第九緣起生滅。第十性起生滅。越情見處。無住生滅也。)"(H6, 818a17~20)

49 일一이란 다른 것이 없다(無他)는 의미로서 일一 자의 세 가지 뜻은 ① 보현교분, ② 보현증분, ③ 성해과분의 세 측면에서 말한 것이다. ①은 연緣이 하나이니 중도와 진여를 기준으로 한 것으로서 이름과 모습이 없지 않다. ②는 보현의 깨달음을 기준으로 하면

답 그렇다. 결과와 다른 원인으로부터 원인과 다른 결과에 이르는 것은 삼승에서의 승의 뜻이다. 지금은 원인이 결과에 즉하는 뜻을 기준으로 하여 실어 나른다고 이름한다. 이것은 보현의 교분이다. 원인과 결과의 이름과 모습을 떠나서 언어의 길이 끊어짐과 마음 가는 곳이 없음의 뜻을 기준으로 하면 곧 보현증분의 실어 나른다는 뜻이다. 성해의 과분(性海果分)[50]은 곧 말할 수 없기 때문에 오직 불가사의한 승이라고 하니, 이것은 움직이지 않음을 기준으로 하여 승이라 이름하는 것이다.

乘是運載義。問。上一字中。旣有三義。乘亦爾耶。答。爾也。從異果之因至異因之果者。三乘乘義。今約因卽果義名運載也。此是普賢敎分也。背因果名相。約言語道斷心行處滅之義。則是普賢訂*分運載義也。性海果分。則不可說故。唯云不思議乘。此約不動名爲乘也。

'법法'에 세 가지 뜻이 있다. 첫째는 자체를 법이라고 이름한다. 삼승을 기준으로 하여 말하면 소 자체 외에 말이 있고 말 자체 외에 소가 있다. 일승을 기준으로 하여 말하면 이 법 곁에 저 법이 없으며 저 법 곁에 이 법이 없다. 그래서 자체라고 말한다. 둘째는 의식에 상대함을 법이라고 이름한다. 삼승을 기준으로 하여 말하면 제6의식의 상대하는 바를 법진法塵이라고 이름한다. 일승을 기준으로 하면 끝없는 의식의 상대하는 바를

이름과 모습이 없다. 이름과 모습 가운데 이름과 모습이 없는 것이다. ③은 처음부터 이름과 모습을 보지 않는다. 망정을 돌이켜 보는 진리이다.

50 성해의 과분(性海果分) : 법장은 『화엄일승교의분제장』(T45, 477a13~19)에서 일승을 별교와 동교로 나눈 후 별교를 다시 성해의 과분과 연기의 인분(緣起因分)으로 구분한다. 성해의 과분에 대해서 법장은 말로 할 수 없으니 가르침과 상응하지 않기 때문이며, 곧 열 부처님의 경계라고 설명한다. 의상계에서 열 부처님은 「법성게」 제30구에 보이듯이 예부터 움직이지 않는 경계(舊來不動)이므로 열 부처님의 경계인 성해의 과분은 곧 움직이지 않음을 승의 뜻으로 삼는다.

법이라고 이름한다. 셋째는 법칙의 뜻이니 알 수 있을 것이다.

法有三義。一自體名法。約三乘云。牛自體外有馬。馬自體有[1)]牛也。約一乘云。此法側無彼法。彼法側無此法。故云自體也。二對意名法。約三乘云。弟*六意識所對名爲法塵。約一乘。則無盡意識所對名爲法也。三軌則義。可知。

1) ㉮ '有' 앞에 '外'가 빠진 듯하다.(편집자) ㉯ 底·高에는 '外'가 없지만 번역에서는 앞 구절과의 대구에 따라 '外'를 보충하였다.

'계界' 또한 세 가지 뜻이다. 첫째는 성품이 다름의 뜻이다. 삼승을 기준으로 하여 말하면 선과 악과 무기無記[51]의 세 성품이 각각 다르기 때문이다. 일승을 기준으로 하면 세 성품 중에 의거함을 따라서 온전히 다하여 각각 서로 곁이 없다. 그래서 성품이 다르다고 한다. 둘째는 원인의 뜻이다. 삼승을 기준으로 하여 말하면 오직 안식을 낳는 것을 안식의 명언종자名言種子[52]라고 이름한다. 일승을 기준으로 하면 육식을 통틀어 낳는 것을 안식의 명언종자로 삼는다. 셋째는 지님의 뜻이다. 삼승을 기준으로 하여 말하면 결과와 다른 원인이 원인과 다른 결과를 지닌다. 일승을 기준으로 하면 온전히 결과인 원인이 온전히 원인인 결과를 지닌다. 그래서 지님이라고 한다.

51 무기無記 : Ⓢ avyākṛta. 선善, 불선不善(또는 惡)과 함께 일체법의 성품을 구별하는 삼성三性의 하나이다. 선도 아니고 불선도 아니기 때문에, 또는 선과 악의 과보인 이숙과異熟果를 일으키지 않기 때문에 무기라고 한다. 세친, 『阿毘達磨俱舍論』(K27, 462a5~6; T29, 7b16~17). 『총수록』 『법융기』(H6, 772a23~b6)에서는 삼승에 따르면 선·악·무기이지만 일승에서는 오직 선일 뿐이며, 이것은 곁이 없는 뜻(無側義)을 기준으로 하여 설한 것임을 밝히고 있다.

52 명언종자名言種子 : 명언에 의해 훈습되어 이루어진 종자를 가리킨다. 마음이 대상을 인식할 때 언어를 연상하면서 행동함으로써 훈습된 종자를 가리킨다.

界亦三義。一性別義。約三乘云。善惡無記三性各別故也。約一乘。則於三性中隨擧全盡。各互無側。故云性別。二因義。約三乘云。唯生眼識。名爲眼識名言種子。約一乘。則通生六識。爲眼識名言種子也。□[1]持義。約三乘云。異果之因持異因之果。約一乘。則全果之因持全因之果。故云持也。

1) ㉳ 을본에는 □가 '二'로 되어 있으나 '三'인 듯하다.(편집자) ㉳ 高에는 '二'로 되어 있다. 高의 글자를 '二'로도 볼 수 있으나 형태상 '三'의 위 획이 희미하게 찍힌 것으로 생각된다.

'도圖'는 즉 해인의 형상에 의거하여 일승과 삼승의 가르침 및 근기와 욕구를 나타낸 것이다. 말하자면 붉은 도인의 앞과 뒤의 차별은 삼승의 가르침이다. 붉은 도인의 원만함은 일승의 가르침이다. 도인의 앞과 뒤의 차별 가운데 글자는 즉 삼승의 근기와 욕구이다. 도인의 원만함 가운데 글자는 즉 일승의 근기이다.

圖則依海印像。表一乘三乘敎及根欲。謂朱印之前後差別者。三乘敎也。朱印之圓者。一乘敎也。印之前後差別中字。則三乘根欲也。印之圓滿中字。則一乘根器也。

법융기

『법융덕기法融德記』에 이른다. '합시일인合詩一印'이란 (다음과 같다.) 한 길의 붉은 줄이 여러 검은 글자와 합하여 바야흐로 원만한 도인을 이룬다. 그래서 '합시'라고 한다.

문 검은 글자를 쓴 후에 붉은 줄을 그렸는가, 붉은 줄을 그린 후에 검은 글자를 썼는가?

답 두 가지 모두 옳다. 먼저 쓰고 나중에 그린 것은 이치로써 현상을 따른 뜻이고, 먼저 그리고 나중에 쓴 것은 현상으로써 이치를 따른 뜻이다.

지엄 스님이 비록 73개의 도인을 지었지만 다만 그 하나의 인印의 뜻을 나타내고자 하였으니, 의상 화상이 (지엄) 스님의 뜻을 깊이 얻었기 때문에 오직 이 하나의 근본인을 지은 것이다.[53]

法融德記云。合詩一印者。一道朱畫合諸黑字。方成圓印。故云合詩。問。書黑字後。畫朱畫耶。畫朱畫後。書黑字耶。答。二俱是也。先書後畫者。以理從事之義。先畫後書者。以事從理之義也。儼師。雖作七十三印。但欲現其一印之義。而相和尚深得師意故。唯作此一根本印也。

진수기

『진수덕기眞秀德記』에 이른다. '시詩'란 그림(圖文)에 칠언 삼십 구가 있는 까닭에 '시'라고 한 것일 뿐이고, 운율을 기준으로 하여 말한 것은 아니다. '일인一印'이란 하나의 큰 연기를 나타내고자 한 까닭이다.

眞秀德記云。詩者。圖文有七言三十句。故云詩耳。非約韵言也。一印者。欲現一大緣起故也。

대 기

『대기』에 이른다. '오십사각五十四角'이란 (다음과 같다.) 아래 글에 이르기를, "어째서 도인에 오직 한 길만 있는가? 답한다. 여래의 일음을 나

53 지엄이 73개의 도인을 지었고 의상이 이를 바탕으로 하나의 근본인을 만들었다는 설은 현존 자료 가운데 이곳 『법융기』에서만 보인다. 그러나 『총수록』 『대기』(H6, 771b12~16; H6, 794b18~19)에서도 73개의 도인과 하나의 근본인의 관계를 두 번 언급하고 있다. 이를 통해 의상계에 73개의 도인과 하나의 근본인에 대한 전승이 있었던 것은 확인할 수 있다.

타내기 때문이다. 운운."[54]라고 하였다. 「성기품性起品」의 열 가지 음성(十種音)[55]을 가지고 오승五乘[56]의 근기에 차례로 배대하면 곧 오십을 이룬다. 이 응화應化의 주체인 부처님이 사섭四攝·사무량四無量을 갖추어 가지신 까닭에 사각이라고 한 것이다.

> 大記云。五十四角者。下文云。何故印文唯有一道。答表如來一音故。云云。將性起品十種音。歷對五乘機。卽成五十。此能應佛。具將四攝四無量。故云四角也。

진수기

『진수기』에 이른다. '오십사각五十四角'이란 사람 선지식(人知識)을 나타낸다. 말하자면 55선지식[57]이나 처음과 뒤의 두 문수보살[58]을 합한 까닭에 오직 54이다. 처음과 뒤를 합하여 들고 중간을 통틀어 취하여 하나의 원명한 지혜가 되고 보현보살 선지식은 깨달은 바 이치이니, 법계의 모든 법이 이치와 지혜를 벗어나지 않기 때문이다.

---

54 『일승법계도』(H2, 1b10~11; H6, 791b11~12).

55 열 가지 음성(十種音) : 『육십화엄』「보왕여래성기품」(K8, 241a3~244c9; T9, 618c16~622b11)에서 여래가 출현하는 열 가지 법 가운데 세 번째 여래의 음성 열 가지를 가리킨다.

56 오승五乘 : 화엄 문헌에서 오승과 그에 포함되는 삼승은 문맥에 따라 구체적인 내용을 달리 하지만 여기에서 오승은 삼승三乘·소승小乘·인천승人天乘을 가리킨다. 『총수록』「대기」(H6, 824c20~21 등). 삼승은 대승시교大乘始教·대승종교大乘終教·돈교頓教이다. 상권 1 각주 19) 참조.

57 55선지식 : 『화엄경』「입법계품」에서 선재동자가 문수보살로부터 보현보살에 이르기까지 만나서 가르침을 얻는 선지식들을 가리킨다. 보통은 53선지식이라고 하나 문수보살을 두 번 만나고 덕생동자德生童子와 유덕동녀有德童女를 한 곳에서 함께 만나므로 55선지식이라고 일컫기도 한다.

58 두 문수보살 : 『화엄경』「입법계품」에서 선재동자가 만나는 선지식 중 문수보살은 두 번, 즉 맨 처음과 52번째의 미륵보살 다음에 다시 만난다. 『육십화엄』(K8, 315c14~317c9; T9, 687c7~689c16; K8, 420b23~420c15; T9, 783b27~783c15).

'이백일십자二百一十字'란 법 선지식(法知識)이다. 말하자면 「이세간품」[59]에서 보혜보살普惠菩薩[60]이 이백 구의 질문을 구름같이 일으키고, 보현보살이 이천 구의 답을 병으로 물 쏟듯 하니 매 한 구의 질문마다 다 십 구로써 답하는 까닭에 '일십'이라고 하는 것이다.

眞秀記云。五十四角者。表人知識。謂五十五知識也。以合初後二文殊故。唯五十四。合擧初後。通取中間。爲一圓智。普賢知識。是所訂*理。法界諸法。不出理智故也。二百一十字者。法知識也。謂離世間品普惠雲興二百句問。普賢甁瀉二千句答。每一句問。皆以十句答。故云一十也。

대 기

『대기』에 이른다. '이백일십자二百一十字'란 (다음과 같다.) 오주인과五周因果에서 첫 인과를 제하고 뒤의 사주四周에서 과분果分을 가려내고 인분因分을 취하면 사주四周의 인분에 각각 오십 개의 지위가 있으므로 '이백'을 이룬다. 그 사주에 있는 과분의 지위 넷을 합하여 '일'로 삼는다. 이 과분이 열 부처님의 과분과 같음을 나타내고자 하기 때문에 '일십'이라고 말한 것이다.

大記云。二百一十字者。五周因果。除初因果。於後四周。簡果取因。於四周因。各有五十位。故成二百。其四周中所有果位。合四爲一。欲現此果同是十佛果。故言一十也。

---

59 『화엄경』「이세간품」은 『육십화엄』의 경우, 세존께서 마갈제국 아란야법보리장의 보광명전에서 연화장사자좌에 앉아 계실 때 한량없는 보살들과 함께하셨는데 그 가운데 보혜보살普慧菩薩이 2백 가지의 물음을 보현보살에게 하자 보현보살이 그 2백 가지의 물음에 열 개씩 총 2천 개의 답을 하는 구조로 되어 있다.

60 보혜보살普惠菩薩 : 『화엄경』「이세간품」에서는 보혜보살普慧菩薩이다. 『육십화엄』(K8, 254b5 ; T9, 631c22), 『팔십화엄』(K8, 754a23 ; T10, 279b19).

문 어째서 처음의 인과를 제하는가?

답 다만 믿을 바이고 이룰 바 행行은 아니기 때문이다.

문 어째서 과분의 지위(果位)를 합하여 하나로 삼는가?

답 인분의 지위(因位)에 이미 차별과 평등이 있으니 말의 모습이 다르기 때문이다. 과果 또한 그러하나, 열 부처님의 과果와 같음을 나타내고자 하기 때문에 총합하여 하나로 한 것일 뿐이다.

問。何故除初因果耶。答。但是所信。非所成行故。問。何故果位。合爲一耶。答。因位旣有差別平等。詮相別故。果應亦爾。然欲現同是十佛果故。摠爲一耳。

또 말한다. 이 해인 가운데 나타난 삼세간의 십문十門과 십법十法이다. 말하자면 아래 본문의 열 개의 동전 비유(十錢喩)[61] 및 열 보법(十普法)[62]이 이십이 되고, 이십에 각각 십현十玄[63]을 논하여 합해서 이백이 되고, 본 십현을 아우른 까닭에 '이백일십'이라고 말하는 것이다.

또 이 인印이 총摠이 되고 칠십삼 인印이 별이 된다. 별인別印 중에 나아가 칠십 인印을 가져 삼세의 인(三際印)을 거치니 한 세(一際)가 각각 칠십인 까닭에 합하여 '이백일십'이 된다. 그러므로 이백일십 개의 인印을 합하여 하나의 해인삼매인 총상인을 이루는 것이다.

又云。此海印中所現三世間十門十法也。謂下文十錢喩及十普法爲

61 열 개의 동전 비유(十錢喩) : 열 개의 동전을 세는 비유(數十錢喩)를 가리킨다. 의상이 연기실상다라니법을 관하기 위한 방편으로 사용하였다. 『일승법계도』(H2, 6a22~7a9).

62 열 보법(十普法) : 상권 1 각주 38) 참조.

63 십현十玄 : 십현문十玄門을 일컫는다. 의상이 일승과 삼승의 분제를 구분할 때 의거하였다. 『일승법계도』(H2, 8a9~b7).

二十。二十各論十玄。合爲二百。并本十玄。故云二百一十也。又此印爲揔。七十三印爲別。就別印中。將七十印。歷三際印。一際各七十。故合爲二百一十也。故合二百一十印。成一海印三昧揔相印也。

칠언 삼십 구란 (다음과 같다.) 앞의 (십보)법과 (십전)유가 각각 열이고 본 십현을 함께 합해서 삼십이 된다. 이 삼십 구가 『(화엄)경』의 제목 일곱 자를 벗어나지 않기 때문에 일곱 자로써 시를 지은 것이다. 이런 까닭에 법계의 법이 비록 다함없다고 하여도 이백일십자를 벗어나지 않으며 이를 총합하면 곧 삼십 구를 이룬다. 또 이를 총합하면 일곱 자를 벗어나지 않는다. 또 이를 총합하면 이치와 지혜를 벗어나지 않는다. 또 이를 총합하면 하나의 가장 청정한 법계를 벗어나지 않는다. 그러므로 '일승법계도'라고 제목하여 이른 것이다.

七言三十句者。前之法喩各十。并本十玄。合爲三十。此三十句。不出經題七字故。以七言造詩也。是故法界之法。雖云無盡。不出二百一十字。揔此卽成三十句。又揔此不出七字。又揔此不出理智。又揔此不出一最淸淨法界。是故題云一乘法界圖也。

청량소

『청량소淸涼疏』[64]의 「제목을 총괄하여 해석함」[65]에 이른다.[66] '여섯 번

64 『淸涼疏』: 청량 징관淸涼澄觀이 80권 『화엄경』을 주석(784~787)한 『大方廣佛華嚴經疏』 60권을 가리킨다. 이 『청량소』에 대한 주석서로 『大方廣佛華嚴經隨疏演義鈔』가 있다. 징관은 속성이 하후夏候이고 자는 대휴大休이며, 청량은 당唐 덕종德宗으로부터 받은 호이다. 11세에 보림사寶林寺 패선사霈禪師에게 출가한 이래 여러 스승에게서 사사하였다. 『사십화엄』의 번역에 참여하였고, 이에 대한 주석서인 『貞元新譯華嚴經疏』를 지었다. 저술은 400여 권 이상이었다고 전하나 현존하는 것은 40여 종이다. 『총수록』에서는 징관의 저술 가운데 『청량소』 4회, 『貞元新譯華嚴經疏』 2회, 『十二因緣

째, 말아서 거두어 모습이 다한다'란, 말하자면 뒤에서부터 점차 말아서 내지 9회를 벗어나지 않으며[67] 9회는 초회를 여의지 않는다. 초회는 전체 제목(摠題, 대방광불화엄경)을 여의지 않으며 전체 제목은 이치와 지혜를 벗어나지 않는다. 이치가 아니면 지혜가 아닌 까닭에 이치 밖에 지혜가 없으며 지혜가 아니면 이치가 아닌 까닭에 지혜 밖에 이치가 없으니 곧 이치와 지혜가 둘이 아니다. 또한 지혜를 거두어 이치를 따르니 체를 여의고는 작용이 없다. 작용을 거두어 체로 돌아가니 체성이 스스로 여의므로 체는 곧 체가 아니다. 본래 청정함을 굳이 이름하여 청정법계라고 한다. 이런 까닭에 다함없음으로부터 한 글자나 글자 없음에 이르기까지 모두 화엄의 성해性海를 거두어 남음이 없다.

> 淸涼疏摠釋題名中云。弟*六卷攝相盡者。謂從後漸卷。乃至不出九會。九會不離初會。初會不離摠題。摠題不出理智。非理不智故。理外無智。非智不理故。智外無理。則理智不二。亦攝智從理。離體無用。攝用歸體。體性自離故。體卽非體。本來淸淨。强名之淸淨法界。是以極從無盡乃至一字無字。皆攝花嚴性海。無有遺餘。

觀』 1회, 『華嚴略策』 1회를 인용하고 있다. 징관은 당의 현종玄宗에서 문종文宗까지 9조朝를 거치면서 일곱 왕의 왕사, 국사로서 존숭받았다. 징관의 전기 자료로는 배휴裵休(787?~860?)가 왕의 명령으로 지은 「妙覺塔記」(『華嚴玄談會玄記』 수록본, 卍12, 7a15~9a13)와 『송고승전』 「唐代州五臺山淸涼寺澄觀傳」(T50, 737a4~c20) 등이 있다.

65 『청량소』가 『화엄경』을 총 십문十門으로 나누어 해석하는 가운데 아홉 번째 『화엄경』의 제목을 다시 열 가지로 풀이하는 부분이다.

66 징관, 『청량소』(T35, 526a19~26).

67 여기에 생략된 부분에 대해서는 『청량소초』(T36, 122c26~123a4)의 다음 구절이 참조된다. "言乃至不出九會者。乃至二字略後五重。不出九會。是第四節耳。若具應云。一卷無盡時處。歸異類界塵。二卷異類界塵。歸異類界。三卷異類界。不出同類界塵。四卷同類界塵。不出同類刹主伴經。五卷主伴不出主經。結遍十方。六卷遍十方不出九會。七歸初會。八歸總題。九歸理智。十歸淸淨法界。"

[2] 자서自敍

1. 시詩를 짓는 목적 大聖善教至隨病非一~依理據教至無名眞源

'위대한 성인의 훌륭한 가르침은'부터 '병에 따라서 하나가 아니다'까지[68]
大聖善教至隨病非一

법융기

『법융기』에 이른다. '위대한 성인'이란 모든 가르침 가운데 지금 이 교주教主가 가장 존귀하고 수승하기 때문이다.

法融記云。大聖者。於諸教中。今此教主。最尊勝故也。

문 아래 사교(下四教)[69]에서는 교화의 주체와 교화의 대상이 다 미치지 못하는가?

답 그렇다.

문 삼승의 교화의 주체인 삼신三身[70]은 다만 일승의 십신十身[71]의 큰 작

---

68 『총수록』(H6, 771c11). 이에 해당하는 『일승법계도』 원문은 H2, 1a5; H6, 768a5.

69 아래 사교(下四教) : 화엄교학의 교판教判 가운데 하나인 오교五教 중에서 마지막 일승교一乘教 아래의 네 가르침인 ① 소승교小乘教, ② 대승시교大乘始教, ③ 대승종교大乘終教, ④ 돈교頓教를 가리킨다.

70 삼신三身 : Ⓢ trayaḥ kāyāḥ. 불신佛身을 세 종류로 나눈 것으로 삼신불三身佛, 삼불三佛이라고도 한다. 이에 해당하는 구체적인 항목과 내용은 경론에 따라서 다양하다. 『총수록』『법융기』는 바로 아래에 '자수용'을 언급하고 있는 점과 전반적인 문헌 인용 경향을 볼 때 무착無著(Ⓢ Asaṅga 4, 5세기경)의 『攝大乘論』에 의거하고 있는 것으로 보인다. 『섭대승론』(K16, 1076c10~24; T31, 129c2~10)은 모든 한역본에 삼신이 자성신自性身(Ⓢ svābhāvikakāya)·수용신受用身(Ⓢ sāmbhogikakāya)·변화신變化身(Ⓢ

용인데 왜 미치지 못한다고 하는가?

답 이미 이르기를, 다만 십신의 작용이라고 한 까닭에 미치지 못하는 것이다.

문 열 부처님이 곧 자수용自受用[72]의 부처님이고 곧 (보리)수 아래의 부처님이다. 왜 미치지 못한다고 하는가?

답 만약 이 뜻을 기준으로 한다면 미친다고 할 수 있을 것이다. 그러나 가르침의 품류를 분별하고자 하기 때문에 미치지 못한다고 한 것일 뿐이다.

問。下四敎中能化所化。皆不及耶。答。爾也。問。三乘能化三身。但是一乘十身之大用。何云不及耶。答。旣云但是十身之用故不及。問。十佛。卽自受用佛。卽樹下佛也。何云不及耶。答。若約此義。可云及矣。[1] 然欲辨敎品。云不及耳。

1) ㉑ 을본에는 '矣'가 '焉'으로 되어 있다.

청량소

『청량소』의 「가르침이 일어난 인연」[73]에 이른다.[74] 지금 이 경을 설하

nairmāṇikakāya)으로 되어 있다. 이에 따르면 자성신은 여래의 법신으로서 일체법에 대해서 자재함의 의지처가 된다. 수용신은 여러 부처님의 갖가지 설법의 모임에 나타나는 불신으로서 법신을 의지처로 하며 청정한 불국토와 대승의 법락을 받아들이기에 수용신이라고 일컫는다. 변화신은 법신을 의지처로 삼으며, 도솔천으로부터 이 세계에 태어나 여러 모습을 보이는 불신을 가리킨다.

71 십신十身 : 열 부처님(十佛)을 가리킨다. 자세한 내용은 상권 1 각주 17)과 아래의 『청량소』 인용문 참조.

72 자수용自受用 : 상권 1 각주 70) 참조.

73 『청량소』에서 『화엄경』을 총 십문으로 나누어 해석하는 가운데 첫 번째 『화엄경』이 일어난 인연을 설명하는 부분이다.

74 징관, 『청량소』(T35, 505c17~506a22).

시는 부처님은 진신(眞)인가, 응신(應)인가? 한 (부처님)인가, 여러 (부처님)인가? 만약 진신이라고 말한다면 어떻게 석가모니부처님이 사바세계娑婆世界[75]에 계셔서 사람과 천신(人天)이 함께 본다고 이름하는가? 만약 응신이라고 한다면 어떻게 비로자나부처님[76]이 연화장蓮華藏세계[77]에 거처하여 대보살의 견해로 부처님의 법신을 보신다고 말하는가? 만약 하나라고 한다면 어떻게 여러 장소에 다르게 나타나는가? 만약 다르다고 한다면 어떻게 다시 말하기를 "몸을 나누지 않는다."[78]고 하는가?

---

75 사바세계娑婆世界 : Ⓢ sahālokadhātu. 사바娑婆는 사하沙訶, 삭하索訶 등이라고도 한다. 감인堪忍, 능인能忍 등으로 의역하며, 참고 견디어야 하는 고통스러운 세계라는 뜻이다. 예토穢土의 하나이며 현재 인간들이 살고 있는 세계로서 석가모니부처님이 중생 교화를 펼치는 세계이다.

76 비로자나부처님(遮那) : Ⓢ Vairocanabuddha. 'Vairocana'는 'vi-√ruc'에서 변화한 것으로 '널리 비춤', '두루 빛남' 등을 의미한다. 징관은 『청량소』(T35, 535c24~536a1)에서 '毘盧遮那'의 '毘'를 두루함(遍)으로, '盧遮那'를 광명을 비춤(光明照)의 뜻으로 풀이하여 전체로는 광명을 두루 비춤(光明遍照)으로 해석하였다. 이때의 빛(光)에는 몸의 빛(身光)과 지혜의 빛(智光)이 있어서 이 둘을 합하여 비로자나의 한 몸을 이룬다고 설한다. 십불十佛을 『화엄경』의 주불主佛로 본 지엄이나 법장과는 달리 징관은 비로자나부처님을 『화엄경』의 주불로 보았다. 또한 징관은 『청량소초』(T36, 28b24~c17)에서 이 구절에 대해 화엄교 이외의 교敎에서는 비로자나부처님이 진법신眞法身이고 석가모니부처님이 응화신應化身이지만 화엄교에서는 진법신인 비로자나부처님과 응화신인 석가모니부처님이 상즉상융한다고 한다.

77 연화장蓮華藏세계 : Ⓢ Kuṣmatalagarbhavyūhālaṃkāralokadhātusamudra, Padmagarbhalokadhātu. 화장장엄세계해華藏莊嚴世界海를 가리킨다. 『팔십화엄』「華藏世界品」(K8, 470c4~8; T10, 39a16~20)에서는 이 세계에 대해 비로자나부처님이 예전에 보살행을 닦을 때 무수한 겁 동안 한량없는 부처님을 가까이 모신 곳이며 무수한 행원行願으로 장엄한 곳이라고 설한다. 징관은 『청량소』(T35, 505b7~16)에서 『화엄경』이 설해지는 장소(說處)를 마갈제국 등의 예토穢土라고 하는 설과 화장장엄세계해의 정토淨土라고 하는 설을 소개한 후 『화엄경』의 근본 종지에 따라서 두 종류의 4구四句로 설명한다. 즉 『화엄경』의 설처는 혹은 예토이며, 혹은 정토이며, 혹은 예토이면서 정토이며, 혹은 예토와 정토 모두 아니라고 하여 정토와 예토에 장애되지 않는다고 설한다.

78 『팔십화엄』「如來出現品」(K8, 740a8~9; T10, 268a3~4), "모든 부처님께서 몸을 나투시는 것 또한 이와 같으니, 일체 시방에 두루하시지 않음이 없다. 그 몸이 무수하여 일컬을 수 없으나 또한 몸을 나눈 것도 아니고 나누어 달리한 것도 아니다.(諸佛現身亦如是。一切十方無不遍。其身無數不可稱。亦不分身不分別。)"

그러므로 이 경을 설하시는 부처님은 앞에서 말한 것 모두 아니다. 곧 법계의 다함없는, 구름 같은 몸으로서 진신과 응신이 서로 융통하며 하나와 여럿이 걸림이 없다. 운운.

清涼疏敎起因緣中云。今說此經佛。爲眞爲應。爲一爲多。若言眞者。何名釋迦居娑娑[1)]界。人天同見。若云應者。那言遮那處蓮花藏。大菩薩見。見佛法身。若云一者。何以多處別現。若云異者。何以復言而不分身。故說此經佛。並非前說。卽是法界無盡身雲。眞應相融。一多無碍。云云。

1) ㉯ 을본에는 '娑'가 '婆'로 되어 있다. ㉰ 底·高 는 '娑'이지만 『淸涼疏』(T35, 505c18)에는 '娑婆'로 되어 있다.

먼저 십신十身을 밝히고 뒤에 걸림 없음(無碍)을 드러내겠다. 십신이라고 말한 것은 스스로 두 가지 뜻이 있다. 첫째, 삼세간의 융섭을 기준으로 하여 십신으로 한다. 첫째는 중생신衆生身이고, 둘째는 국토신國土身이고, 셋째는 업보신業報身이고, 넷째는 성문신聲聞身이고, 다섯째는 연각신緣覺身이고, 여섯째는 보살신菩薩身이고, 일곱째는 여래신如來身이고, 여덟째는 지신智身이고, 아홉째는 법신法身이고, 열째는 허공신虛空身이다.[79]

先明十身。後彰無碍。言十身者。自有二義。一約融三世間□□[1)]身者。一衆生身。二國土身。三業報身。四聲聞身。五緣覺身。六菩薩身。七如來身。八智身。九法身。十虛空身。

1) ㉯ 을본에는 □□이 '爲十'으로 되어 있다. ㉰ 『淸涼疏』(T35, 505c28)에 '爲

79 이 첫 번째 십신十身은 『팔십화엄』 「십지품」(K8, 659a13~15; T10, 200a20~22)에 나온다.

十'으로 되어 있다.

둘째, 부처님에게 나아가 스스로 십신이 있다. 첫째는 보리신菩提身이고, 둘째는 원신願身이고, 셋째는 화신化身이고, 넷째는 역지신力持身이고, 다섯째는 상호장엄신相好莊嚴身이고, 여섯째는 위세신威勢身이고, 일곱째는 의생신意生身이고, 여덟째는 복덕신福德身이고, 아홉째는 법신法身이고, 열째는 지신智身이다.[80] 운운.

二就佛上自有十身。一菩提身。二願身。三化身。四力持身。五相好莊嚴身。六威勢身。七意生身。八福德身。九法身。十智身。云云。

'걸림 없다(無碍)'고 말한 것은 간략히 열 가지 뜻이 있다. 첫째는 작용이 두루함이 걸림 없다. 운운. 열째는 원통圓通이 걸림 없으니, 말하자면 이 부처님의 몸이 이치에 즉하고 현상에 즉하며, 하나에 즉하고 여럿에 즉하며, 의보(依)에 즉하고 정보(正)에 즉하며, 사람에 즉하고 법에 즉하며, 이것에 즉하고 저것에 즉하며, 유정물에 즉하고 무정물(非情)에 즉하며, 깊음에 즉하고 넓음에 즉하며, 원인에 즉하고 결과에 즉하며, 삼신三身에 즉하고 십신十身에 즉하니, 동일하게 걸림 없는 법계의 구름 같은 몸이다.

言無碍者。略有十義。一用周無碍。云云。十圓通無碍。謂此佛身。卽理卽事。卽一卽多。卽依卽正。卽人卽法。卽此卽彼。卽情卽非情。卽深卽廣。卽因卽果。卽三身卽十身。同一無碍法界身雲。

---

80 이 두 번째 십신十身도 『팔십화엄』「십지품」(K8, 659b3~5; T10, 200b5~7)에 나온다. 위 첫 번째 십신 가운데 일곱째 여래신을 다시 열 가지로 구분한 것이다.

법융기

『법융기』에 이른다. '훌륭한 가르침(善敎)'이란 (다음과 같다.)

삼승에 근거하면 곧 이 생生과 저 세상에 수순하는 이익이 선善이며, 이 생과 저 세상에 거스르는 손해가 악惡이다. 이 두 가지 가운데 특별히 표기할 것이 없는 것이 무기無記이다.[81]

일승에 근거하면 곧 다만 선일 뿐이다. 무엇인가? 말하자면 지엄 스님이 이르기를, "원통圓通의 지극함은 선하지 않음이 없음에 자리하니, 연緣을 만나서 이에 수순하며 사물을 가리지 않고 베푼다. 이상."[82]라고 하였다. 그러므로 일승은 오직 하나의 선善일 뿐임을 안다.

法融記云。善敎者。約三乘。則此生他世順益者。善也。此生他世違損者。惡也。於此二中。無可記別者。無記也。約一乘。則只是善也。何者。謂儼師云。圓通之致。處無不善。觸緣斯順。不擇物而施。已上。故知一乘唯一善耳。

문 만약 그렇다면 무기와 악이 다만 하나의 선일 뿐인가?

답 그렇다.

문 그렇다면 악을 들 때에도 또한 이와 같은가?

답 그렇다. 그러나 선이라고 말한 것은 듦을 따라서 곁이 없는 뜻에 근거하여 말한 것일 뿐이다.

問。若爾。無記與惡。只一善耶。答。爾也。問。爾則。擧惡時亦如是耶。答。

---

81 『八識規矩略說』 권1(卍55, 412a15~16), "三性者。善性惡性無記性。無記者。於善惡二性無可記別。" 지욱, 『楞伽經義疏』 권4(卍17, 594b24~c2), "疏曰。能爲此世他世順益。名爲善法。通於有漏無漏。能爲此世他世違損名不善法。唯是有漏。於善不善無可記別。名無記法。" 등이 참조된다.

82 『수현기』(K47, 2a15~17; T35, 14c23~25)에서 『화엄경』의 제목 가운데 '方'을 풀이하는 부분이다. "言方者。圓通之致。處無不善。觸緣斯順。不擇物而施。故曰方。"

爾也。然云善者。約隨擧無側義云耳。

'(일정한) 방법이 없다'란 (다음과 같다.) 만약 삼승이라면 곧 (근기에) 따라서 하나, 둘을 설하여 이에 무량에 이르고 방법이 없는 것이 아니다. 왜 그런가? 삼승의 가르침은 다른 근기에 따라서 설하기 때문에 방법이 없는 것이 아니다. 일승의 가르침은 (근기에) 따라서 사성제(諦)·십이인연(緣)·육바라밀(度) 등을 설하나, 해인삼매의 구경의 경계에 사무쳐서 자재로이 설하기 때문에 (일정한) 방법이 없다고 하는 것이다.

無方者。若三乘。則隨說一二乃至無量。非是無方。何者。三乘之敎。隨別機說故。非無方。一乘之敎。隨說諦緣度等。徹於海印究竟之際。自在而說。故云無方也。

'근기에 응하고 병病에 따라서 하나가 아니다'란 (다음과 같다.) 비유하면 일반 의사(小醫)는 각각 달리 약을 주지만 만약 위대한 의사(大醫王)라면 천하의 갖가지 여러 약물을 널리 모아서 하나의 알약을 만들어 병의 약간의 차별을 묻지 아니하고 평등하게 널리 주되 병이 낫지 않음이 없는 것과 같다.

일승의 부처님 또한 이와 같아서 모든 가르침의 근기의 병에 널리 응하여 오직 한 종류의 해인정의 법으로써 근기에 맞추어 설한다. 성문의 사람에게는 온전한 해인의 사성제 법을 주며, 독각의 사람에게는 온전한 해인의 연생緣生 법을 주고, 보살의 사람에게는 온전한 해인인 육바라밀의 법을 주고, 내지 숙교熟敎[83]와 돈교頓敎[84]의 사람에게도 또한 온전하고

83 숙교熟敎 : 종교終敎라고도 한다. 종교는 화엄종에서 내세우는 오교의 하나이며, 대승종극의 가르침이라는 뜻이다. 경론으로는 주로 여래장사상을 설하는 『능가경』·『승만경』·『究竟一乘寶性論』·『大乘起信論』 등이 이에 해당한다.

온전한 그것을 줄 뿐이다.

應機隨病非一者。猶如小醫。各別與藥。若大醫王。普集天下種種諸物。作一團藥。無問病之若于[1]差別。平等普與。病無不治。一乘之佛亦復如是。普應諸教禨[2]根之病。唯以一種海印定法稱根而說。聲聞人中與全海印四諦之法。獨覺人中與全海印緣生之法。菩薩人中與全海印六度之法。乃至熟頓人中亦全全與之耳。

1) ㉥ '于'는 '干'인 듯하다. ㉧ 高에는 '千'로 되어 있다. 2) ㉥ 을본에는 '禨'가 '機'로 되어 있다. ㉧ 高는 '機'로 되어 있다.

대 기

『대기』에 이른다. 아래 사교의 사람은 다 병든 근기이다. 원교圓敎[85]의 근기는 곧 그렇지 않다. 또는 원교의 근기는 큰 병이 있다. 한 번 성내는 마음을 일으키면 곧 백천의 장애문이 있게 되기 때문이다.

大記云。下[1]四敎人。皆病機也。圓機則不爾也。又圓敎之機。有大病也。起

84 돈교頓敎 : 점차적인 단계를 거치지 않고, 언어와 사유분별을 떠나 단박에 깨닫는 가르침 또는 그것을 종지로 하는 교파敎派를 의미한다. 이에 반해 점교는 낮은 경지에서 차례로 순서를 따라 높은 경지로 나아가는 가르침 또는 교파를 가리킨다. 돈교와 점교에 해당하는 경론이나 가르침에 대해서는 각 종파에 따라 입장이 다르다. 지엄은 부처님의 가르침을 점교漸敎·돈교頓敎·원교圓敎로 나눈 후, 『화엄경』을 돈교와 원교에 해당시킨다. 『수현기』(K47, 1a20~c25; T35, 13c16~14c3), 『공목장』(T45, 558c16~559a24). 한편 법장은 『화엄경』을 원교에만 배대시켰다. 『화엄경탐현기』(K47, 466a13~28; T35, 115c4~20). 의상은 『일승법계도』(H2, 8b2~5)에서 지엄의 『수현기』를 인용하여, 십현문十玄門에 완전히 상응하는 가르침을 원교 또는 돈교에 해당한다고 설한다.

85 원교圓敎 : 부족함이 없는 원만한 가르침을 뜻한다. 동아시아 불교에서는 어느 종파의 교판敎判이냐에 따라 구체적인 경론은 다르더라도 자종의 소의경론을 가장 훌륭한 가르침인 원교로 칭하는 경우가 많다. 지엄은 화엄을 일승원교라 일컬었으며, 의상은 화엄의 가르침을 별교일승원교別敎一乘圓敎에 해당시킨다.

一嗔心。卽有百千障碍門故。

1) ㉑ 을본에는 '下'가 '不'로 되어 있다.

진수기

『진수기』에 이른다. '위대한 성인'이란 아래 삼승의 작은 성인에 대하여 '위대한 성인'이라고 한 것이다. '훌륭한 가르침'이란 언어로 지니는 가르침(文持敎)[86]이다. 이 언어로 지니는 가르침은 해인삼매로 좇아 전체로 일어나기 때문에 하나의 물(水)을 부르는 말에 불과 나무 등의 법이 모두 함께 온다. 하나의 말에 모든 법이 함께 오기 때문에 가르침(敎)이 구족되어 있다고 한다. 이 '물'이라는 말에 물의 습한 뜻이 있으며, 물의 습한 뜻 가운데 불의 뜨거움 등 법계의 모든 뜻이 갖추어져 있기 때문에 뜻(義)이 구족되어 있다고 한다. 이와 같은 모든 뜻이 '물'이라는 말에 갖추어져 있으니 이런 까닭에 합해서 하나의 큰 연기의 가르침이라고 말하는 것이다.

眞秀記云。大聖者。對下三乘小聖云大聖也。善敎者。文持敎也。此文持敎。從海印定全體而起故。於一喚水言中。火木等法皆具來也。於一言中。諸法具來。故云敎具足。此水言中有水濕義。水濕義中具火熱等法界諸義。故云義具足。如是諸義。於水言具。是故合云一大緣起敎也。

문 불을 사용하고자 할 때 물을 부를 때의 말 가운데 도달하는 불을 사용하는가?

답 이것은 다만 물의 연緣인 까닭에 만약 불을 사용할 때는 '불'이라는

86 언어로 지니는 가르침(文持敎) : 법장은 『화엄경탐현기』(K47, 498a26~27; T35, 149c20~22)에서 장항長行(산문)은 풀어서 해설하여 바른 이해를 내기 때문에 뜻을 지님(義持)이 성취되고, 게송은 총섭하여 받아 지니기 쉬우므로 언어로 지님(文持)이 성취된다고 하며 의지義持와 문지文持를 구분하여 설명하고 있다.

말에 도달해 이르는 불을 사용하는 것이다.

문 만약 그렇다면 물이 오는 중의 불은 불이 오는 중의 불과 다른가?

답 도달하기 때문에 같다.

문 만약 그렇다면 어찌 다시 불을 일으켜 오게 하는 말이 필요한가?

답 이미 불을 필요로 하는 곳이므로 불을 일으키는 말이 필요하다.

문 만약 불이 오는 중의 불이라야 비로소 쓸 수 있다면 물이 오는 중의 불은 실제의 불이 아닌가?

답 실제의 불이다. 그러나 이것은 물을 이루는 불이기 때문에 불 중의 불과는 문이 다름이 된다.

問。欲用火時。用喚水言中所至之火耶。答。此但水緣故。若用火時。用火言中來至之火也。問。若爾。水來中火。與火來中火。別耶。答。至故同也。問。若爾。何須更起火來辭耶。答。旣須火處。須起火辭。問。若火來中火方得用者。水來中火。非實火耶。答。是實火也。然而是成水之火故。與火中之火。爲門別也。

'(일정한) 방법이 없어 근기에 응하고'란 위와 같은 훌륭한 가르침이 법계에 들어맞아서 따로 취하고 버리는 곳(方所)이 없는 까닭에 '(일정한) 방법이 없다'라고 한 것이다. 이것은 다함없는 원만한 총상摠相의 가르침을 일컫는 것이니 보현의 근기에 응하는 것이다.

'병病에 따라서 하나가 아니다'란 아래 사교이다.

無方應機者。如上善敎。稱法界。無別取捨之方所。故云無方。此謂無盡圓滿摠相敎也。應普賢機也。隨病非一者。下四敎也。

지귀장

『지귀장旨歸章』[87]에 이른다.[88] 주된 가르침(主敎 : 화엄교)은 원만히 통달하여 허공을 티끌 세계에서 다하고, 인드라(그물)의 구슬은 반듯하고 넓어서 법계를 털끝에서 잡는다. 걸림이 없으며 녹여 융섭함은 노사나불盧舍那佛[89]의 현묘한 경계이고 어떠한 한계도 이에 없으니 보현의 눈의 현묘한 거울이다. 넓고 넓은 미묘한 말은 실로 그 뜻의 방향(旨趣)을 찾을 수가 없으며, 크고 깊은 법의 바다는 종지(宗)의 근원을 헤아리기 어렵다. 이제 간략히 큰 줄기(大綱)를 들어서 이 열 가지 뜻을 열어 그 핵심(機要)을 취하여 '지귀旨歸'라고 일컬으니, 현묘함을 탐구하는 사람들은 그 취지를 대략이나마 알기 바란다.

旨歸章云。夫以主敎圓通。盡虛空於塵剎。帝珠方廣。攬法界於毫端。無碍鎔融。盧舍那之妙境。有涯[1)]斯泯。普賢眼之玄鑒。浩汗微言。實叵尋其旨趣。宏深法海。尤□[2)]測於宗源。今略擧大綱。開玆十義。撮其機要。稱曰旨歸。庶探玄之士。粗識其致焉。

1) ㊂『華嚴經旨歸』(T45, 589c7)에는 '崖'로,『旨歸章圓通鈔』(K47, 105a28)에는 '涯'로 되어 있다. 2) ㊀ 저본의 글자 모습이 불명확하다. 을본에는 '穿'으로 되어 있다. ㊂『華嚴經旨歸』(T45, 589c9)에는 '罕'으로 되어 있다.

첫 번째, 『(화엄)경』을 설하는 장소이다. 무릇 원만한 가르침이 일어남에 반드시 티끌(수와 같은) 세상에 두루하니 이미 법계를 다한 말씀이라 어찌 그 장소의 다름을 구분할 수 있겠는가마는 이제 좁음에서 넓음

87 『旨歸章』 : 법장이 『화엄경』의 개요를 열 문으로 나누어 설명한 『華嚴經旨歸』(1권)를 일컫는다. 이에 대한 주석서로는 균여의 『釋華嚴旨歸章圓通鈔』(2권)(이하 『지귀장원통초』)가 대표적이다.

88 『화엄경지귀』(T45, 589c6~596c24) 전체 열 문 가운데 여기에서는 각 문의 대의와 각 문을 다시 열 문으로 나눈 항목만을 소개하고 있다.

89 노사나불盧舍那佛 : 비로자나불毘盧遮那佛을 가리킨다. 상권 1 각주 76) 참조.

에 이르기까지 간략히 열 장소를 연다. 처음은 염부제閻浮提[90]이다. 둘째는 백억 (염부제)에 두루함이다.[91] 셋째는 시방을 다함이다. 넷째는 티끌길[92]에 두루함이다.[93] 다섯째는 다른 세계에 통함이다.[94] 여섯째는 개별적인 티끌을 모두 갖춤이다.[95] 일곱째는 연화장세계에 돌아감이다.[96] 여덟째는 국토를 거듭 거둠이다.[97] 아홉째는 인드라그물과 유사함이다.[98] 열째는 다른 부처님과 같다.[99] 운운.

---

90 염부제閻浮提 : Ⓢ Jambudvīpa. 고대 인도인의 우주관에서 수미산須彌山을 둘러싸고 있는 네 개의 땅 가운데 남쪽의 땅을 일컬으며 이곳에만 인간이 산다고 한다. jambu는 나무 이름 또는 금金의 이름으로서 jambu 나무 또는 금이 많은 땅이라는 뜻이다. 『화엄경지귀』(T45, 589c21~22)는 이에 대해 이 염부제의 보리수 아래를 비롯한 7처 8회에서 이 경을 설하는 것이라고 풀이한다.

91 『화엄경지귀』(T45, 589c22~23)는 이에 대해 이 사바세계에 있는 백억 염부제의 보리수 아래 등에서 동시에 모두 설하는 것이라고 풀이한다.

92 티끌길(塵道) : 『지귀장원통초』는 『육십화엄』 「寶王如來性起品」의 '毛道'를 『화엄경탐현기』에서 허공에 털끝 하나 놓일 만한 장소를 '毛道'라고 풀이하는 예를 통해 '塵道'를 허공에 티끌 하나 놓일 만한 장소라고 풀이한다. 『육십화엄』(T9, 627a26, 법장), 『화엄경탐현기』(K47, 745a3 ; T35, 414a24~25), 균여, 『지귀장원통초』(K47, 106c25~26).

93 『화엄경지귀』(T45, 589c25~27)는 이에 대해 시방의 허공계 가운데 하나하나의 티끌에 모두 저 국토가 있으니 그곳에서 모두 이 경을 설하는 것이라고 풀이한다.

94 『화엄경지귀』(T45, 589c27~590a1)는 이에 대해 나무 모양 등 다른 부류의 세계에 한량없는 티끌 등이 있으니 하나하나의 부류가 모두 시방의 허공법계를 두루하여 앞의 수미산세계 등과 서로 걸림 없이 각각 그곳에서 법륜을 굴리는 것이라고 풀이한다.

95 『화엄경지귀』(T45, 590a1~3)는 이에 대해 허공계 하나하나의 티끌의 길을 다하도록 각각 또한 앞과 같이 자신과 같은 부류의 한량없는 국토를 거두어 그중에서 이 경을 설하는 것이라고 풀이한다.

96 『화엄경지귀』(T45, 590a3~6)는 이에 대해 앞의 모든 물든 세계가 다 연화장장엄세계해로 돌아가서 그 연화장세계해의 하나하나 티끌이 법계에 두루하여 서로 걸림 없이 그중에서 이 법을 설하는 것이라고 풀이한다.

97 『화엄경지귀』(T45, 590a6~8)는 이에 대해 이 연화장세계 하나하나의 티끌에서 가없는 모든 부처님의 국토를 다 거두어 그중에서 모두 이 경을 설하는 것이라고 풀이한다.

98 『화엄경지귀』(T45, 590a8~25)는 이에 대해 저 하나하나의 티끌에 이미 각각 이 다함없는 국토를 거두니 곧 이 국토 등이 다시 티끌이 있으며 그 모든 티끌에 다시 국토가 있으니 이는 곧 이 티끌이 끝이 없으며 국토 또한 끝이 없어서 마치 인드라그물이 중중무진하여 그 분량을 설할 수 없는 것과 같다고 풀이한다.

99 『화엄경지귀』(T45, 590a25~b11)는 이에 대해 이 (사바세계의) 한 부처님이 화엄을 설

說經處弟*一。夫圓滿教起。必周側於塵方。旣爲盡法界之談。詎可分其處別。今從俠[1)]至寬。略開十處。初此閻浮。二周百億。三盡十方。四遍塵道。五通異界。六談[2)]別塵。七歸花藏。八重攝刹。九猶帝網。十餘佛同。云云。

1) ㉯ 을본에는 '俠'이 '狹'으로 되어 있다. ㉰『華嚴經旨歸』(T45, 589c18)와『旨歸章圓通鈔』(K47, 106b20)에는 '狹'으로 되어 있다. 이후 같은 내용의 저본 교감주는 일일이 밝히지 않는다. 다만 원문의 '俠' 자에 *로 표시한다. 2) ㉰『華嚴經旨歸』(T45, 589c20)와『旨歸章圓通鈔』(K47, 106b26)에는 '該'로 되어 있다.

두 번째,『(화엄)경』을 연설하는 때이다. 무릇 항상恒常한 말씀이 앞과 뒤의 때에 두루하여 걸림이 없으며 하물며 찰나와 겁이 원융하니 어찌 그때의 나눔을 분별할 수 있겠는가마는 이제 길고 짧음의 구분을 간략히 들어서 열 가지로 분석한다. 첫째는 오직 한 찰나이다. 둘째는 칠일을 다함이다.[100] 셋째는 삼세에 두루함이다. 넷째는 동류同類를 거둠이다.[101] 다섯째는 다른 겁을 거둠이다.[102] 여섯째는 찰나가 겁을 거둠이다. 일곱째는 다시 거듭 거둠이다.[103] 여덟째는 다른 세계의 때이다.[104]

하는 자리가 앞의 아홉 문처럼 같지 않듯이, 시방 일체의 다른 부처님도 각각 화엄을 설하는 자리가 각각 다른 것이라고 풀이한다.

100『화엄경지귀』(T45, 590b19~20)는 이에 대해 부처님이 처음 도를 이루시고 두 번째 7일간에 앞과 같은 곳을 널리 두루하여 이 경의 법을 설하는 것이라고 풀이한다.

101『화엄경지귀』(T45, 590b22~24)는 이에 대해 저 일체의 가없는 겁 가운데 하나하나의 겁 안에서 한량없는 바다와 같은 부류(同類)의 겁을 거두어 항상 이 법을 설하는 것이라고 풀이한다.

102『화엄경지귀』(T45, 590b24~25)는 이에 대해 하나하나의 겁에서 한량없는 바다와 같은 다른 부류(異類)의 겁을 거두어(예를 들면 긴 겁에서 짧은 겁을 거두는 등과 같이) 이 경을 항상 설하는 것이라고 풀이한다.

103『화엄경지귀』(T45, 590b28~c3)는 이에 대해 이 한 찰나에 거둔 겁 안에 다시 여러 찰나가 있어서 그 여러 찰나가 다시 여러 겁을 거두니 마치 인드라그물이 중중으로 다함없는 것과 같은 것이라고 풀이한다.

104『화엄경지귀』(T45, 590c3~5)는 이에 대해 나무 모양의 세계 등이 한량없이 다양하듯이 다른 세계의 때도 같지 않아서 분제가 각각 다르니 그 다른 세계의 때의 구분도 또

아홉째는 그것(異界)의 상입이다.[105] 열째는 근본이 지말을 거두어들임이다.[106] 운운.

演經時弟*二。夫以常恒之說。[1)] 前後際而無涯。況念劫圓融。豈可辨其時分。今略擧脩短分齊。折[2)]爲十重。初唯一念。二盡七日。三遍三際。四攝同類。五收異劫。六念攝劫。七復重收。八異界時。九彼相入。十本收末。云云。

1) ㉮『華嚴經旨歸』(T45, 590b) 각주에는 을본에 '說' 다음에 '遍'이 있음을 밝히고 있다. 2) ㉮『華嚴經旨歸』(T45, 590b14)와『旨歸章圓通鈔』(K47, 112b6)에는 '析'으로 되어 있다.

세 번째,『(화엄)경』을 설하시는 부처님이다.

문 이 경을 설하시는 부처님인 노사나(부처님)의 몸이 이미 앞과 같이 다함없는 때와 장소에 계시니 그 부처님은 한 몸인가, 여러 몸인가? 운운.

(답) 이제 이 뜻을 드러냄에 간략히 열 가지로 변별한다. 첫째는 작용이 두루함이 걸림이 없다. 둘째는 모습이 변만함이 걸림이 없다. 셋째는 고요함과 작용함이 걸림이 없다.[107] 넷째는 의거하여 일어남이 걸림이 없다. 다섯째는 진신眞身과 응신應身이 걸림이 없다. 여섯째는 부분과 원만이 걸림이 없다. 일곱째는 원인과 결과가 걸림이 없다. 여덟째는 의보

한 다하여 이 경을 항상 설하는 것이라고 풀이한다.

105 『화엄경지귀』(T45, 590c5~7)는 이에 대해 그 다른 세계의 때가 또한 각각 개별적으로 서로 거두거나 혹은 서로 거두니 찰나나 겁이나 다함이 없음이 앞과 같아서 그때에 모두 이 법을 항상 설하는 것이라고 풀이한다.

106 『화엄경지귀』(T45, 590c7~11)는 이에 대해 화장세계에서 겁이 아닌 것으로 겁을 삼아 겁이 곧 겁이 아니라, 찰나도 또한 그러하여 때가 길고 짧음이 없어서 구분을 여의었기 때문에 이러한 헤아릴 수 없는 때에 화엄을 항상 설하여 처음 설하면 쉬는 때가 없는 것이라고 풀이한다.

107 『화엄경지귀』(T45, 591a27~29)는 이에 대해 부처님이 나타내는 바가 비록 애써서 지어내는 것은 아니지만 모두 해인삼매의 힘에 의거하여 나타나는 것이라고 풀이한다.

依報와 정보正報가 걸림이 없다. 아홉째는 은밀히 들어감(潛入)이 걸림이 없다.[108] 열째는 원만히 통달함이 걸림이 없다.

說經佛弟*三。問。說此經佛盧舍那身。旣在如前無盡時處。其佛爲是一身。爲是多身。云云。今現此義。略辨十重。一用周無碍。二相遍無导。三寂用無导。四依起無导。五眞應無导。六分圓無导。七因果無导。八依正無导。九潛入無导。十圓通無导。

네 번째, 『(화엄)경』을 설해 주는 대중이다. 무릇 바다와 같이 대중이 많고 크니 어찌 티끌로 헤아려 알 수 있겠는가마는[109] 이제 큰 줄기(大綱)를 간략히 통틀어서 또한 열 가지 지위를 나타낸다. 첫째는 과덕果德의 대중이다. 둘째는 항상 따르는 대중이다. 셋째는 법회를 장엄하는 대중이다. 넷째는 공양을 올리는 대중이다. 다섯째는 기이하고 특이한 대중이다.[110] 여섯째는 영향 대중이다.[111] 일곱째는 법을 표시하는 대중이다.[112] 여덟째는 법을 증명하는 대중이다.[113] 아홉째는 이익을 얻는 대중

108 『화엄경지귀』(T45, 591b26~c2)는 이에 대해 앞의 여덟 번째까지는 기세간과 지정각세간만을 다루었지만 아홉 번째는 중생세간에도 걸림 없이 자재하니 마치 부처님의 몸이 일체 중생계에 두루 들어가는 것과 같다고 풀이한다.

109 『지귀장원통초』(K47, 115a7~8)는 이에 대해 한량없는 세계를 모두 부수어 티끌로 만들어서 그 티끌로 이 『화엄경』을 듣는 대중을 헤아려도 세기 어려운 까닭이라고 풀이한다.

110 『화엄경지귀』(T45, 592a11~16)는 이에 대해 부처님이 사자좌의 모든 장엄구와 부처님의 미간으로부터 내는 보살을 가리키는 것이라고 한다. 이 가운데 전자는 의보와 정보가 걸림 없으며 사람과 사법이 둘이 아님을 나타내고, 후자는 원인과 결과가 걸림 없으며 깨달음으로부터 가르침을 일으키는 것을 나타내는 것이라고 풀이한다.

111 『화엄경지귀』(T45, 592a16~b7)는 이에 대해 시방에서 오는 한량없는 보살들을 가리키는 것으로서, 이 보살들은 본래 자신이 있던 곳의 여래의 그림자이고 메아리와 같다고 풀이한다.

112 『화엄경지귀』(T45, 592b7~11)는 이에 대해 보살들에 의거하여 수행의 지위를 표시하는 것이라고 한다. 즉 각수보살覺首菩薩 등의 '수首' 자 돌림 보살菩薩은 믿음의 법

이다.[114] 열째는 법을 나타내는 대중이다.[115]

說經衆弟*四。夫衆海繁廣。豈塵竿[1)]能知。今統略大綱亦現十位。一果德衆。二常隨衆。三嚴會衆。四供養衆。五奇特衆。六影響。[2)] 七表法衆。八訂*法衆。九所益衆。十現法衆。

1) ㉟ 을본에는 '竿'이 '算'으로 되어 있다. 2) ㉢『華嚴經旨歸』에는 '響' 뒤에 '衆'이 있다.

다섯 번째, 『(화엄)경』을 설하는 방식(儀)이다. 무릇 한량없는 대비大悲로 중생계에 두루하시니 모든 부류에게 교화를 베푸심에 의식을 헤아리기 어려우나 이제 전체와 개별에 나아가 각각 열 가지 예를 연다. 통틀어 논하면 혹은 음성으로써 하며, 혹은 오묘한 모습(色)을 나타내며, 혹은 기묘한 향으로써, 혹은 뛰어난 맛으로써, 혹은 오묘한 감촉으로써, 혹은 법으로서의 대상(法境)으로써 하며, 혹은 내부의 육근(內六根), 혹은 사위의四威儀,[116] 혹은 제자의 인물, 혹은 일체의 짓는 바로 다 중생들을

을 표시하니 믿음이 수행의 머리가 되기 때문이고, 법혜보살法慧菩薩 등의 '혜慧' 자 돌림 보살菩薩은 십해十解의 법을 표시하니 지혜로써 이해하기 때문이고, 공덕림보살功德林菩薩 등의 '림' 보살林菩薩은 십회향을 표시하고, 금강장보살金剛藏菩薩 등의 '장' 보살藏菩薩은 십지를 표시하는 것 등이다.

113 『화엄경지귀』(T45, 592b11~14)는 이에 대해 『화엄경』 모든 법회의 마지막에 등장하는 다른 세계에서 온 같은 이름을 지닌 보살 대중이라고 한다. 즉 지금 이곳에서 설해진 『화엄경』의 이 법이 확고하고 구경의 법으로서 한량없는 다른 모든 세계에도 이와 같은 법이 있다고 함으로써 그 법을 증명하는 것이다.

114 『화엄경지귀』(T45, 592b14~21)는 이에 대해 『화엄경』이 설해지는 모임에서 이 법을 들음으로써 이익을 얻는 대중이라고 풀이한다.

115 『화엄경지귀』(T45, 592b21~26)는 이에 대해 사리불이나 수보리 등의 오백 성문이라고 한다. 왜냐하면 이들 성문은 『화엄경』이 설해지는 모임에서 귀머거리와 같으니 이를 통해 오히려 이 경이 일승법계를 나타내고 있음을 보여주기 때문이다.

116 사위의四威儀 : 다니고 머무르고 앉고 눕는 네 가지 행위(行住坐臥)를 가리키며, 나아가서는 일체의 행동을 상징한다.

능히 거둔다.

說經儀弟*五。夫以無限大悲。周衆生界。施化萬品。儀式難量。今就通別。各開十例。通而論之。或以音聲。或現妙色。或以奇香。或以上味。或以妙觸。或以法境。或內六根。或四威儀。或弟子人物。或一切所作。皆堪攝物。

다음에 개별적으로 말소리를 나타내는 데 또한 열 가지 예가 있다. 첫째는 여래 어업語業의 원만한 소리가 스스로 설하는 것이다. 둘째는 여래의 털구멍이 소리를 내어 법을 설하는 것이다. 셋째는 여래의 광명이 소리를 펼쳐 법을 연설하는 것이다. 넷째는 보살의 구업口業으로 법을 설하게 하는 것이다. 다섯째는 보살의 털구멍에서 소리를 내어 법을 설하게 하는 것이다. 여섯째는 보살의 광명에서 또한 소리를 내어 법을 설하게 하는 것이다. 일곱째는 바다와 같은 국토가 소리를 내어 법을 설하게 하는 것이다. 여덟째는 일체중생이 법을 설하게 하는 것이다. 아홉째는 삼세의 음성으로써 법을 설하는 것이다. 열째는 일체의 법이 모두 소리를 내어서 법을 설하는 것이다.

次別現言聲亦有十例。一如來語業圓音自說。二如來毛孔出聲說法。三如來光明舒音演法。四令菩薩口業說法。五令菩薩毛孔出聲說法。六令菩薩光明亦出聲說法。七令刹海出聲說法。八令一切衆生說法。九以三世音聲說法。十以一切法皆出聲說法。

여섯 번째, 『(화엄)경』의 가르침(敎)을 보인다. 원만한 가르침(圓敎)의 미묘한 말씀은 반드시 법계를 끝까지 다하니 이미 여래의 다함없는 변재辯才의 힘을 다하여 각각 허공과 털끝의 바다와 같은 국토에 두루하며,

다시 각각 미래의 때를 끝까지 다하도록 몰록 설하며 항상 설하여 때와 장소가 끝이 없다. 만약 이러한 가르침이라면 어찌 그 책의 권수를 한정할 수 있겠는가마는 이제 경문에 준함을 기준으로 하여 열 종류로 분석한다. 첫째는 다른 (세계에서) 설해지는 경전이다.[117] 둘째는 같은 (세계에서) 설해지는 경전이다.[118] 셋째는 보안普眼의 경전이다.[119] 넷째는 상본上本의 경전이다.[120] 다섯째는 중본中本의 경전이다.[121] 여섯째는 하본下本의 경전이다.[122] 일곱째는 약본略本의 경전이다.[123] 여덟째는 주主와 반伴의 경전이다.[124] 아홉째는 권속眷屬의 경전이다.[125] 열째는 원만한

117 『화엄경지귀』(T45, 592c27~593a8)는 이에 대해 나무모습세계나 수미산세계 등 여러 다른 세계의 각각 다른 중생에게 색色이나 음성, 향香 등 다양한 방법으로 여래가 세운 가르침이라고 풀이한다. 중생의 부류가 서로 다르므로 여래가 세운 가르침 또한 그 색이나 음성 등을 한정할 수 없어서 두 번째 이하의 가르침이 거둘 수 없으며 오직 여래만이 알 바라고 한다.

118 『화엄경지귀』(T45, 593a8~b4)는 이에 대해 나무모습세계 등의 다른 세계가 아니라 오직 이 수미산세계에서 허공과 털끝 등의 곳에 두루하여 다만 음성으로써 설하는 다함없는 가르침이라고 풀이한다. 오직 이 수미산세계에서 음성으로써만 설한 동일한 부류의 가르침이지만 그 품을 헤아릴 수 없으며 세 번째 이하의 가르침이 거둘 수 없다고 한다.

119 『화엄경지귀』(T45, 593b4~8)는 이에 대해 「입법계품」에서 해운 비구가 수지하는 경과 같이 수미산을 붓으로 하고 사대해四大海로써 먹을 삼아 쓴 한 품의 경이라고 풀이한다. 이 경 또한 한량없으며 그 품수도 티끌 수보다 많으니 오직 대보살이 다라니의 힘으로써 수지할 수 있지, 종이나 나뭇잎 등에 쓸 수 있는 것이 아니라고 한다.

120 『화엄경지귀』(T45, 593b8~12)는 이에 대해 글로 쓰여진 것 가운데 가장 최고의 본이라고 풀이한다. 즉 용수보살이 용궁에 가서 본 『大不思議解脫經』 가운데 상본으로서 열 삼천대천세계 티끌 수의 게송과 사천하 티끌 수의 품수로 이루어졌다고 한다.

121 『화엄경지귀』(T45, 593b12~14)는 이에 대해 용수보살이 용궁에서 본 『대부사의해탈경』 가운데 중본으로서 49만 8천8백 개의 게송과 1천1백 개의 품으로 이루어졌다고 풀이한다. 상본과 중본은 용궁에 비밀스럽게 보관되어 있으며 염부제 사람의 힘으로 지닐 수 없기 때문에 이곳에 전해지지 않는다고 한다.

122 『화엄경지귀』(T45, 593b15~18)는 이에 대해 용수보살이 용궁에서 본 『대부사의해탈경』 가운데 하본으로서 10만 개의 게송으로 이루어졌으며 천축에 있다고 풀이한다.

123 『화엄경지귀』(T45, 593b18~24)는 이에 대해 중국에 전래된 60권본 『화엄경』으로서 범본은 3만 6천 개의 게송으로 이루어졌다고 한다. 곧 앞의 하본 10만 게송 가운데 간략히 뽑아낸 것이다.

경전이다.[126]

示[1)]經敎弟*六。圓敎微言。必窮法界。旣盡如來無盡辯力。各遍虛空毛端刹海。復各盡窮未來際。頓說常說。時處無邊。若斯之敎。豈可限其部秩。今約准經文。析爲十類。一異設[2)]經。二同說經。三普眼經。四上本經。五中本經。六下本經。七略本經。八主伴經。九眷屬經。十圓滿經。

1) ㉮ 『華嚴經旨歸』(T45, 592c21)에는 '示'가 '辯'으로 되어 있다. 2) ㉸ 을본에는 '設'이 '說'로 되어 있다. ㉮ 『華嚴經旨歸』(T45, 592c25)와 『旨歸章圓通鈔』(K47, 117c11)에는 '說'로 되어 있다.

일곱 번째, 『(화엄)경』의 의미(義)를 나타낸다. 무릇 뜻의 바다는 광대하고 깊으며 참된 근원은 아득하고 아득하나 두 종류로 간략히 열어서 각각 열 가지 문으로 변별한다. 먼저 표시하는 바의 법을 밝힌다. (이 법이) 넓고 넓어서 끝이 없으나 열 쌍(十對)으로 모음으로써 통틀어 거두어들인다. 첫째는 가르침(敎)과 뜻(義)의 한 쌍이다. 둘째는 이법(理)과 현상(事)의 한 쌍이다. 셋째는 경계(境)와 지혜(智)의 한 쌍이다. 넷째는 수행

124 『화엄경지귀』(T45, 593b24~c7)는 이에 대해 노사나불이 설하는 『화엄경』이 비록 법계를 두루하지만 다른 부처님이 설하는 경전과 더불어 서로 주主와 반伴을 이루어, 하나하나의 주主 경전은 반드시 한량없는 같은 부류의 반伴 경전을 갖춘다고 풀이한다.

125 『화엄경지귀』(T45, 593c5~26)는 이에 대해 『화엄경』을 듣지 못하고 믿지 못하는 이들을 위해 여래께서 방편으로 근기에 맞추어 설한 경전으로서 일체의 권교權敎를 가리킨다고 한다. 하나하나의 주主 경전은 한량없는 권속의 경전을 갖추는데, 이때 권속의 경전은 주가 될 수 없으며 오직 권속일 뿐이기 때문에 앞의 주반경主伴經과는 다르다.

126 『화엄경지귀』(T45, 593c26~594a5)는 이에 대해 이상 위의 모든 본을 통틀어서 바다와 같은 하나의 다함없는 경으로 삼은 것이라고 한다. 그중의 한 법회, 한 품, 한 문장, 한 구절이 모두 일체를 거두고, 하나하나의 문구가 일체에 두루 들어가니 보법普法에는 구분이나 제한이 없기 때문이다.

과 계위의 한 쌍이다. 다섯째는 원인과 결과의 한 쌍이다. 여섯째는 의보(依)와 정보(正)의 한 쌍이다. 일곱째는 체體와 작용(用)의 한 쌍이다. 여덟째는 사람과 법의 한 쌍이다. 아홉째는 거스름(逆)과 수순함(順)의 한 쌍이다.[127] 열째는 응應과 감感의 한 쌍이다.[128]

現經義弟*七。夫以義海宏深。眞源眇[1)]漫。略開二類。各辨十門。先明所摽[2)]之法。浩汗無涯。撮爲十對。用以統收。一敎義一對。二理事一對。三境智一對。四行位一對。五因果一對。六依正一對。七體用一對。八人法一對。九逆順一對。十應感一對。

1) ㉮『華嚴經旨歸』(T45, 594a7)와『旨歸章圓通鈔』(K47, 120a4)에는 '渺'로 되어 있다. 2) ㉮『華嚴經旨歸』(T45, 594a8)와『旨歸章圓通鈔』(K47, 120a5)에는 '標'로 되어 있다.

다음으로 나타내는 바의 이치(理趣)를 밝힌다는 것은, 교묘한 변재辯才가 자재하여 형세의 변화가 매우 많으나 또한 열 가지 예를 들어서 걸림 없음을 나타낸다. 첫째는 본성(性)과 모습(相)이 걸림 없음이다. 둘째는 넓음과 좁음이 걸림 없음이다. 셋째는 하나와 많음이 걸림 없음이다. 넷째는 상입相入이 걸림 없음이다. 다섯째는 상즉(相是)이 걸림 없음이다. 여섯째는 숨음과 드러남이 걸림 없음이다. 일곱째는 미세함이 걸림 없

127 『화엄경지귀』(T45, 594a20~21)는 이에 대해 역逆은 다섯 개의 열(五熱)과 (아)중비(阿衆鞞)와 한 왕이 학살을 보임(一王形虐)으로, 순順은 보시와 지계이니 이치에 따라 바로 닦는 것으로 풀이한다.『지귀장원통초』(K47, 121b12~19)는 역의 항목에 대해서 다섯 개의 열은 승열勝熱 바라문의 법문, 아중비는 바수밀다녀婆須蜜多女의 법문, 한 왕이 학살을 보임은 만족왕滿足王의 법문으로 주석한다. 아중비阿衆鞞는『육십화엄』(K8, 350c2; T9, 717b7)에 보이는 음사어로서 입맞춤을 뜻한다. 범본에는 'paricumba'로 되어 있다.『팔십화엄』(K8, 855a18; T366a3)과『사십화엄』(K36, 86c6; T10, 731c7~8)에는 '잡아순문咂我脣吻'으로 의역되어 있다.

128 『화엄경지귀』(T45, 594a21~23)는 이에 대해 중생과 성현이 감응하는 것에 있어서 중생의 입장을 감感으로, 불보살의 측면을 응應이라고 풀이한다.

음이다. 여덟째는 인드라그물이 걸림 없음이다. 아홉째는 십세十世가 걸림 없음이다. 열째는 주主와 반伴이 걸림 없음이다.

次明所現理趣者。巧辯自在。勢變多端。亦擧十例。以現無㝵。一性相無㝵。二廣俠*無㝵。三一多無㝵。四相入無㝵。五相是無㝵。六隱現無㝵。七微細無㝵。八帝網無㝵。九十世無㝵。十主伴無㝵。

여덟 번째, 『(화엄)경』의 의도(意)를 풀이한다. 무릇 법의 모습(法相)이 원융한 것이 진실로 인한 바(所因)가 있으니, 인연이 한량없으나 간략히 열 종류로 변별한다. 첫째는 모든 법이 고정된 모습이 없음을 밝히기 위한 까닭이다. 둘째는 오직 마음이 나타낸 까닭이다. 셋째는 환幻의 현상과 같기 때문이다. 넷째는 꿈에 나타난 것과 같기 때문이다. 다섯째는 수승한 신통력이기 때문이다. 여섯째는 깊은 선정의 작용이기 때문이다. 일곱째는 해탈의 힘이기 때문이다. 여덟째는 원인이 한계가 없기 때문이다. 아홉째는 연기하여 서로 말미암기 때문이다. 열째는 법성이 융통하기 때문이다.

釋經意弟*八。夫以法相圓融。寔有所因。因緣無量。略辨十種。一爲明諸法無定相故。二唯心現故。三如幻事故。四如夢現故。五勝通力故。六深定用故。七解脫力故。八因無限故。九緣起相田[1]故。十法性融通故。

1) ㉯ '田'은 『旨歸章』에 '由'로 되어 있다. ㉰ 『華嚴經旨歸』(T45, 594c28)와 『旨歸章圓通鈔』(K47, 129a10)에는 '由'로 되어 있다.

아홉 번째, 『(화엄)경』의 이익을 밝힌다. 무릇 이 보현의 법을 믿고 향하며 나아가 들어감으로써 원만하게 통하고 단박 이익됨이 광대하여 가

이없으나, 간략히 경문을 거두어서 그 열 종류를 나타낸다. 첫째는 보고 듣는 이익이다. 둘째는 발심의 이익이다. 셋째는 행을 일으키는 이익이다. 넷째는 계위를 거두는 이익이다. 다섯째는 속히 증득하는 이익이다. 여섯째는 장애를 멸하는 이익이다. 일곱째는 가벼워지는 이익이다. 여덟째는 수행을 짓는 이익이다. 아홉째는 단박에 얻는 이익이다. 열째는 성품(性)에 칭합하는 이익이다.

明經益弟*九。夫以信向趣入此普賢法。圓通頓益廣大無邊。略攝經文。現其十種。一[1]見聞益。二發心益。三起行益。四攝位益。五速訂*益。六滅障益。七輕利益。八造修益。九頓得益。十稱性益。

1) ㉯ 저본에 '一'의 부분이 남아 있다. 을본에는 없다. ㉰『華嚴經旨歸』(T45, 595c3)에는 '一'로 되어 있다.

열 번째, 『(화엄)경』의 원만함을 나타낸다. 무릇 법계는 원통하여 연緣이 계합하지 않음이 없다. 말하자면 위의 아홉 문이 나타내는 법이 모두 합하여 하나의 큰 연기법이 된다. 한 곳이 있음을 따라서 곧 일체가 있으니 걸림 없고 원융하며 다함없고 자재하다. 만약 뜻에 따라서 나누어 열면 또한 열 문이 있다. 첫째는 장소의 원만이다. 둘째는 때의 원만이다. 셋째는 부처님의 원만이다. 넷째는 대중의 원만이다. 다섯째는 위의의 원만이다. 여섯째는 가르침의 원만이다. 일곱째는 의미(義)의 원만이다. 여덟째는 의도(意)의 원만이다. 아홉째는 이익의 원만이다. 열째는 두루함의 원만이다. 동일하게 걸림 없는 대연기인 까닭이며, 자재하여 헤아리기 어렵고 불가사의한 까닭이다. 이는 말하자면 화엄의 다함없는 바다와 같은 법이 법계를 끝까지 다하고 허공계를 뛰어넘으니, 오직 보현의 지혜라야 바야흐로 그 바닥을 끝까지 다한다.

現[1]經圓弟*十。夫以法界圓通。緣無不契。謂上九門所現之法。摠合爲一大緣起法。隨有一處卽有一切。無导圓融無盡自在。若隨義分開。亦有十門。一處圓。二時圓。三佛圓。四衆圓。五儀圓。六敎圓。七義圓。八意圓。九益圓。十普圓。以同一無导大緣起故。自在難量不思議故。是謂花嚴無盡法海。窮盡法界。越虛空界。唯普賢智。方窮其底。

1) ㊖『華嚴經旨歸』(T45, 596c6)와 『旨歸章圓通鈔』(K47, 134b27)에는 '示'로 되어 있다.

'미혹한 자는'부터 '근본으로 돌아갈 날이 없다'까지[129]

迷之者至歸宗未日

법융기

『법기』에 이른다. '미혹한 자'란 아래 사교의 사람이다. 일승의 머무름 없는 본래의 법을 알지 못하기 때문이다. '자취를 고수하여 본체를 잃는 줄 알지 못해서'란 비유하면 사냥꾼이 헛되이 토끼의 자취를 고수하고 토끼의 몸이 멀리 있음을 알지 못하는 것과 같다. 이와 같이 삼승의 사람이 세 무수한 겁 동안에 설하심과 같이 수행하되 얻은 과보는 다만 자취일 뿐이나, 고수하여 궁극으로 삼고서 그 일승의 실체를 잃는 줄 알지 못하기 때문이다. '부지런히 하여도 근본으로 돌아갈 날이 없다'란 한량없는 억 나유타那由他[130] 겁 동안 육바라밀을 행하고 갖가지 보리분법을 닦아

129 『총수록』(H6, 774a21). 이에 해당하는 『일승법계도』 원문은 H2, 1a3~4; H6, 768a 5~7.

130 나유타那由他 : Ⓢ nayuta, niyuta. 인도의 수량 단위 중 하나이다. 나유타가 얼마인지에 대해서는 전하는 경론마다 일정하지 않다. 법장은 『화엄경탐현기』(K47, 721c5; T35, 389b8)에서 천억千億을 1나유타라고 밝히고 있다.(『고려대장경』본에는 천만억千萬億이 1나유타라고 되어 있으나 문맥상 천억이라고 생각된다.) 혜원慧苑은 『新譯

익히므로 '부지런히 한다'라고 한 것이다. 그러나 일승의 집에 돌아갈 날이 없기 때문에 '근본으로 돌아갈 날이 없다'라고 한 것이다.

法記云。迷之者者。下四敎人也。以不知一乘無住本法故也。守跡不知失體者。比如獵人。空守兎[1)]跡。不知兎*身之遠也。如是三乘之人。三無數劫。如說修行。所得之果。只是迹耳。守爲究竟。不知失其一乘實體故也。勤而歸宗未日者。無量億那由他劫。行六婆[2)]羅密。修習種種菩提分法。故云勤也。然而還於一乘之家無日。故云歸宗未日也。

1) ㉥ 을본에는 '兎'가 '兔'로 되어 있다. 이하도 동일하다. 2) ㉥ 을본에는 '婆'가 '波'로 되어 있다.

'이법(理)에 의거하고 가르침(敎)에 근거하여'부터 '이름 없는 참된 근원'까지[131]

依理據敎$_{至}$無名眞源

법융기

『법기』에 이른다. '이법(理)에 의거하고 가르침(敎)에 근거하여'란 (다음과 같다.) '이법'은 곧 모습을 잊은 해인(忘像海印)이다. 말하자면 부처님의 마음 가운데 삼세간을 증득하지만 부처님의 증득하는 마음은 하나로서 분별이 없다. '가르침'은 곧 모습을 나타낸 해인(現像海印)이다. 말하자면 부처님이 증득하신 바 삼세간의 법이 각자의 자리를 움직이지 않으며

大方廣佛花嚴經音義』에서 나유타를 1억으로 풀이한다. 혜림慧琳, 『일체경음의』(K42, 463b2; T54, 452a18; H6, 768a7~8).

131 『총수록』(H6, 774b8). 이에 해당하는 『일승법계도』 원문은 H2, 1a5~6; H6, 768a7~8.

성性이 중도에 있어서 분명하고 분명하게 나타나고 드러난다. 이런 까닭에 모습을 잊은 이법에 의거하여 하나의 붉은 줄을 그리고, 모습을 나타낸 가르침에 의거하여 여러 검은 글자를 배열하여 원만한 도인을 지은 것이다.

法記云。依理據教者。理則忘像海印。謂佛心中訂*三世間而佛訂*心一無分別也。教則現像海印。謂佛所訂*三世間法。不動各位。性在中道。了了現現也。是故依忘像理。導一[1]朱畫。據現像教。列多黑字。作圓印也。

1) ㉥ 을본에는 '導一'이 '道二'로 되어 있다.

'간략히 반시盤詩를 지어서'란 (다음과 같다.) 검은 글자가 붉은 줄에 서리고 붉은 그림이 검은 글자에 서리기 때문에 '반盤'이라고 한 것이다. 검은 (글자)가 붉은 (줄)에 서리는 것은 곧 현상이 이법에 두루한 것이고, 붉은 (줄)이 검은 (글자)에 서리는 것은 곧 이법이 현상에 두루한 것이다.

略制盤詩者。黑字盤於朱畫。朱畫盤於黑字。故云盤也。黑盤於朱則事遍於理。朱盤於黑則理遍於事也。

대 기

『대기』에 이른다. '이름에 집착하는 무리가 이름 없는 참된 근원으로 되돌아가기를 바란다'란 (다음과 같다.) 혹은 밖으로 교화함으로써 이름과 모습이 있을 때를 모두 '이름에 집착한다'라고 하고, 곧바로 안으로 증득함을 기준으로 하는 것을 '이름 없는 참된 근원'이라 한다. 그래서 '이름에 집착하는 무리'는 다만 아래 사교이며, '이름 없는 참된 근원'이란 만약 실제를 기준으로 하면 안으로 증득함과 밖으로 교화함이 하나로서 분별없는 곳이다. 그러므로 아래 글에 이르기를, "만약 이법(理)을 기준으로 하여 말한다면 증분과 교분의 두 법이 예부터 중도이고 하나로서 무분별이다."[132]라고 한 것이다. 또 증득한 바를 기준으로 하면 부처님의 증득을 곧 증분이라 이름하고 보살의 증득을 교분이라고 이름하는 것일 뿐이다.

大記云。冀以執名之徒還歸無名眞源者。有以外化有名相際。並爲執名。直約內訂。* 爲無名眞源。然執名之徒。但下四教。無名眞源者。若約實則內訂*外化一無分別之處。故下文云。若約理云。訂*教兩法。舊來中道。一無分別也。且約所訂。* 佛訂*則名爲訂*分。菩薩訂*則名爲教分耳。

문 자취를 고수하는 사람이 참된 근원으로 돌아갈 때 앞서 고수하던 가르침의 흔적을 버리고 나서 돌아가는가, 고수하던 자취가 곧 돌아가는 근원인가?

답 뒤와 같다.

문 만약 그렇다면 연기의 실체인 일승을 깨닫는 사람이 또한 사제四諦, 연생緣生 등을 깨닫는 것인가?

답 그 움직이지 않는 (사)제, 연(생)을 보는 것의 이름이 곧 다함없는 원통의 법인 것이다.

문 만약 그렇다면 자취를 고수하는 사람도 또한 다함없는 원통의 법을 깨닫는 것인가?

답 나(일승의 사람)를 기준으로 하면 곧 다름이 아니지만 그(자취를 지키는 사람)를 기준으로 하면 관계되지 않는다.

---

132 『일승법계도』(H2, 4b3~4 ; H6, 812a9~10).

問。守迹之人。歸眞源時。捨前所守敎迹而後歸耶。所守之迹卽所歸之源耶。答。如後。問。若尒。解緣起實體一乘之人。亦解四諦緣生等耶。答。見其不動諦緣之名。卽是無盡圓通之法也。問。若尒。守迹之人。亦解無盡圓通之法耶。答。約我則非他。約其則不關[1)]也。

1) ㉯ 을본에는 '關'이 '開'로 되어 있다. ㉮ 高에는 '閞'로 되어 있다.

2. 시詩를 읽는 법 中法爲始至隨印道讀

'가운데 법法으로부터 시작해서'부터 '도인의 길(印道)을 따라서 읽도록 한다'까지[133]

中法爲始至隨印道讀

법융기

『법기』에 이른다. '가운데 법法으로부터 시작해서 구불구불 돌고 돌아 구부러지고 굽어져서 불佛에 이르러 마치니'란 (다음과 같다.) '구불구불 돌고 돌아(盤廻)'는 곧 도인이 원만함을 바로 보는 것이고, '구부러지고 굽어져서(屈曲)'는 곧 모든 모서리(角曲)를 기준으로 한 것이다.

문 만약 도인의 길을 기준으로 하면 곧 처음과 끝을 여의는데 무슨 까닭에 글자를 기준으로 하여 '법'을 처음으로 하고 '불'을 끝으로 하는가?

답 만약 바로 이법(理)을 기준으로 하면 비록 처음과 끝이 없지만 만약 처음과 끝을 보이지 않으면 법에 들어가는 방편을 얻을 수 없기 때문이다.

133 『총수록』(H6, 774c10). 이에 해당하는 『일승법계도』 원문은 H2, 1a6~7; H6, 768a 9~10.

法記云。中法爲始盤廻屈曲乃至佛爲終者。盤廻則直見印圓。屈曲則約諸角曲也。問。若約印道。卽離始終。何故約字。法始佛終耶。答。若直約理。則雖無始終。如其不示始終。則不得入法方便故也。

'도인의 길을 따라서'란 (다음과 같다.) 만약 오직 글자만을 기준으로 하면 곧 삼승별교이다. 만약 오직 도인만을 기준으로 하면 곧 일승별교이다. 도인으로써 글자를 따르고 글자로써 도인을 따르면 곧 일승동교이다. 만약 이 셋을 갖추면 곧 일승원교이다. 도인으로써 글자를 따르는 것은 일승이 삼승에 드리우는 것이고 글자로써 도인을 따르는 것은 삼승이 일승에 참예하는 것이다. 위로 참예하고 아래로 드리우니 모두 동교이다.

隨印道者。若唯約字。則三乘別教。若唯約印。則一乘別教。以印隨字以字隨印。則一乘同教。若具此三。則一乘圓教也。以印隨字者。一乘垂於三乘。以字隨印者。三乘叅於一乘。上叅下垂並同教。

화엄일승교분기

『교분기敎分記』[134]에 이른다.[135] 동교란 (다음과 같다.) 운운. 첫째, 법의 모습이 서로 뒤섞이는 것을 기준으로 하여 일승을 밝힌다. 말하자면 삼승에도 또한 인드라그물과 미세 등의 일을 설함이 있으나 주主와 반伴이 갖추어지지 않은 것과 같다. 혹은 또한 화장세계를 설하기도 하지만 열

134 『教分記』: 4권(혹은 3권). 당唐의 법장法藏이 42세 이전(혹은 35세 전후)에 화엄일승의 교敎와 의義를 설한 것으로 전체 열 문으로 구성되어 있다. 『華嚴一乘教分記』, 『華嚴一乘教義分齊章』, 『華嚴五教章』이라고도 한다. 예부터 화엄종에 있어서 입교개종立教開宗의 서書로 중시되어 왔으며, 균여의 『釋華嚴教分記圓通鈔』를 비롯해 수많은 주석서가 저술된 사실을 통해서도 그 영향을 짐작할 수 있다.

135 법장, 『화엄일승교의분제장』(T45, 478c11~20).

(十) 등을 설하지 않는다. 혹은 일승에도 또한 삼승의 법의 모습 등이 있다. 말하자면 십안十眼[136] 가운데 또한 오안五眼[137]을 갖추고 십통十通[138] 중에도 육통六通[139]이 있으나 뜻과 이치가 전혀 다른 것과 같다. 이는 곧 일승이 삼승에 드리우고 삼승이 일승에 참예한 것이다. 이는 곧 두 종지가 맞닿아 연이어 이끌고 거두어서 근기와 욕망과 성품을 이루어 별교 일승에 들어가게 하는 까닭이다.

---

136 십안十眼 : 『화엄경』「이세간품」에서 설하는 보살이 지니는 열 가지의 눈으로, 반야부 등에서 설하는 오안五眼을 새롭게 해석하고 여기에 새로 오안을 더하여 설한 것이다. 구체적인 항목은 『육십화엄』(T9, 657c10~19)을 기준으로 열거하면 다음과 같다. ① 육안肉眼, ② 천안天眼, ③ 혜안慧眼, ④ 법안法眼, ⑤ 불안佛眼, ⑥ 지안智眼, ⑦ 명안明眼[『팔십화엄』(T10, 302c17~25)에는 광명안光明眼], ⑧ 출생사안出生死眼, ⑨ 무애안無礙眼, ⑩ 보안普眼. 『화엄경』은 보살이 이 십안을 얻으면 일체 모든 부처님의 위없는 큰 지혜의 눈을 얻는 것이라고 설한다. 법장은 『화엄경탐현기』(K47, 763c6~13; T35, 434a27~b6)에서 보살의 행덕이 청정하고 수승하여 연緣을 모조리 비추기 때문에 '눈'이라 한다고 해설한다.

137 오안五眼 : 반야부 경전과 『대지도론』, 『유가사지론』 등 여러 대승경론에 보이며, 보살이 육바라밀 수행을 통해서 얻는 청정한 눈으로 설해진다. 『大般若波羅蜜多經』(T5, 42c26~45a12 등). 항목의 명칭은 위의 십안 중 앞의 다섯과 동일하다.

138 십통十通 : '열 가지 신통神通'이라는 뜻으로 징관은 이에 대해 '신神'은 오묘한 작용이 헤아리기 어려운 것이고 '통通'은 자재하여 막힘이 없는 것으로 오묘한 작용이 끝이 없어 '열(十)'에 의거하여 원만함을 드러내는 것이라고 풀이한다.(T35, 850a8~9) 『화엄경』에서는 「十通品」(『육십화엄』에서는 「十明品」)과 「이세간품」에서 설해지는 십통이 대표적이다. 지엄, 법장, 징관은 십통을 육신통과 상응시키고 있다. 『수현기』(K47, 54b18~24; T35, 73c9~16). 『화엄경탐현기』(K47, 713a3~c16; 757b21~26; T35, 380a5~c23; 427c1~7), 『청량소』(T35, 850a18~b4; 895a17~19).

139 육통六通 : Ⓢ ṣaḍabhijñāḥ. '육신통六神通'이라고도 하며 여섯 가지 신통력을 가리킨다. 구체적인 항목이나 이름은 경론에 따라서 다르나 대표적인 예를 들면 다음과 같다. ① 신족통神足通 : 마음에 따라서 자유롭게 어디든 몸을 나타내는 능력이다. ② 천안통天眼通 : 중생의 생사고락이나 세간 일체의 모습을 보는 능력이다. ③ 천이통天耳通 : 중생의 온갖 음성과 세간 일체의 소리를 듣는 능력이다. ④ 타심통他心通 : 중생이 마음으로 생각하는 바를 아는 능력이다. ⑤ 숙명통宿命通 : 자신과 중생이 숙세에 지은 일을 아는 능력이다. ⑥ 누진통漏盡通 : 삼계 일체의 번뇌를 끊고 다시는 삼계의 생사를 받지 않는 것이다. 이 가운데 천안통·숙명통·누진통은 삼명三明이라고 하며 석가모니부처님이 성불 당시에 획득한 지혜로서 자주 언급된다.

敎分記云。同敎者。云云。初約法相交叅以明一乘。謂如三乘中亦有說因陁羅[1]微細等[2]而主伴不具。或亦說花藏世界而不說十等。或一乘中亦有三乘法相等。謂如十眼中亦具五眼十通中亦有六通而義理全別。此卽一乘垂於三乘。三乘叅於一乘。是卽兩宗交接連綴。引攝成根欲性。令入別敎一乘故也。

1) 역 『華嚴一乘敎義分齊章』(T45, 478c14)에는 '因陁羅'가 '因陁羅網及'으로 되어 있다. 2) 역 『華嚴一乘敎義分齊章』(T45, 478c14)에는 '微細等'이 '微細等事'로 되어 있다.

대 기

『대기』에 이른다. 도인의 문장에 나아가 많은 뜻의 풀이가 있다. 어떤 이는 이른다. 지엄 스님의 오중해인으로 배대하여 풀이하면 (다음과 같다.) 첫 네 가지 해인은 곧 문구를 나누지 않는다. 따라서 모두 통틀어 배대하는 것이다. 다섯 번째 해인을 기준으로 하면 또한 오중을 갖춘다.

大記云。就圖印文。有多義釋。有云。以儼師五重海印。配釋者。初四重。則不分文句。故皆通配也。約弟*五重。亦具五重。

이 다섯 번째 해인이 갖춘 오중으로서 모든 문구를 배대하면 (다음과 같다.) 곧 첫 증분의 4구는 처음 두 가지 해인이다. 다음 '진성' 이하 연기분 14구는 곧 세 번째 해인이다. 다음 '능인能人' 이하 이타행 4구는 곧 네 번째 해인이다. 다음 '그러므로 수행자는' 이하 수행방편 4구는 곧 다섯 번째 해인이다. 뒤의 4구는 수행(자)가 얻는 이익이다. 첫 4구 가운데 처음 1구는 모습이 나타나지 않은 해인(影不現海印)이다. 다음 1구는 모습이 나타난 해인(影現海印)이다. 다음 1구는 앞의 '법성은 (원융하여) 두 모습 없고'를 풀이한 것이다. 뒤의 1구는 '모든 법은 (움직이지 아니하여) 본래

고요하다'를 풀이한 것이다.[140]

以此弟*五重所具五重。分配諸句。則初訂*分四句。初二重海印也。次眞性下緣起分十四句。則弟*三重海印也。次能人下利他行四句。則弟*四重海印也。次是故行者下修行方便四句。則弟*五重海印也。後四句是修行所得之益也。初四句中初一句影不現海印。次一句影現海印。次一句釋前法性無二相也。後一句釋前諸法本來寂也。

문 제목에서 법을 기준으로 하면 '법계도'이고, 비유를 기준으로 하면 '해인도'이니 이 가운데 법성과는 어떻게 다른가?

답 연기분 중에 계界와 종種과 해海[141]를 나누어 각각 달리 분배한 것은 수행자의 마음을 따르기 때문에 그러한 것이다. 만약 증분이라면 본래 계와 종과 해를 구분하여 보이지 않으니, 따라서 다만 한 맛인 법계의 자리일 뿐이다. 이런 까닭에 법계와 해인과 법성이 동일한 것이다. 그러므로 초회에서는 계와 종과 해를 구분하며,[142] 제2회에서는 셋의 다름을 말하지 않고 다만 "부처님의 국토가 불가사의하다."[143]라고 통틀어 이르는 것이다.

問。題中約法則法界圖。約喩則海印圖。與此中法性何別耶。答。緣起分中

140 오중해인을 통한 『일승법계도』 전체의 포섭에 관해서는 상권 1 각주 7) 참조.
141 뒤의 문맥을 살펴볼 때 계界는 법계, 종種은 법성, 해海는 해인으로 추정된다.
142 『팔십화엄』 제1회 가운데 「華藏世界品」(K8, 473c25~474a8; T10, 41c22~29)에서 연화장세계의 구조를 설명하며 향수해香水海와 세계종世界種과 세계世界를 구분하여 설명하는 부분을 가리키는 것으로 생각된다. 『육십화엄』(K8, 23b12~24a25; T9, 414a27~415a3)에는 세계종이 세계성世界性으로 되어 있다.
143 『육십화엄』 「如來名號品」(K8, 27b22; T9, 419a3). 『팔십화엄』(K8, 492c24; T10, 58c5)에는 '佛國土不可思議'로 되어 있다.

分界種海各別配者。以隨行者之心故尒。若訂*分則本不分示界種海。故但是一味法界之處。是故法界海印法性同一量也。是故初會中分界種海。弟*二會中不言三別而但摠云佛剎不可思議也。

이 (도)인에 의거하면, 만약 상근기이면 바로 증분에 들어가고, 만약 중근기이면 '진성은' 이하의 교분 가운데에서 들어갈 수 있으며, 만약 하근기이면 뒤의 '행자' 이하의 수행방편 가운데에서 비로소 처음 들어갈 수 있다.

依於此印。若是上根。直入訂*分。若是中根。眞性下敎分之中而能得入。若是下根。於後行者下修行方便之中方始得入也。

표훈表訓[144]과 진정眞定[145] 등 십여 대덕이 (의상) 화상이 계신 곳에서 이 도인을 배울 때, "움직이지 아니한 나의 몸이 곧 법신 자체인 뜻을 어떻게

144 표훈表訓 : 의상의 대표적인 직제자. 『三國遺事』「義湘傳敎」(H6, 349b9~12)에서 칭송하고 있는 십대제자, 최치원崔致遠의 『法藏和尙傳』(H3, 775c13)에서 밝힌 사영四英, 『宋高僧傳』(T50, 729b19~20)의 '당에 올라 오묘함을 본 자(登堂覩奧者)'에 모두 속하는 유일한 제자이자, 의상과 나란히 흥륜사興輪寺 금당金堂에 모셔졌던 십성十聖의 한 사람으로 추앙받던 인물이다. 불국사와 황복사에 주석했으며, 금강산 만폭동 어귀에 표훈사表訓寺를 창건하기도 하였고, 신라 제36대 혜공왕惠恭王의 탄생설화와도 관련이 깊다. 이처럼 표훈의 화엄사상은 『총수록』(4회), 균여의 『십구장원통기』(4회)·『旨歸章圓通鈔』(1회)·『화엄경삼보장원통기』(2회) 등에 인용되어 전해지고 있다.

145 진정眞定 : 의상의 십대제자(『三國遺事』「義湘傳敎」)이자 사영(『法藏和尙傳』) 중 한 사람이다.(출전은 위 각주 참조) 진정을 출가하도록 이끈 진정의 어머니를 위해 의상이 소백산 추동錐洞에서 3천 명을 대상으로 90일간 『華嚴經』 강의를 했다고 한다. 이때의 강의를 제자 지통智通과 도신道身이 정리한 것이 각각 『錐洞記』(또는 『智通記』), 『道身章』이다. 진정의 화엄사상을 정확하게 알 수 있는 자료는 현존하지 않지만, 『총수록』에는 위 본문의 삼문석 외에도 의상의 또 다른 제자 상원相元과의 대화(H6, 777a1~10)와 삼생멸설三生滅說(H6, 818a15~17) 등이 인용되어 있어 그 일부를 살펴볼 수 있다.

볼 수 있습니까?"라고 여쭈었다. 이에 화상이 곧 사구게로써 답하여 이르셨다.

> 모든 연緣의 근본은 나이며,
> 일체법의 근원은 마음이며,
> 말(語言)은 매우 중요한 근본이니,
> 진실한 선지식이다.

이어 이르기를, "그대들은 마땅히 마음을 잘 써야 한다."라고 하셨다.

表訓眞定等十餘德。從和尙所。學此印時。問云。不動吾身卽是法身自體之義。云何得見。於是和尙。卽以四句偈子而答之云。諸緣根本我。一切法源心。語言大要宗。眞實善知識。仍云。汝等當善用心耳。

표훈 대덕이 다섯 가지 관법으로 해석함(五觀釋)을 지으니, 첫째는 실상관, 둘째는 무주관, 셋째는 성기관, 넷째는 연기관, 다섯째는 인연관이다. 처음의 관은 '법의 근원은 마음이며'와 '매우 중요한 근본이니'이고, 뒤의 네 관은 '근본은 나이며'이다.

表訓德作五觀釋。一實相觀。□□□[1]觀。三性起觀。四緣起觀。五因緣觀也。初觀者。法源心與大要宗也。後四觀者。根本我也。

1) 원 을본에는 '□□□'이 '二無住'로 되어 있다. 역 高에는 '二無住'로 되어 있다.

인하여 게송을 설하여 말씀하였다. 나(我)는 모든 연으로 이루어진 법이며, 모든 연은 나로써 연을 이룬다는 것이 인연관이다. 연으로써 나를 이루니 나는 체가 없고, 나로써 연을 이루니 연은 체성이 없다는 것이 연기관이다. 모든 법의 있음과 없음이 원래 하나이고, 있음과 없음의 모든 법이 본래 둘이 아니라는 것이 성기관이다. 있을 때는 있음이 아니니 오히려 없음과 같고, 없을 때는 없음이 아니니 오히려 있음과 같다는 것이 무주관이다. 모든 법이 본래 옮겨 움직이지 않으며 관하는 마음 또한 일어나지 않는다는 것이 실상관이다.

因說頌曰。我是諸緣所成法。諸緣以我得成緣。是因緣觀。以緣成我。我無體。以我成緣。緣無性。是緣起觀。諸法有無元來一。有無諸法本無二。是性起觀。有時非有還同無。無時非無還同有。是無住觀。諸法本來不移動。能觀之心亦不起。是實相觀。

이 다섯 가지 관법을 지어서 화상에게 바치니 화상이 이르기를, "옳다."라고 하셨다. 이 다섯 가지 관법으로 30구에 준하면, 곧 증분 4구는 실상관이고, 다음 14구는 무주관이며, 다음 4구는 성기관과 연기관이고, 뒤의 모든 구는 연기관과 인연관이다.

作此五觀。以呈和尚。和尚曰。是也。以此五觀准三十句。則訂分四句實相覔。[1] 次十四句無住覔。* 次四句性起覔*緣起覔。* 後諸句緣起覔*因緣覔*也。

1) ㊀ 을본에는 '覔'이 '觀'으로 되어 있다. 이하도 동일하다.

진정 대덕은 세 가지 문으로 해석함(三門釋)을 지으니, 첫째는 이법과 현상이 덕을 갖춘 문(理事具德門)이고, 둘째는 현상이 융통하여 이법을 드러내는 문(事融現理門)이고, 셋째는 수행을 증장하는 문(修行增長門)이다. 이 3문에 표훈 대덕이 움직임 없이 건립하는 문(不動建立門)을 더하여 4문으로 하였다. 이로써 30구에 준하면 증분 4구는 움직임 없이 건립하는 문이고, 다음 14구는 이법과 현상이 덕을 갖춘 문과 현상이 융통하여 이법을 드러내는 문이며, 뒤의 모든 구는 수행을 증장하는 문이다.

眞定德作三門釋。一理事具德門。二事融現理門。三修行增長門。於此三門。表訓德加不動建立門。爲四門也。以此准三十句者。訂*分四句不動建立門。次十四句理事具德及事融現理門。後諸句修行增長門也。

말하자면 14구 가운데 처음 4구는 이법과 현상이 덕을 갖춘 문이다. 이 중에서 처음 1구는 머무름 없는 체이므로 이법이며, 다음 1구는 머무름 없는 모습이므로 현상이고, 뒤의 2구는 머무름 없는 작용이다. '덕을 갖춤'이란 진성의 이법 가운데 육도인과와 소승인과 내지 원교인과 등의 보현 22위[146]를 갖춘 것이다. 22위 가운데 진성의 체를 갖추기 때문이다. 뒤의 10구는 곧 현상을 융통하여 이법을 드러내는 문이다. 말하자면 하나의 티끌이 시방을 녹여 포함하는 도리가 앞에 나타나기 때문이다. 수행증장문修行增長門이란 만약 모든 구에 분배한다면 비록 이타행 4구에 속하지만 그러나 여기에서의 뜻은 처음에 증분으로부터 혹은 묻고 혹은 해석하여 자기의 몸이 곧 법성임을 알게 하는 것일 뿐이다.

謂十四句中。初四句理事具德門。此中初一句無住體故理。次一句無住相

146 보현 22위 : 지엄의『수현기』(K47, 13b19~c1 ; T35, 27b29~c11)에서는 모든 지위를 22위로 나누고 있다. 즉 육도六道의 인과因果가 6문, 성문聲聞과 벽지불辟支佛의 인과를 통틀어서 2문, 성문과 벽지불이 의거하는 부처님이 인과에 통함을 나누어 2문, 성문과 연각이 회심迴心하여 들어간 대승초교大乘初敎에서의 인과를 통틀어 2문, 바로 진입한 초심初心 보살의 인과를 통틀어서 1문, 바로 진입한 숙교熟敎와 회심한 숙교의 인과를 통틀어서 2문, 돈교頓敎의 인과가 1문, 우법성문愚法聲聞으로부터 간혜지乾慧地 이상 보살과 부처님의 모든 지위를 거두어서 1문, 보현위普賢位에서 신信 이상으로부터 십지까지 인과의 보살과 부처님을 모두 통틀어서 5문이다.

故事。後二句無住用也。具德者。眞性理中具六道因果小乘因果乃至圓敎因果等普賢二十二位。二十二位中具眞性體故也。後十句則事融現理門也。謂一□[1)]鎔融含十方之道理現前故也。修行增長門者。若分配諸句。雖屬利他四句。然此中意。始從訂*分。或徵或釋。令知自身卽是法性耳。

1) (원) 을본에는 □이 '塵'으로 되어 있다. (역) 高에는 '塵'의 이체자인 '尘'으로 되어 있다.

또 네 가지 원만함의 뜻(四滿義)으로 분과하면 곧 증분의 4구는 행실만行實滿의 뜻이고, '진성은 매우 깊고' 이하는 증만證滿의 뜻이며, '처음 발심할 때가' 이하는 법만法滿의 뜻이고, '그러므로 수행자는' 이하는 인만人滿의 뜻이다. 이 말 또한 표훈 대덕의 뜻이니 상원上元 원년(674) 황복사에서 설한 것이다.[147]

又以四滿義科。則訂*分四句行實滿義。眞性甚深下訂*滿義。初發心時下法滿義。是故行者下人滿義。此辭亦是訓德之義。上元元年。在皇福寺說也。

행만은 단지 행이 만족되면 곧 증분이기 때문이다. 증만은 증분이 만족

147 이상의 배대를 종합 도시하면 다음과 같다.

<table>
<tr><th colspan="2">「法性偈」30句</th><th>五觀釋
(表訓)</th><th>三門釋
(眞定)</th><th>四門釋
(表訓)</th><th>四滿義科</th></tr>
<tr><td colspan="2">證分 4句</td><td>1. 實相觀</td><td>③ 修行增長門</td><td>④ 不動建立門</td><td>行(實)滿</td></tr>
<tr><td rowspan="3">緣起分
14句</td><td>眞性 以下 4句</td><td rowspan="3">2. 無住觀</td><td>① 理事具德門</td><td>① 理事具德門</td><td rowspan="2">證滿</td></tr>
<tr><td>一微 以下 6句</td><td rowspan="2">② 事融現理門</td><td rowspan="2">② 事融現理門</td></tr>
<tr><td>初發心 以下 4句</td><td rowspan="2">法滿</td></tr>
<tr><td colspan="2">利他行 4句(能入 以下)</td><td>3. 性起觀
4. 緣起觀</td><td rowspan="2">③ 修行增長門</td><td rowspan="2">③ 修行增長門</td></tr>
<tr><td colspan="2">修行方便得益 8句
(是故 以下)</td><td>4. 緣起觀
5. 因緣觀</td><td>人滿</td></tr>
</table>

한 법이 되어야 비로소 하나 가운데 일체이며 하나가 곧 일체인 등 걸림 없이 자재함을 얻게 되기 때문이다. 법만은 처음 발심할 때 곧 정각을 이룬다는 것이 법이 만족됨으로써 비로소 이루어지기 때문이다. 인만은 범부의 몸을 움직이지 않고 곧 부처님을 만족하기 때문이다.

行滿者。但行滿則是訂*分故。訂*滿者。爲是訂*分滿足之法。方得一中一切一卽一切等無㝵自在故。法滿者。初發心時便成正覺者。以法滿足。方得成故。人滿者不動凡身[1]卽滿足佛故。

1) 역 高에는 '凡'과 '身' 사이에 두 글자 정도의 공간이 비워져 있다.

이 도인 가운데 이 네 가지 뜻으로써 문구를 분과한 것과 같이 또한 일부 대경 가운데에도 이 네 가지 뜻으로 분과한다. 말하자면 행만行滿이란 일부(『화엄경』)의 처음부터 끝까지 다만 십불의 안으로 증득한 것이다. 증만證滿이란 일부의 처음부터 끝까지 하나와 많음, 크고 작음이 걸림이 없는 뜻이다. 법만法滿이란 일부의 처음부터 끝까지 오직 처음 발심하면 곧 법을 만족하여 바른 깨달음을 이루는 뜻이다. 인만人滿이란 일부의 처음부터 끝까지 곧 이 범부의 몸이 자체불인 뜻이다. 도인은 모든 문구에 분배한 것이고 경은 또한 처음부터 끝까지 통틀어 분배하여 자재로이 분과한 것이다.

如此印中以此四義科文。亦於一部大經之中。以此四義科也。謂行滿者。一部始終。只是十佛內訂*也。訂*滿者。一部始終。一多大小無障㝵義也。法滿者。一部始終。唯初發心卽滿足法成正覺義也。人滿者。一部始終。卽此凡身是自體佛義也。印則分配諸句。經則亦通配始終自在科也。

십구장

『십구장十句章』[148]에 이른다.[149] '열 번째, 과문을 뛰어넘어 뜻을 이룸이 자재하다'란 첫 모임(初會)의 뜻을 이루고자 함이다. 만약 다른 모든 모임과 처소의 법의 문구 등이 이 초회에 있어서 자재하게 이루어질 수 있다면 초회에서의 뜻과 같이 다른 모임에서도 또한 그러하니 이에 준한다. 그 모습은 어떠한가? 만약 초회의 이름이 무엇이냐고 묻는다면 도리천의 법회라고 답한다.[150] 만약 무슨 법을 설하느냐고 묻는다면 십주의 법이라고 답한다. 이러한 언설이 능히 (초회의) 뜻을 이룸에 어긋나지 않으니 무슨 까닭인가? 초회를 논할 때가 모든 모임의 근본이 되기 때문에 모든 모임을 거둘 수 있으며, 초회에서와 같이 다른 모임에서도 또한 그러하다. 이 근본을 기준으로 함을 따라서 앞과 뒤를 거둘 수 있는 것이다.

十句章云。十隔越科文成義自在者。欲成初會義。若餘諸會處法文句等在於此初自在能成。如初會義。餘亦爾。准之。其相云何。若問初會名何耶。答是忉利天會。若問說何法。答是十住法。如是言說不違能成義。何以故。初會論時爲諸會本故。能攝諸會。如初會。餘會亦尒。隨約是本。能攝前後也。

---

148 『十句章』: 지엄이 요의要意 5권을 짓고 나서 첫 쪽에 써 놓은 십구에 대한 주석이다. 균여, 『십구장원통기』(K47, 84a2). 『십구장』의 저자는 『총수록』의 삼대기 중 『법융기』를 지은 법융이라는 설이 대표적이지만 법융의 제자인 융볼融昢 또는 범체梵體, 혹은 법융의 스승인 신림神琳이라는 이설도 있다. 『십구장』 자체는 현존하지 않지만 이에 대한 균여의 주석서인 『십구장원통기』에 원문이 실려 있다.

149 균여, 『십구장원통기』(K47, 102b11~16) 참조.

150 초회의 처소는 『육십화엄』을 기준으로 하면 적멸도량寂滅道場인데 도리천이라고 답하며, 초회 설법의 내용은 「世間淨眼品」과 「盧舍那佛品」인데 십주의 법이라고 답하는 것은, 초회에 『화엄경』의 여타 모든 법회의 설법이 구족되어 있다고 보기 때문이다. 이에 대해서 균여는 육상원융을 통해 그 이법을 설명하고 있다. 『십구장원통기』(K47, 102b24~103a1).

[3] 법성게法性偈

1. 자리행自利行

1) 증분 法性圓融至非餘境

'법성은 원융하여'부터 '다른 경계가 아니다'까지[151]
法性圓融至非餘境

법융기

『법기』에 이른다. 무엇이 법法인가? 인분因分[152]의 말을 빌려서 만약 굳이 가리킨다면 그대의 몸과 마음이 그것이다. 무엇이 성性인가? 곧 원융한 것이 그것이다. 어째서 원융한가? 두 모습이 없기 때문이다. 하나인 까닭에 둘이 없는가, 둘이면서 둘이 없는가? 하나인 까닭에 둘이 없는 것이 아니니, 곧 그 두 모습을 바로 둘이 없다고 하는 것이다.

法記云。何者是法。借因分詮。若强指者。汝身心是。何是性。卽圓融是也。云何圓融。無二相故。一故無二二而無二耶。非是一故無二。卽其二相直云無二。

151 『총수록』(H6, 776b5). 이에 해당하는 『일승법계도』 원문은 H2, 1a9 「반시」; H6, 768a11.

152 인분因分 : 인因의 분제, 즉 원인의 영역이라는 뜻이다. 깨달음에 이르는 원인이 되는 것으로서, 말로 표현할 수 있는 경지이다. 인분은 말로 설할 수 없는 과분果分에 대응하는 개념이면서 또한 불가분의 관계에 있다. 의상은 『일승법계도』에서 인분을 교분敎分, 또는 연기분과 동일한 범주로 파악한다.

무엇이 모든 법인가? 법성이 그것이다. 어째서 움직이지 않는가? 원융하기 때문이다. 어째서 본래 고요한가? 두 모습이 없기 때문이다.

본래 고요한 곳을 이름할 수 있는가? 이름해서 지목할 수 없으니 이름이 없기 때문이다. 어째서 이름이 없는가? 모습이 없기 때문이다. 어째서 모습이 없는가? 일체가 끊어졌기 때문이다.

何是諸法。法性是也。何故不動。圓融故。何故本來寂。無二相故。本來寂處可得名耶。不可名目。以無名故。何故無名。以無相故。何故無相。絶一切故。

만약 그렇다면 이 중에는 닦아서 증득함도 또한 끊어졌는가? 끊어졌다. 실제로 닦아서 증득함이 없는가? 실제로 없다. 그러나 성인도 또한 닦아서 증득한다. 닦아서 증득하기를 구하고자 한다면 어떻게 닦아서 증득하는가? 만약 가르칠 수 있다면 이는 교분이다. 그러므로 오직 대장부의 마음을 잘 쓰는 곳이고 다른 경계가 아니다.

若爾。此中修訂*亦絶耶。絶也。實無修訂*耶。實無也。然而聖亦修訂。* 要須修訂。* 如何修訂。* 若可誨者是敎分。故唯大丈[1]夫善用心處。非餘境也。

1) ㉗ 을본에는 '丈'이 '文'으로 되어 있다.

이 증분 가운데 일체 모든 법이 갖추어져 있는가, 빠져 있는가? 갖추어져 있다. 만약 그렇다면 또한 변계遍計의 비법非法도 갖추어져 있는가? 어찌 갖추어져 있겠는가? 그렇다면 빠져 있는가? 어찌 빠져 있겠는가? 말하자면 한 물건도 보법 아님이 없는 까닭에 어찌 갖추어져 있으며, 변계의 비법을 움직이지 않고 곧 법을 만족하니 어찌 빠져 있겠는가? 그러므로 지엄 스님이 이르기를, "일승 가운데 어떤 법이 없는가? 비법이 없다.

어떤 법이 없지 않은가? 비법이 없지 않다."라고 하였다.

此訂*分中。一切諸法。具耶闕耶。具也。若爾。亦具遍計非法耶。何得具耶。爾則闕耶。何得闕耶。謂無有一物非普法故。何得具耶。不動遍計非法卽滿足法。何得闕耶。故儼師云。一乘中何法缺。非法缺。何法不缺。非法不缺也。

진수기

『진기眞記』에 이른다. '법성'이란 미세한 티끌법성·수미산須彌山[153]법성·일척법성一尺法性·오척법성五尺法性이다. 만약 금일의 오척법성에 근거하여 논한다면, 미세한 티끌법성과 수미산법성 등이 자신의 지위를 움직이지 않고 오척에 알맞게 이루어지니, 작은 지위를 늘리지도 않고 큰 지위를 줄이지도 않으면서 능히 이룬다. '원융'이란 미세한 티끌의 법이 오척에 만족하고 수미산의 법이 오척에 계합하기 때문이다. '두 모습이 없다'란 미세한 티끌이 비록 만족하고 수미산이 비록 계합하지만 다만 오직 오척인 때문이다.

眞記云。法性者。微塵法性。須彌山法性。一尺法性。五尺法性。若約今日五尺法性論者。微塵法性。須彌山法性等。不動自位稱成五尺。不增小位不減大位而能成也。圓融者。微塵法滿五尺。須彌山法契五尺故也。無二相者。微塵雖滿須彌雖契。只唯五尺故也。

153 수미산須彌山 : 수미는 산스크리트 sumeru의 음역이며, 뜻으로는 묘고妙高라 번역한다. 고대 인도에서 세계의 중앙에 있다고 생각한 산이다. 불교의 우주관에 의하면 수미산은 대해大海 안의 금륜金輪 위에 있으며 그 높이는 수면에서 8만 유순由旬이다. 그 주위를 해와 달이 돌고 육도六道·제천諸天은 측면 또는 위쪽에 있으며, 그 정상에 제석천帝釋天이 사는 궁전이 있다고 한다. 『화엄경』에서는 제3회 설법이 수미산정의 제석천 궁전에서 이루어지고 있다.

'모든 법'이란 앞의 '법'을 가리킨다. '움직이지 아니하여'란 앞의 '성'을 가리키니, 성이란 머무름 없는 법성(無住法性)이다. 그러므로 이 (의상) 화상이 "금일 오척의 몸이 움직이지 않음을 기준으로 하여 머무름이 없다고 한다."라고 하였다. '본래 고요하다'란 앞의 '두 모습이 없다'를 가리킨다. 다만 오척법성일 뿐 곁에 다른 물건이 없는 까닭에 '본래 고요하다'라고 한 것이다. '이름도 없고 모습도 없으며 일체가 끊어져'란 위에서 처음부터 이름과 모습을 보지 않는 곳과 같다. '증득한 지혜로 알 바이고 다른 경계가 아니다'란 오직 부처님과 부처님이시라야 능히 알 수 있기 때문이다.

諸法者。指前法也。不動者。指前性也。性者。無住法性也。故此和尙云。約今日五尺身之不動爲無住也。本來寂者。指前無二相也。只是五尺法性。側無餘物。故云本來寂也。無名無相絶一切者。如上初初不見名相處也。訂*智所知非餘境者。唯佛與佛乃可能知故也。

고기

'고기古記'[154]에 이른다. 표훈 대덕이 의상 화상에게 여쭈어 말씀드렸다. "무엇이 머무름이 없는 것입니까?" 의상 화상이 말씀하였다. "곧 내 범부의 오척 되는 몸이 삼제三際[155]에 들어맞아 움직이지 않는 것이 머무름이 없는 것이다."

---

154 '고기古記' : 『총수록』에는 '古記云'이라는 구절로 시작하는 인용문이 총 20회 수록되어 있다. 이 '고기'가 『총수록』이 편찬될 당시에 독립된 문헌의 형태로 존재했는지, 아니면 의상계 화엄에 전해 내려오던 '옛 기록'인지 불명확하다. 또한 '고기'가 문헌이라고 해도 20회 인용 구절 모두가 『고기』라 불리던 하나의 문헌에 실려 있던 것인지도 확정하기 어렵다.

155 삼제三際 : 시간을 셋으로 구분한 것으로 과거와 미래와 현재를 가리킨다.

문 "만약 삼제를 기준으로 하여 이를 나누면 여러 종류의 오척인 것입니까?" 화상이 말씀하였다. "이는 연緣의 오척인 까닭에 하나를 구하면 곧 하나이고 많은 것을 구하면 곧 많다."

문 "만약 삼제에 들어맞아 움직이지 않는다면 곧 머무름이 있는 것입니까?" 화상이 말씀하였다. "만약 오척이 머무르는 곳을 보지 않는다면 앞으로 머무름 있음과 머무름 없음을 내가 마땅히 설하겠다."

古記云。表訓德問相和尙言。云何無住。和尙曰。卽我凡夫五尺身。稱於三際而不動者。是無住也。問。若約三際分之則多種五尺耶。和尙云。以是緣之五尺故。須一卽一。須多卽多也。問。若稱三際而不動者。卽有住耶。和尙曰。若不見五尺住處。將來有住無住。我當說也。

또 월유사 법회에서 신림 대덕이 말씀하였다. "옛적에 상원相元[156] 스님이 진정 스님에게 물어 말씀하였다.

(문) 머무름이 없기 때문에 머무름이 없습니까, 머무름이 있으면서 머무름이 없습니까?

답 둘 다 맞지 않습니다.

문 만약 그렇다면 무엇이 머무름이 없는 것입니까?

답 오직 머무르게 하기 때문에 머무름이 없다고 말할 뿐입니다.

문 머무름 없음을 머무르게 합니까, 머무름 있음을 머무르게 합니까?

---

156 상원相元 : 이름의 한자 표기에는 약간의 혼동이 있지만(相源·相圓·常元) 동일 인물일 것으로 추정한다. 상원이 부석사 40일회에서 의상으로부터 일승십지一乘十地 법문을 듣거나[『총수록』(H6, 809a2~8)], 의상에게 진부진盡不盡에 대해 물은 것[『십구장원통기』(H4, 49a18)] 등을 볼 때 그가 의상의 직제자임을 알 수 있다. 또한 신림의 질문에 대해 상원이 스승 의상의 성불의成佛義에 따라서 풀이해 주는 것[『총수록』(H6, 805a20~b1)]을 통해서 의상→상원→신림으로 이어지는 부석적손의 사자 관계를 추정할 수 있다.

답 또한 둘 다 맞지 않습니다. 이상."

又月瑜寺會。神琳德云。昔相元師。問眞定師云。無住故無住耶。有住而無住耶。答。二並不是。問。若爾。云何無住耶。答。唯是令住故云無住耳。問。無住令住耶。有住令住耶。答。亦並不是。已上。

이것은 곧 질문이 비록 질문은 감당하지만 답은 감당하지 못하고, 답이 비록 답은 감당하지만 질문은 감당하지 못하는 자리이다. 만약 말을 빌린다면 유위법이 찰나도 머무르지 않기 때문에 머무름이 없다는 것과는 같지 않고, 무위법이 삼제에 머무르지 않기 때문에 머무름이 없다는 것과도 같지 않다.

此則問雖堪問不堪答。答雖堪答不堪問處也。若假言者。非如有爲法刹那不住故云無住。非如無爲法三際不住故云無住也。

또 신림 대덕이 법을 설할 때, 대운 법사 군大雲法師君[157]이 아뢰었다. "연기분의 설법은 이와 같으나 증분의 설법은 어떻습니까?" 신림 대덕이 묵묵히 얼마쯤 있다가 말씀하였다. "답해 마쳤다." 대운 법사 군이 아직 깨닫지 못하자 신림 대덕이 말씀하였다. "군이 이 질문을 일으킬 때 앉은 자리와 일체 법계의 모든 법이 동시에 질문을 일으키는 것이 이것(증분)일 뿐이다. 단지 군이 묻고 다른 일체의 법이 질문을 일으키지 않는 것은 아니다." 대운 법사 군이 아뢰었다. "법계의 목구멍과 다함없는 혀가 동시에 질문을 일으키는 것은 연기분의 질문입니까?" 신림 대덕이

157 대운 법사 군大雲法師君 : 의상의 제3세손인 신림의 제자인 것으로 추정되나 위 신림과의 문답이 균여의 『십구장원통기』(K47, 94c17~24)에 한 차례 더 인용되는 것 외에는 관련 자료가 현존하지 않는다.

말씀하였다. "삼세간의 법이 동시에 질문을 일으키는 것은 증분의 질문이고, 묵묵히 움직이지 않는 것에 들어맞는 것은 증분의 설이며, 삼세간의 법이 각각 자기 자리에 머물러 본래 움직이지 않는 것은 증분의 들음이다."

又林德說法之時。大雲法師君白言。緣起分說法如是。訂*分說法云何。林德默然有頃云。答之已了也。雲法師君未會。林德云。君之起此問時。所坐之牀。及一切法界諸法。同時發問者是耳。但君問而餘一切法不起問者。非也。法師君白云。[1] 法界咽喉無盡舌端。同時發問者。緣起分之問乎。林德云。三世間法。同時發問者。訂*分之問。稱於默然不動者。訂*分之說。三世間[2]法。各住自位。本來不動者。訂*分之聞也。

1) ㉠ 을본에는 '云'이 '六'으로 되어 있다. 2) ㉰ 高에는 '三世間'이 '三法問'으로 되어 있다.

2) 연기분

(1) 연기의 체體 眞性甚深至隨緣成

'진성은 매우 깊고'부터 '연을 따라 이룬다'까지[158]
眞性甚[1]深至隨緣成

1) ㉠ 을본에는 '甚'이 '其'로 되어 있다.

158 『총수록』(H6, 777a23). 이에 해당하는 『일승법계도』 원문은 H2, 1a; H6, 768a 「반시」.

법융기

『법기』에 이른다. 위 증분 중에 그 몸과 마음을 가리켜 바로 법성을 보였으나 이름과 모습이 없음을 말미암아 중생(機)이 들어가기 어려운 까닭에, 법성을 '진성'이라 바꾸어 이름해서 그들이 익히게 한 것이다. 비유하면 눈먼 사람이 비단 짜는 것을 배우고자 하니 장인匠人이 가르쳐 말하기를, "마땅히 모아 갖추어서 가지고 오라."고 하니 저 맹인이 풀로 만든 끈을 가지고 오는 것과 같다. 이와 같이 증분은 일체가 끊어졌기 때문에 오직 증득한 이만 알 바이다. 그러나 팔식八識[159]의 허망한 마음으로 깨달아 들어가고자 하니 그런 까닭에 이 사람에게 증분의 자리를 바로 가리키지 못하고 이에 한 걸음 내려와서 임시로 진성이라는 이름을 지어서 그것을 보여주는 것이다.

法記云。上訂*分中。指其身心。直示法性。由無名相。機難得入故。以法性轉名眞性。令其習也。比如盲人。欲學織錦。匠者敎云。當集具來。而彼盲人。執草繩來。如是訂*分。絶一切故。唯訂*所知。然以八識妄心而欲訂*入。故於此人。不能直指訂*分之處。乃下一步。假作眞性之名。以示之也。

'매우 깊고'란 진성에 들어가는 문이다. 말하자면 화장세계의 매우 깊음과 미륵누각의 매우 깊음이다. 화장세계의 매우 깊음이란 하나하나의 티끌 가운데서 법계를 보기 때문이다. 그러므로 하나의 미세한 티끌을 기준으로 그 안과 밖을 구하나 모두 얻을 수 없다.[160] 미륵누각의 매우 깊음

---

159 팔식八識 : 유식학파에서 인간의 마음을 여덟 가지로 나눈 것으로, 안眼·이耳·비鼻·설舌·신身·의意의 육식과 제7말나식末那識(Ⓢ manasvijñāna), 제8알라야식(Ⓢ ālayavijñāna)을 가리킨다.

160 『화엄경』「華藏世界品」(K8, 471a21~22; T10, 39b28~c1)의 다음 게송을 가리키는 것으로 보인다. "화장세계에 있는 티끌의 낱낱 티끌에서 법계를 본다. 보배광명이 부처님을 나타냄이 구름이 모인 것 같으니 이것이 여래국토의 자재함이다.(華藏世界

이란 말하자면 미륵보살이 손가락을 튕겨 누각의 문을 열고 선재동자가 들어가자 단박에 삼세의 자기 몸과 법, 그리고 모든 선우善友들을 보기 때문이다.[161]

甚深者。入眞性之門。謂花藏世界之甚深。與彌勒樓閣之甚深也。花藏世界甚深者。以一一塵中見法界故。是故約一微塵。求其內外。並不可得。彌勒樓閣甚深者。謂彌勒彈指開樓閣門。善財入已。頓見三世自身及法與諸善友故也。

'극히 미묘하여'란 중도이다. 두 변을 떠난 까닭에 중도라고 하는 것이 아니라 곧 모든 변을 기준으로 하여 중도라고 하는 것이다.

'자성을 고수하지 않고' 등은 자기에게 자성이 없으므로 남(他)으로 자성을 삼고, 남(他)이 자성이 없으므로 자기로 자성을 삼는 것이다. 그래서 '자성을 고수하지 않고 연을 따라 이룬다'라고 한 것이다.

極微妙者。中道也。非謂離二邊故以爲中道。卽約諸邊云中道也。不守自性等者。由自無性以他爲性。由他無性以自爲性。故云不守自性隨緣成也。

진수기

『진기眞記』에 이른다.

所有塵。一一塵中見法界。寶光現佛如雲集。此是如來刹自在。)" 『육십화엄』 「盧舍那佛品」(K8, 21b4~5; T9, 412c7~10)의 해당 구절은 다음과 같다. "於此蓮華藏。世界海之內。一一微塵中。見一切法界。一切諸佛雲。放寶光明照。是盧舍那刹。有無量自在。"

161 『화엄경』 「입법계품」에서 선재동자가 선지식을 역참하는 중 52번째로 미륵보살을 만나 비로자나장엄장毘盧遮那莊嚴藏(『팔십화엄』 기준)이라는 이름의 누각에 들어간 때의 일을 가리킨다. 『팔십화엄』(K8, 931c4~935a10; T10, 434c29~437c16), 『육십화엄』(K8, 416c6~419a20; T9, 780b10~782b11).

문 진성眞性이 위의 법성法性과 어떻게 다른가?

답 어떤 이는 '다르다'고 한다. 말하자면 법성은 곧 진眞과 망妄에 통하여 원융을 취하고 또 유정과 유정 아닌 것에 통한다. 이 (진성)은 곧 오직 진이며 또 오직 유정의 문이다. 이하 진성을 풀이하는 단락에서 중생의 12지支를 기준으로 하기 때문이다.[162]

그러나 지금 실제를 기준으로 하여 말하면, 진성이 곧 법성이다. 이른바 진성의 체가 매우 깊고 미묘하다는 것은 다만 자성을 두지 않고 모든 연을 모아서 이루기 때문이다. 만약 삼승을 기준으로 하여 논하면 자성청정심自性淸淨心[163]이 무명의 바람인 연을 따라서 차별된 만법을 이룬다. 만약 일승의 뜻으로부터라면 연 이전에 법이 없기 때문에 먼저 진성이 있어서 연을 따라 이루는 것이 아니다.

眞記云。問。眞性與上法性何別。答。有云別也。謂法性則通眞妄取圓融。又通情非情也。此則唯是眞而又唯是有情門。以下釋眞性段。約衆生十二支故也。然而今約實云。眞性卽是法性也。所謂眞性之體甚深微妙者。但以不存自性。攬諸緣成故也。若約三乘論者。自性淸淨心。隨無明之風緣。成差別萬法也。若自一乘義。則以緣前無法故。非先有眞性而隨緣成。

---

162 『일승법계도』(H2, 3a4~b16; H6, 810b16~811a13)에서 연기분 가운데 첫 2구인 연기의 체를 설명하는 부분을 가리킨다. 여기에서는 이를 위해 초환희지의 십이연기 구절에 대한 세친의 『십지경론』의 해석을 지엄의 『공목장』을 통해 인용하고, 또한 제6현전지의 십중 십이연기 구절에 대한 『십지경론』과 『공목장』의 주석에 의거하고 있다.

163 자성청정심自性淸淨心 : 여래장계 경론에서 설하는 중생들이 본래 갖추고 있는 평등하여 분별이 없는 마음을 말한다. 『구경일승보성론』(K17, 377c23; T31, 832b12~13). 자성은 본래 청정하다는 뜻으로, 진여가 비록 중생의 마음에 부착된 번뇌에 의해 물들어 있어도 본래 청정하다는 점을 가리켜 말한 것이다. 화엄교학에서는 고십현 중 유심회전선성문唯心迴轉善成門의 유심을 여래장자성청정심如來藏自性淸淨心 또는 여래성기구덕심如來性起具德心으로 설명한다. 법장, 『화엄일승교의분제장』(T45, 507a8~15), 『총수록』(H6, 843b14~16).

또한 내가 오늘 혹 물의 작용이 되고 혹 돌의 작용이 되니, 연 가운데 법계의 모든 법이 남김없이 몰록 일어나기 때문이다. 이와 같이 법 가운데 물의 이름과 물의 모습, 돌의 이름과 돌의 모습 등이 있기 때문에 이름과 모습이 없지 아니하나, 이 이름과 모습은 곧 이름과 모습이 없는 것이다. 그러므로 또한 중생의 첫 번째 무명의 지支를 기준으로 열 번의 관(十番觀)[164]을 거치면 무명의 이름과 모습을 움직이지 않고 곧 매우 깊은 법이니, 취하고 버릴 바가 없기 때문에 '미묘하다'라고 한다. 그러므로 이름과 모습을 움직이지 않고 곧 곁이 없는 이름과 모습을 이룬다.

且吾今日。或爲水用。或爲石用。緣中法界諸法。無遺頓起故也。如是法中。而有水名水相石名石相等故。不無名相。而此名相卽無名相。是故且約衆生一無明支。歷十番觀。則不動無明名相。卽甚深法。無所取捨故云微妙。是故不動名相卽成無側名相。

만약 보현의 증득을 기준으로 하면 곁이 없는 이름과 모습을 움직이지 않고서 곧 바로 이름을 여의고 모습을 끊는다. 만약 열 부처님의 증득을 기준으로 하면 처음부터 이름과 모습 등을 보지 않는다. 무명의 지支가 이미 그러한 것처럼, 내지 노사老死의 지支도 다 또한 이와 같다. 그러므로 경에서 이르기를, "일체 모든 여래께서 부처님의 법을 설하신 것이 없으니, 그 응해서 교화할 바를 따라서 법을 연설하신다."[165]라고 하였다. 설함이 없는 것은 증분이고 설하면 교분이다.

---

164 열 번의 관(十番觀) : 『화엄경』「십지품」 제6현전지現前地에서 보살이 십이연기를 십중으로 관찰하는 것을 가리킨다. 세친, 『십지경론』(K15, 70b15~19; T26, 170c4~8), 『육십화엄』(K8, 179b16~19; T9, 559a24~28), 『팔십화엄』(K8, 652b2~6; T10, 194b24~28).

165 『육십화엄』「夜摩天宮菩薩說偈品」(K8, 74c10; T9, 466a27~28).

若約普賢訂。* 則不動無側名相。卽正離名絶相。若約十佛訂。* 則初初不見名相等也。如無明支旣尒。乃至老死支。皆亦如是。是故經云。一切諸如來。無有說佛法。隨其所應化。而爲演說法。無有說者證分。說則敎分。

도신장

『도신장道身章』[166]에 이른다. 만약 고정적으로 예로부터라면 연기가 자성이 있어서 자재할 수 없다. 이른바 연기란 자성이 없음이고, 자성이 없음이란 머무름 없음이며, 머무름 없음이란 하나에 치우치지 않음이고, 하나에 치우치지 않음이란 마땅하지 않은 바가 없음이다.

문 이러한 등의 이법이 어찌 예로부터가 아닌가?

답 삼승에서는 먼저 하나의 법을 두고 이 법이 연緣을 따르나 일승에서는 그렇지 아니하니, 연이 곧 법이고 연 외에 연을 따르는 법이 없다. 이미 '예로부터'라고 말한 것은 곧 이것이 지금 연기한 까닭에 그러함을 알 것이다. 만약 고정적으로 예전에 머물러 있고 또 고정적으로 지금에 머무른다면 연기한 것이 아니다. 그런 까닭에 "연기법이 자성이 없음으로써 진성을 삼는다."라고 할 수 있다.

道身章云。若定自古。則緣起有性不得自在。所謂緣起者無性。無性者無住。無住者不偏於一。不偏於一者。無所不當。問。如是等理。豈

166 『道身章』: 의상의 제자 도신이 의상의 강의를 기록한 것으로서, 현존하지 않고 단편만 전해진다. '道身'은 '道申'으로도 표기된다. 도신은 『宋高僧傳』(T50, 729b19~20)에서 '당에 올라 오묘함을 본 자(登堂覩奧者)'로 칭송한 의상의 직제자이다. 『송고승전』에서 "뜻을 풀이한 책들은 혹은 제자의 이름을 따서 명명하였는데 『도신장』과 같은 것이 그것이다."라고 한 것으로 보아 『도신장』의 저자는 도신임을 알 수 있다. 의천의 『新編諸宗敎藏總錄』(T55, 1167b24~c2)은 『도신장』을 『一乘問答』(2권)이라는 서명書名으로 소개하고 있다. 『도신장』은 『총수록』에 10회, 균여의 저술에 47회 인용되는 등 이후 화엄학 연구에 많은 영향을 끼쳤다.

不自古。答。三乘中先置一法。此法隨緣。一乘不尒。緣卽是法。緣外無隨緣之法。旣云自古。卽知是今緣起故尒。若定住古。又定住今。非緣起。故可云緣起法以無性爲眞性矣。

대 기

『대기』에 이른다. 표훈 대덕의 뜻은 곧 '진眞'은 머무름 없는 본래의 법이고 '성性'은 본분의 종자(本分種)이다. 본분의 종자란 만약 경문의 출처를 가리킨다면 초회初會[167] 과지果地의 다섯 바다(五海)[168]이다. 이 다섯 바다로써 본식本識의 체를 삼는다. 이 본식을 기준으로 하여 뒤의 여러 모임 가운데 혹은 '종성'을 말하며 혹은 '행업行業'을 말하며 혹은 '서원은 잘 결정되어 있다(願善決定)'[169] 등을 말하는 것이다.

大記云。訓德意則眞者無住本法也。性者本分種也。本分種者。若指文處。初會果地五[1)]海也。以此五海爲本識體。約此本識。後諸會中。或云種性。

---

167 초회初會 : 『화엄경』의 초회를 뜻한다. 『육십화엄』의 8회 가운데 첫 회인 적멸도량회寂滅道場會를 가리킨다. 『팔십화엄』에서는 9회 중 처음인 법보리장회法菩提場會에 해당한다. 법장, 『華嚴經文義綱目』(T35, 498b26), 징관, 『청량소』(T35, 527b22~23 등).

168 다섯 바다(五海) : 『육십화엄』 「盧舍那佛品」(K8, 17b17~19; T9, 409a3~5)에서 보현보살이 관찰하는, 바다와 같이 한량없고 불가사의한 다섯 가지 경계를 가리킨다. 구체적으로는 ① 일체 모든 세계바다(一切諸世界海), ② 일체 중생바다(一切衆生海), ③ 법계의 업바다(法界業海), ④ 일체중생의 욕락과 모든 근성바다(一切衆生欲樂諸根海), ⑤ 일체 삼세 모든 부처님바다(一切三世諸佛海)이다. 『팔십화엄』(K10, 465a13~17; T10, 34b10~14)에서 대응하는 곳은 「世界成就品」에 보이며 다섯 바다가 아니라 열 바다(十海)로 되어 있다. 지엄은 『수현기』(K47, 9a3~4; T35, 22b15~16)에서 이 다섯 바다를 가리켜 『화엄경』 정종분의 본분本分을 밝히는 구절이라고 풀이하고, 『공목장』(T45, 539a2~22)에서는 다섯 바다에 대한 장을 별도로 둘 정도로 중요시했다.

169 서원은 잘 결정되어 있다(願善決定) : 『팔십화엄』 「십지품」(K8, 634b7~8; T10, 179b16~17)에서 금강장보살金剛藏菩薩이 삼매에 들어갔다 나와서 처음 설하는 다음 구절을 가리키는 것으로 생각된다. "여러 불자여! 모든 보살의 서원은 잘 결정되어 있어서 잡스럽지 않으며 볼 수가 없다.(諸佛子。諸菩薩願善決定。無雜不可見。)"

或云行業。或云願善決定等也。

1) ㉠ 을본에는 '五'가 '玉'으로 되어 있다.

말하자면 만약 상근기의 사람이라면 바로 증분에 의거하여 자기의 몸과 마음이 바로 곧 법성임을 증득한다. 그러나 이 증득한 곳은 이름과 모습이 끊어진 까닭에 중·하 근기의 사람은 믿지 못한다. 따라서 다섯 바다가 너의 본식의 근원이라고 설하니, 이로 말미암아 앞의 (중·하) 근기가 자기의 몸과 마음이 곧 법성임을 증득하는 것이다. 그러므로 이 진성에 의거하여야 비로소 본식의 뜻을 건립하는 까닭에, 모든 가르침 가운데 혹은 구분뢰야具分賴耶[170]를 설하고 혹은 일부분인 생멸뢰야(一分生滅賴耶)[171] 등을 설하나, 오직 보현의 근기만이 자기의 본식이 다섯 바다의 근원임을 증득한다. 그러므로 "열 부처님과 보현보살의 위대한 성인의 경계

170 구분뢰야具分賴耶 : 대승종교大乘終教에서 설하는 진眞과 망妄을 모두 갖춘 아뢰야식을 말한다. 법장은 『화엄일승교의분제장』「所詮差別章」(T45, 484c25~485b2)에서 5교판을 심식설로써 풀이하는 가운데 종교의 아뢰야식에는 이법과 현상이 융통하여 두 개의 뜻을 모두 갖추었다고 하며, 『대승기신론』에서 "불생불멸이 생멸과 화합하여 하나도 아니고 다르지도 아니함을 아뢰야식이라고 한다."라고 한 것을 예로 들고 있다. '구분뢰야'라는 명칭은 『주대승입능가경』(T39, 445b23)에 보인다. cf. 아뢰야식(賴耶) : Ⓢ ālayavijñāna. 구역舊譯은 아리야식阿梨耶識, 아려야식阿黎耶識이다. 아뢰야식은 현장에 의한 신역新譯이다. 이것은 저장의 식(藏識)이란 뜻으로 유식학파에서 인간의 마음을 여덟 가지로 분석한 가운데 하나이다. 아뢰야식은 세 가지의 의미와 기능을 지니는데, 첫째는 일체중생의 모든 염오된 법이 현행現行한 결과가 이 식에 저장되고(果相), 둘째는 이 식이 일체중생의 모든 염오된 법에 저장되어 뒷날 현행의 원인으로 작용하며(因相), 셋째는 모든 중생이 이 식을 자기 자신으로 삼는 것(自相, 我愛執藏)이다. 무착, 『섭대승론』(K16, 1054a20; T31, 114a6), 『成唯識論』(K17, 519c17~a9; T31, 7c20~8a4).

171 일부분인 생멸뢰야(一分生滅賴耶) : 대승시교大乘始教에서 설하는 생멸의 뜻만 있는 아뢰야식을 말한다. 법장의 『화엄일승교의분제장』(T45, 484c13~25)에 의하면 시교에서 진眞은 생멸과 불생멸에 융통하지 못하고 다만 응연凝然하여 모든 법을 생겨나게 하지 못하므로 연기하는 사법에 대해 생멸의 뜻을 갖춘 아뢰야식을 건립한다고 한다. 하지만 이는 소승에게 공의 이치를 깨닫게 하기 위한 방편일 뿐이라고 설명한다.

이다."[172]라고 하였다.

謂若上根人。直依訂*分。得自身心正卽法性。然此訂*處。絶名相故。中下之人。未能信得。故說五海是汝本識之源。由是前機得自身心卽是法性。是故依此眞性。方始建立本識義。故於諸敎中。或說具分頼耶。或說一分生滅頼耶等。唯普賢機。得自本識是五海之源。故云十佛普賢大人境。

문 진성이 이미 이와 같이 매우 깊고 미묘한데 무슨 뜻에서 22위二十二位[173]를 나누는가?

답 자성을 고수하지 않기 때문에 내가 필요로 하는 바의 지옥 내지는 부처님의 과위 등의 연을 따라서 22위를 이룬다. 이러한 22위를 '보普' 자로 된 도장으로 도장 찍으면 다 보현 자체인 까닭에 제삼중해인第三重海印[174]이 바로 보현보살 대인의 경계이다.

問。眞性旣如是甚深微妙。於何義中。分二十二位耶。答。以不守自性故。隨我所須地獄乃至佛果等緣。成二十二位也。如是二十二位。以普字印印。則皆普賢自體故。弟*三重海印。正是普賢大人之境也。

172 『일승법계도』(H2, 1a「반시」). 「법성게」 중 자리행自利行—연기분緣起分에서 가장 마지막 구절(제18구)이다.

173 22위二十二位 : 상권 1 각주 146) 참조.

174 제삼중해인第三重海印 : 『대기』에서 『일승법계도』의 제목을 삼중의 오중해인으로 풀이한 가운데 여기의 제삼중해인은 「법성게」 중 연기분에 해당하니, 제이중의 오중해인 가운데 세 번째 해인을 가리킨다. 삼중의 오중해인에 대해서는 상권 1 각주 7) 참조.

관석

숭업崇業[175] 스님의 『관석觀釋』[176] 중에서 「보살명란품菩薩明難品」의 “마음의 성품은 하나이다.(心性是一)”[177]라는 글을 풀이하여 이른다. 법장 스님은 계위에 의거함을 기준으로 하여 풀이한 까닭에 구한 것을 막아 거듭 힐난함을 세웠고,[178] 지엄 스님은 바로 일승의 갖가지 마음(種種心)[179]이 습기를 지나는 바다(濕過海)[180]라는 뜻을 기준으로 하여 풀이한 까닭에 “마음은 무분별로써 하나의 성품을 삼는데 어떻게 여러 가지 일을 이룰 수 있는가?”[181]라고 하였다. 이 질문의 뜻은 (다음과 같다.) 앞의 「광

---

175 숭업崇業 : 의상의 제4세 법손으로서 신림神琳의 제자이다. 신림이 부석사에서 천여 명의 대중에게 법장의 『화엄일승교의분제장』을 강의할 때 숭업이 겨우 7세의 나이에 사미로서 참석했다. 또 숭업이 범체梵體(9세기 중엽 활동)를 만나 중국 신수神秀의 말을 전했다는 균여의 기록을 통해 숭업이 의상계의 적손으로 9세기 전반에서 중엽에 활동했음을 알 수 있다. 『석화엄교분기원통초』(H4, 506a11~20; H4, 308b12~17). 그의 저서는 현존하는 것이 없지만 『총수록』과 균여의 『십구장원통기』 등에 숭업의 저서로서 『觀釋』이라는 이름의 저술 일부가 수록되어 있다.

176 『觀釋』 : 숭업의 저서로서 현존하지는 않는다. 『총수록』 외에도 『십구장원통기』 등 균여의 저술에 일부 내용이 인용되어 있다.

177 마음의 성품은 하나이다.(心性是一) : 『육십화엄』 「보살명란품」(K8, 35c8~13; T9, 427a3~9)에서 문수보살이 각수보살覺首菩薩에게 “마음의 성품은 하나인데 어떻게 갖가지 과보를 내는가?”라고 묻는 질문의 첫 부분이다.

178 법장, 『화엄경탐현기』(K47, 523b6~526a23; T35, 176c15~179c21).

179 갖가지 마음(種種心) : 지엄은 『공목장』(T45, 569b7~9)에서 일승의 마음을 ‘갖가지(種種)’라는 뜻으로 풀이한다. 『총수록』 『법융기』(T45, 757b18~28)와 『華嚴經問答』(T45, 599c26~29)은 열 부처님 가운데 심불心佛을 풀이하면서 일승 중에서 마음은 ‘갖가지’라는 뜻이라고 하고, 『법융기』는 일승의 이 ‘갖가지’라는 의미의 마음을 일법계의 성기심, 조림심稠林心으로 설한다. 『총수록』에 인용되어 있는 의상계 문헌으로 추정되는 『簡義章』(H6, 785b19~21)에서는 삼승은 평등한 한마음(一心)을 설하고 일승은 갖가지 마음을 설한다고 풀이한다.

180 습기를 지나는 바다(濕過海) : ‘습기를 지나는 바다’는 『총수록』과 『총수록』의 인용 문헌에만 보인다.(『관석』 5회, 『대기』 1회, 『간의장』 1회) 의상계 화엄에서 삼승과 대비하면서 일승의 마음을 드러낼 때 사용했던 말이다. 즉 삼승에서는 바다가 습기를 자성으로 하는 물(진성)을 본체로 하므로 바다가 습기에 머무르지만, 일승에서는 바다의 체성이 무성無性이므로 바다가 습기를 지난다고 한 것으로 생각된다.

181 지엄, 『수현기』(K47, 14a20~21; T35, 28b9~10).

명각품」 중에서 부처님의 지혜광명이 법계에 두루 칭합하여 오직 하나의 부처님 지혜만을 드러낸다. 그런 까닭에 그 가운데 육도의 인과와 소승의 인과 내지 원교의 인과 등 보현 22위가 나열된 것은 일승에서 보현보살은 교분의 궤칙이 되고 열 부처님은 증분의 궤칙이 되기 때문이다. 그러므로 교분의 궤칙을 보이고자 하는 까닭에 나열한 것일 뿐이다. 부처님의 지혜를 얻고자 한다면 한 물건이라도 제외하면 반드시 온전한 법계의 지혜를 얻지 못한다. 그러므로 반드시 육도의 인과와 소승의 인과 등으로 보현보살의 아함위를 삼고 그 마음을 원융하게 단련하여 하나의 부처님 지혜를 이루고자 해서 부처님 지혜로 보현보살의 증득을 삼는다. 이로 인해 묻기를, "부처님의 지혜가 하나인데 어떻게 능히 육도 내지 부처님 등의 갖가지 몸과 마음의 과보 등을 생하는가?"라고 한 것이다.

崇業師觀釋中。釋明難品心性是一之文云。藏師約寄位釋故。立遮救重難。儼師直約一乘種種心濕過海義釋故云。心以無分別爲一性。云何能成種種事耶。此問意者。前光明覺品中。佛之智光。稱周法界。現只一佛智也。所以其中列六道因果及小乘因果乃至圓教因果等普賢二十二位者。以一乘中。普賢爲教分之軌。十佛爲訂*分之軌故也。是故。欲示教分之軌故。列之耳。欲得佛智。若除一物。必不得全法界之智。是故。要以六道因果小乘因果等爲普賢阿含位。融鍊其心。得成一佛智。故以佛智爲普賢訂*也。因此問云。佛智是一。云何能生六道乃至佛等種種身心果報等耶。

그러므로 경에서 답하여 말씀하였다.

모든 법은 자재하지 아니하여 실제를 구해도 얻을 수 없다.

이런 까닭에 일체법은 둘이 함께 서로 알지 못한다.[182]

눈·귀·코·혀·몸, 마음과 의식, 모든 중생의 감각기관이
이로 인해서 뭇 괴로움에 유전하나 실제로는 유전하는 바가 없다.
법성은 유전하는 바가 없으나 나타내 보이기 때문에 유전함이 있다.
거기에 나타내 보임이 없으며 나타내 보임에 있는 바가 없다.[183]

故經答云。諸法不自在。求實不可得。是故一切法。二俱不相知。眼耳鼻舌身。心意諸情根。因此轉衆苦。而實無所轉。法性無所轉。示現故。[1)] 於彼無示現。示現無所有。

1) ㉮『六十華嚴』(K8, 35c22; T9, 427a25)에는 '示現故' 다음에 '有轉'이 있다.

풀이하면 (다음과 같다.) '모든 법'이란 하나의 성품과 여러 가지 과보에 통하니, 말하자면 하나는 자성이 없기 때문에 여러 가지로써 하나를 삼고, 여러 가지는 자성이 없기 때문에 하나로써 여러 가지를 삼는다. 그러므로 선악의 갈래(善惡趣)[184]에서 여러 가지 몸과 마음이 다 서로 알지 못하고 자신의 자리를 움직이지 아니한 까닭에 '자재하지 아니하여'라고 한 것이다. 이런 까닭에 지엄 스님은 "분별이 없어서 머무르지 않기 때문에 여러 일을 이룰 수 있다. 이상."[185]라고 한 것이다.

釋曰諸法者通於一性及種種果也。謂一無自故。以種種爲一。種種無自故。以一爲種種也。是故。善惡趣中種種身心。皆不相知。自位不動。

182 『육십화엄』「菩薩明難品」(K8, 35c16; T9, 427a13~15).
183 『육십화엄』「보살명란품」(K8, 35c21~22; T9, 427a23~26).
184 선악의 갈래(善惡趣) : 중생이 윤회할 때 가는 길, 갈래로서 육도六道, 육취六趣를 가리킨다. 그 가운데 지옥, 아귀, 축생은 악취이고(아수라) 인간, 천은 선취이다.
185 지엄, 『수현기』(K47, 14a23~243; T35, 28b13~14).

故云不自在也。是故。儼師云。無分別不住故。能成衆事也。已上。

자재하지 않음은 머무르지 않음의 뜻이고, 머무르지 않음의 뜻은 움직이지 않음의 뜻이다. 소에서 이르기를, "짓되 주체가 없기 때문이다."[186]라고 한 것은 (다음과 같다.) 만약 그 몸과 마음이 주재主宰가 있으면 모든 업을 짓는 자가 갖가지 과보를 받겠지만, 만약 몸과 마음이 주재가 없으면 업을 짓는 자가 허공에서 동작하는 것과 같아서 갖가지 과보를 받지 않는다. 그러나 허공의 인因을 좇아 허공의 과보를 내기 때문에 인과의 뜻 또한 걸리지 않는다.

不自在者不住義。不住義者不動義。疏云作無主故者。若其身心有主宰而造諸業者。受種種果。若身心無主而造業者。如虛空動作故。不受種種果也。然而從虛空之因。生虛空之果故。因果之義亦不导也。

소에서 이르기를, "경문에 '서로 알지 못한다'라고 한 것은 망정(情)으로 아는 것을 말하는 것이 아니다. 지금 '안다'라고 말하는 것은 힘(力)·성품(性)·지음(作)이다."[187]라고 한 것은 (다음과 같다.) 힘(力)은 곧 티끌 수의 연緣의 힘이니 중문中門이다. 성품(性)은 곧 머무름 없는 법성이니 즉문이다. 지음(作)이란 불가사의한 지음이니 이것은 중문과 즉문의 결과이다. 일체 모든 법은 반드시 중문과 즉문을 갖추어야 비로소 짓는 바가 있다. 이것은 자성법의 가고 오는 뜻이 있는 것이 아니다. 그러므로 중문은 허공에 건립하는 문이고 즉문은 허공에서 동작하는 문이라고 한다. 그런 까닭에 지엄 스님이 이르기를, "연이란 곁이 없다는 뜻이고, 곁

186 지엄, 『수현기』(K47, 14a25; T35, 28b15).
187 지엄, 『수현기』(K47, 14b7~8; T35, 28b26~27).

이 없다란 힘·성품·지음이다."라고 한 것이다.

疏云文云不相知者。非謂情知。今言知者力性作也者。力則塵數緣力。是中門也。性則無住法性。是卽門也。作者不思議作。是中卽門之果也。一切諸法。要具中卽。方有所作也。非是有自性法去來之義。故云中門者虛空建立門。卽門者虛空動作門也。故儼師云。緣者無側義。無側者力性作也。

옛적에 신림 대덕이 이르기를, "「보살명란품」의 한마음(一心)의 바다는 습기를 지나며, 『대승기신론』의 한마음의 바다는 습기에 머무른다. 만약 습기에 머무르는 바다에 서서 답한다면 뜻에 걸리는 바가 있고, 만약 습기를 지나는 바다에 서서 답한다면 뜻에 걸리는 바가 없다."라고 하였다.

昔林德云。明難一心海者過於濕。起信一心海者留於濕也。若立在濕留海中答者。義有所导。若立在濕過海中答者。義無所导也。

질응 대덕이 태백산大白山의 지오智悟 스님의 절에서 하안거를 할 때 『(화엄)대경』 가운데 "법성은 유전하는 바가 없다."[188]라는 글과 『공목장』[189] 가운데 "성종성은 본래 있고 습종성은 닦아서 생긴다는 것은 부처님 법에서 좋아하는 바가 아니다.", 내지 "법성 외에 닦아서 일어남이 있다는 것은 연기가 증가할 수 있다는 잘못이다."[190] 등의 글을 얻어서

188 상권 1 각주 183) 참조.

189 『공목장』: 『華嚴經內章門等雜孔目章』(T45, 536~589)을 가리킨다. 지엄이 62세 이후 만년에 저술한 것으로, 『육십화엄』에 대해 144장으로 나누어 주제별로 소승과 삼승에 대비하여 무진일승無盡一乘의 의미를 드러낸 것이다.

190 여기에 인용된 『공목장』에서 '실失'은 현존하는 『공목장』에는 보이지 않는다. 『공목장』(T45, 549c28~550a4), "性種性者。是本有性。習種性者。是修生性。此非佛法所樂。〈中

신림 대덕에게 드리고, "이것은 습기를 지나는 바다의 증득입니까?"라고 여쭈니, 신림 대덕이 "그렇다."라고 하였다. 풀이하면 '연기가 증가할 수 있다는 잘못'이란 만약 증득하는 바의 이법은 예로부터 있고 증득하는 지혜는 지금 마침 비로소 일어난다고 한다면, 곧 지혜로써 이법을 증득할 때 아직 증득하지 못한 때를 바라보면 증가하여 수승한 뜻이 있게 되니, 그런 까닭에 '연기가 증가할 수 있다는 잘못'이라고 한 것이다. 지혜는 연기이다. 이 중에 눈과 귀 등을 기준으로 하여 법성이라 한 것이다.

質應大德。在大白山智悟師藪。結夏之次。得大經中法性無所轉文及孔目中性種性本有習種性修生者非佛法所樂乃至云法性外有修生起者緣起可增失等文。呈於林德云。此是濕過海之訂*耶。林德曰是也。解云。緣起可增失者。若謂所訂*之理從古而有能訂*之智今適始起者。則以智訂*理之際。望其未訂*之時。有增勝義。故云緣起可增之失也。智是緣起也。此中約眼耳等爲法性也。

문 어째서 위에서 이르기를 "눈과 귀 등을 말미암은 까닭에 뭇 괴로움에 유전한다."라고 하고, 다음에 다시 이르기를 "법성인 까닭에 유전하는 바가 없다."라고 하는가?

답 일체법이 보현의 몸인 줄 알지 못하기 때문에 이 눈과 귀 등이 선과 악의 경계에 대하여 모든 업과를 일으켜 뭇 괴로움에 유전하는 것이다. 이제 일체가 보현의 몸인 줄 알기 때문에 눈과 귀 등의 물건이 바로 곧 법성이니 유전하는 바가 없다. 만약 눈과 귀 등이 법성이 아니라면 연기가 증가할 수 있다는 잘못이다.

略〉若法性外有修生者。緣起可增。"

문 어떻게 보현보살의 몸인 줄 아는가?

답 『화엄경』에서 보현보살이 이르기를, "이 구경에 삼세에 평등한 청정법신을 얻고, 다시 청정한 위없는 색신을 얻는다."[191]라고 하니 곧 어찌 한 물건도 보현보살 아님이 있겠는가?

問。何故上云。由眼耳等故。衆苦轉也 而次復云。是法性故。無所轉耶。答。不知一切法是普賢身故。此眼耳等。對善惡境。起諸業果。轉衆苦也。今知一切是普賢身故。眼耳等物。正卽法性。無所轉也。若眼耳等非法性者。緣起可增失也。問。何知是普賢身耶。答。經中普賢云。得此究竟三世平等淸淨法身。復得淸淨無上色身。則何有一物非普賢耶。

문 이 보현보살의 몸을 어떻게 보는가?

답 『화엄경』에서 이르기를, "보현보살의 몸 모습이 허공과 같아서, 진실에 의지하여 머무르고 국토가 아니다."[192]라고 하니 이와 같이 본다.

또 무엇이 나의 몸인가? 허공이 그것이다. 무엇이 허공인가? 나의 몸이 그것이니 곁이 없기 때문이다. 또 육도가 곧 허공이고 허공이 곧 육도이다.

송하여 이른다.

허공법계로 몸과 마음을 삼으니
가고 머무르고 앉고 누움에 생각이 계속 이어져
보이는 모든 물건 또한 몸과 마음이니

---

191 『팔십화엄』「入法界品」(K8, 940a4~5; T10, 441c22~23).

192 『팔십화엄』「보현삼매품」(K8, 464c2; T10, 34a4).

생각생각 계속 이어져 끊어짐이 없다

問。此普賢身。如何見耶。答。經云。普賢身相如虛空。依眞而住非國土。如是見也。又何者吾身。虛空是也。何者虛空。吾身是也。以無側故。又六道卽是虛空。虛空卽是六道也。頌曰。虛空法界爲身心。行住坐臥念相續。所見諸物亦身心。念念相續無絶已。

『공삼인空三印』[193]의 글에서 이른다. 마음의 성품이란 세 가지 세간으로 습기를 지나는 바다의 마음을 삼는 것이다. 바다에 의거하여 파도를 일으키나 두 파도와 바다가 다 삼세간이기 때문에 습기를 지나는 바다의 마음이다. 바다에 의거하여 파도를 일으키면 바다는 원인이고 파도는 결과이며, 파도에 의거하여 바다를 일으키면 파도가 원인이고 바다가 결과이니 동시에 서로 원인과 결과가 되는 것이다. 이것이 대연기 속제의 법이다.

□[1)]三印文云。心性者□[2)]種世間爲濕過海[3)]□。[4)] 依海起波。二波波[5)]皆三世間故。是濕過海心。依海起□。[6)] 則海因波果。依波[7)]起海。則□□□[8)]果。同時互爲□[9)]果也。此是大緣起□俗諦□□。[10)]

1) ㉯ 저본의 글자 모습이 불명확하다. 을본에는 '空'으로 되어 있다. ㉰ 高에는 '[illegible]'으로 되어 있다. '空'으로 추정된다. 2) ㉯ 저본의 글자 모습이 불명확하다. 을본에는 '三'으로 되어 있다. ㉰ 高에는 '二'로 되어 있다. 3) ㉰ 高에서 '海'는 인쇄체의 글자이다. 4) ㉯ 저본에는 □의 글자가 마멸되어 있다. 을본에는 '心'으로 되어 있다. 5) ㉰ 원문에는 '波'로 되어 있으나 파도와 바다를 대비하는 문맥을 고려해 '海'로 바꾸어 번역하였다. 6) ㉯ 저본에는 □의 글자가 마

193 『空三印』: 본문에서는 저술의 제목으로 보이지만 이외에는 전혀 기록이 없어서 저자나 관련 사항을 알 수 없다. 단 '습과해濕過海'라는 표현이 보이는 것으로 보아 의상계 화엄의 문헌으로 추정된다. 참고로 『석문의범』 하권(1972, pp.154~155)에서는 공삼인을 '이자삼점伊字三點'을 가리킨다고 풀이한다.

멸되어 있다. 을본에는 '波'로 되어 있다. 7) ㉑ 高에서 '波'는 인쇄체의 글자이다. 8) ㉐ 저본에는 □□□의 글자가 마멸되어 있다. 을본에는 '波因海'로 되어 있다. 9) ㉐ 저본에는 □의 글자가 마멸되어 있다. 을본에는 '巳'로 되어 있다. ㉑ 高에는 인쇄체의 '巳'로 되어 있다. 여기서는 문맥상 '因'으로 해석하였다. 10) ㉐ 저본에는 □□의 글자가 마멸되어 있다. 을본에는 '大法'으로 되어 있다. ㉑ 高에는 '之法'으로 되어 있으며 '之'는 인쇄체 글자이다.

(2) 다라니의 이용理用 一中一切至多卽一

'하나 가운데 일체이고'부터 '많은 것이 곧 하나이다'까지[194]

一中一切□[1)]多卽□[2)]

---

1) ㉐ 저본에는 □의 글자가 마멸되어 있다. 을본에는 '至'로 되어 있다. 2) ㉐ 저본에는 □의 글자가 마멸되어 있다. 을본에는 '一'로 되어 있다. ㉑ 高에는 인쇄체의 '一'로 되어 있다.

법융기

『법기』에 이른다.

문 무엇 때문에 '자성을 고수하지 않고 연을 따라 이룬다' 다음에 이 구句를 밝히는가?

답 무릇 연기법은 낱낱에 다른 자성이 없어서 서로서로 남(他)으로써 자성을 삼아 비로소 능히 연緣을 따라 곁이 없이 일어나는 까닭에 '자성을 고수하지 않고' 다음에 '하나 가운데 일체' 등의 뜻을 밝힌 것이다.

法記□。[1)] 問。何故不守自性隨緣成之次。明此句耶。答。凡緣起法。一一[2)]無別自性。互相以他而爲自性。方能隨緣無側而起故。不守自性之次。明一中一切等義也。

194 『총수록』(H6, 779b14). 이에 해당하는 『일승법계도』 원문은 H2, 1a「반시」; H6, 768a.

1) ㉯ 저본에는 □의 글자가 마멸되어 있다. 을본에는 '云'으로 되어 있다. ㉮ 高에는 '𰀀'으로 되어 있다. 2) ㉯ 을본에는 '一一'이 '二'로 되어 있다.

문 만약 연기법이 (연을) 따라 일어남에 곁이 없다면, 오직 연 이전에는 법이 없다는 뜻인가?

답 연에 나아가 논하면 연 이전에 법이 없으나, 성性에 나아가 논하면 연 이전에 법이 있다. 무엇인가? 연에 나아가 논할 때에는 오늘의 연 가운데 오척이 연기의 본법이고 곁이 없이 성립됨을 나타내는 까닭에 연 이전에 한 법도 없다. 성에 나아가 논할 때에는 성기법의 체가 본래 있다.

問。若緣起法隨起無側者。唯是緣前無法之義耶。答。就緣論之。緣前無法。就性論之。緣前有法。何者。就緣論時。現於今日緣中之五尺。是緣起本法。無側而立。故緣以前無一法也。就性論時。本有性起法體也。

진수기

『진기』에 이른다. '하나 가운데 일체' 등의 두 구절은, 연기의 체가 연을 따라 이루는 뜻을 거듭 드러내어 명료하게 하는 것이다. 처음 1구는 인과도리문因果道理門이다. 말하자면 하나를 얻으면 반드시 열을 얻고, 열을 얻으면 반드시 하나를 얻는다. 원인을 얻으면 곧 결과를 얻고, 결과를 얻으면 곧 원인을 얻는다. 열 연緣은 원인이고 이루어지는 하나는 결과이다. 이 원인과 결과는 곧 일시에 두 자리가 움직이지 않는다. 그렇기 때문에 인과도리문이라고 한다. 다음 1구는 덕용자재문德用自在門이다. 말하자면 이것이 곧 저것이고 저것이 곧 이것이니, 걸림이 없는 까닭에 덕용자재문 및 자리가 움직이는 문(位動門)이라고 한다.

眞記云。一中一切等二句。重現緣起體之隨緣成義。令明了也。初一句。因果道理門。謂得一而定得十。得十定得一。得因而卽得果。得果卽得因也。十緣是因。所成之一是果。此因果者。卽一時中二位不動。故云因果道理門。次一句。德用自在門。謂此卽彼。彼卽此。無㝵無側。故云德用自在門及位動門也。

문 앞의 것은 중문이기 때문에 힘이 있고 힘이 없는 문(有力無力門)이고, 이것은 즉문이기 때문에 체가 있고 체가 없는 문(有體無體門)인데 어째서 용用이라고 하는가?

답 이것은 곧 인연의 당체로서 원인에 즉하고 결과에 즉하는 뜻을 이름하여 용이라고 한 것뿐이고 역용力用의 용은 아니다.

문 하나 가운데 일체란 열의 연이 원인이고 이루어지는 하나가 결과이다. 그렇다면 이루는 주체와 이루어지는 대상을 합하여 열하나가 되는가?

답 하나의 연 가운데서 다른 것(他)을 바라보는 뜻을 기준으로 하면 이루는 주체로서의 원인이 되고, 상대를 끊은 뜻으로는 이루어지는 대상으로서의 결과가 된다. 그러나 이 두 뜻이 둘이 아니기 때문에 열하나가 아니다.

問。前是中門故。有力無力門。此是卽門故。有體無體門。何云用耶。答。此則因緣當體。卽因卽果之義。名爲用耳。非力用之用。問。一中一切者。十緣是因。所成之一是果。然則合能所成爲十一耶。答。於一緣中。約望他之義爲能成因。絶待之義爲所成果。然此二義。無二故。非十一也。

대 기

『대기』에 이른다. '하나 가운데 일체' 이하는 대연기 중의 인과도리와 덕용자재의 뜻을 나타내고자 하므로 이 두 구절이 있다. 숭업 스님이 이르기를, "삼승에도 또한 이 뜻이 있다. 말하자면 만약 초교初教[195]라면 아뢰야식 가운데 삼성三性[196]의 종자가 본식本識과 체가 동일하니 무기無記의 성품이기 때문이다."라고 하였다. 풀이하면 본식의 체 가운데 훈습하여 이루는 뜻은 체의 문이고 또 덕용자재의 뜻이다. 삼성의 종자가 능히 훈습함을 따라서 달라지는 것은 역力의 문이니 인과도리의 뜻이다. 만약 숙교에서라면 여래장의 체는 덕용자재의 뜻이고, 혹 생겨나고 혹 없어지는 것은 용用이기 때문에 인과도리의 뜻이다. 만약 일승에서라면 법을 따라 원인을 변별하기 때문에 열 보법(十普法) 가운데 하나의 법을 듦에 따라서 체를 갖추고 용을 갖추니 체는 곧 덕용자재이고 용은 곧 인과도리이다.

大記云。一中一切下。欲現大緣起中因果道理及德用自在之義故。有此二句也。崇業師云。三乘亦有此義也。謂若初教。賴耶識中。三性種子與本識體同。無記性故也。解云。本識體中。薰成之義。是體門。又德用自在義也。三性種子。隨能薰別者。是力門因果道理義也。若熟教中。如來藏體。是德用自在之義。若生若滅者。以是用故。因果道理之義也。若一乘中。隨法辨因故。十普法中。隨擧一法。具體具用。體則德用自在。用則因果道理也。

도신장

『도신장』에 이른다.

문 서풍의 파도(西風波)는 동풍의 파도(東風波)가 아니고 동풍의 파도

195 초교初教 : 대승시교라고도 한다. 화엄교판에서는 부처님의 가르침을 소승교小乘教·대승시교大乘始教·대승종교大乘終教·돈교頓教·원교圓教의 다섯으로 나누어서 중관(空始教)과 유식(相始教)의 가르침을 시교, 즉 초교에 배속시키고 있다. 법장, 『화엄일승교의분제장』(T45, 481b5~482a11).

196 삼성三性 : 여기서는 종자가 갖추는 세 가지 성품, 즉 선善·불선不善·무기無記를 가리킨다. 『成唯識論』(T31, 40a23~25)에서는 종자를 본식 중의 선과 불선과 무기의 성품으로 풀이하고 있다.

는 서풍의 파도가 아니나, 다만 두 파도의 물이 체가 둘이 아닌 뜻을 기준으로 하여 즉문을 말할 수 있으니, 두 파도를 기준으로 해서는 즉문을 얻을 수 없다. 만약 그렇다면 단지 이 현상과 저 현상의 이理의 체가 둘이 없음을 기준으로 해서 즉문을 말할 수 있으니, 어찌 두 현상을 없애지 않고 상즉문을 논할 수 있겠는가?

답 혹 두 바람이 불어도 물은 두 파도가 없다. 이미 두 파도가 없으면 무엇으로써 무엇에 즉하겠는가? 이미 이것으로써 저것에 즉하는 까닭에 두 파도를 없애지 아니하고 상즉을 논할 뿐임을 알 수 있다. 이理의 체에 근거하여 상즉을 논하는 것은 아니다. 여기에서 이 파도의 물이 저 파도의 물과 체가 하나이기 때문에 파도가 비록 다함이 없으나 체로 말하면 곧 하나라는 것은 삼승의 뜻일 뿐이다. 만약 이 파도가 아니면 곧 저 파도가 없고 만약 저 파도가 아니면 곧 이 파도가 없는 것이 중문이고, 이 파도는 자성(의 파도가) 아니기 때문에 저 파도에 있고 저 파도는 자성(의 파도가) 아니기 때문에 이 파도에 있는 것이 즉문인 것은 일승이다.

道身章云。問。西風波非東風波。東風波非西風波。但約二波之水體不二義。得言卽門。則約二波不得卽門。若爾。但約此事彼事理體無二。得言卽門。何得二事不除論相卽門耶。答。若放二風。水無二波。旣無二波。以何卽何乎。旣以此卽彼故。可知不除二波論相卽耳。非約理體論相卽矣。此中此波之水與□[1]波之水□體[2]是一故。波雖無盡體言卽一者三乘義耳。若非□[3]波卽無彼波。若非[4]彼波□[5]無此波是中門。此波非自性故。在於彼波。彼波非自性故。在於此波。是卽門者。一乘也。

---

1) ㉯ 저본에는 □의 글자가 마멸되어 있다. 을본에는 '彼'로 되어 있다. 2) ㉰ 高에는 인쇄체의 '体'로 되어 있다. 3) ㉯ 저본에는 □의 글자가 마멸되어 있다. 을본에는 '此'로 되어 있다. 4) ㉰ 高에는 '[illegible]'로 되어 있다. 5) ㉯ 저본에는 □의 글자가 마멸되어 있다. 을본에는 '卽'으로 되어 있다.

고기

'고기'에 이른다. 입入과 즉卽에 제가諸家가 이름을 지은 것이 하나가 아니다. 말하자면 혹은 중문中門과 즉문卽門이라 하고, 혹은 상입相入과 상즉相卽이라 하고, 혹은 상재相在와 상시相是라 하고, 혹은 상자相資와 상섭相攝이라 하고, 혹은 서로 의지함은 힘과 힘 없음의 뜻이고, 서로 형체를 빼앗음은 체와 체 없음의 뜻이라 한다. 또 옛사람이 이르기를, "중문은 등빛이 서로 들어감(相入)과 같은 까닭에 다만 모든 등불의 작용이 서로 들어갈 뿐이다. 즉문은 파도와 물이 서로 거둠과 같은 까닭에 파도의 체와 물의 체가 둘이 없어서 서로 즉할 뿐이다."라고 하였다.

古記云。入卽之中。諸家立名非一。謂或□[1]中門卽門。或云相入相卽。或云相在相是。或云相資相攝。或云互相依持力無力義互相形奪體無體義。又古人云。中門。如燈光相入故但諸燈用相入耳。卽門。如波水相收故波體水體無一相卽耳。

1) ㉯ 저본에는 □의 글자가 마멸되어 있다. 을본에는 '云'으로 되어 있다. ㉧ 高에는 '云'으로 되어 있다.

(3) 사법事法　一微塵中至亦如是

'하나의 미세한 티끌 가운데'부터 '또한 이와 같다'까지[197]

一[1]微塵中至亦如是

---

1) ㉧ 高에는 '一'이 마멸되어 있다.

197 『총수록』(H6, 780b11). 이에 해당하는 『일승법계도』 원문은 H2, 1a「반시」; H6, 768a.

법융기

『법기』에 이른다. '하나의 미세한 티끌'이란 초교에서는 극히 미세한 티끌(極微塵)을 말하고, 숙교에서는 공에 가까운 티끌(空鄰塵)을 말하고, 일승에서는 총상인 티끌(摠相塵)을 말한다. 이 총상인 티끌이란 작음을 필요로 하면 곧 작고 큼을 필요로 하면 곧 크기 때문에 하나의 티끌 중에 단박에 시방을 나타낸다.

法記云。微[1)]塵者。初教云極微塵。熟教云空鄰塵。一乘云摠相塵。此摠相塵者。須小卽小。須大卽大故。一[2)]塵中頓現十方也。

1) 역 高에는 '微' 앞에 '一'이 있다. 2) 원 저본에는 '一'의 부분이 남아 있다. 을본에는 '一'이 없다. 역 高에는 '一'로 되어 있다.

문 아래 가르침(下敎)[198]의 분한이 있는(方分) 티끌은 일승의 티끌과 어떻게 다른가?

답 일승의 티끌은 분한을 필요로 하면 곧 분한이 있고, 분한 없음을 필요로 하면 곧 분한이 없으니, 필요함을 따르는 것이 자재하기 때문에 다르다.

문 분한이 없는 티끌은 다시 부서지지 않는가?

답 또한 부서짐을 필요로 하면 다한다. 무엇인가? 만약 그 망정으로 헤아려지는 바의 분한(方分)이 없는 것이면 곧 육상을 사용해서 분석할 필요가 있다.

問。下教有方分之塵者。與一乘塵何別。答。一乘塵。須方分卽有方分。須

198 아래 가르침(下敎) : 화엄교판에서 마지막 원교를 제외한 나머지 아래의 4교, 즉 소승교小乘教·대승시교大乘始教·종교終教·돈교頓教를 가리킨다. 『총수록』(H6, 794b17; 822c22; 824c12 등)에는 '아래 네 가르침(下四敎)'이라는 말도 보인다.

無方分卽無方分。隨須自在故別也。問。無方分之塵。非更碎耶。答。亦須碎盡。何者。若其情謂所計之無方分。則要須用六相分析也。

진수기

『진기』에 이른다.

문 '하나의 미세한 티끌 가운데 시방을 머금고'란, 시방세계를 거두어서 하나의 티끌을 이루기 때문에 시방을 머금는다고 하는가, 시방세계를 모아 하나의 티끌을 이루고 나서 새록새록 다시 시방을 머금는가?

답 두 가지 뜻을 다 갖추고 있다.

문 하나의 티끌을 이룰 때 시방을 거두어 다해서 다시 남음이 없는데 어떻게 새록새록 머금음을 얻는가?

답 이는 구하는 곳에서 구하기 때문이다. 하나의 티끌을 이룰 때에 시방을 구하면 다하고 새록새록 머금음을 구할 때에도 또한 뒤에 뒤에 일어남을 장애하지 않는다.

眞記云。一微塵中含十方者。攝十方界成一塵。故云含十方耶。攬十方界成一塵已。新新更含十方耶。答。二義俱得。問。成一塵時。攝十方盡。更無有餘。何得新新含耶。答。是須處須故。成一塵時。須十方盡。須新新含時。亦不㝵後後起也。

대 기

『대기』에 이른다. '하나의 미세한 티끌'이란, 부처님 세계의 티끌 수와 같은 겁 중에 익혀야 할 바를 부지런히 닦은 까닭에 비로소 시방세계를 머금어 받아들일 수 있어서 걸림 없이 자재하다. 이것은 현상의 법에서 가장 미세함의 첫 자리이다. 진정 대덕이 이르기를, "현상을 융섭하여 이

법을 나타내는 문(事融現理門)[199]이란 티끌이 시방을 머금는 도리를 기준으로 하여 말한 것일 뿐이고, 하나의 티끌이 녹아 없어져 이법(理)과 같아짐을 말하는 것은 아니다."라고 하였다.

大記云。一微塵者。佛刹塵數劫中。勤修所錬故。方能含受十方世界。無导自在。此是事法最細之初位。眞定德云。事融現理門者。約塵含十方之道理云耳。非謂一塵泯融同理也。

도신장

『도신장』에 이른다.

의상 화상이 말씀하셨다. "'하나의 미세한 티끌 가운데 시방세계를 머금고'란 한가지로 머무름이 없기 때문에 그러하다."

상원 스님이 여쭈었다.

문 미세한 티끌의 머무름 없음은 작고 시방세계의 머무름 없음은 큽니까?

답 똑같다.

문 만약 그렇다면 어째서 티끌은 작고 시방세계는 크다고 말합니까?

답 미세한 티끌이 시방세계와 더불어 각각 자성이 없어서 오직 머무름이 없을 뿐이다. 말한 바 티끌이 작고 세계가 크다는 것은 구하는 곳에서 구한 것일 뿐이다. 작기 때문에 작다고 말하고 크기 때문에 크다고 말하는 것은 아니다. 이른바 티끌이 작고 세계가 크다는 것을 알지 못하는 근기에게 티끌이 작고 세계가 크다는 것을 알게 하는 까닭에, 우선 티끌은 작고 세계는 크다고 설하는 것일 뿐이고, 한결같이 티끌은 작은 자성이고 세계는 큰 자성인 것이 아니다. 또한 티끌이 크고 세계가 작다고

---

199 상권 1 각주 147)과 그에 해당하는 본문 참조.

도 말할 수 있다. 도리는 가지런히 하나이니 머무름 없는 실상實相이다.

道身章云。相和尚曰。一微塵中。含十方世界者。同是無住故爾。元師問云。微塵無住小。十方世界無住大耶。答。一量也。問。若爾。何言塵小十方世界大耶。答。微塵與十方世界。各無自性。唯無住耳。所言塵小世界大者。是須處須耳。非是小故云小大故云大。所謂不知塵小世界大機中。令知塵小世界大故。且說塵小世界大耳。非是一向塵小自性世界大自性矣。亦得云塵大世界小。道理齊一。無住實相也。

고기

'고기'에 이른다. 더 부수면 더 작아지는 티끌이 있고, 더 부수면 더 커지는 티끌이 있으며, 더 부수어도 본래와 같은 티끌이 있다. 『아비달마구사론』의 송頌에 이르기를, "극히 미세함(極微)·미세함(微)·금金·물(水), 토끼(兎)·양羊·소(牛)·극진隙塵, 서캐(蟣)·이(蝨)·보리(麥)·손가락 마디(指節)이니, 뒤로 계속해서 일곱 배씩 늘어난다. 이상."[200]라고 하였다.

古記云。有彌碎彌小之塵。有彌碎彌大之塵。有彌碎如本之塵也。俱舍頌曰。極微微金水。兎羊牛隙塵。蟣蝨麥[1)]指節。後後增七倍。已上。

1) ㉠ 을본에는 '麦'이 '麥'으로 되어 있다. ㉧ 高에는 '麦'으로 되어 있다. 『阿毘達磨俱舍論』(K27, 540c20; T29, 62a27)의 본문에는 '麥'으로 되어 있다. 범본에는 보리를 뜻하는 'yava'로 되어 있다.

극진隙塵은 창틈의 햇빛에서 떠다니는 티끌이니 사람의 눈으로 보는 것이다. 이것을 쪼개어 7분의 1에 이른 것은 천인天人의 눈(天眼)으로 보

200 세친, 『아비달마구사론』(K27, 540c20~21; T29, 62a26~27).

는 것이다. 이 위의 두 티끌은 창틈의 티끌이다. 이 천인의 눈으로 보는 것을 쪼개어 7분의 1의 부분에 이른 것은 철 티끌(鐵塵)이니 첫 과위(初果)[201]에서 보는 것이다. 이것을 쪼개어 7분의 1에 이르면 구리 티끌(銅塵)이니 두 번째 과위에서 보는 것이다. 이것을 쪼개어 7분의 1에 이르면 은 티끌(銀塵)이니 세 번째 과위에서 보는 것이다. 이것을 쪼개어 7분의 1에 이르면 금 티끌이니 네 번째 과위에서 보는 것이다. 이것을 쪼개어 7분의 1에 이르면 물 티끌이니 대독각大獨覺이 보는 것이다. 이것을 쪼개어 7분의 1에 이르면 미세한 티끌이니 34념三十四念[202]에 번뇌를 끊고 보리를 얻은 부처님이 보시는 것이다. 풀이하면 이상은 아울러 변계소집분遍計所執分[203]에 거두어지는 것이다.

隙塵者。遊於窓隙日光之塵。人眼所見也。析[1)]此至七分之一分者。天眼所見也。此上二塵窓隙塵也。析此天眼所見。至七分之一分者。鐵[2)]塵。初果所見。析此至七之一。銅塵。弟*二果所見。析此至七之一。銀

201 첫 과위(初果) : 아비달마에서 설하는 사과四果 가운데 첫 과위를 가리킨다. 사과는 ① 예류과預流果(Ⓢ srota āpanna), ② 일래과一來果(Ⓢ sakṛdāgāmin), ③ 불환과不還果(Ⓢ anāgāmin), ④ 아라한과阿羅漢果(Ⓢ arhat)이다.

202 34념三十四念 : 『대비바사론』(K26, 1148b19~c3; T27, 780b28~c6)과 『아비달마구사론』(K27, 487c15~24; T29, 25b1~8) 등에는 보살이 34마음의 찰나(三十四心刹那)에 위없는 깨달음을 이룬다는 구절이 보인다. 여기에서 34념은 아비달마 수행도의 각 단계를 나타내는 것으로서 '여덟 지인智忍과 여덟 지智와 아홉 무간도와 아홉 해탈도(八忍八智九無間九解脫)'의 단계를 총칭한 것이다. 이 가운데 여덟 지인과 여덟 지는 견도위見道位와 수도위修道位에서 끊는 번뇌의 세계와 대상에 상대하는 것(견도위인 제15찰나, 수도위인 제16찰나)이고, 아홉 무간도와 여덟 해탈도는 수도위修道位에서 대치하는 번뇌의 세력(上上에서 下下)에 따라서 구분한 것이다.(제9해탈도, 즉 아라한과는 제외) 이상은 유학有學의 단계이고 마지막 제9해탈도는 진지盡智를 획득한 무학無學의 아라한과이다.

203 변계소집분遍計所執分 : 일체존재의 본성 또는 모습(性相)을 변계소집성遍計所執性(Ⓢ parikalpitasvabhāva), 의타기성依他起性(Ⓢ paratantrasvabhāva), 원성실성圓成實性(Ⓢ pariniṣpannasvabhāva)의 세 가지로 나누어 설명한 가운데 변계소집성을 가리킨다.

塵。弟*三果所見。析此至七之一。金塵。弟*四果所見。析此至七之一。水塵。大獨覺所見。析此至七之一。微塵。三十四念斷結得菩提之佛所見。解云。此上並是遍計分所攝。

1) ㉳ 을본에는 '析'이 '折'로 되어 있다. 2) ㉳ 을본에는 '鐵'이 '鐵'로 되어 있다. ㉵ 高에는 '**鐵**'로 되어 있다. 문맥상 '鐵'의 이체자로 보인다.

이것을 쪼개어 7분의 1에 이르면 극히 미세한 티끌이니 초교의 보살이 보는 것이다. 이것을 쪼개어 7분의 1에 이르면 사진似塵이니 자수용自受用의 부처님이 보시는 것이다. 풀이하면 이상은 의타기분(依他分)[204]에 거두어지는 것이다. 이것을 쪼개어 7분의 1에 이르면 법진法塵이니 종교終敎의 부처님이 보시는 것이다. 이것을 쪼개어 7분의 1에 이르면 공진空塵이니 돈교頓敎의 부처님이 보시는 것이다. 풀이하면 종교 이후는 원성실성분(圓成分)[205]에 거두어지는 것이다. 이 가운데 색色과 마음(心) 두 법이 모두 진여가 이루는 것이다.

析此至七之一。極微塵。初敎菩薩所見。析此至七之一。似塵。自受用佛所見。解云。此上依他分所攝。析此至七之一。法塵。終敎佛所見。析此至七之一。空塵。頓敎佛所見。解云。終敎以後圓成分所攝。此中色心二法。皆是眞如所成也。

이 종교의 법진法塵은 의식이 반연攀緣하는 대상이다. 초교에서도 의식이 반연하는 대상을 시설하지만 그러나 종교에서는 하나의 의식을 세우는 까닭에 제일의第一義인 한마음(一心)의 눈이 보는 것에 근거하여 법진을 삼는 것이다. 이것을 쪼개어 7분의 1에 이르면 총상진摠相塵이니

204 의타기분(依他分) : 상권 1 각주 203) 참조.
205 원성실성분(圓成分) : 상권 1 각주 203) 참조.

보현보살의 눈으로 보는 것이다. 이 보현보살의 눈으로 보는 바 티끌은 삼승의 오안五眼으로는 끝내 볼 수 없다. 그런 까닭에 이 경 가운데 함께 하지 않는 별교의 뜻을 보이고자 미세한 티끌과 허공을 기준으로 하여 첫 지위를 삼은 것이다.

此終敎法塵者。意識所緣也。初敎示[1)]說意識所緣。然終敎中立一意識故。約弟*一義一心眼所見。爲法塵也。析此至七之一。摠相塵。普賢眼所見。此普眼所見之塵。則三乘五眼。終不能得見也。故此經中。欲示不共別敎之義。約微塵虛空。爲初位也。

1) ㉤ 을본에는 '示'가 '亦'으로 되어 있다.

문 이 일승의 티끌이 삼승의 이법(理)과 어떻게 다른가?

답 삼승을 기준으로 하여 말하면 이법이다. 보현보살의 눈으로 보는 것을 기준으로 하면 가장 미세한 현상의 법이다. 이상 말한 것은 처음에 비록『아비달마구사론』을 인용하였지만 실제는 저 논의 뜻이 아니나. 이것은 신림 대덕이 융수[206] 스님에게 준 뜻이니, 마음을 관하는 것을 기준으로 해서 하나의 성스러운 가르침에 의거하여 설한 것이다.

問。此一乘之塵。與三乘理。何別。答。約三乘云。則是理也。約普眼所見。則是最細事法也。此上所說。初雖引俱舍。實非彼論義。此是林德授融秀之義。約觀心體[1)]聖[2)]敎而說也。

1) ㉧ 高는 '體'가 '依'로 되어 있다. 高의 다른 부분에 보이는 '体' 및 '依'와 비교해 볼 때 '依'로 추정된다. 2) ㉧ 高에는 '聖' 앞에 '一'이 있다.

또『(고)기』에 이른다. 일곱 가지 미세한 (티끌)이란 창에서 떠다니는

206 융수融秀 : 여기의 기록을 통해 신림의 제자인 것으로 추정된다.

티끌, 양털의 티끌, 토끼털의 티끌, 소털의 티끌, 금 티끌, 물 티끌, 극히 미세한 티끌이다. 풀이하면 (다음과 같다.) 창에서 떠다니는 티끌이란 창틈의 햇빛에서 떠다닌다. 양털의 티끌이란 창에서 떠다니는 티끌을 쪼개어 일곱으로 나누었기 때문에 오직 양털 끝에만 머무른다. 토끼털의 티끌이란 양털의 티끌을 쪼개어 일곱으로 만들었기 때문에 양털에는 머무르지 못하고 오직 토끼털 끝에만 머무른다. 소털의 티끌이란 토끼털의 티끌을 쪼개어 일곱으로 만들었기 때문에 오직 소의 배 아랫털 끝에만 머무른다. 이것을 쪼개어 일곱으로 만든 것은 금을 뚫고 금에서 나가는 데 걸림이 없다. 이것을 쪼개어 일곱으로 만든 것은 물을 투과해도 물이 적시지 못한다. 이것을 쪼개어 일곱으로 만든 것은 극히 미세한 (티끌)이다. 이 낱낱 티끌이 모두 더욱 작은 티끌을 만들어 내기(生子) 때문에 일곱 어미티끌이라고 이름한다.

又記云。七微者。窓遊塵。羊毛塵。兎*毛塵。牛毛塵。金塵。水塵。極微塵也。解云。窓遊塵者。遊於窓隙月[1]光也。羊毛塵者。析窓遊塵。爲七分故。唯止羊毛末也。兎*毛塵者。析羊毛塵爲七故。不止羊毛。唯止兎*毛末也。牛毛塵者。析兎*毛塵爲七故。唯止牛腹下毛末也。析此爲七者。透金而出金不导也。析此爲七者。透過於水水不能潤也。析此爲七者。是極微也。此一一塵。皆生子故名七母塵也。

1) ㉮ 高에는 '月'로 되어 있다. 다른 곳의 '月'과 '日'의 글자 형태와 비교하고 문맥을 고려할 때 '日'로 추정된다.

이 극히 미세한 티끌을 초교에서는 세 무수한 겁 동안 그것을 나누고 쪼갠다. 이 초교의 티끌을 기준으로 종교에서는 헤아릴 수 없는 겁 동안 그것을 나누고 쪼갠다. 일승에 이르러서는 두 부처님 세계의 티끌 수와 같은 겁 동안 그것을 나누고 쪼개어 가장 미세한 지경에 이르러야 비로소 일승의 극히 미세한 티끌이 된다.

此極微塵。於初敎中。三無數劫。分而析之。約此初敎之塵。於終敎中。不可計劫。分而析之。至一乘中。二佛世界塵數劫中。分而析之。至最細際方。爲一乘極微塵也。

(4) 시간(世時) 無量遠劫至隔別成

'한량없는 먼 겁이'부터 '나뉘어 따로 이룬다'까지[207]
無量遠劫至隔別成

법융기

『법기』에 이른다. '한량없는 먼 겁이 곧 한 순간(一念)이고'는 하나의 터럭을 세로로 쪼개어 열로 나누고, 내지 백으로 나누고 천으로 나누어, 그 하나를 옥판 위에 놓고 날카로운 칼을 들어 끊되 그 날카로운 칼이 판에 이르는 때를 기준으로 하여 '한 순간'이라 한다.

法記云。無量遠劫卽一念者。竪析一髮爲十分。乃至百分千分。以其一分。置玉板上。擧利刄斷。約其利刄至板之時。爲一念也。

진수기

『진기』에 이른다. 십세十世란 혹은 제십세第十世라고 하니 말하자면 총상의 순간이기 때문이다. 혹은 십세十世라고 하니, 말하자면 총상과 별상

207 『총수록』(H6, 781c5). 이에 해당하는 『일승법계도』 원문은 H2, 1a「반시」; H6, 768a.

을 합하여 들기 때문이다.

문 총상의 일세一世가 현재의 한 순간을 취한다면 별상의 세世는 오직 여덟인가?

답 현재의 한 순간을 기준으로 하여 현재의 과거와 미래를 바라보면 앞과 뒤가 상대하여 별상 중에 세워지는 까닭에 별상의 세世는 아홉이고 여덟이 아니다. 앞과 뒤를 바라보지 않고 총괄적으로 포함하여 상대를 끊으면 총상인 제십세가 된다.

眞記云。十世者。一云弟*十世也。謂摠相念故。一云十世也。謂摠別合擧故。問。摠相一世取現在一念者。別相之世。唯是八耶。答。約現在一念。望現在之過未。則前後相對而立別相之中故。別相之世。是九非八。不望前後統包絶待。則爲摠相弟*十世也。

대기

『대기』에 이른다.

문 구세九世가 즉卽·입入하여 십세十世를 이루는가, 십세를 기준으로 하여 다시 즉·입을 논하는가?

답 두 가지 뜻을 다 얻는다. 그러므로 강장(법장) 스님이 이르기를, "그러나 이 구세가 번갈아 서로 즉·입하기 때문에 하나의 총체로서의 구句를 이루고, 총체와 개별을 합하여 십세를 이룬다. 이 십세가 다름을 구족하면서 동시에 나타나 연기를 이루므로 즉·입한다."[208]라고 하였다. 풀이하면, 처음은 구세가 즉·입하여 십세를 이루는 것을 해석한 것이고, 뒤는 십세를 기준으로 하여 지금 서로 즉·입하는 것을 해석한 것이다.

208 법장, 『화엄일승교의분제장』(T45, 506c20~22).

大記云。九世卽入成十世耶。爲約十世更論卽入耶。答。二義並得。故康藏云。然此九世迭相卽入故。成一摠句。總別合成十世也。此十世。具足別異。同時現現。成緣起故。得相入[1)]也。解云。初釋九世卽入成十世也。後釋約十世今[2)]相卽入也。

1) 역『華嚴一乘敎義分齊章』(T45, 506c22)에는 '相入'이 '卽入'으로 되어 있다. 2) 역 高에는 '今'으로 되어 있다.

지귀장원통초

『지귀장원통초旨歸章圓通鈔』[209]에 이른다.[210] 삼승에서는 법이 홀로임을 세우는 까닭에 시간이 법과 나뉘어 있으니 법이 이미 흘러간 까닭에 시간도 흘러간다. 일승에서는 법이 원만함을 세우는 까닭에 시간이 법과 나뉘어 있으나 법이 흘러가지 않으므로 시간도 흘러가지 않는다. 따라서 『영락경』에 이르기를, "부처님께서 범마달왕에게 일러 설하셨다. 그대 앞에 누워 있는 개는 그대의 과거의 몸이고, 장차 나는 그대의 미래의 부처이다. 운운."[211]라고 하였다.

旨歸圓通鈔云。三乘中立法孤單故。時隔於法。法旣流轉故。時流轉也。一乘中立法圓滿故。時隔於法。法不流轉故。時不流轉也。故纓絡

209 『旨歸章圓通鈔』: 2권. 『釋華嚴旨歸章圓通鈔』라고도 한다. 균여가 법장의 『旨歸章』을 주석한 것이다.

210 『지귀장원통초』(K47, 127a2~b29). 여기의 인용 구절과 『고려대장경』의 『지귀장원통초』가 정확하게 일치하지는 않는다. 다른 부분 가운데 크게 차이나는 부분은 해당 개소에서 밝히도록 한다.

211 한역된 경전 가운데 '영락纓絡(또는 瓔珞)'이라는 말이 경명에 포함된 것은 『菩薩瓔珞經』과 『菩薩瓔珞本業經』이 있다. 두 경 모두 요진姚秦의 축불념竺佛念이 각각 376년과 376~378년에 번역한 것으로 알려진 것이 현존하며, 몇 개의 별역경이 있었으나 현존하지 않는다. 『보살영락본업경』은 중국에서 찬술된 위경僞經으로 추정되기도 한다. 그러나 본문에서 『영락경』을 출전으로 밝히고 있는 구절 및 '범마달왕'도 현존하는 두 경전에는 보이지 않는다.

經[1)]云。佛告梵摩達王說。汝前臥狗。是汝過去身。捋[2)]我是汝未來佛。云云。

1) ㉾『旨歸章圓通鈔』에는 '纓絡經'이 '瓔珞經'으로 되어 있다. 2) ㉾ 을본에는 '捋'이 '將'으로 되어 있다. ㉾『旨歸章圓通鈔』에는 '捋'이 '將'으로 되어 있다.

또 신라국의 승려 지통智通[212]은 곧 의상 화상의 열 명의 훌륭한 제자(十聖弟子)[213] 중 하나이다. 태백산 미리암 동굴에 거처하여 화엄관을 닦았는데, 홀연히 하루는 큰 멧돼지가 동굴문을 지나가는 것을 보았다. 그리고 지통은 평상시대로 나무로 빚어진 존상尊像에 예배하기를 정성을 다하였다. 존상이 지통에게 말씀하시기를, "동굴을 지나간 멧돼지는 그대의 과거 몸이고 나는 곧 그대의 당래 과보의 부처이다."라고 하였다. 지통은 이 말을 듣고서 바로 삼세가 한때(三世一際)라는 뜻을 깨달았다. 후에 의상 화상에게 나아가 이를 말씀드리니, 화상이 그 그릇이 이루어졌음을 아시고 마침내 법계도인을 주셨다. 이상.

又羅國僧智通。乃相和尚十聖弟子之一也。居大白山彌理嵓穴。修花

212 지통智通 : 본문에서 밝히고 있는 것처럼 법계도인을 전수받은 의상의 직제자이다. 의상의 십대제자이자 "당에 올라 오묘함을 본 자"(T50, 729b19~21)의 한 사람으로 존숭되었다. 『三國遺事』「朗智乘雲普賢樹條」에 의하면, 지통은 7세 때 낭지朗智에게 출가할 때 이미 보현보살로부터 정계正戒를 받아, 낭지가 오히려 지통에게 예를 하였다고 한다. 그 후 지통은 부석사 40일회, 소백산 90일회, 태백산 대로방大盧房 등에서 의상의 강의를 들었으며, 그 가운데 소백산 추동錐洞에서 90일간 행해진 의상의 강의를 기록한 것이 『智通記』(또는 『智通問答』, 『錐洞記』, 『錐穴記』, 『錐穴問答』 등)이다. 『지통기』는 현존하지 않고 『총수록』이나 균여의 저술에 단간이 전해져 왔다. 최근에는 법장의 저술로 알려진 『화엄경문답』이 『지통기』의 이본인 것으로 논의되고 있다.

213 열 명의 훌륭한 제자(十聖弟子) : 의상의 여러 제자 가운데 특히 뛰어난 열 명을 가리킨다. 『삼국유사』「義湘傳敎」(H6, 349b9~12)에서는 '십대덕十大德'이라는 명목으로 열 명의 제자를 모두 밝히고 있으며 아성亞聖으로 모셨다. 균여의 『지귀장원통초』에서는 '십성제자十聖弟子', 박인량朴寅亮의 『海東華嚴始祖浮石尊者讚幷序』(H4, 632b10)에서는 '십성전법十聖傳法'이라는 명목을 기록하고 있다.

嚴觀。忽一日。見大猪過穴門。及通依常□[1]木刻尊像。盡具誠懇。像語通曰。過穴之猪。是汝過去之身。我卽是汝當果之佛也。通聞此語。卽悟三世一際之旨。[2] 後詣相和尙敍之。和尙知其成器。遂以法界圖印授之也。已上。

1) ㊎ 저본의 글자 모습이 불명확하다. 을본에는 '禮'로 되어 있다. ㊢ 高에는 '[illegible]'로 되어 있다.『旨歸章圓通鈔』에는 '禮'로 되어 있다. 2) ㊢『旨歸章圓通鈔』에는 '旨'가 '法門矣'로 되어 있다.

곧 범마달왕의 일과 비록 때(時)에 정법正法과 상법像法[214]의 차이가 있고, 장소(處) 또한 중심과 주변의 다름이 있으나 그러나 그 인연은 또한 서로 유사하다. 운운. 삼승 중에는 과거는 오직 개의 지위이고, 현재는 오직 사람의 지위이며, 미래는 오직 부처님의 지위이다. 따라서 과거의 개로부터 현재의 사람에 이르고, 현재의 사람으로부터 미래의 부처님에 이른다. 그러므로 삼승에서는 법이 홀로임을 세우는 까닭에 시간이 법과 나뉘어 있어서 법이 항상함이 없으므로 시간도 항상함이 없다고 한 것이다. 일승에서는 과거의 개에 사람과 부처님을 갖추고, 현재의 사람에 개와 부처님을 갖추고, 미래의 부처님에 개와 사람을 갖춘다. 따라서 과거의 개로부터 현재의 사람으로 옮겨 이르지 않으며, 현재의 사람으로부터 미래의 부처님으로 바뀌어 이르지 않는다. 그러므로 일승에서는 법이 사귀어 사무침을 세우는 까닭에 시간이 법과 나뉘어 있으나, 법이

214 정법正法과 상법像法 : 석가모니부처님의 가르침이 이 세상에 머무르는 시기를 교법과 수행과 증득의 유무 등에 따라서 구분한 것이다. 이는 경론에 따라 매우 다양하며 보통 후오백세설의 다섯으로 나눈다.『雜阿含經』(K18, 1022b16~18; T2, 226c6~8)에서는 정법正法(Ⓢ saddharma)·상법像法(Ⓢsaddharmapratirūpaka)의 둘로 나눈다.『대승동성경』(K10, 655a22~23; T16, 651c12~14)에서는 여기에 말법末法(Ⓢ saddharmavipralopa)을 더하여 다음 셋으로 보기도 한다. ① 정법은 여래가 열반에 든 후 교법이 세상에 유통되고 그 교법에 따라 수행이 이루어져 불과佛果를 증득할 수 있는 시기이다. ② 상법은 비록 교법과 그에 따라 수행하는 수행자가 있으나 불과를 증득할 수 없는 시기이다. ③ 말법은 교법이 유통되어도 수행과 증과가 없는 시기이다.

항상 머무르기 때문에 시간도 또한 항상 머무른다고 하는 것이다.

則與梵摩達王事。雖時有正像之異。處亦[1]中邊之殊。然其因緣。亦相類也。云云。[2] 三乘中過去唯狗位。現在唯人位。未來唯佛位。故從過去狗。至[3]現在人。從現在人。至[4]未來佛。故云三乘中立法孤單故。以時隔法。法是[5]無常。時亦無常。一乘中過去狗中具人佛。現在人中具狗佛。未來佛中具狗人。故不從過去狗迁到現在人。不從現在人轉至未來佛也。故云一乘中立法交徹故。以時隔法。法是[6]常住故。時亦常住也。

1) ㉾『旨歸章圓通鈔』에는 '處亦'이 '地有'로 되어 있다. 2) ㉾『旨歸章圓通鈔』에는 '云云'이 없다. 3) ㉾『旨歸章圓通鈔』에는 '至'가 '遷至'로 되어 있다. 4) ㉾『旨歸章圓通鈔』에는 '至'가 '轉至'로 되어 있다. 5) ㉾『旨歸章圓通鈔』에는 '是'가 '旣'로 되어 있다. 6) ㉾『旨歸章圓通鈔』에는 '是'가 '旣'로 되어 있다.

문 법이 비록 하나이나 서로 바라보아 구세를 이루는가, 구세가 다른 것같이 법 또한 다른가?

답 뒤의 뜻과 같다. 말하자면 우선 내 몸을 기준으로 하면, 일년 중에 달(月)을 기준으로 하면 곧 일년이 열두 달인 까닭에 나의 몸 또한 열둘이다. 한 달이 30일인 까닭에 몸 또한 서른이다. 하루가 열두 시時이기 때문에 몸 또한 열둘이다. 한 시가 여덟 각刻이기 때문에 몸 또한 여덟이다. 이와 같이 일년은 360일이며 하루는 100각刻이기 때문에 몸 또한 3만 6천이다. 그러므로 구세가 다른 것같이 법 또한 다르다.

問。法雖[1]是一。互望而成九世耶。如九世別。法亦別耶。答。如後義。謂且約吾身。於一年中。[2] 約月則一年十二月故。吾身亦十二也。一月三十日故。身亦三十也。一日十二時故。身亦十二也。一時八刻故。身亦八也。[3] 如是一年三百六十日。一日百刻故。身亦三萬六千也。故如九世別。法亦別也。

1) ㉮『旨歸章圓通鈔』에는 '雖'가 '則'으로 되어 있다. 2) ㉮『旨歸章圓通鈔』에는 '中' 다음에 '約日則三百六十日故 吾身亦三百六十身也'가 있다. 3) ㉮『旨歸章圓通鈔』에는 '也' 다음에 '是故一月約刻則吾身三千'이 있다.

문 다섯 지위를 기준으로 구세를 논하면 그제는 과거의 과거인 까닭에 오직 하나이다. 어제는 당체를 기준으로 하면 과거의 현재이고, 오늘을 바라보면 현재의 과거인 까닭에 둘을 갖춘다. 오늘은 어제를 바라보면 과거의 미래이고, 당체를 기준으로 하면 현재의 현재이고, 내일을 바라보면 미래의 과거인 까닭에 셋을 갖춘다. 내일은 오늘을 바라보면 현재의 미래이고, 당체를 기준으로 하면 미래의 현재인 까닭에 둘을 갖춘다. 모레는 미래의 미래인 까닭에 오직 하나이다. 그러므로 오직 다섯 지위이나 서로 바라보아 논하는 까닭에 구세를 이룬다. 즉 법은 오직 하나이나 서로 바라보아 논하는 까닭에 또한 구세의 법을 이룬다. 무엇 때문에 구세가 다른 것같이 법 또한 다르다고 하는 것인가?

답 장장 스님이 이르기를, "시간이 법과 서로 여의지 않기 때문이다."[215]라고 하였다. 그런 까닭에 이러함을 아는 것이다. 삼승에는 색色과 마음 등이 법이다. 이 법에서 앞뒤로 바뀌어 흐르는 뜻을 기준으로 하여 시간이 됨을 세우기 때문에 시간은 곧 거짓(假)이다. 그러므로 이 뜻을 논하지 않는다. 일승에서는 시간이 법과 서로 여의지 않기 때문에 시간 또한 진실이다. 그러므로 시간이 다른 것같이 법 또한 다르다.

問。約五位。論九世[1)]者。[2)] 昨昨日。是過去過去故唯一也。昨日者。約當體則過去現在。望今日則現在過去。故具二也。今日者。望昨日則過去未來。約當體則現在現在。望明日則未來過去。故具三也。明日者。望今日則現在未來。約當體則未來現在。故具二也。明明日。是未

215 법장,『화엄일승교의분제장』(T45, 506c18).

來未來。故唯一也。是故唯是五位。互望論故。成九世。則法唯是一。互望論故。亦成九世法也。何故云如九世別。法亦別耶。答。康藏云。[3] 以時與法。不相離故。[4] 故知尒也。三乘中色心等是法。約此法上前後迁流之義。立爲時故。時卽假也。是故不論此義。[5] 一乘中以時與法。不[6]相離故。時亦是實也。[7] 是故如時之別。法亦別也。

1) ㉞『旨歸章圓通鈔』에는 '世' 다음에 '之五位'가 있다. 2) ㉞『旨歸章圓通鈔』에는 '者' 다음에 '昨昨日昨日今日明日明明日也'가 있다. 3) ㉞『旨歸章圓通鈔』에는 '康藏云'이 '義理章云'으로 되어 있다. 4) ㉞『旨歸章圓通鈔』에는 '故' 다음에 '已上'이 있다. 5) ㉞『旨歸章圓通鈔』에는 '是故不論此義'가 '故無時別法別之義'로 되어 있다. 6) ㉞『旨歸章圓通鈔』에는 '不'이 '旣不'로 되어 있다. 7) ㉞『旨歸章圓通鈔』에는 '時亦是實也'가 없다.

『도신장』에 이르기를, "어느 날 밤중 꿈에 이미 돌아가신 아버지와 (나와) 아직 태어나지 않은 아들이 각각 셋이어서 아홉이 있었으나, 깨어났을 때 이를 보니 다만 한 순간의 마음 가운데 있는 것과 같다. 이 마음 가운데 한쪽을 나누어 아버지로 하고, 한쪽을 나누어 나로 하고, 한쪽을 나누어 아들로 한 것이 아니라, 모두 한마음(一心)에 있다. 의거함을 따라서 곧 아홉 사람을 거두니 서로 아는 바가 없으나 아홉 사람의 다름이 끊어져 없는 것은 아니다. 또 한 순간 외에 셋을 세워 있음으로 하고 여섯을 세워 없음으로 하는 것이 아니라, 있음과 없음이 같은 자리로서 한 순간이며 있음과 없음이 다른 것이 아니다. 이상."라고 하였다. 그러므로 다만 그 무아無我의 보심報心[216]이면 전체가 아버지이고 전체가 나이며

216 보심報心 : Ⓢ vipākajaṃ cittam 또는 vipākaja 등. 보생심報生心 또는 이숙생심異熟生心 등으로도 번역된다. 삼계에 윤회하면서 과보(報)로 생겨나는(生) 무기無記의 마음(心)이다. 혜원慧遠은 『大乘義章』「佛性義」(T44, 473b14~20)에서 중생의 오온을 망妄에 따르면 오직 망심이 지은 것으로 파도가 바람이 일으킨 것이고 꿈의 일이 꿈속의 마음이 일으키는 것과 같지만, 진眞에 따르면 모두 진심이 짓는 것으로 파도를 물이 짓고, 꿈의 일이 오직 보심이 짓는 것과 같다고 설한다. 지엄은 『수현기』(K47, 45b27~c3; T35, 63b17~21)에서 십이인연이 오직 진심眞心이 지은 것임을 설명하

전체가 아들이다. 그러므로 구세가 다른 것같이 법 또한 다르다.

道身章[1]云。如一夜中夢。己[2]過父及未生子。各三有九。覺時見之。但在一念心中。非此心中片分爲父片分爲我片分爲子。摠[3]在一心。隨擧卽攝九人。無所相知。而非絶無九人之別。又非一念之外立三爲有立六爲無。有無同處一念。而非有無之別。已上。是故但其[4]無我報心。全爲父。全爲我。全爲子。故如九世別。法亦別也。[5]

1) ㉮『旨歸章圓通鈔』에는 '道身章'이 '道中章'으로 되어 있다. 2) ㉮ 圖에는 '巳'로 되어 있다.『旨歸章圓通鈔』에는 '巳'로 되어 있다. 3) ㉮『旨歸章圓通鈔』에는 '摠' 앞에 '九人'이 있다. 4) ㉮『旨歸章圓通鈔』에는 '但其'가 '我之'로 되어 있다. 5) ㉮『旨歸章圓通鈔』(K47, 127b8~20)에는 이 이후에 십세에 대한 문답이 이어진다.

문 현재의 한 순간이 나머지 팔세八世를 가려내는 별別의 뜻이 구세 가운데 치우쳐 해당함이 없는 총摠의 뜻과 어떻게 다른가?

답 지엄 존자가 비유로 의상 화상에게 보여 말씀하였다.

"어떤 사람이 꿈에 아버지와 할아버지가 위에 올라가 지붕을 덮고, 아들과 손자는 아래에서 기와를 나르며, 자기는 중간에 있으면서 차례로 전해 주는 것을 보는 것과 같다.

할아버지는 과거의 과거이기 때문에 오직 한 지위이고, 아버지는 과거의 현재와 현재의 과거이기 때문에 두 지위를 갖추며, 중간의 자신은 곧 과거의 미래와 현재의 현재와 미래의 과거이기 때문에 세 지위를 갖추며, 아들은 현재의 미래와 미래의 현재이기 때문에 두 지위를 갖추며, 손자는 미래(의 미래)이기 때문에 오직 한 지위이다. 그 중간에서 기와

면서 혜원의 설 가운데 파도가 물이 지은 것이고 꿈의 일이 오직 보심이 지은 것이라는 비유를 이용한다. 이후 화엄교가들이 법계연기에서 진심의 측면, 또는 성기사상을 설하는 가운데 꿈의 일이 보심이 지은 것이라는 비유가 보인다.『화엄경문답』(T45, 609c13~22), 징관,『청량소초』(T36, 577a11~12).

를 전하는 사람은 당체를 기준으로 하면 나머지 팔세를 가려내기 때문에 현재의 현재이다. 꿈의 다섯 사람을 통틀으면 구세 가운데 치우쳐 해당함이 없다. 그러므로 이 사람에게 두 가지 뜻이 갖추어져 있다. 그러므로 총摠과 별別로 시간이 법과 나뉘어 있는 것이다."

問。現在一念簡。餘八世之別義。與於九世中無偏當之摠義。何別。[1] 答。儼尊者。以喻示相和尚云。如人夢見父及祖父。登上蓋屋。子與孫子。在下輸瓦。自處中間。傳次而授也。祖父是過去過去故。唯一位。父是過去現在現在過去故。具二位。中間身。則是過去未來現在現在未來過去故。具三位。子是現在未來未來現在故。具二位。孫子是未來[2]故。唯一位也。其在中間傳瓦之人。約當體則簡餘八[3]世故。現在現在也。通夢五人。[4] 則於九世中無偏當也。故此人上具有二義。是故以總別時隔法[5]也。

1) 역『旨歸章圓通鈔』에는 '何別'이 '何見也'로 되어 있다. 2) 역『旨歸章圓通鈔』에는 '未來'가 '未來未來'로 되어 있다. 3) 역『韓國佛教全書』의『旨歸章圓通鈔』에는 '八'이 '人'으로 되어 있지만,『高麗大藏經』의『旨歸章圓通鈔』에는 '八'로 되어 있다. 4) 역『旨歸章圓通鈔』에는 '人'이 '位之念'으로 되어 있다. 5) 역『旨歸章圓通鈔』에는 '法' 앞에 '摠別'이 있다.

도신장

『도신장』에 이른다. 지엄 스님이 돌아가시기 열흘 전에 제자들이 물을 바를 말씀올리니, (지엄) 스님이 대중에게 물어 이르기를, "경 가운데 '하나의 미세한 티끌 가운데 시방세계를 머금는다'와 '한량없는 겁이 곧 한 순간이다'라는 등의 말씀을 그대들은 어떻게 보는가?"라고 하셨다. 대중이 말씀드리기를, "연기법은 자성이 없어서 작은 것은 작은 것에 머무르지 않고 큰 것은 큰 것에 머무르지 않으며, 짧은 것은 짧은 것에 머무르지 않고 긴 것은 긴 것에 머무르지 않는 까닭에 그러한 것입니다."

라고 하였다. 스님이 이르기를, "그렇긴 그렇지만 아직 설었다."라고 하셨다. (대중이) 말씀드리기를, "무슨 말씀입니까?"라고 하니, 스님이 이르기를, "많은 말을 하지 말라. 단지 하나를 말할 뿐이기 때문이다."라고 하셨다.

道身章云。儼師迁神十个日前。學徒進所問訊。師問大衆曰。經中。一微塵中。含十方世界。與無量劫卽一念等言。汝等作何物看。衆人白云。緣起法。無自性。小不住小。大不住大。短不住短。長不住長。故尒耶。師曰。然之然矣。而猶生。白云。何謂。師曰。莫須多導。只言一故。

(5) 계위(位) 初發心時至常共和

'처음 발심할 때가'부터 '항상 함께이다'까지[217]

初發心時至常共和

법융기

『법기』에 이른다.

문 무슨 까닭에 구세와 십세의 상즉 다음에 "처음 발심할 때에 문득 바른 깨달음을 이룬다."라는 뜻을 설하는가?

답 증분의 법은 얻을 수 없기 때문에 혹 어떤 수행인이 이에 능력이 없으므로 이 사람을 위하여 증분의 법성을 거듭 보여 말하기를, "하나가 자성이 없으니 일체로써 자성을 삼고, 하나의 티끌이 자성이 없으니 시방세계로써 자성을 삼고, 한량없는 겁이 자성이 없으니 한 찰나로써 자성을

217 『총수록』(H6, 783a20). 이에 해당하는 『일승법계도』 원문은 H2, 1a「반시」; H6, 768a.

삼고, 한 찰나가 자성이 없으니 한량없는 겁으로써 자성을 삼는다. 이러한 것을 이름하여 '매우 깊은 진성'이라 한다."라고 한다.

法記云。問。何故九世十世相卽之次。說初發心時便成正覺之義耶。答。訂*分之法。不可得故。或有行人。於此無分。故爲此人。以訂*分之法性。轉示之云。一無自性。以一切爲性。一塵無自性。以十方爲性。無量劫無自性。以一念爲性。一念無自性。以無量劫爲性。如是名爲甚深眞性也。

수행인이 생각하여 이르기를, "이미 진성을 알았으니 어떻게 증득합니까?"라고 하므로 다시 가르쳐서 이르기를, "요컨대 마땅히 이 진성으로 마음을 삼아서 일으켜야 한다."라고 한다. 이에 수행인이 이와 같이 일으키기 때문에 마음을 일으킨 것이 곧 불과를 원만히 한 것이다. 그러므로 열반에 머무는 때에 항상 생사에 떠돌고, 생사에 떠도는 때에 항상 열반에 머문다. 그래서 '생사와 열반이 항상 함께이다'라고 하였다.

行人意謂。已知眞性。如何得訂。* 故復誨云。要當以此眞性爲心而發。於是行人。如是而發故。發心卽滿果也。是故。住涅槃時。常遊生死。遊生死時。常住涅槃。故云。生死涅槃常共和也。

화엄일승교분기

「소전장所詮章」[218]의 '불종성佛種性' 구절에 이른다.[219] 세 번째,[220] 일승을 기준으로 하면 두 가지 설이 있다. 첫째는 앞의 모든 교敎가 밝힌

218 「所詮章」 : 법장이 지은 『화엄일승교분기』의 「所詮差別章」을 가리킨다.
219 법장, 『화엄일승교분기』(T45, 487c29~488a6).
220 「소전장」에서 '불종성佛種性'을 소승과 삼승에 의거하여 설한 후 세 번째로 일승을 기준으로 밝히는 부분이다.

바 종성을 거두어 함께 다 구족하니, 주主와 반伴이 종宗을 이룬다. 동교인 까닭이며 방편을 거두는 까닭이다. 둘째는 별교에 의거하니 종성은 매우 깊어 원인과 결과가 둘이 아니며 의보依報와 정보正報[221]에 통한다. 삼세간을 다하여 일체 이법(理)과 현상(事), 해解와 행行의 모든 법문을 다 거두어들이며 본래 원만히 구족해서 이미 성숙해 마쳤다. 그러므로 『대경』에서 설하기를, "보살의 종성은 매우 깊고 광대해서 법계허공과 더불어 같다."[222]라고 하니 이것을 이르는 것이다.

所詮章佛種性文云。弟*三約一乘有二說。一攝前諸教所明種性。並皆具足。主伴成宗。以同教故。攝方便故。二據別教。種性甚深。因果無二。通依及正。盡三世間。該收一切。理事解行諸法門。本來滿足。已成熟訖。故大經云。菩薩種性。甚深廣大。與法界虛空等。此之謂也。

진수기

『진기』에 이른다. '처음 발심할 때가 문득 정각이다'란 (다음과 같다.) 동교를 기준으로 하여 이르면, 삼현三賢과 십지十地[223] 가운데 십해十解[224]

---

221 의보依報와 정보正報 : 의보는 의거하는 대상으로서의 과보로서 국토세간의 기세간을 가리킨다. 정보는 의지의 주체로서의 과보로서 중생과 불보살, 즉 중생세간과 지정각세간을 가리킨다. 종밀宗密, 『華嚴經行願品疏鈔』(卍7, 848a3~5).

222 『육십화엄』「菩薩十住品」(T9, 444c24).

223 삼현三賢과 십지十地 : 대승보살의 수행 계위를 구분한 것이다. 삼현은 십주十住·십행十行·십회향十廻向을 말하고, 십지는 십성十聖이라고도 한다. 화엄교학에서는 여기에 등각等覺·묘각妙覺을 합하여 총 42위로 설정하며, 또는 삼현 이전에 십신十信을 따로 두어 52위로 보기도 한다.

224 십해十解 : 십주十住를 말한다. 『화엄경』에서 보살은 삼세의 모든 부처님 집에 머물며 그가 머무는 곳은 넓고 커서 법계와 허공과 같다고 하는데, 십주는 이 보살이 머무는 열 가지이다. 구체적으로는 초발심주初發心住·치지주治地住·수행주修行住·생귀주生貴住·방편구족주方便具足住·정심주正心住·불퇴주不退住·동진주童眞住·법왕자주法王子住·관정주灌頂住이다. 『육십화엄』(K8, 54b13~15; T9, 444c28~445a1).

의 초발심주初發心住[225]에서 부처를 원만히 이루고 다시 치지주治地住[226] 등에서 부처를 원만히 이루니, 이것은 밝음과 어두움의 차이는 없으나 (지위에) 의거해서 나타낸 것이다. 만약 별교에서라면 곧 나의 몸과 마음을 바른 깨달음이라고 이름할 뿐이니 십해의 지위에 의거함이 없다.

眞記云。初發心時便正覺者。約同敎云。三賢十地中。十解初發心住。成滿佛。復治地住等。成滿佛。此無明昧之殊。然寄現也。若自別敎。卽吾身心名正覺耳。無寄十解位也。

'생사와 열반이 항상 함께이다'란 (다음과 같다.) 만약 지위에 의거하여 말하면 적멸한 열반의 체體가 연緣을 좇아 생사를 이루니, 생사를 이루는 때가 곧 성품이 청정한 열반의 체이기 때문이다. 일승을 기준으로 하면 곧 생사와 열반이 본래 스스로 있는 것이 아니라 내가 필요로 하는 연에 있다. 무엇인가? 생사의 연을 필요로 하는 가운데 곧 열반을 갖추고, 열반의 연을 필요로 하는 가운데 곧 생사를 갖추기 때문이다.

문 무엇이 생사이고, 무엇이 열반인가?

답 생사가 곧 그대의 몸이고, 열반이 곧 그대의 몸이다.

生死涅槃常共和者。若寄位云。寂滅涅槃之體。從緣成生死。成生死時。卽性淨涅槃之體故也。約一乘。則生死涅槃。非本自有。在吾須緣。何者。須生死緣中。卽具涅槃。須涅槃緣中。卽具生死故也。問。何者生死。何者。涅

---

225 초발심주初發心住 : 십주의 첫 번째 계위로서, 보살이 신심을 원만구족해서 처음 발심하는 자리이다. 초발심주에서는 발심의 인因이 되는 십법과 발심의 연緣, 그리고 구체적인 수행으로서 십법이 설해지고 있다. 『육십화엄』(K8, 54b17~c7; T9, 445a3~18).

226 치지주治地住 : 십주의 두 번째 계위로서, 항상 공관空觀을 닦아 심지心地를 청정하게 다스리는 자리이다. 『육십화엄』(K8, 54c8~17; T9, 445a19~28).

槃。答。生死卽汝身。涅槃卽汝身。

화엄경탐현기

『화엄경탐현기華嚴經探玄記』[227]에서 『화엄경』 중의 "처음 발심한 보살이 곧 부처님이다"라는 글을 풀이하여 이른다.[228] 혹은 원인 중에 결과를 설한 것이라고 하고, 혹은 해解(의 계위)가 부처님의 경계와 같은 것이라고 하고, 혹은 이치를 기준으로 하면 평등한 것이라고 한다. 만약 삼승의 가르침을 기준으로 한다면 위와 같이 설할 수 있다. 지금 위아래의 글을 살펴보니, 일승원교를 기준으로 하면 처음과 끝이 서로 거두어서 원융무애하니, 처음을 얻음에 곧 끝을 얻고 끝을 끝까지 다함에 비로소 원래의 처음인 것이다. 첫째는 다라니문에서 연기가 서로 거두기 때문이다. 둘째는 보현보살의 보리심이 6위六位[229]를 두루 갖추고 있기 때문에 곧 원인이 결과이다. 셋째는 법성이 처음과 끝이 없기 때문에 발심하여 처음에 들어감에 곧바로 마지막이기 때문이다. 이런 까닭에 위 문

---

227 『華嚴經探玄記』 : 20권. 당唐의 법장法藏이 『육십화엄』을 주석한 것이다. 그의 스승인 지엄의 『수현기』와 더불어 『육십화엄』에 대한 화엄종의 가장 대표적인 주석서이다. 십문으로 구성되어 있다. 먼저 『육십화엄』의 대의大意를 아홉 문(① 敎起所由, ② 藏部所攝, ③ 立敎差別, ④ 敎所被機, ⑤ 能詮敎體, ⑥ 所詮宗趣, ⑦ 釋經題目, ⑧ 部類傳譯, ⑨ 文義分齊)으로 나누어 설하고, 이어 마지막 한 문(⑩ 隨文解釋)에서 경의 문구를 따라가며 풀이한다. 법장은 아직 두 권이 미완성인 『탐현기』를 의상에게 보내서 검토해 줄 것을 청하고, 이에 의상이 자신이 10일 동안 검토한 후 제자 중 뛰어난 진정眞定·상원相圓·양원亮元·표훈表訓을 불러 5권씩 나누어 강의하게 하였다는 기록이, 법장이 의상에게 보낸 편지인 「賢首國師寄海東書」(H4, 635c4~636a13)와 최치원이 지은 법장의 전기인 『唐大薦福寺故寺主翻經大德法藏和尙傳』(T50, 285a16~25) 등에 남아 있다.

228 『화엄경탐현기』(K47, 550c24~551a3; T35, 206a26~b5)에서 『육십화엄』 「初發心菩薩功德品」의 '此初發心菩薩卽是佛故'(T9, 452c4)를 풀이하는 부분이다.

229 6위六位 : 법장의 『화엄경탐현기』(K47, 751b29~c22; T35, 421a25~b21; K47, 768c29~769a7; T35, 440a1~8 등)에서 6위는 십신十信·십주十住·십행十行·십회향十廻向·십지十地·불佛(因圓果滿究竟位)을 의미한다.

장에서 이르기를, "처음 발심한 때에 문득 바른 깨달음을 이룬다. 지혜의 몸을 구족하여 다른 이를 말미암아 깨닫는 것이 아니다."[230]라고 한 것이다.

探玄釋經中初發心菩薩卽是佛之文云。或云因中說果。或云解同佛境。或云約理平等。若約三乘敎。亦得如上說。今尋上下文。約一乘圓敎。始終相攝。圓融無㝵。得始卽得終。窮終方原始。一由陁羅尼門緣起相攝故。二由普賢菩提心遍該六位故。卽因是果也。三由法性無始終故。發心入始卽正是終故。是故上文云。初發心時便成正覺。具足惠身。不田[1)]他悟也。

1) ㉾ 을본에는 '田'이 '由'로 되어 있다. ㉾ 高에는 '田'으로 되어 있으나 문맥상 '由'의 잘못으로 보인다. 『六十華嚴』(K8, 60a17; T9, 449c15)과 『華嚴經探玄記』(K47, 459c7; T35, 206b5)에 '由'로 되어 있다.

묘리원성관

『묘리원성관妙理圓成觀』[231]에 이른다. 이제 이 뜻을 변별함에 간략히 네 가지 구별로 나눈다. 첫째는 오직 원인인 문이다. 비롯함이 없는 때로부터 미래제가 다하도록 항상 보살로서 만행萬行을 닦기 때문이다. 혹은 순일하고 혹은 잡다하여 쉼이 없다. 무슨 까닭인가? 하나하나의 행

230 『육십화엄』「梵行品」(T9, 449c14~15)의 한 구절이다. "처음 발심할 때 문득 바른 깨달음을 이룬다. 일체법의 진실한 본성을 알아 지혜의 몸을 구족하여 다른 이를 말미암아 깨닫는 것이 아니다.(初發心時便成正覺。知一切法眞實之性。具足慧身不由他悟。)"

231 『妙理圓成觀』: 의천의 『신편제종교장총록』(T55, 1166c20)에 "妙理圓成觀三卷。神秀述."로 되어 있으나 현존하지 않는다. 다만 여기 『총수록』 외에 균여의 저술인 『석화엄지귀장원통초』, 『석화엄교분기원통초』 등과 체원의 『백화도량발원문약해』 등에도 다수 인용되어 있다. '신수神秀'는 당唐의 선승禪僧으로서 북종北宗의 개조인 신수神秀(?~706)가 아니라 화엄종의 회계 신수會稽神秀로 보이나 불분명하다. 회계 신수는 현수 법장의 법손인 법선法詵(718~778)의 제자이다. 贊寧, 『宋高僧傳』(T50, 736b10).

에 끝이 없기 때문이며 중생계가 다할 수 없기 때문이다. 경에 이르기를, "나는 항상 시방의 국토에서 보살행을 행한다."[232]라고 하니, 말하자면 허공이 다할 수 없고, 중생이 다할 수 없기 때문에 이룸이 없는 것이다. 마치 문수보살이 모든 부처님의 스승이 되며, 마야부인이 모든 부처님의 어머니가 되는 것과 같으니, 이것은 모두 원인인 문에 머물러서 거두어 교화하는 것이다.

妙理圓成觀云。今辨此義。略分四別。一唯因門。從無始時。盡未來際。恒是菩薩。修萬行故。或純或雜。無有休息。何以故。於一一行。無究竟故。衆生界不可盡故。經云。我常於十方國土中。行菩薩行。謂虛空不可盡。衆生不可盡故。無成也。[1] 如文殊爲諸佛師。摩耶爲諸佛母。此並住因門攝化也。

1) 『妙理圓成觀』의 같은 구절이 인용되어 있는 『釋華嚴敎分記圓通鈔』(K47, 198c26)에는 '無成佛也'로 되어 있다.

둘째는 오직 결과인 문이다. 과거와 미래를 다하도록 항상 부처님이기 때문이다. 무슨 까닭인가? 덕의 모습(德相)이 온전히 참되어 시간으로 헤아림에 떨어지지 않고 끝까지 다함이 없기 때문이다.[233] 셋째는 원인이면서 결과인 문이다. 말하자면 발심과 바른 깨달음을 이룸이 있으니, 모든 때에 찰나찰나 발심하고 찰나찰나 부처님을 이루기 때문이다. 넷째는 원인도 아니고 결과도 아닌 문이다. 말하자면 일으킬 마음도 없고 이룰 부처님도 없기 때문이며, 참된 법계 가운데 두 성품이 없는 까닭이다.

232 다음 경문의 뜻을 취한 것으로 보인다. 『팔십화엄』「십행품」(T10, 106b14~16), "我當盡虛空遍法界。於十方國土中。行菩薩行。念念明達。一切佛法正念現前。無所取著。"

233 『묘리원성관』의 같은 구절이 인용되어 있는 『석화엄교분기원통초』(K47, 198c28~29)에는 "또 교화하여 인도할 중생이 없기 때문이다.(又無衆生可化度故)"라는 문장이 더 있다.

二唯果門。盡前後際。恒是佛故。何以故。德相全眞。不墮時數。無盡極故。三亦因亦果門。謂有發心及成正覺。於一切時。念念發心。念念成佛故。四非[1)]因非果門。謂無心可發。無佛可成故。眞法界中。無二性故。

1) ㉲ 을본에는 '四非'가 '罪'로 되어 있다.

도신장

『도신장』에 이른다.

문 '삼세간이 부처님의 몸과 마음이 된다'란 부처님의 몸이 크고 넓기 때문에 중생 등이 부처님의 몸과 마음에 있는 것인가, 중생의 업과業果가 곧 부처님인 것인가?

답 두 가지 뜻을 함께 얻는다. 「노사나품」에 이르기를, "부처님의 한 털구멍 가운데 한량없는 중생이 머물러 각자 고통과 즐거움을 받지만 오고 감을 알지 못한다."[234]라고 한다. 또한 중생의 업과 등이 곧바로 부처님인 것도 가능하다.

문 중생의 업과가 곧 부처님이라면 예로부터 곧 부처님인데 어째서 처음 발심할 때 비로소 부처님을 이룬다고 말하는가?

답 예로부터 부처님이나 발심할 때에야 비로소 부처님임을 알기 때문이다. 꿈에서 달림에 자기의 꿈은 곧 적정하나 깨어난 아침이라야 비로소 달린 것이 곧 누워 있던 것뿐임을 아는 것과 같다.

234 『육십화엄』「노사나불품」에 정확하게 일치하는 구절은 없지만, 다음 문구(K8, 24c17~18; T9, 415c23~26)를 비롯하여 「노사나품」 전체의 뜻을 취한 것으로 보인다. "하나하나의 털구멍 속에 불가사의한 국토가, 한량없는 모습으로 장엄되어 있으니 갖가지 업으로 일어난 바이다. 자신의 업에 따라서 일어나 중생계는 생각하기 어렵다. 갖가지 모습을 취하여서는 혹은 즐거움을 받기도 하고 고통을 받기도 한다.(一一毛孔中。不思議億刹。無量形莊嚴。種種業所起。隨其自業起。衆生界難議。取種種相已。或受樂受苦。)"

道身章云。問。三世間爲佛身心者。佛身大寬故。衆生等在佛身心耶。衆生業果卽是佛耶。答。二義共得。舍那品云。佛一毛孔中。無量衆生住。各自受苦樂。而不知去來等。又亦得衆生業果等卽正是佛。問。衆生業果。卽是佛者。從古卽佛。何言初發心時方成佛耶。答。從古是佛。而發心時。方知是佛耳。如夢走馳。自夢卽寂。而悟朝方知走卽臥耳。

대 기

『대기』에 이른다. '처음 발심할 때' 등이란 22위[235] 중 어느 한 지위를 따라 선악善惡의 마음을 일으키는 것이 '처음 발심發心함이 되니 곧 이것이 바로 정각正覺'이다.

문 선한 마음을 일으키는 것으로 발심과 정각을 삼는 것은 가능하나 어찌 악한 마음을 일으키는 것으로 처음 발심을 삼으며 또한 정각이라고 하는 것인가?

답 머무름 없는 별교를 기준으로 하면 22위가 다 머무름 없는 지위이다. 그러므로 처음 악한 마음을 일으키는 때 미래의 부처님의 과위를 거둠에 이르기 때문이다.

大記云。初發心時等者。二十二位之中。隨何一位。起善惡心。爲初發心。卽是便正覺也。問。以起善心。爲發心正覺者。可也。何以起惡心。爲初發心亦正覺耶。答。約無住別教。則二十二位。皆是無住之位。故始起惡心之時。乃至攝於後際佛果故也。

문 만약 그렇다면, 머무름 없는 별교 중에도 또한 이와 같은 발심과 정각의 뜻이 있는가?

---

235 22위 : 상권 1 각주 146) 참조.

답 어떤 지위를 따라서 선악의 마음을 일으키는 것이 문득 정각이라는 것은 앞서 미혹했다가 뒤에 깨달음을 말하는 것이 아니고, 다만 본래 깨달음이기 때문에 정각이라고 할 뿐이다.

問。若爾。無住別教中。亦有如是發心正覺之義耶。答。隨於何位。起善惡心。便正覺者。非謂先迷後覺。但本來覺故。云正覺耳。

'생사와 열반' 등은 (다음과 같다.) 22위 가운데 삼도三途와 오승 등에 있는 분단分段[236]과 변역變易,[237] 그리고 원교 중의 분단과 변역[238]을 합하여 취해서 생사의 측면으로 삼고 그중에 있는 두 가지의 네 열반(四涅槃)[239]

---

236 분단分段 : 분단생사分段生死(Ⓢ pariccheda cyutiḥ)의 줄임말로서, 중생이 윤회하면서 겪는 생사를 말한다. 이에 상대하여 변역생사變易生死가 있다. 분단이라고 한 이유는 중생이 겪는 생사에는 자신의 업에 따라 수명·모습 등에 차이가 있기 때문이다. 혜원慧遠의 『大乘義章』(T44, 615c4~6)에는 "분단이란 육도의 과보가 삼세로 나뉘어 다르게 되는 것을 분단이라 하며, 분단의 존재(法)가 처음 일어나는 것을 생生이라 하고 마지막 흩어지는 것을 사死라고 한다."라고 하였다.

237 변역變易 : 변역생사變易生死(Ⓢ pārīṇamikī cyutiḥ)의 줄임말로서, 성자聖者들이 삼계의 생사윤회하는 몸을 여읜 이후 성불에 이르기 전까지 겪는 생사를 일컫는다. 분단생사의 하열한 몸을 미세하고 미묘하게 변화하여 분단생사와는 달리 몸의 형태·수명 등에 한정을 갖지 않는 몸을 지녀서 '변역'이라 한다. 정해진 수명을 받는 것이 아니기 때문에 실질적인 의미에서 생사를 거듭하는 것으로 보기 어렵다. 경론이나 학파에 따라서 분단생사와 변역생사의 구체적 의미 및 종류와 수행 계위와의 관계 등은 많은 차이가 있다.

238 원교 중의 분단·변역은 삼도·오승 등이 가진 분단·변역과 차이가 있다. 법장의 『화엄경탐현기』(K47, 572b18~23; T35, 229b5~11)에 의하면, 일승의 경우에는 분단과 변역에 대해 두 가지 설이 있다. 첫째, 방편을 거두는 입장(攝方便)에서 말한다면 십지 이전이나 십지 이상에 모두 변역이 있으니, 하나하나의 계위가 마침내 불지佛地에 이르게 되기 때문이다. 둘째, 만약 화엄교의 입장이라면 모두 분단이다. 또한 선재동자는 분단신分段身으로서 보현위普賢位에 이르렀으나 모두 법문에 즉하는 분단이기 때문에 과환過患이 아니라고 하였다.

239 네 열반(四涅槃) : 대승에서 소승의 열반을 비판하고 주장한 열반으로서, ① 본래 청정한 열반(本來淸淨涅槃), ② 머무름 없는 열반(無住處涅槃), ③ 남음이 있는 열반(有餘涅槃), ④ 남음이 없는 열반(無餘涅槃)이다. 소승의 열반이 오로지 생사를 싫어하고

과 열 열반(十涅槃)[240]을 합하여 취해서 열반의 측면으로 삼는다. 이 둘은 함께 서로 알지 못하며 하나로서 무분별이다. 그러므로 '항상 함께이다'라고 한다.

生死涅槃等者。二十二位中。三途五乘等所有分段變易。及圓敎中分段變易。合取爲生死邊。其中所有二四涅槃及十涅槃。合取爲涅槃邊。此二。互不相知。一無分別。故云常共和也。

문 그러하니 생사가 싫어할 바가 아닌데 어째서 지상(지엄) 스님은 "육도의 인과는 싫어함을 의지하여 벗어남을 구한다."[241]라고 했는가?

열반으로 나아가는 데 반해, 대승의 열반은 생사와 열반 모두에 탐착하지 않음을 근본으로 한다. 세친, 『攝大乘論釋』(K16, 1230a10~19; T31, 247a27~b6).

240 열 열반(十涅槃) : 『화엄경』에서 설해지는 열반이다. 『육십화엄』 「이세간품」(K8, 299a18~b9; T9, 669a26~b12)에서는 "여래·응공·등정각이 불사佛事를 끝까지 마치시고 열 가지 뜻이 있어서 대반열반大般涅槃을 나타내 보이신다."라고 하며 열 가지에 대해 다음과 같이 설한다. ① 일체의 행이 모두 무상無常함을 밝히려는 뜻, ② 일체의 유위법이 편안하지 않음을 밝히려는 뜻, ③ 대반열반이 가장 안온함으로 나아가는 것임을 밝히려는 뜻, ④ 대반열반이 일체 모든 두려움을 멀리 여의었음을 밝히려는 뜻, ⑤ 모든 천인天人이 색신色身에 탐착하기 때문에 색신이 무상하고 마멸법임을 밝혀 청정한 법신에 항상 머무르기를 구하게 하려는 뜻, ⑥ 무상無常의 힘은 강해서 되돌릴 수 없음을 밝히려는 뜻, ⑦ 유위법은 좋아하는 대로 행해지지 않으며 자재롭지 못함을 밝히려는 뜻, ⑧ 삼계의 법이 모두 질그릇과 같아 견고하지 않음을 밝히려는 뜻, ⑨ 대반열반이 최고의 진실이며 무너지지 않음을 밝히려는 뜻, ⑩ 대반열반이 생사生死를 멀리 여의어 일어나지도 멸하지도 않음을 밝히려는 뜻이다. 「이세간품」의 이 열 가지 열반설은 이후 화엄가들에게 매우 중요시되었다. 지엄은 『공목장』(T45, 581b20~c1)에서 열반을 소승의 열반, 삼승의 열반, 일승의 열반으로 나눈 뒤, 『화엄경』 「이세간품」의 열 가지 열반이 일승 중 별교의 열반이라고 해석한다.

241 지엄의 『華嚴五十要問答』(T45, 522b22~26)에서 다음 구절의 뜻을 취한 것으로 보인다. "**문** 육도의 인과는 본래 성자의 지위가 아닌데 무엇으로 인하여 보현문 중에 거두어져 있는가? **답** 육도의 인과는 성자의 법에 위배되지만 보현방편으로 돌이켜 도道에 반하는 행과 역행문을 이루어 모든 유정으로 하여금 방편으로써 싫어함에 의거하여 해탈을 얻게 하는 까닭이다.(問。六道因果本非聖位。因何攝在普賢門中。答。六道因果是背聖法。普賢方便。迴成返道行及逆行門。令諸有情。方便依厭。得解脫故。)"

답 이승 등의 모든 유정을 바라보기 때문에 이 말씀을 한 것일 뿐이다. 만약 보현문을 기준으로 하여 말한다면 모두 실제로 스스로의 덕이며 다시 다른 일이 없다.

문 만약 그렇다면 삼(악)도의 원인인 십악 등의 업이 닦아야 할 대상이 되는가?

답 실제를 기준으로 하면 그렇다. 그러므로 만족왕 선지식(滿足王知識)[242]의 일 등이 실제의 법문이다.

問。然則。[1] 生死非所厭。何故。至相云。六道因果依厭求脫耶。答。望二乘等諸有情故。作是說耳。若約普賢門云。皆實自德。更無異事也。問。若爾。三途之因十惡等業。爲所修耶。答。約實則爾。是故滿足王知識事等是實法門也。

1) ㉤ 을본에는 '則'이 '財'로 되어 있다.

문 만약 그렇다면 무엇 때문에 (만족왕 선지식의 법문을) '환幻과 같은 법문(如幻法門)'[243] 등이라고 했는가?

242 만족왕 선지식(滿足王知識) : Ⓢ Anala. 『육십화엄』 「입법계품」(K8, 339c16~340c3; T9, 708a27~709a3)의 선지식 중에서 18번째 선지식이다. 『팔십화엄』(K8, 841c24; T10, 355b1)에는 '무염족왕無厭足王'으로 번역되어 있고, 『사십화엄』(K36, 62c23; T10, 712b20)에는 '감로화왕甘露火王'이다. 만족왕은 왕법王法을 행하여 중생을 교화하는데, 왕법을 범한 사람들은 손과 발을 끊고 목을 베는 등 지독한 고통으로 다스렸다. 만족왕이 이처럼 고통스런 형벌을 통해 악을 다스려 벌하는 모습을 보이는 것은 중생들이 열 가지 착하지 않은 길(十不善道)과 일체의 악을 버리고, 열 가지 선을 행하여 궁극의 즐거움을 얻고 아뇩다라삼먁삼보리심을 내어 일체지一切智를 갖추게 하기 위한 방편인 것으로 설해진다.

243 환幻과 같은 법문(如幻法門) : 만족왕 선지식이 성취한 법문으로서 『육십화엄』(K8, 340b18~c1; T9, 708c23~709a2)에는 '보살환화법문菩薩幻化法門'이라 되어 있다. 만족왕이 행하는 갖가지 고통스런 다스림은 변화로 만든 것으로서 중생을 구제하기 위한 것으로 설해진다.

답 다만 삼승의 모습을 따라서 이와 같이 말한 것뿐이다. 또 죄와 복이라 말한 것은 나와 남을 실제로 집착하는 지위를 기준으로 하여 말했을 뿐이다. 만약 이 집착을 여읜다면 일체의 죄와 복이 환幻과 같고 공空과 같으니 이와 같은 법 가운데 무슨 죄와 복이 있겠는가? 그러므로 '환'이라고 한 것이다.

問。若爾者。何故。云如幻法門等耶。答。但隨三乘相。如是云耳。又言罪福者。約我人實執位云耳。若離此執。一切罪福。如幻如空。如是法中。有何罪福。故云幻也。

정원신역화엄경소

징관 스님이 만족왕의 법문을 풀이하여 이른다.[244]

(**문**) 이 가르침이 설하는 바 일체는 다 실제인데 어째서 '환화(化)'라고 말하는가?

답 스스로의 힘으로 중생을 섭수하면 일체가 다 실제이나, 역행이나 괴로운 일은 반드시 방편의 환화라고 해야 한다. 이 가운데 뜻을 얻으면 환화 또한 실제이니, 실제의 체가 두루한 까닭이며 실제 또한 환화인 까닭이다.

觀師釋滿足王法門云。此敎所說一切皆實。何以言化。答。自力攝生。一切皆實。逆行苦事。須云權化。得此中意。化亦是實。實體遍故。實亦化故也。

244 징관, 『貞元新譯華嚴經疏』(卍7, 631a10~12).

도신장

『도신장』에 이른다. 일승의 연이란 한 법을 듦에 따라서 나머지 법을 모두 거두어 남음이 없어서 이 한 법의 연이 될 뿐이다. 사연四緣 등 모든 연의 실제가 다 일승에 녹아 있다.

문 만약 이 문으로 하면 또한 십악을 지어 하늘에 태어나고 십선을 닦아 지옥에 떨어진다고 할 수 있는가?

답 이 의미를 얻는 데 이른다면 이 뜻을 말할 수 있으나, 이 의미를 얻지 못했다면 대강 전할 바가 아니다. 지엄 스님이 항상 말씀하시기를, "질문의 얕고 깊음을 알아야 비로소 대답의 뜻이 필요하다. 운운."라고 하였다.

道身云。一乘緣者。隨擧一法。摠攝餘法無餘。爲此一法之緣耳。四緣等諸緣之實。皆消於一乘。問。若以此門亦得云。作十惡生天。修十善墮獄。答。至得此意。得云 此義。末[1)]得此意。非粗所傳。儼師恒道。了問淺深。方須答義。云云。

1) ㉯ 을본에는 '末'가 '未'로 되어 있다. ㉻ 高에는 '未'로 되어 있다.

문 일승에서 저 생명을 죽일 때에 죽이는 주체와 죽은 이도 또한 죄가 있는가?

답 해행解行[245] 이상의 자재한 계위에서는 역행과 순행을 함께 닦으나, 견문見聞[246] 이하의 열등한 범부라면 근기를 보지 못하고 함부로 중생의 목숨을 없애니 중생에게도 이익이 없고 또한 자신은 지옥에 떨어지게 된다. 마치 저 쥐가 사자가 달리는 것을 따라 하다가 불구덩이에

245 해행解行 : 상권 1 각주 303) 참조.
246 견문見聞 : 상권 1 각주 303) 참조.

떨어지는 것 등과 같다. 운운.

문 삼세간이 다 부처님이라면 풀과 나무를 갖다 쓰는 것은 곧 부처님의 몸을 해하는 것이니 죄를 짓는 것인가?

답 부처님으로 말하면 비록 다 부처님이나 중생으로 말하면 모두 부처님이 아니니, 꺾어도 무슨 죄가 있겠는가? 운운. 중생과 풀과 나무는 필요로 하는 곳에서 필요한 바이니, 비록 내 안과 같더라도 중생이란 죽이면 죄가 있는 필요한 바이고, 풀과 나무란 꺾어 취해도 죄가 없는 필요한 바이다.

問。一乘殺彼生時。能殺亦死。亦有罪耶。答。解行以上。自在位中。逆順並修。見聞以下。劣凡夫者。不□□[1)]機。漫殺物命。於物無益。亦自墮獄。如彼鼠子。效□[2)]子跳墮火坑等。云云。問。三世間皆是佛者。草木取用。則害佛身得罪耶。答。以佛言雖皆是佛。以衆生云都非是佛。斷有何罪。云云。衆生與草木。是須處所須。雖同我內。衆生者。殺而有罪之所須也。草木者。斷取無罪之所須矣。

1) ㉯ 저본에는 □□의 글자가 마멸되어 있다. 을본에는 '能見'으로 되어 있다. ㉰ 高에는 '**能見**'으로 되어 있다. 2) ㉯ 저본에는 □의 글자가 마멸되어 있다. 을본에는 '師'로 되어 있다. ㉰ 高에는 '**師**'로 되어 있다.

(6) 총론總論 理事冥然至大人境

'이법과 현상이 그윽하여'부터 '위대한 성인의 경계이다'까지[247]
理事冥然至大人境

247 『총수록』(H6, 785a2). 이에 해당하는 『일승법계도』 원문은 H2, 1a「반시」; H6, 768a.

법융기

『법기』에 이른다. 이 중에 '이법과 현상'이란 (다음과 같다.) 생사가 성품이 없으니 열반으로 성품을 삼고, 열반이 성품이 없으니 생사로 성품을 삼는다. 생사와 열반이 성품이 없는 것은 이법이 되고, 성품이 없는 생사와 열반은 현상이 된다. 그러므로 옛사람이 이르기를, "연기는 성품이 없으며, 성품이 없는 연기이다."라고 하였다. 연기가 성품이 없는 것은 이법이며, 성품이 없는 연기는 현상이다. 이법 또한 진성의 이법이며, 현상 또한 진성의 현상이다. 그러므로 '그윽하여 분별이 없다'라고 하니, 이것이 열 부처님과 보현보살의 경계이다.

法記云。此中理事者。生死無性。以涅槃爲性。涅槃無性。以生死爲性。則生死涅槃之無性爲理。無性之生死涅槃爲事。故古人云。緣起無性。無性緣起也。緣起無性是理。無性緣起是事也。理亦眞性之理。事亦眞性之事。故云冥然無分別。此是十佛普賢境也。

진수기

『진기』에 이른다. '이법과 현상이 그윽하다' 등은 총체적으로 위의 뜻을 밝힌 것이다. 위에서부터 나타난 바가 비록 많은 법이 있으나 이법과 현상을 벗어나지 않기 때문이다. '열 부처님과 보현보살의 경계'란 (다음과 같다.)

문 연기분은 오직 보현보살의 경계인데 어째서 열 부처님을 말하는가?

답 부처님의 밖으로 향하는 마음이 보현보살의 마음과 그윽이 합하여 나뉘지 않기 때문에 바로 보현보살을 취하고, 나뉘지 않는 뜻 가운데서 아울러 열 부처님을 들었을 뿐이다.

眞記云。理事冥然等者。摠明上意。上來所現。雖有多法。而不出理事故也。十佛普賢境者。問。緣起分。唯普賢境。何云十佛耶。答。佛外向心。與普賢心。冥合不分故。正取普賢。而不分義中。并擧十佛耳。

대 기

『대기』에 이른다.

(문) '이법과 현상이 그윽하여' 등은, 증분과 교분의 대의를 통틀어 결론짓는 것인가, 오직 교분만인가?

답 혹은 통틀어 결론짓는 것이라고 한다. 말하자면 아래 구절에서 "열 부처님과 보현보살의 위대한 성인의 경계이다."라고 말하기 때문이다. 혹은 오직 교분만을 결론짓는다고 한다. 말하자면 증분을 결론지으면서 "증득한 지혜로 알 바이고 다른 경계가 아니다."라고 하였기 때문이다.

大記云。理事冥然等者。通結訂*敎二分大意耶。唯敎分耶。答。一云通結也。謂下句云。十佛普賢大人境故。一云唯結敎分。謂訂*分結云。訂*智所知非餘境故。

문 처음의 뜻 가운데 무엇이 이법이고 무엇이 현상인가?

답 증분은 이법이고 연기분은 현상이니, 곧 증분과 교분이 무분별이다. 그러므로 아래 본문에서 이르기를, "증분과 교분의 두 법이 예부터 중도이며, 하나로서 무분별이다."[248]라고 한 것이다. 또 증분을 기준으로 하면 부처님의 증득한 마음으로 이법을 삼고, 나타나는 삼세간의 법으로 현상을 삼는다. 또 연기분 가운데 머무름 없는 본법은 이법이 되고 22위는 현상이 된다. 그러므로 증분의 이법과 현상이 무분별한 것은 열 부처님의

248 『일승법계도』(H2, 4b4; H6, 812a10).

위대한 성인의 경계이며, 교분의 이법과 현상이 무분별한 것은 보현보살의 위대한 성인의 경계이다. 이 뜻은 곧 증분은 오직 열 부처님의 경계이고 교분 중에서는 열 부처님을 말하지 않은 것이다. 말하자면 안으로 향하면 열 부처님이고 밖으로 향하면 보현보살이니, 그러므로 지금 안과 밖을 통틀어 결론짓는 때에 이와 같이 말한 것일 뿐이다.

問。初意中何理何事耶。答。訂*分理。緣起分事也。則訂*敎無分別也。故下文云訂*敎兩法。舊來中道。一無分別也。又約訂*分。以佛訂*心爲理。所現三世間法[1]爲事。又緣起分中。無住本法爲理。二十二位爲事。是故。訂*分理事無分別者。十佛大人境。敎分理事無分別者。普賢大人境也。此意則訂*分唯是十佛之境。敎分之中不言十佛也。謂內向則十佛。外向則普賢故。今通結內外之時。如是言耳。

1) ㉯ 을본에는 '法'이 '注'로 되어 있다.

뒤의 뜻은 (다음과 같다.)

문 이미 이르기를, "열 부처님의 위대한 성인의 경계이다."라고 했는데, 어찌하여 "오직 교분만을 결론짓는다."라고 하는가?

답 연기분 가운데도 또한 열 부처님이 있으니, 이 교분도 또한 열 부처님이 밖으로 향하는 문이기 때문이다. 이것은 부처님과 보현보살이 서로 이어지면서도 각기 다른 뜻을 기준으로 한 것이다.

後意則。問。旣云十佛大人境也。何云唯結敎分耶。答。緣起分中。亦有十佛。以此敎分亦是十佛外向門故也。此約佛與普賢相續各別之義。

간의장

『간의장簡義章』[249]에 이른다. 팔척八尺 되는 기둥의 모습이 현상이 되고, 기둥의 생겨남이 없음이 이법이 되는 것은 삼승의 뜻이다. 만약 일승이라면 곧 이 팔척 되는 기둥의 모습이 이법이 되고 기둥의 생겨남이 없음이 현상이 된다. 또 이법이 평등하면 현상 또한 평등하고, 현상이 차별이면 이법 또한 차별이다. 만약 큰 도道를 체득하여 깨닫는다면 자신의 현상 이외에 어느 곳에서 이법을 얻겠는가?[250] 그러므로 지상 스님이 이르기를, "텅 빈 종지宗旨는 현묘한 모습을 버리지 않고 원융한 도는 비롯되는 문을 가려내지 않는다."[251]라고 한 것이 대개 여기에 있다. 삼승은 평등한 한마음(一心)을 설하고, 일승은 갖가지 마음[252]을 설하니 곧 또한 삼승은 이법이 평등하고 일승은 이법이 차별이라고 말할 수도 있다.

簡義章云。八尺柱相爲事。柱之無生爲理者。三乘之義。若一乘中。卽此八尺柱相爲理。柱之無生爲事。又理平等則事亦平等。事差別則理亦差別也。若體解大道。則自事以外。何處得理。故至相云。冲宗不遺於玄想。圓道莫簡於始門。蓋在此矣。三乘說平等一心。一乘說種種心。則亦得言三乘理平等。一乘理差別。

문 다만 그 이름만 다를 뿐이고 말해지는 것은 마땅히 다름이 없는

249 『簡義章』: 『총수록』에 2회 인용되어 있으나 저자나 저술 시기 등에 대해서는 전혀 기록이 없다. 다만 의상의 『일승법계도』가 인용되어 있는 것 등으로부터 의상계 화엄의 문헌인 것으로 추정된다.

250 "자신의 현상 이외에 어느 곳에서 이법을 얻겠는가?(自事以外。何處得理。)"라는 구절은 『일승법계도』(H2, 6a8~9)에 보인다. 이를 통해서도 『간의장』이 의상계 화엄의 문헌임을 알 수 있다.

251 지엄, 『수현기』(K47, 3a2~3; T35, 15c20~21).

252 갖가지 마음에 대해서는 상권 1 각주 179) 참조.

것인가?

답 이법을 필요로 하면 곧 이법이고 현상을 필요로 하면 곧 현상이다. 필요로 하는 바의 연緣이 달라서 이법과 현상이 다름이 있다. 그러나 하나의 기둥이 필요로 함에 따라서 서기 때문에 (기둥이) 전체로서 둘이 아니다.

문 이법과 현상의 평등과 차별의 4구는 어떠한가?

답 동교에 서 있는다면 마땅히 4구를 지어야 하나 이 별교 중에는 4구를 짓지 아니하니, 법은 깊고 말은 얕기 때문이다. 다만 하나의 기둥이라는 말에 이법을 필요로 하면 곧 이법이고, 현상을 필요로 하면 곧 현상이니, 평등과 차별이 필요로 함에 따라서 다 가능하다. 그러므로 구하면 곧 원만하고, 말하면 곧 이것이니, 곁이 없고 그늘이 없다. 의거하면 중도이고 기준으로 하면 원만한 종지宗旨이니, 앞도 아니고 뒤도 아니다. 일승의 그윽한 도리(幽致)가 이러하니, 청컨대 생각을 비우고 취하라.

問。只其名異。所詮則應無別耶。答。須理卽理。須事卽事。所須緣別。理事有殊。然以一柱隨須立故。全體無二。問。理事平等差別。四句云何。答。立在同教。應作四句。此別教中。不作四句。以法深言淺故。但一柱言下。須理卽理。須事卽事。平等差別。隨須皆得。是故。須而卽圓。道而卽是。無側無陰。據而中道。約而滿宗。非前非後。一乘幽致厥爾。請虛襟而取焉。

2. 이타행利他行　能人海印至得利益

'능인能人의 해인海印'부터 '이익을 얻는다'까지[253]
能人海印至得利益

법융기

『법기』에 이른다. 해인 가운데 자리와 이타를 구족하니, 말하자면 삼세간의 법을 거두어들이는 것은 자리이고, 삼세간의 법을 나타내는 것은 이타이다. 그러나 일승 중에는 이타가 없다. 왜인가? 교화되는 중생이 바로 스스로 안으로 증득한 다섯 바다(五海) 가운데의 중생이기 때문에 근기에 응하여 일어나는, 능히 (교화를) 입히는 가르침도 스스로의 해인삼매로부터 일어난 바이기 때문이다.

法記云。海印中具[1)]自利利他。謂攝入三世間法是自利。現現三世間法是利他。然一乘中無利他也。何者。所化衆生。是自內訂*五海之中衆生故。應機而起能被之教。從自海印定中所起故也。

1) ㉼ 을본에는 '具'가 '眞'으로 되어 있다.

'여의를 번다하게 나타냄'이란 해인삼매로부터 일어나는 가르침이 '여의'가 된다. 이에 두 가지 뜻이 있다. 첫째는 부처님의 뜻에 알맞기 때문이고, 둘째는 중생의 뜻에 알맞기 때문에 이름하여 '여의'라 한다. 비유하면 전륜왕이 갖고 있는 여의(주)가 왕의 창고 안에 있으면 온갖 보배를 비내리지 않지만, 만약 전륜왕이 이 여의(주)로써 깃대 위에 내다 걸어두고

253 『총수록』(H6, 785c9). 이에 해당하는 『일승법계도』 원문은 H2, 1a「반시」; H6, 768a.

서 빈궁한 사람들을 위하여 온갖 보배를 비 내려 주길 청하면 그 필요로 하는 바를 따라 갖가지 물건을 비 내려서 뜻과 같지 않음이 없는 것과 같다. 그러나 이 물건들은 본래 여의주 안과 전륜왕의 몸과 허공 중에 있었던 것이 아니라, 다만 중생의 지극함(感)[254]과 왕의 세력으로써 이 여의주가 보배를 비 내려 다함이 없다.

繁出如意者。從海印定所起之教。爲如意也。此有二義。一稱於佛意故。二稱於衆生之意故。名爲如意。比如輪王所有如意。在王藏內。不雨衆寶。若轉輪王。以此如意出置幢上。爲貧窮人。請雨衆寶。隨其所須。雨種種物。無不如意。然此物等。本不在於如意珠內及輪王身而[1)]虛空中。但以衆生之感及王勢力。此如意珠。雨寶無盡也。

1) ⑮ 高에는 '與'로 되어 있다.

이와 같이 부처님의 서원과 중생의 지극함으로써 해인의 가르침이 중생에게 응한다. 창고 안에 있을 때는 부처님의 안으로 증득하심을 비유하는 것이고, 깃대 위에 내다 걸어 보배를 비 내리는 때는 부처님의 밖으로 교화하심을 비유한 것이다.

'불가사의하다'란 불가사의한 안으로 증득함으로부터 일어나고 말할 수 없는 중생의 수에 응하여 일어나기 때문이다.

254 지극함(感) : 부처님과 중생 사이의 교화敎化 관계를 논할 때 '응應'과 '감感'의 두 측면으로 구분할 수 있다. 감感은 중생이 부처님에게 다가가는 것이고, 응應은 부처님이 중생에게 나아가시는 것이다. 법장은 『화엄경지귀』(T45, 594a21~22)에서 가르침의 뜻을 밝히는 가운데 감感과 응應을 한 쌍으로 하여, 중생의 근기와 바람 등의 감화가 여러 가지이고 성인의 응화를 나타냄 또한 끝이 없다고 한다. 또한 징관은 『청량소』(T35, 529c1~3)에서 중생의 근기가 성인에게 감화되고 성인이 능히 응화를 내린다고 하여 구분하면서도 이 둘이 동시라고 설한다.

如是以佛誓願及衆生感。海印之敎。應衆生也。在藏內時。喩佛內訂。* 出置幢上雨寶之時。喩佛外化也。不思議者。從不思議內訂*而起。應不可說衆生數起故也。

'보배를 비 내려 중생을 도와 허공을 채우니'란 허공이 가없으므로 세계가 가없고, 세계가 가없으므로 중생이 가없으니, 이 가없는 중생에게 이와 같은 가르침이 입히지 못하는 바가 없기 때문이다.

'중생이 근기 따라 이익을 얻는다'란 이 여의如意의 가르침이 삼승·오승·무량승無量乘 등 일체의 중생 가운데서 각각 근기에 칭합하여 이익을 얻게 하기 때문이다.

雨寶益生滿虛空者。虛空無邊故。世界無邊。世界無邊故。衆生無邊。於此無邊衆生。如是之敎。無所不被故也。衆生隨器得利益者。此如意敎。於三乘五乘無量乘等一切衆生中。各各稱根。令得利益故也。

문 만약 그렇다면 이 화엄에서 삼승의 별도의 과보를 얻는가?

답 없다. 말하자면 이 『대경』 중에 무량승을 갖추고 있기 때문에, 이에 이 경전이 갖추고 있는 무량승 가운데 『대품경大品經』[255] 등에서 별도의 과보를 얻을 뿐이다.

問。若爾。於此花嚴。得三乘別果耶。答。無也。謂此大經中。具無量乘故。乃於此經所具無量乘中。大品經等。得別果耳。

255 『大品經』: 후진後秦의 구마라집鳩摩羅什이 번역한 27권 『大品般若經』의 줄인 이름이다. 그런데 여기서는 『화엄대경』의 각 품을 『대품경』으로 볼 수 있는 여지도 있다고 본다.

진수기

『진기』에 이른다.

(문) '해인삼매'란 스스로 증득하여 말을 여읜 것인데 무슨 까닭에 이타利他의 처음에서 밝히는가?

답 이타의 연기는 별도의 자체가 없고 다만 열 부처님의 안으로 증득하신 해인(삼매)에 의지하여 일어난 것임을 나타내기 때문이다. 만약 그렇지 않다면 도道에 사사로이 숨기는 것이 있게 되기 때문이다.

眞記云。海印三昧者。自訂*離言。何故。利他之初明耶。答。表利他緣起無別自體。但依十佛內訂*海印所起故也。若不爾者。道有私隱故。

'번다하게 나타냄' 등이란 순간순간마다 여의如意의 가르침을 일으켜 미래제가 다하도록 휴식이 없기 때문이다. 또 다만 한 순간에 법계를 온전히 거두어 곁이 없기 때문이다. 그러므로 '불가사의하다'고 말한다.

'보배를 비 내려'란 가르침을 기준으로 하여 '보배'라고 한다. 또 중생이 받아 쓰는 갖가지 보물이다.

'허공을 채운다'란 중생이 불가사의한 가르침을 입으면 곧 그 움직이지 않는 범부의 마음이 법성 허공과 더불어 단지 이 한 물건이라 본래 스스로 원만함을 알기 때문이다.

'근기 따라 이익을 얻는다'란 산왕山王[256]의 두루한 근기(普機)는 총상의 가르침을 얻고 차별 있는 작은 근기(小機)는 차별 있는 가르침을 얻어서

256 산왕山王 : 『화엄경』에는 산왕山王의 비유가 많이 나오지만 여기의 산왕은 『육십화엄』 「보왕여래성기품」(K8, 238c13~239a4; T9, 616b14~29)에서 여래의 몸을 설하는 내용 중 일출日出의 비유에 나오는 산왕을 가리키는 것으로 보인다. 태양이 떠서 만물을 비추는데 대산왕大山王, 대산, 대지 등의 순서로 비추듯 여래의 지혜광명도 보살, 연각, 성문, 선근중생, 일체중생의 순서로 비춘다. 여래의 지혜에는 이러한 순서에 대한 구별이 없으나 중생의 선근에 따라서 갖가지 차별이 생긴다고 설한다.

각각 스스로 이익을 이루기 때문이다.

繁出等者。於念念中。起如意教。盡未來際。無休息故。又但一念全攝法界無側故也。是故云不思議也。雨寶者。約敎云寶也。又是衆生受用種種寶物也。滿虛空者。衆生蒙不思議教。則知其不動凡心。與法性虛空。只是一物。本自圓滿故也。隨器得利者。山王普機。得摠相教。差別小機。得差別教。各自成益故也。

대 기

『대기』에 이른다. 해인은 증분과 교분에 통하기 때문에 교분에서 밝힐 뿐이다. 또 이 4구[257]는 제사중해인第四重海印[258]이기 때문이다.

문 제사중해인은 선정의 안이기 때문에 이타의 모습이 숨어 있는데 어째서 이타에 배대하는가?

大記云。海印者。通訂*教二分故。明於教分耳。又此四句。是弟*四重海印故也。問。弟*四重海印。是定內故。利他相隱。何故以配利他耶。

답 제사중(해인) 안에 동교와 별교의 두 가르침을 갖추고 있기 때문이다. 만약 곧바로 한 길의 붉은 도인을 기준으로 하여 논하면 곧 차별이 없기 때문에 별교이고, 만약 굴곡을 기준으로 하여 말하면 차별이기 때문에 곧 동교 중의 근기를 따르는 뜻이다. 그러므로 근기를 따르는 굴곡의 붉은 도인이기 때문에 '여의의 가르침'이라 한다. 그러므로 앞에서 '이법에 의지하고 가르침에 근거하여'라고 한 것은, 제삼중(해인)[259]을 기준으로

257 4구 : 「법성게」 중 이타행 4구를 가리킨다.
258 제사중해인 : 이중의 오중해인 가운데 네 번째 해인이다. 상권 1 각주 7) 참조.

하면 머무름 없는 이법·머무름 없는 가르침이고, 제사중(해인)[260]을 기준으로 하면 머무름 없는 이법·여의의 가르침이다. 이 제사중(해인)을 기준으로 하여 4구를 다시 오중해인으로써 분배하면,[261] 처음 2구는 차례대로 처음 두 해인에 배대하고,[262] 다음 1구는 제삼(중)해인,[263] 그 다음 1구는 뒤의 두 해인이다.[264] 말하자면 아래 본문에서 이 해인을 해석하여 이르기를, "끝까지 청정하며 맑고 밝아서, 세 가지 세간이 그 가운데 나타난다."[265] 등이라 하였기 때문이다.

答。弟*四重內具同別二敎故。若直約一道朱印而論。卽無差別故。是別敎。若約屈曲而言。是差別故。卽同敎中逐機之義也。是故逐機屈曲之朱印故。云如意敎也。是故前云依理據敎者。約弟*三重。則無住理無住敎也。約弟*四重。則無住理如意敎也。約此弟*四重四句。更以五重海印分配。則初二句如次配初二海印。次一[1)]句弟*三海印。次一句後二海印也。謂下文釋此海印云。究竟淸淨湛然明白。三種世間。於中現現等故。

1) ㉯ 을본에는 '一'이 '十'으로 되어 있다.

의상 화상의 뜻은 이 가운데의 해인이 오직 한결같이 제사중(해인)[266]

259 제삼중(해인) : 이중의 오중해인 가운데 세 번째 해인이다. 연기분 14구가 배대된다.
260 제사중(해인) : 이중의 오중해인 가운데 네 번째 해인이다. 상권 1 각주 258) 참조.
261 삼중의 오중해인으로서, 이중의 제사중해인인 이타행 4구를 다시 오중해인에 분배한 것이다.
262 이타행 4구 중 첫 구인 '能人海印三昧中'은 삼중 오중해인의 제일중해인인 영리해인影離海印에, 둘째 구인 '繁出如意不思議'는 제이중해인인 영현해인影現海印에 배대된다.
263 이타행 4구 중 제3구인 '雨寶益生滿虛空'은 삼중 오중해인 중 제삼중해인에 배대된다.
264 이타행 제4구인 '衆生隨器得利益'은 삼중 오중해인 중 제사중해인과 제오중해인에 배대된다. 이 가운데 '衆生隨器'는 제사중해인, '得利益'은 제오중해인에 배대된다.
265 『일승법계도』(H2, 3c16~17; H6, 811b13~15).
266 이타행 4구가 배대된 이중의 제사중해인이다.

에만 해당되는 것이 아닌 까닭에 이 중에서 다시 분배하였다. 처음 구[267]는 모양을 여읜 해인(影離海印)이고, 다음 구[268]는 모양을 나타내는 해인(影現海印)이다. 그러므로 '여의를 번다하게 나타낸다' 등이라 말한다. 다음 구[269]는 제삼중(해인)이니 교화하시는 부처님이 열 보법(十普法)[270]의 보배를 비 내려서 보현보살의 근기를 이익되게 하신다. 뒤의 구[271]는 제사중(해인)에서 여의의 가르침의 붉은 도인이 근기의 굴곡에 알맞기 때문에 '중생이 근기 따라'라고 말한다. 제오중(해인)에서 언설의 법을 일으켜 중생(機)이 믿고 알며 행하고 증득하게 하는 까닭에 '이익을 얻는다'라고 한 것이다.

和尚之意。此中海印。非唯一向當弟*四重。是以此中更分配也。初句影離海印。次句影現海印。故云繁出如意等。次句弟*三重。能化之佛。雨十普法之寶。益普賢機也。後句。於弟*四重。如意教之朱印。稱機屈曲。故云衆生隨器也。於弟*五重。起言說法。令機信解行訂。* 故云得利益也。

그런데 제사중(해인)[272]으로써 올바른 뜻을 해석하면 '능인能人'이란 교화하시는 부처님이며, '해인'은 정장정淨藏定[273]이다. '여의를 번다하게 나타냄'이란 여의의 가르침의 붉은 도인이 근기에 응하여 나타나는 것이다.

'보배를 비 내려 중생을 도와 허공을 채운다'란 열 보법을 비 내려 정위正爲[274] 가운데 온전하고 온전하게 응하는 것이다. 말하자면 한 줄의 붉은

267 「법성게」 이타행 4구 중 처음 구인 '能人海印三昧中'을 가리킨다.
268 「법성게」 이타행 4구 중 제2구인 '繁出如意不思議'를 가리킨다.
269 「법성게」 이타행 4구 중 제3구인 '雨寶益生滿虛空'을 가리킨다.
270 열 보법(十普法) : 인人·법法, 이理·사事, 교敎·의義, 해解·행行, 인因·과果 등. 상권 1 각주 38) 참조.
271 「법성게」 이타행 4구 중 제4구인 '衆生隨器得利益'을 가리킨다.
272 이중 오중해인 가운데 네 번째 해인이다. 즉 이타행 4구가 배대된 제사중해인이다.
273 정장정淨藏定 : 상권 1 각주 18) 참조.
274 정위正爲 : 화엄교학에서 화엄교가 위하는 근기를 다섯 가지로 나눈 가운데 첫 번

도인이 원만히 나타나는 것이다. '중생이 근기 따라 이익을 얻는다'란 겸위兼爲 · 전위轉爲 · 인위引爲 · 원위遠爲[275] 중에 부분부분 응하는 것이다. 말하자면 저 근기의 마땅함을 따라서 각각 이익을 얻게 하는 것이 큰 모서리에서는 크게 굽어지고 작은 모서리에서는 작게 굽어지며 글자 따라 구부러지는 것과 같다.

然以弟*四重正義釋者。能人者。能化佛也。海印者。淨藏定也。繁出如意者。如意敎之朱印。應機現現也。雨寶益生滿虛空者。雨十普法。於正爲中。全全而應。謂一道朱印圓滿現現也。衆生隨器得利益者。於兼轉引遠爲之中。分分而應。謂隨彼機宜。各令得益。如大角則大曲。小角則小曲。隨字而屈曲也。

관석

『관석』에서 『(화엄)경』의 "비유하면 밝고 깨끗한 거울이 그 대면함을 따라 모습을 나타내지만 안팎에 있는 바가 없는 것처럼 업業의 본성 또

째 근기이다. 다섯 가지는 다음과 같다. ① 정위正爲이다. 일승의 함께하지 않는 가르침(不共敎) 가운데 보현보살의 근기이며 『화엄경』이 바로 위하는 근기이다. ② 겸위兼爲이다. 이 다함없는 화엄교를 보고 듣고 믿어서 금강의 종자를 이루어 앞으로 반드시 이 원융한 보법을 얻을 근기이다. ③ 인위引爲이다. 화엄교에 대해 오랫동안 점차적으로 교의 근원을 궁구하여 앞으로 이 보현법계를 얻을 근기이지만 한량없는 겁 동안 이 경을 믿지 않았으므로 이만큼의 겁을 지나야 믿고 받을 수 있으리라고 안다. ④ 전위轉爲이다. 모든 이승二乘의 근기로서, 이승은 근기가 둔하기 때문에 먼저 함께하는 대승의 가르침(共教大乘)에 회심하여 들어와서 보살의 명칭을 얻은 후에야 비로소 이 보현의 법에 들어올 수 있다. 그래서 이 경은 오직 보살만을 위하는 것으로 이승은 포섭하지 않는다고 설하는 것이다. ⑤ 원위遠爲이다. 모든 범부와 외도와 일천제의 근기이다. 이들이 모두 불성이 있지만 장애가 무거워서 매우 오랜 후에야 이 법에 들어올 수 있다. 법장, 『화엄경탐현기』(K47, 467b4~468a7; T35, 117a2~c9).

275 겸위兼位 · 전위轉位 · 인위引位 · 원위遠位 : 위의 각주 274) 참조.

한 이와 같다."[276]라는 문장을 풀이하여 이른다.

거울에 세 종류가 있다. 말하자면 여래장 거울, 정광파리 거울,[277] 해인 거울이다.

觀釋中。釋經猶如明淨鏡。隨其面像現。內外無所有。業性亦如是之文云。鏡有三種。謂如來藏鏡。錠光頗璨鏡。海印鏡也。

여래장 거울은 나타난 모습과 한 몸이기 때문에 나눌 수 없다. 만약 모습을 버릴 것을 취하면 거울 또한 따라 부서진다. 이런 까닭에 내 몸이 곧 여래장이니 따로 취할 수 없다. 그러므로 만약 업의 과보가 여래장 거울 중의 모습인 줄 안다면 육도의 원인과 결과가 곧 생겨나지 않는다. 그러나 만약 거울을 얻는 때라면 나타났던 모습은 얼음처럼 사라진다. 숙교 중에 근본과 지말이 둘이 아니니 물이 파도와 다름이 없으나 그러나 파도는 의거하는 주체이고 물은 의지되는 대상이므로 물을 얻을 때 파도가 쉬고 물이 나타나는 것과 같은 까닭이다.

如來藏鏡。與所現像。是一體故。不可分也。若取去像。鏡亦隨破。是故吾身卽如來藏。不可別取。故若知業果是如來藏鏡中之像。則六道因果。卽不生也。然若得鏡時。所現之像。如氷泯也。以熟敎之中。本

276 『육십화엄』「菩薩明難品」(K8, 36a23; T9, 427c8~9) 중 보수보살寶首菩薩의 게송 가운데 한 구절이다.

277 정광파리 거울 : 『육십화엄』「佛小相光明功德品」(K8, 229a5~10; T9, 606a10~16)에서는 정광금파려 거울(錠光金玻瓈鏡)이 시방세계와 같아서 그 거울에 한량없는 세계 등이 모두 나타나는 것을 보지만 그 영상이 거울에 들어오는 것이 아닌 것처럼, 일체의 업보도 이와 같다고 한다. 『팔십화엄』「여래수호광명공덕품」(K8, 728a5~6; T10, 256c21~22)에는 이 '파려 거울'이 '능히 비춤'이라는 이름(玻瓈鏡名爲能照)으로 번역되어 있다. 파려는 인도 파려국에서 나는 보배라 하여 파려라 이름 붙여진 것이라고 전해지며, 파려의 한자 표기는 '파려' '파리' 등 다양하다.

末無二。如水與波無別。然而波是能依。水是所依。故得水之時。波息水現故也。

해인 거울 가운데 나타나는 모습은 나의 오척 되는 몸이 삼세간을 갖추어 달리 머무는 곳이 없는 까닭에 머무름이 없음(無住)이라고 한다. 곧 이 머무름 없음을 또한 움직임 없음(不動)이라고 한다. 이미 움직임이 없고 곁이 없는 나의 몸이기 때문에 어느 곳에서부터 어느 곳으로 옮겨갈 것인가? 이 나타나는 모습이 바로 곧 거울의 체體이기 때문에 거울을 얻을 때 모습이 없어지지 않는다.

海印鏡中所現像者。吾五尺身。具三世間無別住處。故云無住。卽此無住亦云不動。既不動無側之吾身故。從何處轉何處耶。此所現像。正卽鏡體故。得鏡之時。像不泯也。

심륜초

『심륜초心輪鈔』[278]에 이른다.

문 처음 바른 깨달음을 이룬 부처님의 마음을 어째서 해인이라고 이름하는가?

답 하나의 '해海' 자로써 삼세간에 도장을 찍어 셋이라는 분별을 여의고 합하여 하나가 된 부처님의 명백한 마음을 이름하여 해인이라 한다. 그 가운데 보현보살이나 문수보살 등이 아홉 모임에서 교화를 도움도 없으며 또한 아홉 모임의 처소도 없다. 그러므로 경의 게송에서 이르

278 『心輪鈔』: 『총수록』에 2회 인용되어 있으나 저자나 저술 시기 등에 대해서는 전혀 기록이 없다. 여기서는 『화엄경』을 거론할 때 아홉 모임(九會)으로 말하여 『팔십화엄』에 의거하면서도 실제 경문은 『육십화엄』으로부터 인용하고 있다.

기를, "일체 모든 여래께서 부처님 법을 설하심이 없다."[279]라고 한 것이다. 근기 인연을 향하여 스스로 깨달은 법을 설하고자 한다. 운운. 그러므로 경의 게송에서 이르기를, "그 응하여 교화할 바를 따라서 법을 연설하시는 것이다."[280]라고 한 것이다. 그런데 법을 설함에 다섯이 있으니, 부처님의 설·보살의 설·국토의 설·중생의 설·삼세 일체의 설이다.[281]

心輪鈔云。問。始成正覺佛心。何故名海印耶。答。以一海字。印三世間。離分別三。合爲一佛明白之心。名曰海印。於中無普賢文殊等九會助化。亦無九會處所。故經偈云。一切諸如來。無有說佛法也。欲向機緣。說自所訂*之法。云云。故經偈云。隨其所應化。而爲演說法。然說法有五。佛說。菩薩說。刹說。衆生說。三世一切說。

3. 수행자방편급득이익修行者方便及得利益

1) 수행자의 방편 是故行者至得資糧

'그러므로 수행자는'부터 '자량을 얻는다'까지[282]
是故行者至得資糧

279 『육십화엄』「야마천궁보살설게품」(K8, 74c12; T9, 466a27).
280 『육십화엄』「야마천궁보살설게품」(K8, 74c12; T9, 466a28).
281 『육십화엄』「보현보살행품」(K8, 233c8; T9, 611a24~25)에 "부처님의 설·보살의 설·국토의 설·중생의 설·삼세 일체의 설을 보살이 분별하여 안다."라는 구절이 있다. 법장은 『화엄경지귀』(T45, 592c16~18)에서 음성설법을 풀이하는 가운데 일체법이 음성을 내어 법을 설한다는 경증으로 이 경문을 들고 있다.
282 『총수록』(H6, 787a19). 이에 해당하는 『일승법계도』 원문은 H2, 1a「반시」; H6, 768a.

법융기

『법기』에 이른다. '행자行者'란 곧 모든 보법을 믿고 향하는 사람이고, '본래 자리(本際)'는 안으로 증득한 해인이다. '망상 쉼을 반드시 얻지 않을 수 없고'란 두 가지 아집[283]으로 망상을 삼으니, 위의 안으로 증득한 해인의 경지와 같아서 무아의 사람이라야 이에 능히 이를 수 있다. 만약 아我가 있다면 반드시 이를 수 없기 때문이다. 마치 바닷가의 풀은 바닷물이 있기 때문에 마르게 하지 못하는 것처럼, 이와 같이 의식의 인아人我와 법아法我의 두 가지 아我가 저 말나식(末那)[284] 및 아려야식(黎耶)[285]의 바다(와 같은) 몸을 말미암아서 다시 일어난다. 무엇인가? 아려야본식은 아我의 뿌리이고, 그 말나식은 아我의 줄기이며, 제6의식(六識) 및 전5식前五識[286]은 모두 두 가지 아我가 출입하는 문이기 때문이다.

法記云。行者。則凡諸信向普法之人也。本際則內訂*海印也。匹[1)]息妄想必不得者。以二我執。爲妄想也。如上內訂*海印之際。無我之人。乃能得至。若存我則。必不得至故也。如海邊□。[2)] 有海水故。□□[3)]令渴。如是意識人法二我。由彼末那及黎耶海□□□[4)]起。何者。黎耶本識。是我□[5)]根。其末那識。□[6)]我之□□[7)]及前五。皆是二我出入之門故也。

---

1) ㉤ 을본에는 '匹'이 '叵'로 되어 있다. ㉧ 高에는 '[illegible]'로 되어 있으며 문맥상 '叵'의

---

283 두 가지 아집 : 인아집과 법아집을 가리킨다.

284 말나식(末那) : Ⓢ manasvijñāna. 유식학파의 팔식설八識說 가운데 제7식을 가리킨다. '말나'는 산스크리트 manas의 음사로서 염오의染汚意·사량식思量識·의意 등으로도 한역한다. 이 말나에는 사량思量의 뜻이 있으며, 사량의 내용은 마음속의 인식 대상을 집착하면서 인식한다는 뜻이 있다. 이 말나식은 제8아뢰야식을 대상으로 그것을 자아라고 집착하여 아견我見·아만我慢·아애我愛·아치我癡 등의 네 가지 번뇌를 항상 야기하는 역할을 한다.

285 아려야식(黎耶) : '려야黎耶'는 구역舊譯으로서 제8아려야식을 가리킨다. 신역新譯으로는 아뢰야식이라고 한다.

286 전5식前五識 : 제6의식(意識) 이전의 안식眼識·이식耳識·비식鼻識·설식舌識·신식身識의 다섯 가지 식을 말한다.

이체자로 보인다. 2) ㉾ 저본에는 □의 글자가 마멸되어 있다. 을본에는 '廾'으로 되어 있다. ㉧ 高에는 '非'로 되어 있다. 문맥상 '并'의 이체자로 보인다. 3) ㉾ 저본에는 □□의 글자가 마멸되어 있다. 을본에는 '不得'으로 되어 있다. ㉧ 高에는 '不得'으로 되어 있다. 4) ㉾ 저본에는 □□□의 글자가 마멸되어 있다. 을본에는 '藏而還'으로 되어 있다. ㉧ 高에는 '身而還'으로 되어 있다. 5) ㉾ 저본에는 □의 글자가 마멸되어 있다. 을본에는 '之'로 되어 있다. ㉧ 高에는 '之'로 되어 있다. 6) ㉾ 저본에는 □의 글자가 마멸되어 있다. 을본에는 '是'로 되어 있다. ㉧ 高에는 '是'로 되어 있다. 7) ㉾ 저본에는 □□의 글자가 마멸되어 있다. 을본에는 '莖六'으로 되어 있다. ㉧ 高에는 '莖大'으로 되어 있다. 문맥상 '莖六'으로 추정된다.

비유하면 어떤 사람이 수미산을 오르고자 한다면, 여덟 바다(八海)[287]를 다 말려서 육지에 의지해 가면 수미산에 오를 수 있는 것과 같다. 이와 같이 수행자가 만약 근본으로 돌아가고자 한다면, 점차 팔식의 망상의 바다를 쉬어 마치고 이를 수 있다는 것은 삼승의 뜻이다. 일승에서는 만약 첫 번째 바다를 건너면 곧 모든 바다를 건너고 수미산 정상을 밟는 것이기 때문에 한 걸음도 옮기지 않고 본래 자리에 돌아갈 수 있다.

比如有人。欲上須彌。乾八海竟。依陸而行。得上須彌。如是行者。若欲返本。漸息八識妄想海已而得至者。三乘義也。一乘之中。若履初海。卽履諸海。踐須彌頂故。不移一步。得還本際也。

'무연無緣의 선교善巧' 등은 (다음과 같다.)

---

287 여덟 바다(八海) : 수미산을 중심으로 그 둘레에 있는 여덟 바다로서, 여기에서는 팔식을 비유한 것이다. 수미산 둘레에는 차례로 거제라佉提羅(Ⓢ Khadiraka) · 이사타라伊沙陀羅(Ⓢ Īṣādhara) · 유건타라遊乾陀羅(Ⓢ Yugaṃdhara) · 소달리사나蘇達梨舍那(Ⓢ Sudarśana) · 안습박갈나安溼縛掲拏(Ⓢ Aśvakarṇa) · 니민타라尼民陀羅(Ⓢ Nimimdhara) · 비나다가毘那多迦(Ⓢ Vinataka) · 작가라斫迦羅(Ⓢ Cakravāḍa)의 여덟 산이 있으며, 이들 산과 산 사이에 각기 하나의 바다가 있으므로 모두 여덟 바다가 된다. 『起世經』「世住品」(K19, 331a12~b13; T1, 356b28~c18), 『長阿含經』(K17, 1009c13~1010a16; T1, 139a23~139b17) 등 참조.

문 무엇 때문에 '망상을 쉰다'는 것 다음에 이 구절이 있는가?

답 본래 자리에 돌아가고자 하면 반드시 망상을 쉬어야 하고, 망상을 쉬고자 하면 반드시 연緣이 없어야 하기 때문이다.

문 연이 없다(無緣)라는 것은 무엇인가?

답 오식五識이 오진五塵의 경계를 반연(緣)하는 때에 의식이 함께 반연하고, 그 말나는 곧 안으로 향하여 아我에 집착하고, 아려야본식은 세 종류의 경계[288]를 반연하니, 그러므로 여의를 잡을 수 없다. 연이 없기 때문에 성자의 뜻을 얻음을 이름하여 '잘 여의를 잡는다'고 한다.

'집으로 돌아간다'란 법성의 집으로 돌아가는 것이다. '자량을 얻는다'란 수행자의 가행방편加行方便이다.

無緣善巧等者。問。何故。息妄想次。有此句耶。答。欲還本際。要息妄想。欲息妄想。要須無緣故也。問。無緣者何。答。五識緣於五塵境時。意識同緣。其末那則向內執我。黎耶本識緣三類境。是以不能捉如意也。以無緣故。得聖者意。名爲善捉如意也。歸家者。歸法性家也。得資糧者。行者加行方便也。

진수기

『진기』에 이른다. '망상을 쉰다'란 지위에 의거함을 기준으로 하여 말하면, 처음의 지혜로 끊음을 구하여도 끊을 수 없고, 중간과 나중의 지혜로 끊음을 구해도 역시 그러하다. 그러므로 논論에서 이르기를, "처음도 아니고 중간과 나중도 아니다."[289]라고 하였다. 그러나 끊을 수 없음으로써

---

288 세 종류의 경계 : 아려야식의 세 가지 대상인 종자種子, 전5근前五根, 기세간器世間을 가리킨다.

289 세친, 『십지경론』(K15, 15b4 ; 15a5 ; T26, 133a29). 이것은 『십지경』에 나오는 게송으로, 세친이 이를 주석하면서 다시 인용한 것이다. 『팔십화엄』(K8, 635c13 ; T10,

끊음을 삼기 때문에 끊음의 뜻이 이루어진다. 그러므로 논에서 "앞과 가운데와 뒤에서 취한다."[290]라고 하였다.

眞記云。息妄想者。約寄位云。初智求斷。不可得斷。以中後智。求斷亦尒。故論云。非初非中後。然以不可得斷而爲斷故。斷義得成。故論云。前中後取也。

만약 곧바로 일승을 기준으로 한다면, 그 장애의 체를 듦에 양이 법계와 같고 지혜를 들어도 또한 그러하다. 그러므로 지상 스님이 이르기를, "연기의 성품과 같다."[291]라고 하였으니 이와 같이 끊는다. 만약 장애와 다른 지혜로써 지혜와 다른 장애를 끊고자 한다면 망상을 쉬지 않은 까닭에 반드시 (끊음을) 얻을 수 없다. 계戒를 지님도 또한 그러하다. 만약 별도로 선善을 취하여 막음의 주체로 삼고 그 불선을 취하여 막음의 대상으로 삼는다면 이와 같이 지니는 자는 오히려 계를 깨뜨리는 사람이라고 이름한다.

'무연의 선교' 등이란 분별이 없는 것이다. '여의'란 가르침이다. '집으로 돌아가다'란 참된 근원으로 돌아가는 것이다. '자량'이란 2천 가지 도道의 품목(二千道品)[292] 등이다.

若直約一乘。則擧其障體量等法界。擧智亦尒。故至相云。如緣起性。如是斷也。若以別障之智。欲斷別智之障者。以不息妄想故。必不得也。持戒亦

180c21)에는 동일하게 '非初非中後'로 되어 있지만, 『육십화엄』(K8, 164c7; T9, 544b10)에는 '無中亦無後'로 되어 있다.

290 세친, 『십지경론』(K15, 15b5; T26, 133b1).

291 지엄, 『수현기』(K47, 36c5~6; T35, 53b14).

292 2천 가지 도道의 품목(二千道品) : 『화엄경』 「이세간품」의 2천 가지 문답을 가리킨다. 상권 1 각주 59) 참조.

尒。若別取善。以爲能防。取其不善。以爲所防。如是持者。猶名破戒人也。無緣善巧等者。無分別也。如意者。敎也。歸家者。還眞源也。資糧者。二千道品等也。

관석

『관석』에 이른다. 소승 중의 계는 받음도 있고 버림도 있으며, 대승 중의 계는 받음은 있으나 버림은 없으며, 일승 중의 계는 받음도 없고 버림도 없다.

말하자면 숙교에서는 근본을 등지고 지말을 좇는 사람이 스스로의 본각 여래장을 알게 하기 때문에 그 받는 바가 있다. 본각을 얻고 나서는 항상 스스로 깨닫는 까닭에 버리는 바가 없다.

일승의 계는 본래 받고 버림이 없어서 막음의 주체와 대상을 여의었다. 제2지에서 부처님이 행하시는 것이 일승의 계가 되나, 일승 중에는 모든 범부와 소승 및 보살이 없고 오직 만족되어 있는 부처님만이 계시기 때문이다.

觀釋云。小乘中戒。有受有捨。大乘中戒。有受無捨。一乘中戒。無受無捨。謂熟敎中。敎其背本逐末之人。知自本覺如來藏故。有其所受。得本覺已。恒自覺故。□□[1]捨也。一乘之戒。無受捨。離能所防。以弟*二地佛□□爲一乘戒。而一乘中無諸凡小及與菩薩。唯有滿足之[2]佛故也。

1) ㉯ 저본에는 □□의 글자가 마멸되어 있다. 을본에는 '無所'로 되어 있다. ㉰ 高에는 '無所'로 되어 있다. 2) ㉰ 高에는 '足之'의 글자가 마멸되어 '[illegible]'로 되어 있다.

십선 가운데 처음 셋[293]은 「여래명호품」의 신업身業의 행하는 바이고,

다음 넷[294]은 「사제품」의 구업口業의 행하는 바이고, 다음 셋[295]은 「광명각품」의 의업意業의 행하는 바이다. 이러한 삼업은 법계의 일체 모든 법이 모두 부처님의 삼업임을 나타내 보이는 것이니, 지금 이 나의 몸은 부처님의 십선에 감응하여 얻은 바이다. 그러므로 본래 미혹한 때가 없고 다시 법을 받음도 없어서 삼세의 때가 다하도록 항상 스스로 움직이지 아니하며 또한 법을 버림도 없다. 몸 밖에 경계가 없으며 경계 밖에 몸이 없어서 막음의 주체와 대상을 여의었다.

於十善中。初三是名號品身業所行。次四□[1)]四諦品口業所行。次三是光明覺品意業所行。如是三業。示現法界一切諸法皆是佛之三業。今此吾身。是佛十善之所感得。是故本無迷時。更無受法。竟三世際。恒自不動。亦無捨法。身外無境。境外無身。離能所防。

1) ㉯ 저본에는 □의 글자가 마멸되어 있다. 을본에는 '是'로 되어 있다. ㉮ 高에는 '是'로 되어 있다.

대 기

『대기』에 이른다.

문 앞의 제사중(해인)[296] 안에서 이익을 얻는 근기를 어떻게 보는가?

293 『화엄경』「십지품」(K8, 169b14~19; T9, 548c21~27) 이구지離垢地의 항목에 의거하면 성품이 살생하지 않는 것, 도둑질하지 않는 것, 삿된 음행을 하지 않는 것이다.

294 『화엄경』「십지품」(K8, 169b19~c3; T9, 548c27~549a5) 이구지離垢地의 항목에 의거하면 성품이 거짓말하지 않는 것, 이간질하지 않는 것, 욕하지 않는 것, 번드레한 말을 하지 않는 것이다.

295 『화엄경』「십지품」(K8, 169c3~7; T9, 549a5~9; T10, 185a21~b25) 이구지離垢地의 항목에 의거하면 성품이 탐하지 않는 것, 성내지 않는 것, 삿된 견해를 여의는 것이다.

296 이 제사중해인은 이중의 제사중해인이다. 즉 앞의 『대기』에서 풀이한 오중해인 중 다섯째 어언해인을 다시 오중으로 배대한 가운데 네 번째 해인이다. 이 『대기』에서는 이하 동일.

답 보현(보살)에는 두 가지 뜻이 있다. 만약 여덟 번 모임(八會)에서 교화를 돕는(助化) 뜻을 기준으로 하면 근기라 하지 않는다. 제삼중(해인)[297]에서야 비로소 근기가 된다. 만약 제사중(해인)을 기준으로 한다면 위광威光[298]과 선재善財[299]가 모두 정장정淨藏定[300] 가운데서 이익을 얻는 근기이다. 다만 삼매(定) 안에서 얻는 바 이익을 선정 밖에서 설하여 보일 뿐이다. 이 뜻을 기준으로 하기 때문에 '이익을 얻는다'고 한다. 이 제오중(해인)[301] 안에서는 흘러나오는 것(所流)·목표로 하는 것(所目)의 근기로써 비로소 교화의 대상을 삼는다.

---

297 이 제삼중해인은 이중의 제삼중해인이다. 즉 오중해인 중 다섯째 어언해인을 다시 오중으로 배대한 가운데 세 번째 해인이다. 이『대기』에서는 이하 동일.

298 위광威光 :『팔십화엄』 제1회「비로자나품」(K8, 488c8~491c13; T10, 54c11~57c15)에 나오는 대위광大威光 태자를 가리킨다. 대위광 태자는 부처님을 뵙고 공양 올린 후 여러 겁의 수행을 통해 본래 자리에 되돌아간다고 설해진다.『육십화엄』(K8, 25c11; T9, 417a6)에서는 '보장엄동자普莊嚴童子'이다.

299 선재善財 : Ⓢ Sudhana.『육십화엄』과『팔십화엄』의「입법계품」과『사십화엄』에 나오는 구도자를 가리킨다. 선재동자는 각성覺城(『팔십화엄』에서는 福城)에서 문수보살을 처음 만나 발심하고 53선지식을 찾아 보살도를 묻고 실천하여 해탈함을 보이고 있으니 법계에 들어간 것이다. 이는 법계로 향해 가는 점차적인 단계를 설하는 것이 아니라 하나의 지위가 일체의 지위인(一位一切位) 일승보살 계위를 다양한 방편으로 교설하고 있는 것이다.

300 정장정淨藏定은『육십화엄』「노사나불품」에서 설주인 보현보살이 드는 '일체여래정장삼매一切如來淨藏三昧'(K8, 16c19~22; T9, 408b13~16)이다. 대위광 태자는「노사나불품」의 보장엄동자이다. 한편『육십화엄』「입법계품」에서 선재동자는 비목다라선인을 찾아가 그의 해탈법문을 듣고 정장정, 즉 '명정장삼매明淨藏三昧'를 얻는다. 참고로 보현보살이 들어가는 삼매가『팔십화엄』「보현삼매품」(K8, 463b4~6; T10, 32c26~28)에서는 '일체제불비로자나여래장신一切諸佛毘盧遮那如來藏身' 삼매로 설해진다. 그리고 선재동자가 비목다라선인의 처소에서 들어가는 삼매가『팔십화엄』(K8, 830b21~23; T10, a5~6)과『사십화엄』(K36, 45b13~15; T10, 698b1~2)에서는 '비로자나장삼매광명毘盧遮那藏三昧光明'으로 되어 있다.

301 이 제오중해인은 이중의 제오중해인이다. 즉 오중해인 중 다섯째 어언해인을 다시 오중으로 배대한 가운데, 수행방편 4구가 배대된 다섯 번째 해인이다. 이『대기』에서는 이하 동일.

大記云。問。前弟*四重內得益之機。如何見耶。答。普賢有二義。若約八會助化之義。不云機也。於弟*三重。方爲機也。若約弟*四重。則威光善財。皆是淨藏定中得益之機也。但是定內所得之益。於定外說示耳。約是義故。云得利益也。於此弟*五重內。以所流所目之機。方爲所化也。

문 만약 위광과 선재가 바로 삼매 안에서 이익을 얻는 근기라면 오직 처음과 마지막의 두 모임만 삼매 안인가?

답 만약 제사중(해인)을 기준으로 하면 여덟 번 모임의 법이 모두 삼매 안이다. 그러나 우선 위광과 선재를 들어 말하였을 뿐이다. 말하자면 『입법계품초』에서 이르기를, "일승에서 선지식을 구하는 것은 오직 이 삼매 안일 뿐이다."라고 하였다. 그러므로 삼매 안의 일로써 그것을 보였을 뿐임을 알아야 한다.

問。若威光善財。正是定內得益之機。則唯初後二會。是定內耶。答。若約弟*四重。則八會之法。皆是定內。然且擧威光善財云耳。謂法界品抄云。一乘求知識。唯是定內。故知以定內事示之耳。

문 무엇 때문에 제삼중(해인) 안에서는 위광과 선재 등으로써 근기를 삼지 않는가?

답 저 제삼중(해인)은 함께하지 않는 별교이기 때문에 다만 보현(보살)로 비로소 근기를 삼는다. 제사중(해인)에는 동교와 별교를 갖추고 있으므로 위광과 선재로 근기를 삼는다. 그러므로 『입법계품초』에서 이르기를, "만약 삼승에 의거하여 경문을 분과하면 다섯 가지 모습[302] 등이 있

302 다섯 가지 모습(五相) : 지엄의 『입법계품초』가 현존하지 않기 때문에 무엇을 가리키는지 정확하지 않으나, 지엄의 현존하는 다른 저술에는 「입법계품」을 다섯 가지 모습으로 분과하는 구절이 있다. 이후 법장, 징관 등도 「입법계품」을 분과할 때 다섯 가지

다. 그러므로 견문見聞·해행解行 등의 삼생三生[303]은 삼승의 지위(三乘位)에 의거하여 일승을 드러낸 것일 뿐이다."라고 하였다. 이 삼생의 지위는 제사중(해인) 안에서는 깊고 얕음이 없고 제오중(해인)에서는 깊고 얕음이 있다.

問。何故弟*三重內。不以威光善財等爲機耶。答。彼弟*三重。則是不共別教故。但以普賢方爲機也。於弟*四重。具同別教故。以威光善財而爲機也。故法界品抄云。若依三乘科文者。有五相等。是以見聞解行等三生。依三乘位現一乘耳。此三生位。於弟*四重內。無淺深。於弟*五重。有淺深也。

모습의 분과를 수용한다. 이를 정리하면 아래의 표와 같다.

지엄, 『수현기』(K47, 69a18~b23; T35, 90a20~c2)	
一顯位修行相	初四十一人 (① 文殊菩薩~㊶ 瞿夷釋迦女)
二會緣入實相	次摩耶一人 (㊷ 摩耶夫人)*
三攝德成因相	彌勒一人 (52 彌勒菩薩)
四智照無二相	重會文殊一人 (53 文殊菩薩)
五顯因廣大相	普賢一人 (54 普賢菩薩)

* 『수현기』에는 두 번째에 마야부인 1인만 언급하고 있다. 그러나 지엄의 후기 저작인 『공목장』(T45, 585b23~24)과 법장의 『화엄경탐현기』(T35, 451a28~b1), 그리고 징관의 『대방광불화엄경소』(T35, 918b9~10)에는 이 두 번째에 ㊷ 摩耶夫人부터 51 德生童子와 有德童女까지를 배대하고 있다.

303 삼생三生 : 화엄교, 즉 원교의 행위行位를 과보에 의거하여 세 가지로 구분한 것으로, 즉 견문생見聞生·해행생解行生·증입생證入生을 가리킨다. 법장의 『화엄일승교의분제장』(T45, 489c4~15)에 의거하면, ① 견문생은 『화엄경』의 다함없는 법문을 보고 들어서 금강과 같은 견고한 종자 등을 이루는 지위이다. ② 해행생은 견문생의 다음 생으로, 예를 들어 도솔천자 등이 부처님의 광명을 받아서 지옥도로부터 나와서(견문생) 도솔천에 태어나 일생에 이구삼매離垢三昧가 현전하고 십지의 무생법인 등을 얻는 지위이다. 또 선재동자가 십신부터 십지에 이르기까지 선지식의 처소에서 일생에 한 몸으로 보현의 모든 행위를 구족하는 지위로도 설명된다. ③ 증입생은 증과해위證果海位라고도 하며 해행解行에 의해 구경의 과해에 들어가는 지위로서, 예를 들어 미륵보살이 선재동자에게 "내가 미래에 바른 깨달음을 이룰 때에 네가 마땅히 이를 보리라."라고 한 것과 같은 지위이다. 징관은 『대방광불화엄경소』(T35, 921a13~18)에서 삼생을 각각 선재동자의 전생, 현생, 미래생에 배대하기도 한다.

'행자'라고 말한 것은 제오중(해인)을 기준으로 하면 흘러나오는 것(所流)·목표로 하는 것(所目)의 근기이다. 만약 제사중(해인)이라면 위광과 선재이다. 그러나 실제를 기준으로 하면 무릇 모든 뛰어난 이로서 이 화엄을 향하는 사람이 모두 이 가운데의 '행자'이나, 위광과 선재가 수행하여 인因이 나타나기 때문에 치우쳐 든 것이다.[304] 이 '행자' 등은 자기의 몸과 마음이 곧 비로자나불의 체體임을 알기 때문에 '본래 자리에 돌아와'라고 한다.

문 제사중(해인)의 안에는 무엇으로 본제本際를 삼는가?

답 위광과 선재가 얻는 화장세계의 과果와 티끌 수의 법문 등이 이것이다.

言行者者。約弟*五重。則所□□□[1)]機也。若弟*四重。則威光善財也。然約實則□諸體□□嚴[2)]之人。皆是此中行者。而威光善財修行□□[3)]□。[4)] 偏□□。[5)] 此行者等知自身心卽[6)]舍那體故。云還本際也。□[7)]於弟*四重內。以何爲本際耶。答。威光善財。所得花藏世界果。及塵數法門等。是也。

1) ㉯ 저본에는 □□□의 글자가 마멸되어 있다. 을본에는 '流所目'으로 되어 있다. ㉰ 高에는 '流所目'으로 되어 있다. 2) ㉰ 高에는 '□諸體□□嚴'이 '[illegible]'으로 되어 있으며 '凡諸俊向此花嚴'으로 추정된다. 3) ㉰ 高에는 □□이 '[illegible]'으로 되어 있으며, 문맥상 '因現'으로 추정된다. 4) ㉯ 저본에는 □의 글자가 마멸되어 있다. 을본에는 '故'로 되어 있다. ㉰ 高에는 '故'로 되어 있다. 5) ㉯ 저본에는 □□의 글자가 마멸되어 있다. 을본에는 위의 한 글자가 '擧'로 되어 있다. ㉰ 高에는 '[illegible]'으로 되어 있으며, 앞의 한 글자는 '擧'로 추정된다. 6) ㉯ 을본에는 '卽'이 없다. 7) ㉯ 저본에는 □의 글자가 마멸되어 있다. 을본에는 '問'으로 되어 있다. ㉰ 高에는 '[illegible]'으로 되어 있으며 '問'으로 추정된다.

'망상'이라고 말한 것은 흘러나오는 것(所流)과 목표로 하는 것(所目) 등

304 징관은 『청량소초』(T36, 12a12~23)에서 다른 보살들은 한량없는 겁 동안 수행하여야 보살의 원행願行을 만족하고 모든 불보살들을 친근親近하지만 선재와 대위광 태자의 경우 한 생(一生)에 보현행을 원만히 한다고 한다.

에 통한다. 말하자면 아래 가르침(下敎)의 사람이 자신의 가르침의 자취를 고수하여 집착해서 구경을 삼기 때문에, 이 미혹한 집착을 기준으로 하여 총체적으로 망상을 삼는다. 만약 이 집착을 끊으려면 요컨대 육상六相의 칼을 사용해야 한다.

言妄想者。通所流所目等也。謂下敎之人。守自敎跡。執爲究竟故。約此迷執。惣爲妄想。若斷此執。要須用六相刄也。

又 숙교에서는 삼아승지겁(三祇劫)[305]에 사상四相[306]의 꿈을 깨어서 진여가 있다고 헤아려서 구경이 된다고 말하니,[307] 자취를 지켜서 머무르기 때문이다. 육상 가운데 이상異相의 도장으로 도장 찍으면 곧 그 끊어지는 대상이 결국 앞의 20가지 꿈[308]이라 각각의 자리를 움직이지 아니하고 분명하게 다르다. 이런 까닭에 만약 일승에 들어가면 요컨대 삼승에서 말하는

---

305 삼아승지겁(三祇劫) : Ⓢ trikalpāsaṃkhyeya. 삼대아승지겁三大阿僧祇劫·삼아승기야三阿僧企耶·삼승지三僧祇라고도 하며, 보살의 수행이 성만成滿하여 불과佛果에 이르기까지 경과하는 셀 수 없을 정도로 긴 시간을 셋으로 나눈 것이다. 삼아승지겁 각각에 어떤 수행 계위를 배대하는가는 부파, 학파, 종파마다 일정하지 않다. 일례로 무착의 『섭대승론』(K16, 1304c8~18; T31, 146a25~b4)에서는 초아승지겁을 십지 이전에, 제2아승지겁을 제1지부터 제7지에, 제3아승지겁을 제8지부터 제10지에 배대하기도 한다.

306 사상四相 : 유위법이 변천하는 모습을 네 가지로 설명한 것으로, 생生·주住·이異·멸滅을 말한다. 사유위四有爲·사유위상四有爲相이라고도 한다.

307 원효는 『대승기신론별기』(T44, 232c5~8)에서 무념無念을 얻지 못한 때에는 생·주·이·멸의 일체 심상心相이 모두 다 꿈임을 두루 알지 못하지만 무념을 얻은 부처님은 일체중생이 무명에서 잠자고 사상에서 꿈꾸고 있음을 두루 안다고 설한다. 법장도 『大乘起信論義記』(T44, 259a13~24)에서 원효의 설을 이어받아 풀이하고 있다.

308 『총수록』에 수록되어 있는 『대기』의 앞부분에는 '20가지 꿈(二十夢)'이란 말이 보이지 않는다. 다만 뒤에 실려 있는 『법기』(H6, 789c16)에 '20가지 꿈(二十夢)'의 용례가 보인다. 이와 관련하여 지엄은 『공목장』(T45, 570c20~571b5)에서 11조림의 번뇌를 설명하면서 번뇌잡염은 그 현행現行·연緣·수면隨眠·소연경所緣境·추중麁重이 모두 20가지의 모습을 지닌다고 설한다.

망상을 끊는다는 마음을 쉬어야 한다. 만약 그 망상 끊는다는 망상을 쉬지 않는다면 곧 망상을 쉬지 않기 때문에 반드시 들어가지 못한다. 그런즉 망상을 끊는다는 마음을 끊어 없애서 일으키지 않는 것, 이것을 여기에서 '망상을 쉰다'라고 이름한다.

且熟教中。於三祇劫。覺四相夢。計有眞如謂爲究竟。守迹而住故。以六相中異相印印之。則其所斷竟前二十夢。各位不動。而歷然差別也。是故若入一乘。要息三乘謂斷妄想之心。若不息其謂斷妄想之妄想。則以不息妄想故。必不得入也。然則斷妄想之心。斷除不起。是名此中息妄想也。

또 말하기를, "이른바 망상이란 무릇 자기의 몸과 마음 외에 부처를 바라고 법을 구하는 마음이 총체적으로 망상이 되는 것이다."라고 하였다. 혹은 말하기를, "별교의 뜻으로써 이 문장을 해석하면 마땅히 '망상을 쉬지 않는다'라고 해야 할 것이니, 만약 망상을 쉰다면 반드시 얻지 못할 것이기 때문이다."라고 하였다. 그러나 아래 구절에서 이미 '분수 따라 자량을 얻는다'고 한 까닭에 동교를 기준으로 하여 해석하는 것이 마땅하다. 이것이 그 인연관[309]이기 때문이다.

又云。所謂妄想者。凡自身心之外。希佛求法之心。惣爲妄想也。一云。以別敎義。釋此文者。應云不息妄想。若息妄想。必不得故也。然而下句。旣云隨分得資糧故。約同敎釋者。宜也。以此是其因緣觀故。

문 아래 본문에서 행자行者를 해석해 말하기를, "행자行者란 일승의 보

309 인연관 : 표훈이 의상의 사구게에 대해 지은 오관석五觀釋 중 마지막이 인연관이다. 이에 대한 내용은 상권 1 각주 147)과 해당 본문 참조.

법普法을 보고 들은 이후, 내지 이것은 별교일승을 기준으로 하여 설한 것이다."[310]라고 하였는데, 무슨 까닭에 여기서는 동교라고 하는가?

답 이것은 목표로 하는 바(所目)인 별교를 기준으로 하여 말했을 뿐, 함께하지 않는(不共) 머무름 없는 별교가 아니다. '일승의 보법을 보고 듣는다'고 말한 것은 제오중해인에 서 있어서 선정 외의 견문을 기준으로 하여 말했을 뿐이다.

問。下文釋行者云。行者者。見聞一乘普法已去。乃至此約別敎一乘說也。何故。此云同敎耶。答。此約所目別敎云耳。非是不共无[1]住別敎。所云見聞一乘普法者。立在弟*五重海印。約定外見聞云耳。

1) ㉾ 을본에는 '无'가 '先'으로 되어 있다.

'선교善巧로 여의를 잡아서' 등이라 말한 것은 비유하면 (다음과 같다.) 장님이 그 눈먼 까닭에 자신의 보배 있는 곳을 미혹하여 오랫동안 빈곤해서 멀리 타향에서 걸식하니, 어떤 눈을 갖춘 사람이 마음에 불쌍히 여김을 일으켜서 (그 장님을) 위하여 끈 하나를 가지고 그 보배가 있는 곳에 매고, 그 한 끝을 장님의 손에 쥐어 주고서 가리켜 일러주기를, "그대가 만약 잃어버리지 않고 끈을 찾아가면 그대의 보배가 있는 곳으로 돌아갈 것이다."라고 하였다.

장님이 듣고 나서 잃어버리지 않고 찾아가 보배 있는 곳에 이르고, 그 보배가 있는 곳에 또한 신령스런 약도 있어서 약 기운의 힘으로 눈이 떠져 밝게 되어 있는 바 온갖 보배를 자재하게 취하여 썼다.

言善巧捉如意等者。比如盲人。由其盲故。迷自寶所。長年貧困。遠乞他鄕。

310 『일승법계도』(H2, 4a6~8; H6, 811b22~24).

有具眼人。心生哀憫。爲持一索。繫彼寶所。以其一末。授盲人手。而指誨云。汝若不失。尋索而行。則返汝寶所。盲人聞已。不失尋行。得至寶所。其寶所中。亦有靈藥。以藥氣力。眼得開明。所有衆寶。自在取用。

행자도 또한 그러하다. 지혜의 눈이 멀었기 때문에 스스로의 안으로 증득한 법성의 보배 있는 곳을 미혹하여 비롯함이 없는 때로부터 궁핍해서 다른 이에게 구걸한다. 큰 성자가 있어 대비의 원願을 일으켜 '하나 가운데 일체이고, 많은 것 가운데 하나이다' 등의 다라니끈을 드리워서 행자의 신심信心의 손에 쥐어 주고 '진성이 매우 깊다'는 (다른) 한 끝을 저 증분의 보배 있는 곳에 매고 가르쳐서 말하기를, "그대가 만약 잃어버리지 않고 부지런히 수행 정진하면 반드시 곧바로 그대의 법성보배 집으로 돌아갈 것이다."라고 하였다.

行者亦尒。智眼盲故。迷自內訂*法性寶所。無始時來。窮乞於他。有大聖者。起大悲願。垂一中一切多中一等陁羅尼索。授於行者信心之手。以眞性甚深之一末。繫彼訂*分寶所。而敎誡云。汝若不失。勤行精進。則必直返汝法性寶宅。

행자가 믿고 받아서 성자의 뜻을 얻어 여의의 가르침을 잡으면 처음 발심하는 때에 문득 십안十眼[311]을 열어서 한 걸음도 움직이지 않고 곧바로 안으로 증득한 법성의 보배 있는 곳에 들어가서 다함없는 자기 집의 진귀한 보배를 받아 쓸 것이다. 그러므로 수행하는 사람이 만약 법성의 집에 돌아가고자 한다면 반드시 다라니의 끈을 잘 잡아서 지녀 잃어버리지 말고 자량으로 삼아야 한다.

---

311 십안十眼 : 상권 1 각주 136) 참조.

行者信受。得聖者意。捉如意敎。初發心時。便開十眼。不動一步。直入內訂*法性寶所。受用無盡自家珍寶。是故行人。若欲還歸法性家者。要須善捉陁羅尼索。持而勿失爲資糧也。

도신장

『도신장』에 이른다.

문 닦음이 닦지 않음과 다른데 어떻게 부처님으로 말하면 모두 깨달았다고 함을 얻는가?

답 부처님께서 한량없는 겁 동안 닦으신 뜻이 옛이 아니며 새롭게 얻음도 없으며 또한 끊을 바 번뇌가 있기 때문에 끊으려는 것도 아니다. 번뇌가 본래 끊을 바가 없는 것임을 아는 것을 끊음이라고 이름할 뿐이다. 또 법의 실상은 삼세간을 비추면 하나의 큰 연기가 된다. 예부터 이와 같으니, 한량없는 겁 동안 닦아 법을 증득하는 것이 어찌 오직 나만 깨닫고 다른 사람과 나무와 돌은 가려 배제하겠는가? 만약 그렇다면 이것은 증익과 감손에 떨어진 큰 사견이고 정도正道가 아니다.

道身云。問。修與不修別。何得以佛言皆覺乎。答。佛無量劫修意。非爲古無新得。亦非有所斷煩惱故欲斷。知煩惱本無所斷。名爲斷耳。又法之實者。三世間照矚。爲一大緣起。舊來如是無量劫。修訂*得法者。豈但我覺。簡除他人及與不[1]石乎。若爾。是增減邊大邪見非正道。

---

1) ㉮ 高에는 '不'로 되어 있다. 그러나 전후 문맥과 화엄교학에서 非情과 佛 또는 成佛과의 관계를 말할 때 비정의 대표로 木石을 언급하는 것을 고려하면 '不'은 '木'의 오자로 생각된다. 참고로 관련 경론을 소개하면 다음과 같다. 세친, 『十地經論』(K15, 28c1~3; T26, 142b7~9), "是中皆空。離我我所。無知無覺。如草木石壁又亦如響。然諸衆生。不知不覺。而受苦惱。", 균여, 『釋華嚴旨歸章圓通鈔』(K47, 117b15~17), "問。若非情能說者。能聞之中。亦有非情耶。答。道申章云。木石等具三業故。菩提樹能說法者能聞。" 또는 '不'을 '새이름 부'로 해석할 수도 있다. 이 경우 不石은 새와 돌로 번역된다.

또『도신장』에 이른다. 어떤 글에서는 하나를 끊으면 일체가 끊어진다고 하고, 어떤 글에서는 실제로는 끊을 바가 없다고 한다. 저것이 옳으면 이것이 그르고 이것이 옳으면 저것이 그르니 어떻게 회통하는가?

답 덕으로써 말하면 처음부터 걸림이 없고, 미혹으로써 바라보면 다함없는 덕을 덮는 것이다. 만약 진실로 끊을 바가 없다면 어째서 미혹한 사람이 아직 얻지 못했으며, 만약 끊을 바가 있다면 끊어지는 것은 무엇인가? 글에서 이르기를, "처음도 아니고 중간도 나중도 아니나, 앞과 가운데와 뒤에서 취하기 때문이다."[312]라고 하니, (과거·현재·미래의) 세 때(三時) 중에서는 끊는 모습을 얻을 수 없으나 깨달은 이후에는 세 때에 걸림이 없다. 도리가 끊음과 끊지 않음 중에 있지 않으나 근기에 따라 끊음을 말하나 또 끊을 바가 없다. 근기를 위하여 가르침을 살펴서 깨달아 들어가게 하고자 하니 끊음과 끊음 없음의 걸림 없는 실상을 이와 같이 시설하는 것일 뿐이다.

又道身云。有文云。一斷一切斷。有文云。實無所斷。彼是則此非。此是則彼非。云何會通。答。以德言之。從始無障。以惑望之。覆無盡德。若實無所斷者。何故迷人未得。若有所斷者。所斷者何。文云。非初非中後。前中後取故。三時之中。不得斷相。而覺以去。三時無障。道理不在斷不斷中。隨機言斷又無所斷。欲爲機者。尋敎訂*入。斷與無斷。無㝵實相。如是設耳。

---

312 이 구절은『십지경』의 "(성스러운 도는) 모든 갈래를 멀리 여의었으며 열반의 모습과 같아 처음도 중간도 나중도 아니니 말로 설할 바가 아니다."[『십지경론』(K15, 15b16~17; T26, 133b11~12)]라는 게송을 세친이 주석한 내용 중 일부분이다.『십지경론』(K15, 15a4~b17; T26, 133a8~b12).『일승법계도』(H2, 5c16~17)에서도 구래불舊來佛을 설명하는 가운데 번뇌의 끊음과 아직 끊지 않음을 논하면서 이 구절을 인용한다.

의상 화상이 이르기를, "번뇌(惑)는 오직 용用일 뿐이고 체體가 없으나, 지혜는 체와 용을 갖춘다."라고 하였다.

문 체가 없으면 어떻게 작용이 있을 수 있는가?

답 체는 머무름 없는 실상實相이며 미迷의 작용이 번뇌(惑)가 되니, 미迷의 작용을 쉴 뿐이고 끊을 수 있는 체가 없다.

문 '하나를 끊으면 일체가 끊어진다'란 이미 체가 없으면 무엇을 기준으로 하여 하나 및 일체로 삼는가?

답 장애 되는 법문을 기준으로 할 수 있기 때문이니, 그러므로 하나와 일체를 말하는 것은 하나가 곧 일체인 법문을 장애하기 때문이다.

相和尙曰。惑者。但用無體。智具體用。問。無體何得有用。答。體是無住實相。迷用爲惑。迷用息耳。無體可斷。問。一斷一切斷者。旣無體。約何爲一及一切耶。答。可約所障法門故。云一與一切。以障一卽一切法門故。

고기

'고기'에 이른다. 큰 바다는 독약에 무너지는 바가 아니고, 큰 허공은 날카로운 검에 다치는 바가 아니다. 연기의 세 가지 독[313]은 세 때(三際)에 뻗치나 바로 분별없음을 얻을 뿐이고, 다시 (세 가지 독을) 쉬어 없애야 비로소 끊어짐이 되는 것이 아니다.

古記云。大海非是毒藥所壞。大空非是利劍所傷。緣起三毒。亘三際直得無分別耳。非更息滅方爲斷也。

313 세 가지 독(三毒) : 탐貪·진瞋·치癡를 가리킨다.

2) 이익 얻음 以陁羅尼至名爲佛

'다라니의'부터 '부처라 이름한다'까지[314]
以陁羅尼至名爲佛

법융기

『법기』에 이른다. '다라니'란 법계 법이 다함없다는 뜻이다.

문 수많은 법이기 때문에 다함없다고 하는가, 다만 하나의 법을 기준으로 하여 또한 다함없다고 하는가?

답 두 가지 뜻을 다 얻는다.

法記云。陁羅尼者。法界法之無盡義也。問。衆多法故云無盡耶。但約一法亦云無盡耶。答。二義皆得。

'진실한 보배궁전'이란 증분을 기준으로 하면 법성의 자리이고, 연기분을 기준으로 하면 곧 화장세계의 염오를 여윈 진성이다.

문 만약 다라니로써 법성의 진실한 보배궁전을 장엄한다면 증분의 처소에서 중중重重의 중中·즉卽과 미세微細[315] 등의 뜻을 인정하는 것인가?

답 만약 저 증분이라면 설할 수 없기 때문에 이와 같은 뜻을 설하지 않을 뿐이다. 그러나 법은 남음이나 결여됨이 없어서 일체를 만족하기 때문

314 『총수록』(H6, 789b16). 이에 해당하는 『일승법계도』 원문은 H2, 1a「반시」; H6, 768a.

315 미세微細 : 지엄을 비롯한 화엄교학에서는 일승교 또는 화장세계 등의 중중무진重重無盡을 설할 때 미세微細와 인드라그물(因陀羅)의 경계를 자주 이용한다. 미세와 인드라그물의 경계는 법계연기를 나타내는 십현연기문에 인드라그물의 경계문(因陀羅網境界門)과 미세상용안립문微細相容安立門으로 표현된다.

에 인다라(因陀羅)[316] 등의 구경의 궁극이라야 이에 증분인 것이다.

實寶殿者。約訂*分。則法性處也。約緣起分。則花藏世界離染眞性也。問。若以陁羅尼莊嚴法性實寶殿者。訂*分之處。可許重重中卽微細等義耶。若以彼訂*分不可說故。不說如是義耳。然法無遺缺。[1)] 滿足一切故。因陁羅等究竟之極。乃訂*分也。

1) ㉯ 을본에는 '缺'이 '鈌'로 되어 있다.

문 화장세계의 염오를 여읜 진성은 무엇인가?

답 부처님의 밖으로 향하시는 문이 이것이다. 화장정토華藏淨土[317]는 삼승이 함께 배우는 곳이기 때문에 삼승의 근기를 따라서 계界를 나누고 바다를 나눈다. 만약 자종自宗을 기준으로 하면 오직 하나의 바다(一海)[318]일 뿐이고 세 품류(三品)[319]가 없다.

問。花藏世界離染眞性。是何。答。佛外向門是也。花藏淨土。三乘共學處故。隨三乘機。分界離海。若約自宗。唯一海耳。無三品也。

'마침내 앉으니(窮坐)'란 십세에 상응하고 법계에 응하여 들어맞는[320] 까닭이다. '중도'란 세 가지 세간이 자기의 몸과 마음이 되어서, 한 물건도

316 상권 1 각주 315) 참조.

317 화장정토華藏淨土 : 화장장엄세계해華藏莊嚴世界海를 정토로 보고 이를 붙여서 줄인 말이다. 화장장엄세계해에 대해서는 상권 1 각주 77) 참조.

318 하나의 바다(一海) : 화장장엄세계해를 가리키는 것으로 생각된다.

319 세 품류(三品) : 『화엄경』에서 하나의 화장장엄세계해를 향수해香水海와 세계종世界種과 세계世界의 셋으로 구분하여 설명하는 것을 가리키는 것으로 생각된다. 상권 1 각주 142) 참조.

320 『일승법계도』(H2, 1b14; H6, 791b15)에는 '법계에 응하여 들어맞고 십세에 상응하여(應稱法界。十世相應。)'의 순서로 설해져 있다.

몸과 마음 아닌 것이 없기 때문이다. '예부터(舊來)'란 위의 증분 가운데 '본래 고요하다'이다. '움직이지 아니함(不動)'이란 위의 증분 가운데 '모든 법은 움직이지 아니하여'이다. 비유하면 어떤 사람이 침상에서 잠이 들어 꿈속에서 30여 역驛을 돌아다녔으나 깨고 난 뒤에야 비로소 움직이지 않고 침상에 있었던 줄 아는 것과 같다. 여기서도 또한 그러하여 본래의 법성으로부터 30구절을 지나서 다시 법성에 이르렀으나 단지 하나일 뿐 움직이지 않은 까닭에 '예부터 움직이지 아니함'이라고 한다.

窮坐者。十世相應。應稱法界故也。中道者。以三世間。爲自身心。無有一物非身心者故也。舊來者。上訂*分中。本來寂也。不動者。上訂*分中。諸法不動也。比如有人。在床入睡。夢中廻行三十餘驛。覺後方知不動在床。此中亦爾。從本法性。經三十句。還至法性。只一不動。故云舊來不動也。

문 이 뜻은 숙교 중의 '한마음(一心)을 미혹하여 육도六道에 유전하다가 깨달아서 한마음으로 돌아온다'는 뜻과 무슨 다름이 있는가?

답 저 숙교 가운데서는 20가지 꿈[321]을 없애야 비로소 한마음으로 돌아가는 것이고, 이 종宗에서는 꿈속의 생각을 움직이지 않고 곧 법성이기 때문에 버릴 것도 없고 달리 돌아갈 바도 없는 까닭에 매우 다르다.

問。此義與熟教中。迷於一心。流轉六道。悟復一心之義。有何異乎。答。彼熟教中。泯二十夢。方歸一心。此宗之中不動夢念。卽法性故。無所棄捨。無別所歸故。逈異也。

321 20가지 꿈 : 상권 1 각주 308) 참조.

진수기

『진기』에 이른다. '다라니'란 총지이다. '진실한 보배궁전'이란 세계 바다(世界海)이다. '마침내 실제의 중도 자리에 앉으니'란 일승의 구경인 참된 근원에 완전히 도달하는 것이다. '예부터 움직이지 아니함을 부처라 이름한다'라고 한 것은 (다음과 같다.)

眞記云。陁羅尼者。摠持也。實寶殿者。世界海也。窮坐實際中道床者。徹到一乘究竟眞源也。舊來不動名爲佛者。

문 어째서 번뇌에 묶인 유정有情이 예부터 성불하였는가?

답 만약 그 아직 닦음의 연을 일으키지 않은 때라면 '예부터 성불하였다'고 이름할 수 없다. 무슨 까닭인가? 오늘 발심하는 연緣 가운데 법계의 모든 법이 비로소 단박에 일어나기 때문이다. 지혜의 연緣을 필요로 하는 가운데 번뇌 등의 법도 또한 지혜를 이루는 연이 되어 일어나고, 번뇌의 연緣을 필요로 하는 가운데에서도 또한 이와 같다. 그러므로 요컨대 오늘 발심하는 연緣을 기다려서 곁이 없이 일어나는 때에 비로소 예부터 이루어진 것일 뿐이다. 연緣 이전에는 한 법도 없기 때문에 '예부터'라고 말하지 않는다. 만약 삼승이라면 존중해야 할 정해진 근본이 있기 때문에 오직 시각始覺[322]이 곧 본각本覺[323]과 같은 뜻을 취하여 논한다. 일승은 그렇

---

322 시각始覺 : 부처님의 가르침을 듣고 수행하여 비로소 얻는 깨달음을 말한다. 즉 후천적인 수습修習을 통해 차례대로 비롯함 없는 미혹을 끊어 점차적으로 마음의 근원을 깨닫는 것이다. 『대승기신론』에서는 사람의 마음이 본래 적정寂靜하고 부동不動하여 생함도 없고 멸함도 없어서 청정하여 물듦이 없음을 본각本覺이라 하고, 후에 무명의 바람이 움직여 세속의 의식意識 활동을 일으키고, 이에 세간의 갖가지 차별이 있는 것을 불각不覺이라고 한다. 이러한 불각의 상태에서 부처님 법을 받아 듣고(受聞) 본각을 계발하여 불각에 훈습되지 않고 아울러 본각과 더불어 융합하여 하나가 되는 것을 시각이라고 한다.

323 본각本覺 : 본래 갖추어져 있는 각성覺性, 또는 부처님의 본래의 깨달음을 말한다. 시

지 아니하여 존중해야 할 정해진 근본이 없어서 근본과 지말이 정해져 있지 않은 까닭에 필요로 함을 따라서 모두 하나를 얻는다.

問。何故。具縛有情。舊來成佛耶。答。如其未起修緣之時。不得名爲舊來成佛。何者。今日發心緣中。法界諸法。方頓起故。須智緣中。煩惱□□。[1] 亦[2]爲成智之緣而起。須煩惱緣中。亦如是也。是故。要待今日發心之緣。無側起時。方舊來成耳。緣以前無一法故。不云舊來也。若三乘則。有所尊定本故。唯取始覺卽同本覺之義論也。一乘不爾。無所尊定本。本末不定故。隨須皆得一。

1) ㉤ 저본에는 □□의 글자가 마멸되어 있다. 을본에는 위의 한 글자가 '等'으로 되어 있다. 아래 한 글자는 '法'으로 읽을 수도 있다.(편집자) 『高麗大藏經』에는 '善法'으로 되어 있다.(편집자) ㉧ 高에는 '善法'으로 되어 있다. 2) ㉤ 을본에는 '亦'이 없다.

대 기

『대기』에 이른다. '진실한 보배궁전'이란 혹은 '국토 바다'라 하며, 혹은 '성기과性起果와 세 덕이 차별 있는 과보(三德差別果)'라 한다. 그러나 세 덕(三德)[324]은 구경이 아니기 때문에 바로 성기과이다. '마침내 실제의 중도 자리에 앉으니'란 인위因位에서 배움이 다하여 과위果位에 이르기 때문이

각始覺과 상대되는 말이다. 중생에게 본래 구족되어 있을 뿐만 아니라 번뇌에 오염되거나 상에 미혹되지 않는 본래 청정한 깨달음의 본체를 말한다. 『대승기신론』(K17, 703c13~19; T32, 585a7~12)에 의하면 시각인 때에 곧 본각이어서 별도의 각覺이 발생하여 성립하는 것은 아니라고 한다.

324 세 덕(三德) : 부처님의 과위果位에 갖추어져 있는 지덕智德·단덕斷德·은덕恩德의 세 가지 덕상德相을 말한다. ① 지덕智德은 부처님의 입장에서 일체 모든 법을 관찰하는 지혜의 덕이다. ② 단덕斷德은 일체의 번뇌 혹업惑業을 다 없애는 덕이다. ③ 은덕恩德은 중생제도의 원력으로 중생에게 은혜를 베푸는 덕이다. 『청량소』에서는 "중생을 구호하여 은덕을 성취하고, 번뇌를 길이 끊어 단덕을 이루며, 모든 행을 밝게 알아서 지덕을 이룬다.(救護衆生成就恩德。永斷煩惱成於斷德。了知諸行成於智德。)"라고 하였다.(T35, 589c12~14).

다. '예부터 움직이지 아니함을 부처라 이름한다'란 처음에 '법法' 자에서 시작하여 마지막에 '불' 자에 이르나 처음의 시작과 마지막의 이름이 한 곳이기 때문이다. 그러므로 (의상) 화상이 말씀하신 바, "가도 가도 본래 자리요, 이르고 이르러도 출발한 자리이다."라는 것이 대개 이 뜻이다.

大記云。實寶殿者。或云國土海。或云性起果與三德差別果也。然三德非究竟故。正是性起果也。窮坐實際中道床者。因位學窮。至於果位故也。舊來不動名爲佛者。初起法字。終至佛字。初起終至是一處故也。是以和尙所云。行行本處。至至發處。蓋此意也。

고기

'고기'에 이른다. 일승 가운데 '예부터 부처를 이루었다'에 두 가지 뜻이 있다. 첫째는 수행하지 않은 중생이 이미 부처님을 이루었다는 뜻이고, 둘째는 이미 이룬 모든 부처님이 본래 수행하지 않는다는 뜻이다. 만약 육상六相을 쓰면 이 뜻이 가능하다. 말하자면 부처님은 총상이 되고 중생은 별상이 된다. 일체중생이 부처님인 뜻이 같음을 동상同相이라 하고, 일체중생이 각각 상즉(相是)하지 않음을 이상異相이라 한다. 일체중생이 연기의 구경이니 바로 곧 부처님인 것을 성상成相이라 하고, 일체중생이 각각 자기의 자리에 머물러 예부터 움직이지 않는 것을 괴상壞相이라 한다.

古記云。一乘之中。舊來成佛。有二義也。一不修衆生已成佛義。二已成諸佛本不修義。若須六相。可得此旨。謂佛爲摠相。衆生爲別相。一切衆生。是佛義齊。以爲同相。一切衆生。各不相是。以爲異相。一切衆生。緣起究竟。正卽是佛。以爲成相。一切衆生。各住自位。舊來不動。以爲壞相也。

대 기

『대기』에 이른다. 이 도인(印)의 대의大意는 (다음과 같다.)

그 하얀 종이로 기세간을 나타낸다. 말하자면 하얀 종이는 본래 색에 물들어 있지 않아서 검은 것(墨)을 찍으면 곧 검고, 붉은 것을 찍으면 곧 붉은 것과 같이, 기세간 또한 그러하여 깨끗함과 더러움에 국한되지 않아서 중생이 주처하면 곧 물들어 더럽고, 현인과 성인(賢聖)이 주처하면 곧 청정하기 때문이다.

大記云。此印大意。以其白紙。表器世間。謂如白紙本不染色。點墨卽黑。點朱卽赤。器界亦爾。不局淨穢。衆生處則染穢。賢聖處則淸淨故。

그 검은 글자로 중생세간을 나타낸다. 말하자면 검은 글자는 한가지로 모두 검지만 낱낱은 같지 않은 것과 같이, 중생도 또한 그러하여 번뇌 무명이 모두 스스로 어두워서 갖가지로 차별되기 때문이다.

그 붉은 줄로 지정각세간을 나타낸다. 말하자면 붉은 줄이 한 길로서 끊어지지 않고 처음과 끝이 둥글게 이어져서 모든 글자 가운데를 꿰뚫어 빛깔이 분명한 것과 같이, 부처님의 지혜도 또한 그러하여 평등하고 광대하게 중생의 마음에 두루하며 십세에 상응하여 두렷이 밝게 비추기 때문이다. 그러므로 이 도인이 세 가지 세간을 갖추고 있다.

以其黑字。表衆生世間。謂如黑字一等皆黑。箇箇不同。衆生亦爾。煩惱無明。皆自暗覆。種種差別故。以其朱畫。表智正覺世間。謂如朱畫一道不斷。始終連環。貫諸字中。光色分明。佛智亦爾。平等廣大。遍衆生心。十世相應。圓明照矚故。是故。此印具三世間。

만약 관觀을 기준으로 하여 풀이하면[325] 곧 네 가지 뜻이 있다.

첫째, 만약 흰 종이를 취하면 검은 글자와 붉은 줄이 모두 제거되므로 글자와 붉은 줄이 종이를 여의지 않는다. 이와 같이 만약 기세간을 여의면 부처님과 중생이 없기 때문에 기세간 중에 중생과 부처님을 갖춘다. 그러므로 『(화엄)경』에서 이르기를, "하나의 미세한 티끌 가운데 삼악도·사람·하늘·아수라阿修羅가 있어 각각 업보 받음을 나타낸다.",[326] "하나의 미세한 티끌 가운데 각각 나유타那由他 무수한 억의 모든 부처님이 그 가운데서 법을 설하심을 나타내 보인다.",[327] "하나의 티끌 가운데 티끌 수의 세계가 있고, 낱낱 세계에 생각하기 어려운 부처님이 계시며, 낱낱 부처님 처소의 뭇 모임 가운데서 나는 항상 보리행을 연설하시는 것을 본다."[328]라고 한다. 또 이르기를, "하나의 미세한 티끌 가운데 삼세의 모든 부처님과 부처님의 일을 널리 나타낸다."[329]라고 한다.

若約觀釋。卽有四義。一若取白紙。則黑字朱畫皆去故。字與朱畫不離於紙。如是若離器界。無佛衆生故。於器中具生及佛也。是故經云。於一微塵中。現有三惡道人天阿修羅各各受業報。於一微塵中。各示那由他無數億

325 '약약관석若約觀釋'에서 '관석觀釋'을 승업이 지은 저술로 볼 수도 있지만, 첫째, 뒤에서 관觀에 따라서 도인을 풀이하고, 둘째, 『총수록』에 인용된 『관석』의 구절을 볼 때 『관석』이 『화엄경』에 대한 주석서로서 도인을 직접 주석한 것이 아닌 것으로 추정되기 때문에 저술명이 아니라 관법의 관觀으로 생각된다.

326 『육십화엄』「십지품」(K8, 184a11; T9, 564a20~21). 경문에는 '現'이 '見'으로 되어 있다.

327 『육십화엄』「십지품」(K8, 184a9; T9, 564a16~17). 경문에는 '無數億'이 '無量數'로 되어 있다.

328 『사십화엄』「입부사의해탈경계보현행원품」(K36, 229b6~7; T10, 847b27~28).

329 『육십화엄』「불부사의법품」(K8, 222c24~223a1; T9, 601a12~13). 경문에는 '一切' 다음에 '諸'가 더 있다.

諸佛於中而說法。一塵中有塵數剎。一一[1)]剎有難思佛。一一佛處衆會中。我見恒演菩提行。又云。一微塵中普現三世一切佛佛事。

1) ㉠ 을본에는 '一一'이 '三'으로 되어 있다. ㉮ 저본의 을본에는 '二'로 되어 있다.

둘째, 검은 글자를 기준으로 해도 또한 그러하므로, 중생 중에 기세간과 부처님을 갖춘다. 그러므로 『(화엄)경』에서 이르기를, "하나의 모공 가운데 널리 시방세계를 보니 그 세계가 모든 부처님과 보살들의 모임을 미묘하게 장엄한다.",[330] "낱낱 털구멍에 수억 세계가 부사의한 갖가지 모양으로 장엄되어도 일찍이 비좁거나 궁색함이 없었다.",[331] "일체 세계 국토와 모든 부처님이 내 몸 안에 계시되 걸리는 바가 없으니 내가 일체 털구멍 가운데서 부처님의 경계를 나타냄을 자세히 관찰하였다."[332]라고 한다. 또 이르기를, "보살은 자기 마음의 생각생각마다 항상 부처님이 정각 이루심이 있음을 안다."[333]라고 하며, 내지 이르기를, "자기의 마음과 같아서 일체중생의 마음도 또한 다시 그러하여, 모두 여래가 등정각等正覺을 이루심이 있다."[334]라고 한다.

二約黑字。亦爾故。於生中。具器及佛也。是故經云。於一毛孔中。普見十方刹。彼刹妙莊嚴諸佛菩薩會。一一毛孔中。億刹不思議。種種相莊嚴。未曾有迫隘。一切刹土及諸佛。在我身內無所㝵。我於一切毛孔中。現佛境界諦觀察。又云。菩薩知自心念念常有佛成正覺。乃至云。如自心。一切衆生心。亦復如是。悉有如來成等正覺。

330 『육십화엄』「초발심보살공덕품」(K8, 64c24; T9, 454b13~14).
331 『팔십화엄』「화장세계품」(K8, 486b22; T10, 52b4~5).
332 『육십화엄』「노사나불품」(K8, 18a23~24; T9, 409c6~7).
333 『팔십화엄』「여래출현품」(K8, 749a22~23; T10, 275b23~24). 경문에는 '菩薩'이 '菩薩摩訶薩'로 되어 있다.
334 『팔십화엄』「여래출현품」(K8, 749a24~b1; T10, 275b25~26).

셋째, 붉은 줄을 기준으로 해도 또한 그러하므로, 부처님 중에 기세간과 중생을 갖춘다. 그러므로 『(화엄)경』에서 이르기를, "삼세의 모든 겁과 부처님 세계 및 모든 법과 모든 감각기관(根)과 심心과 심법心法과 일체의 허망한 법이 한 부처님 몸 가운데 이 법이 모두 다 나타난다.",[335] "시방의 모든 국토 바다의 있는 바 일체중생 바다를 널리 다하도록, 부처님의 지혜가 평등하여 허공과 같아서 털구멍 가운데 모두 능히 나타낸다."[336]라고 한다. 또 이르기를, "일체의 모든 부처님이 한 찰나에 능히 한량없는 세계와 한량없고 수없는 청정한 중생을 다 나타내 보이신다."[337]라고 한다.

三約朱畫亦爾。故於佛中。具器及生也。是故經云。三世一切劫。佛刹及諸法。諸根心心法。一切虛妄法。於一佛身中。此法皆悉現。普盡十方諸刹海。所有一切衆生海。佛智平等如虛空。悉能現現毛孔中。又云。一切諸佛。於一念中。悉能示現無量世界無量無數淸淨衆生。

넷째, 흰 종이와 검은 글자와 붉은 줄이 다 온전히 서로 거두어서 따로 취할 수 없지만 세 가지 물건이 각기 다르다. 이와 같이 세 가지 세간이 융통하여 서로 거두어 섞여서 한 덩어리가 되지만 문은 각기 달라서 역연히 움직이지 않는다. 그러므로 이 하나의 도인은 만약 기세간의 문으로써 관觀하면 곧 기세간의 해인이다. 그러므로 『(화엄)경』에서 이르기를, "화장세계에 있는 티끌의 낱낱 티끌 가운데에서 법계를 보는데, 널리 광명이 부처님을 나타냄이 구름이 모인 것과 같으니, 이것이 여래 세계의 자재함

335 『육십화엄』「보왕여래성기품」(K8, 249c19; T9, 627c1~3).

336 『팔십화엄』「세주묘엄품」(K8, 454b19~20; T10, 24c25~26). 경문에는 '衆生界'가 '衆生海'로 되어 있다.

337 『팔십화엄』「불부사의법품」(K8, 710b4~5; T10, 242b25~27).

이다."[338]라고 한다. 중생의 문으로써 취하면 곧 중생해인衆生海印이며, 부처님의 문으로써 취하면 곧 불해인佛海印이다. 그러므로 소疏에서 이르기를, "중생 마음속의 부처님이 부처님 마음속의 중생을 위하여 법을 설하시고, 부처님 마음속의 중생이 중생 마음속의 부처님이 설법하시는 것을 듣는다."[339]라고 하였다.

四白紙黑字朱畫。皆全相收。不可別取。而三物各異。如是三種世間。融通相攝。混爲一團。而爲門各別。歷然不動也。故此一印。若以器門觀。則是器海印。是故經云。花藏世界所有塵。一一塵中見法界。普光現佛如雲集。此是如來刹自在。以衆生門取。則是衆生海印。以佛門取。則是佛海印。是故疏云。衆生心中佛。爲佛心內衆生說法。佛心內衆生。聽衆生心中佛說法也。

문 만약 그렇다면 어째서 단지 국한하여 말하기를 '능인해인'이라고만 하는가?

답 실제를 기준으로 하면 이와 같아서 부처님에게만 국한되는 것은 아니지만, 우선 망상이 다하여 마음이 맑아지는 뜻을 따라서 임시로 '능인해인'이라 이름하였을 뿐이다.

問。若爾。何但局云能人海印耶。答。約實如是非局於佛。且從妄盡心澄之義。假名能人海印耳。

---

338 『팔십화엄』「화장세계품」(K8, 471a20~21; T10, 39b28~29).

339 법장, 『화엄경탐현기』(K47, 469a17; T35, 118c27~28).

『법계도기총수록』 상권 1

法界圖記叢髓錄 卷上之一

법계도기총수록 상권 2

| 法界圖記叢髓錄 卷上之二 |

법계도기총수록 상권 2

『일승법계도』 원문 二 (將欲釋文~法如是故如下說)

이제 글을 해석하고자 함에 두 문으로 분별한다. 첫째는 도인의 뜻을 통틀어 해석하고, 둘째는 도인의 모양을 나누어 풀이한다.

문 어째서 도인에 의거하였는가?

답 석가여래의 가르침의 그물에 포섭되는 세 가지 세간이 해인삼매로부터 번다하게 나타난 것임을 표현하려고 한 까닭이다. 이른바 세 가지 세간이란 첫째는 기세간器世間이고, 둘째는 중생세간衆生世間이며, 셋째는 지정각세간智正覺世間이다. 지정각이란 불·보살이다. 세 가지 세간이 법을 다 포섭하기 때문에 다른 것은 논하지 않는다. 자세한 뜻은 『화엄경』에서 설하는 것[1]과 같다.

文云。[1)] 將欲釋文。二門分別。一惣釋印意。二別解印相。問。何[2)]故依印。答。欲表釋迦如來教網所攝。三種世間。從海印三昧。繁[3)]出現現[4)]故。所謂三種世間。一器世間。二衆生世間。三智正覺世間。智正覺者。佛菩薩也。三種世間。攝法盡[5)]故。不論餘者。廣義者。如花[6)]嚴經說。

1) ㉯ 갑본에는 '文云'이 없다. 2) ㉯ 갑본에는 '何' 다음에 '以'가 있다. 3) ㉯ 갑본에는 '繁'이 '槃'으로 되어 있다. 갑본은 관주에서 '槃'이 '繁'으로 의심된다고 한다. 4) ㉯ 갑본에는 '現'이 '顯'으로 되어 있다. 이하도 동일하다. ㉰ 이후 같은 내용의 저본 교감주는 일일이 밝히지 않는다. 다만 원문의 '現' 자에 *로 표시한다. 5) ㉯ 갑본에는 '法盡'이 '盡法'으로 되어 있다. 6) ㉰ 韓·卍·大에는 '花'가 '華'로 되어 있다.

1 『화엄경』에는 해인삼매의 세력으로 인해 일체를 다 나타내 남김이 없다는 「현수보살품」의 게송 등 이 구절과 맥을 같이하는 설이 여러 군데 보인다. 법장도 이러한 게송 등을 근거로 하여, 부처님의 가르침인 『화엄경』이 삼라만상森羅萬象, 즉 세 가지 세간을 모두 거두며 바로 해인삼매 중에 나타난 것으로 풀이하고 있다. 『화엄경탐현기』(K47, 469c26~470a3; T35, 119c11~15).

둘째, (도인의) 모양을 나누어 (풀이하는) 문 가운데 세 문으로 나눈다. 첫째는 도인(印文)의 모양을 설명하고, 둘째는 글자의 모양을 밝히고, 셋째는 글의 뜻을 해석한다.

弟*二別相門中。三門分別。一說印文相。二明字相。三釋文下[1]意。

1) ㉮ 갑본에는 '下'가 없다.

첫 번째,

문 어째서 도인에 오직 한 길만 있는가?

답 여래의 일음一音을 나타내기 때문이다. 이른바 하나의 훌륭하고 교묘한 방편이다.

어째서 번다하게 도는 굴곡이 많이 있는가?

중생의 근기와 욕망이 같지 않은 것을 따르기 때문이다. 곧 이 뜻은 삼승의 가르침에 해당한다.

一。問。何故印文唯有一道。答。表如來一音故。所謂一善巧方便。何故多有盤[1]廻屈曲。以隨衆生機欲不同故。卽是義[2]當三乘敎。

1) ㉮ 갑본에는 '盤'이 '繁'으로 되어 있다. 갑본은 관주에서 '繁'이 '盤'으로 의심되며 아래도 같다고 한다. 2) ㉮ 갑본에는 '義'가 없다.

어째서 한 길에 시작과 끝이 없는가?

훌륭하고 교묘한 (방편)은 (일정한) 방법이 없어서 법계에 응하여 들어맞고, 십세에 상응하여 원융만족함을 나타내 보이기 때문이다. 곧 이 뜻은 원교에 해당한다.

어째서 네 면(四面)과 네 각(四角)이 있는가?

사섭법(四攝)과 사무량심(四無量)을 드러내기 때문이다. 이 뜻은 삼승에 의거하여 일승一乘을 나타내기 때문이다. 도인의 모양은 이와 같다.

何故一道無有始終。現*示善巧無方。應稱法界。十世相應。圓融滿足故。卽是義當圓教。何故有四面四角。彰四攝四無量故。此義依三乘現*一乘故。[1] 印相如是。

1) ㉠ 갑본에는 '故'가 없다.

두 번째,

문 어째서 글자 가운데 시작과 끝이 있는가?

답 수행의 방편을 기준으로 하여 원인과 결과가 같지 않음을 드러내기 때문이다.

어째서 글자 가운데 굴곡이 많은가?

삼승의 근기와 욕망이 달라서 같지 않음을 나타내기 때문이다.

어째서 시작과 끝의 두 글자를 한가운데에 두었는가?

원인과 결과의 두 사리가 법성의 집(法性家) 안의 진실한 덕용德用이며, 성性이 중도에 있음을 나타내기 때문이다.

글자의 모양은 이와 같다.

二。問。何故字中有始終耶。答。約修行方便。現*因果不同故。何故字中多有[1]屈曲。現*三乘根欲差別不同故。何故始終兩字。安置當中。表因果兩位。法性家內。眞實德用。性在中道故。字相如是。

1) ㉠ 갑본에는 '有'가 없다.

문 위에서 이르기를, "원인과 결과가 같지 않다."라고 하고, "한 집의 진실한 덕德이며 성性이 중도에 있다."라고 하니, 이유를 알지 못하겠다. 그 뜻이 무엇인가?

답 이 뜻은 실로 이해하기 어렵다. 비록 그러하나, 천친 논주天親論主가 육상六相의 방편으로써 뜻을 세운 분제分齊[2]에 의거하면, 뜻의 도리에 준하여 분수 따라 이해할 수 있을 것이다. 만약 열 구절에 근거하여 육상을 변별하면 아래에 설함과 같다. 이제 우선 도인의 모습에 근거하여 육상을 밝혀서, 일승과 삼승이 주主와 반伴을 서로 이루어 법을 드러내는 분제를 보인다.

問。上云因果不同。而[1)]一家實德。性在中道。未知所由。其義云何。答。此義其實難解。雖然。依天親論主。以六相方便。立義分齊。准義道理。隨分可解。若約十句。以辨六相。如下說。今且約印像。以明六相。示一乘三乘。主伴相成現法分齊。

1) ㉯ 갑본에는 '而'가 없다.

이른바 육상이란, 총상總相·별상別相·동상同相·이상異相·성상成相·괴상壞相이다. 총상이란 근본의 인(根本印)이다. 별상이란 나머지 굴곡들이니 별別이 인印을 의지하되 그 인印을 만족시키기 때문이다. 동상이란 인印이기 때문이니, 이른바 굴곡은 다르지만 한 가지 인印이기 때문이다. 이상이란 늘어나는 모습이기 때문이니, 이른바 첫 번째, 두 번째 등 굴곡들이 달라서 수가 늘어나기 때문이다. 성상이란 간략히 설하기 때문이니, 이른바 인印을 이루기 때문이다. 괴상이란 널리 설하기 때문이니, 이른바 번다하게 도는 굴곡들이 각각 스스로 달라서 본래 짓지 아니하기 때문이다. 모든 연緣으로 생겨난 법이 육상으로 이루어지지 않음이 없다.

2 분제分齊의 의미는 나누어 가지런히 한다는 것으로 같은 것끼리 모아 나누는 것이니 경계, 부문, 영역 등으로 번역된다.

所謂六相者。摠相別相同相異相成相壞相。摠相者根本印。別相者餘屈曲。別依止印。滿彼印故。同相者[1)]印故。所謂曲別而同印故。異相者增相故。所謂第一第二等曲別增數[2)]故。成相者略說故。所謂成印故。壞相者廣說故。所謂盤*廻屈曲。各各自別。[3)] 本來不作故。一切緣生法。無不六相成也。

1) ㉯ 갑본에는 '者' 다음에 □이 있다. 갑본은 관주에서 □이 '入'으로 의심되며, 어떤 본에는 '者印'이 연속되어 있다고 한다. 2) ㉯ 갑본에는 '數'가 '安'으로 되어 있다. 3) ㉯ 갑본에는 '別'이 없다.

이른바 총상은 뜻이 원교에 해당하며, 별상은 뜻이 삼승교에 해당한다. 총상·별상·성상·괴상 등이 즉卽하지도 않고 여의지도 않으며, 하나도 아니고 다르지도 아니하여 항상 중도에 있듯이,[3] 일승과 삼승도 또한 이와 같다. 주主와 반伴이 서로 도와 즉卽하지도 않고 여의지도 않으며, 하나도 아니고 다르지도 않으니, 비록 중생을 이롭게 하나 오직 중도에 있어서 주主와 반伴을 서로 이루어 법을 드러냄이 이와 같다. 일승의 별교別敎와 삼승의 별교도 뜻에 준하여 이해할 수 있다.

所謂摠相者義當圓敎。別相者義當三乘敎。如摠相別相成相壞相等。不卽不離。不一不異。常在中道。一乘三乘。亦復如是。主伴相資。不卽不離。不一不異。雖利益衆生。而唯在中道。主伴相成。現*法如是。一乘別敎。三乘別敎。准義可解。

그대가 문의한 것도 뜻이 또한 이와 같다. 처음의 굴곡은 원인과 같고 뒤의 굴곡은 결과와 같다. 처음과 뒤가 같지 아니하나 오직 한가운데에 있는 것과 같이, 비록 원인과 결과가 뜻은 다르나 오직 스스로 그러함(自

3 '총상·별상'에서 '중도에 있듯이'까지의 해석에 대해 『대기』에서는 또 다른 해석의 예를 소개하고 있다. 『총수록』 상권 2 각주 68) 참조.

如)에 머무른다. 삼승의 방편의 가르침에 의하므로 높고 낮음이 같지 않으나, 일승의 원교에 의하므로 앞과 뒤가 없다. 까닭을 알 수 있는 것은 경에서 설하기를, "또 모든 보살에게 불가사의한 모든 부처님의 법의 광명을 설하여 지혜의 지地에 들어가게 하려는 까닭이다."[4]라고 한 것과 같다.

汝所問疑。義亦如是。初曲如因。後1)曲如果。如初後不同。而唯在當中。雖因果義別。而唯住自如。依三乘方便敎門故。高下不同。依一乘圓敎故。無有前後。所以得知。如經說。又一切菩薩。不可思議諸佛法明說。令入智惠2)地故。

1) ㉯ 갑본에는 '後' 앞에 '乃至'가 있다. 2) ㉯ 갑본에는 '惠'가 '慧'로 되어 있다. 이하도 동일하다. ㉰ 이후 같은 내용의 저본 교감주는 일일이 밝히지 않는다. 다만 원문의 '惠' 자에 *로 표시한다.

논에서 말한다.[5]

論曰。

'모든 보살(一切菩薩)'이란 신信·행行·지地에 머무르는 이를 말한다. '불가사의한 모든 부처님의 법(不可思議諸佛法)'이란 출세간도의 덕목(出世間道品)이다. '광명(明)'이란 봄(見)과 지혜(智)와 얻음(得)과 깨달음(證)이다. '설한다(說)'는 것은 그 가운데서 분별하는 것이다. '들어간다(入)'란

4 세친의 『십지경론』에서 『십지경』 원문 중 일부를 인용한 것이다.(K15, 3a8~9; T26, 124b19~20)

5 이하의 인용문은 『십지경』에서 금강장불金剛藏佛이 금강장보살의 입정入定을 열 가지로 칭찬하시는 경문[『십지경론』(K15, 3a8~14; T26, 124b19~24)]을 세친이 『십지경론』에서 주석한 부분이다.(K15, 3b1~c13; T26, 124c5~125a6)

믿고 좋아하며 얻고 깨닫는 것이다. '지혜의 지地'란 십지十地의 지혜를 말함이니, 본문 중에서 설한 것과 같다. 이것이 근본의 들어감(根本入)이니, 경에서 "또 모든 보살에게 불가사의한 모든 부처님의 법의 광명을 설하여 지혜의 지地에 들어가게 하려는 까닭이다."[6]라고 한 것과 같다.

一切菩薩者。謂住信行地。不可思議諸佛法者。是出世間道品。明者。見智得訂。* 說者。於中分別。入者。信樂得訂。* 智惠*地者。謂十地智。如本分中說。此是根本入。如經。又一切菩薩。不可思議諸佛法明說。令入智惠*地故。

이 경(修多羅)[7] 중에 근본의 들어감(根本入)에 의하여 아홉 가지의 들어감(九種入)이 있음을 설하고 있다.

첫째는 포섭의 들어감(攝入)이다. 문혜聞慧 가운데 모든 선근을 포섭하기 때문이다. 경에서 "모든 선근을 포섭하(게 하려)는 까닭이다."[8]라고 한 것과 같다.

둘째는 생각하고 헤아림의 들어감(思議入)이다. 사혜思慧가 모든 도의 덕목(道品) 가운데 지혜의 방편이기 때문이다. 경에서 "모든 부처님의 법을 잘 분별해서 선택하(게 하려)는 까닭이다."[9]라고 한 것과 같다.

셋째는 법의 모양의 들어감(法相入)이다. 저러저러한 뜻(義) 가운데 한량없이 갖가지로 알기 때문이다. 경에서 "모든 법을 널리 알(게 하려)는 까닭이다."[10]라고 한 것과 같다.

---

6 위의 각주 4)와 같다.

7 이 경(修多羅)은 『십지경』을 가리킨다.

8 『십지경』(『십지경론』, K15, 3a9; T26, 124b20).

9 『십지경』(『십지경론』, K15, 3a10; T26, 124b20~21).

10 『십지경』(『십지경론』, K15, 3a10~11; T26, 124b21).

此脩多羅中。說依根本入有九種入。一者攝入。聞惠*中攝一切善根故。如經。攝一切善根故。二者思議入。思惠*於一切道品中智方便故。如經。善分別選擇一切佛法。1) 三者法相入。彼彼義中。無量種種知2) 故。如經。廣知諸法故。

1) ㉯ 갑본에는 '法' 다음에 '故'가 있다. 2) ㉰ 韓, 大에는 '知'가 '智'로 되어 있다.

넷째는 교화의 들어감(敎化入)이다. 생각하고 헤아린 것을 따라서 말(名字)이 갖추어져 법을 잘 설하기 때문이다. 경에서 "모든 법을 잘 결정하여 설하(게 하려)는 까닭이다."[11]라고 한 것과 같다.

다섯째는 깨달음의 들어감(證入)이다. 모든 법에 평등한 지혜가 견도見道하는 때에 매우 청정하기 때문이다. 경에서 "무분별한 지혜가 청정하여 잡되지 않(게 하려)는 까닭이다."[12]라고 한 것과 같다. 보살이 중생을 교화하는 것이 곧 스스로 불법을 이루는 것이니, 그러므로 남을 이롭게 하는 것(利他) 또한 자기를 이롭게 하는 것(自利)이라고 이름한다.

四者敎化入。隨所思議。1) 名字具足。善說法故。如經。善決定2)說諸法故。五者訂*入。於一切法平等智。見道時中。善淸淨故。如經。無分別智。淸淨不雜3)故。菩薩敎化衆生。卽是自成佛法。是故利他亦名自利。

1) ㉯ 갑본에는 '議'가 '義'로 되어 있다. 2) ㉯ 갑본에는 '決定'이 없다. 3) ㉯ 갑본에는 '雜'이 '離'로 되어 있다.

여섯째는 게으르지 않음의 들어감(不放逸入)이다. 수도修道하는 때 가

11 『십지경』(『십지경론』, K15, 3a11; T26, 124b21~22).
12 『십지경』(『십지경론』, K15, 3a11~12; T26, 124b22).

운데 모든 번뇌의 장애를 멀리 여의기 때문이다. 경에서 "일체 마법魔法이 능히 물들이지 못하(게 하려)는 까닭이다."[13]라고 한 것과 같다.

일곱째는 지地에서 지地로 옮김의 들어감(地地轉入)이다. 세간을 벗어나는 도의 덕목인 무탐無貪 등의 선근이 청정하기 때문이다. 경에서 "세간을 벗어나는 법인 선근을 청정하(게 하려)는 까닭이다."[14]라고 한 것과 같다. 다시 선근이 있어서 세간을 벗어나는 도의 덕목의 원인이 될 수 있기 때문이다.

六者不放逸入。於脩道時中。遠離一切煩惱[1)]障[2)]故。如經。一切魔法。不能染故。七者地地轉入。出世間道品。無貪等善根淨故。如經。出世間法。善根淸淨故。復有善根。能爲出世間道品因故。

1) ㉯ 갑본에는 '煩惱'가 '菩薩'로 되어 있다. 2) ㉰ 韓·卍에는 '煩惱障'이 '菩提鄣'으로 되어 있고, 大에는 '菩提障'으로 되어 있다.

여덟째는 보살로서 다함의 들어감(菩薩盡入)이다. 제십지第十地 가운데 모든 여래의 비밀스러운 지혜에 들어가기 때문이다. 경에서 "불가사의한 경계를 얻(게 하려)는 까닭이다."[15]라고 한 것과 같다.

아홉째는 부처로서 다함의 들어감(佛盡入)이다. 일체의 지혜에 들어가는 지혜이기 때문이다. 경에서 "내지 일체의 지혜를 (갖춘) 사람의 지혜의 경계를 얻(게 하려)는 까닭이다."[16]라고 한 것과 같다.

이 모든 들어감(諸入)은 지혜의 뜻의 차별을 비교한 것이니 차례로 더욱 뛰어나지만 근본의 들어감(根本入)은 아니다.

13 『십지경』(『십지경론』, K15, 3a12; T26, 124b22~23).
14 『십지경』(『십지경론』, K15, 3a12~13; T26, 124b23).
15 『십지경』(『십지경론』, K15, 3a13~14; T26, 124b23~24).
16 『십지경』(『십지경론』, K15, 3a14; T26, 124b24).

八者菩薩盡入。於弟*十地中。[1] 入一切如來秘密智故。如經。得不可思議境界故。九者佛盡入。於一切智入[2]智故。如經。乃至得一切智人[3]智境界故。是諸入爲挍[4]量智義差別。次弟*轉勝。非根本入。

1) ㉯ 갑본에는 '中'이 없다. 2) ㉯ 갑본은 관주에서 '入'이 어느 본에는 '人'이라고 하며, 아래도 같다고 한다. 3) ㉯ 갑본에는 '人'이 '入'으로 되어 있다. 4) ㉯ 을본에는 '挍'가 '校'로 되어 있다.

일체 설한 바 열 구절(十句) 가운데 모두 여섯 종류의 차별 모양의 문이 있으니 이것은 언설의 해석이다. 마땅히 사事는 제외됨을 알아야 하니, 사事란 오온(陰)·십팔계(界)·십이처(入) 등이다.

여섯 종류의 모양은 총상·별상·동상·이상·성상·괴상이다. 총상은 근본의 들어감이고, 별상은 나머지 아홉 가지 들어감이니, 별別이 근본(本)을 의지하되 그 근본을 만족시키기 때문이다. 동상은 들어감이기 때문이고, 이상은 늘어나는 모습이기 때문이다. 성상은 간략히 설하기 때문이고, 괴상은 널리 설하기 때문이니, 세계가 이루어지고 무너지는 것과 같다. 나머지 모든 열 구절(十句) 가운데도 뜻을 따라 미루어 알 수 있을 것이다.[17]

一切所說十句中。皆有六種差別相門。此言說解釋。應知除事。事者。謂陰界入等。六種[1]相者。謂摠相別相[2]同相異相[3]成相壞相。摠相者。是根本入。別相者。餘九入。[4] 別依止本。滿彼本故。同相者。入故。異相者。增相故。成相者。略說故。壞相者。廣說故。如世界成壞。[5] 餘一切十句中。隨義類知。

1) ㉯ 갑본에는 '種' 아래에 '差'가 있다. 2) ㉯ 갑본은 관주에서 '相' 아래에 '同相異相'의 네 글자가 탈락된 것으로 의심된다고 한다. 3) ㉯ 갑본에는 '同相異

17 앞의 "모든 보살(一切菩薩)"부터 "뜻을 따라 미루어 알 수 있을 것이다.(隨義類知)"까지는 『십지경론』(K15, 3b1~c13; T26, 124c5~125a6)에서 인용한 부분이다.

相'이 없다. 4) ㉑ 갑본에는 '人'이 없다. 5) ㉑ 갑본에는 '壞' 다음에 '故'가 있다.

논의 글이 이와 같으니, 오직 논주가 근본(宗)을 세운 도리이다. 그러므로 알라. 비록 원인과 결과인 신信·해解·행行·회향廻向·지地·불佛이 자기 자리를 움직이지 아니하되 앞과 뒤가 없다. 무슨 까닭인가? 모든 법이 각각 달라서 스스로 여여如如함에 머무르기 때문이며, 하나의 여여함(一如)과 많은 여여함(多如)의 여여한 모양을 얻을 수 없기 때문이다. 그러므로 경에서 이르기를, "묻는다. 무엇이 부처님의 법을 깊이 믿는 것인가? 답한다. 일체 모든 법이 오직 부처님만 아시는 바이고 나의 경계가 아니니, 만약 이러하다면 이름이 부처님의 법을 깊이 믿음이 된다."[18]라고 하니, 이것이 그 뜻이다.

論文如是。准[1)]是論主立宗道理。故知雖因果信解行廻地佛。自位不動。而無前後。何[2)]以[3)]故。諸法各異。住自如故。一如多如如如相。不可得故。是故經云。問。云何深信佛法。答。一切諸法。唯佛所知。非我境界。若如是者。名爲深信佛法。是其義也。

1) ㉑ 갑본에는 '准'이 '唯'로 되어 있다. 2) ㉑ 갑본은 관주에서 '何' 다음에 '以'를 집어 넣은 것이 보인다고 한다. 3) ㉑ 갑본에는 '以'가 없다.

문 육상六相은 무슨 뜻을 나타내기 위한 것인가?

답 연기의 무분별한 도리를 바로 나타내기 위한 까닭이다. 이 육상의 뜻으로써 비록 한 부의 경전(一部經)[19]이 일곱 장소와 여덟 번의 모임과 품

18 『총수록』의 주석(『大記』, H6, 808c9~19; K45, 184b9~16)에 의하면 이 구절은 『勝鬘經』의 인용이다. 상권 2 각주 136) 참조.

19 한 부의 경전(一部經) : 7처, 8회, 34품, 60권으로 이루어진 『대방광불화엄경』을 가리킨다.

의 종류가 같지 않으나, 오직 「십지품十地品」에 있음을 마땅히 알아야 한다.

까닭이 무엇인가? 이 근본이 법을 모두 포섭하기 때문이다. 「십지품」 가운데 비록 십지十地가 같지 않으나 오직 첫째 지(初地)에 있다.

무슨 까닭인가? 한 지地에서 일어나지 않고 널리 일체 모든 지地의 공덕을 포섭하기 때문이다.

問。六相者。爲現*何義。答。正[1)]現*緣起無分別理故。以此六相義故。當知。雖一部經。七處八會。及品類不同。而唯在地品。所以者何。以[2)]是根本。攝法盡故。地品中雖十地不同。而唯在初地。何以故。不起一地。普攝一切諸地功德故。

1) ㉺ 갑본에는 '正'이 없다. 2) ㉺ 갑본에는 '以'가 없다.

한 지地 중에도 비록 많은 부분이 같지 않으나 오직 일념一念에 있다. 무슨 까닭인가? 삼세三世와 구세九世가 곧 일념이기 때문이니, 일체가 곧 하나인 까닭이다. 일념처럼 다념多念도 또한 이와 같다. 하나가 곧 일체이니 일념이 곧 다념 등인 것이다. 앞과 반대로 해도 곧 옳다.

一地中雖多分不同。而唯在一念。何以故。三世九世。卽一念故。一切卽一故。如一念。多念亦如是。一卽一切。一念卽多念等。反前卽是。

이 이법(理)으로써 다라니법은 주主와 반伴이 서로 이루어진다. 한 법듦을 따라서 일체를 다 포섭한다. 만약 모임(會)을 기준으로 설하면, 모임·모임 가운데 일체를 다 거둔다. 만약 품品을 기준으로 설하면, 품·품이 일체를 다 포섭하며, 내지 만약 문장을 기준으로 설하면 문장·문장과 구절·구절이 일체를 다 포섭한다. 무슨 까닭인가? 만약 이것이 없으면 저것이 이루어지지 않기 때문이며, 다라니의 법이 으레 그러하기 때문이다. 아래에서 설하는 것과 같다.

以此理故。陁羅尼法。主伴相成。隨擧一法。盡攝一切。若約會說。會會中盡攝一切。若約品說。品品盡攝一切。乃至若約文說。文文句句。盡攝一切。何以故。若無此。彼不成故。陁羅尼法。法如是故。如下說。

주석

• 석문釋文 1 (總釋印意 · 別解印相 중 說印文相, 明字相)

[1] 도인의 뜻(印意) 何故依印至佛菩薩也

'어째서 도인에 의거하였는가?'부터 '불·보살이다'까지[20]

何故依印至佛菩薩也

진수기

『진기』에 이른다.

'어째서 도인에 의거하였는가? 답한다. 석가여래의 가르침의 그물에 거두어지는 등을 나타내고자 함'이란, '석가여래의 가르침의 그물'은 곧

20 『총수록』(H6, 793a2). 이에 해당하는 『일승법계도』 원문은 H2, 1b2~6; H6, 791b3~7.

깊고 얕음이 비록 다르나 이름과 모습이 있는 세계를 총체적으로 취하여 이른 것이다.

眞記云。何故依印。答欲表釋迦如來敎網所攝等者。釋迦敎網。則深淺雖殊。有名相際。惣取云也。

문 '세 가지 세간이 해인삼매로부터 번다하게 나타난 것'에서 세 가지 세간의 법이 번다하게 나온 것은 곧 해인의 체를 여읜 것인가?

답 세 가지 세간의 법이 곧 해인이니 전체가 나타나서 본래 여의지 않은 것이다.

문 세 가지 세간을 거두어서 총상의 부처님으로 삼는다면, 총상과 별상이 하나가 아니기 때문에 네 가지 세간이 되는 것인가?

답 지정각세간에는 남을 상대하는 뜻이 있으며 상대를 끊은 뜻이 있다. 이 두 가지 뜻이 하나가 아님을 기준으로 하기 때문에 네 가지 세간이라고도 말할 수 있다. 그러나 두 가지 뜻이 다르지 않음을 기준으로 하기 때문에 다만 세 가지 세간이라고 한 것이다.

三種世間。從海印三昧。繁出現現者。三世間法繁出。則離海印體耶。答。三世間法。卽是海印全體現現。本不離也。問。攝三世間。爲揔相佛。則揔別不一故。爲四世間耶。答。智正覺中。有待他之義。有絶待義。約此二義不一故。亦可得云四種世間。然約二義不異故。但云三種世間耳。

문 기器와 중생은 마땅히 세간이라고 하겠으나 지정각은 이미 세간을 벗어난 것인데 어찌 세간이라고 하는가?

답 비로소 정각을 이룬 때(時) 가운데(中) 세 가지 세간의 법이 두렷이 밝게 나타나기 때문에 세간이라고 한다. 말하자면 때(時)는 세世이고 가운데(中)는 간間이기 때문이다.

문 지상至相 스님은 보살로 중생에 합하였는데[21] 무슨 까닭에 여기에서는 불·보살을 합하여 지정각으로 삼는가?

답 깨달음이 같음을 기준으로 해서 이르는 것일 뿐이다.

問。器及衆生。宜云世間。智正覺者。旣已出世。何云世間耶。答。始成正覺時中。三世間法。圓明現現。故云世間。謂時爲世。中爲間故也。問。至相。以菩薩合於衆生。何故。此中合佛菩薩爲智正覺耶。答。約覺同云耳。

[2] 도인의 모습(印相)

1. 도인의 모습(印文相) 何故印文至現一乘故

'어째서 도인에'부터 '일승을 나타내기 때문이다'까지[22]
何故印文至現一乘故

21 지엄의 『수현기』(K47, 67c9~10; T35, 88b22~24)에서는 「입법계품」의 근본법회[『육십화엄』(K8, 305a16~b2; T9, 677b25~c6)]를 주석하면서 기수급고독원의 대장엄중각大莊嚴重閣을 기세간으로, 여래의 모임을 지정각세간으로, 보살의 모임을 중생세간으로 분류하는 구절이 보인다. "初莊重閣等卽器世間。二如來集卽智正覺。三菩薩集卽衆生世間耳。" 그러나 『공목장』「三世間章」(T45, 568c17~569a8)에서는 보살이 중생신을 나투는 것은 중생들의 믿고 좋아함을 알아서 자재하게 차별신을 나타내 보이는 것으로 풀이하고도 있다.

22 『총수록』(H6, 793a20). 이에 해당하는 『일승법계도』 원문은 H2, 1b10~16; H6, 791b 11~18.

대 기

『대기』에 이른다. '어째서 도인에 오직 한 길만 있는가?'란 네 번째 해인[23]에 서서 이 질문을 일으킨 것이다. 말하자면 이미 근기와 욕망에 따라서 굴곡을 이루었다면 어째서 한 길이라고 하는가라고 이렇게 물은 것이다. '여래의 일음'이란 「입법계품」에 이르기를, "나는 법계가 한 성품임을 아니 여래의 일음一音을 일체중생이 요달하지 못함이 없기 때문이다. 이상."[24]라고 한 것이다.

大記云。何故印文唯有一道者。立在弟*四重海印。起此問也。謂既隨根欲而成屈曲。何故云一道耶。如是問也。如來一音者。法界品云。我知法界一性。如來一音。一切衆生無不了故。已上。

문 만약 일체중생이 일음을 이해한다면 이는 각각 이해함이 아니고, 만약 각각 이해한다면 일음을 이해하지 못함이 없는 것이 아니다. 운운.

(답) 만약 이러한 힐난에 상대한다면 총상과 별상 둘로써 답한다. 말하자면 굴곡을 무너뜨리지 않고 능히 평등하게 두루하기 때문에 일음이며,

---

23 네 번째 해인 : 오중해인 가운데 네 번째인 '보현이 삼매에 들어가 관하는 해인(普賢入定觀海印)'을 가리킨다. 『대기』(H6, 768b14~15)는 앞에서 이 해인을 『일승법계도』 제목 가운데 굴곡을 나타내는 '오십사각'에 배대하였다.

24 『팔십화엄』 「입법계품」의 37번째 선지식인 수호일체성증장위력주야신守護一切城增長威力主夜神의 설법 중 일부분이다.(K8, 879c8~9; T10, 388b26~27) 참고로 『육십화엄』과 『사십화엄』의 해당 경문을 아울러 소개하면 다음과 같다.

구분	선지식	경문	출전
『팔십화엄』	守護一切城增長威力主夜神	我知法界一性 如來一音 一切衆生無不了故	K8, 879c8~9; T10, 388b26~27
『육십화엄』	妙德守護諸城夜天	知法界一 如來妙音 一切衆生無不聞故	K8, 372c4~5; T9, 738b15~16
『사십화엄』	守護一切城增長威德主夜神	我知法界一性 入於如來圓滿言音 隨衆生心無不了故	K36, 122c10~11; T10, 761a16~18

평등하게 두루함을 움직이지 않고 운율이 차이나기 때문에 능히 굴곡을 이룬다. 이 가운데 능히 평등하게 두루함을 이루는 것은 총상이다. 음의 운율이 차이나는 것은 별상이다. 별상이 곧 총상인 까닭에 비록 중생이 각각 이해하나 일음을 이해한다. 총상이 곧 별상인 까닭에 비록 일음이나 각각 이해한다.

問。若一切衆生了一音者。非是各得解也。若各得解者。非是一音無不了也。云云。若對此難。以摠別二相答也。謂不壞屈曲。而能等遍故。是一音。不動等遍。而差韵故。能成屈曲。此中能成等遍者摠相也。音韵差者別相也。別卽摠故。雖衆生各得解。而了一音也。摠卽別故。雖是一音。而各解也。

진수기

『진기』에 이른다. 여래의 일음이란 총상의 음이다. 『입법계품』에 이르기를, "나는 법계가 한 성품임을 아니, 여래의 일음 운운."[25]이라 하였다. 이 뜻은 일체중생의 갖가지 차별 있는 음성 등이 곧 여래의 일음일 뿐인 것이다.

문 이는 수호야신 선지식이 일음을 깨달아 보고서 "나는 법계가 한 성품임을 안다."라고 한 것인데 무슨 까닭에 일체중생이라고 하는가? 만약 일체중생을 본다면 어째서 "나는 법계가 한 성품임을 안다."라고 하는가?

답 법계가 한 성품임을 보기 때문에 일음 가운데 일체의 종류가 있음을 안다. 총상을 얻음으로써 나뉘지 않는 별상을 알기 때문이다. '집'이라는 한마디 말이 기둥을 세우고 대들보를 걸치는 모든 연을 합해서 부르는 것과 같기 때문이다. 만약 세우고 걸치는 모든 연에 맞지 않는다면 '집'이

25 위의 각주 24)와 같음.

라는 한마디 말이 어디에서 일어나겠는가?

眞記云。如來一音者。摠相音也。法界品云。我知法界一性。如來一音。云云。此義者。一切衆生。種種差別音聲等。卽是如來一音耳。問。此守護夜神善知識。訂*見一音云。我知法界一性也。何故云一切衆生耶。若見一切衆生者。何云我知法界一性耶。答。見法界一性故。知一音中有一切種也。以得摠相知不分之別相故。如家之一言。契柱立梁橫諸緣而呼故也。若不契立橫諸緣。則家之一言。何處起耶。

법융기

『법기』에 이른다. '구불구불 돌고 돌아 구부러지고 굽어져서'라는 것은,

(문) 이미 법계가 한 성품임을 알았다면 삼승이 없으므로 따라서 또한 도인 중에 각곡角曲이 없는 것인가?

답 이상이 있기 때문에 성품에 들어맞는 움직이지 않는 각곡이 있다.

문 만약 그렇다면 삼승이 있는 것인가?

답 일승의 각곡이 온전히 도인의 원만함을 다하므로 따라서 삼승의 한쪽으로 치우친 각곡은 없다.

法記云。盤廻屈曲者。旣知法界一性。則無三乘。故亦無印中角曲耶。答。有異相故。有稱性不動之角曲也。問。若爾。有三乘耶。答。一乘角曲。全盡印圓。故無三乘一邊之角曲也。

진수기

『진기』에 이른다. '훌륭하고 교묘한 (방편)은 (일정한) 방법이 없어서'란 치우쳐 따르는 방법이 없다는 것이다. 앞의 '(일정한) 방법이 없다'에서 풀

이한 것과 같다.[26] '법계에 응하여 들어맞고'란 법계를 가로로 다하기 때문이고, '십세에 상응하여'란 삼세(三際)를 세로로 꿰뚫기 때문이다.

眞記云。善巧無方者。無偏順之方所也。如前無方中釋也。應稱法界者。橫盡法界故。十世相應者。竪貫三際故也。

법융기

『법기』에 이른다. '원융만족'이란 마치 허공이 일체의 사물을 거두어들이는 것과 같다. 이 하나의 기둥을 기준으로 하면 열 가지 보법을 포섭하여 남는 것이 없기 때문이다. 그러므로 『보법장』에서 이르기를, "모든 부처님의 훌륭하고 교묘한 (방편은) 법계를 융회하되 원통자재하여 보고 들음(見聞)을 떠나지 않는다. 이상."[27]라고 하였다. 일승 가운데는 보고 듣는 것이 원통의 법이므로 견문見聞의 지위에서 바로 구경의 부처님의 과위를 만족하게 되므로 '보고 들음을 떠나지 않는다'고 한 것이다.

法記云。圓融滿足者。猶如虛空攝一切物。約此一柱。包攝十種普法。無所遺餘故也。是故普法章云。諸佛善巧。會融法界。圓通自在。不離見聞。已上。以一乘中見聞圓通之法故。見聞位中。卽得滿足究竟佛果。故云不離見聞也。

진수기

『진기』에 이른다. '뜻은 원교에 해당한다'란 (다음과 같다.) 삼승별교와

---

26 『일승법계도』(H2, 1a3; H6, 768a5)의 '無方'에 대한 『진수기』(H6, 772c17~19)의 주석을 가리킨다.

27 『보법장』으로 인용된 이 구절은 지엄의 『공목장』「初會十門料簡一經意」(T45, 537a15~16) 중의 일부분이다. 상권 1 각주 38) 참조.

삼승동교가 있고 일승동교와 일승별교가 있으며 일승원교가 있다. 만약 누각(樓觀)을 취하여 논한다면, 안의 장식莊飾은 일승이고 밖의 엄식嚴飾은 삼승이며 문은 곧 동교이다. 이른바 문이란 안과 밖에 통하기 때문에 안이 비록 일승이라도 문 안은 곧 동교일승이다.[28] 또 이 동교는 삼승 이상의 뜻을 기준으로 하면 즉 별교일승이 되는 것 또한 가능하니, 목표로 하는 것(所目)을 기준으로 하여 별교를 삼기 때문이다.

眞記云。義當圓教者。有三乘別教三乘同敎。有一乘同敎一乘別敎。有一乘圓敎也。若就樓觀而論者。內莊一乘。外嚴三乘。門則同敎也。所謂門者。通內外故。內雖一乘。而門內則同敎一乘也。又此同敎。約三乘已上之義。卽爲別敎一乘亦得。以約所目爲別敎故。

문 목표로 하는 것(所目)의 삼승은 뜻이 밖에 해당하니 장엄하는 것이 삼승인데 어째서 별교일승이라고 하는가?

답 이 경 안의 흘러나오는 것(所流)과 목표로 하는 것(所目)의 삼승이 두 가지 뜻을 모두 포함하고 있다. 첫째는 저 아래 근기로 하여금 나의 법과 같다고 헤아리게 하는 뜻이며, 둘째는 그들로 하여금 자신이 얻은 법이 온전히 화엄의 큰 허공임을 알도록 하는 뜻이다. 처음 뜻을 기준으로 하면 문 밖에 해당하기 때문에 삼승이니 바깥의 엄식이 된다. 뒤의 뜻을 기준으로 하면 문 안에 해당하기 때문에 일승이니 안의 장식이 된다. 지금은 뒤의 뜻을 기준으로 하기 때문에 목표로 하는 것으로 동교일승을 삼으며 내지 별교일승이라고 이름할 뿐이다. 바로 누각의 안을 기준해야만 비

---

28 『총수록』(H6, 838a18~b1)에서 삼승과 일승, 동교와 별교의 관계를 설명할 때 누각(樓)을 이용하는 경우는 뒤의 '고기古記'에서 지엄의 설을 인용하면서 한 번 더 소개된다. 현존하는 지엄의 저술에 '고기'의 인용과 정확하게 일치하는 구절은 없지만 『화엄오십요문답』(T45, 522a18~29)에 이와 동일한 맥락의 내용이 보인다.

로소 자체의 별교일승이다. 맨 처음부터 삼승을 보지 않기 때문에 자체의 별교라고 하는 것이다.

問。所目三乘。義當於外是嚴三乘。何云別教一乘耶。答。此經之內。所流所目之三乘。具含二義。一者。令彼下機計謂同於我法之義。二者令彼解其自所得法。全是花嚴大虛之義也。約初義則當於門外。故是三乘爲外嚴也。約後義則當於門內。故是一乘爲內莊也。今約後義故。以所目爲同教一乘。乃至亦名別教一乘耳。直約樓觀之內。方自體別教一乘也。初初不見三乘故。云自體別教也。

'원교'란 앞의 사교四教를 통틀어 행하는(履) 것이다.

문 이것은 곧 저 동교의 일승과 삼승이 화합하는 뜻과 어떻게 다른가?

답 아래 근기를 (자기에게) 이끌어 화합시키고자 하는 것은 동교이다. (삼승을) 자신의 참된 덕으로 삼아 통틀어 행하고자 하는 것은 원교이다. 따라서 옛사람이 이르기를, "동교는 대지와 같으니 삼승의 풀과 나무를 기르기 때문이고, 별교는 큰 바다와 같으니 삼승의 죽은 시체를 머무르게 하지 않기 때문이며, 원교는 허공과 같으니 (대지와 큰 바다) 둘의 의지하는 바가 되기 때문이다."라고 하였다.

圓教者。通履前四教也。問。是則與彼同教一三和合之義。何異耶。答。欲引下機而和合者。是同教也。欲爲自家實德而通履者。是圓教也。故古人云。同教如大地。長養三乘草木故。別教如大海。不宿三乘死尸故。圓教如虛空。爲二所依故也。

고기

'고기'에 이른다. 동교와 별교가 나뉨이 아홉 가지가 있다. 말하자면 첫째, 황소의 수레는 동교이니 양과 사슴(의 수레)과 같기 때문이다. 큰 흰 소의 수레는 별교이니 삼승의 밖이기 때문이다. 둘째, 큰 흰 소의 수레는 동교이고 왕의 상투 중의 구슬(王髻中珠)[29]은 별교이다. 운운. 셋째, 법화는 동교이고 화엄은 별교이다. 운운. 넷째, 제2회부터 「여래수호광명공덕품如來隨好光明功德品」[30]까지는 동교이고, 「보현행품」 이후는 별교이다. 운운. 다섯째, 보현의 말을 나타냄은 문자에 떨어져 있기 때문에 동교이고, 보현의 안으로 증득함은 문자를 여의고 언설을 끊었기 때문에 별교이다.

古記云。同教別教。分有九種。謂一黃牛車同。共羊鹿故。大白牛車別。三乘外故。二大白牛車同。王髻中珠別。云云。三法花同。花嚴別。云云。四弟*二會至隨好品同。普賢行品以去別。云云。五普賢現語言。墮在文字故同。普賢內訂。* 離文字絶言說故別。

여섯째, 보현의 안으로 증득함은 인분因分이기 때문에 동교이고, 부처님의 밖으로 향하심은 과분果分이기 때문에 별교이다. 일곱째, 부처님의 밖으로 향하심은 근기와 연(機緣)을 향하기 때문에 동교이고, 부처님

---

29 왕의 상투 중의 구슬(王髻中珠) : 『묘법연화경妙法蓮華經』 「안락행품安樂行品」(K9, 770b11~771c22; T9, 38c4~39c17)에 나오는 비유로서, 구슬은 『법화경』을 뜻한다. 이 비유에서는 전륜성왕이 전쟁을 할 때 부하들에게 그 전공戰功에 따라 갖가지 상을 내리지만 오직 자신의 상투에 있는 보석은 그들이 놀랄까 봐 주지 않다가 다른 여러 상을 준 후에 마지막에 주는 것과 같이, 여래도 또한 중생들에게 갖가지 경 등을 설하지만 이 믿기 어려운 『법화경』만은 끝까지 설하지 않다가 이제 중생들이 일체지를 얻게 하고자 설하신다고 한다.

30 『팔십화엄』의 제2회 「여래명호품」부터 제7회 제35품 「여래수호광명공덕품」까지를 가리킨다.

의 안으로 향하심은 곧 비록 화엄삼매 속에서 과덕의 대중을 위하여 국토의 바다와 같은 법을 보이셨지만 인분의 근기를 등지고 여의었기 때문에 별교이다. 여덟째, 부처님의 안으로 향하심은 등짐과 향함이 있기 때문에 동교이고, 해인삼매 속의 법성을 설할 수 없음은 등짐과 향함을 여의었기 때문에 별교이다. 아홉째, 위에서부터 밝혀 온 설함과 설할 수 없음 등은 우수함과 열등함, 깊음과 얕음이 있기 때문에 동교이고, 이 해인삼매의 법성을 설할 수 없는 가운데 설함과 설할 수 없음은 둘이 없으니 곧 분별이 없기 때문에 별교이다.

六普賢內訂。* 是因分故同。佛外向。是果分故別。七佛外向。向機緣故同。佛內向。則雖花嚴定中。爲果德衆。示國土海法。而背離因機故別。八佛內向。有背向故同。海印定中。法性不可說。離背向故別。九上來所明。說不說等。有勝劣深淺故同。此海印定。法性不可說中說不說。無二則無分別故別也。

의상 화상이 이르기를, "만약 정情을 기준으로 하여 설한다면 증분과 교분의 두 법이 항상 두 변에 있게 되나, 만약 이법(理)을 기준으로 하여 말한다면 증분과 교분의 두 법이 예부터 중도中道이며, 하나로서 무분별이다."[31]라고 한 것이 대개 이를 일컫는 것이다. 이상은 우선 이법의 분제를 기준으로 한 것이고, 만약 글의 뜻의 분제에 의거한다면 같고 다름이 하나가 아니다. 말하자면 한 부(의 『화엄경』)을 통틀어서 이를 나누면, 곧 차별의 연은 동교이고 본래의 진실은 별교이다. 만약 하나의 교화의 처음과 끝에 의거한다면, 곧 여러 많은 다른 뜻을 하나의 말로 통틀어 제목하기 때문에 동교이고, 근기에 따라서 각각 다르기 때문에 별

31 『일승법계도』(H2, 4中3~4; H6, 812a9~10).

교이다.

相和尚云。若約情說。訂*敎兩法。常在二邊。若約理云。訂*敎兩法。舊來中道。一無分別。蓋謂此乎。上來且約理分。若據文義分齊。同別非一。謂通於一部分之。則差別緣同敎。本實則別敎。若據一化始終。則衆多別義。一言通目故同。隨機各別故別也。

대 기

『대기』에 이른다. '사섭법과 사무량심'이란 (다음과 같다.) 이 사섭법과 사무량심의 두 가지 네 인과로써 아래 사교의 인과인 여덟 지위를 나타낸다. 만약 73개의 도장 가운데 일一 자의 도장으로 그것을 도장 찍으면 곧 이 여덟 인과의 지위를 움직이지 않음이 곧 일승의 곁이 없는 인과이다. 이 일승의 인과로 앞의 여덟 (인과)에 더하면 곧 열이 된다. 다섯 인因은 보살이고 다섯 과果는 부처님이다. 그 네 부처님으로 사방에 나누어 배치하고 일승의 부처님으로 한가운데에 안치한다. 다섯 보살로 나누어 배치하는 것 또한 이러하다. 이와 같은 인과가 다만 내 마음 안에 본래 갖추어져 있는 법일 뿐이다.

大記云。四攝四無量者。以此四攝四無量之二四因果。表下四敎因果八位。若以七十三印之中一字印印之。則不動此八因果之位。卽是一乘無側因果也。以此一乘因果。加於前八。卽成十也。五因是菩薩。五果是佛也。以其四佛。分置四方。以一乘佛。安置當中。以五菩薩。分置亦爾。如是因果。但我心內。本具之法也。

이 중에 사방 및 육방, 팔방, 시방 등은 삼승에 의거하여 나눈 것이다.

말하자면 성문은 사제四諦를 밝히기 때문에 이에 의거하여 사방으로 나눈다. 연각은 12지(연기)를 관하니 이는 2 곱하기 6이기 때문에 이에 의거하여 육방으로 나눈다. 시교와 종교 가운데 통틀어서 사섭법과 사무량심이 있으니 2 곱하기 4는 곧 8이기 때문에 이에 의거하여 팔방으로 나눈다. 동교에는 곧 그 같음 중에 별교의 10 곱하기 10의 다함없는 뜻을 포함하고 있기 때문에 이에 의거하여 시방으로 나눈다. 만약 머무름 없는 별교를 기준으로 하면 곧 본래 방소方所가 없다. 이런 까닭에 글에 이르기를 "훌륭하고 교묘한 (방편)은 (일정한) 방법이 없다."라고 하며 내지 "뜻은 원교에 해당한다."라고 한 것이다.

此中四方。及六方八方十方等。依三乘分也。謂聲聞明四諦故。依此分四方。緣覺觀十二支而是二六故。依此分六方。始終敎中。通有四攝四無量而二四卽八故。依此分八方。同敎中卽其同中。含有別敎十十無盡義故。依此分十方也。若約無住別敎。則本無方也。是故文云。善巧無方。乃至云。義當圓敎也。

문 시교와 종교의 두 가르침도 또한 시방을 밝히는데 무슨 까닭에 오직 팔방이라고 이르는가?

답 이것은 여덟 잎의 궤칙[32]을 기준으로 하여 이른 것일 뿐이다. 또 시교와 종교에서는 통틀어 사섭의 인과 등을 기준으로 하기 때문에 팔방으로 나눈 것뿐이다.

문 만약 돈교 중의 인과를 함께 취하면 돈교에서도 또한 팔방으로 나

32 여덟 잎의 궤칙(八葉之軌) : 『대일경』에 근거한 만다라의 작법 도상 한가운데 대일여래가 자리한 중대팔엽원中臺八葉院이 여덟 잎을 가진 연꽃으로 묘사되어 있음에 의한 것이다. 이 경전에서는 이 만다라 수행을 통한 일체지의 획득, 즉 성불을 위한 수행법을 설하고 있다.

누는가?

답 실제를 기준으로 하면 통한다. 그러나 인과는 지위이니 돈교 중에서는 지위의 모습이 숨어 있기 때문에 우선 제외했을 뿐이다.

문 무엇이 여덟 잎의 궤칙인가?

답 이것은 『비로자나경毘盧遮那經』[33]과 『불지경佛地經』[34] 중의 여덟 잎으로 부처님을 짓는 궤칙이다.

問。始終二敎。亦明十方。何故唯云八方耶。答。此約八葉之軌云耳。又始終敎中。摠約四攝因果等故。分八方耳。問。若并取頓敎中因果。則頓敎中。亦分八方耶。答。約實則通。然因果是位。頓敎之中。位相隱故且除耳。問。何是八葉軌耶。答。此是毘盧遮那經。及佛地經中。八葉作佛之軌也。

'삼승에 의거하여 일승을 나타낸 것이다'란 (다음과 같다.) 일승의 원만한 도인에는 비록 각角과 면面이 없지만 이 도인이 일체의 법을 거두어서 다하기 때문에 네 면과 네 각의 모습을 갖추니, 삼승에서 사방·육방·팔방·시방 등으로 나눔으로써 일승의 방소가 없는 원만한 도인을 점차로 나타내기 때문이다. 만약 오직 각과 면만을 본다면 오로지 삼승일 뿐이고, 오직 원만한 도인만을 본다면 오로지 일승일 뿐이다. 만약 각과 면에 의거하여 원만한 도인을 본다면 곧 동교이다. 그래서 '삼승에 의거하여 일승을 나타낸다'라고 한 것이다.

---

33 『毘盧遮那經』: 『大毘盧遮那成佛神變加持經』, 속칭 『대일경』을 가리킨다. 선무외善無畏와 일행一行이 725년에 역출하였다.

34 『佛地經』: 현존하는 경전 목록에 『불지경』과 연관시킬 수 있는 경전은 당唐의 현장玄奘이 645년에 번역한 『佛說佛地經』이 있으나 이 경에는 '여덟 잎(八葉)'과 관련된 구절이 보이지 않는다. 또한 『불설불지경』에 대한 인도 친광보살親光菩薩의 주석서 『佛地經論』(현장 역, 649)에도 이와 관련된 내용은 보이지 않는다.

依三乘現一乘者。一乘圓印。雖無角面。此印攝盡一切法故。具其四面四角相。以分三乘四方六方八方十方等。漸現一乘無方之圓印故也。若唯見角面。則一向三乘。唯見圓印。則一向一乘。若依角面見圓印。則是同教也。故云依三乘現一乘也。

문 만약 그렇다면 앞의 굴곡도 혹 오직 굴곡만을 본다면 오로지 삼승이나, 혹 굴곡에 의거하여 원만한 도인을 본다면 또한 삼승에 의거하여 일승을 나타내는 것인가? 이 각과 면은 곧 동교이고 앞의 굴곡은 다만 삼승에 따로 집착하는 것인가?

답 굴곡 또한 한 길로 된 붉은 도인의 능히 따르는 덕이기 때문에, 그래서 또한 삼승에 의거하여 일승을 나타내는 뜻이 있다.

問。若爾。前之屈曲。若唯見屈曲。則一向三乘。若依屈曲見圓印。則亦是依三乘現一乘耶。此角面則是同教也。前之屈曲。但是別執三乘耶。答。屈曲亦是一道朱印之能隨之德故。是以亦有依三現一之義也。

2. 글자의 모습(字相) : 육상원융 何故字中至性在中道

'어째서 글자 중에'부터 '성性이 중도에 있음'까지[35]
何故字中至性在中道

35 『총수록』(H6, 795a7). 이에 해당하는 『일승법계도』 원문은 H2, 1b18~22; H6, 791b19~c1.

법융기

『법기』에 이른다.

“(문) 어째서 글자 중에 시작과 끝이 있는가? 답 수행의 방편을 기준으로 하여 원인과 결과가 같지 않음을 드러낸다.”란, 말한 바 수행방편은 일승의 수행인가, 삼승의 수행인가?

답 다만 삼승의 수행방편일 뿐이다.

문 무슨 까닭에 일승에는 수행방편이 없는가?

답 일승에는 원인과 결과가 없기 때문이다.

문 만약 그렇다면 무슨 까닭에 아래에서 “원인과 결과의 두 자리가 법성의 집 안의 진실한 덕용이며, 성性이 중도에 있다.”라고 하는가?

답 다만 삼승의 원인이 먼저이고 결과가 나중이라고 집착하는 사람들을 위해서 원인과 결과가 동시인 뜻을 나타내는 까닭에 말한 것일 뿐이다. 만약 실제를 기준으로 하여 말한다면 이 종宗 중에는 원인과 결과의 이름이 없다.

法記云。何故字中有始終耶。答約修行方便。現因果不同者。所言修行方便。則一乘修行耶。三乘修行耶。答。但是三乘修行方便耳。問。何故一乘無修行方便耶。答。以一乘中無因果故。問。若尒。何故下云因果兩位法性家內眞實德用。性在中道耶。答。只爲三乘執因先果後之人。現因果同時義故云耳。若約實云。此宗之中。無因果名。

문 만약 그렇다면 결과를 온전히 한 원인과 원인을 온전히 한 결과도 또한 없는가?

답 그렇다. 그래서 지상 스님이 이르기를, “원인은 결과와 다름이 없는 원인이고, 결과는 원인과 다름이 없는 결과이다. 그러나 인과의 명칭은 연緣에 기대어 나타나는 것이니 줄어들거나 가득 차는 것이 저로부터이고 나[36]에게서 됨은 없다."[37]라고 하였다. 그러므로 일승에 곁이 없는 인과(無側因果)도 또한 세우지 않음을 알아야 한다.

問。若尒。則全果之因。全因之果亦無耶。答。尒也。故至相云。因無異果之因。果無異因之果。然因果之稱。寄現於緣。虧盈自彼。於我無爲。故知一乘無側因果亦不立也。

문 도인의 오십사각이 하나하나가 도인의 원만함을 온전히 다함이 이와 같다면 도인을 온전히 한 각도 또한 버려야만 하는가?

답 만약 우리의 종宗을 기준으로 한다면 이와 같은 일이 없으니 어찌 다시 버리겠는가? 증분 가운데는 원인과 결과, 증분과 교분, 일승과 삼승, 동교와 별교 등의 일이 없기 때문이다. 연기분 가운데 비로소 원인과 결과, 증분과 교분, 일승과 삼승, 동교와 별교 등의 갖가지 일을 설할 뿐이다. 이런 까닭에 연기분에 나아가서 "원인과 결과의 두 자리가 성性이 중도에 있다."라고 한 것이다.

問。印之五十四角。一一全盡印圓如是。全印之角。亦應捨耶。答。若約自宗。無如是事。何更捨也。以訂*分中。無有因果訂*分敎分一乘三乘同敎別敎等事。緣起分中。方說因果訂*敎一三同別敎等種種事耳。是故就緣起分云。因果兩位。性在中道也。

36 저(彼)는 삼승이고, 나(我)는 일승, 차종此宗을 뜻한다.

37 지엄의 『수현기』 가운데 『화엄경』「현수품」에 대한 주석 중 일부이다. 원문을 소개하면 다음과 같다. "결과는 원인과 다름이 없는 결과이고, 원인은 결과와 다름이 없는 원인이나, 인과의 명칭은 연緣에 기대어 나타난 것이다. 그 연이 차이나서 다른 흐름들이 함께 갈마드니 줄어들고 가득 차는 것은 저로부터이고 나에게서 됨은 없다.(果無異因之果。因無異果之因。而因果之稱。寄顯於緣。其緣乃差。殊流同軼。虧盈自彼。於我無爲。)" (K47, 17b11~13; T35, 32a10~12)

문 만약 진실로 인과를 세우지 않는다면 어찌 인과가 없다고 부정하는 큰 삿된 견해가 아니겠는가?

답 인과를 뛰어넘은 곳에 서서 인과가 없다고 말하는 것이니 어찌 없다고 부정하는 것이겠는가? 그러므로 (의상) 화상이 다른 이에게 이 뜻을 질문하게 하여 이르기를, "법성 중에 인과가 있는가, 인과가 없는가? 만약 법성 중에 인과가 있다면 마땅히 법성이 아닐 것이니, 법성 중에는 인과가 없기 때문이다."라고 하였다. 또 답하게 하여 이르기를, "인과가 없다."라고 하였다.

問。若實不立因果。豈不是撥無因果之大邪見耶。答。立在過越因果之處。言無因果。豈是撥無耶。故和尚令人難此義云。法性之中。有因果耶。無因果耶。若法性中。有因果者。應非法性。以法性中無因果故。又令答云。無因果也。

문 그렇다면 근본의 들어감(根本入) 중에 펼친 바 아홉 개의 들어감(九入)이 근본을 만족시키지 않는가?

답 만족시킨다.

문 만약 그렇다면 어째서 인과가 없다고 하는가?

답 그대가 집착하는 바 포섭(攝)과 생각하고 헤아림(思議) 등으로 저 (근본의 들어감을) 만족시킬 수 있는 것이 아니다. 다만 낱낱의 들어감(入入)이 저 근본을 만족시킨다. 이런 까닭에 그것에 인과가 없는 것이다. 만약 낱낱의 들어감을 기준으로 하여 포섭과 생각하고 헤아림 등을 따라서 알음알이를 낸다면 수승함과 열등함의 인과의 지위가 있기 때문에 이는 동교이다. 만약 포섭 등을 기준으로 하여 낱낱의 들어감에 따라서 알음알이를 낸다면 성性이 중도에 있어서 수승함과 열등함의 인과가 없으나 또한 동교이다. 만약 낱낱의 들어감을 제외하고 다만 포섭과 생각하고 헤아림 등을 기준으로 하면 곧 삼승별교이다. 만약 바로 근본의 들어감을 기준으로 한다면 일승별교이다. 이 세 가지 뜻을 기준으로 하여 도인의 뜻을 나타내며, 또한 『화엄대경』에 많은 뜻을 갖추고 있음도 나타낸다.

問。然則。根本入中。所開九入。不滿本耶。答。滿也。問。若尒。何云無因果耶。答。非汝所執攝思議等能滿彼也。但是入入能滿彼□。[1] 是故於彼。無因果也。若約入入。隨攝思議等而生解。則有勝劣因果之位故。是同教。若約攝等隨於入入而生解。則有性在中道。無勝劣之因果。亦是同教。若除入入。但約攝思議等。卽是三乘別教。若直約根本入。則是一乘別教也。約此三義。以現印義。亦現大經具含多義。

1) ㉧ 저본에는 □의 글자가 마멸되어 있다. 을본에는 '本'으로 되어 있다. ㉰ 高에는 '本'으로 되어 있다.

대 기

『대기』에 이른다. '어째서 글자 중에 굴곡이 많은가? 삼승의 근기와 욕망 등을 드러내고자'라고 한 것은, 실제를 기준으로 하면 글자 중의 굴곡은 삼도三途와 인·천人天에도 통한다. 그러나 글자는 알음알이를 내는 말(詮)이기 때문에 우선 알음알이의 가르침(教相)이 나타남을 기준으로 해서, 다만 '삼승의 근기와 욕망'이라고 했을 뿐이다.

'어째서 시작과 끝의 두 글자를 한가운데에 두었는가' 등이란 (다음과 같다.) '법法' 자는 원인이고 '불佛' 자는 결과이니 일승과 삼승에 통한다. 삼승의 앞과 뒤의 인과가 곧 법성의 덕용이며 성이 중도에 있음을 나타내고자 하는 까닭에 처음과 끝의 두 글자를 한가운데에 둔 것이다.

大記云。何故字中多有屈曲。現三乘根欲等者。約實則字中屈曲。通於三途人天。然而字者。是生解之詮故。且約解敎相現。但云三乘根欲耳。何故始終兩字安置當中等者。法字是因。佛字是果。通一乘三乘也。欲現三乘之前後因果。卽是法性德用。性在中道故。以始終二字。安置當中也。

문 만약 그렇다면 오직 삼승의 인과만을 기준으로 하여 논한 것인데 어째서 인과가 일승에도 통한다고 하는가?

답 만약 실제의 도리를 기준으로 한다면 모든 법이 각각 스스로 여여한 지위에 머물러 본래 움직이지 않는다. 그러나 삼승의 사람은 오직 앞과 뒤만을 보지만 일승은 그렇지 아니하여 필요에 따라서 자재하다. 이런 까닭에 앞과 뒤의 인과를 기준으로 하여 성性이 중도에 있다는 뜻이 일승에 있음을 나타내기 때문에 일승에도 통한다고 한 것이다.

問。若尒。唯約三乘因果而論。何云因果通一乘耶。答。若約實道理。諸法各各。住自如位。本來不動。然三乘之人。唯見前後。一乘不尒。隨須自在。是故約前後因果。現性在中道之義在於一乘故。云通一乘也。

'법성의 집(法性家)'은 두 가지가 있다. 말하자면 증분의 법성과 머무름 없는 별교의 법성이다. 실상과 총상과 법신과 중도 등도 또한 두 가지 뜻에 통한다. 시설문 중에는 증분과 교분을 나누어 보이는 뜻이 있고 일승과 삼승을 나누어 보이는 뜻이 있다. 그래서 인과가 일승과 삼승에 통하고 법성이 증분과 교분에 통한다고 한 것이다.

法性家者。有二。謂訂*分之法性。及無住別教之法性也。實相摠相法身中道等。亦通二義也。施設門中。有分示訂*教之義。有分示一乘三乘之義。故云因果通一乘三乘。法性通訂*分敎分。

진수기

『진기』에 이른다. '법성의 집(法性家)'이란 오늘의 연緣 중에 일어난 법을 기준으로 하면 증분과 연기분의 법성이 된다. 혹은 증분과 교분을 나누지 않는 중도라야 비로소 법성의 집이 된다고 한다.

眞記云。法性家者。約今日緣中所起之法。爲訂*分及緣起分之法性也。或云訂*敎不分之中道。方爲法性家也。

1) 법계도인法界圖印 上云因果至無有前後

'위에서 이르기를, 원인과 결과가'부터 '앞과 뒤가 없다'까지[38]

上云因果至無有前後

법융기

『법기』에 이른다. "위에서 이르기를, '원인과 결과가 같지 않다.'라고 하고" 내지 '그 뜻이 무엇인가' 등이란 (다음과 같다.) 이 질문을 일으킨 뜻은, 앞에서 "수행의 방편을 기준으로 하여 원인과 결과가 같지 않음을 드러낸다."라고 하고, 다음에 또 이르기를, "원인과 결과의 두 자리가 법성의 집 안의 진실한 덕용德用이며, 성性이 중도에 있음을 나타내기 때문이다."라고 하니, 이 뜻을 알지 못해서 이와 같이 물은 것이다.

法記云。上云因果不同乃至其義云何等者。起此問意。前云。約修行方便。

38 『총수록』(H6, 795c21). 이에 해당하는 『일승법계도』 원문은 H2, 1b23~2a5; H6, 791c2~792a7.

現因果不同。而次又云。因果兩位。法性家內。眞實德用。性在中道故。未知此意。如是問也。

문 앞에서 도인의 모습을 마침에 다시 별다른 질문이 없었는데, 무슨 까닭에 이 중에 글자의 모습을 풀이하고서 또다시 이 질문과 대답을 시설하는가?

답 그 도인의 길은 글자의 모습을 따라서 그린 것이기 때문에 글자의 모습을 자세히 풀이하면 도인의 모습을 이해할 수 있기 때문이다.

問。前印相終。更無別問。何故此中釋字相已。更復設此問答耶。答。其印道。則隨字相而畫故。委釋字相。則可解印相故也。

대 기

『대기』에 이른다. '천친 논주가 육상의 방편으로써 뜻을 세운 등에 의거하면'이란 (다음과 같다.) 부처님이 네 가지 보살행의 글(四種菩薩行文)[39]에서 육상의 뜻을 나타내신 것은, 만약 모든 보살이 법의 체體에 들어가고자 한다면 반드시 육상으로써 그 마음을 원융하게 단련하여야 비로소 들어갈 수 있기 때문이다. 논주는 부처님의 뜻을 얻었기 때문에 열 가지 들어가는(十入) 곳에서 육상 방편을 밝혀서 삼승의 포섭의 들어감(攝入) 등은 삼현이고 내지 부처님으로서 다함의 들어감(佛盡入)은 부처님의 과위이니 이와 같이 차례로 거듭 더욱 수승해진다는 집착을 다스리니, 그 포섭의 들어감 등 아홉 가지 들어감이 근본의 들어감에 들어맞으면 수승함

39 네 가지 보살행의 글(四種菩薩行文) : 『화엄경』「십지품」과 『십지경』의 십대원 중 육상의 명목이 나오는 제4원을 가리키는 것으로 보인다. 이 제4원은 바라밀을 육상의 방법으로 행하여 중생의 마음이 증장되기를 원하는 것이다.(T9, 545b25~c3; T10, 181c23~28; T26, 139a14~20)

과 열등함이 없음을 나타낸 것이다. 그러므로 옛말에 이르기를, "천친보살이 열 가지 들어가는(十入) 곳에서 육상을 밝히는 날에 비로소 부처님의 은혜를 갚았다."라고 하였다. (의상) 화상이 이 논주의 뜻을 얻었기 때문에 "천친 논주가 뜻을 세운 분제分齊에 의거하면, 그 도리에 준하여 삼승의 앞과 뒤의 인과가 성품이 중도에 있는 이유를 알 수 있을 것이다."라고 하였다.

大記云。依天親論主。以六相方便。立義等者。佛於四種菩薩行文。現六相意者。若諸菩薩。欲入法體。要以六相融鍊其心。方可得入故也。論主得佛意故。於十入處。明六相方便。以治三乘。攝入等是三賢。乃至佛盡入是佛果。如是次弟。* 轉勝之執。現其攝等九入。稱根本入。無勝劣也。故古辭云。天親菩薩。於十入處。明六相日。始報佛恩也。和尚得此論主意故云。依天親論主立義分齊。准其道理。則三乘之前後因果。性在中道所由可解也。

이 육상방편의 말을 기준으로 하여 융질 대덕(融質德)[40]이 이르기를, "육상이란 오직 교문敎門의 시설일 뿐이니 법의 체에 있어서는 관련된 바가 없다. 그래서 방편이라고 말하는 것이다. 그러므로 (의상) 화상이 이르기를 '법성의 집에 들어가는 중요한 문이며, 다라니의 곳집(藏)을 여는 좋은 열쇠'[41]라고 한 것이다. 법장(康藏) 스님은 이르기를 '이 방편으로써 일승을 깨닫는다'[42]라고 하고, 또 '4구四句와 육상[43]이 함께 법에 들어가는 방편이

40 융질 대덕(融質德) : 『대기』의 이곳 인용문 외에 균여의 『십구장원통기』에 8회 정도 인용되고 있다. 이를 통해 융질이 법융의 『십구장』에 주석을 가했던 것을 알 수 있으며 따라서 9세기 전반 이후에 활동했던 의상계 화엄학승으로 추정된다.

41 『일승법계도』(H2, 7c9~10 ; H6, 831c5).

42 법장, 『화엄일승교의분제장』「의리분제장」(T45, 509a3)에서 육상원융을 설하는 마지막 구절이다. 이 구절은 「육상송」으로 불린다. 지엄이 지은 「육상송」 또는 『육상장』의 일부분이라고 전해지기도 한다. 상권 2 각주 61) 참조.

된다. 이상.'[44]라고 하였으니, 다만 능히 설하는(能詮) 교문의 방편임을 안다."라고 하였다.

約此六相方便之言。融質德云。六相者。唯是教門施設耳。於法體上。無所關也。故言方便也。故和尚云。入法性家之要門。開陁羅尼藏好鑰匙。康藏云。以此方便會一乘。又云。四句與六相。俱爲入法方便。已上。故知但是能詮教門之方便也。

사유 대덕(思惟德)[45]은 이르기를, "육상이란 다만 법의 체의 교묘한 모습을 모아 이룬 것에 근거하여 방편이라고 이름할 뿐이니, 이 외에 다시 들어갈 바 법의 체는 없다. 그러므로 (의상) 화상은 '모든 연緣으로 생겨난 법이 육상으로 이루어지지 않음이 없다'[46]라고 하고, 또 '육상이란 연기의 무분별한 도리를 바르게 나타내는 것'[47]이라 하며, 내지 '이 이법(理)인 까닭에 다라니법은 주主와 반伴이 서로 이룬다'[48]라고 하였다. 강장 스님은 이르기를, '네 번째는 모아 이룬 방편이니 모든 법의 동일한 체體의 교묘한 모습을 모아 이루기 때문에 방편이라고 이름한다. 『지론智論』에 이르기

43 4구四句와 육상 : 법장은 『화엄일승교의분제장』「義理分齊」 중 두 번째, '연기인문육의緣起因門六義'에 대해서 4구와 육상을 이용하여 설명한다. 육상은 총·별·동·이·성·괴의 육상이다. 4구는 체體를 기준으로 할 때와 작용(用)을 기준으로 할 때의 두 가지로 구분한다. 전자는 있음(有)·없음(無)·있기도 하고 없기도 함(亦有亦無)·있지도 않고 없지도 않음(非有非無)의 4구이며 후자는 자기에 의해 생기는 것이 아님(不自生也)·남에 의해 생기는 것이 아님(不他生也)·둘 모두에 의해 생기는 것이 아님(不共生也)·원인 없이 생기는 것이 아님(非無因生也)의 4구이다. 『화엄일승교의분제장』(T45, 502b17~28).

44 법장, 『화엄일승교의분제장』(T45, 503a7~8).

45 사유 대덕(思惟德) : 『일승법계도』에 대하여 해석을 가한 것으로 보아 의상계 화엄학승으로 추정된다.

46 『일승법계도』(H2, 1c12; H6, 791c15~16).

47 『일승법계도』(H2, 2b23~24; H6, 792c4~5).

48 『일승법계도』(H2, 2c8~9; H6, 792c13~14).

를, "이 법이 훌륭하고 교묘하게 모아 이루기 때문에 방편이라 이름한다. 이상."[49]라 한다'[50]고 하였다. 그러므로 다만 설해지는 법의 체를 기준으로 하여 방편이라 함을 안다."라고 하였다.

思惟德云。六相者。但約法體巧相集成。名方便耳。此外更無所入法體也。故和尚云。一切緣生法。無不六相成。又云。六相者。正現緣起無分別理。乃至云。以此理故。陁羅尼法。主伴相成。康藏云。弟*四集成方便。諸法同體巧相集成故名方便。智論云。此法善巧集成。故名方便。已上。故知但約所詮法體爲方便也。

풀이하여 말하면[51] 이 위의 두 가지 설은 만약 치우쳐 집착하면 둘 모두 허물이 있다. 말하자면 각각 한 모퉁이에 막혀 있어서 이치에 합당하지 않기 때문이다. 만약 도리에 의거하면 각각 의지하는 바가 있어서 두 가지 설이 모두 옳다. 무엇인가? (육상은) 만약 동교에서라면 고정되어 집착하는 견해를 깨뜨리기 때문에 다만 교문敎門의 법에 들어가는 방편이다. 만약 별교에서라면 바로 법의 체를 밝히기 때문에 곧 원융한 법의 훌륭하고 교묘하게 모아 이루는 방편이다.

---

49 『십지경론』(K15, 4b16~17; T26, 125b19), "此法善巧成。是故名方便。"

50 법장(康藏)의 설로 인용되는 이 구절은 현존하는 법장의 문헌에는 보이지 않는다. 다만 '집성방편'과 관련된 논의는 『화엄경탐현기』 가운데 「십지품」 주석 부분에서 법장은 방편을 네 가지가 아닌 '발기방편發起方便'·'무주방편無住方便'·'집성방편集成方便'의 세 가지로 구분하여 설명한다.(T35, 283c26~284a2) 집성방편을 포함하여 방편을 네 가지로 설명하는 것은 정영사 혜원의 저술에 다수 보인다. 『대승의장』(T44, 766a10~17), "四集成方便。諸法同體巧相集成。一備一切一切成一。故曰方便。故地經中說六相門以爲方便。又彼論言。此法巧成名方便矣。", 「十地經論義記」(卍71, 307a13~16), "四集成方便。如下第四大願中說。彼說六相以爲方便。諸法同體巧相集成。故名方便。今據第四故。言此法善巧成故名方便矣。"

51 육상방편에 대해서 융질 대덕과 사유 대덕이 언급한 두 가지 설에 대한 『대기』의 풀이이다.

解云。此上二說。若偏執。則二俱有過。謂各滯一隅。不當理故。若據道理。各有所憑。二說俱是。何者。如同敎中。破定執見故。只是敎門入法方便也。若別敎中。直明法體故。卽是圓融之法。善巧集成方便也。

'일승과 삼승이 주主와 반伴을 서로 이룬다'란, 머무름 없는 별교는 주主이고 달리 집착하는 삼승은 권속으로서 반伴이다. 이 가운데 주主와 반伴의 법의 체를 세우는 까닭에 주主와 반伴의 모습을 이룬다는 것이다.

문 만약 그렇다면 무엇 때문에 아래에서는 주主와 반伴이 서로 돕는다고 하는가?

답 주主와 반伴의 법을 세우고 나서 그 달리 집착하는 삼승인 반伴으로 하여금 인연과 연기 등의 삼관[52]을 익혀서 그 마음을 수련하게 하기 때문이다. 흘러나오는 것(所流)으로서 삼승인 반伴은 성기性起의 다음에 이르러 머무름 없는 별교인 주主와 서로 도와서, 두렷이 밝은 주主와 반伴을 이루기 때문이다.

一乘三乘。主伴相成者。無住別敎是主。別執三乘是眷屬伴。此中立主伴法體故。云成主伴相也。問。若尒。何故下云主伴相資耶。答。立主伴法已。令其別執三乘之伴。習因緣緣起等三觀。修鍊其心故。所流三乘之伴。至於性起之後際。與無住別敎之主相資。得成圓明主伴故也。

법융기

『법기』에 이른다. '주主와 반伴이 서로 이루어 법의 분제를 나타낸다'는 것은 (다음과 같다.) 다른 곳의 삼승은 다만 권속일 뿐이며 반伴이 될 수

52 『대기』(H6, 800c5~17)는 아래 부분에서 삼관을 인연·연기·성기의 삼관으로 밝히고 있다.

없으나, 이 가운데의 뜻은 도인의 원만함은 일승이기 때문에 주主이고, 오십사각은 삼승이기 때문에 반伴이다. 모든 각을 말미암기 때문에 도인의 원만함을 이루고, 도인의 원만함을 말미암기 때문에 모든 각을 이룬다. 이런 까닭에 일승과 삼승이 서로 이루는 것이다. 그 하나하나의 각이 도인의 원만함을 온전히 다한다는 것은 나타난 바의 분제이다.

法記云。主伴相成。現法分齊者。餘處三乘。但是眷屬。不得爲伴。此中意者。印圓則一乘故。是主。五十四角。則三乘故。是伴也。由諸角故。得成印圓。由印圓故。得成諸角。是故一乘三乘。互相成也。其一一角。全盡印圓者。是所現分齊也。

대 기

『대기』에 이른다. 육상이란 총상과 별상 둘은 법의 다함없음을 드러내고, 동상과 이상 둘은 법의 걸림 없음을 나타내며, 성상과 괴상 둘은 법의 곁이 없음을 보인다. 일승의 법의 뜻은 이 셋을 벗어나지 않는다. 만약 개별적으로 풀이하면 총상은 머무름 없는 법의 자체를 바로 표방하고, 별상은 머무름 없는 총상의 다함없음을 가리키며, 동상은 다함없음의 걸림 없음을 나타내고, 이상은 걸림 없음의 어긋남 없음을 풀이하며, 성상은 어긋남 없음의 곁이 없음을 보이고, 괴상은 곁이 없음의 움직이지 않음을 나타낸다.

大記云。六相者。揔別二相。表法無盡。同異二相。現法無㝵。成壞二相。示法無側。一乘法義。不出此三也。若別釋者。揔相直標無住法之自體。別相指無住揔之無盡。同相現無盡之無㝵。異相釋無㝵之無違。成相示無違之無側。壞相表無側之不動也。

문 머무름 없는 법의 자체는 무엇인가?

답 법계의 법이 합해서 한 몸이 된 것이 이것이다.

문 법계의 법이 움직이기 때문에 한 몸을 이룸이 되는가?

답 다만 움직이지 않음을 말미암아 한 몸을 이룬다. 만약 이 하나의 집을 기준으로 하여 논한다면, 서까래 등의 모든 연이 각자 움직이지 않아야 비로소 하나의 총상인 집을 이룰 수 있다.

문 '별상은 다함없음을 나타낸다' 등은 무엇인가?

답 별상은 서까래 등의 모든 연이 각각 다르므로 하나의 총상인 집 가운데 하나가 아닌 덕을 나타내기 때문에, "별상은 총상의 다함없음을 가리킨다."라고 한 것이다.

問。無住法之自體云何。答。法界之法。混爲一身是。問。法界之法。爲是動故。成一身耶。答。只由不動。成一身耳。若約此一堂論。則椽等諸緣。各自不動。方得成一摠相堂耳。問。別相表無盡等者。何耶。答。別相者。椽等諸緣。各差別故。現一摠相堂中非一之德故。云別相指摠相之無盡也。

서까래 등의 연 가운데 동상이 필요하면 곧 일장 이척(丈二)의 서까래가 이십 보二十步[53]의 집에 칭합하고 다른 연 또한 그러하다. 그러므로 "동상은 다함없음의 걸림 없음을 나타낸다."라고 한 것이다. 또 이 연 가운데 이상이 필요하면 곧 일장 이척의 서까래가 비록 이십 보의 집에 칭합하나 스스로 일장 이척(丈二)의 자리를 움직이지 않으며 다른 연 또한 그러하다. 그러므로 "이상은 걸림 없음의 어긋남 없음을 밝힌다."라고 한 것이다.

53 보步 : 토지 및 건물 넓이의 단위를 나타내는 말. 1보는 여섯 자 제곱으로 약 3.3m^{2}이다. 이는 1평에 해당되므로 20보는 20평가량 된다.

椽等緣中須同相。則丈二之椽。稱二十步堂。餘緣亦尒。故云同相現無盡之無碍也。又此緣中須異相。則丈二之椽。雖稱於二十步堂。而不動自丈二位。餘緣亦尒。故云異相明無碍之無違也。

그 일장 이척(丈二)의 서까래가 이 집을 이룸을 볼 때 곁에 다른 연이 없으므로 이 하나의 서까래가 곧 곁이 없으며 다른 연 또한 그러하다. 그러므로 "성상은 어긋남 없음의 곁이 없음을 보인다."라고 한 것이다.

무너지는 것(壞)은 이루어지는 곳에서 무너지는 것이다. 그러므로 "괴상은 곁이 없음의 움직이지 않음을 나타낸다."라고 한 것이다.

見其丈二椽之成此堂時。側無餘緣故。此一椽卽是無側。餘緣亦尒。故云成相示無違之無側也。壞於成處壞。故云壞相表無側之不動也。

문 무슨 까닭에 오직 여섯이며 많지도 않고 적지도 않은가?

답 총상과 별상의 한 쌍은 상근기가 들어가고, 동상과 이상의 한 쌍은 중근기가 들어가며, 성상과 괴상의 한 쌍은 하근기가 들어간다. 진실로 하근기는 동상과 이상 가운데 총상을 얻을 수 없기 때문에 줄어서 넷이나 다섯에 이르지 않는다. 비록 하근기라도 두루 성상과 괴상을 배운다면 반드시 총상에 들어가기 때문에 늘어나서 일곱이나 여덟에 이르지 않는다.

問。何故唯六。不多不小。答。惣別一對。上根得入。同異一對。中根得入。成壞一對。下根得入。良以下根。於同異中。不能得惣故。不減至四五也。雖是下根。歷學成壞。必得入惣故。不增至七八也。

강장 스님은 이르기를, "총상은 하나가 많은 덕을 포함하기 때문이다. 별상은 많은 덕이 하나가 아니기 때문이며, 별이 총에 의지하되 그 총을 만족시키기 때문이다. 이상."[54]라고 하였다.

문 "하나가 많은 덕을 포함한다."란 총과 총으로서의 많은 덕인가, 별과 별로서의 많은 덕인가?

답 두 뜻을 함께 얻는다. 말하자면 별을 잡아서 총을 이루기 때문에 '별과 별로서의 많은 덕'이라고 하는 것도 또한 얻는다. 그러나 그 총 가운데 갖춘 바 별로서의 덕이 하나하나가 모두 총을 온전히 다하기 때문에 '총과 총으로서의 많은 덕'이라고 하는 것도 또한 얻는다.

康藏云。惣相者一含多德故。別相者多德非一故。別依止惣滿彼惣故。已上。問。一含多德者。惣惣多德。別別多德。答二[1)]義俱得。謂攬別成惣故。云別別多德亦得。然其惣中所具別德。一一皆全盡惣故。云惣惣多德亦得。

1) ㉯ 을본에는 '二'가 '一一'로 되어 있다.

문 만약 그렇다면 마땅히 다함없는 총을 세워야 하는가?

답 비록 '많은 덕'이라고 하지만 하나 밖의 많음이 아니기 때문에 이 어려움은 없다.

문 이미 이르기를, "총상은 하나가 많은 덕을 포함하기 때문이다."라고 했으니, 포함되는 많은 덕이 포함하는 하나와 뜻의 문이 각각 다를 것인데 어째서 하나 밖의 많음이 아니라고 하는가?

답 다만 그 많은 덕이 합해지는 곳을 지목하여 포함하는 하나의 총이라고 했을 뿐이다. 이런 까닭에 하나 밖의 많음, 많음 밖의 하나가 아닌 것이다.

54 법장, 『화엄일승교분기』(T45, 507c6~7), "總相者。一舍多德故。別相者。多德非一故。別依比總滿彼總故。" 교감주에서 이본에는 '舍'가 '含'으로, '比'가 '止'로 되어 있다고 밝히고 있다.

問。若尒。應立無盡惣耶。答。雖云多德。非是一外之多故。無此難也。問。既云惣相者一含多德故。所含多德與能含一義門。各異。何云非是一外之多耶。答。但其多德合處。目爲能含一惣耳。是故非是一外之多。多外之一也。

'별이 총에 의지하되 그 총을 만족시킨다'란,

문 만약 종류로써 각각 육상을 나누면 총상·동상·성상이 한 가지가 되며, 별상·이상·괴상이 한 가지가 된다. 이미 총상과 한 종류이므로 동상에는 총상과 동일한 뜻이 있고, 성상에는 총상을 성립시키는 뜻이 있으나, 무슨 까닭에 별상은 이상·괴상과 한 종류인데 총상을 만족시키는 뜻이 있는가?

답 만약 총상을 얻는다면 별상을 필요로 하지 않는다. 다만 아직 (총상을) 얻지 못한 근기에게 총상을 보여주고자 하기 때문에 (별상을) 연 것이다. 별상을 열 때 총상의 뜻이 이미 나타난다. 이런 까닭에 별상 중에 총상을 만족시키는 뜻이 있는 것이다.

문 만족시킴에 이르는가, 이르지 않는가?

답 만족시킴에 이른다.

문 이것은 별상을 해석하는 뜻이기 때문에 마땅히 본래의 총상을 만족시킴에 이르지 않아야 하는데 어째서 이른다고 하는가?

답 이미 총을 나눌 때 총을 여는 것을 말미암은 까닭에 저 별의 덕을 나타내니 도리어 별로써 총을 만족시킬 때 만족시킴에 이르는 것이다.

別依止惣。滿彼惣者。問。若以類各分六相。則惣同成爲一際。別異壞爲一際也。既與惣爲一類故。同有同惣義。成有成惣義。何故別相與異壞爲一類。而有滿惣之義耶。答。若得惣相。不須別相。但於未得機中。欲示惣相故開也。開別之時。惣義已現。是故別中有滿惣義。問。及滿耶。不及耶。答。

及滿也。問。此是別相釋義故。應不及滿本惣。何云及耶。答。旣分惣之時。由開惣故。現彼別德。還以別滿惣之時。及滿也。

문 만약 그렇다면 총 가운데 별의 모양이 있는가?

답 없다. 무엇인가? 본래 별의 모습이 없는 총 가운데 연 바이기 때문에 비록 그 별상이 본래의 총을 만족시킴에 이르더라도 총 가운데 별의 모습이 없다.

문 만약 그렇다면 삼승에서 차별의 세속을 없애고 평등의 진실로 돌아가는 것과는 어떻게 다른가?

답 일승 가운데 분별은 온전히 무분별이며 무분별이 온전히 분별이다. 분별을 없애야만 비로소 무분별에 돌아가는 것은 아니다. 이런 까닭에 다르다.

問。若尒。惣中有別皃耶。答。無也。何者。本於無別皃之惣中。所開故。雖其別相。及滿本惣。惣中無別皃也。問。若尒。與三乘泯差別俗歸平等眞。何異耶。答。一乘中。分別全無分別。無分別全分別。非泯分別方歸無分別。是故異也。

동상同相이란 총의 덕을 나타내 보이고자 별상을 열었으나 이미 별상을 열고 나서, 어떤 미혹한 사람이 그 별상이 총과 전혀 다르다고 할 것을 염려하는 까닭에, 그로 하여금 그 별상이 총과 온전히 같음을 알게 하기 위하여 별상 다음에 동상을 밝힌 것이다. 동同에 많은 뜻이 있으니 말하자면 상동·하동과 내동·외동이다. 만약 이 집을 기준으로 하여 논하면 모든 연이 총인 집과 같은 것은 상동이고, 총인 집이 모든 연과 같은 것은 하동이다. 상동 가운데 나아가 모든 연이 집과 같은 것은 안으로 향하는 동(內向同)이고, 모든 연이 서로 바라보아 집을 이루는 힘의 뜻이 가지런히 같은 것은 밖으로 향하는 동(外向同)이다. 또 분동分同과 만동滿同의 두 가지 뜻이 있다. 말하자면 한 척(一尺)의 기와가 한 척의 힘을 내어서 이십 보二十步의 집과 같은 것은 분동이고, 한 척의 기와가 이십 보의 힘을 내어서 이십 보의 집과 같은 것은 만동이다.

同相者。欲現惣德故。開別相。旣開別已。恐有惑人謂其別相迴別於惣故。欲令其知彼別相全同於惣故。於別相之次。明同相也。同有多義。謂上同下同。內同外同。若約此舍論者。諸緣同於惣舍者上同。惣舍同於諸緣者下同。就上同中。諸緣同於舍者。內向同。諸緣相望。成舍力義齊同者。外向同也。又有分同滿同二義。謂一尺之瓦。出一尺之力。同於二十步堂者分同。一尺瓦。出二十步力。同於二十步堂者滿同也。

이상異相은 그 능히 이루는 모든 연의 모습과 종류가 다르고, 각각의 자리가 움직이지 않는 뜻을 보이는 것이다.

문 만약 실제로 다르다면 마땅히 같지 않은 것인가?

답 다만 다름을 말미암기 때문에 같음의 뜻이 있을 수 있다. 만약 다르지 않다면, 기와가 이미 한 척이면 서까래 또한 한 척이어서 본래 연의 자리에서 어긋나 앞의 가지런히 같이 집을 짓는 뜻을 잃는다.

異相者。示其能成諸緣形類差別各位不動之義也。問。若實異者。應非同耶。答。只由異故。得有同義。若不異者。瓦旣一尺。椽亦一尺。違本緣位。失前齊同作舍之義。

문 만약 그렇다면 한 척의 기와가 이십 보의 힘을 내서 이십 보의 집과 같아지고 서까래 또한 이와 같다면, 이 또한 어찌 본래의 연의 자리를 잃는 것이 아니겠는가?

답 기와가 만약 자신의 한 척의 자리를 움직여서 서까래의 일장 이척(二丈)의 자리와 같아지고, 그런 후에 이십 보의 힘을 내며, 서까래 또한 이와 같다면, 마땅히 본래의 자리를 잃는 것이다. 기와가 스스로 본래의 한 척의 자리를 움직이지 않고 서까래 또한 일장 이척의 자리를 움직이지 아니하되 각각 이십 보의 힘을 내어서 집과 같기 때문에, 비록 함께 이십 보의 힘을 내더라도 기와는 일장 이척이 아니고 서까래는 한 척이 아니라, 각각 스스로의 자리에 머무르는 까닭에 어긋나지 않는다.

問。若爾。一尺之瓦。出二十步力。同於二十步堂。椽亦如是者。此亦豈非失本緣位耶。答。瓦若動自一尺之位。同於椽之丈二之位。然後出二十步力。椽亦如是者。應失本位。瓦自不動本一尺位。椽亦不動丈二之位。而各出二十步力。同於堂故。雖並出二十步力。瓦非丈二。椽非一尺。各住自位故。不違也。

성상成相은 짓지 않음의 지음을 밝히는 것이다. 말하자면 모든 연 등이 각각의 자리를 움직이지 않고 집을 이루는 것이다. 앞의 동상에서는 서까래 등의 모든 연이 서로 바라보고 서로 거두어서 집을 이루는 힘의 뜻이 가지런히 같다. 또 서까래 등의 모든 연이 총을 바라봄을 기준으로 하면 집이 서까래를 거느리고, 총이 연을 바라보면 서까래가 집을 거느린다. 그런 까닭에 (동상에) 서로 바라보고 서로 거두며 서로 거느리는 뜻이 있는 것이다.

이 성상 중에는 하나의 연을 기준으로 함을 따라서 곧 바로 총이니 상대를 끊고 곁이 없으며 능히 이루는 연 외에 달리 이루어지는 것이 없다. 그러므로 서로 바라보고 서로 거두는 뜻을 설하지 않는다.

成相者。明不作之作。謂諸緣等。各位不動。得成舍也。前同相中。椽等諸緣。相望相攝。成舍力義齊同。又約椽等諸緣望於惣。則舍帶於椽。惣望於緣。則椽帶於舍。故有相望相攝相帶之義。此成相中。隨約一緣。卽正是惣。絶待無側。能成緣外。無別所成。是故不說相望相攝之義。

괴상壞相은 지음의 짓지 않음을 밝힌다. 말하자면 서까래 등의 모든 연이 각각 자기의 법에 머물러서 본래 움직이지 않는다.

문 이 가운데 움직이지 않음이 앞의 이상 가운데 움직이지 않음과 어떻게 다른가?

답 앞의 이상에서는 자리(位)가 움직이지 않기 때문에 기와의 한 척의 자리가 서까래의 일장 이척의 자리와 더불어 각각 비록 움직이지 아니하되 서로 바라보는 뜻이 있다. 이 가운데는 체가 움직이지 않기 때문에 법과 법이 각각 서로 알지 못한다. 성상의 집을 기준으로 모든 연에 대해서 물어보기를 기둥이 (집을) 이루는가, 내지 기와가 이루는가라고, 이같이 두루 물어보아도 한 물건도 그 집을 이루는 것이 없다. 이와 같으므로 성상의 집이 구경이다. 곧 짓되 짓지 않기 때문에 괴상이 곧 성립되며, 없어지고 무너짐의 괴상은 아니다.

壞相者。明作之不作。謂椽等諸緣。各住自法。本來不動也。問。此中不動。與前異相中不動。何別。答。前異相中。位不動故。瓦一尺位。與椽丈二位。各雖不動。而有相望之義。此中體不動故。法法各各。不相知也。約成相堂。詰於諸緣。柱成耶。乃至瓦成耶。如是遍詰。無有一物成彼堂。由如是故。成相堂究竟也。卽作而不作故。壞相卽成。非滅壞之壞也。

고기

'고기'에 이른다.

문 옛 대덕이 이르기를, "인연의 집은 지으면 이루어지고 짓지 않으면 이루어지지 않는다. 연기의 집은 지으면 이루어지지 않고 짓지 않으면 이루어진다."라고 하였다. 이 뜻이 무엇인가?

답 동상의 집은 지음이 있는 지음이고 성상의 집은 지음이 없는 지음이기 때문이다. 동상과 성상을 상대하여 설하면 동상은 연기가 앞에 나타나는 뜻이고 성상은 연기가 자성이 없는 뜻이다. 성상과 괴상을 상대하여 설하면 성상은 짓지 않음의 지음이기 때문에 자성이 없는 연기의 뜻이고, 괴상은 지음의 짓지 않음이기 때문에 연기가 자성이 없는 뜻이다.

古記云。問。古德云。因緣堂。作則得成。不作則不得成。緣起堂。作則不得成。不作則得成。此義云何。答。同相舍。有作之作。成相舍。無作之作故也。同相成相相對說。則同相者。緣起現前義。成相者。緣起無性義。成相壞相相對說。則成相者。不作之作故。無性緣起義。壞相者。作之不作故。緣起無性義也。

옛말(古辭)에 이르기를, "주춧돌로부터 시작해서 들보 위의 기와를 마쳐야 비로소 온전한 집을 세우는 것은 변계의 집이다. 도끼를 쥐고 나무를 찍음에 한 번 한 번 찍음을 따라서 온전한 집을 세우는 것은 인연의 집이다. 도끼가 나무를 내려찍지 않고 나무가 도끼에 찍히지 않아도 온전한 집을 세우는 것은 연기의 집이다. 나무의 싹이 푸를 때 온전한 집을 세우는 것은 성기의 집이다. 성기에 나아가 나무의 종자를 심을 때 온전한 집을 세우는 것은 머무름 없음의 집이다. 종자가 곧 참 (집)인 것은 실상의 집이다."라고 하였다.

古辭云。始從柱底石。終梁上瓦。方立全舍者。遍計堂。荷斧打木。隨一一打。立全舍者。因緣堂。斧不墮木。木不犯斧。立全舍者。緣起堂。

木芽靑時。立全舍者。性起堂也。就於性起中。木種下時。立全舍者。無住堂。種卽眞者。實相堂也。

강장 스님이 이르기를, "무엇이 집인가? 서까래가 곧 집이다. 무슨 까닭인가? 서까래가 온전히 홀로 집을 짓기 때문이다. 내지 묻는다. 만약 서까래가 온전히 홀로 집을 지을 수 있다면 기와 등이 있지 않아도 또한 마땅히 집을 짓는가? 답한다. 아직 기와 등이 있지 않을 때에는 서까래가 아니기 때문에 짓지 않는다. 이상."[55]라고 하였다.

康藏云。何是舍耶。椽卽是舍。何以故。爲椽全獨能作舍故。乃至問。若椽全獨能作舍者。未有瓦等。亦應作舍。答。未有瓦等時。不是椽故不作。[1] 已上。

1) ㉑ 을본에는 '作'이 '住'로 되어 있다.

문 비록 기와 등이 없어도 서까래임을 분명히 보는데, 무슨 까닭에 기와가 없을 때에는 서까래가 아니라고 하는가?

답 변계의 힐난일 뿐이다. 『화엄대경』에 이르기를, "지혜의 바다가 너르고 가없어서 헤아릴 수 없어 도리어 비방을 늘린다."[56]라고 하니 가히 삼가지 않겠는가? 생멸이 있는 마음으로 실상의 이법을 의심하지 말라. 나의 이 보법에서 인연의 서까래는 스스로 하나의 서까래가 곧 자기 종

55 법장, 『화엄일승교의분제장』(T45, 507c21~508a1), "何者是舍耶。答椽卽是舍。何以故。爲椽全自獨能作舍故。若離於椽。舍卽不成。若得椽時。卽得舍矣。問若椽全自獨作舍者。未有瓦等。亦應作舍。答未有瓦等時。不是椽故不作。"

56 『사십화엄』(K36, 69a12; T10, 717c15~17), "지혜의 바다가 너르고 헤아리기 어려워라. 측량하지 못하여 도리어 비방을 늘린다. 소가 물을 마시면 우유를 이루고 뱀이 물을 마시면 독을 이룬다.(智海廣難量。不測反增謗。牛飮水成乳。蛇飮水成毒。)" 이 경문은 『사십화엄』에만 있으며, 대경大經인 『육십화엄』과 『팔십화엄』에는 해당 구절이 보이지 않는다.

류의 나머지 서까래를 포섭하니, 혹 한 척(一尺)의 기둥머리와 혹 여덟 척의 기둥과 내지 기와·돌·나무를 다듬는 목공, 기와를 굽는 화부 등, 일체의 모든 법을 널리 다 끝까지 거두어서 집을 지어 끝낸 연후에야 비로소 서까래가 되기 때문에 그러한 것이다.

옛사람이 이르기를, "오늘 기둥을 베어서 어제 이미 이루어진 집을 짓고자 한다고 하니, 만약 그렇다면 어제 이미 이루어진 집은 기둥 없이 이루어진 것인가? 이미 이르기를 '오늘 기둥을 베어서 어제 이미 이루어진 집을 짓고자 한다'라고 했으니, 그러므로 어제 이미 이루어진 집이 기둥 없이 이루어진 것이 아님을 안다. 이상."라고 하였다. 그러므로 집이 이루어져야 비로소 기둥이며, 또 집이 이루어져야 비로소 서까래인 것이다.

問。雖無瓦等。現見是椽。何故云無瓦時不是椽耶。答。遍計之難耳。大經云。智海廣無涯。未測返增謗。可不愼哉。毋以有生滅心疑實相理。我此普法。因緣之椽。自是一椽卽攝自類餘椽。若一尺栱。若八尺柱。乃至瓦焉石焉。鍊木之工。燔瓦之父等。一切諸法。普皆攝盡。作舍究竟。然後方得爲是椽故。是以爾也。古人云。今日採柱。欲作昨日已成之舍。若爾。昨日已成之舍。無柱而成耶。旣云今日採柱欲作昨日已成之舍故。知昨日已成之舍非無柱而成矣。已上。是故舍成方是柱。又舍成方是椽也。

진수기

『진기』에 이른다. 이른바 육상이란 (다음과 같다.) 이 가운데 대의大意는 노사나불盧舍那佛[57]이 가장 존귀하고 수승하며 우리들 중생은 가장 비천

57 여기서 노사나盧舍那는 비로자나를 줄인 말로 볼 수 있다. 『진수기』는 신라 하대 『팔십화엄』이 신라에 전래된 이후, 『팔십화엄』에 의거하고 있음을 9회설 인용으로도 알 수

하고 하열하니, 노사나불은 총상이고 중생은 별상이다. 중생의 몸은 따로 자체가 없고 온전히 노사나불의 몸으로 이루어진다. 그러나 지금은 둘이 각각 다른 뜻을 보인다. 남(他)이 아니기 때문에 일어나지 않는다고 하며, 하나가 아니기 때문에 일어난다고 한다. 그래서 강장 스님은 이르기를, "지말은 근본에 의거하여 일어남과 일어나지 않음이 있다."[58]라고 하였다.

眞記云。所謂六相者。此中大意。盧舍那佛最尊勝。我等衆生最卑劣。舍那是惣相。衆生是別相。衆生身者。無別自體。全以舍那身成。然今示二各別義也。不他故云不起。不一故云起也。故康藏云。末依於本。有起不起。

동상은 중생의 몸을 기준으로 하면 다른 사물이 없고 오직 부처님의 몸일 뿐이다. 그러므로 중생의 몸이 저 부처님을 거느리고 있다. 이상은 비록 중생의 몸이 저 부처님의 몸을 거느리고 있으나 능히 거느림을 움직이지 않고 항상 중생인 것이다. 거느림의 뜻을 기준으로 하면 같음(同)이 있나고 하고, 중생의 뜻을 기준으로 하면 다름(異)이 있다고 한다. 그러므로 강장 스님은 이르기를, "저 일어난 지말이 이미 근본을 거느리고 있으니, 이런 까닭에 서로 바라봄에 같음이 있고 다름이 있다."[59]라고 하였다.

同相者。約衆生身。無餘物。唯是佛身。故衆生身帶有彼佛。異相者。雖衆生身帶彼佛身。而不動能帶恒衆生也。約帶義。云有同。約衆生義。云有異也。故康藏云。彼所起末。旣帶於本。是故相望有同有異。

성상은 비천한 중생의 몸이 곧 바로 존귀한 부처님의 몸이니, 털끝만큼

있다. 비로자나불은 노사나불이니 석가모니불과 다르지 않고 원융한 법신불이다.

58 법장, 『화엄경탐현기』(T35, 282b2).

59 법장, 『화엄경탐현기』(T35, 282b2~3).

도 부처님의 몸과 다른 때가 없으므로 저와 같게 하는 것이 아니다. 동상을 관하는 것은 저와 같게 하는 것이고, 성상을 관하는 것은 곧 바로 하나일 뿐인 것이다. 괴상은 법계의 차별 있는 법이 각각 스스로 움직이지 않는 것이니, 곧 중생의 몸 가운데의 진실한 덕용이며 성性이 중도에 있음이니, 곧 바로 하나일 뿐이므로 존재함이 있다고 하고, 각각 스스로 움직이지 않으므로 무너짐(壞)이 있다고 하는 것이다. 그러므로 강장 스님이 이르기를, "저 근본을 거느리는 지말이 이미 근본에 거두어짐이 되니, 이런 까닭에 당체가 존재함이 있고 무너짐이 있다."[60]라고 하였다.

成相者。卑衆生身。卽正尊佛身。無毫末許。與佛身別時。故不令同於彼。同相觀者。令同於彼。成相觀者。卽正一耳。壞相者。法界差別之法。各自不動。卽是衆生身中眞實德用。性在中道也。卽正一耳。故云有存。各自不動故云有壞也。故康藏云。彼帶本之末。旣爲本攝。是故當體有存有壞也。

고기

'고기'에 이른다. 예전에 신림 대덕이 당나라에 들어가 융순 스님에게 나아가서 의문을 지어 질문하기를, "이미 성불했다면 처음부터 범부의 몸을 움직이지 않았다는 것은 무엇입니까?"라고 하니, 융순 스님이 이르기를, "육상 가운데 동상과 이상이 있으니 어찌 어려움이 있겠습니까? 이상."라고 하였다.

古記云。昔林德。入唐就融順師。作難而問。旣已成佛。初初不動凡身何。順云。六相之中。有同異也。有何難哉。已上。

60 법장, 『화엄경탐현기』(T35, 282b3~4), "彼帶本之末旣爲本收。是故當體有存有壞。"

문 어째서 육상이 있기 때문이라고 통틀어 말하지 않고, 다만 특별히 동상과 이상만을 취하여 말하는가?

답 만약 집을 기준으로 하여 말하면 별상은 곧 서까래 등의 모든 연이 총상의 집과 다른 것일 뿐이고, 그 모양과 굴곡, 길고 짧음을 보는 것을 일컫는 것은 아니다. 또 그 괴상이란 다만 모든 연이 각각 자기의 법에 머물러서 본래 짓지 않음을 보는 것이다. 오직 동상과 이상만이 하나의 연을 기준으로 함을 따라서 모든 연을 거두고 거느려서 만족된 집을 이룬다. 힘의 뜻이 가지런히 같으나 기둥은 팔척八尺이고 서까래는 곧 일장 이척(二丈)이며 기와는 일척 남짓(尺餘)이다. 이와 같이 길고 짧은 차별의 지위가 각각 스스로 움직이지 않기 때문에 다만 이 뜻을 취하여 답한 것이다.

問。何不通云有六相故。而但特取同異云耶。答。若約舍云。別則椽等諸緣。別於摠舍而已。非謂見其形曲長短。又其壞者。但見諸緣各住自法本不作耳。唯同異相。隨約一緣。攝帶諸緣。成滿足舍。力義齊同。而柱則八尺。椽則丈二。瓦則尺餘。如是長短差別之位。各自不動故。但取此義而答也。

육상장

『육상장六相章』[61]에 이른다.

---

61 『六相章』:『六相章』의 내용은 「六相頌」이라고도 한다. 법장의 『화엄일승교의분제장』(T45, 508c24~509a3)에 '頌曰'이라 하여 수록되어 있다. 대각 의천大覺義天의 『圓宗文類』에서 "華嚴六相頌。終南山。儼尊者述。義分齊中承用。"이라 하여 법장의 『화엄일승교의분제장』「의리분제」에 보이는 「육상송」이 지엄의 『육상장』에서 발췌된 것으로 기록하고 있음을, 『화엄일승교의분제장』에 대한 후대 주석서인 선희善熹, 『華嚴一乘教義分齊章復古記』(卍58, 369a13~14) 등에서 인용하여 전하고 있다. 이에 의하면 이 「육상송」의 내용은 지엄이 지은 『육상장』의 일부이거나 혹은 전체로 생각할 수 있다. 한편 『총수록』

하나가 곧 많음을 갖춘 것은 총상이라 이름하고
많음이 곧 하나가 아닌 것은 별상이다.
많은 부류가 스스로 같아서 총을 이루고
각각의 체가 달라서 같음을 나타낸다.
하나와 많음의 연기의 이법이 묘하게 이루어지고
무너짐은 자신의 법에 머물러 항상 짓지 않는다.
오직 지혜의 경계이고, 현상에 대한 알음알이(事識)가 아니니
이 방편으로써 일승을 깨닫는다.

六相章云。
一卽具多名摠相。多卽非一是別相。
多類自同成於摠。各體別異現於同。
一多緣起理妙成。壞住自法常不作。
唯智境界非事識。以此方便會一乘。

대 기

『대기』에 이른다. '총상이란 근본인이다. 별상이란 나머지 굴곡들이니 별別이 인印을 의지하되 그 인印을 만족시키기 때문이다'라는 것은, '근본인'은 별을 여읜 총이고, '그 인印을 만족시킨다'는 별을 거느린 총이다. 그러나 비록 두 가지 뜻이 있으나 두 가지 총은 없으니, 이른바 총이란 상대할 별이 없기 때문에 '별別을 여읜다'라고 한 것이다. 그러나 이 별을 여읜 총이 이미 별을 가지고 이루어지기 때문에 '별을 거느린다'라고 한 것이

중 '고기'(H6, 807c23~808a2)와 균여, 『일승법계도원통기』(H4, 15b6~14), 「釋華嚴敎分記圓通鈔」(H4, 15b 등)는 '육상장六相章'이라는 이름으로 법장의 『화엄일승교의분제장』「의리분제장」 가운데 '육상원융의六相圓融義'를 인용하고 있다. 즉 그 당시에는 『화엄일승교의분제장』의 '육상원융의'를 '육상장'이라는 명칭으로도 불렀음을 알 수 있다.

다. 총을 의거하여 별을 여는 것에 부분적으로 여는 것(分開)과 완전히 여는 것(滿開)이 있기 때문에, 완전히 여는 뜻을 기준으로 하여 '그 인印을 만족시킨다'라고 한 것이다.

大記云。揔相者。根本印。別相者。餘屈曲。別依止印。滿彼印故者。根本印者。離別之揔。滿彼印者。帶別之揔也。然雖有二義。而無二揔。所謂揔者無別可對。故云離別。然此離別之揔。旣攬別成。故云帶別耳。依揔開別。有分開滿開故。約滿開之義。云滿彼印也。

문 만약 그렇다면 별 이외에 다시 근본의 총이 없는데 어째서 도인에 의지함과 도인을 만족시킴을 말하는가?

답 실제를 기준으로 하여 말하면, 곧 마땅히 도인에 의지함과 도인을 만족시킴을 말하지 않아야 한다. 그러나 곁이 없음을 깨달아 서로 알지 못하는 곳에 이르게 하기 위한 까닭에, 우선 주체와 대상을 구분하여 이와 같이 말한 것일 뿐이다.

問。若介。別外更無本揔。何云依印與滿印耶。答。約實而言。卽不應云依印滿印。然欲令解無側至不相知處故。且[1]分能所。如是云耳。

1) ㉹ 을본에는 '且'가 '具'로 되어 있다.

'동상이란 인印이기 때문이다'란 모든 굴곡 등이 하나하나가 비록 다르나 한 가지 원만한 도인이기 때문이다. 같음(同)에는 두 가지 뜻이 있다. 말하자면 동등하기 때문에 같음과 하나이기 때문에 같음이다. 동등하기 때문에 같은 것은 육상의 나열된 문의 동상인 까닭에 여러 연이 서로 바라보아 힘의 뜻이 가지런히 같은 것이다. 하나이기 때문에 같은 것은 동상의 한 연이 모든 연을 거두어 다하니 곧 총이다.

同相者。印故者。諸屈曲等。一一雖別。而同是圓印故也。同有二義。謂等故同。一故同也。等故同者。六相列門之同相故。諸緣相望。力義齊同也。一故同者。同相一緣。攝盡諸緣。卽是摠也。

'이상이란 늘어나는 모습이기 때문이다'란 처음의 굴곡과 다음의 굴곡이 각각 달라서 늘어나는 수이기 때문이다. 늘어남에는 두 가지 뜻이 있다. 말하자면 안으로 향하여 늘어남과 밖으로 향하여 늘어남이다. 말하자면 총과 같은 모든 연이 서로 같지 않은 것은 안으로 향하여 늘어남이고, 서로 바라봄에 조화롭게 통하는 모든 연이 서로 같지 않은 것은 밖으로 향하여 늘어남이다.

異相者。增相故者。初曲次曲。各異增數故也。增有二義。謂內向增外向增也。謂同於摠之諸緣。不相是者。內向增。互望和通之諸緣。不相是者。外向增也。

'성상이란 간략히 설하기 때문이다'란 말하자면 모든 굴곡이 합하여 하나의 도인을 이루기 때문이다. 모든 연의 구경의 자리에 이르러서 단지 하나의 연이 곧 바로 총이라고 말하기 때문에 '간략히 설한다'고 한 것이다. '괴상이란 널리 설하기 때문이다'란 모든 굴곡이 각각 머물러서 본래 지음이 없기 때문이다. 모든 연을 두루 살펴서 늘어나지도 않고 줄어들지도 않는 스스로 그러한(自如) 곳에 이르게 하는 까닭에 '널리 설한다'라고 한 것이다.

成相者。略說故者。謂諸屈曲合成一印故也。至於諸緣究竟之際。只言一緣卽正是摠故。云略說也。壞相者廣說故者。諸曲各住。本無爲作故也。遍徵諸緣。令至不增不減自如之處故。云廣說也。

법융기

『법기』에 이른다. '총상이란 근본인이다. 별상이란 나머지 굴곡들이다'라는 것은, 총은 하나가 많은 덕을 포함한 것이고 별은 많은 덕이 하나가 아닌 것이다.

문 '하나'는 무엇이며 '많은 덕'은 무엇인가?

답 법계의 법이 듦을 따라서 곁이 없는 뜻이 '하나'이다. 이 곁이 없는 하나의 다함없는 뜻이 '많은 덕'이다.

문 곁이 없는 하나의 다함없는 뜻을 어떻게 보는가?

답 우선 이 연緣으로 이루어진 하나의 집을 기준으로 하여 말하면, 매 하나하나의 연이 모두 집을 만족시키는 것이 이것이다. 말하자면 하나의 법을 듦에 따라 곁이 없이 일어나서 구경에 상대를 끊은 것은 곁이 없는 하나이다. 이 하나가 포함하는 바 별의 덕도 또한 각각 모두 포함하여 하나하나가 구경인 까닭에 매 하나하나의 연이 모두 법을 만족시키는 것은 다함없는 덕이다.

法記云。摠相者。根本印。別相者。餘屈曲者。摠則一含多德。別則多德非一也。問。一者是何。多德是何。答。法界法之隨擧無側之義。是一也。此無側一之無盡之義。是多德也。問。無側一之無盡之義。如何見耶。答。且約此緣成一堂云。則每一一緣。皆滿足堂者是也。謂隨擧一法無側起。而究竟絶待者。是無側一。此一所含別德。亦各統包。一一究竟故。每一一緣。皆滿足法者。是無盡之德也。

만약 예를 들어 말하면 문수보살 선지식은 지혜와 비춤이 두 가지 모습이 없다. 만약 의지하는 바를 따라 풀어서 설하면, 선재동자가 문수보살을 볼 때 곧 삼천세계 티끌 수의 선지식을 본다. 말하자면 능히 비추는 지혜가 비추어지는 경계와 다만 하나이기 때문에, 하나의 문수를 볼 때

의지하는 바 삼천세계가 곧 선지식이니, 따라서 '삼천세계 티끌 수의 선지식을 본다'는 것이다. 만약 의지하는 바를 버리고 설하면, 곧 법계의 모든 법을 모두 잡아 지녀 하나의 문수를 이루기 때문에, 하나의 문수를 볼 때에 다만 삼천세계 티끌 수의 선지식을 볼 뿐만 아니라, 또한 법계의 티끌 수의 모든 선지식(善友)을 단박 참견參見하게 되는 것이다. 이런 까닭에 하나의 문수가 법계의 경계를 다하는 것을 기준으로 하면, 삼천세계 티끌 수의 선지식이 하나하나 또한 법계의 경계를 다하는 것이다.

若引例而言者。文殊知識。是智照無二相。若隨所依而散說。則善財見文殊時。卽見三千世界塵數知識。謂能照智與所照境。只是一故。見一文殊時。所依三千。卽是知識。故云卽見三千世界塵數知識也。若捨所依而說。則摠攬法界諸法。成一文殊故。見一文殊時。非但得見三千世界塵數知識。亦得頓參法界塵數諸善友也。是故約一文殊盡法界際。三千世界塵數知識。一一亦盡法界際也。

문 그렇다면 하나의 문수인가, 여러 문수인가?

답 기준으로 하는 바를 따라서 기준이 하나의 문수이며, 기준으로 하는 바를 따라서 기준이 하나의 집이다. 그러므로 하나의 문수 또한 가능하고 여러 문수 또한 가능하며, 하나의 집 또한 가능하고 여러 집 또한 가능하다.

問。然則。一文殊耶。多文殊耶。答。隨所約。約是一文殊。隨所約。約是一堂也。是故一文殊亦得。多文殊亦得。一堂亦得。多堂亦得也。

'동상이란 인印이기 때문이다'란 오십사각五十四角이 한 가지 하나의 원만한 도인이기 때문에 '굴곡은 다르지만 한가지 인印'이라고 하는 것이다.

문 분동分同과 만동滿同의 뜻은 무엇인가?

답 나누어서 다르게 할 수 없는 큰 허공을 나누어서 시방으로 하여, 한 방향의 허공이 큰 허공과 같을 때 시방의 허공이 동시에 같은 것은 만동이다. 오직 한 방향의 같은 것만을 보고 나머지 방향(의 허공이 큰 허공과) 같은 것을 보지 않는 것은 분동이다.

同相者。印故者。五十四角。同一印圓。故云曲別而同印也。問。分同滿同之義。云何。答。不可分異之大虛。分爲十方。一方虛空。同大虛時。十方虛空。同時同者。滿同。唯見一方同。不見餘方同者。分同也。

'이상이란 늘어나는 모습이기 때문이다'란 (다음과 같다.)

문 수數가 늘어나는 것인가, 자리(位)가 늘어나는 것인가?

답 혹은 이르기를, "첫 번째 각, 두 번째 각, 이렇게 세기 때문에 그 수가 늘어남을 따라서 자리 또한 늘어난다."라고 한다. 혹은 이르기를, "첫 번째, 두 번째, 이렇게 세기 때문에 수가 늘어난다고 한다. 그러나 각이 늘어나는 것은 아니기 때문에 자리가 늘어나는 것은 아니다."라고 한다.

異相者。增相故者。問。數增耶。位增耶。答。一云。弟*一角弟*二角。如是而數。故隨其數增。位亦增也。一云。弟*一弟*二。如是而數。故云數增。然非角增故。非位增也。

'성상이란 간략히 설하기 때문이다'란, 비유하면 어떤 사람이 집 앞에서서 '사람 (있느냐?)'는 한마디 말로 집 안의 대중을 부르면 대중이 모두 입으로 대답(口許)하는 것과 같으니, 이와 같이 '도인(印)'이라는 한마디 말로 도인을 부를 때 오십사각이 모두 도인인 것이다. 그러므로 강장 스님이 이르기를, "연緣으로 이루어져 화합한 것을 간략히 말해서 표방해 나타내는 것이다."[62]라고 하였다.

문 동상 가운데 하나하나의 각이 원만한 도인과 같다는 뜻을 밝혔는데, 이 중에서는 무슨 뜻을 밝히는가?

답 하나의 각곡角曲을 따라서 매 (각곡)마다 곧 도인인 것이 성상이 될 뿐이고, 모든 각이 도인을 이룬다고 말하는 것은 아니다.

成相者。略說故者。比如有人。立在堂前。以人一言。呼堂內衆。衆皆口許。如是以印一言。呼印之時。五十四角。皆卽是印。故康藏云。緣成和合。略言標現。問。同相中。明一一角同於圓印之義。此中明何義耶。答。隨一角曲。每卽是印。爲成相耳。非謂諸角成於印也。

'괴상이란 널리 설하기 때문이다'란, 마치 사람의 몸에 국집하여 그 '사람'의 이름을 따져봄에 (사람 몸 중의) 한 물건도 적합하게 '사람'의 이름을 받음이 없는 것과 같이, 이와 같이 널리 분별하여 오십사각을 차례로 살펴보아도 한 각도 '원만한 도인'의 이름을 받음이 없다. 그러므로 강장스님이 이르기를, "연緣이 흩어져 지음이 없으니 널리 인연을 분별하는 것이다."[63]라고 하였다.

壞相者。廣說故者。如執人身。詰其人名。無有一物的受人名。如是廣辨五十四角。次弟*詰之。無有一角受圓印名。故康藏云。緣散無作。廣辨因緣也。

그러므로 이 도인 가운데 도인의 원만함은 총상이고, 원만한 도인의 모

62 법장, 『화엄경탐현기』(T35, 282b18~19).
63 법장, 『화엄경탐현기』(T35, 282b19).

든 각곡은 별상이다. 모든 각곡의 하나하나가 가지런히 한 가지 도인인 것은 동상이고, 가지런히 한 가지 도인이지만 움직이지 않고 각각 다른 것은 이상이다. 움직이지 않고 다르지만 치우쳐 해당되는 바 없이 곧 바른 도인인 것은 성상이고, 곧 바른 도인이면서 각각 스스로 머물러 짓지 않는 것은 괴상이다. 이 육상의 문이 바로 일승의, 함께하지 않는 방편이며 또한 함께하지 않는 법의 체體이다.

故此印中印之圓滿者。是摠相也。圓滿印之諸角曲者。是別相也。諸角曲之二[1]齊同印者。是同相也。齊同印而不動各異者。是異相也。不動異而無所偏當卽正印者。是成相也。卽正印而各各自住不爲作者。是壞相也。此六相門。正是一乘不共方便。亦是不共法體也。

1) ㉾ 底·高에는 '二'로 되어 있지만 문맥상 '一一'인 것으로 보인다.

이 육상으로 또 삼관三觀에 배대하면 별상은 변계이고, 동상과 이상은 인연관이며, 성상과 괴상은 연기관이고, 근본의 총상은 성기관이다. 이는 지위에 의해서 말한 것이고, 만약 일승을 기준으로 하면 인연·연기·성기의 삼관이 얕고 깊음이 없다.

以此六相。且配三觀。則別相是遍計也。同異則因緣觀。成壞則緣起觀。本摠則性起觀也。此則寄位言耳。若約一乘。則因緣緣起性起三觀。無淺深也。

'총상은 뜻이 원교에 해당하고, 별상은 뜻이 삼승교에 해당한다'라는 것은,

문 원교는 동교인가, 별교인가?

답 동교이다. 말하자면 도인의 원만함은 원교이고 오십사각은 삼승이

다. 그러므로 원교와 삼승이 모두 동교이다. 무엇인가? 도인의 원만함을 여의고는 모든 각곡이 없으며, 모든 각곡을 여의고는 도인의 원만함이 없기 때문이다.

惣相者。義當圓敎。別相者。義當三乘敎者。問。圓敎者。是同敎耶。是別敎耶。答。是同敎也。謂印圓是圓敎。五十四角是三乘。是故圓敎及三乘。皆同敎也。何者。離印圓。無諸角。離諸角。無印圓故也。

대 기

『대기』에 이른다. 신림 대덕은 이 도리를 의거하여 오중의 총상과 별상을 세웠다. 말하자면 첫째는 별을 여읜 총이니, 오중해인의 첫 해인이다. 둘째는 별을 거느리되 별을 여읜 총이며 또한 연 가운데 나타나되 연을 여읜 총이라고도 하니, 제2해인이다. 셋째는 총이 곧 별이고 별이 곧 총이니, 제3해인이다. 넷째는 또한 총이고 또한 별이니, 제4해인이다. 다섯째는 총도 아니고 별도 아니니, 제5해인이다. 말하자면 별을 잡아 지녀 총을 이루기 때문에 총이 아니고, 총을 의지해서 별을 이루기 때문에 별이 아니니 아울러 형체를 빼앗기기 때문이다.

大記云。林德。依此處。立五重惣別。謂一離別之惣。是五重海印之初海印也。二帶別而離別之惣。亦云緣中現而離緣之惣。是弟*二海印也。三惣卽別別卽惣。是弟*三海印。四亦惣亦別。是弟*四海印也。五非惣非別。是弟*五海印也。謂攬別成摠故非摠。依摠成別故非別。並形奪故也。

이 오중 안에서 처음은 총이고 다음은 별이며, 또 제2는 총이고 제3은 별 등이니 이와 같이 서로 바라보아 총과 별을 짓는다. 또 이 하나하나가 각각 총과 별을 갖춘다. 말하자면 첫 해인을 제외하고 제이중해인에서 부처님의 증득하신 마음은 총이고 나타난 삼세간은 별이니, 이 별이 총보다 하열하지 않다. 이 가운데 동·이·성·괴는 없으니, 이 총과 별이 다만 한 체이기 때문이다. 이는 연기인 육상이 들어가는 바인 참된 근원이다. 제삼중해인에서는 육상을 쓰는 데 방해롭지 않으나, 이 또한 법의 체이고 방편의 육상은 아니다.

於此五重之內。初摠次別。又弟*二摠。弟*三別等。如是相望。而作摠別。又此二[1]各具摠別也。謂除初海印。於弟*二重。佛訂*心是摠。所現三世間別。此別不劣於摠也。此中無同異成壞。此之摠別。只是一體故。是緣起六相之所入眞源也。於弟*三重。不防用六相也。此亦法體。非方便六相也。

1) ㉠ 底·高에는 '二'로 되어 있으나 문맥상 '一一'인 것으로 보인다.

제사중 이후를 기준으로 하여 인연·연기·성기 등의 삼관을 배대하면, 세 가지 뜻을 포함하고 있다. 말하자면 첫째는 총상이란 머무름 없는 별교이고 별상은 흘러나온 바 삼승이다. 목표로 하는 바(所目) 중에서 동상·이상은 인연관이고 성상은 연기관이며 괴상은 성기관이다. 이 가운데 다스리는 바 병을 기준으로 하여 별상으로 삼을 뿐이고, 능히 다스리는 육상 가운데 별상은 아니다. 둘째는 머무름 없는 별교와 달리 집착하는 삼승을 제하고 목표로 하는 바에 나아가면, 총상·별상은 성기관이고 동상·이상은 인연관이며 성상·괴상은 연기관이다. 또 이 삼관이 하나하나가 각각 육상을 갖춘다. 이 제사중 이후는 방편의 육상이다. 이 오중(五重海印)으로 곳곳의 문장을 해석함에 뜻과 이치가 비로소 다하니, 지금 이 글 중에도 오중을 갖춘다.

約弟*四重以去。配因緣緣起性起等三觀。含有三義。謂一摠相者。無住別敎。別相者。所流三乘。於所目中。同異相者因緣觀。成相者緣起觀。壞相者性起觀。此中約所治之病。爲別相耳。非能治六相中別相也。二除無住別敎及別執三乘。就所目中。摠別相者性起觀。同異相者因緣觀。成壞相者緣起觀也。又此三觀一一各具六相也。此弟*四重。以去。是方便六相也。以此五重。釋處處文。義理方盡。今此文中。具五重也。

고기

'고기'에 이른다. 의상 화상이 총장總章 원년(668) 10월 11일 청선사淸禪寺[64] 반야원般若院에서 지엄 스님에게 여쭈었다. "보법의 궤칙을 받아 지니는 것이 무엇입니까?" 스님이 이르기를, "그대가 지닐 수 있겠는가? 우선 옷깃을 들면 털이 가지런해지고 벼리를 집으면 그물눈이 바르게 된다."라고 하였다. (의상 스님이) 여쭈었다. "이 뜻이 무엇입니까?" 스님이 이르기를, "아래로는 세속의 법에 이르기까지 모두 중도의 실상이다."라고 하고, 이어서 십중의 총상과 별상을 설하여 이를 보였다. 지엄 스님의 행장 중 총과 별의 글이 바로 이것이다.

古記云。相和尙。總章元年十月十一日。在淸禪寺般若院中。問於儼師。受持普法軌則云何。師曰。汝能持否。且擧領毛齊。提網[1]目正也。問。是義云何。師曰。下至世俗之法。皆是中道實相也。遂說十重摠別。以示之。儼師行錄中摠別之文。卽是此也。

1) ㉯ 을본에는 '網'이 '網'으로 되어 있다. ㉰ 高에는 '**網**'으로 되어 있으며『高麗大藏經』에서 '網'의 이체자로 사용된다.

64 법장이 지은『華嚴經傳記』(T51, 163c28~164a1)에는 지엄이 총장 원년(668) 10월 29일 청정사淸淨寺에서 67세를 일기로 입적하였다고 전하고 있다. 여기의 '淸禪寺'는 '淸淨寺'와 동일한 장소로 보인다.

첫째는 수순함이 총摠이고 거스름이 별別이다. 말하자면 총상인 과법이 티끌 수의 연으로 이루어지기 때문에 수순함이 총이다. 총을 이루는 연이 다르기 때문에 거스름이 별이다.

둘째는 거스름이 총이고 수순함이 별이다. 말하자면 총을 이루는 연이 자기의 자리를 움직이지 않기 때문에 거스름이 총이다. 자기의 자리를 움직이지 아니하나 능히 이루기 때문에 수순함이 별이다.

셋째는 별과 같은 총이며 총과 같은 별이다. 말하자면 별이 온전히 총이기 때문에 별과 같은 총이다. 총이 온전히 별이기 때문에 총과 같은 별이다.

一順摠違別。謂摠相果法。以塵數緣成故。順則摠。成摠緣別故。違則別也。二違摠順別。謂成摠之緣。自位不動故。違則摠。自位不動而能成故。順則別也。三如別之摠。如摠之別。謂別全是摠故。如別之摠。摠全是別故。如摠之別也。

넷째는 별을 알지 못하는 총이며 총을 알지 못하는 별이다. 말하자면 이루어지는 총 가운데 별의 모습이 없기 때문에 별을 알지 못하는 총이다. 능히 이루는 연 가운데 총의 모습이 없기 때문에 총을 알지 못하는 별이다.

다섯째는 별을 여읜 총이며 총을 여읜 별이다. 말하자면 총상인 과법 가운데 연이 총 아님이 없기 때문에 별을 여읜 총이다. 총과 다른 별이 없기 때문에 총을 여읜 별이다.

四別不知之摠。摠不知之別。謂所成摠中無別皃故。別不知之摠。能成緣中無摠皃故。摠不知之別也。五離別之摠。離摠之別。謂摠相果中緣而無不摠故。離別之摠。無異摠之別故。離摠之別也。

여섯째는 머무름 없음이 총이고 머무름 없음이 별이다. 말하자면 머무름이 없다는 것은 자재하지 않다는 뜻이니, 총상인 과법이 자신에게 머무르지 않기 때문에 머무름 없음이 총이라고 한다. 이 머무름 없는 총이 티끌 수의 연 가운데 치우쳐 해당되는 바가 없기 때문에 머무름 없음이 별이다.

일곱째는 실상이 총이고 실상이 별이다. 말하자면 총상인 과법이 지智의 분별하여 깨달아 앎을 여의었기 때문에 실상이 총이다. 연이 별상이 없기 때문에 실상이 별이니 이른바 모습이 없음이다.

六無住摠。無住別。謂無住者。不自在義。以摠相果法。不住於自。故云無住摠。此無住摠。塵數緣中無所偏當故。無住別也。七實相摠。實相別。謂摠相果法。離於智之分別了知故。實相摠。緣無別相故。實相別也。所謂無相也。

여덟째는 법성이 총이고 법성이 별이다. 말하자면 총상인 과법이 성性이 스스로 원만히 통하여 연을 만나면 이에 수순하기 때문에 법성이 총이다. 이 수순하는 법이 온전히 온전히 곁이 없이 일어나기 때문에 법성이 별이라고 한다.

아홉째는 해인이 총이고 해인이 별이다. 말하자면 다함없는 법수法數가 두렷이 밝게 몰록 나타나 남음이 없기 때문에 해인이 총이라고 한다. 몰록 나타난 법이 각각 서로 알지 못하기 때문에 해인이 별이라고 한다.

열째는 증득이 총이고 증득이 별이다. 말하자면 총상인 과법은 오직 부처님만 증득하시는 자리이기 때문에 증득이 총이라고 한다. 이 증득 중에 모든 법이 움직이지 않기 때문에 증득이 별이라고 한다.

八法性摠。法性別。謂摠相果法。性自圓通。觸緣斯順故。法性摠。斯順之法。全全無側起故。云法性別也。九海印摠。海印別。謂無盡法數圓□[1)]頓現無遺故。云海印摠。頓現之法。各不相知故。云海印別也。十訂*摠訂*別。謂摠相果法。唯佛訂*處故。云訂*摠。於此訂*中。諸法不動故。云訂*別也。

1) ㉻『高麗大藏經』영인본에는 □가 '明'으로 되어 있다.

신림 대덕이 이르기를, "이 열 가지의 총과 별로 법을 평등하게 한 후에야 비로소 하나의 티끌, 하나의 개미가 노사나불과 더불어 원래 한 몸임을 볼 수 있는 것이다. 이와 같은 뜻에 의거하여야 비로소 동시에 갖추어짐(同時具足)과 인드라그물의 미세한 경계[65] 등이 있다."라고 하였다.

林德云。以此十重摠別。平法然後。方能得見一塵一蟻與舍那佛元是一身。依如是等義。方有同時具足及因陁羅網微細境界等也。

문 넷째의 총·별이 다섯째와 어떻게 다른가?

답 넷째는 비록 서로 알지 못하나 두 지위의 다름이 없는 것은 아니며, 다섯째는 하나의 체體에서 총을 말하고 별을 말하는 까닭에 다르다.

문 여섯째의 머무름 없음이 총·별인 것은 일곱째의 실상이 총·별인 것과 어떻게 다른가?

답 실상은 지智의 분별을 여읜 것을 말하니, 곧 여섯째의 머무름 없는 지智를 가려낸 것이다. 여덟째 법성을 구족함에 이르러서 이지理智를 알 수 있다.

65 동시에 갖추어짐(同時具足)과 인드라그물의 미세한 경계 등(同時具足及因陁羅網微細境界等) : 동시구족상응문同時具足相應門과 인드라망경계문(因陁羅網境界門) 등으로 구성되는 십현문十玄門을 가리킨다.

問。弟*四摠別與弟*五。何別。答。弟*四重。雖不相知。非無二位之殊。弟*五重。則於一體上。云摠云別故。別也。問。弟*六無住摠別。與弟*七實相摠別。何別。答。實相云離於智之分別。則簡於弟*六無住之智也。至於弟*八。法性具足。理智可知也。

대 기

『대기』에 이른다. '총상·별상'에서 '항상 중도에 있다'[66]까지는 두 가지 해석이 있다. 말하자면 하나의 뜻은 총상으로부터 중도에 이르러 비로소 '같다(如)'라는 것이고,[67] (다른) 하나의 뜻은 총상·별상 다음에 바로 '같다'라는 것이다.[68]

大記云。如摠相別相乃至常在中道者。有二釋。謂一意。從摠相至中道。方云如字。一意。於摠相別相下。卽云如字。

풀이하면, 처음 뜻은 총은 별이 아니고 별은 총이 아니며 성은 괴가 아니고 괴는 성이 아닌 것 등인 까닭에 '즉하지도 않고', '하나도 아니고'라고 한 것이다. 그러나 총이 온전히 별이고 별이 온전히 총이기 때문에 '여의지도 않으며', '다르지도 아니하여' 등이라고 한 것이다.

뒤의 뜻은 '즉하지도 않고 여의지도 않으며'는 성상·괴상이고, '하나도 아니고 다르지도 아니하여'는 동상·이상이다. 말하자면 아래 가르침의 사람이 구경의 과보의 자리에 이르름에 진실과 허망이 같은 체라고 집

66 H6, 791c17~19, "如摠相別相成相等不卽不離不一不異常在中也。"

67 이에 의하면, "총상·별상·동상·이상·성상·괴상이 즉하지도 않고 여의지도 않으며 하나도 아니고 다르지도 아니하여 항상 성이 중도에 있는 것과 같이"로 번역된다.

68 이에 의하면, "총상·별상과 같이 동상·이상·성상·괴상이 즉하지도 않고 여의지도 않으며 하나도 아니고 다르지도 아니하여 항상 성이 중도에 있다."로 번역된다.

착하므로 괴상의 도장으로 도장 찍으면, 진실과 허망이 각자 머물러 본래 움직이지 않기 때문에 '즉하지도 않고'라고 한다. 성상의 도장으로 도장 찍으면 진실과 허망이 진실이기 때문에 '여의지도 않는다'라고 한다. 또 시각이 본각과 같은 지위를 만남에 범부와 성인이 하나다, 다르다라는 병이 있기 때문에 동상(과 이상)으로써 이를 다스린다.[69] 말하자면 (시각이) 본각과 즉하여 같아지는 날에 범부와 성인이 한 몸이라고 집착하기 때문에, 이상으로써 이를 다스리면 범부와 성인이 각각 다르므로 '하나도 아니고'라고 하며, 동상으로써 이를 다스리면 범부와 성인이 하나이므로 '다르지도 아니하여'라고 하는 것이다.

解云。初意。則摠非別。別非摠。成非壞。壞非成等。故云不卽不一。然而摠全別。別全摠。故云不離不異等也。後意。則不卽不離則成壞相也。不一不異則同異相也。謂下敎人。至究竟果處。執眞妄同體故。以壞相印印之。則眞妄各住本來不動。故云不卽。以成相印印之。則眞妄眞。故云不離也。又當始覺同本覺之位。有凡聖一異之病故。以同相治之。謂卽同本覺之日。執凡聖一身故。以異相治之。凡聖各異。故云不一。以同相治之。凡聖一量。故云不異也。

이와 같이 인연·연기(·성기) 등의 삼관으로써, 다르다고 집착하는 삼승의 '즉함'과 '여읨'과 '하나'와 '다름'의 병을 상대하여 다스리기 때문에, 그 삼승의 권속이 일승의 주主와 더불어 즉하지도 않고 여의지도 않는 반伴이 되어서, 두렷이 밝으며 덕을 갖춘 주主와 반伴을 이루게 되는 것이다.

---

69 이곳의 '동상으로써 이를 다스린다(以同相治之)'는 구절은 '謂' 이후에 이상과 동상의 두 가지를 통해 시각과 본각의 같고 다름을 논하는 것을 고려할 때 '異相'이 생략된 것으로 보인다. 즉 '동상과 이상으로써 이를 다스린다(以同相異相治之)'고 해야 뒤의 '謂' 이후의 논의와 대구가 맞는다.

문 육상을 쓰면 병이 마땅히 이미 다 나을 것인데 어째서 다시 4구를 쓸 필요가 있는가?

답 만약 총상을 얻으면 4구를 필요로 하지 않는다. 그러나 다르다고 계탁하는 사람들을 위하여 4구를 설하는 것뿐이다.

如是以因緣緣起等三觀。對治別執三乘卽離一異之病故。其三乘眷屬。與一乘主。爲不卽不離之伴。得成圓明具德之主伴也。問。用六相則病應已盡。何須更用四句耶。答。若得摠相。則不須四句。然爲計[1]別之人。說四句耳。

1) ㉑ 을본에는 '計'가 '許'로 되어 있다.

'일승과 삼승이 주主와 반伴을 서로 이룬다'란,

문 한결같이 일승은 주主이고 삼승은 반伴인가, 혹은 이와 반대로 해서도 말하는가?

답 어떤 이는 뒤와 같다고 말한다. 비록 그러나 오직 한결같이 일승이 주主이고 삼승은 반伴이다. 말하자면 한결같이 근본의 들어감(根本入)을 총상이라 이름하고 아홉 가지 들어감(九入)을 별상이라 이름할 뿐이다. 근본의 들어감의 이름으로 별상을 삼고 나머지 아홉 가지 들어감의 이름으로 총상을 삼는 것이 아니고, 다만 일승의 이름으로 총상을 삼고 주主를 삼으며, 삼승의 이름으로 별상을 삼고 반伴을 삼는다.

一乘三乘主伴相成者。問。一向一乘主三乘伴耶。或反此而云耶。答。有云如後。雖然。唯是一向一乘是主。三乘是伴也。謂一向根本入名爲摠。九入名爲別耳。非以根本入之名爲別。餘九入名爲惣故。但以一乘之名。爲摠爲主。三乘之名。爲別爲伴也。

문 만약 그렇다면 어째서 "주主와 반伴을 서로 이룬다."라고 말하는가?

답 일승을 말미암기 때문에 삼승이 있고 삼승을 말미암기 때문에 일승이 있다. 그러므로 일승은 삼승을 모두 포함하여 주主가 되고, 삼승은 반드시 일승에 의거하여 반伴이 되기 때문에 '서로 이룬다'라고 한 것이다.

問。若爾。何故。云主伴相成耶。答。由一乘故有三乘。由三乘故有一乘。是故。一乘則摠含三乘爲主。三乘則要依一乘爲伴。故云相成也。

'일승의 별교와 삼승의 별교도 뜻에 준하여 이해할 수 있다'는 것은 (다음과 같다.) 육상의 뜻을 쓰면 오직 동교의 문이기 때문에 일승별교와 삼승별교를 제외한다. 그러나 만약 자세하게 설하면, 일승별교가 주主가 되고 삼승별교가 권속으로서 반伴이니, 이를 기준으로 하여 중도의 뜻을 나타내 보이면 준하여 이해할 수 있다는 것이다. 혹은 이르기를, "앞에서 말한 원교와 삼승은 모두 동교인데, 지금 이 일승별교는 동교보다 깊고 삼승별교는 동교보다 낮으니, 뜻에 준하여 이해할 수 있기 때문이다."라고 한다.

一乘別敎三乘別敎。准義可解者。用六相義。唯同敎門故。除一乘別敎及三乘別敎。然若委說。則一乘別敎爲主。三乘別敎是眷屬伴。約此現示中道之義。可准解也。一云。前云圓敎及三乘。皆是同敎。今此一乘別敎。深於同敎。三乘別敎。淺於同敎。准義可解故也。

법융기

『법기』에 이른다. '오직 스스로 그러함(自如)에 머무른다'란, 삼승의 모습은 융섭하지만 체는 융섭하지 않는 평등한 진여가 아니다. 체와 모습이 함께 융섭되어 분별이 없는 자리와 더불어 괴상 가운데 본래 짓지 않으며 각각 스스로 그러함에 머무는 뜻을 기준으로 하여 이른 것이다. "삼승방편의 가르침의 문에 의하므로 높고 낮음이 같지 않다." 등이란 만약 삼승 방편의 수행을 기준으로 하면 원인과 결과를 차례로 늘어놓아(行布) 위와 아래가 같지 않으나, 만약 일승의 진실한 뜻에 의하면 원인과 결과가 원융하여 법성의 덕용德用이 다만 중도에 있으므로 '앞과 뒤가 없다'고 하는 것이다.

法記云。唯住自如者。非是三乘相融體不融之平等眞如也。約體相俱融。無分別之處。與壞相中。本來不作。各住自如之義云也。依三乘方便敎門故。高下不同等者。若約三乘方便修行。則行布因果高下不同。若依一乘實意。則因果圓融。法性德用。但在中道。故云無有前後也。

간의장

『간의장簡義章』[70]에 이른다. 원융과 항포行布에 네 가지 문이 있음을 설한다.

첫째, 삼승은 항포이고 일승은 원융이다. 『법계도』의 본문에서 "삼승방편의 가르침에 의하므로 높고 낮음이 같지 않으며 일승원교에 의하므로 앞과 뒤가 없다."라는 등으로 말한 것과 같다.

둘째, 이 『(화엄)경』 가운데 나아가 바깥 모습(外相)이 동교인 것에 두 가지가 있다. 첫째는 상동上同이니, 허공에 (그린) 그림으로 허공을 향함에 곧 (그림의) 체가 허공과 같아서 분한 따라 걸림이 없다.[71] 둘째는 하

70 『簡義章』: 저자 미상. 현존하지 않는다. 『간의장』에 『일승법계도』가 인용되어 있음을 볼 때 의상계 화엄 문헌인 것으로 추정된다.

71 허공에 그린 그림의 비유는 『화엄경』에 여러 번 나타난다. 『십지경론』(K15, 9b17~18; T26, 129a11~12)의 해당 경문을 소개하면 다음과 같다. "허공에 그림을 그리는 것처

동下同이니, 아래로 땅에 (그린) 그림과 비슷하여 앞과 뒤가 있기 때문이다. 상동은 원융의 뜻이고 하동은 항포의 뜻이다. 「십지품」에서 한 마리 새의 자취가 두 가지에 통하는 것[72]과 같기 때문이다.

簡義章云。圓融行布說有四門。一三乘行布一乘圓融。如圖文云。依三乘方便教門故。高下不同。依一乘圓教故。無有前後等。二就此經中。外相同教有二。一上同。以空畫向空。卽體同空。隨分無导。二下同。下似地畫。有前後故。上同是圓融義。下同是行布義。如地品中。以一鳥跡通於二故。

셋째, 바깥 모습이 동교인 것으로 항포를 삼고 자체의 별교로 원융을 삼는다. 「소전차별장」에 이르기를, "모든 가르침을 안립하는 데 두 가지

럼 허공의 바람 모습처럼, 지혜도 이와 같아서 분별하여 부처님의 번뇌 없음을 보기 어렵다.(如彩畫虛空。如虛空風相。智如是分別。難見佛無漏。)" 『십지경론』(K15, 9b19~c6; T26, 129a13~22)에서는 이 구절에 대해 허공에 그린 그림도 그림이므로 벽壁에 그린 그림과 같아 없지 않지만, 허공에 그려 머물지 않으므로 있지 않다고 풀이한다. 법장은 『화엄경탐현기』(T35, 291a23~25)에서 허공은 평등한 과분果分을, 허공의 그림은 십지에 대한 언설의 법문을, 허공의 그림이 그려진 곳은 인분因分인 십지의 체體를 비유한 것으로 주석한다.

72 「십지품」 서분(T10, 180c27~28)에 나오는 비유이다. "허공 가운데 새의 자취처럼 설하기 어렵고 보이기 어렵다. 이와 같이 십지의 뜻은 마음으로 요달하기 어렵다.(如空中鳥迹。難說難可示。如是十地義。心意不能了。)" 『십지경론』(K15, 15c20~21; T26, 132b18~19; 133c7~8)의 해당 경문은 "허공 가운데 새의 자취처럼 설하기 어렵고 보기 어렵다. 십지의 뜻도 이와 같아서 설하고 들을 수 없다.(如空中鳥跡。難說不可見。十地義如是。不可得說聞。)"이다. 법장은 『화엄경탐현기』(T35, 298a11~b1)에서 이에 대해 허공을 과해果海로, 새가 날 때 자취의 자리를 십지(因分)의 체體로, 자취의 모습을 십지의 모습으로, 새의 자취 자체는 십지에 대한 말로 된 가르침으로 풀이한다. 또 법장은 새가 모래를 지날 때 자취를 남기듯이 소승의 가르침은 말에 의한 뜻을 드러내지만 허공을 날 때의 자취로 비유된 십지법문은 대승의 가르침으로 말을 여읜 뜻을 나타낸다고 설한다. 따라서 여기에서 두 가지에 통한다는 것은 허공을 나는 새의 자취가, 허공과 모래땅의 자취 두 가지, 즉 상동과 하동인 원융과 항포에 통한다는 것을 의미한다.

선교가 있다."[73]라고 하는 등과 같다. 또 『과간科簡』[74]에 이르기를, "보현의 지위가 둘이 있다."[75]라고 하는 등이 이것이다.

넷째, 자체의 별교에 나아가 본래의 지위를 무너뜨리지 않는 것이 항포이고 걸림 없이 원융한 것이 원융이다. 말하자면 광대함과 협소함 가운데 나눔과 나눔이 없음이다.[76] 또 상입문에서 본성이 없음과 무너지지 않음이다. 또 자기의 자리를 움직이지 않으면서 항상 가고 오는 것이다. 또 육상 중에서 셋은 원융이고 셋은 항포 등이다.[77]

---

73 법장의 『화엄일승교의분제장』 「소전차별장」(T45, 490a21~27)에서 세 번째, 행위行位의 분제를 밝히는 가운데 한 지위가 일체의 지위를 갖춘다는 설에 대한 문답 중 일부이다. 본문에서는 '모든 가르침(諸敎)'으로 되어 있으나 「소전장」에는 '모든 지위(諸位)'로 되어 있다. 문답의 내용을 소개하면 다음과 같다. "문 만약 그렇다면(첫 지위가 마지막 지위를 갖추고 있다면) 어떻게 모든 지위가 단계로 내려가 차례를 이룬다고 설하는가? 답 이 경에 모든 지위를 안립하는 데 두 가지 선교가 있다. 첫째는 모습을 기준으로 문에 나아가 지위의 앞과 뒤를 나누어 삼승과 같음에 의탁하여 저 (삼승을) 인도하는 방편이니 동교이다. 둘째는 체體를 기준으로 법에 나아가 앞과 뒤가 상입하고 원융자재하여 저 삼승과 다르니 별교이다. 다만 문을 옮기지 않고서 항상 상즉하고 상즉을 무너뜨리지 않고서 항상 앞과 뒤이니 이런 까닭에 두 가지 뜻이 융통하여 서로 어긋나지 않는다.(問。若爾。云何說得諸位階降次弟。答。以此經中。安立諸位。有二善巧。一約相就門。分位前後。寄同三乘。引彼方便。是同敎也。二約體就法。前後相入。圓融自在。異彼三乘。是別敎也。但以不移門。而恒相卽。不壞卽而恒前後。是故二義融通。不相違也。"

74 『과간科簡』: 저술명으로 생각되나 현존하는 화엄종 문헌 목록에는 보이지 않는다. 과간은 과목요간, 과목분류의 의미이다. 만약 『科簡』을 『料簡』의 잘못으로 본다면 『東域傳燈目錄』(T55, 1147a13; a16)에 『華嚴經料簡』과 『華嚴經要集料簡』이라는 저술이 있기는 하지만 현존하지 않아 그 내용을 파악할 수 없다.

75 지엄은 보현위 가운데 신信에서 십지까지 인因과 과果인 보살과 불의 지위로 나누고(普賢位中從信已上乃至十地。皆通因果菩薩及佛。復爲五門。此依普賢阿含說。) 『大方廣佛華嚴經搜玄分齊通智方軌』(T35, 27c9~11), 법장은 아함위와 증위의 둘로 나누고 있다.(約普賢位相。此有二分。一阿含位。如此品說。二證位。如十地品說。) 『화엄경탐현기』(T35, 197c12~16).

76 이 구절은 법장의 『화엄경지귀』 중 다음 구절을 이용하여 구성한 것으로 보인다. "항상 본래의 지위분제를 무너뜨리지 않는다. 이는 곧 나눔이 바로 나눔이 없음으로 광대함과 협소함이 걸림 없다.(恒不壞本位分齊。此卽分則無分廣狹無礙。)"(T45, 594b7~8).

77 앞의 '셋'은 총상·동상·성상을, 뒤의 '셋'은 별상·이상·괴상을 가리키는 것으로 보인다. 『총수록』에서 육상을 이처럼 두 가지로 구분하는 예는 H6, 797b가 참조된다.

三外相同教爲行布。自體別教爲圓融。如所詮章云。安立諸教。有二善巧等。又科簡云。普賢位有二等是也。四就自體別教。不壞本位是行布。無㝵圓融是圓融。謂廣俠*中分無分。又相入門。無性不壞。又不動自位。而恒去來。又六相中。三圓融三行布等也。

2) 십입十入 一切菩薩至陰界入等

'모든 보살이란'부터 '오온(陰)·십팔계(界)·십이처(入) 등이다'까지[78]
一切菩薩至陰界入等

법융기

『법기』에 이른다. '논에서 말한다. 모든 보살(一切菩薩)이란 신信·행行·지地에 머무르는 자를 말한다'라고 한 것은, 신信은 십신十信이고, 행行은 삼현三賢이며, 지地는 십지十地이다. 만약 크게 나누는 문에 의하면 신信·행行의 지위는 삼현이고 증득을 얻음은 십지이다.

'불가사의한 모든 부처님의 법(不可思議諸佛法)이란 출세간도의 품류이다'라고 한 것은 '불가사의한 부처님의 법'은 곧 부처님의 안으로 증득하심(內證)이다. 말하자면 마치 연못의 물이 그림자를 갖추어 포함하는 것과 같으니 두 가지 뜻이 있다. 말하자면 모든 모양을 거두어들이는 뜻과 모든 모양을 나타내는 뜻으로, 어떤 한 사람이 연못가에 서서 이 모든 모양을 보고 다른 이를 위해 설하는 것이다. 이와 같이 부처님이 증득하신 세 가지 세간이 자신의 몸과 마음이 됨은 저 물 가운데 모든 모양을 거두어

78 『총수록』(H6, 802b13). 이에 해당하는 『일승법계도』 원문은 H2, 2a7~b11; H6, 792a8~b15.

들이는 것과 같고, 자신의 안으로 증득함으로써 근기에 임하여 밖을 향하여 십지를 나누어 보이는 것은 저 물 가운데 모든 모양을 나타내는 것과 같다.

法記云。論曰。一切菩薩者。謂住信行地者。信者十信。行者三賢。地者十地也。若約大分門。則信行地者三賢。得訂*者十地也。不可思議諸佛法者。是出世間道品者。不思議佛法。則是佛內訂*也。謂猶如池水具含影像。有二義也。謂攝入諸像義。及現現諸像義。而有一人立在池邊。見此諸像。爲他說也。如是佛訂*三種世間。爲自身心。如彼水中。攝入諸像。以自內訂。*臨機外向。分示十地。如彼水中。現現諸像。

금강장보살이 삼매[79] 중에서 부처님의 밖으로 향하시는 법을 잘 받고 삼매에서 나온 후에 근기를 위하여 설하는 것은, 저 한 사람이 연못가에서서 물속의 영상을 보고 다른 이에게 설하는 것과 같다. 말하자면 만약 안으로 증득함을 기준으로 하면 오직 불가사의한 법이고 십지의 모습은 없다. 그러나 앞의 근기가 삼승이 많기 때문에 부처님의 뜻이 십지를 설하게 하고자 하는 것이다. 그래서 밖으로 향하는 마음에 십지를 나누어 보이는 것은 뜻이 큼(義大)이니 설할 수 없다. 금강장보살이 삼매에 들어가서 그 법을 잘 받고 삼매에서 나온 이후에 설한 십지는 설함이 큼(說大)이니 말할 수 있다.[80]

---

79 보살대지혜광명삼매菩薩大智慧光明三昧. 『육십화엄』「십지품」(K8, 162c16~17; T9, 542b13~14), 『팔십화엄』「십지품」(K8, 633c18~19; T10, 179a8~9). 『십지경론』(K15, 2c7; T26, 124a26)에는 '보살대승광명삼매菩薩大乘光明三昧'로 되어 있다.

80 부처님의 증득과 가르침을 '의대義大'와 '설대說大'로 구분하는 것은, 지엄의 『공목장』「청분의 끝에 증득과 가르침의 두 가지 큼에 대한 장(請分末*證敎二大章)」(T45, 562b5~c1)에서 '의대義大'와 '교대敎大'로 나누어 설하는 부분과 유사하다. 『공목장』에서 뜻이 큼(義大)은 증분을 가리키며 가르침이 큼(敎大)은 교분을 의미한다. 여기에서

그러므로 지상 스님이 이르기를, "지地에 두 부분이 있으니, 첫째는 원인이고 둘째는 결과이다. 원인은 말하자면 세간의 방편행을 닦는 것이니, 곧 가행의 지地의 영역이다. 결과는 말하자면 세간을 벗어나 모습을 여읜 진실을 증득하는 것으로 곧 바르게 증득한 지혜의 영역이다."[81]라고 하였다.

金剛藏之定中。稱受佛外向法。出定已後。爲機而說。如彼一人。立在池邊。見水中像。與他說也。謂如約內訂。* 則唯不思議法。無十地相。然以前機。多三乘故。佛意欲令爲說十地。故於外向心頭。分示十地。是義大不可說。剛藏入定。稱受其法。出定已後。所說十地。是說大可說也。故至相云。地有二分。一因二果。因謂世間方便行修。卽加行地分齊。果謂出世離相眞訂。* 卽正訂*智分齊也。

'출세간도의 품류'란,

문 어째서 출세간의 자리에서 도道에 품류가 있는가?

답 만약 불가사의한 법을 기준으로 하면 비록 도道에 품류가 없지만 그러나 근기의 인연을 위하여 십지를 나누어 보이기 때문에 도道에 품류가 있다. 그러므로 지상 스님은 이르기를, "지금 이 십지는 부처님의 원인의 지위를 거두어 일승·삼승·성문·인천人天이 함께 그 가운데 있어서 오승五乘[82]의 관觀하는 바가 된다. 보현보살이 증득한 지위는 부처님 과보

뜻(義)은 증득하는 법의 뜻이기 때문이고, 가르침(敎)은 지목하는 방편이기 때문이다. 또 큼(大)은 증분과 교분(證敎)의 덕이 작지 않음을 나타낸다. 이러한 뜻이 큼과 가르침이 큼은 일승에 속하며 삼승에도 통하지만, 소승에는 단지 가르침만을 설하고, 또한 그 덕이 크지 않기 때문에 통하지 않는다. 일승원교에서는 보고 들음(見聞)은 가르침이 큼에, 보현의 증득(普賢證)은 뜻이 큼에 배대된다.

81 지엄, 『수현기』 가운데 「십지품」 주석(T35, 53b26~29)의 일부분이다. "地有二分。一因二果。因謂世間方便行修。卽加行智分齊也。果謂出生離相眞證。卽正證分齊。"

82 오승五乘 : 『공목장』(T45, 560b26~29)에서 지엄은 오승을 인천승人天乘·성문연각승聲聞緣覺乘·점오승漸悟乘(漸敎所爲)·돈오승頓悟乘(頓敎所爲)·구경승究竟乘(一乘)으

가 거두어 작용하는 것이 걸림 없이 자재하여 일체를 모두 다한 것이다. 무슨 까닭인가? 십지의 법이 중생을 거두는 가운데 가장 첫 문이기 때문이며, (십)지의 법이 매우 깊어서 깨달아 구별하기가 가장 어렵기 때문이다."[83]라고 하였다.

出世間道品者。問。何故出世間處道有品耶。答。若約不思議法。則雖無道品。然爲機緣。分示十地故。有道品。是故至相云。今此十地者。攝佛因位。一乘三乘聲聞人天。並在其中。爲五乘所觀。普賢訂*位。佛果攝用。無㝵自在。一切皆盡。何以故。十地之法。攝衆生中最初門故。地法甚深。最難了別故也。

'광명(明)이란 봄(見)과 지혜(智)와 얻음(得)과 깨달음(證)이다'라는 것은, 깨달아 보는 지혜로써 중생의 몸과 마음이 불가사의한 부처님의 법임을 깨닫는 것이다.

문 무슨 까닭에 중생은 알지 못하고 보지 못하는가?

답 만약 깨달아 보는 지혜를 기준으로 한다면, 움직이지 않는 오늘의 낱낱 중생의 몸과 마음이 곧 불가사의한 부처님의 법이며, 곧 세간도世間道의 품류이다. 그러나 다만 범부가 스스로 알지 못할 뿐이다.

문 무슨 까닭에 지상 스님은 이르기를, "앞의 둘은 관의 깨침(觀解)이고 뒤의 둘은 행의 깨침(行解)이니, 봄(見)은 시작이고 지혜(智)는 끝이며 얻음(得)은 시작이고 깨달음(證)은 끝이다."[84]라고 하였는가?

답 이것은 다만 수행에 기대어 말한 것이다. 만약 임시방편으로 말한다면, 두 부처님 세계의 티끌 수의 겁 동안 연기의 실상 다라니를 닦는 것

로 밝히고 있다.

83 지엄, 『공목장』(T45, 560b22~26).

84 지엄, 『수현기』(K47, 34a6~7; T35, 50b9~10).

은 관의 깨침(觀解)이고, 찰나찰나 얻고 깨닫는 것은 행의 깨침(行解)이다.

明者見智得訂*者。以訂*見之智。得訂*衆生身心是不思議佛法也。問。何故衆生不知不見耶。答。若約訂*見之智。不動今日箇箇衆生之身心。卽是不思議佛法。卽是世間道品。然但凡夫自不知耳。問。何故。至相云。前二觀解。後二行解。見始智終。得始訂*終耶。答。此但寄修云耳。若假言者。二佛世界塵數劫中。修緣起實相陁羅尼者。是觀解。念念得訂*者。是行解也。

'설한다(說)란 그중에서 분별하는 것이다'라는 것은 두 가지가 있다. 첫째는 만약 부처님의 마음을 기준으로 하면 비록 십지가 없으나, 인도되는 근기가 삼승이 많으므로 금강장보살에게 가피하여 십지를 설하게 하여, 신信·행行·지地의 보살이 지혜의 지地에 깨달아 들어가게 하려는 까닭에, 이에 후에 얻는 필筆 중에서 십지를 나누어 보이는 것으로 설함을 삼는다. 둘째는 금강장보살이 삼매 중에서 잘 받아 후에 얻는 말(言說)로 설함을 삼는다. 말하자면 부처님은 말이 없음으로 그 설함을 삼기 때문에 이는 말이 없는 가르침의 근본이며, 금강장보살의 잘 받음도 또한 말이 없으나 말을 기다리는 가르침의 근본이 된다.[85]

說者於中分別者。有二。一若約佛心。則雖無十地。由所引機多三乘故。加金剛藏。爲說十地。欲令信行地菩薩。訂*入智惠地故。乃於後得筆中。分示十地。以爲說也。二剛藏菩薩。定中稱受。後得言說。以爲說也。謂佛以無言。爲其說故。是無言敎之本也。剛藏之稱受。亦是無言。而爲待言敎之本也。

85 이와 같은 설함에 대한 두 가지 구분은 앞의 '의대'와 '설대'의 구분과 그 문장이나 문맥 등이 유사하다.

'들어간다(入)란 믿고 좋아하며 얻고 깨닫는 것이다'라는 것은 부처님이 말씀하시기를, "내가 이미 닦아 익힌 것은 그대의 몸과 마음을 깨닫는 것이니, 그대들은 다시 다른 일이 없음을 마땅히 알아야 한다."라고 하셨는데, 무슨 까닭에 우리들은 아직 알지 못하는가? 다만 믿음이 없기 때문에 알지 못할 뿐이고, 믿으면 곧 알 수 있으니 반드시 믿음이 필요하다. 그러므로 자기의 몸과 마음이 불가사의한 부처님의 법임을 믿을 수 있기 때문에 '믿음(信)'이라고 한다. 이 믿음을 버리지 않고 항상 지킬 수 있기 때문에 '좋아함(樂)'이라고 한다. 이와 같이 믿고 좋아하므로 자기의 몸과 마음을 직접 깨닫기 때문에 '얻음과 깨달음(得證)'이라고 한다.

入者信樂得訂*者。佛言我已修習。訂*汝身心。汝等應知。更無異事。何故我等未得知耶。但以無信故不得耳。信則能知。要須信也。是故能信自己身心是不思議佛法。故云信也。不捨此信。而能恒守。故云樂也。由如是信樂故。親訂*自己身心。□[1)]云得訂*也。

1) ㉕ 저본에는 □의 글자가 마멸되어 있다. 을본에는 '故'로 되어 있다.

'지혜의 지地란 십지의 지혜를 말한다'란 지상 스님과 혜원 스님이 같이 이 구절[86]로 근본의 들어감(根本入)을 삼았다.[87]

86 세친이 『십지경론』(K15, 3a9; T26, 124b19~20)에서 열 가지 들어감으로 풀이하는 경문 가운데 첫 구절인 "지혜의 지地에 들어가게 하려는 까닭이다.(令入智慧地故)"를 가리킨다.

87 정영사 혜원과 지엄은 세친이 『십지경론』(K47, 34a4~12; T35, 50b7~16)에서 열 가지 들어감(十入) 가운데 앞의 첫 구절을 근본의 들어감(根本入)으로 풀이한 것을 받아들였다. 지엄은 『수현기』에서 이 열 가지 들어감이 교화되는 이를 대상으로 하여 가피로 이루려는 바(加所爲)를 밝힌 것으로서 그 가운데 첫째는 총總이고 나머지는 별別이라고 설한다. 혜원은 『十地經論義記』(卍71, 299a10~13)에서 이 구절을 근본의 들어감으로 해석하며 다른 아홉 구절을 바라보기에 이것을 근본이라고 하는 것이고, 원인과 결과에서의 근본을 말하는 것은 아니니, 경에 붙인 경명과 같다고 설한다.

문 가피로 이루려는 바(加所爲)[88]의 이십 구[89]는 (부처님이) 바로 설하시는 때의 말씀인가? 경전을 (전한) 사람(經家)이 열거한 것인가?[90]

답 문장을 기준으로 하면 경전을 (전한) 사람이고, 뜻을 기준으로 하면 바로 설하신 것이다.

문 만약 뜻을 기준으로 하면 바로 설하신 것이라고 한다면, 부처님의 구업口業에 거두어지는가, 의업意業에 거두어지는가?

답 구업이다.

문 부처님이 선정 가운데 계셔서 구업으로 짓는 말씀이 없는데 어째서 구(업)이라고 하는가?

답 가르침의 일어나는 바가 구업으로부터이기 때문이다. 이 일어나는 바 가르침이 어디로부터 일어나는가? 본래 설하지 않음으로 근본을 삼기 때문에 이는 의업이다. 만약 모습을 드러냄을 기준으로 하면 광명을 놓고 정수리를 어루만지며 손을 맞잡고 눈을 맞추는 등의 법을 보이는 궤칙은 신업에 거두어지는 것이다. 그러나 부처님의 구업은 큰 허공에 들어맞기 때문에 일어난 가르침 또한 큰 허공에 들어맞는다.

---

88 가피로 이루려는 바(加所爲) : 부처님의 가피加被에 관한 경문을 지론종과 화엄종에서 셋으로 나누어 주석하는데, 그 가운데 두 번째이다. 셋은 문헌에 따라 약간씩 다르다. 법장의 『화엄경탐현기』(K47, 620b24~25; T35, 280b17~18)에서는 가피의 인(加所因)·가피로 이루려는 바(加所爲)·가피의 모습(加相)으로 나눈다.

89 이십 구 : '가피로 이루려는 바(加所爲)'로 주석되는 『십지경』(혹은 「십지품」)의 이십 구절을 가리킨다. 『육십화엄』(K8, 162c23~163a10; T9, 542b21~c3), 『팔십화엄』(K8, 634a2~13; T10, 179a16~27), 세친, 『십지경론』(K15, 3a8~21; T26, 124b19~c2) 등.

90 경전의 내용을 경전을 전한 경가經家에 의한 부분과 부처님이 직접 설하신 부분으로 나누어 볼 때, 가피로 이루려는 바(加所爲)에 대한 이십 구가 어디에 속하는가를 묻는 물음이다. 이에 대해 정영사 혜원은 『십지경론의기』(卍71, 299a13~16)에서 이 이십 구가 경가가 열거한 부분이라고 설하고 있다. 반면 징관은 『청량소』(T35, 633c15~16)에서 「십주품」 첫 부분에 나오는 가피로 이루려는 바에 대한 경문을 풀이하면서 이를 바로 부처님이 설하신 것이라 한다.

智惠地者謂十地智者。至相與遠師。同以此句。爲根本入也。問。加所爲二十句者。爲是正說時言耶。爲是經家所列耶。答。約文則經家。約義則正說也。問。若約義則正說者。爲佛口業所攝耶。意業所攝耶。答。口業也。問。佛在定中。無有口業爲作之說。何云口耶。答。以教之所起。從口業故也。此所起之教。從何而起耶。本以不說爲根故。是意業。若約現相。放光摩頂執手觸目等。示法之軌則。是身業所攝也。然佛口業。稱大虛故。所起之教。亦稱大虛也。

'포섭의 들어감(攝入)'이란 불가사의한 법을 믿고 듣는 마음 가운데 그 법이 몰록 나타나기 때문에 '포섭(攝)'이라 하고, 마음이 법에 계합하여 들어맞기 때문에 '들어감(入)'이라고 한다. '들음에 의한 지혜(聞慧) 가운데 일체 선근을 거둔다'는 것은, 불타삼장佛陀三藏[91]이 이르기를, "체體에 들어맞는 들음에 의한 지혜가 원종圓宗의 이법(理)을 거두어 이법과 상응하니 귀중함이 된다. 이상."라고 하였다. '체에 들어 맞는다'란 해인의 체體에 들어맞는 것이다. 비유하면 뭇 싹들이 다 대지에 의거하는 것과 같이, 세간과 출세간의 일체 선근도 해인에 의거하지 않고 일어나며 해인에 의거하지 않고 머무르는 것이 없다. 이 해인의 법이 믿는 마음 가운데 분명하게 몰록 나타나기 때문에 '들음에 의한 지혜(聞慧) 가운데 일체 선근을 거둔다'라고 한다.

攝入者。信聞不思議法之心中。其法頓現故。云攝也。心契稱法故。云入也。聞惠中。攝一切善根者。佛陁三藏云。稱體聞惠。攝圓宗理。與理相應。爲

91 불타삼장佛陀三藏 : 『신편제종교장총록』(T55, 1167a1)에 『指歸兩卷』이 불타삼장의 저술로 되어 있다. 그리고 이어서 인용되는 구절이 일본 가나자와문고(金沢文庫)에 현존하는 『華嚴經兩卷旨歸』에 보이는 것을 볼 때, 여기의 불타삼장은 『화엄경양권지귀』의 저자를 가리키는 것으로 생각된다.

可貴也。已上。稱體者。稱海印體也。比如衆苗。皆依大地。世出世間一切善根。無有不依海印而起不依海印而住也。此海印之法。於信心中。了了頓現故。云聞惠中攝一切善根也。

'생각하고 헤아림의 들어감(思議入)'이란 들음에 의한 지혜로 들은 바를 생각하여 잃지 않는 것이다. '헤아림(議)'은 생각에 의한 지혜 가운데 생각하는 바 법을 뜻과 말로 관觀하여 그 모습을 깨닫는 것이다. '들어감(入)'은 위와 같다. '일체 도의 품류(道品)'는 불가사의한 법이다. '지혜의 방편(智方便)'이란 만약 법을 들을 때 마음이 밖으로 반연攀緣하지 않고 오로지 이 법에 의거하여 계속 사유함이 '방方'이며, 이와 같음을 말미암아 마음이 법에 익숙한 것이 '편便'이다. '분별하여 선택함'이란 그 마음이 들은 바 법을 행하여 그 거스름과 수순함을 분별함이니, 이와 같음을 말미암아 그 수순하는 법을 취하는 것은 '선選'이고 그 거스르는 법을 버리는 것은 '택擇'이나.

思議入者。聞惠所聞。思而不失也。議者。於思惠中。所思之法。以意言觀。了其相狀。入者同上。一切道品者。不思議法也。智方便者。若聞法時。心不外緣。專依此法。相續思惟。是方也。由如是故。心便於法。是便也。分別選擇者。其心行於所聞之法。別其逆順。由如是故。取其順法。是選也。捨其逆法者。是擇也。

'법의 모습의 들어감(法相入)'이란 생각하는 바 법이 마음에 나타나 명료하고 분명하기 때문이다. '저러저러한 뜻(彼彼義)'은 불가사의한 법이 하나가 아니기 때문이다. '한량없이 갖가지로 안다'는 것은, 무릇 접촉해서 향하여 대면하는 대상이 불가사의한 부처님 법이 아님이 없기 때문에, 앎의 대상인 법이 이미 한량이 없으며 앎의 주체인 지혜 또한 한량이 없는 것이다.

法相入者。所思之法。於心現現。了了分明故也。彼彼義者。以不思議法非一故也。無量種種知者。凡所觸向對面。無非不思議佛法故。所知之法。旣無有量。能知之智。亦無量也。

'교화의 들어감(敎化入)'이란 (다음과 같다.) 앞의 '포섭의 들어감'에서는 불가사의한 법을 들으며, '생각하고 헤아림의 들어감'에서는 그 법의 모습을 생각하고 살피며, '법의 모습의 들어감'에서는 그 불가사의한 법이 그 마음에 나타난다. 보살이 최초에 서원을 일으키는 것은 먼저 자기를 제도하는 것이 아니라 우선 남을 제도하고자 하므로, 그 마음에 나타난 법으로써 모든 중생을 교화하기 때문에 '교화의 들어감'이라고 하는 것이다.

'생각하고 헤아린 바를 따라서 말(名字)이 갖추어져 법을 잘 설한다'라는 것은, 그 생각에 의한 지혜의 생각한 바 법으로 중생을 교화하기 때문에 '생각하고 헤아린 바를 따라서'라고 한 것이다. 앞의 들음에 의한 지혜의 들은 바 법에 알맞게 이름을 세워 교화하기 때문에 '말이 갖추어져'라고 한 것이다. '잘 결정하여 설한다'란 만약 오로지 들은 법을 전하는 것으로 다른 이를 교화한다면 곧 잘 결정하여 설하는 것이 아니다. 비유하면 손바닥의 진주를 분명하게 보는 것과 같다. 마음에서 법을 깨닫는 것 또한 이와 같으니, 이같이 자기가 얻은 법으로 다른 이를 위하여 연설하는 까닭에 '잘 결정하여 설한다'라고 하는 것이다.

敎化入者。前攝入中。聞不思議法。思議入中。思察其法相。法相入中。彼不思議法。現其心也。菩薩最初發誓願者。非先自度。欲先度他故。以其心所現之法。敎諸衆生故。云敎化入也。隨所思議。名字具足。善說法者。以其思惠所思之法。敎化衆生故。云隨所思議也。稱前聞惠所聞之法。立名敎化故。云名字具足也。善決定說者。若以傳聞之法而敎他。則非善決定說也。比如明見掌中之珠。心中了法。亦復如是。而以如是自所得法。爲他演說故。云善決定說也。

‘깨달음의 들어감(證入)’이란 자신이 얻은 법으로써 중생을 교화할 때 자신의 수행이 곧 가득차기 때문이다. ‘모든 법’이란 불가사의한 법이다. ‘평등한 지혜’는 이 보살의 마음이 저 법을 증득할 때 그 마음이 법과 나누어질 수 없으니, 비유하면 그릇으로 연못의 물을 길어 가득 채웠다가 다시 연못 가운데 부으면, 이것이 그릇의 물이고 이것이 연못의 물이라고 구분할 수 없는 것과 같다. 그래서 ‘평등한 지혜’라고 하는 것이다.

訂*入者。以自所得之法。化衆生時。自行卽滿故也。一切法者。是不思議法也。平等智者。此菩薩心。得彼法時。其心與法。不可得分。比如以器。汲盈池水。還注池中。不可得分。此是器水此是池水。故云平等智也。

‘중생을 교화하는 것이 곧 스스로 부처님의 법을 이루는 것이다’라는 것은,

문 무슨 까닭에 ‘깨달음의 들어감’에 이르른 후에 비로소 교화의 들어감을 해석하는가?

답 ‘깨달음의 들어감’을 변별할 때 비로소 남을 이롭게 하는 것이 곧 자신을 이롭게 하는 것이라는 뜻이 나타난다. 말하자면 보살이 서원을 일으키는 것이 다만 다른 이를 제도하고자 하는 것이지만, 그러나 먼저 다른 이를 제도할 때 법이 본래 그러하여 스스로 진여의 법을 증득하기 때문에 ‘깨달음의 들어감’에 이르른 후에 ‘교화의 들어감’을 해석하는 것이다.

敎化衆生。卽是自成佛法者。問。何故。至訂*入後。方釋敎化入耶。答。辨訂*入時。方現利他卽是自利之義也。謂菩薩發誓。只欲度他。然先度他時。法爾自訂*眞如法故。至訂*入後。釋敎化入也。

'방일하지 않음의 들어감(不放逸入)'이란, 마치 기둥을 반연할 때 마음이 만약 움직임이 있으면 곧 '방放'이고, 그 '방放'으로 말미암아 다른 경계로 나아감이 곧 '일逸'인 것과 같다. 이와 같이 보살이 불가사의한 부처님의 법에 의거하여 그 마음이 움직이지 않고 또 다른 경계에 마음이 또한 나아가지 아니하므로 '방일하지 않음의 들어감'이라고 한 것이다.

'일체 마법魔法이 물들이지 못하(게 하려)는 까닭이다'라고 말한 것은 마魔에 네 종류가 있다. 첫째는 천天이고, 둘째는 인人이며, 셋째는 음陰이고, 넷째는 번뇌煩惱이다. 번뇌마는 세 가지 독이 뿌리가 되어 일어난 번뇌이다. 말하자면 수행하는 마음이 어기거나 따르는 경계를 대하여 혹 화를 내고 혹 탐하여서 적정하지 못하는 것이 번뇌마이다. 음마란 오온(五陰) 가운데 넷은 마음이고 하나는 색色이다. 수행할 때 옷·음식 등과 그리고 다섯 가지 티끌(五塵)[92]의 경계를 탐하여 구하는 것은 색마色魔이고, 탐하여 구하는 마음은 심마心魔이다. 인마란 수행할 때 부모와 시주(檀越)와 나쁜 친구와 색色을 좋아하는 이 등의 부류가 모두 인마이다. 천마란 수행할 때 여섯 번째 하늘(第六天)[93]의 (천)마가 곧 스스로 생각하기를, '이 사람이 그 수승한 마음을 일으켜 수승한 행을 닦으면 반드시 수승한 과보를 얻을 것이니 나의 권속이 아니다'라고 하여, 그러므로 이 사람을 떠나지 않고 항상 괴롭히고 혼란스럽게 하려 하며, 만약 괴롭히고 혼란스럽게 할 수 없으면 곧 그가 죽게 하고자 하니 이러한 것이 천마이다.

92 다섯 가지 티끌(五塵) : 감각의 대상인 여섯 가지 경계 가운데 법法을 제외한 색色·소리(聲)·향기(香)·맛(味)·감촉(觸)을 가리킨다.

93 여섯 번째 하늘(第六天) : 욕계·색계·무색계로 구성되는 불교의 우주관에서 욕계의 하늘 중에서 여섯 번째인 타화자재천他化自在天을 가리킨다.

不放逸入者。如緣柱時。心若有轉。卽是放也。由其放故。趣於他境。卽是逸也。如是菩薩。依不思議佛法。其心不轉。又於他境。心亦不趣。故云不放逸入也。言一切魔法不能染者。魔有四種。一天。二人。三陰。四煩惱也。煩惱魔者。三毒爲根所起煩惱也。謂修行之心。對違順境。或嗔或貪。不能寂靜。是煩惱魔也。陰魔者。五陰之中。四是心。一是色。修行之時。貪求衣食等及五塵境界。是色魔。貪求之心。是心魔也。人魔者。修行之時。父母檀越惡友好色等類。皆人魔也。天魔者。修行之時。弟*六天魔。卽自思惟。此人起其勝心。修其勝行。必得勝果。非我眷屬。是故不離此人。常欲惱亂。若不能惱亂。卽欲令其死。此等是天魔也。

'지地에서 지地로 옮김의 들어감(地地轉入)'이란 (다음과 같다.) 일곱 번째 지(七地)[94] 이전에서는 비록 능히 나아가 모습이 없이 닦지만, 그러나 공들여 힘씀(功用)이 있는 지위이기 때문에 오히려 가행加行의 마음작용(作意)을 일으켜서 자기 마음의 수행의 힘에 올라타서 닦는다. 여덟 번째 지(八地)[95] 이상은 모습이 없이 관觀하는 지혜가 구경에 앞에 나타나기 때문에, 본래의 서원과 법의 힘에 올라타서 뜻대로 나아가 닦는 까닭에 '지地에서 지地로 옮김의 들어감'이라고 한 것이다.

'무탐無貪 등의 선근이 청정하다'란 불가사의한 법에 본래 세 가지 독이 없기 때문에, 무탐 등의 선善이 비롯함이 없는 때로부터 있다. 그러나 지위에 의지함을 기준으로 하면 일곱 번째 지地 이전은 공용이 있는 지위이니 집착하는 마음을 버리지 않았기 때문에 세 종류 선근(三種善根)[96]의 청

94 일곱 번째 지(七地) : 보살의 계위를 나타내는 열 가지 지위(十地) 중에서 일곱 번째인 원행지遠行地(Ⓢ dūraṃgamābhūmi)를 가리킨다.

95 여덟 번째 지(八地) : 보살의 계위를 나타내는 열 가지 지위 중에서 여덟 번째인 부동지不動地(Ⓢ acalābhūmi)를 가리킨다.

96 세 종류 선근(三種善根) : 세 가지 독(三毒), 즉 탐욕·성냄·어리석음이 없는 것을 가리킨다.

정한 뜻이 앞에 나타나지 않는다. 여덟 번째 지地의 뜻대로 되는 지위에 이르러서 세 종류 선근의 청정한 뜻이 구경에 나타나기 때문에 '무탐 등의 선근이 청정하다'라고 한 것이다.

地地轉入者。七地已前。雖能趣向。無相而修。然是有功用位故。猶起加行作意。乘於自心行力而修。八地已上。無相觀智。現前究竟故。乘本誓願及與法力。任運進修。故云地地轉入也。無貪等善根淨者。不思議法中。本無三毒故。無貪等善。無始時有。然約寄位。則七地以前。有功用位。執心不捨故。三種善根淸淨之義。不得現前。至於八地任運之位。三種善根淨義竟現。故云無貪等善根淨也。

'또 선근이 있어' 등은 의심을 결정하여 굴복시키는 것이다. 십지 가운데 하나하나의 지地가 모두 지地 이전의 가행에 의한 선근이 있으며, 지地 이상의 선근이 있기 때문에, 지地 이전의 가행을 기준으로 하여 말하면 '또 선근이 있다'고 하고, 지地 이상의 선근을 기준으로 삼으면 불가사의한 부처님의 법이다. 의심하여 이르기를, "일곱 번째 지地 이전의 가행에 의한 선근이 여덟 번째 지地 이상의 선근을 낳는 것인가?"라고 하니, 이 의심을 해결하기 위한 까닭에 "오직 여덟 번째 지地의 가행에 의한 선근만 그 여덟 번째 지地의 선근을 낳는다."라고 한다. 이런 까닭에 "또 선근이 있어 세간을 벗어나는 도의 품류의 원인이 될 수 있다."라고 한 것이다.

復有善根等者。決伏疑也。於十地中。一一地。皆有地前加行善根。有地上善根故。約地前加行云。復有善根。約地上。善根則是不思議佛法也。疑云。七地以前加行善根。生於八地以上善根耶。爲決此疑故云。唯八地之加行善根。生其八地善根也。是故云。復有善根。能爲出世間道品因也。

'보살로서 다함의 들어감(菩薩盡入)' 가운데 '여래의 비밀스러운 지혜'란 불가사의한 부처님의 법을 기준으로 하면 비록 열 가지 거듭(十重)됨이 없지만, 지위에 의지함을 따라서 또한 열 가지 비밀스러운 지혜로 나누는 것이다. 이 비밀스러운 지혜가 불가사의한 법인 까닭에 이 법을 얻는 것을 기준으로 하여 "일체 여래의 비밀스러운 지혜에 들어간다."라고 한 것이다.

菩薩盡入中。如來秘密智者。約不思議佛法。則雖無十重。而隨寄位。且分十種秘密智也。此秘密智。是不思議法故。約得此法云。入一切如來秘密智也。

'부처님으로서 다함의 들어감(佛盡入)' 가운데 '일체의 지혜에 들어가는 지혜'란 '일체의 지혜'는 부처님의 일체지인 일체종지一切種智이다. '들어가는 지혜(入智)'는 보살의 지혜이다. 보살의 지혜로 말미암아 부처님의 원만한 지혜에 들어가기 때문에 보살의 지혜도 또한 원만한 지혜를 이루는 것이다.

佛盡入中。於一切智入智者。一切智者。是佛一切智一切種智也。入智者。菩薩智也。由菩薩智。入佛圓智故。菩薩之智。亦成圓智也。

문 '보살로서 다함의 들어감'에서 말한 '여래의 비밀스러운 지혜에 들어감'은 '부처님으로서 다함의 들어감'에서 말한 '부처님의 일체지에 들어감'과 더불어 어떻게 다른가?

답 '보살로서 다함의 들어감' 중에서는 불가사의한 부처님의 법을 얻으나 다만 결과를 다한 원인의 지위이고, '부처님으로서 다함의 들어감' 중에서 불가사의한 법을 얻는 것은 원인을 다하는 결과의 지위이기 때문에 다르다.

문 혜원 스님은 '부처님으로서 다함의 들어감'으로써 원인 중에 있음을 삼았으니, '보살로서 다함의 들어감'과 어떻게 다른가?[97]

답 세움(建立)을 기준으로 하면 '보살로서 다함의 들어감'은 열 번째 지地에 세우고, '부처님으로서 다함의 들어감'은 부처님의 과위에 세운다. 그런데 부처님으로서 다함으로 원인 중의 결과를 삼은 것은 신信·행行·지地의 보살이 불가사의한 부처님의 법을 얻은 까닭에 원인 중의 결과로 삼아 부처님의 과보로서의 덕德을 얻었다고 하는 것이지, 부처님으로서 다함이 원인에 있음을 삼는다고 하는 것은 아니다.

問。菩薩盡入中。云入如來秘密智。與佛盡入中。云入佛一切智。何別。答。

---

97 혜원慧遠은 『십지경론의기』에서 "부처님으로서 다함에서도 처음은 이름을 나열한다. 비록 원인 중에 있지만 부처님의 덕德을 모두 거두어서 '부처님으로서 다함'이라고 이름한다.(佛盡之中。亦初列名。雖在因中。備攝佛德名爲佛盡。)"라고 하고, 또한 아홉 가지 들어감을 십지에 배대하면서도 부처님으로서 다함의 들어감을 부처님의 지위가 아닌 열 번째 지地에 해당시킨다.(卍71, 300b18~301a1) 이에 반해 법장 등 후대의 화엄가들은 부처님으로서 다함의 들어감을 보살십지가 아닌 부처님의 과위인 구경위에 배대한다. 참고로 혜원과 법장의 아홉 가지 들어감에 대한 배대를 도표로 나타내면 아래와 같다.

<table>
<tr><th colspan="4">慧遠</th><th>九入</th><th colspan="3">法藏</th></tr>
<tr><td rowspan="4">世間</td><td rowspan="4">(加行位)</td><td>聞慧</td><td rowspan="4">地前</td><td>① 攝入</td><td rowspan="4">地前</td><td>聞慧</td><td rowspan="4">(加行位)</td></tr>
<tr><td rowspan="2">思慧</td><td>② 思議入</td><td rowspan="2">思慧</td></tr>
<tr><td>③ 法相入</td></tr>
<tr><td>修慧</td><td>④ 敎化入</td><td>修慧</td></tr>
<tr><td rowspan="5">出世間</td><td colspan="2" rowspan="5">訂</td><td>初地</td><td>⑤ 訂入</td><td>初地</td><td colspan="2">見道位</td></tr>
<tr><td rowspan="2">二地~七地</td><td>⑥ 不放逸入</td><td rowspan="2">二地~九地</td><td colspan="2" rowspan="3">修道位</td></tr>
<tr><td>⑦ 地地轉入</td></tr>
<tr><td>八地~九地</td><td>⑧ 菩薩盡入</td><td>十地</td></tr>
<tr><td>十地</td><td>⑨ 佛盡入</td><td>究竟位</td><td colspan="2">究竟位</td></tr>
<tr><td colspan="4">「십지경론의기」
卍71, 299a5~300a3</td><td>「십지경론」
K15, 3a8~14;
T26, 124b19~24</td><td colspan="3">「화엄경탐현기」
T35, 281a4~282a12</td></tr>
</table>

菩薩盡入中。得不思議佛法。而但是盡果之因位。佛盡入中。得不思議法。是盡因之果位故。別也。問。遠公以佛盡入爲在因中。與菩薩盡入。何別。答。約建立。則菩薩盡入立弟*十地。佛盡入立佛果位。而以佛盡爲因中之果者。以信行地菩薩得不思議佛法故。以爲因中果而云得佛果德。非謂佛盡爲在因也。

'이 모든 들어감은 비교해 헤아림이 된다'는 등은, '이 모든 들어감'으로부터 '차별'에 이르기까지 비교하여 헤아리는 바가 되는 것은 혜원 스님의 뜻[98]이고, '모든 들어감'으로부터 '더욱 뛰어남'에 이르기까지 비교하여 헤아리는 바가 되는 것은 법장 스님의 뜻[99]이다.

혜원 스님의 뜻은 삼현三賢과 십지十地의 차례로 더욱 뛰어난 지위가 의지할 바이기 때문에 떨칠 바이고, 아홉 가지 들어감의 차별은 '근본의 들어감' 중에서 덕德의 뜻이 차별한 것이기 때문에 떨칠 바가 아니라는 것이다. 법장 스님의 뜻은 곧 삼현과 십지가 온전히 불가사의한 부처님의 법의 지위이고, 포섭의 들어감 등 아홉 가지 들어감도 또한 온전히 불가사의한 부처님의 법이니, 그러므로 아홉 가지 들어감의 차별과 그리고 삼현·십지의 더욱 뛰어남을 다 버리지 않는다는 것이다. 이는 곧 지혜의 뜻

98 혜원, 『십지경론의기』, '모든 들어감'이란 포섭의 들어감 등 아홉 가지의 들어감이다. '지혜의 뜻의 차별을 비교한 것'이라고 말한 것은, 들어감의 지혜의 지地 중에서 덕德의 뜻의 차별을 임시로 비교하여 헤아린 것이기 때문에 세간으로부터 부처님의 지위에 이르기까지 의지한 것이다.(是諸入者。是攝入等九種入也。言爲校量智義別者。爲假校量入智地中德義差別故。寄世間乃至佛地。)"(卍71, 301a5~11)

99 법장, 『화엄경탐현기』, '모든 들어감'이라고 말한 것은 위의 아홉 가지 들어감을 합한 것이다. '비교하여 헤아린 것' 등은 그 차별 없음의 차별을 나타낸 것이다. 말하자면 지地 이상으로부터 부처님의 지위에 이르기까지 의거하여 지위의 지혜의 차별과 차례로 더욱 뛰어난 모습을 비교하여 헤아린 것이다.(言是諸入者。牒上九入。爲校量等者。顯其無別之別。謂寄地上乃至佛地。校量地智差別次第轉勝之相。)"(K47, 622a12~15; T35, 282a14~16)

의 차별인 아홉 가지 들어감과 차례로 더욱 뛰어난 삼현·십지가 다 떨칠 바가 아니다. 그러므로 비교하여 헤아리지만 버리지 않는 것이며, 그 삼승 가운데 항포行布·차례(次第)·차별·더욱 뛰어남(轉勝)·결정 등은 모두 버릴 바이다.

是諸入爲挍量等者。從是諸入至差別爲所挍量者。是遠公之意。從諸入至轉勝爲所挍量者。是藏師之意也。遠公意。則三賢十地。次弟*轉勝之位。是所寄故。是所拂也。九入差別。是根本入中德義差別故。非所拂也。藏師意。則三賢十地。是全不思議佛法之位也。攝等九入。亦全不思議佛法也。是故九入差別及三賢十地之轉勝。皆不捨也。是則智義差別之九入。次弟*轉勝三賢十地。皆非所拂。是故挍量而不捨也。其三乘中。行布次弟*差別轉勝決定者。皆所捨也。

문 이미 온전히 불가사의한 법인 삼현·십지라면 마땅히 수승함과 열등함이 없어야 하는데, 어째서 더욱 뛰어남이 있다고 하는가?

답 비록 망정으로 헤아리는 수승함과 열등함은 없으나, 또한 연기의 수승함과 열등함은 있다.

問。旣全不思議法之三賢十地。應無勝劣。何云有轉勝耶。答。雖無情計之勝劣。亦有緣起之勝劣也。

문 연기의 수승함과 열등함은 무엇인가?

답 마치 병 중에 큰 허공을 머금고 있고 옹기 중에도 또한 그러하지만 그러나 큰 허공을 머금은 병은 어린아이가 들 수 있으나 큰 허공을 머금은 옹기는 어린아이가 쉽게 들지 못하는 것과 같다. 이처럼 십신十信의 지위에서 법계를 거두어 다하고 십주 등의 지위에서도 또한 법계를 거두니,

비록 법계를 거두는 뜻은 같으나 지위에 따라서 다르기 때문에 법계를 거두는 십신은 열등함이고 법계를 거두는 십주 등은 수승함이다. 따라서 연기의 차별이 떨칠 바가 아니다. 그러므로 하나의 믿음의 지위에서 부처를 이루는 뜻에 근거하여 순범順梵과 행장行將[100]의 두 대덕은 세워서 원만한 부처님(圓滿佛)이라 하였고, 다른 사람들은 세워서 분수에 따른 부처님(隨分佛)이라 하였다. 이에 신림 대덕이 이 두 뜻을 들어 상원 스님에게 나아가 물으니, 상원 스님이 이르기를, "모두 (의상) 화상의 뜻이 아니다. 십신의 한 지위로써 십주 등을 형용하는 것은 문門이 다르기 때문에 분수에 따른 부처님이라고 한다. 그러나 법계를 온전히 거두어서 구경에 곁이 없기 때문에 원만한 부처님이라고 한다. 이로써 일승은 어느 한 지위를 따라서 부처를 이룰 때에 분수와 원만의 두 뜻을 갖추는 것이다. 이상."라고 하였다. 따라서 법장 스님의 뜻은 아홉 가지 들어감 가운데 들어감은 '근본의 들어감'의 들어감이고, 아홉 가지 들어감 가운데 포섭 등의 아홉 가지는 '근본의 들어감' 가운데 지혜의 지地이므로 다 버리지 않는다는 것이다.

問。緣起勝劣云何。答。猶如甁中含大虛空。甕中亦爾。然含大空之甁。童稚能提。含大空之甕。童不易提。如是十信位中。攝盡法界。十住等位。亦攝法界。雖攝法界義同。而隨位別故。攝法界之十信是劣。攝法界之十住等是勝也。故緣起差別。非所拂也。是故。約一信位成佛之義。順梵行將二德。立爲圓滿佛。餘人等。立爲隨分佛。於是林德。擧此二義。就問相元。元曰。

100 순범順梵과 행장行將 : 생몰 연대나 활동 분야 등의 전기를 알 수 없다. 다만 신림이 상원에게 한 질문이 순범과 행장의 원만불에 관한 것으로 볼 때, 순범과 행장은 늦어도 신림, 상원과 동시대의 화엄 관련 승려로 간주된다. 상원은 의상의 직제자로서 7세기 후반에서 8세기 초중반에 활동하였고, 신림은 상원의 제자로서 8세기 중엽에 활동한 것으로 생각된다.

俱非和尚之意。則以十信一位。形十住等。爲門別故。云隨分佛。然全攝法界。究竟無側故。云圓滿佛也。是以一乘隨何一位。成佛之時。具足分滿二義也。已上。故藏師之意。九入中入者。是根本入之入也。九入中攝等九者。是根本入中智惠地也。故皆不捨也。

'이것은 언설로 해석한 것이다'란 세 가지 뜻이 있다. 혜원 스님은 "이 아홉 가지 들어감의 언설에서 육상으로 해석한 뜻을 마땅히 알아야 한다."[101]라고 하였다. 법장 스님의 두 가지 해석은 소疏[102]와 같다. '사事는 제외되니, 사事란 오온(陰)·십팔계(界)' 등이란, 이 뜻은 실로 이해하기 어렵다. 그러므로 신림 대덕이 대승경공大乘冏公에게 물으니, 경공이 이르기를, "오온(陰)·십팔계(界)·십이처(入)에 육상이 필요하니 그것을 융섭하면 어려움이 없으나, '제외한다'고 말한 것은 삼과三科[103]·백법百法[104]에 육상을 쓰지 않는다고 말한 것이다. 그러나 만약 오온·십팔계·십이처를 제외한다면 어느 곳에 육상을 쓸 것인가? 따라서 내가 알 수 있는 바가 아니다."라고 하였다. 다른 스님은 이르기를, "육상은 삼승을 이끌 때 쓰는 방편이다. 그러나 그 집착하는 바 체성이 각각 다르니 삼과의 법에 육상을

---

101 혜원,『십지경론의기』(K71, 301b3~4; 卍45, 40b6~7).

102 법장은『화엄경탐현기』(K47, 622b7~10; T35, 282b10~13)에서 이 구절을 두 가지로 풀이한다. 첫째는 '언설'을 육상으로, '해석'의 대상을 이곳의 경문으로 본다. 둘째는 '해석'의 대상이 육상이지만 이것을 해석하는 언설은 경문이 아니라『십지경론』의 저자인 세친이 해석한 뜻일 뿐이라고 주석한다. "'이것은 언설로 해석한 것이다'란 가르침을 정하는 것이다. 말하자면 여기에서 이 육상의 언설을 안립하는 것은 경문을 해석하고자 하는 것이니, 마땅히 이 뜻을 알아야 한다. 또 풀이하면, 여기에서 육상을 해석한 것은 이곳의 경문이 아니라 다만 논주가 해석한 뜻일 뿐이다.(此言說解釋者是定教。謂於此中。安此六相之言說。爲欲解釋經文。應知此意。又釋。此中釋六相。非是此處經文。但是論主解釋之意。)"

103 삼과三科 : 오온五蘊·십이처十二處·십팔계十八界를 합쳐서 가리키는 말이다.

104 백법百法 : 유식학파에서 유위·무위의 모든 법을 총괄하여 백 가지 법으로 나타낸 것이다.

쓰면 그 법이 잡되고 어지럽게 되어 이익을 얻지 못한다. 그래서 '사事를 제외한다'고 한 것이다."라고 하였다. 융순 화상은 이르기를, "반드시 육상의 언설로 『화엄경』을 설해야 한다. 만약 삼과·백법으로 설하면 삼승이다. 그래서 '사事를 제외한다'고 한 것이다."라고 하였다.

此言說解釋者。有三義。遠公云。此九入言說中。以六相解釋之義。應知也。藏師二釋如䟽。除事。事者謂陰界等者。此義實難可解。故林德問於大乘囧公。囧云。於陰界入。須六相則融之無難。而言除者。言三科百法不用六相也。然而若除陰界入。何處用六相耶。故非吾所可知也。餘師云。六相者。引三乘時之所用方便也。然彼所執體性各別。三科法上用六相。則其法雜亂。不得利益。故云除事也。融順和尚云。要以六相言說。說花嚴經。若以三科百法說。則是三乘。故云除事也。

화엄경담현기

법장 스님의 소䟽[105]에 (이른다.) 가피로 이루려는 바(加所爲)를 해석하는 가운데 이십 구문[106]을 두 가지 이익에 의거하여 나눈다. 처음 열 가지는 남과 함께하는 자리自利이고, 뒤의 열 가지는 자기와 함께하는 이타利他이다. 운운. 앞 가운데 (세친) 논주는 네 가지 문의 해석을 지었다. 첫째는 총체적으로 해석하여 근본을 나타낸다. 운운.[107] 넷째는 근본과 지

---

105 법장, 『화엄경탐현기』(K47, 621a10~622b19; T35, 281a4~282b23). 『총수록』에서는 『화엄경탐현기』의 본문 내용 중 일부분을 생략하면서 인용하고 있다.

106 『십지경』 처음 부분에 금강장보살이 삼매에 들자, 시방의 금강장불이 금강장보살을 가피하는 가운데 설해지는 가피의 이유 또는 가피로 이루려는 바에 대한 이십 구문을 가리킨다. 『십지경론』(K15, 3a8~21; T26, 124b19~c2).

107 생략된 내용은 네 가지 문 가운데 둘째와 셋째의 문이다. "둘째는 근본에 의거하여 지말을 연다. 셋째는 지말을 모아 근본에 돌아감을 밝힌다.(二依本開末 三明會末歸本)" (T35, 281a)

말이 걸림 없는 것이다.

처음에 총체적으로 (십)지의 법을 논하면 연기에 여섯 가지 뜻이 있다.

첫째, '일체 보살이란 신信·행行·지地이다'라는 것은 가피할 바의 근기를 든 것이다. 말하자면 지地 이전 보살은 진여를 아직 깨닫지 못하고, 다만 믿는 마음에 의거하여 행을 일으키기 때문이다. 운운.

藏疏。釋加所爲中。二十句文。依二利分。初十共他自利。後十共自利他。云云。前中論王。佛[1]四門解釋。一摠釋現本。云云。四本末無碍。初中。摠論地法。緣起有六義。一一切菩薩是信行地者。擧所被機。謂地前菩薩。未訂*眞如。但依信心。而起行故。云云。

1) ㉮ 高에는 '王仏'으로 되어 있다. 글자 형태상 '主作'의 글자 일부가 인출印出되지 않은 것으로 보인다. 인용 원문인 『華嚴經探玄記』(K47, 621a13; T35, 281a8)에는 '主作'으로 되어 있다.

(둘째,) '불가사의한 모든 부처님의 법이란 출세간도의 품류(品)이다'라는 것은, 이것은 얻는 바 법이다. 그러나 두 가지 해석이 있다. 첫째는 원인을 기준으로 한 것이다. 말하자면 십지의 법의 체體는 출세간의 흐름이 없는 법이니, 마음과 말의 길이 끊어짐을 '불가사의'라고 이름한다. 통틀어 불과佛果를 낳기 때문에 이름하여 '도道'라고 하니, 아래에서 이르기를, 위대한 성인의 길은 저 원인이다라고 한 까닭이다.[108] 십지 지위

108 세친, 『십지경론』(K15, 14b17~c1; T26, 132c8~15), "'미묘하여 성인의 도道는 알기 어려우니 분별이 아니고 생각을 여의었다' 이 게송은 무슨 뜻에 의거하여 설하는가?……다시 말한다. 왜 알기 어려운가? 위대한 성인의 길은 알기 어렵다. 위대한 성인이란 이른바 모든 부처님이다. 이런 까닭에 '미묘하다'라고 말한다. '도道'는 원인이다. 이 도를 수행하여 성스러운 곳에 이를 수 있기 때문이다.(微難知聖道。非分別離念。此偈依何義說〈中略〉復云何難知。大聖道難知。大聖者所謂諸佛。是故言微。道者是因。修行此道。能到聖處故。)"

의 품류의 종류가 차별한 것을 '품류'라고 이름한다. 운운. 둘째는 결과를 기준으로 한 것이다. 말하자면 부처님이 얻으신 법이기 때문에 '부처님의 법'이라고 이름한다. 아래의 지위가 추측하지 못함을 '불가사의'라고 이름한다. 지地 이상의 보살이 이 법을 부분적으로 깨닫게 하는 것을 '출세간도의 품류'라고 이름한다. 지地의 지혜가 노니는 바를 '도道'라고 이름한다. 부분적으로 깨달아 아직 원만하지 않음을 '품류'라고 이름한다.

不可思議諸佛法者。是出世間道品者。此是所得之法。然有二釋。一約因。謂十地法體。是出世間無流之法。心言路絶。名不思議。通生佛果故名爲道。下云大聖道者是彼因故。十位品類。差別名品。云云。二約果。謂佛所得之法故名佛法。非下位圖托。[1] 名不思議。令地上菩薩分訂*此法。名出世間道品。地智所遊曰道。分訂*未圓名品。

1) ㉯ 을본에는 '托'이 '杔'으로 되어 있다. ㉰『華嚴經探玄記』(K47, 621b11; T35, 281b7)에는 '度'로 되어 있다.

셋째, '광명(明)'이란 비로소 바라보는 것을 '봄(見)'이라고 이름하고, 자세히 비추는 것을 '지혜(智)'라고 이름하며, 지혜로 비추는 것이고 추론(比)하는 것이 아니기 때문에 '얻음(得)'이라고 이름하고, 그윽한 정신에 계합하기 때문에 다시 '깨달음(證)'이라고 이름한다. 운운.

넷째, '설한다(說)란 그 가운데 분별하는 것이다'라는 것은, 능히 깨달아 얻는 주체와 대상의 법 가운데 말로써 십위의 차별을 분석하여 지혜의 행行의 우열과 공덕과 지혜의 같고 다름을 밝히기 때문이다.

三明者。[1] 創矚名見。委照名智。智照非比故名爲得。冥神契合故復名訂。* 云云。四說者於中分別者。於此能所訂*得法中。以言分釋十位差別。明智行優劣功惠等異故也。

1) ㉮ '明者' 다음에 『華嚴經探玄記』의 내용이 일부 생략되어 있으므로 '云云'이 라는 생략의 표시가 필요하다.

다섯째, '들어간다(入)란 믿음(信)과 좋아함(樂)과 얻음(得)과 깨달음(證)이다'라는 것은, 말하자면 지地 이전의 믿음과 좋아함에는 들어감의 뜻이 멀리 있고, 지地 이상의 깨달아 얻음에는 서로 들어감이 바로 앞에서 이루어진다. 들어감의 뜻을 통틀어서 논하면, 반드시 여기로부터 저기에 이르기 때문에 처음과 끝을 갖추는 것이다. 또한 믿음은 처음이고 좋아함은 끝이며 얻음은 처음이고 깨달음은 끝이다.

五入者信樂得訂*者。謂地前信樂遠有入義。地上訂*得現成交入。通論入義。必從此至彼故。具始終也。亦信始樂終得始訂*終。

여섯째, '지혜의 지地란 십지의 지혜를 말하니, 본문 중에서 설한 것과 같다'는 것은, 말하자면 이 이치를 깨닫는 성스러운 지혜에 부처님의 과보를 생성하고 머물러 유지하는 등의 작용이 있음을 '지위(地)'라고 이름한다. 처음의 환희지로부터 마지막의 법운지에 이르기까지 본문 중에 나타나 있음을 알 수 있다. 이상의 여섯 가지 뜻이 융합하여 걸림이 없어서 가르침과 뜻에 통하고, 깨달음과 추론에 통하며, 경계와 지혜에 통하고, 사람과 법에 통하며, 원인과 결과에 통하여, 어우러져 통해서 걸림이 없어 총체적으로 한 덩어리가 됨을 '십지의 법'이라고 이름한다. 혹 뒤에 갖가지 차별을 전개해도 모두 다 이 총괄하는 구句 중에서 나오는 것이다. 이런 까닭에 이것을 '근본의 들어감'이라고 이름한다.

六智惠地者。謂十地智。如本分中說。謂此訂*理聖智。有生成住持佛果等用。名地。始從歡喜。終至法雲。本分中現。可知。此上六義。融合無碍。通敎及義。通訂*及比。通境及智。通人及法。通因及果。混通無碍。揔爲一團。名十地法。若展於後種種差別。皆悉於此揔句中出。是故名此爲根本入。

두 번째는 근본에 의거하여 지말을 여는 것이니, 아홉 구절로 나누어 이루어진다. 그중의 네 가지 지위는 말하자면 원하고 좋아함(願樂)의 지위, 봄(見)의 지위, 닦음(修)의 지위, 구경의 지위이다. 처음 넷은 지地 이전의 원하고 좋아함(願樂)의 지위에 의거하고, 다음 하나는 초지에 의거하며, 다음 셋은 닦음(修)의 지위에 의거하고, 마지막 하나는 구경의 지위를 밝힌다.[109]

二依本開末。分成九句。於中四位。謂願樂位。見位。修位。究竟位。初四寄前[1)]地前願樂位。次一寄初地。次三寄修位。後一明究竟位。

1) (역)『華嚴經探玄記』(K47, 621b30; T35, 281b28)에는 '前'이 '在'로 되어 있다.

문 여기에서는 바로 십지의 법을 설하는 것인데, 무슨 까닭에 지地 이전과 부처님의 과보를 설하는가?

답 십지가 앞으로는 아래를 일으키는 공덕이 있고 뒤로는 위를 이루는 뜻이 있음을 나타내기 위함이다. 또 해석하면, 십지의 깨달음의 지혜로 아함阿含[110]의 광명을 놓으니, 이런 까닭에 지地 이전은 이 십지의 아

109 이상의 네 가지 지위와 아홉 가지 들어감의 배대를 도시하면 다음과 같다.

九入	攝入	思議入	法相入	敎化入	證入	不放逸入	地地轉入	菩薩盡入	佛盡入
四位	願樂位				見位	修位			究竟位
階位	地前				初地	第二地~第十地			佛

110 아함阿含 : [S] āgama. 부처님의 입(金口)으로 설해져 전해진 가르침을 의미한다. 법장은『화엄경탐현기』(K47, 617c10~28; T35, 277b14~c5)에서「십지품」에 대해 총總으

함에 부분적으로 거두어지는 것이다. 이 지地의 지혜가 과분果分의 바다에 의거하여 이루어지는 까닭에 (십지에) 부처님의 과보가 있는 것이다. 위의 '불가사의한 부처님의 법'과 아래의 새의 자취가 의거하는 바 허공[111] 등이 모두 이 일이다.

問。此中正爲說十地法。何故乃說地前及佛果。答。爲現十地前有起下之功後有成上之義。又釋。由十地訂*智。放阿含光。是故地前是此十地阿含分攝。由此地智依果海成故有佛果。上不思議佛法。及下鳥跡所依空等。並是其事。

처음 가운데 첫 하나[112]에서는 들음에 의한 지혜를 기준으로 하여 선근을 닦는 것을 '일체를 거둔다'라고 이름한다. 둘째는 생각에 의한 지혜의 처음을 밝힌 것이니, 도리를 간택함이다. 논에서 '지혜의 방편'이란 (경문의) '잘 분별하여'를 풀이한 것이고, '도의 품류'는 '부처님의 법'을 해석한 것이다. 셋째는 생각에 의한 지혜의 마지막이다. 말하자면 생각으로 인해 널리 아는 것이다. '저러저러한 뜻(彼彼義)'은 '모든 법'을 풀이한 것이고, '갖가지로 안다'는 '널리 알(게 하려)는'을 해석한 것이다. 넷

로는 십지의 증행證行을 근본으로 하며 개별로는 열 가지 뜻이 있다고 밝히면서, 그 중 일곱 번째로 지위를 기준으로 십지의 지위를 구분하여 깨달음(證)의 지위와 아함의 지위로 나눈다. 또 법장은 혜원[『십지경론의기』(卍71, 302b15~304a2)]과 지엄[『수현기』(K47, 34a14~b14; T35, 50b18~c22)]의 논의를 받아들여 『십지경론』에 의거하면 아홉 가지 아함과 깨달음(證)의 상대가 있다고 풀이한다.(T35, 282c3~283a14)

111 『십지경』 서분에 나오는 비유이다. 상권 2 각주 72) 참조.

112 원하고 좋아함(願樂)의 지위에 배대되는 네 가지 들어감 가운데 첫 번째인 포섭의 들어감(攝入)을 가리킨다.(상권 2 각주 97) 참조) 여기서 풀이하는 『십지경론』의 내용은 다음과 같다. "첫째는 포섭의 들어감(攝入)이니, 들음에 의한 지혜(聞慧) 가운데 일체 선근을 거두는 까닭이다. 경經에서 '일체불법을 잘 분별하여 선택하는 까닭이다'라고 한 것과 같다.(一者。攝入聞慧中。攝一切善根故。如經攝一切善根故。)" 『십지경론』(T26, 125), 『총수록』(H6, 792a16~17).

째는 닦음에 의한 지혜를 밝힌 것이니 걸림 없이 가르침을 세워 믿을 수 있기 때문에 '결정하여 설한다'라고 한 것이다. 말하자면 닦음은 두 가지 이익에 통하나 지금은 남을 이롭게 함(利他)을 든 것이다. 보살이 남을 교화하는 것이 곧 스스로 부처님의 법을 이루는 것이기 때문에 자기를 이롭게 함(自利)에 거두어들여지는 것이다. 논에서 '생각하고 헤아린 것을 따라서'는 생각에 의한 지혜가 생각하는 바이고, '말(名字)이 갖추어져'는 들음에 의한 지혜가 지니는 바이기 때문에 '결정하여 설하는 것'이다.

初中初一。約聞惠修善根。名攝一切。二明思惠之始。簡擇道理。論中智方便者。釋善分別也。道品釋佛法也。三思惠之終。謂因思廣知。彼彼義釋諸法。種種知[1)]釋廣知。四明修惠。無疑立教。可信故云決定說。謂修通二利。今擧利他。菩薩化他。卽是自成佛法故。入自利收。[2)] 論中。隨所思議。是思惠所思。名字具足。是聞惠所持。故決定說也。

1) ㉯ 을본은 각주에서 '知'가 '智'로 의심된다고 밝히고 있나. ㉾『華嚴經探玄記』(K47, 621c11; T35, 281c10)에는 '知'로 되어 있다. 2) ㉯ 을본에는 '收'가 '攝'으로 되어 있다. ㉾ 高에는 '扠'로 되어 있다.『華嚴經探玄記』(K47, 621c13; T35, 281c12)에는 '收'로 되어 있다.

이제까지는 믿음과 좋아함을 나타내었고, 아래로는 얻음과 깨달음을 변별한다. 다섯째는 봄의 지위(見位)이다. 운운. 논에서 '모든 법에 평등한 지혜'는 '분별없는 지혜'를 풀이한 것이다. 말하자면 초지에서 바로 진여를 깨달아서 주체(能)와 대상(所)의 두 모습이 없기 때문에 '평등'하다고 하는 것이다. '견도見道하는 때에 매우 청정하다'는 '매우 청정하여 잡되지 않음'을 해석한 것이다. 말하자면 두 가지 아我[113]와 분별과 수면隨

113 두 가지 아我 : 인아人我와 법아法我를 가리킨다.

眠[114]을 여의는 것이다. 여섯째는 도道를 닦는 지위를 밝히는 가운데 지地와 지地에서 하나의 무명을 따로 끊기 때문에 번뇌장 또한 영원히 굴복시켜 여읜다. 따라서 세상의 법에 뒤섞이지 않음을 '방일하지 않음의 들어감'이라고 이름한다. 마법은 세상의 법이다. 일곱째는 닦음의 지위(修位)를 밝히는 가운데 지혜의 행이 더욱 나아감을 '지地에서 지地로 옮김의 들어감'이라고 이름한다. 말하자면 흐름이 없는 선근이 일체의 세 가지 선善하지 않은 법을 영원히 여의는 것이다. 무탐無貪 등의 선근 등은 성내지 않음(無嗔)과 어리석지 않음(無癡)을 똑같이 취하는 것이다. '또 선근이 있어 세간을 벗어나는 도의 품류의 원인이 된다'는 것은, 모든 지地에서의 가행선근이다.

上來現信樂。自下辨得訂。* 五見位。云云。論中一切法平等智。釋無分別智。謂於初地。正訂*眞如。無能所二相。故云平等。1) 見道時中。善淸淨者。釋善淨不雜。謂離二我分別隨眠。2) 六明修道位中。地地別斷一無明故。於煩惱障。亦永伏離。故云世法不雜名不放逸入。魔法是世3)法也。七明修位中。智行轉進。名地地轉入。謂無流善根。永離一切三不善法。無貪等善根等者。等取無嗔無癡也。復有善根能爲出世間道品因者。是諸地中加行善根也。

1) ㉮ '平等' 다음에 『華嚴經探玄記』 내용의 일부가 생략되었으므로 '云云'이 부기될 필요가 있다. 2) ㉮ '隨眠' 다음에 『華嚴經探玄記』 내용의 일부가 생략되었으므로 '云云'이 부기될 필요가 있다. 3) ㉠ 을본에는 '世'가 '毋'로 되어 있다.

여덟째는 십지의 배움이 다함을 '보살로서 다함의 들어감'이라고 이름한다. 아래 큰 다함의 부분(大盡分)[115]에서 밝히는 것과 같으니, 열 번

114 수면隨眠 : Ⓢ anuśaya. 번뇌의 다른 이름이다.
115 큰 다함의 부분(大盡分) : 세친이 『십지경론』(K15, 104c4~10; T26, 193c6~11)에서

째 지地의 보살이 여래의 열 가지 비밀스러운 지혜(如來十種秘密智)[116]에 들어가 비밀스럽고 은밀하며 깊고 그윽하여 헤아려 알기 어렵기 때문에 '부사의'라고 이름한다. 아홉째는 구경의 자리이니 원인의 도道가 이미 원만하여 부처님의 과보가 이에 수승함을 밝히는 것이다. 끝까지 가득 찬 과보가 원만함을 '부처님으로서 다함의 들어감'이라고 이름한다. 논에서 '들어가는 지혜(入智)'는 (경의) '얻는다(得)'라는 글자를 풀이한 것이다.

八十地學窮。名菩薩盡入。如下大盡分中明。弟*十地菩薩入如來十種秘密智。以秘隱深密難可測知故。名不思議。[1)] 九究竟位。明因道既圓。佛果斯剋。窮滿果圓。名佛盡入。論中入智者。釋得字也。

1) ㉾ '不思議' 다음에 『華嚴經探玄記』 내용의 일부가 생략되었으므로 '云云'이 부기될 필요가 있다.

세 번째는 지말을 모아 근본에 돌아가는 것이니, '모든 들어감'이라고

열 번째 지인 법운지法雲地를 여덟 부분으로 나누어 해석하는 가운데, 네 번째인 '큰 다함에 들어가는 부분(入大盡分)'을 가리킨다. 『십지경론』(K15, 107c15~109c9; T26, 195c18~197a14)에 이에 해당하는 경문과 주석이 있다.

116 여래의 열 가지 비밀스러운 지혜(如來十種秘密智) : 법장은 이 열 가지 지혜가 무엇인지 여기서 직접 밝히고 있지는 않으나, 『육십화엄』「십지품」(K47, 709c15~21; T35, 375c23~376a1)의 아래 구절을 주석하면서 이 열 가지를 비밀스러운 자리에 대한 지혜(密處智)를 밝히는 것이라고 한다. "또 모든 부처님의 비밀스러운 자리, 이른바 몸의 비밀스러움, 입의 비밀스러움, 뜻의 비밀스러움, 때와 때 아님을 아시는 비밀스러움, 보살에게 수기하시는 비밀스러움, 중생을 거두어 조복시키시는 비밀스러움, 모든 승乘이 차별한 비밀스러움, 8만4천 모든 근기가 차별한 비밀스러움, 업이 실답게 짓는 바의 비밀스러움, 행行이 보리를 얻는 비밀스러움, 이러한 등의 비밀스러움을 모두 여실하게 안다.(又諸佛密處。所謂。身密。口密。意密。知時非時密。與菩薩授記密。攝伏衆生密。諸乘差別密。八萬四千諸根差別密。業如實所作密。行得菩提密。如是等密。皆如實知。)"(K8, 192b4~7; T9, 572c14~18) 징관도 『청량소초』(T36, 413c21~414a4)에서 『팔십화엄』(K8, 666c3~7; T10, 206b20~24)의 해당하는 구절을 주석하면서 이것이 열 가지 비밀스러운 지혜라고 풀이한다.

말한 것은 위의 아홉 가지 들어감을 합한 것이다. '비교하여 헤아림이 된다' 등은 그 차별 없음의 차별을 나타낸 것이다. 말하자면 지地 이전, 지地 이상 내지 부처님의 지위(佛地)를 의지하여 지위의 지혜(地智)의 차별과 차례로 더욱 뛰어난 모습을 비교하여 헤아린 것이고, 근본의 들어감 가운데 또한 이와 같은 등의 항포行布와 차례(次第)와 결정의 차별을 말하는 것은 아니다. 그러므로 지말을 융섭하여 근본으로 돌아가서 둘이 없음을 나타내는 것이다. 앞은 근본에 의거하여 지말을 일으켜서 다름없음의 다름을 밝히고, 지금은 지말을 모아 근본에 돌아가서 다르되 다름없음을 밝히기 때문이다.

三會末歸本。言是諸入者。牒上九入。爲挍量等者。現其無別之別。謂寄地前地上乃至佛地。挍量地智差別。次弟*轉勝之相。非謂根本入中亦如此等行布次弟*決定差別。是故融末歸本。現無二矣。前依本起末。明無別之別。今會末歸本。明別而無別故也。

네 번째, 근본과 지말이 걸림 없다는 것이란, 말하자면 육상의 총상과 별상이 걸림 없음을 밝히기 때문이다. 이 육상의 뜻을 풀이하는 데 여섯 가지 문을 짓는다.

四本末無碍者。謂明六相摠別無碍故也。釋此六相義。作六門。

첫째, 가르침이 일어난 뜻을 밝힌다. 말하자면 고정되어 집착하는 견해를 깨뜨려서 연기의 원융한 법을 나타내는 것이다. 이 이법이 앞에 나타나면 일체 미혹의 장애는 하나가 멸하면 일체가 멸하고, 일체 행行의 지위는 하나가 이루어지면 일체가 이루어지는 등이다.

一明教興意。謂破定執見。以現緣起圓融之法。此理現前。一切惑障。一滅一切滅。一切行位。一成一切成等。

둘째, 종류이니, (다음과 같다.) 자기도 아니고 남도 아님 등의 4구와 있지도 않고 없지도 않음 등의 4구,[117] 그리고 태어남도 아니고 등의 팔불八不[118]과 십불十不[119] 등이 모두 다 현상(事)을 모아 이법(理)으로 들어가는 것이다. 이 흐름의 부류는 다만 저러한 것 등이 이법에 들어가서 하나의 적정에 따르는 것이다. 이제 이 이법에 들어감은 저 현상을 원융하여 상즉상입하게 해서 보현의 법을 이루는 것이니, 이에 왼쪽과 오른쪽만 있을 뿐이다.

셋째, 나온 바를 밝히는 것이다. 이 글은 아래 경문의 네 번째 대원 가운데 나오니,[120] 경을 전하는 사람(經家)이 스스로 설한 것이고, (『십지경

117 『총수록』 상권 2 각주 43) 참조.

118 태어남도 아니고 등의 팔불八不 : 용수龍樹의 『中論』 귀경송 등을 비롯하여 대승경론에 보이는 네 쌍으로 이루어진 여덟 가지 부정을 가리킨다. ① 생겨나지도 않고(不生), ② 사라지지도 않으며(不滅), ③ 항상하지도 않고(不常), ④ 끊어지지도 않으며(不斷), ⑤ 하나도 아니고(不一), ⑥ 다르지도 않으며(不異), ⑦ 오지도 않고(不來), ⑧ 가지도 않는다(不去). 『중론』(K16, 350b17~19; T30, 1b14~17).

119 십불十不 : 팔불八不과 마찬가지로 다섯 대립쌍의 동시부정을 통해 일체법의 실상을 밝히는 방편으로서 『대반열반경』에 나오는 다음 십이인연에 대한 십불이 대표적이다.(K38, 961a1~3; T12, 768b19~21) ① 나지도 않고(不出), ② 사라지지도 않으며(不滅), ③ 항상하지도 않고(不常), ④ 끊어지지도 않으며(不斷), ⑤ 하나도 아니고(非一), ⑥ 둘도 아니며(非二), ⑦ 오지도 않고(不來), ⑧ 가지도 않으며(不去), ⑨ 원인도 아니고(非因), ⑩ 결과도 아니다(非果). 참고로 법장은 『화엄경탐현기』(K47, 576a12~13; T35, 233a20~22)에서 『육십화엄』 「菩薩十無盡藏品」(K8, 84a13~16; T9, 475a17~20)의 다음 구절을 '십불十不'로 표현하기도 한다. "시방 일체세계의 낱낱 세계 가운데 삼세의 한량없고 수없는 모든 부처님이 세상에 나타나셔서 부처님의 일을 베풀어 행하시고 반열반하신다. 저 모든 부처님의 지혜는 늘어나지도 않고 줄지도 않으며, 생겨나지도 않고 사라지지도 않으며, 다하지도 않고 가지도 않으며, 가깝지도 않고 멀지도 않으며, 앎도 아니고 혼란도 아니다.(十方一切世界。一一世界中。三世無量無數諸佛。出興於世。施行佛事。而般涅槃。彼諸佛智慧。不增不減。不生不滅。不盡不去。不近不遠。不智不亂。)"

론』의) 논주가 임의로 지은 것이 아니다.

二種類者。不自不他等四句。及不有不無等四句。并不生等八不。十不等。皆悉會事入理。是此流類。但彼等入理。以順一寂。今此入理。圓融彼事。使相卽相入。成普賢法。有斯□[1)]右耳。二[2)]明所出者。此文出在下經弟*四大願中。經家自說。非是論主率意而作。

1) ㉯ 저본에는 □의 글자가 마멸되어 있다. 을본에는 '左'로 되어 있다. ㉮『華嚴經探玄記』(K47, 622a24; T35, 282a27)에 '左'로 되어 있다. 2) ㉯ 을본에는 '二'가 '三'으로 되어 있다. ㉮ 高에는 '二'로 되어 있다.『華嚴經探玄記』(K47, 622a25; T35, 282a27)에는 '三'으로 되어 있다.

넷째, 건립을 밝히는 것이다. '무슨 까닭에 오직 여섯이며 많지도 않고 적지도 않은가'란, 말하자면 무릇 모든 연기법이 세 문이 있어야 한다. 첫째는 지말이 근본에서 일어남과 일어나지 않음이 있다. 둘째는 저 일어난 지말이 이미 근본을 거둔다. 이 까닭에 서로 바라봄에 같음이 있고 다름이 있다. 셋째는 저 근본을 거느린 지말이 이미 근본에 거두어짐이 된다. 그러므로 당체에 존재함이 있고 무너짐이 있다. 만약 이 셋을 갖추지 않으면 연기를 이루지 못한다. 셋 가운데 각각 둘이기 때문에 다만 오직 여섯일 뿐이다.

四明建立者。何故唯六不多不小者。謂汎諸緣起法。要有三門。一末於本有起不起。二彼所起末。旣帶於本。是故相望。有同有異。三彼帶本之末。旣爲本收。[1)] 是故當體。有存有壞。若不具此三。不成緣起。三中各二。故但唯六。

1) ㉯ 을본에는 '收'가 '攝'으로 되어 있다. ㉮ 高에는 '収'로 되어 있다.『華嚴經探玄記』(K47, 622a29; T35, 282b4)에는 '收'로 되어 있다.

120 세친,『십지경론』(K15, 23c20~24a4; T26, 139a14~20).

다섯째, 문답으로 결정하여 택하는 것이니, 둘이 있다. 첫 번째는 거스름(逆)이니, 말하자면 총도 아니고 별도 아닌 등이 각각 서로서로 모든 모습을 빼앗아서 모든 모습이 다 다하기 때문이다. 두 번째는 따름(順)이니, 말하자면 또한 총이고 또한 별인 등이 각각 모습을 따라서 성취하는 등이다. 생각하고 준하여서 지은 것이다.

五問答決擇者。有二。初逆。謂非摠非別等。各各互相形奪諸相。皆盡故也。二順。謂亦摠亦別等。各各順相成就等。思准作之。

여섯째, 글을 해석하는 것이니, 다섯이 있다.

첫 번째는 법을 기준으로 하여 수數를 드는 것이다. 말하자면 설해진 법에 여섯 종류의 모습이 있는 등이다.

두 번째는 가르침의 뜻을 정함을 변별하는 것이다. '이것은 언설로 해석한 것이다'란, 가르침을 정하는 것이다. 말하자면 이 가운데 이 육상의 언설을 안립하는 것은 경문을 해석하고자 하는 것이니, 마땅히 이 뜻을 알아야 한다. 또 이를 풀이한 가운데 육상을 해석한 것은, 이곳의 경문이 아니라 다만 논주가 해석한 뜻일 뿐이다. '사事는 제외됨을 알아야 하니, (사事란) 말하자면 오온(陰)·십팔계(界)·십이처(入) 등이다'라는 것은, 이것은 그 뜻을 정함을 변별하는 것이다. 말하자면 도리를 기준으로 하여 융통을 설한 것이고, 오온 등 현상의 모습 중에서 변별하는 것이 아니다. 따라서 그것을 제하여 가려내는 것이다.

六釋文有五。一約法擧數。謂於所說法中有六種相等。二辨定教義。此言說解釋者。是定教。謂於此中。安此六相之言說。爲欲解釋經文。應知此義。又釋此中釋六相。非是此處經文。但是論主解釋之意。應知除事。謂陰界入等者。此辨定其義。謂約道理說融通。非是陰等事相中辨。故除簡之。

세 번째는 이름을 열거하는 것이니 알 수 있을 것이다.

네 번째는 모습을 풀이하는 가운데, 별상 내에서 '별別이 본本에 의지하되'는 총에 의지하여 별을 여는 것을 밝힌 것이다. '저 근본을 만족시킨다'는 (별이) 다시 능히 총을 이루는 것이다. 말하자면 반드시 본에 의지해야 하는 별이 바야흐로 능히 본을 만족시키기 때문이다.

'늘어나는 모습'은 앞의 아홉 가지 들어감의 점차 늘어나는 모습이니 '다름(異)'을 나타내는 것이다.

연緣이 이루어져 화합함을 간략한 말로 표현하고, 연緣이 흩어져 지음이 없음은 널리 인연을 변별한다. '세계가 이루어지고 무너지는 것과 같다'는 것은 비유를 들어서 나타낸 것이니, 말하자면 마치 백억의 사천하가 합하여 하나의 사바세계를 이루는 것을 간략한 말로 표현하면 '이룸(成)'이 되고, 만약 백억의 차별을 분별하여 널리 설하면 하나의 사바세계가 의거하여 머무를 바가 없게 하기 때문에 '무너짐(壞)'이 된다.

다섯 번째, '나머지 모든'은 모든 곳에서 (육상의 가르침을) 권하는 것이니, 준하여 견주면 알 수 있을 것이다.

三列名。可知。四釋相中。別內別依本者。明依摠開別。滿彼本者。還能成摠。謂要依本之別。方能滿本故也。增相者。是前九入。漸增之相。以現異也。緣成和合。略言標現。緣散無作。廣辨因緣。如世界成壞者。擧喩以現。謂如百億四天合成一娑婆。略言標現爲成。若分別廣說百億差別。令一娑婆無所依住故爲壞。五餘一切者。勸於一切處。准類知之。

고기

'고기'에 이른다. 법장 스님의 소疏에 이르기를, "(세친) 논주가 네 가지 문의 해석을 지었다. 운운."[121]라고 한다. 이 네 가지 문의 이름은 비록 소疏를 지은 이가 스스로 지은 것이나, 그러나 저 『(십지경)론』 가운데 본래 그 뜻을 갖추고 있다. 따라서 "(세친) 논주가 네 가지 문을 지었다."라고 한 것이다.

古記云。藏疏云。論主作四門解釋。云云。此四門名。雖是疏主自作。然彼論中本具其義。故云論主作四門也。

문 이 네 가지 문은 다 일승인가, 혹은 삼승인가?

답 어떤 이는 이른다. 네 가지 문이 다 일승이다. 무엇인가? 처음 문은 "가르침과 뜻에 통하고 내지 원인과 결과에 통하여, 합하여 통틀어서 장애가 없어 운운."라 하니, 이와 같이 열 가지 보법의 이름을 기준으로 한다. 둘째 문은 '다름없음의 다름'이고, 셋째 문은 '다르되 다름없음'이며, 넷째 문은 '총상과 별상이 걸림 없음'이기 때문이다.

어떤 이는 이른다. 처음과 뒤의 두 문은 앞의 해석과 같다. 둘째는 근본의 들어감에 의거하여 아홉 가지 들어감의 지말을 여니, 삼승이 한마음(一心)의 근본에 의거하여 흘러서 육도六道를 이루는 것과 같다. 셋째는 아홉 가지 들어감의 지말을 모아서 근본의 들어감으로 돌아가니, 또한 삼승이 육도의 차별을 모아서 평등한 한마음으로 돌아가는 뜻과 같다. 따라서 이 두 문은 모두 삼승이다.

問。此四門者。皆一乘耶。或三乘耶。答。一云。四門皆是一乘。何者。

121 법장, 『화엄경탐현기』(K47, 621a13; T35, 281a7).

初門則通敎及義。乃至通因及果。混通無碍。云云。如是約十種普法名。弟*二門則無別之別。弟*三門則別而無別。弟*四門則摠別無㝵故。一云。初後二門。同前釋也。弟*二則依根本入開九入末。同於三乘依一心本流成六道。弟*三則會九入末。歸根本入。亦同三乘會六道差別歸平等一心之義。故此二門並三乘也。

어떤 이는 이른다. 첫 하나는 일승이고 다음의 둘은 삼승이니 또한 앞의 해석과 같다. 넷째 문은 비록 육상을 밝히나 육상의 가르침이 일어난 뜻에 이르기를, '고정되어 집착하는 견해를 깨뜨려서 연기를 나타낸다'고 한다. 이미 이르기를, 집착을 깨뜨린 후에 덕을 나타낸다고 한 까닭에, 이는 모습을 닦는 문의 원융한 뜻이므로 처음 문의 총체적으로 해석한, 근본을 나타내는 일승에 상대하는 것이다. 따라서 삼승이라고 한다.

어떤 이는 이른다. 논주가 앞의 세 문에서 육상을 밝히지 않고 넷째 문에 이르러 육상을 논하기 때문에, 이 논의 글의 모습을 기준으로 하면 분명하게 나타나니, 앞의 셋은 삼승이고 뒤의 하나는 일승이다. 그러나 넷째 문이 육상을 밝힐 때 앞의 세 문의 근본과 지말을 가지고 논하기 때문에, 넷째 문을 기준으로 하여 보면 앞의 세 문도 다 또한 일승이다.[122]

一云。初一一乘。次二三乘。亦同前釋。弟*四門則雖明六相。六相敎

122 이상의 논의를 네 가지 문의 이름과 간략히 도표로 정리하면 다음과 같다.

<table>
<tr><th>六相四門解釋</th><th>① 一云</th><th>② 一云</th><th>③ 一云</th><th colspan="2">④ 一云</th></tr>
<tr><td>一. 總釋顯本</td><td rowspan="4">一乘</td><td>一乘</td><td>一乘</td><td rowspan="3">三乘</td><td rowspan="4">一乘</td></tr>
<tr><td>二. 依本開末</td><td rowspan="2">三乘</td><td rowspan="3">三乘</td></tr>
<tr><td>三. 會末歸本</td></tr>
<tr><td>四. 本末無礙</td><td>一乘</td><td>一乘</td></tr>
</table>

興意云。破定執見。以現緣起。旣云破執而後現德故。是修相門之圓融義故。對初門揔釋現本之一乘。故云三乘也。一云。論主於前三門。不明六相。至弟*四門。論六相故。約此論文相現著。則前三三乘。後一一乘也。然弟*四門。明六相時。將前三門本末論故。約弟*四門看。則前之三門。皆亦一乘也。

문 이 넷째의 '근본과 지말의 걸림 없음'은 그 뜻이 무엇인가?

답 어떤 이는 이른다. 『화엄경』 여덟 번째 모임에 대한 주석(疏)에서, '근본 모임을 펴서(舒) 지말 모임이 되고, 지말 모임을 말아 거두어(卷) 근본 모임이 되기 때문이라고 한다.[123] 지금 이 또한 그러하여, 근본의 총상을 열어서 아홉 가지 들어감의 지말을 이루고, 아홉 가지 들어감의 지말을 모아서 근본의 총을 이룬다.

問。此弟*四本末無㝵。其義云何。答。一云。弟*八會疏云。本會舒爲末會。末會卷爲本會故。今此亦尒。開根本揔。成九入末。會九入末。成根本揔也。

어떤 이는 이른다. 일승 가운데 정해진 근본과 지말이 없기 때문에 하나를 들면 주主가 되고 나머지는 반伴이 된다. 그러므로 열 가지 들어감에서 듦을 따라 근본이 되고 나머지는 지말이 된다.

어떤 이는 이른다. 근본은 스스로 항상 근본이고 지말도 또한 스스로

123 『육십화엄』에 대한 주석서 중에 이와 같은 구절을 찾기 어렵다. 다만 법장은 『화엄경탐현기』에서 제8회 「입법계품」을 근본법회와 지말법회로 나누어, 근본법회는 지말법회와 다르지 않기 때문에 비록 말아져 있더라도(卷) 항상 펼쳐져 있고(舒), 지말법회는 근본법회와 다르지 않기 때문에 비록 펼쳐져 있더라도(舒) 항상 말아져 있다고 풀이하고 있다.(K47, 778c13~16; T35, 450b15~18).

항상 지말이나 걸림이 없다. 말하자면 한결같이 근본의 들어감을 이름하여 총상이라 하고 나머지 아홉 가지 들어감으로써 이름하여 총이라고 하는 것이 아니며, 한결같이 나머지 아홉 가지 들어감을 이름하여 별이라 하고 근본의 들어감으로써 이름하여 별이라고 하는 것이 아니다.

一云。一乘中無定本末故。擧一爲主。餘則爲伴。是以於十入中。隨擧爲本。餘則爲末也。一云。本則自恒本。末亦自恒末。而無㝵也。謂一向根本入名爲摠。非以餘九入名爲摠。一向餘九入名爲別。非以根本入名爲別也。

문 만약 그렇다면 어떻게 근본과 지말이 걸림 없음을 이루는가?

답 총에 의거하여 별을 열 때 만약 근본인 총을 깨뜨려서 아홉 가지 들어감인 지말을 이룬다면 곧 별이 총에 걸리는 것이다. 별을 모아 총을 이룰 때도 또한 만약 그러하다면 총이 별에 걸리는 것이다. 그러나 총이 움직이지 아니하되 별을 이루고 별이 움직이지 아니하되 총을 이루기 때문에, 근본은 항상 근본이고 지말은 항상 지말이지만 능히 걸림 없음을 이룬다.

問。若尒。何成本末無㝵耶。答。依摠開別時。若破根本摠而成九入末。則別㝵於摠也。會別成摠時。亦若尒則。摠㝵於別也。然而摠不動而成別。別不動而成摠故。本則恒本。末則恒末。而能成無㝵也。

문 『육상장』에 이르기를, "서까래가 곧 집이므로 총상이라 이름하고 집이 곧 서까래이므로 별상이라 이름한다.이상."[124]라고 한다. 이 글에 의

---

124 『육상장』으로 출전을 밝히고 있는 이 구절은 법장의 『화엄일승교의분제장』「의리분제

거하면 근본이 도리어 지말이 되고 지말이 도리어 근본이 됨을 허용하는 것인가?

답 일승에서는 만약 "이루어지지 않으면 그만이거니와 이루어지면 처음과 끝을 여읜 까닭"[125]에 비록 '서까래가 곧 집이다'라고 하더라도, 이미 집일 때에는 처음과 끝을 여의었으므로 먼저 별인 서까래가 있고 후에 집을 이루는 것이 아니다. 그러므로 근본이 도리어 지말이 되고 지말이 도리어 근본이 된다고 하지 않는다.

問。六相章云。椽卽是舍。故名摠相。舍卽是椽。故名別相。已上。依此文則。可許本還爲末末還爲本耶。答。一乘之中。若不成則已。成則離始終故。雖云椽卽是舍。旣是舍時。離始終故。非是先有別椽後成舍也。是故不云本還爲末末還爲本也。

문 서까래는 별의 연緣인데 이미 "서까래가 곧 집이다."라고 하였다. 그러므로 또한 포섭의 들어감 등의 별이 총이 되는 뜻도 있기 때문에 또 지말이 도리어 근본이 되는 뜻이라고 말할 수 있는데, 이째서 그렇지 않은가?

답 만약 포섭의 들어감 등이 총이 되는 뜻이라면 곧 이것은 근본의 들어감이기 때문에, 다만 총으로써 이름하여 총이라고 하고 별로써 이름하여 총이라고 하는 것은 아니다. 그러므로 포섭의 들어감 등이 만약 총이 된다면 다만 근본의 들어감이라고 할 뿐이다.

問。椽是別緣。旣云椽卽是舍故。亦有攝入等別爲摠之義。故亦可云

장」(T45, 508a27~28)에서 '육상원융의六相圓融義' 가운데 일부분이다. 『육상장』에 대해서는 상권 2 각주 42)와 61) 참조.

125 법장, 『화엄일승교의분제장』「의리분제장」(T45, 504b3~4).

末還爲本之義。何不然耶。答。若攝入等爲摠之義。卽是根本入故。但以摠名爲摠。不以別名爲摠也。是以攝入等。若爲摠則但云根本入也。

고기

'고기'에 이른다. 근본의 들어감의 큰 허공 가운데 여덟 가지 어려움이 있다. 만약 이 여덟 가지 어려움을 안다면 비록 그 본 소疏를 보지 못하더라도 『십지경론』의 오묘한 뜻을 안다고 할 수 있으나, 만약 이 여덟 가지 어려움을 알지 못한다면 비록 열 명, 스무 명의 주석가의 소疏를 얻더라도 『십지경론』의 뜻을 안다고 할 수 없다.

말하자면 첫째, 이 큰 허공 중에 비록 총과 별의 모습이 없으나 총과 별을 나눌 수 있는 뜻이 있으니 이것을 보기 어렵다. 말하자면 위의 오중五重의 총과 별[126]에서 처음 삼중을 기준으로 하여 본다.

古記云。根本入大虛之中。有八難也。若得知此八難。則雖不見其本䟽。可謂得知地論之妙旨。若不知此八難。則雖得一十二十家䟽。不可謂知地論之旨也。謂一此大虛中。雖無摠別之相。而有可分摠別之義。此難見也。謂於上五重摠別。約初三重見也。

둘째, 이 큰 허공 중에 비록 여러 가르침의 수행의 지위가 없으나 여러 가르침의 수행의 지위를 나눌 수 있으니 또한 보기 어렵다. 흘러나온 바 삼승의 아홉 가지 들어감의 자리에서 본다.

셋째, 이 큰 허공 중에 비록 항상함과 항상함이 없음(無常)도 없으나,

---

126 『총수록』에 실려 있는 『대기』(H6, 800b13~c17)는 신림의 설로서 다음의 오중 총별설을 전하고 있다. ① 별을 여읜 총(離別之摠), ② 별을 거느리되 별을 여읜 총상(帶別而離別), ③ 총이 곧 별이고 별이 곧 총(摠卽別別卽摠), ④ 또한 총이고 또한 별(亦摠亦別), ⑤ 총도 아니고 별도 아님(非摠非別).

항상함의 지혜가 장애를 끊음과 항상함이 없음의 지혜가 장애를 끊음이 있으니 또한 보기 어렵다. '또 선근이 있어'[127] 등의 문구를 기준으로 하여 본다. 만약 품品과 모임(會)을 기준으로 하면, 차별과 평등의 두 가지 두루한 인과(差別平等二周因果)[128]와 수생修生과 본유本有[129]의 두 지혜이다.

二此大虛中。雖無諸敎行位。而有可分諸敎行位。亦難見也。於所流三乘九入處見也。三此大虛中。雖無常無常。而有常智斷障。無常智斷障。亦難見也。約復有善根等文見也。若約品會者。是差別平等二周因果修生本有之二智也。

넷째, 이 큰 허공 중에 항상함과 항상함이 없음에 대한 지혜가 합하

---

127 『십지경론』(K15, 3b23; T26, 124c23)에서 열 가지 들어감 중 지말의 들어감에서 일곱 번째, 지地에서 지地로 옮김의 들어감(地地轉入)을 풀이하는 구절 중 일부분이다.

128 차별과 평등의 두 가지 두루한 인과(差別平等二周因果) : 오주인과에서 두 번째와 세 번째에 해당한다. 법장의 『화엄경탐현기』에 따르면 차별인과는 『육십화엄』의 「如來名號品」부터 「佛小相光明功德品」까지, 평등인과는 「普賢菩薩行品」부터 「寶王如來性起品」까지에 배대되며 이 둘은 모두 성해인과成解因果에 해당한다. 오주인과의 출전과 내용은 상권 1 각주 20) 참조.

129 수생修生과 본유本有 : 화엄종에서 부처님의 공덕 또는 법계연기 가운데 정법연기를 설명하는 방편 가운데 하나이다. 지엄은 『수현기』(K47, 45a15~b13; T35, 62c27~63a29)에서 『화엄경』에 의거하여 법계연기를 정법연기와 염법연기로 나누고 정법연기를, ① 본유本有, ② 본유수생本有修生, ③ 수생修生, ④ 수생본유修生本有로 구분하여 설한다. 이 가운데 본유에 대해서는 연기의 본래 실체라 하며 「성기품」의 경문을 예로 들고, 또 수생에 대해서는 신信 등의 선근이 아직 현전하지 않다가 지금 청정한 가르침에 대해서 연緣에 기대어 비로소 일어나는 것이라고 풀이한다. 법장은 『화엄경탐현기』(K47, 724a23~28; T35, 392a15~20)에서 이에 대해 모든 부처님의 공덕이 수생과 본유 두 가지를 넘지 않으며, 이 두 가지가 서로 상대하면 모두 네 구가 있게 된다고 한다. 첫째, 수생에 대해 곧 신信 등의 선근은 본래는 없으나 지금 있기 때문이고, 둘째, 본유는 곧 진여가 항하의 모래 수처럼 많은 성性 공덕을 갖추고 있기 때문이라고 설한다.

여 하나의 흐름이 없는 지혜를 이룸이 있으니 또한 보기 어렵다. 말하자면 첫 모임의 사십 부류[130]의 법체法體와 법계 모임의 신중神衆은 유위有爲이며 보현보살과 문수보살 등의 한가지로 태어난 무리(同生衆)[131]는 곧 무위無爲이다. 이 유위와 무위가 합하여 법신인 비로자나(부처님) 자체의 지혜를 이룬다.[132]

四此大虛中。有常無常智合成一無流智。亦難見也。謂初會四十類法體。及法界會神衆。則有爲也。普賢文殊等同生衆。則無爲也。此有爲無爲。合成法身毘蘆[1)]遮那自體智也。

1) ㉮ 을본에는 '蘆'가 '盧'로 되어 있다.

다섯째, 이 큰 허공 중에 생멸과 생멸하지 않음이 합하여 법의 체體를

130 첫 모임의 사십 부류 : 『화엄경』 첫 모임 첫 품(『육십화엄』은 「世間淨眼品」, 『팔십화엄』은 「世主妙嚴品」)에 등장하는 보현보살을 위시한 보살대중과 39류의 신중을 가리킨다. 39류의 신중과 관련하여 『육십화엄』과 『팔십화엄』이 순서와 항목에는 차이를 보인다.

131 한가지로 태어난 무리(同生衆) : 『화엄경』에서 첫모임에 모인 대중 가운데 보현보살을 위시한 보살대중을 가리킨다. 이 모든 보살들은 다 여래의 선근바다에서 태어났기 때문이다. "이 모든 보살들이 옛적에 다 비로자나여래와 더불어 한가지 선근을 모아서 보살행을 닦아서 다 여래선근의 바다로부터 태어났다.(此諸菩薩。往昔皆與毘盧遮那佛如來共集善根。修菩薩行。皆從如來善根海生。)"(『大方廣佛華嚴經』 卷1, T10, 2a25~27) 여기서 보살대중 외의 39류 화엄성중들은 다르게 태어난 무리(異生衆)라고 부른다. 세친, 『십지경론』(K15, 8b19~20; T26, 128b5~7) 등. 『청량소』(T35, 535a4~12)에서도 첫 모임의 40부류 전체를 두 무리로 나누고 그 가운데 첫 번째인 보살을 한가지로 태어난 무리로, 나머지를 다르게 태어난 무리로 구분하며 그 의미에 대해서 다음 두 가지로 풀이한다. 첫째, 보살은 법성의 몸을 얻어서 사람과 같이 한 부류의 보살의 모습을 짓기 때문이고, 여러 부류(雜類)는 다양하게 다른 생과 갖가지의 모습을 짓기 때문이다. 둘째, 보살은 모든 지위에 통하기 때문이고, 신중은 법계의 차별된 덕이기 때문이다.

132 지엄은 『수현기』(K47, 4a17~19; T35, 17a22~23)에서 한가지로 태어난 무리인 보살은 무위연집無爲緣集의 무리, 다르게 태어난 무리인 화엄성중은 유위연집有爲緣集의 무리를 밝힌 것으로 풀이한다. 무위와 유위가 합하여 자체의 지혜를 이룬다는 구절은 지론종의 독특한 3종 연집설(유위연집·무위연집·자체연집)의 영향이 보인다.

이룸이 있으니 또한 보기 어렵다. 이는 머무름이 없는 별교의 문 가운데 얕고 깊음이 없는 삼관三觀[133]의 생멸과 증분 가운데 생겨남이 없는 부처님 법의 생멸하지 않음이다.

여섯째, 이 큰 허공 중에 움직이지 않는 근본 무명이 곧 법의 체體를 만족시키니 또한 보기 어렵다. 종교終教의 근본과 지말 등의 무명에 대해서 '보普' 자의 도장으로 도장 찍어 정해서 본다.

五此大虛中。有生滅不生滅。合成法體。亦難見也。是無住別教門中。無淺深三觀之生滅。訂*分中無生佛法之不生滅也。六此大虛中。不動根本無明。卽是滿足法體。亦難見也。於終教根本枝末等無明。以普字印。印定而見也。

일곱째, 이 큰 허공 중에 부처님으로서 다함의 들어감에서 발심하고, 포섭의 들어감의 지위에서 성불하니 또한 보기 어렵다. '이 모든 들어감은 지혜의 뜻의 차별을 비교해 헤아림이 된다'는 등의 문구를 기준으로 하여 본다.

여덟째, 이 큰 허공 중에 지옥의 지위에서 발심하는 사람은 없으나, 그러나 지옥에서 발심하여 성불함이 있으니 또한 보기 어렵다. "이것은 언설로 해석한 것이다. 마땅히 알아야 한다."의 문구에 의거하여 본다.

七此大虛中。於佛盡入發心。於攝入位成佛。亦難見也。約是諸入爲挍量智義差別等文見也。八此大虛中。無地獄位發心之人。然有地獄

133 삼관三觀 : 화엄종의 별교일승에는 여러 삼관이 있지만, 여기에서 언급되는 삼관은 의상계 화엄에서 중요하게 언급되는 인연관·연기관·성기관의 삼관으로 생각된다. "만약 일승을 기준으로 하면 인연·연기·성기의 삼관은 얕음과 깊음이 없다.(若約一乘。則因緣緣起性起三觀。無淺深也。)"(H6, 800b6~7)

中發心成佛。亦難見也。依此言說解釋應知之文見也。

3) 연기무분별리緣起無分別理　諸法各異至諸地功德

'모든 법이 각각 달라서'부터 '모든 지地의 공덕'까지[134]
諸法各異至諸地功德

법융기

『법기』에 이른다. '모든 법이 각각 달라서 스스로 여여如如함에 머무르기 때문이며, 하나의 여여함과 많은 여여함의 여여한 모습을 얻을 수 없다'라는 것은 오십사각을 기준으로 하기 때문에 '여여함'이라고 하나, 이것이 '제1각의 여如이고 이것이 제2각의 여如이다'라는 등으로 나눌 수 없기 때문에 '모습을 얻을 수 없다'고 한다. (제)1각을 기준으로 할 때가 곧 오십사각을 기준으로 하는 것이기 때문에 '여여함'이라고 하며, 제2각을 기준으로 하는 것 또한 이와 같다. 이에 이르러 마침내 앞의 질문에서 "위에서 이르기를, '원인과 결과가 같지 않다고 하고, 한 집의 참된 덕德이며 성性이 중도에 있다'고 하니 이유를 알지 못하겠다."[135]라고 한 뜻에 답하는 것이다.

法記云。諸法各異住自如故。一如多如如如相。不可得者。約五十四角。故云如如。而不可分。此是弟*一角如。此是弟*二角如等。故云相

134 『총수록』(H6, 808b24). 이에 해당하는 『일승법계도』 원문은 H2, 2b19~c4; H6, 792b23~c9.

135 『일승법계도』(H2, 1b23~24; H6, 791c2~3).

不可得。約一角時。卽約五十四角。故云如如。約弟*二角。亦如是也。至此竟答前問。上云因果不同。而一家實德。性在中道。未知所由之義。

대기

『대기』에 이른다. "그러므로 경에서 이르기를, '묻는다. 무엇이 부처님의 법을 깊이 믿는 것인가? 답한다. 일체 모든 법이 오직 부처님만이 아시는 바이고 나의 경계가 아니다.'"라고 한 것 등은, 『승만경』을 인용하여 위의 것을 증명하며 스스로는 겸손히 한 것이다. 말하자면 앞에서 이르기를, '이 뜻은 실로 이해하기 어렵다. 비록 그러하나, 천친 논주에 의거하면 내지 분한 따라 이해할 수 있을 것이다'라고 말한 것은, 뜻으로는 오직 부처님만이 아시는 바이고 내 자신이 알 수 있는 바가 아니라고 하지만, 그러나 가르침과 이법(理)에 의거하여 분수 따라 이 뜻을 나타내는 것이다. 그러므로 경 가운데 우러러 미루는 지혜를 인용하여 증명을 삼은 것이다. 저 경에서 이르기를 '매우 깊은 법의 지혜를 성취함'은 첫 번째 사람을 위한 것이고, '수순하는 법의 지혜를 성취함'은 두 번째 사람을 위한 것이고, '여래에게 우러러 미루며 나의 경계가 아니다'라는 것은 세 번째 사람을 위한 것이다.[136] 풀이하면 처음은 깨달은 지혜이고 다음은 삼현三賢이며

136 『승만경』(K6, 1369a24~b7 ; T12, 222c20~25)의 다음 구절을 줄여서 인용한 것이다. "세 종류의 선남자와 선여인이 매우 깊은 뜻에 대해 자신이 다치고 상함을 여의고 큰 공덕을 내어 대승의 길에 들어갑니다. 무엇이 셋이 되는가 하면, 혹 선남자와 선여인이 매우 깊은 법의 지혜를 스스로 성취하거나, 혹 선남자와 선여인이 수순하는 법의 지혜를 성취하거나, 혹 선남자와 선여인이 모든 깊은 법에 대해 스스로 깨달아 알지 못하고는, 세존을 우러러 생각하며 나의 경계가 아니라 오직 부처님이 아실 바이다라 하면 이를 선남자와 선여인이 여래를 우러러 생각한다고 이름합니다.(三種善男子善女人。於甚深義。離自毀傷。生大功德。入大乘道。何等爲三。謂若善男子善女人。自成就甚深法智。若善男子善女人。成就隨順法智。若善男子善女人。於諸深法。不自了知。仰惟世尊。非我境界。唯佛所知。是名善男子善女人仰惟如來。)"

마지막은 십신十信이다.

大記云。是故經云。問云。何深信佛法。答。一切諸法。唯佛所知。非我境界等者。引勝鬘經。訂*上自謙也。謂前云。此義其實難解。雖然。依天親論主。乃至隨分可解云者。意云唯佛所知非我自分所解。然依敎理。隨分現此義也。是故引經中仰推之智而爲訂*也。彼經云。成就甚深法智。爲弟*一人。成就隨順法智。爲弟*二人。仰推如來非我境界。爲弟*三人。解云。初則訂*智。次則三賢。後則十信也。

법융기

『법기』에 이른다. “일곱 장소와 여덟 모임과 품의 종류가 같지 않으나 오직 「십지품十地品」에 있으니, 까닭이 무엇인가? 이 근본으로써 법을 모두 거두기 때문이다.”라는 것은 「실담장悉曇章」[137]과 같다. 일체 모든 글자는 첫 장章이 근본이 되니 이와 같이 세간과 출세간의 일체 모든 법은 십지가 근본이 된다.[138] 따라서 ‘법을 모두 거둔다’라고 하는 것이다.

法記云。七處八會。及品類不同。而唯在地品。所以者何。以是根本得[1)]法盡故者。如悉曇章。一切諸字。初章爲本。如是世出世間。一切諸法。十地

137 「悉曇章」: 고대 인도 문법학(vyākaraṇa) 문헌의 첫 장章을 가리키며 고대 인도어인 산스크리트의 음운론, 즉 소리의 형성에 대한 내용을 담고 있다. ‘실담(Ⓢ siddham 또는 siddhām)’은 ‘성취’를 뜻하는데 첫 장의 처음에 나오는 귀경게의 일부를 들어 장章의 이름으로 삼은 것이다. 따라서 이어서 언급된 ‘첫 장(初章)’은 「실담장」을 가리킨다.

138 이 구절은 『화엄경』 「십지품」(K8, 164a10~13; T9, 543c5~9)의 다음 내용을 줄여서 인용한 것이다. “비유하면 일체의 문자가 모두 첫 장章에 거두어지며, 첫 장章이 근본이 되어 한 글자도 첫 장章에 들어가지 않는 것이 없는 것과 같다. 이와 같이, 불자야, 십지는 이 일체 부처님 법의 근본이며 보살이 이 십지를 갖추어 행하면 일체의 지혜를 얻을 수 있다.(譬如一切文字。皆初章所攝。初章爲本。無有一字不入初章者。如是。佛子。十地者。是一切佛法之根本。菩薩具足行是十地。能得一切智慧。)”

爲本。故云攝法盡也。

1) ㉾『一乘法界圖』(H2, 2c2)에는 '得'이 '攝'으로 되어 있다.

고기

'고기'에 이른다.

문 일승의 십지를 어떻게 보는가?

답 부석산 40일 법회에서 의상 화상이 "일승의 십지는 가로(橫)이며 세로(竪)이다."라고 하였다. 상원相元 스님과 지통智通 스님 등이 화상의 뜻을 이미 얻었다고 말하고 그 법회가 마침에 이르러 각자 깨달은 바를 바치자, 화상이 이르기를, "모두 얻지 못하였다. 일승의 십지는 적멸도량에서 비로소 바른 깨달음을 이루신 부처님의 마음에 의지해서 본다."라고 하였다. 후에 신림 대덕이 풀이하여 말하기를, "초회의 십지는 태어나면서 장님인 사람이 색상을 보고 본다는 것과 같다. 「광명각품」 이후의 십지는 태어나면서 귀머거리인 사람이 소리를 듣고 본다는 것과 같다."라고 하였다. 말하자면 초회의 근본에 의지해서 뒤의 「광명각품」의 십지를 일으키니 수생修生의 십지, 불과佛果의 십지, 본유本有의 십지, 이세간의 십지, 입법계의 십지이다.

古記云。一乘十地。如何見耶。答。浮石山四十日會。和尚云。一乘十地。撗[1]也竪也。相元智通等。以謂已得和尚之意。及其會終。各呈所領。和尚曰。並不得也。一乘十地者。依寂滅道場始成正覺佛心而見也。後林德釋云。初會十地者。如生盲人見色而見也。光明覺品以去十地者。如生聾人聞聲而見也。謂依初會本。起後光明覺品十地。修生十地。佛果十地。本有十地。離世間十地。入法界十地也。

1) ㉧ 을본에는 '撗'이 '橫'으로 되어 있다. ㉾ 高에는 '撗'으로 되어 있으며 '橫'의 이체자로 보인다.

문 일승의 다함없는 십지를 어떻게 보는가?

답 삼승 중에는 삼천세계의 법의 광명에 의거하고, 일승의 수순하는 문(一乘隨門)[139]에서도 또한 세계(界)의 법의 광명에 의거하고, 우리 별교에서는 (세계)종種의 법의 광명에 의거하여 (본다).

삼승의 십지는 초지는 백 개 잎의 연꽃의 광명에 의지한다. 말하자면 두루 만족된 진여(遍滿眞)를 안으로 가득히 증득한 타수용신他受用身이 의거하는 바이며 또한 응신應身이다. 그 백 개의 잎에서 전체를 총괄하는 하나의 잎이 정토의 변화이다. 또 하나하나의 잎 가운데 각각 백억의 석가모니부처님이 있으니 예토의 변화이다. 둘째 지地는 천 개 잎 연꽃의 광명에 의한다. 앞에 준하면 알 수 있을 것이다. 내지 열째 지地는 수 없는 잎의 연꽃의 광명에 의한다. 또한 앞에 준하여 안다.

問。一乘無盡十地。如何見耶。答。三乘中依三千界法明也。一乘隨門中亦依界法明也。自別教中依於種法明也。三乘十地者。初地依百葉蓮花明也。謂仲密訂*遍滿眞。他受用身之所依也。亦是應身也。其百葉中。全統一葉則淨土之化也。又一一葉中。各有百億釋迦。則穢土之化也。二地則依千葉蓮花明也。准前可知。乃至弟*十地。則依無數葉蓮花明也。亦准前知。

이 삼승 가운데 연꽃이란 십지의 보살이 의지하여 머무는 바이다.[140]

---

139 일승의 수순하는 문(一乘隨門) : 아래의 '동교의 수순하는 문(同教隨門)'이라는 문구로 볼 때 문맥상 일승 가운데 동교를 가리키는 것으로 보인다.

140 삼승의 십지에 대해서 연꽃의 수를 다르게 하며 비유하는 이 구절은 『大乘本生心地觀經』(K37, 491b4~23; T3, 298c25~299a12) 등의 구절과 문맥이 유사하다. 해당 내용을 소개하면 다음과 같다. "모든 선남자야! 두 번째는 여래의 타수용신이니……일체의 여래는 십지의 모든 보살대중을 교화하기 위하여 열 가지 타수용신을 나타내신다. 첫 번째 부처님의 몸은 백 개 잎 연꽃에 앉으시어 초지 보살을 위하여 백 가지 법의

일승의 연꽃은 곧 십지의 체體이다. 일승의 수순하는 문에서 세계(界)의 법에 의거하여 변별하는 것은 삼승과 같으나, 다만 육상으로 이루기 때문에 다를 뿐이다. '(세계)종種에 의거하여 변별한다'고 말하는 것은 초회에 합하여 오십여섯 거듭(五十六重)의 십지가 있다. 말하자면 교분의 한 거듭과 증분의 오십다섯 거듭이다.

此三乘中蓮花者。十地菩薩之所依住也。一乘蓮花。則是十地體也。一乘隨門中。依界法辨者。同於三乘。但以六相成故別耳。言依種辨者。初會中合有五十六重十地。謂敎分之一重。訂*分之五十五重也。

교분의 한 거듭이라고 말한 것은 세계바다에 열 가지 말할 수 없는 부처님 국토의 티끌수 향물바다(香水海)가 있는데, 가장 가운데 바다에 큰 연꽃이 생겨나고 이 연꽃 위에 세계종世界種이 있다. 이 하나의 세계종에 스무 거듭의 세계가 있으니 이 스무 거듭이 곧 십지이다. 십지에 각각 자분自分과 앞으로 나아감이 있기 때문에 스무 거듭이 있다. 이 하나의 세계종이 이미 십지가 있는 것과 같이 나머지 낱낱의 세계종에도 모두 십지가 있기 때문에 열 말할 수 없는 세계의 티끌 수 십지가 있다. 따라서 '다함없는 십지'라고 한 것이다. 이것이 한 거듭이다. 만약 나아

광명문을 설하신다. 보살이 깨닫고서는 큰 신통을 일으켜 변화가 백 가지 부처님 세계에 가득차고 이익이 무수한 중생을 안락하게 한다. 두 번째 부처님의 몸은 천 개 잎 연꽃에 앉으시어 제2지 보살을 위하여 천 가지 법의 광명문을 설하신다……내지 제10지의 타수용신은 말할 수 없는 오묘한 보배 연꽃에 앉으시어 제10지 보살을 위하여 말할 수 없는 여러 법의 광명문을 설하신다.(諸善男子。二者如來佗受用身〈中略〉一切如來。爲化十地諸菩薩衆。現於十種佗受用身。第一佛身。坐百葉蓮華。爲初地菩薩。說百法明門。菩薩悟已。起大神通。變化滿於百佛世界。利益安樂無數衆生。第二佛身。坐千葉蓮華。爲二地菩薩。說千法明門〈中略〉乃至十地佗受用身。坐不可說妙寶蓮華。爲十地菩薩。說不可說諸法明門。)" 『청량소초』(T36, 31c17~32a4)에서는 이러한 설을 소개한 후 참된 구극의 설이 아님을 알아야 한다며 비판한다.

가 보면 곧 거듭거듭 다함없는 십지가 있으니 생각할 수 있을 것이다.

言敎分一重者。世界海中。有十不可說佛刹塵數之香水海。最中央海。出大蓮花。此蓮花上。有世界種。此一種中。有二十重世界。此二十重。卽是十地。十地各有自分勝進故。有二十重也。如此一種。旣有十地。餘一一種。皆有十地故。有十不可說世界塵數十地。故云無盡十地也。此則一重耳。若進見者。卽有重重無盡十地。可思。

'증분의 십지'라고 말한 것은 다섯 바다(五海)와 열 지혜(十智)[141]를 기준으로 하여 보는 것이다. 말하자면 바다로써 지혜에 들어가기 때문에 오십 바다가 있으니, 다섯 거듭의 십지이다. 지혜로써 바다에 들어가기 때문에 오백 지혜가 있으니, 오십 거듭의 십지이다. 그러므로 증분 가운데 합하여 오십다섯 거듭의 십지가 있는 것이다. 이것은 하나의 수행문을 기준으로 한 것이다. 만약 나아가 보면 곧 거듭거듭 다함없는 십지가 있으니 생각할 수 있을 것이다.

141 열 지혜(十智) : 『육십화엄』「盧舍那佛品」(K8, 17b17~c2; T9, 409a3~12)에서 보현보살이 다섯 가지 바다와 같이 한량없는 경계를 관찰하고서 설하는 열 가지 불가사의한 지혜를 가리킨다. 구체적으로는, ① 모든 부처님의 일체 세계의 이루어짐과 무너짐에 대한 청정한 지혜(諸佛一切世界海成敗淸淨智), ② 불가사의한 일체중생계의 일어남에 대한 지혜(不可思議一切衆生界起智), ③ 법계를 관찰함에 대한 지혜(觀察法界智), ④ 일체 여래의 자재로움에 대한 지혜(一切如來自在智), ⑤ 청정한 서원으로 법륜을 굴림에 대한 지혜(淸淨願轉法輪智), ⑥ 힘이 있어 두려운 바가 없는 함께하지 않는 법에 대한 지혜(力無所畏不共法智), ⑦ 광명과 찬탄하는 음성에 대한 지혜(光明讚歎音聲智), ⑧ 세 가지로 중생을 교화함에 대한 지혜(三種敎化衆生智), ⑨ 한량없는 삼매법문의 무너지지 않음에 대한 지혜(無量三昧法門不壞智), ⑩ 여래의 갖가지 자재로움에 대한 지혜(如來種種自在智)이다. 지엄은 『수현기』(K47, 9a3~4; T35, 22b15~16)에서 이 열 가지 지혜가 『화엄경』 정종분의 본분本分인 다섯 바다(五海)에 대한 지혜이자 삼세간에 대한 지혜라고 풀이한다. 『팔십화엄』에서 대응하는 곳은 「世界成就品」(K10, 465a13~b25; T10, 34b10~c17)에 보이며, 다섯 바다는 열 바다, 열 지혜는 스물아홉 지혜로 되어 있다.

言訂*分十地者。約五海十智見也。謂以海入智故。有五十海。則五重十地。以智入海故。有五百智。則五十重十地。是故訂*分中合有五十五重十地也。是約一行門也。若進見者。卽有重重無盡十地。可思。

문 삼승은 환희歡喜와 이구離垢 등으로써 십지를 삼는다. 일승에서는 무엇으로써 이름하는가?

답 동교의 수순하는 문에서는 삼승과 같다. 만약 별교에서라면 세계의 이름, 바다의 이름, 지혜의 이름 등이 다 십지의 이름이다. 원교의 문에서는 환희 등의 이름과 세계 등의 이름이 다 십지의 이름이다. 말하자면 삼승 중에는 오직 이름만 있을 뿐이고 실제 법의 체體가 없다. 원교 중에는 법의 체體를 갖춤으로써 십지를 삼는다. 또 삼승 초교의 십지는 세로(竪)의 지위이다. 말하자면 십신과 십주로부터 점차 부처님의 과보에 이르기 때문이다. 숙교의 십지는 가로(橫)의 지위이다. 말하자면 한 여래장의 체體 가운데 나누어 세운 것이기 때문이다.

일승 중에서는 가로와 세로를 갖춘다. 말하자면 가로로 허공법계를 포함하고 세로로 구세와 십세를 꿰뚫기 때문이다. 십신과 십주 등은 다 십지로부터 일어난 것이다. 그래서 법장 스님이 이르기를, "십지는 앞으로는 지地 이전을 거두고 위로는 부처님의 과보를 거둔다. 모임과 모임의 근본되는 부분에 다 바다가 있다고 하니, 이에 모두 십지로 근본을 삼음을 안다."라고 하였다. (의상) 화상의 뜻도 마땅히 그러할 뿐임을 알아야 한다.

問。三乘以歡喜離垢等爲十地。一乘中。何以名耶。答。同教隨門中。與三乘同。若別教中。世界名海名智名等。皆十地名也。圓教門中。歡喜等名世界等名。皆十地名。謂三乘中。唯有名耳。無實法體。圓教之中。以具法體。爲十地也。又三乘初敎十地者。竪位也。謂從十信十住漸至佛果故也。熟敎十地者。橫位也。謂於一如來藏體中之所分立故也。一乘中。具橫竪也。謂橫包虛空法界。竪貫九世十世故也。十信十住等。皆從十地而起也。故藏師云。十[1]地者。前收[2]地前。上攝佛果也。會會本分。皆云有海。是知皆以十地爲根本也。和尙之意。應知爾耳。

1) ㉪ 을본에는 '十'이 없다. ㉾ 저본의 을본(T45, 742c23)에는 '十'이 있다. 2) ㉪ 을본에는 '收'가 '攝'으로 되어 있다. ㉾ 高에는 '攝'의 이체자인 '扠'으로 되어 있다.

법융기

『법기』에 이른다. '하나의 지地에서 일어나지 않고 널리 일체 모든 지地의 공덕을 거둔다'라고 한 것 등은 이 가운데 연기법을 바로 밝히기 때문에 '하나가 일체를 거둔다'라고 하는 것이다.

문 만약 연기의 만족하여 곁이 없는 법을 기준으로 한다면, 곧 그 '하나'라는 말이 이미 충분하니 어째서 거듭 '널리 거둔다(普攝)'라고 말할 필요가 있는가?

답 실제로는 이처럼 다만 '하나의 지地'를 말하는 것으로 충분하다. 다만 필요에 따라서 이른 것뿐이다.

法記云。不起一地。普攝一切諸地功德等者。此中正明緣起法。故云一攝一切也。問。若約緣起滿足無側法者。卽其一言已足。何必重言普得耶。答。實則如是只言一地足矣。但隨須[1]云耳。

1) ㉪ 을본에는 '須'가 '順'으로 되어 있다. ㉾ 高에는 '湏'로 되어 있으며, '須'의 이체자로 보인다.

고기

'고기'에 이른다. 지상 스님이 경 가운데 "하나의 지地에서 일체 모든 지地를 널리 거둔다."[142]는 문구를 주석하여 이르기를, "수행의 모습이 차례로 하여 마지막에 궁극적인 실제의 자체에 이르는 것에 나아가 논한다. 요약하면 네 가지가 있다. 첫째는 시작이기 때문에 마지막을 생기게 할 수 있으며, 마침내 끝까지 만족시키기 때문에 '거둠'이라고 말하는 것이다. 둘째는 비록 처음의 시작이지만 그러나 모든 지地에서 행하는 바 모든 법을 능히 행하여 다름이 없기 때문에, '거둠'이라고 말하는 것이다. 그러나 이루는 바의 행은 다만 자신의 분상(自分) 가운데 존재하니, 위와 아래의 우열은 단지 밝음과 어두움으로 다름이 될 뿐이다. 셋째는 다만 처음의 시작이 곧 일체 모든 지地의 공덕을 거두기 때문에 '거둠'이라고 이름하는 것이다. 넷째는 처음과 나중이기 때문에 '거둠'이라고 이름하는 것은 아니고, 다만 처음의 시작이 곧 바로 마지막이기 때문에 '거둠'이라고 이름하는 것이다. 이상."[143]라고 하였다. 풀이하면 어떤 이는 말하기를 "처음 둘은 시교와 종교이고, 뒤의 둘은 일승이다. 일승의 둘 가운데 처음은 연기분이고 뒤는 과분이다."라고 한다. 어떤 이는 "(일승의 둘 가운데) 처음은 중문이고 뒤는 즉문이다."라고 한다.

古記云。至相釋經中在於一地普攝一切諸地之文云。就行相次弟*終至窮實自體以論。要略有四。一以於始故。能生於後。終竟滿足故。言攝也。二雖是初始。然能行於諸地所行諸法無姝1)故。言攝也。而所成之行。但在自分中。上下優劣。但以明昧爲異耳。三但是初始卽攝一切諸地功德故。名攝也。四非謂以初後故名攝。但是初始卽正是終故。

142 『육십화엄』「세간정안품」(K8, 1c3; T9, 395b25~26), "하나의 지地에 머물러 일체 모든 지地의 공덕을 널리 거둔다.(住於一地。普攝一切諸地功德。)"

143 지엄, 『수현기』(K47, 4b3~9; T35, 17b8~16).

名攝也。已上。解云。一云。初二始終教。後二一乘。一乘二中。初緣起分。後果分。一云。初中門。後卽門也。

---

1) (원) 을본에는 '姝'가 '殊'로 되어 있다. (역) [高]에는 '殊'로 되어 있으며 인용 원문인『搜玄記』(K47, 4b6; T35, 17b12)에는 '殊'로 되어 있다.

『법계도기총수록』 상권 2

法界圖記叢髓錄 卷上之二

법계도기총수록 하권 1

| 法界圖記叢髓錄 卷下之一 |

법계도기총수록 하권 1

『일승법계도』 원문 三 (三釋文下意～二千答等是也)

글에 이른다. 셋째, 글의 뜻을 풀이한다. 글에 7언 30구가 있다. 이 중에 크게 나누면 셋이 있으니, 처음 18구는 자리행自利行을 기준으로 한 것이고, 다음 4구는 이타행利他行을 밝힌 것이며, 다음 8구는 수행자의 수행 방편과 이익 얻음을 변별한 것이다.

文云。[1)] 三釋文下[2)]意。文有七言三十句。此中大分有三。初十八句。約自利行。次四句。明[3)]利他行。次八句。弁[4)]行者修行[5)]方便及得利益。

1) ㉯ 갑본에는 '文云'이 없다. 2) ㉯ 갑본에는 '下'가 없다. ㉾ 底·高에는 '下'가 있지만 번역에서는 韓·卍·大를 따라 '下'가 없는 것으로 해석하였다. 3) ㉯ 갑본에는 '明'이 없다. 4) ㉯ 갑본에는 '弁' 다음에 '修'가 있다. 5) ㉯ 갑본에는 '修行'이 없다.

처음 문에 나아가 두 가지가 있다. 처음 4구는 증분證分을 나타내 보이고, 둘째, 다음 14구는 연기분緣起分을 나타낸다. 이 중에 처음 2구는 연기의 체體를 가리킨다. 둘째, 다음 2구는 다라니의 이理와 덕용(用)을 기준으로 하여 법을 포섭하는 분제分齊를 변별한 것이다. 셋째, 다음 2구는 사법事法에 즉하여 법을 포섭하는 분제를 밝힌 것이다. 넷째, 다음 4구는 시간(世時)을 기준으로 하여 법을 포섭하는 분제를 보인 것이다. 다섯째, 다음 2구는 계위를 기준으로 하여 법을 포섭하는 분제를 밝힌 것이다. 여섯째, 다음 2구는 위의 뜻을 통틀어 논한 것이다. 비록 여섯 부문이 같지 않으나 오직 연기 다라니법을 나타낸 것이다.[1]

就初門中有二。初四句。現示訂*分。二次十四句。現[1)]緣起分。此中初二句。

1 이상의 「법성게」 분과를 도시하면 다음과 같다.

指緣起體。二次二句。約陁羅尼理用。以辨攝法分齊。三次二句。卽事[2]法明[3]攝法分齊。四次四句。約世時示攝法分齊。五次二句。約位以彰攝法分齊。六次二句。摠論上意。雖六門不同。而唯現*緣起陁羅尼法。

1) 원 을본에는 '現'이 '顯'으로 되어 있다. 이하도 동일하다. 역 이후 같은 내용의 저본 교감주는 일일이 밝히지 않는다. 다만 원문의 '現' 자에 *로 표시한다. 2) 원 갑본은 관주에서 '事' 다음에 '顯'이 탈락된 것으로 의심된다고 한다. 3) 원 갑본에는 '法明'이 없다.

처음에 말한 '연기의 체體'는 곧 일승의 다라니법이다. 하나가 곧 일체이고 일체가 곧 하나인, 걸림 없는 법계의 법이다. 이제 우선 하나의 문에 근거하여 연기의 뜻을 나타낸다.

初云[1]緣起體者。卽是一乘陁羅尼法。一卽一切。一切卽一。無障㝵法界法[2]也。今且約一門。現*緣起義。

1) 원 갑본에는 '云'이 '言'으로 되어 있다. 이하도 동일하다. 역 이후 같은 내용의 저본 교감주는 일일이 밝히지 않는다. 다만 원문의 '云' 자에 *로 표시한다. 2) 원 갑본에는 '界法'이 '法界'로 되어 있다.

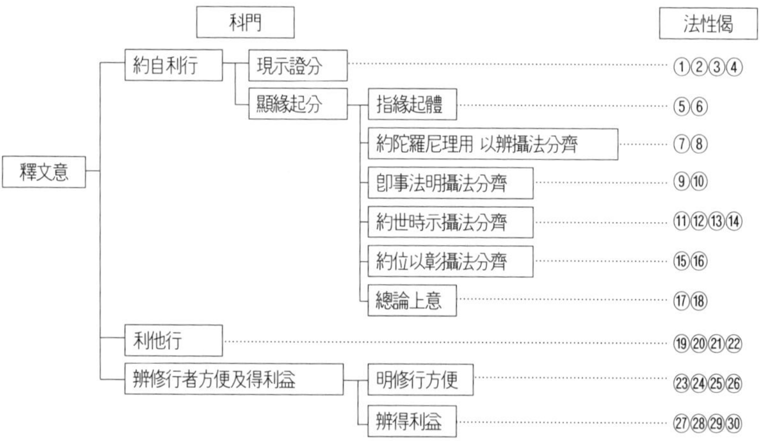

이른바[2] "연기란 위대한 성인이 중생을 섭수하여 이理에 계합하고 사事를 버리도록 하려는 것이다. 범부는 사事를 보면 곧 이理에 미혹하나, 성인은 이理를 얻어서 이미 사事가 없다. 그러므로 이제 참된 이理를 들어서 미혹한 유정을 깨닫게 하여 모든 유정들로 하여금 사事가 곧 없으며 사事가 곧 이理에 계합함을 알게 하려는 까닭에 이 가르침을 일으킨 것이다.

所謂緣起者。大聖攝生。欲令契理捨事。凡夫見事。卽迷於理。聖人得理。旣1)無於事。故今擧實理。以會迷情。令諸有情。知事卽無。卽事2)會理。故興3)此敎。

1) ㉮『공목장』에는 인쇄체의 '旣'가 '卽'으로 되어 있다. 2) ㉯ 갑본에는 '卽事'가 '事卽'으로 되어 있다. 3) ㉮ 高에는 인쇄체의 '興'로 되어 있다.

그러므로 『십지경론』에서 말한다.[3] '자상自相'은 세 가지가 있다. 첫째는 과보의 상(報相)이니, 명색名色이 아리야식과 함께 생기는 것이다. 경에서 '삼계三界의 땅에 다시 싹이 생겨남이 있으니, 이른바 명색이 함께 생긴다'[4]라고 한 까닭이다. '명색이 함께 생긴다'는 것은 명색이 저 (아리야식과) 함께 생기기 때문이다.

둘째는 저것으로 인한 상(彼因相)이니, 이 명색이 저 (아리야식)을 여의지 않고, 저 (아리야식)에 의지하여 함께 생기기 때문이다. 경에서 '여의지 않는다'[5]라고 한 까닭이다.

2 다음의 '연기란(緣起者)'부터 '일승을 목표로 하는 것이기 때문이다(一乘所目故)'까지는 지엄의 『공목장』(T45, 563c9~29)을 인용한 것이다.

3 이 『십지경론』의 인용문은 지엄이 『공목장』(T45, 563c12~22)에서 세친의 『십지경론』(K15, 28c6~19; T26, 142b12~23)을 인용한 부분이다. 여기 인용된 『십지경론』 내에서 또 인용된 경은 『십지경론』이 소의로 한 『십지경』(K15, 28b18~c3; T26, 142b2~9)이다.

4 『십지경』(『십지경론』, K15, 28b18~19; T26, 142b2).

5 『십지경』(『십지경론』, K15, 28b19; T26, 142b3).

故地論*云。自相者。有三種。一者報相。名色共阿梨[1)]耶識生。如經。於三界地。復有芽[2)]生。所謂名色共生故。名色共生者。名色共彼生故。二者彼因相者。[3)] 是名色不離彼。依彼共生故。如[4)]經。不離故。

1) ㉧『십지경론』에는 '梨'가 '黎'로 되어 있다. 2) ㉠ 갑본에는 '芽'가 '牙'로 되어 있다. 3) ㉠ 갑본에는 '者'가 없다. 4) ㉠ 갑본에는 '如'가 '知'로 되어 있다. ㉧ [高]에는 '知'로 되어 있으며 저본의 을본에는 '知'로 되어 있다. 인용 원전인『十地經論』(K15, 28c11 ; T26, 142b16)과 [韓]·[卍]·[大]에는 '如'로 되어 있다.

셋째는 저것의 과보가 차례를 이루는 상(彼果次第相)이니, 육입六入에서부터 유有에 이르는 것이다.[6] 경에서 "이 명색이 자라서는 육입의 무더기를 이루고, 내지乃至[7] 유有의 인연인 까닭에, 태어남·늙음·아픔·죽음·근심·슬픔·고통·번뇌가 있는 것이다. 이와 같이 중생은 고통의 무더기를 자라나게 하나, 이 가운데 나(我)와 나의 것(我所)을 여의었으며 지知도 없고 각覺도 없으니 풀과 나무와 같다."[8]라고 한 것이다. 이 중에 '나와 나의 것을 여의었다'라고 하는 것은 이 둘이 공空을 보이는 것이다. '지知도 없고 각覺도 없다'라는 것은 자체가 무아이기 때문이다. '풀과 나무와 같다'는 것은 중생의 수가 아님을 보인 때문이다[9]라고 하였다.

6 육입六入에서부터 유有에 이르는 것이다 : 십이연기 중 육입六入·촉觸·수受·애愛·취取·유有의 여섯 지支를 가리킨다.

7 '내지乃至'로 생략된 부분은 "육입을 이루고 나서는 안과 밖이 상대하여 촉觸을 발생시킨다. 촉觸의 인연 때문에 수受를 발생시킨다. 깊이 수受를 좋아하는 까닭에 갈애渴愛를 발생시킨다. 갈애가 증장하는 까닭에 취取를 발생시킨다. 취가 증장하는 까닭에 다시 뒤의 유有를 일으킨다.(成六入已。內外相對生觸。觸因緣故生受。深樂受故生渴愛。渴愛增長故生取。取增長故復起後有。)"이다.『십지경론』(K15, 28b20~22 ; T26, 142b18~20).

8『십지경』(『십지경론』, K15, 28b19~c2 ; T26, 142b3~8).

9 인연의 자상自相에 대해서 세 가지로 설하고 있는 이상의 인용문은 지엄이『공목장』에서 인용한 세친의『십지경론』부분을 의상이 재인용한 것이다.(권하 1 각주 3)과 같음.) 그런데 그 내용에 있어서 글자나 구절에 약간의 차이가 보이기도 한다. 의상은『십지경론』이나『공목장』의 내용에『십지경』원문을 보충하여 인용함으로써 쉽게 이해할 수 있도록 하였다.

三者彼果次弟*相。從六入乃至於有。如經。此名色增長。已成六入聚乃至有因緣故。有生老病死憂悲苦惱。如是衆生。生長苦聚。是中離我我所。無□[1)]無[2)]覺。如草木也。此中離我我所者。此二示[3)]空。無知無覺者。自體無我故。如[4)]草木者。示非衆生數故。

1) ㉥ 저본에는 □의 글자가 마멸되어 있다. 갑본에는 '知'로 되어 있다. ㉧ 高에는 '知'로 되어 있다. 2) ㉧ 高에는 '𣧠'로 되어 있으나 '無'의 이체자 '无'의 잘못으로 보인다. 인용 원전인『十地經論』(K15, 28c18; T26, 142b22)에는 '無'로 되어 있다. 3) ㉥ 갑본에는 '示' 다음에 '現'이 있다. 4) ㉥ 갑본에는 '如'가 없다.

마땅히 알아야 한다. 십이인연 등은 곧 자체의 성품이 공空하여 저 아리야식을 의지하여 생겨난다. 아리야식은 미세하고 자체가 무아이며 십이인연을 낳는다. 십이인연도 다 무아이니, 따라서 연緣으로 생겨난 것들은 별다른 법이 있지 않다. 부처님은 연기를 관하는 문(緣起觀門)을 들어서 모든 법이 일체가 무분별이며 곧 참된 성품을 이룸을 알게 하시는 것이다. 그러므로『십지경론』에서 이르기를, '세제世諦를 따라 관觀하여 곧 제일의제第一義諦에 들어간다'[10]라고 하니 이것이 그 일이다.[11] 이 뜻은 삼승에 있으나 또한 일승에도 통한다. 무슨 까닭인가? 일승을 목표로 하는 바이기 때문이다."[12]

當知。十二因緣等。卽自體[1)]性空。依彼阿賴[2)]耶識生。梨耶微細。自體無我。生十二因緣。十二因緣。亦[3)]皆無我。故緣生等。無有[4)]別法。佛擧緣起觀門。

10 지엄이『공목장』에서『십지경론』(K15, 68b2; T26, 169a17)을 인용한 부분이다. 이 구절은『십지경』중 제6현전지의 "삼계가 허망하니 단지 한마음이 지은 것이다."라는 경문을 해석하는 부분이다.『육십화엄』(K8, 178c24~25; T9, 558c9~10) 참조.

11 『공목장』에는 이 아래에 '緣起觀門。有如是益。'이 있다.

12 위의 '연기란(緣起者)'부터 여기 '일승을 목표로 하는 바이기 때문이다(一乘所目故)'까지가 의상이 지엄의『공목장』(T45, 563c9~29)을 인용한 부분이다. 하권 1 각주 2) 참조.『공목장』에는 '일승을 목표로 하는 바이기 때문이다'가 '일승을 목표로 하는 바가 되기 때문이다(爲是所目故)'로 되어 있다.

以會諸法一切無分別卽成實性。故地論云。隨順觀世諦。卽入弟*一義諦。是其事也。此義在三乘。亦通一乘。何以故。一乘所目故。

1) ㉺ 갑본에는 '體' 다음에 '自'가 있다. ㉽ 韓·卍·大에는 '自體'가 '體自'로 되어 있다. 2) ㉺ 갑본에는 '賴'가 '梨'로 되어 있다. 3) ㉺ 갑본에는 '亦'이 '示'로 되어 있다. 4) ㉺ 갑본은 관주에서 '有'가 어느 본에는 '分'으로 되어 있다고 한다.

만약 별교일승을 기준으로 하면, "간략히 열 가지 문을 설한다. 이른바 인연은 나뉘어 차례가 있는 까닭이며, 한마음(一心)에 포섭되는 까닭이며, 자상과 업으로 이루기 때문이며, 서로 버리거나 여의지 않기 때문이며, 세 길(三道)이 끊어지지 않기 때문이며, 과거와 미래를 관하기 때문이며, 세 고통(三苦)이 모인 것이기 때문이며, 인연으로 생기기 때문이며, 인연의 생함과 멸함에 묶여 있기 때문이며, 있음과 다함을 따르는 관觀이기 때문이다.[13] 이와 같은 열 번의 십이인연은 일승一乘의 뜻에 거두어진다."[14]

若約別敎一乘。略說十門。所謂因緣有分次弟*故。一心所攝故。自業成故。不相捨離故。三道不斷故。觀先[1)]後際故。三苦集故。因緣生故。因緣生滅縛故。隨順有盡觀故。如是十番[2)]十二因緣。一乘義攝。

1) ㉺ 갑본에는 '先'이 '前'으로 되어 있다. 2) ㉺ 갑본에는 '十番'이 없다.

무슨 이유로 열 번을 헤아려 설하는가? 한량없음을 나타내고자 하기

13 이상을 열 가지 거듭으로 십이인연을 관하는 것(十重十二因緣觀)이라고 한다. 경론에서의 해당 위치는 다음과 같다. 『십지경론』(K15, 70b15~19; T26, 170c4~8), 『육십화엄』(K8, 179b17~b20; T9, 559a24~27). 이 가운데 열 번째 '있음과 다함을 따르는 관(隨順有盡觀)'은 『육십화엄』에는 '없음과 다함의 관(無所有觀)'으로 되어 있다.

14 이 인용문("간략히~거두어진다.")은 지엄의 『공목장』「緣生章」(T45, 568b3~7)에서 「십지품」 중 제6지 현전지現前地의 보살이 십중十重으로 십이인연을 관하는 구절에 대해 설명한 부분을 의상이 인용한 것이다.

때문이다.

문 열 번의 인연은 앞과 뒤에 해당하는가, 동시(一時)에 해당하는가?

답 곧 앞과 뒤이기도 하고, 곧 앞과 뒤가 없기도 하다. 까닭을 알 수 있는 것은 문門이 같지 않기 때문에 곧 앞과 뒤이고, 육상六相으로 이루어지기 때문에 곧 앞과 뒤가 없다. 그 뜻은 무엇인가? 열 번이 비록 다르나 한 가지 무아를 이루기 때문이다.

"『영락경瓔珞經』[15]의 열 번의 인연[16]은 삼승三乘의 뜻에 포섭된다. 무슨 까닭인가? 가르침에 따라서 차별되어 같지 않기 때문이다."[17] 자세히는 『십지경론』에서 설한 것과 같다.[18] 십이인연의 설과 같이, 나머지 연緣으로 생겨난 모든 법도 예에 준하여 알 수 있다.

何故十[1)]數說。欲現*無量故。問。十番因緣。爲當前後。爲當一時耶。答。卽前後。卽無前後。所[2)]以得知。門不同故。卽前後。六相成故。卽無[3)]前後。其義云何。十番雖別。而同成無我故。纓絡[4)]經十番因緣。三乘義攝。何以故。准[5)]敎差別不同。廣義[6)]如地論說。如十二因緣說。餘緣生諸法。准例可解。

1) 원 갑본에는 '十' 다음에 '番'이 있다. 2) 원 갑본에는 '所'가 '何'로 되어 있다. 3) 원 갑본에는 '無'가 없다. 갑본은 관주에서 '卽' 다음에 '無'가 탈락된 것으로 의심된다고 한다. 4) 원 갑본에는 '纓絡'이 '瓔珞'으로 되어 있다. 5) 원 갑본에는 '准'이 '唯'

15 「瓔珞經」: 『菩薩瓔珞本業經』의 줄임말이다. 현존본은 요진姚秦의 축불념竺佛念이 건원建元 12년에서 14년(376~378) 간에 번역한 것으로 2권본이다. 『화엄경』과 깊은 관련이 있으며, 『범망경』과 함께 동아시아불교의 대승계율에 있어서 중요 경전으로 여겨져 왔다.

16 열 번의 인연 : 『菩薩瓔珞本業經』「賢聖學觀品」(K14, 381a21~b5; T24, 1015a22~28)에서 열 가지 관하는 마음이 관하는 법(十觀心所觀法) 중 여섯 번째 법의 연기에 통달하는 지혜(達有法緣起智)를 설하는 부분을 가리킨다. 『영락경』의 열 번의 인연관은, ① 아견我見, ② 심위心爲, ③ 무명無明, ④ 상연유相緣由, ⑤ 조성助成, ⑥ 삼업三業, ⑦ 삼세三世, ⑧ 삼고三苦, ⑨ 성공性空, ⑩ 박생縛生의 십이인연을 관하는 것이다.

17 이 구절은 지엄의 『공목장』(T45, 568b7~8)을 인용한 것이다.

18 세친의 『십지경론』(K15, 70b15~71c4; T26, 170c4~171b15)에서 『십지경』의 제6현전지 중 열 가지의 인연관因緣觀에 대하여 해석한 부분을 가리킨다.

로 되어 있다. ㉮ 韓·卍·大에는 '唯'로 되어 있으며, 인용 원문인 『孔目章』(T45, 568b8)에는 '隨'로 되어 있다. 번역에서는 『孔目章』을 따랐다. 6) ㉯ 갑본에는 '義'가 없다.

둘째, '다라니법陀羅尼法'은 아래에서 설하는 것[19]과 같다.

셋째, '사事에 즉하여 법을 포섭한다'라는 것은 인다라니와 미세(다라니)를 나타내기 때문이니, 자세한 뜻은 경經과 같다.

넷째, '시간(世時)을 기준으로 하여'라는 것은, 이른바 구세九世는 과거의 과거·과거의 현재·과거의 미래·현재의 과거·현재의 현재·현재의 미래·미래의 과거·미래의 현재·미래의 미래세이다. 삼세三世가 상즉하고 더불어 상입하여 그 일념一念을 이루니, 총總과 별別을 합하여 이름 붙인 까닭에 십세十世가 된다. 일념은 현상으로서의 순간(事念)을 기준으로 하여 설한 것이다.

다섯째, '지위를 기준으로 한다'는 것은 육상의 방편으로써 뜻에 따라서 풀어 나가면 이해할 수 있다. 육상은 또한 위에서 설한 것과 같다.

二陁羅尼法者。如下說。三卽事攝法者。現*因陁羅尼[1)]及微細[2)]故。廣義如經。四約世時者。[3)] 所謂九世者。過去過去過去現在。過去未來。現在過去。現在現在。現在未來。未來過去。未來現在。未來未來世。[4)] 三世相卽及與相入。成其一念。摠別合明。[5)] 故爲[6)]十世。一念者。約事念說也。五約位者。以六相方便。隨義消息可[7)]解也。六相者。亦[8)]如上說。

1) ㉯ 갑본에는 '羅尼'가 없다. 2) ㉯ 갑본에는 '細' 다음에 '陁'가 있다. 갑본은 관주에서 '陁'를 교감한 것이라고 한다. 3) ㉯ 갑본에는 '約世時者'가 없다. 4) ㉯ 갑본은

19 아래에서 열 개의 동전을 세는 법(數十錢法)을 설하는 부분을 가리킨다. 『일승법계도』(H2, 6a22~7b7). 여기에서 의상은 만약 연기의 실상인 다라니법을 관觀하고자 한다면 동전 열 개를 세는 법을 깨달아야 한다고 설한다. 또한 이익 얻음을 밝히는 부분에서 다라니는 아래에서 동전 열 개를 세는 법 가운데 설하는 것과 같다고 밝히고 있다.(H2, 5b21~22)

관주에서 '世'가 '也'로 의심된다고 한다. 5) ㉕ 갑본에는 '明'이 '名'으로 되어 있다. 6) ㉕ 갑본에는 '爲'가 없다. 7) ㉕ 갑본에는 '可' 앞에 '卽'이 있다. 8) ㉔ 韓·巴·大 에는 '亦'이 없다.

문 '연기'라는 한마디 말 중에 모든 법이 둘이 없어서 곧 일이 끝남[20]이 드러났는데 왜 많은 문이 필요한가?

답 체體를 알면 곧 그러하여 멀리서 구함을 필요로 하지 않는다. 그러므로 경에 이르기를, "음욕(婬)과 분노(怒)와 어리석음(癡)의 성품이 곧 보리菩提이다."[21]라고 한 것이다. 이와 같은 것 등에서 미혹하여 극히 멀리 있으니, 그러므로 부처님께서 일곱 가지 괴로움에 대한 진리 이외에 따로 보리가 있어, 헤아릴 수 없는 겁 동안 설하신 대로 수행하여야 (피안彼岸으로) 건너갈 수 있다고 가르치신 것이다. 미혹한 자를 위하여 많은 문의 설명이 필요한 것이다.

問。於[1)]緣起一言中。諸法無二。卽現*了手。[2)] 何須多門。答。體解卽是。不須遠求。是故經云。* 婬怒[3)]癡性。卽是菩提。如是等迷之[4)]極遠。是故佛教七種苦諦以外。別有菩提。三無數劫。如說修行。乃可得度。爲迷之者。須多門說。

1) ㉕ 갑본에는 '於'가 없다. 2) ㉕ 갑본에는 '手'가 '乎'로 되어 있다. 갑본은 관주에서 '乎'가 의심스럽다고 한다. 3) ㉕ 갑본에는 '怒'가 '惱'로 되어 있다. 갑본은 관주에서 '惱'가 '怒'로 의심된다고 한다. 4) ㉕ 갑본에는 '之'가 없다.

문 만약 그렇다면 법문이 수없을 것인데 어째서 오직 여섯 문의 설명

20 『총수록』『대기』(H6, 821c15; K45, 199a12)에서 '了手'를 '일을 마친다(事畢)'는 뜻으로 풀이하고 있다.

21 이와 같은 내용은 여러 경전에 보이며, 그 한 예는 다음과 같다. "부처님께서 음욕과 분노와 어리석음의 본성이 곧 해탈이라고 설하셨다.(佛說婬怒癡性卽是解脫)" 『유마힐소설경』(K9, 992c21; T14, 548a17~18).

뿐인가?

답 여섯 문으로 설한 것은 모든 법을 예에 준하여 마땅히 알 수 있기 때문에 간략히 이와 같이 설하였으니, 실로 말 그대로이다.

여섯째, '그윽하여 분별이 없다'라는 것은 연기의 법이 으레 그러하기 때문이니, 위에 준하여 생각할 수 있다.

問。若如是者。法門無數。何故。唯六門說耶。答。以六門說。諸法准例。應可解故。略如是說。其實如言。六冥[1]然無分別者。緣起法法如是故。准[2]上可思。

1) ㉮ 韓·卍에는 '冥'이 '寞'으로 되어 있다. 2) ㉯ 갑본에는 '准'이 '準'으로 되어 있다. ㉮ 韓·卍·大에는 '准'으로 되어 있다.

둘째는 이타행 중에 나아감이니, '해인海印'이란 비유를 들어서 이름 붙인 것이다. 무엇인가? 큰 바다는 매우 깊고 밝고 맑아 밑바닥까지 비치니, 천제天帝가 아수라와 싸울 때 모든 병사들과 모든 무기들이 그 가운데에 나타나 분명히 드러남이 마치 글자를 도장 찍은 것과 같기 때문에 '해인'이라고 이름한 것이다. 능히 삼매에 들어가는 것 또한 이와 같다. 법성을 완전히 증득하여 밑바닥이 없어서 끝까지 청정하고 맑고 밝아서 세 가지 세간이 그 가운데 나타나므로 이름하여 '해인'이라고 한다.

二就利他行中。海[1]印者。約喩得名。何者。大[2]海極深。明淨徹底。天帝共阿修羅鬪諍時。一切兵衆。一切兵具。於中現[3]現。了了分明。如印[4]文字。故名海印。能人[5]三昧。[6] 亦復如是。窮訂*法性。無有源底。究[7]竟淸淨。湛然明白。三種世間。於中現*現。名曰海印。

1) ㉯ 갑본에는 '海'가 없다. 2) ㉯ 갑본에는 '大' 앞에 '是'가 있다. 3) ㉯ 갑본에는 '現'이 '離'로 되어 있다. 4) ㉯ 갑본에는 '印' 다음에 '顯'이 있다. 5) ㉯ 갑본에는 '人'이 '入'으로 되어 있다. ㉮ 底·高에는 '人'으로 되어 있으나 번역에서는 韓·卍·大를 따라

'入'으로 바꾸었다. 6) ㉆ 갑본에는 '肤'이 '味'로 되어 있다. 7) ㉆ 갑본에는 '究' 앞에 '以'가 있다.

'번다하다(繁)'란 치성하다는 뜻이기 때문이다. '나타낸다(出)'는 것은 솟아나오는 것이 다함없기 때문이다.

'여의如意'란 비유를 따라 이름 붙인 것이다. 여의보왕如意寶王이 무심히 보배를 비 내려 중생을 이익되게 하되 연緣을 따라 끝이 없다. 석가여래의 훌륭하고 교묘한 방편 또한 이와 같아서 일음一音으로 펼치는 바가 중생계에 응하여 악惡을 없애고 선善을 일으켜 중생을 이익되게 하니, 어디든 쓰일 곳에 따라서 여의하지 않음이 없는 까닭에 '여의'라고 이름한 것이다.

繁者熾盛義故。出者涌出無盡故。如意者從喩得名。如意寶王。無心而雨寶益生。隨緣無窮。釋迦如來善巧方便。亦復如是。一音所暢。應衆生界。滅惡生善。利益衆生。隨何用處。無不如意。故名如意。

셋째는 수행의 방편을 기준으로 한 것이니, 이 중에 둘이 있다. 첫째, 수행의 방편을 밝힌 것이고, 둘째, 이익 얻음을 변별한 것이다.

첫째 문에서 '행자行者'란 일승의 보법普法을 보고 들은 이후 아직 보법을 원만히 증득하기 이전까지를 말한다. 곧 이것은 별교일승을 기준으로 하여 설한 것이다. 만약 방편일승方便一乘을 기준으로 하여 설하면, 오승五乘이 모두 일승에 들어가 포섭된다. 무슨 까닭인가? 일승으로부터 흘러나오는 바(一乘所流)이고, 일승을 목표로 하는 바(一乘所目)이며, 일승의 방편(一乘方便)이기 때문이다. 만약 이 뜻을 기준으로 하면 오승을 모두 포섭하니, 일승의 수행자도 또한 가능하다.

三約修行方便者。此中有二一[1]明修行方便。二辨[2]得利益。初門行者[3]者。謂見聞一乘普法已去。未滿圓[4]訂*普法已還。卽[5]是此約別敎一乘說也。若約方便一乘說。五乘揔是入一乘攝。何以故。以一乘所流一乘所目一乘方便故。若約此義揔攝五乘。一乘修行者亦得。

1) ㉻ 을본에는 '二一'이 '三'으로 되어 있다. 2) ㉻ 을본에는 '辨'이 '辯'으로 되어 있다. 3) ㉻ 갑본에는 '者'가 없다. 4) ㉻ 갑본에는 '圓'이 없다. 5) ㉻ 갑본에는 '卽'이 없다.

'흘러나오는 바(所流)'와 '목표로 하는 바(所目)'는 연기의 도리를 기준으로 한 말이고, '방편'은 지혜를 기준으로 한 말이다. 무슨 까닭인가? 나아가 머무르지 않는 것을 방편이라 이름하고, 마음을 돌이키지 않은 것을 방편이라 이름하지 않기 때문이다. 또한 성자의 뜻을 기준으로 설한 것이기도 하다. 무슨 까닭인가? 훌륭하고 교묘한 방편으로 중생을 이끌어 맞아들이기 때문이니 오승의 설과 같다. 사람(人)과 법法, 원인(因)과 결과(果), 앎(解)과 행行, 이법(理)과 현상(事), 가르침(敎)과 뜻(義) 등의 일체 모든 법도 예에 준하면 이와 같다.

所流所目者。約緣起道理語。方便者。約智語。何以故。進趣不住。名曰。[1]不廻心者。不名方便故。亦可約聖者意說。何以故。以善巧[2]方便。引接衆生故。如五乘說。人法因果解行[3]理事敎義等。一切諸法。准例如是。

1) ㉻ 갑본에는 '曰' 다음에 '方便'이 있다. ㉾ 底·高에는 '名曰'로 되어 있지만 번역에서는 韓·卍·大를 따라 '名曰方便'으로 바꾸었다. 2) ㉻ 갑본에는 '巧'가 없다. 3) ㉻ 갑본에는 '行'이 없다. 갑본은 관주에서 어느 본에는 '解' 다음에 '行'이 있다고 한다.

문 이른바 오승五乘 등의 법은 설하는 가르침(能詮敎法)인가, 설해지는 뜻(所詮義)인가?

답 설하고 설해지는 일체 모든 법은 다 말(言) 가운데 있다. 그 뜻이 무엇인가? 설해지는 법은 말의 모습(言相)이 모두 끊어졌으나 모든 부처님 세존께서는 대자비와 본래 서원의 힘(本願力)인 까닭이며, 모든 부처님집의 법이 으레 그러한 까닭에 말로 된 가르침(言敎)을 베풀어 중생을 위하여 설하신 것이다. 이 뜻으로써 가르침의 그물에 포섭된 바 일체 모든 법이 모두 다 말에 있는 것이다. 그러므로 경에서 이르기를, "일체 모든 법이 단지 이름(名字)만 있을 뿐이다."[22]라고 한 것이 곧 그 뜻이다.

問。所謂五乘等法。爲是能詮敎法耶。爲是所詮之[1)]義耶。答。能詮所詮一切諸法。皆在言中。其義如何。[2)] 所詮之法。言[3)]相皆絶。諸佛世尊。以大慈悲本願力故。諸佛家法法如是故。施設言敎。爲衆生說。以是義故。敎網[4)]□[5)]攝一切諸法。皆悉在言。是故經云。[6)] 一切諸法。但有名字。卽其義也。

1) ㉮ 갑본에는 '之'가 없다. 2) ㉮ 갑본에는 '何'가 없다. 3) ㉮ 갑본에는 '言'이 없다. 4) ㉮ 갑본에는 '網'이 '綱'으로 되어 있다. ㉯ 韓·卍·大에는 '網'으로 되어 있다. 5) ㉮ 저본에는 □의 글자가 마멸되어 있다. 갑본·을본에는 '所'로 되어 있다. ㉯ 底·高에는 글자가 마멸되어 있지만 번역에서는 韓·卍·大를 따라 '所'로 바꾸었다. 6) ㉮ 갑본에는 '云'이 '言'으로 되어 있다.

문 증분의 법은 말의 모습(言相)으로 미치지 못하고 언교의 법(言敎之法)은 현상(事) 가운데 있다면, 증분과 교분敎分의 두 법이 항상 두 변에 있게 되는 허물일 것이다.

답 만약 정情을 기준으로 하여 설하면, 증분과 교분의 두 법이 항상 두 변에 있게 된다. 만약 이법(理)을 기준으로 하여 말하면, 증분과 교분의 두 법이 예부터 중도이고 하나로서 무분별이다. 까닭을 알 수 있는 것

22 이 내용과 상응하는 구절은 여러 경전에서 찾을 수 있으며, 그중 몇 가지 예는 다음과 같다. 『육십화엄』(K8, 259b16; T9, 636a15), "일체의 법은 문자이다.(一切法文字)", 『대반야바라밀다경』(K1, 28b18~29a21; T5, 17c17~18a29), "연으로부터 생겨난 모든 법이 단지 이름만 있을 뿐이다.(從緣所生諸法但有名)"

은, 변계遍計는 모양(相)이 없고 의타依他는 생겨남이 없으며 진실은 성품이 없어서 세 가지의 자성이 항상 중도에 있으니 세 법 이외에 다시 증분과 교분이 없다. 그러므로 마땅히 알라. 하나로서 무분별이니, 그러므로 지인至人은 이 이법(理)을 얻은 까닭에 이름의 모습(名相)으로 미치지 못하나, 중생을 위하여 설하기 때문에 말이 현상(事) 가운데 있는 것이다. 그러므로 경經의 게偈에서 이르기를, "일체 모든 여래께서 부처님의 법을 설하심이 없으나 그 응하여 교화하실 바를 따라서 위하여 법을 연설하신다."[23] 라고 한 것이 그 뜻이다. 그러므로 성자聖者가 변계를 따르는 까닭에 세 가지 자성을 세워서 우선 궁핍한 마음을 편안하게 하고 점점 이후에 세 가지 자성이 없음(三無性)을 나타내 꿈꾸는 사람을 깨우니, 이것이 곧 성자의 큰 훌륭하고 교묘한 (방편)이다.

問。訂*㑹[1)]之法。言相不及。言敎之法。在於事中者。訂*敎兩法。常在二邊過。答。[2)] 若約情說。訂敎兩法。常在二邊。若約理[3)]云。[4)] 訂*敎兩法。舊來中道。一無分別。所以得知。遍計無相。依他無生。眞實無性。三種自性。常在中道。三法以外。更無訂*敎。是故當知。一無分別。是故至人。得此理故。名相不及。爲衆[5)]生說。故言在事中。故經偈云。一切諸如來。無有說佛法。隨其所應化。而爲演說法。卽其義也。是故聖者。隨遍計故。建立三性。且安窮心。漸漸已後。現三無性。覺悟夢人。此卽聖者大善巧也。

1) ㉯ 갑본에는 '㑹'이 '分'으로 되어 있다. ㉰ [高]에는 '令'으로 되어 있으며, 번역에서는 [韓]·[卍]·[大]를 따라 '分'으로 바꾸었다. 2) ㉯ 갑본에는 '答' 앞에 '爲'가 있다. 3) ㉯ 갑본은 관주에서 '理' 다음에 '說'이 탈락된 것으로 의심된다고 한다. 4) ㉯ 갑본에는 '云'이 없다. 갑본은 관주에서 '理' 다음에 '說'이 탈락된 것으로 의심된다고 한다. 5) ㉯ 갑본에는 '衆'이 없다.

23 『육십화엄』(K8, 74c12; T9, 466a27~28).

문 『섭대승론』에서 이르기를 변계소집은 범부의 경계이고 의타와 진실은 성자의 지혜경계라고 하였는데, 무엇 때문에 성자가 변계를 따르는 것인가?

답 변계의 모든 법은 잘못 거꾸로 되었기(顚倒) 때문에 있다. 그러므로 논論에서 '범부의 경계'[24]라고 말한 것이다. 필경에 공空인 까닭에 상대할 만한 것이 없다. 그러므로 논論 가운데 성자의 경계가 아니라는 것은 공空을 아는 것이 성자의 경계가 아니라고 한 것이 아니다. 그러므로 성자는 자비의 방편으로 눈병을 따르는 까닭에 허공의 꽃(空華)을 말한 것이니 무슨 비방이나 논란이 있겠는가? 의미가 여기에 있는 것이다. 의타기상은 인연을 따라 생겨난 것이라, 자성이 없어서 두 변의 잘못을 여의었으니 무아와 더불어 같다. 원성실성은 평등한 법성으로서 저것과 이것을 원융하여 분별할 수 없으니 예부터 한 맛이다. 이 뜻 때문에 분별이 미치지 못한다. 그러므로 논에서 '성자의 지혜의 경계'라고 한 것이다. 다른 의미는 이와 같다.

問。如攝論云。遍計所執。凡夫境界。依他眞實。聖智境界。何故聖者隨遍計耶。答。遍計諸法。顚倒故有。是故論云。凡夫境界。畢竟空故。無所可對。是故論中。非聖境界。非謂知1)空非聖境界。是故聖者。慈悲方便。隨眼病故。言說空花。2) 有何防3)難。意4)在於此。依他起相。從因緣生。無有自性。離二邊過。與無我同。圓成實性。平等法性。5) 圓融彼此。不可分別。舊來一味。以此義故。分別不及。是故論云。6) 聖智境界。別意如是。

1) ㉧ 갑본에는 '知'가 '智'로 되어 있다. 2) ㉧ 갑본에는 '花'가 '草'로 되어 있다. 3) ㉰ 韓·卍·大에는 '防'이 '妨'으로 되어 있다. 4) ㉧ 갑본에는 '意'가 '竟'으로 되어 있다. 갑본은 관주에서 '竟'이 '意'로 의심된다고 한다. 5) ㉧ 갑본에는 '性'이 없다. 6) ㉧ 갑본에는 '云'이 '言'으로 되어 있다.

24 세친, 『섭대승론석』(K16, 1157a13~b7; T31, 195b19~c6).

만약 실제를 기준으로 하여 설하면, 세 가지 자성이 모두 범부의 경계이다. 무슨 까닭인가? 중생(情)을 따라서 현상(事)을 설하여 세 가지를 세운 것이기 때문이다. 세 가지 자성은 곧 성자의 지혜의 경계이다. 무슨 까닭인가? 지혜를 따라서 이법(理)을 드러내어 세우지 않기 때문이다. 그러므로 경에서 [또한 어떤 곳에서는 세 가지 자성 이외에 세 가지 자성 없음(三無性)을 세우지 않고][25] 또한 어떤 곳에서는 세 가지 자성 이외에 세 가지 자성 없음을 따로 세우는 것이다.[26] 까닭이 무엇인가? 망정(情)을 따라서 세운 것은 이해의 문(解門)을 기준으로 한 까닭에 세 가지 자성 없음을 따로 세운 것이나 지혜를 따라서 이법(理)을 드러낸 것은 수행의 문(行門)을 기준으로 한 까닭에 세 가지 자성 이외에 세 가지 자성 없음을 세우지 않은 것이다. 오히려 두 자성[27] 이외에 진실이 없으니, 어찌 하물며 세 가지 자성 이외에 세 가지 자성 없음이 따로 있겠는가? 까닭을 알 수 있는 것은 모양 없는 평등한 지혜가 앞에 나타나 끝내 상대할 만한 법이 없고 오직 중도에 있기 때문이다. 그러므로 반드시 가르침을 세우는 이유를 알아야 한다.

若約實說。三種自性。皆是凡夫境界。何以故。隨情[1)]說事。安立[2)]三故。[3)] 三種[4)]自性。即是[5)]聖智境界。何以故。隨智現*理。非安立故。是故經中。亦有處三性以外別[6)]立三無性。[7)] 所以者何。隨情安立。約解門故。別立三無性。隨智現*理。約行門故。三性[8)]以外。不立三無性。尚二性*以外。無有眞實。何況三性以外。別有三無性。所以得知。無相等智現前。究[9)]竟無法可對。唯在中道故。是故須解立敎[10)]所由。

---

25 『해심밀경』「一切法相品」(K10, 715c3~716c13; T16, 693a5~c14).

26 『해심밀경』「無自性相品」(K10, 716c14~722b15; T16, 693c15~697c6).

27 두 자성 : 세 가지 자성 중에 변계소집성과 의타기성을 가리킨다. 『총수록』(H6, 827a14~17; K45, 205b14~16).

1) ㉻ 갑본에는 '情'이 '性'으로 되어 있다. 갑본은 관주에서 '性'이 '情'으로 의심된다고 한다. 2) ㉻ 갑본은 관주에서 '立' 다음에 '故'가 탈락된 것으로 의심된다고 한다. 3) ㉻ 갑본에는 '三故'가 없다. 4) ㉻ 갑본은 관주에서 '種' 다음에 '無'가 탈락된 것으로 의심된다고 한다. 5) ㉻ 갑본에는 '是'가 없다. 6) ㉻ 갑본에는 '別'이 '不'로 되어 있다. ㉾ 번역에서는 韓·卍·大를 따라 '不'로 바꾸었다. 7) ㉻ 갑본에는 '性' 다음에 '亦有處三性以外別立三無性'이 있다. ㉾ 번역에서는 韓·卍·大를 따라 '性' 다음에 '亦有處三性以外別立三無性'을 ( )에 보충하였다. 8) ㉻ 갑본에는 '性'이 없다. 다음도 같다. 갑본은 관주에서 '三' 다음에 '性'이 탈락된 것으로 의심된다고 한다. 9) ㉻ 갑본에는 '究'가 '畢'로 되어 있다. 10) ㉻ 갑본에는 '立教'가 '教立'으로 되어 있다.

문 위에서 말한 증분의 법과 연기분의 법은 무슨 차별이 있는가?

답 차별되기도 하고 차별되지 않기도 하다. 그 뜻은 무엇인가? 증분의 법은 실상實相을 기준으로 하여 설함이니 오직 증득한 이가 알 바이고, 연기분의 법은 중생을 위해 설함이니 연緣과 상응한다. 그러므로 완전히 차별된다. 연기의 법은 뭇 연緣으로부터 생겨나 자성이 없어서 근본과 다르지 않다. 그러므로 차별되지 않는다.

問。如上所言訂*分之法及緣起分法。有何差別。答。別不別。其義云何。訂*分之法。約實相說。唯訂*所[1)]知。[2)] 緣起分法。爲衆生[3)]說。與緣相應。是故全別。緣起之法。從衆緣生。無有自性。與本不異。是故不別。

1) ㉻ 갑본은 관주에서 '所' 다음에 '知'가 탈락된 것으로 의심된다고 한다. 2) ㉻ 갑본에는 '知'가 '故'로 되어 있다. 3) ㉻ 갑본에는 '衆生~之法'의 15자가 없다.

문 만약 이와 같다면 자신이 깨달은 것으로써 중생을 위하여 설하는 것은 지말과 다르지 않다. 보통은 차별인가?

답 또한 그 뜻도 가능하다. 만약 깨달은 것이 말(言)에 있다고 하면 지말과 다르지 않다. 말(言說)이 깨달음에 있으면 근본과 다르지 않다. 근본과 다르지 않으므로 작용하되 항상 고요하며, 말하되 말하지 않는다. 지말과 다르지 않으므로 고요하되 항상 작용하며, 말하지 아니하되 말한다.

말하지 아니하되 말하는 까닭에 말하지 않는 것이 곧 말하지 않는 것이 아니다. 말하되 말하지 않는 까닭에 말하는 것이 곧 말하지 않는 것이다. 말하는 것이 곧 말하지 않는 것인 까닭에 말하는 것을 곧 얻을 수 없고, 말하지 않는 것이 말하지 않는 것이 아닌 까닭에 말하지 않는 것을 곧 얻을 수 없다. 둘을 함께 얻을 수 없으므로 둘이 함께 서로 방해하지 않는다.

問。若如是者。以自所訂。* 爲衆生。[1] 與末不異。尋常差別耶。答。亦[2]得其義。若爲所訂*在言。與末不異。言說在訂。* 與本不異。與本不異故。用而常寂。說而不說。與末不異故。寂而常用。不說而說。不說而說故。不說卽非不說。說而不說故。說卽非說。說卽非說故。說卽不可得。不說卽非不說故。不說卽非不說。[3] 二俱不可得故。二俱不相防。[4]

1) ㉧ 갑본에는 '生' 다음에 '說'이 있다. ㉰ 번역에서는 韓·㊁·因를 따라 '說'을 보충하였다. 2) ㉧ 갑본에는 '亦'이 없다. 3) ㉧ 갑본에는 '非不說'이 '不可得'으로 되어 있다. ㉰ 번역에서는 韓·㊁·因를 따라 '不可得'으로 바꾸었다. 4) ㉧ 갑본에는 '防'이 '妨'으로 되어 있다.

이 뜻으로써 말함과 말하지 않음이 평등하여 차별이 없으며, 생겨남과 생겨나지 않음이 평등하여 차별이 없으며, 움직임과 움직이지 않음이 평등하여 차별이 없다. 일체 차별의 상대하는 법문을 예에 준하면 이와 같다. 그러므로 경에 이르기를, "유위와 무위의 일체 모든 법은 부처님이 계시거나 부처님이 계시지 않거나, 성품과 모양이 항상 머물러서 변하여 달라짐이 없다."[28]라고 한 것이 그 뜻이다.

28 『육십화엄』「십지품」(K8, 184c3~4; T9, 564c11~12), "일체 법의 성품과 일체 법의 모습은 부처님이 계시거나 부처님이 계시지 않거나 항상 머물러 다르지 않다.(一切法性。一切法相。有佛無佛。常住不異。)" 『십지경』(K15, 85b17~18; T26, 180c12~13)에는 "이 일체법 중의 법성은 부처님이 계시거나 부처님이 계시지 않거나 법계에 항상 머무른다.(此一切法中法性。有佛無佛。法界常住。)"로 되어 있다.

以此[1]義故。說與不說。等無差別。生與不生。等無差別。動與不動。等無差別。一切差別相對法門。准例如是。是[2]故經云。有爲無爲。一切諸法。有佛無佛。性相常住。無有變異。是其義也。

1) 원 갑본에는 '此'가 '是'로 되어 있다. 2) 원 갑본에는 '是'가 없다.

또한 바르게 말한 법 중에는 말 이외에 다시 다른 뜻이 없으니 말로써 뜻을 삼는다. 바른 뜻의 법 중에는 바른 뜻 이외에 다시 다른 말이 없으니 뜻으로써 말을 삼는다. 뜻으로써 말을 삼으므로 말은 뜻 아님이 없고, 말로써 뜻을 삼으므로 뜻은 말 아님이 없다. 뜻이 말 아님이 없으므로 뜻은 곧 뜻이 아니고, 말이 뜻 아님이 없으므로 말은 곧 말이 아니다. 말이 곧 말이 아니며 뜻이 곧 뜻이 아니므로 둘을 함께 모두 얻을 수 없다. 그러므로 일체 법이 본래 중도에 있으니 중도는 말과 말 아닌 것에 통한다. 무슨 까닭인가? 모든 법의 실상實相은 말 가운데 있지 않으니, 이름의 성품을 여의었기 때문이다.

亦可正說法中。言說以外。更無別義。以言爲義。正義法中。正義以外。更無別言。以義爲言。以義爲言故。言無非義。以言爲義故。義無非言。義無非言故。義卽非義。言無非義故。言卽非[1]言。言卽非言義[2]卽非義故。二俱不可得。是故。一切法。本來在中道。中道者。通言非言。何以故。諸法實相。不在言中。離名性故。

1) 원 갑본에는 '非'가 '不'로 되어 있다. 2) 원 갑본에는 '卽非言義'가 없다.

말의 법은 진성眞性에 있지 않으니 근기(機)의 이익에 있기 때문이다. 근기의 이익에 있으므로 이름에는 진성이 없으며, 이름의 성품을 여의었으므로 이름하되 이름이 없다. 이름하되 이름이 없으므로 이름으로써 실상(實)을 구하나 실상을 얻을 수 없다. 이름에 진성이 없으므로 이름하되 무아와 같으며, 이름하되 무아와 같으므로 이름의 성품을 얻을 수 없다. 이 뜻으로써 둘을 함께 얻을 수 없으니 오직 증득한 이만 알 바이고 다른 경계가 아니다. 그러므로 경에서 이르기를, "일체 모든 법은 오직 부처님만 아시는 바이고 나의 경계가 아니다."[29]라고 한 것이다.

言說之[1)]法。不在眞性。在機益故。在機益故。[2)] 名無眞性。離名性故。名而無名。名而無名故。以名求實。實不可得。名無眞性故。名而無我同。[3)] 名而無我同故。名性不可得。以此義故。二俱不可得。唯訂*所知。非餘境界。是故經云。一切諸法。唯佛所知。非我境界。

1) ㉖ 갑본에는 '之'가 없다. 2) ㉖ 갑본에는 '在機益故'가 없다. 3) ㉖ 갑본에는 '我同名而無我同故' 가운데 '名而無我同' 다섯 글자가 빠져 있다. 갑본은 관주에서 '我' 등의 세 글자는 덧붙여진 것으로 의심된다고 한다.

문 앞과 뒤의 두 뜻이 무슨 차별이 있는가?

답 앞의 뜻은 근본과 지말이 상즉하고 상융相融함으로써 중도의 뜻을 드러내고, 뒤의 뜻은 이름(名)과 뜻(義)이 서로 객客이 됨으로써 무아의 뜻을 드러낸다. 드러나는 도리는 다르지 않으나 설명하는 방편이 다르다. 이는 곧 근본과 지말이 서로 돕고 이름과 뜻이 서로 객이 되어서 중생을 깨우쳐 인도하여 자체의 이름 없는 참된 근원에 이르게 하는 것이니, 교화함과 교화됨의 핵심(宗要)이 여기에 있다.

問。前後兩義。有[1)]何差[2)]別。答。前義。[3)] 以本末相卽[4)]相融。現中道義。[5)] 後義。以名義互爲客。[6)] 現*無我義。所現*道理。不異。[7)] 能詮方便別。此則[8)]本末相資。名義互客。* 開導[9)]衆生。令致自[10)]體[11)]無名眞源。能化所化宗要在此。

1) ㉖ 갑본에는 '有'가 없다. 2) ㉖ 갑본에는 '差'가 없다. 3) ㉖ 갑본에는 '義' 다음에

29 『승만경』(K6, 1369b5~7; T12, 222c23~25). 자세한 내용은 상권 2 각주 136) 참조.

'可別'이 있다. 갑본은 관주에서 '可別'이 덧붙여진 것으로 의심된다고 한다. 4) ㉾ 갑본에는 '卽' 다음에 '相卽'이 있다. 갑본은 관주에서 '相卽'이 덧붙여진 것으로 의심된다고 한다. 5) ㉾ 갑본에는 '義'가 없다. 6) ㉾ 갑본은 관주에서 어느 본에는 '客'이 '容'으로 되어 있으며 다음도 같다고 한다. 이하도 동일하다. 7) ㉾ 갑본에는 '異'가 '理'로 되어 있다. 갑본은 관주에서 어느 본에는 '理'가 '異'로 되어 있다고 한다. 8) ㉾ 갑본에는 '則'이 '卽'으로 되어 있다. 9) ㉾ 갑본에는 '導'가 '道'로 되어 있다. 10) ㉾ 갑본은 관주에서 어느 본에는 '自' 다음에 '還'이 있다고 한다. 11) ㉾ 갑본에는 '體'가 없다.

문 이 뜻은 돈교頓敎의 근본(宗)에 해당하는데 무슨 까닭으로 여기서 설하는가?

답 위에서 설한 것처럼 설함(說)과 설하지 않음이 평등하여 차별이 없다. 무슨 까닭인가? 모두 참된 덕이므로 비방하고 힐난할 것이 없으며 우선 분별을 막기 위하여 삼승의 설에 따른 것이니, 대개 지혜로운 이의 수승하고 오묘한 능력이다. 위와 같은 증분과 연기분의 뜻은 논[30] 가운데 뜻이 큼(義大)과 가르침이 큼(敎大)에 해당한다.

問。此義[1)]當頓敎宗。何故此間說。答。如上說。說與不說。等無差別。何以故。摠是實德故。無有妨難。且護分別故。順三乘說。蓋是智者勝妙能也。如上訂*分及緣起分義。當論中義大敎大也。

1) ㉾ 갑본에는 '義' 다음에 '義'가 있다.

분별을 반대로 되돌려 무분별을 얻는 것을 '연이 없다(無緣)'라고 이름한다. 이법(理)을 따라서 머무르지 아니하므로 '훌륭하고 교묘한 (방편)'이라고 이름한다. 말씀대로 수행하여 성자의 뜻을 얻으므로 '잡는다(捉)'라고 이름한다. '여의如意'는 앞과 같다.[31]

30 『공목장』(T45, 562b5~c1).
31 앞의 이타행 가운데 해석한 부분을 가리킨다.(H2, 3c18~4a4; H6, 811b9~20)

背反分別。得無分別。名曰無緣。順理不住故。名善巧。如說修[1]行。得聖者意。故名爲捉。[2] 如意如前。

1) ㉥ 갑본에는 '修'가 '終'으로 되어 있다. 2) ㉥ 갑본에는 '捉'이 '提'로 되어 있다. ㉧ 韓·⾎·因에는 '捉'으로 되어 있다.

'집으로 돌아간다(歸家)'란 본성을 증득한 까닭이다. '집(家)'은 무슨 뜻인가? 그늘지게 덮는다는 뜻이며 머무르는 곳이라는 뜻이기 때문이다. 이른바 법성의 참된 공空은 깨달은 이가 머무르는 곳이므로 '집(宅)'이라고 이름하고, 대비大悲의 훌륭하고 교묘한 (방편)으로써 중생을 그늘지게 덮어주는 것을 이름하여 '집(舍)'이라고 한다. 이 뜻은 삼승에 있으니, 일승이라야 비로소 구경이 된다. 무슨 까닭인가? 법계와 상응하기 때문이다. 이른바 법계다라니의 집과 인다라니의 집과 미세(다라니)의 집 등이다. 이것이 성자가 의거하여 머무르는 곳이므로 이름하여 '집(家)'이라고 한다. '분수를 따른다(隨分)'란 원만하지 않은 뜻이기 때문이다. '자량資糧'이란 보리를 돕는 덕목(助菩提分)이기 때문이다. 아래 경의 「이세간품」 가운데 2천 가지의 답 등과 같은 것이 이것이다.

歸家者。訂*本性故。家者何義。陰覆義。住處義故。所謂法性眞空。覺者所住故。名曰[1]爲宅。大悲善巧。陰[2]覆衆生。名曰爲舍。此義在三乘。一乘方究竟。何以故。應法界故。所謂法界陁羅尼家及因陁羅尼家微細家等。此是聖者所依住故。名曰爲家。隨分者。未滿義故。資糧[3]者。助菩提分故。如下經離世間品中。二千答等是也。

1) ㉥ 갑본에는 '曰'이 없다. 2) ㉥ 갑본에는 '陰'이 '蔭'으로 되어 있다. 3) ㉥ 갑본에는 '糧'이 '粮'으로 되어 있다.

주석

• 석문釋文 2 (別解印相 중 釋文意)

[1] 자리행

1. 연기분 初云緣起體至准例可解

'처음에 말한 연기의 체體는'부터 '예에 준하여 알 수 있다'까지[32]
初云緣起體至准例可解

대 기

『대기』에 이른다. '처음에 말한 연기의 체體는 곧 일승의 다라니이다'라고 한 것 등에서 연기의 체體는 열 보법에 통한다. 그러나 진성은 오직 유정有情의 문을 기준으로 한 것이라는 것은, 이하의 글에서 "이제 우선 하나의 문에 근거하여 연기의 뜻을 드러내겠다."라고 하고 12지十二支를 기준으로 하여 해석하기 때문이다.[33]

大記云。初云緣起體者。卽是一乘陁羅尼等者。緣起之體。通十普法。然云

32 『총수록』(H6, 813b18). 이에 해당하는 『일승법계도』 원문은 H2, 3a3~b16; H6, 810b13~811a13.

33 『일승법계도』에서 진성을 12지연기를 통해 해석하는 것으로써 진성이 오직 중생을 기준으로 한 것임을 알 수 있다는 주장은 앞서 『진기』에서 소개하는 일설과 같은 내용인데, 『진기』(H6, 777b19~c4)에서는 이 설에 대해 실제를 기준으로 하면 진성은 곧 법성일 뿐이라고 한다.

眞性唯約有情門者。以下文云。今且約一門。現緣起義。而約十二支解釋故也。

문 앞[34]에서 행실만行實滿의 뜻으로 증분에 배대한 것은 무엇인가?

답 만약 어느 수행자가 오직 증분에 의지해서 수행하거나 오직 교분에 의지해서 수행한다면 진실행이 아니다. (의상) 화상의 뜻은 증분과 교분을 쌍으로 실천하여 닦음을 진실행으로 삼기 때문에 그러하다.

(**문**) 증만證滿의 뜻으로 연기분에 배대한 것은 무엇인가?

(**답**) 총상이 갖춘 바 법을 보일 때 그 별상을 여는 것과 같으니, 이와 같이 증분 가운데 만족된 법을 나타내고자 하는 까닭이며 진성을 변별하기 때문에 그러하다.

問。前以行實滿義。配訂*分者云何。答。若有行者。唯依訂*分而修。唯依敎分而修。則非實行也。和尙之意。則雙踐訂*敎而修。爲實行故爾也。以訂*滿義配緣起分者云何。如示摠相所具法時。開其別相。如是欲現訂*分之中滿足法故。辨眞性故爾也。

법융기

『법기』에 이른다. '우선 하나의 문에 근거하여 연기의 뜻을 드러내겠다'란 진성을 가리킨다.

문 무슨 까닭에 법성을 풀이하지 않고 바로 진성을 변별하는가?

답 저 증분은 가리켜 보일 수 없기 때문이다.

---

34 『대기』(H6, 776a1~19)에서 사만의四滿義, 즉 행실만行實滿·증만證滿·법만法滿·인만人滿으로 「법성게」를 구분하는 설을 가리킨다. 『대기』는 이 설을 표훈이 상원上元 원년(674)에 황복사에서 설한 것으로 전하고 있다.

法記云。且約一門現緣起義者。指眞性也。問。何故不釋法性。直[1)]辨眞性耶。答。以彼訂*分不可指示故也。

1) ㉤ 을본에는 '直'이 '眞'으로 되어 있다.

'위대한 성인이 중생을 섭수하여'라고 한 것 등은 비유하면 술 취한 사람이 뜰의 그루터기를 보고서 진짜 귀신이라고 이르는 것과 같으니, 이와 같이 중생이 12지十二支가 곧 매우 깊은 진성의 체體임을 미혹하여, 계탁해서 생사의 법으로 삼는 것이다. 그러므로 위대한 성인이 대자비를 일으켜 그로 하여금 12지가 곧 매우 깊은 진성의 체體임을 알게 하려는 까닭에 "모든 유정들로 하여금 현상(事)이 곧 없으며 곧 현상(事)이 이법(理)에 계합함을 알게 한다."라고 말한 것이다.

(문) 위대한 성인은 그루터기와 귀신을 통틀어 보는가?

답 그렇다. 아래 글에서 이르기를, "성인은 병든 눈을 따르는 까닭에 허공의 꽃(空花)을 말하는 것이니 어떤 비방이나 논란이 있겠는가?"[35]라고 하였기 때문에 통틀어 보는 줄 안다.

大聖攝生等者。比如醉人。見庭中杌。謂爲實鬼。如是衆生。迷其十二有支卽是甚深眞性之體。計爲生死之法。是故大聖。起大悲慈。令其得知十二有支卽是甚深眞性之體。故云。令諸有情。知事卽無卽事會理也。大聖通見杌與鬼耶。答。爾也。以下文云。聖人隨病眼故。言說空花。有何防難。故知通見也。

『십지경론』에서 '자상自相' 등이라고 한 것은[36] (다음과 같이 풀이된다.) '자상'은 자신을 가리킨다. '과보의 상(報相)'은 오직 색色일 때에도 과보가

35 『일승법계도』(H2, 4b20~21; H6, 812b1~2).
36 하권 1 각주 3) 참조.

아니고 오직 마음(心)일 때에도 또한 과보가 아니다. 이 마음이 깨끗하지 않은 색色을 품은 때를 기준으로 하여 과보의 상을 삼는다. '명색名色'이란 색이 아닌 네 가지 온(四陰)[37]은 모습이 없어 그윽하고 적막하여 이름(名)이 아니면 나타내지 못하기 때문에 '명名'이라고 한 것이다. 색은 모습이 거칠기 때문에 당체當體를 일컬어 '색'이라고 하는 것이다. 또 풀이하면, 오직 마음일 때에는 이름을 세울 수 없고, 오직 색일 때도 또한 이름을 세울 수 없으니, 다만 이 마음이 깨끗하지 않은 색을 잡는 첫 찰나를 기준으로 지목해서 사람의 몸을 삼으며, 지목해서 말(馬)의 몸을 삼기 때문에 명색이라고 하는 것이다.

論云自相等者。自相者指自身也。報相者唯是色時非是報也。唯是心時亦非是報。約此心之抱不淨色時。爲報相也。名色者。非色四陰。無相溟漠。非名莫現。故云名也。色相麁故。當體云色也。又釋。唯是心時。不可立名。唯是色時。亦不立名。但約此心把不淨色之初刹那。目爲人身。目爲馬身。故云名色也。

'(명색이) 아리야식과 함께 생기는 것이다'는 생生을 추구하는 중유中有가 종자를 간직하는 아리야식을 가지고 생기니, 비유하면 어떤 사람이 자루 가운데 물건을 가득 담아 (이것을) 가지고 물속으로 가거나 (이것을) 가지고 불 속으로 가거나 뜻대로 가는 것과 같다. 근본되는 식識은 밭과 같고 무명과 행行은 심는 종자와 같으니, 심는 종자는 다섯 결과(五果)[38]를

---

37 네 가지 온(四陰) : 오온五蘊 가운데 색온을 제외한 수受·상想·행行·식識을 가리킨다.

38 다섯 결과(五果) : 십이연기 가운데 식識·명색名色·육입六入·촉觸·수受의 다섯을 가리킨다. 부파불교에서 십이연기를 이해하는 대표적인 이론인 삼세양중인과설三世兩重因果說에 의하면 무명과 행行은 과거세에 지은 현재세의 원인이고, 식識부터 수受는 현재세의 결과이며(과거-현재의 인과), 애愛와 취取와 유有는 현재세에 짓는 미래세의 원인이고, 생生과 노사老死는 미래세의 결과이다.(현재—미래의 인과) 세친, 『아비

내는 종자이다. 애愛와 취取의 두 지支는 흙과 물과 같다. 그 유有의 지支는 태어남과 늙음과 죽음을 생기게 하는 업이다. 그 태어남과 늙음과 죽음은 생겨난 결과이다.

共阿梨耶識生者。求生中有。將種子藏梨耶識生。猶如有人。帒中盛物。將去水中。將去火中。隨意往也。本識如田。無明及[1)]行。如下種子。所下種子。是生五果之種也。愛取二支。如土與水。其有支則是能生生老死之業也。其生老死則是所生果也。

1) ㉮ 을본에는 '及'이 '反'으로 되어 있다.

문 다섯 결과는 종자인가?

답 다섯 결과는 종자가 아니고 다만 다섯 종류[39]의 종자를 능히 생기게 할 뿐이다.

문 다섯 결과의 종자는 무엇인가?

답 아려야식 중의 삼성三性[40]이 종자이다. 이 종자는 세 번째의 식지識支의 자리 중에 있다. 이 때문에 이 종자를 힙하여 식識으로 삼는다.

'삼계三界의 땅에 다시 싹이 생기니'라는 것은, 이것은 모든 성인이 매우 깊은 대비大悲의 근심을 가장 잘 일으키는 곳이다. '다시(復)'는 갔다가 다시 오고, 갔다가 다시 오기 때문에 '다시'라고 하는 것이다.

問。五果是種耶。答。五果非種。但能生五種之種也。問。五果之種是何。答。

달마구사론』(K27, 521a16~b13; T29, 48a23~b11), 아래『관사십이인연관』참조.

39 원문의 '오종五種'은 뒤에 바로 이어지는 '오과지종五果之種'이 무엇인지에 대한 질문과, 과果(能熏, 所引)와 종자種子(所熏, 能引)의 관계를 고려할 때 '오과五果'를 가리키는 것으로 해석된다.

40 삼성三性 : 선善·불선不善·무기無記의 세 성품을 가리킨다. 상권 1 각주 51), 196) 참조.

黎[1]耶識中。三性種也。此種在於弟*三識支位中。是故此種合爲識也。於三界地。復有芽生者。此是諸聖最起甚深大悲憂之處也。復者。往而復來往而復來。故云復也。

1) ㉯ 을본에는 '黎'가 '梨'로 되어 있다.

'저것으로 인한 상(彼因相)'이란, '저것으로 인한(彼因)'은 아려야식(黎耶識)이고, '상相'은 명색이다. '저것의 과보가 차례로 이루어지는 상(彼果次第相)'이란, 그 가운데 여섯 지(六支)[41]가 있다. '이 둘이 공空을 보이는 것이다' 등이란, 색色을 기준으로 미루어 보아도 색에는 병이나 고통(病苦)이 없고, 마음을 기준으로 미루어 보아도 마음에는 병이나 고통이 없다. 이와 같이 지知도 없고 각覺도 없기 때문에 자체가 무아인 것이다. '중생의 품수가 아니다'란, 색色과 마음이 합하여야 비로소 곳곳에서 생生을 받으니, 만약 색과 마음이 떨어져서 단지 색일 때에는 생生을 받지 못하기 때문에 '중생의 품수가 아니다'라고 하는 것이다.

彼因相者。彼因者黎耶識也。相者名色也。彼果次弟*相者。於中有六支也。此二示空等[1]者。約色而推。色無病苦。約心而推。心無病苦。如是無知無覺故。自體無我也。非衆生數者。色與心合。方得處處受生。若色心離而但是色時。不得受生。故云非衆生數也。

1) ㉮ 高에는 '朩'로 되어 있다. 번역에서는 문맥을 고려하여 저본의 '等'을 따랐다.

'곧 참된 성품을 이룬다'라는 것은, 하나의 티끌이 자성이 없어서 일체법으로 자성을 삼기 때문에 한 법도 하나의 티끌의 성품이 아닌 것이

41 여섯 지(六支) : 십이연기 중 육입六入·촉觸·수受·애愛·취取·유有의 여섯 지支를 가리킨다.

없다. 그러므로 '참된 성품을 이룬다'라고 한 것이다. 이 티끌이 곧 해인의 체이기 때문에 '참된 성품'이라고 한 것이다. '세제世諦를 따라 관觀하여' 등이란, 비유하면 물(水) 가운데 모든 형상을 거두어들이는 것은 자리이기 때문에 진제眞諦가 되고, 물이 다시 형상을 나타내는 것은 이타이기 때문에 속제가 된다. 그러므로 만약 세속을 따르면 곧 진실에 들어갈 수 있는 것이다. 제일의제가 밖으로 향하는 뜻으로 속제의 십이인연을 삼기 때문에 '세제를 따라 관觀하여 곧 제일의제에 들어간다'는 것이다.

卽成實性者。一塵無自性。以一切法爲自性故。無有一法非一塵性。是故云成實性也。此塵卽是海印之體。故云實性也。隨順觀世諦等者。猶如水中。攝入諸像。是自利故。爲眞諦。水還現像。是利他故。爲俗諦也。是故。若順世俗。卽得入眞也。以弟*一義諦向外之義爲俗諦十二因緣故。隨順觀世諦卽入弟*一義諦也。

화엄경탐현기

『탐현기』에 이른다.[42] 두 번째, 모든 고통을 구족함에 셋이 있다. 첫째는 십이연기의 모습을 나타낸 것이고, 둘째 '이와 같이'[43] 아래는 고통의

42 『화엄경탐현기』(K47, 649c14~650c16; T35, 311c9~312c18). 『육십화엄』「십지품」에서 십대원十大願 이후 이를 바탕으로 한 행行을 설하는 가운데 두 번째와 세 번째 행상인 대자大慈와 대비大悲의 행을 둘로 나누어 풀이하는 가운데 두 번째 부분이다. 이에 해당하는 『육십화엄』(K8, 166c21~167a11; T9, 546b13~28) 부분은 다음과 같다. "그러나 모든 범부의 마음이 삿된 견해에 떨어져……끝내 부처님 길의 즐거움에 머물게 하리라 하고 곧 대자大慈의 지혜를 낸다.(而諸凡夫心。墮邪見〈中略〉令住畢竟佛道之樂。卽生大慈智慧。)"

43 이에 해당하는 『육십화엄』「십지품」(K8, 167a6~7; T9, 546b22~23) 구절은 다음과 같다. "이와 같이 인연이 모든 고통의 무더기를 모아서 모든 고통과 번뇌를 받는다.(如是因緣。集諸苦聚。受諸苦惱。)"

무더기를 엮어서 이룬 것이며, 셋째 '이 가운데'[44] 아래는 연기의 체體가 공함을 밝혀서 존재(有)가 전도된 것임을 드러낸 것이다. 『십지경론』 중에 앞의 첫 번째 단 안에서 앞의 세 지(三支)[45]를 합하여 한 부분으로 삼고, 둘째로 '삼계에' 아래에서 뒤의 아홉 지支를 변별한 것이다.[46]

探玄云。弟*二具足諸苦中有三。初現十二緣相。二如是下。結成苦聚。三是中下。明緣體空彰有是倒。論中。於前初段內。前之三支。合爲一分。二於三界下。辨後九支。

그중에 논주는 세 모습으로 나누었으니 첫째는 자상自相이고, 둘째는 동상同相이며, 셋째는 전도상顚倒相이다. 해석에 두 문이 있다. 첫 번째는 구분된 자리(分位)[47]를 기준으로 한 것이고, 두 번째는 뜻에 따름(隨義)을 기준으로 한 것이다.

於中論主分爲三相。一自相二同相三顚倒相。釋有二門。一約分位。

---

44 이에 해당하는 『육십화엄』「십지품」(K8, 167a7~11; T9, 546b23~28) 구절은 다음과 같다. "이 가운데 나가 없고 나의 것이 없으며……곧 대자大慈의 지혜를 낸다.(是中無我無我所。〈中略〉即生大慈智慧。)"

45 앞의 세 지(三支) : 십이연기 가운데 무명·행行·식識을 가리킨다.

46 『화엄경탐현기』(K47, 649c18~650a28; T35, 311c12~312a27)에는 『십지경론』이 십이연기의 모습을 나타낸 첫째에서 앞의 세 지支(무명·행行·식識)를 합하여 한 부분으로 삼고, 나머지 아홉 지支와 '이와 같이'로 시작하는 둘째와 '이 가운데'로 시작하는 셋째를 한 부분으로 삼아서, 이 두 단으로 모든 고통을 구족함을 구분한다고 설하는 부분이 이어진다. 이처럼 아래에도 인용문 곳곳에 생략된 부분이 있다.

47 구분된 자리(分位) : 십이연기에 대한 아비달마의 네 가지 해석인 찰나刹那·원속遠續·연박連縛·분위分位 가운데 분위, 즉 구분된 자리 또는 두드러진 상태에 따른 해석을 의미한다. 분위연기란 12지가 삼세에 걸쳐 무간에 오온이 상속하지만 두드러진 상태(分位)에 근거하여 무명이나 생生·노사老死 등 각각의 지분의 명칭을 설정한다는 것이다. 유부에서는 이 중에서 분위연기설을 정설로 취하고 이를 바탕으로 십이연기를 삼세양중인과설三世兩重因果說로 해석하였다.

二約隨義。

앞(分位) 가운데 자상이란 말하자면 현재 인연의 체體의 상태를 밝히기 때문이다. 둘째, 동상이란 미래의 인연이 현재와 같기 때문이다. 이법상 실제로는 현재에도 또한 생生과 노老 등이 있고 미래에도 또한 식識과 명색 등이 있다. 지금은 구분된 자리(分位)를 기준으로 모습을 나누었기 때문에 (자상과 동상의) 두 모습을 세운 것이다. 셋째, 전도상이란 연기의 체體가 실제로는 공함을 나타내어 존재(有)에 집착함이 전도된 것임을 드러내는 것이다. 두 번째, 뜻에 따름을 기준으로 한 것에서, 첫째는 원인을 따름을 기준으로 하여 미세한 행상行相을 낳는 것이 연기의 자상이다. 둘째는 결과의 모습을 기준으로 하여 연기의 허물과 근심이 결과의 자리에 두루 통함을 나타내 드러내기 때문에 동상이라고 하는 것이다. 셋째는 연기가 실제로는 무아이나 허망하게 취함을 전도顚倒로 삼는 것이다.

前中自相者。謂明現在因緣體狀故。二同相者。謂未來因緣同現在故。理實現在亦有生老等。未來亦有識名色等。今約分位分相故立二相。三顚倒者。現緣體實空現執有是倒。二約隨義者。一約從因。生微細行相。是緣起自相。二約果相。現彰緣起過患遍通果位。故云同相。三緣實無我。妄取爲倒。

문 동상 가운데 두 지(二支)[48]는 오로지 결과이고 오로지 현행이다. 자상의 일곱 지(七支)[49]는 현행하는 결과가 되며 원인인 종자가 된다. 설사

48 두 지(二支) : 십이연기 가운데 생生·노사老死를 가리킨다.

49 일곱 지(七支) : 십이연기 가운데 명색·육입六入·촉觸·수受·애愛·취取·유有를 가리킨다. 유부의 삼세양중인과설에 의하면 이 가운데 명색부터 수受까지는 현재세에 현행

그런들 무슨 과실인가? 함께 있는(俱有) 허물이기 때문이다. 만약 원인인 종자를 취한다면 "삼계의 땅에 싹이 생긴다."라고 말해서는 안 될 것이다. 만약 현행하는 결과를 취한다면 곧 저 앞의 넷[50]은 생生 등[51]과 다르지 않을 것이고, 뒤의 셋[52]은 다시 생겨난 결과에 거두어지는 것이 아닐 것이다.

답 이들은 모두 현재 생겨난 결과의 자리에 도리어 원인의 이름을 말하여서 자상을 나타낸 것이다.

問。同相中二支。一向是果。一向現行。自相七支。爲現果。爲因種。設爾何失。俱有過故。若取因種。則不應言三界地生芽。若取現果。卽彼前四不異生等。後三復非所生果攝。答。此等並是現生果位。却談因名。以現自相。

자상의 일곱 지(七支) 안에 나아가면, 『십지경론』은 나누어 셋으로 한다.

첫째, '과보의 상(報相)이니, 명색이 아려야식과 함께 생겨난다'라는 것은 말하자면 명색의 지支 가운데 일체의 명언종자를 통틀어 거두는 뜻이 있다. 아뢰야, 즉 식지識支는 통틀어 세 가지 뜻이 있다. 첫째는 『잡집론』[53] 제4권[54]에 의하면 업業의 종자로 식지識支를 삼는 까닭에 이끄는

하는 결과이고 애愛와 취取와 유有는 미래세의 원인인 종자가 된다. 따라서 자상인 일곱 지支 안에는 현행하는 결과와 원인인 종자가 함께 있게 된다.

50 저 앞의 넷 : 자상의 일곱 지支 가운데 앞의 명색·육입六入·촉觸·수受를 가리킨다.

51 생生 등 : 미래세의 현행하는 결과인 동상, 즉 생生과 노사老死를 가리킨다.

52 뒤의 셋 : 자상의 일곱 지支 가운데 뒤의 애愛·취取·유有를 가리킨다.

53 『잡집론』 : Ⓢ Mahāyānābhidharmasamuccayavyākhyā. 『大乘阿毘達磨雜集論』(이하 『잡집론』)을 가리킨다. 또는 『아비달마잡집론』, 『對法論』이라고도 한다. 무착이 『瑜伽師地論』 등에 근거하여 유가학파의 법상法相을 해설하는 『대승아비달마집론』에 대한 그의 제자 사자각師子覺의 주석을 안혜安慧가 편집한 것으로 전해진다. 당唐의 현장이 번역(646)

주체(能引)에 속하고 식識의 종자는 명지名支에 들어가 거두어진다. 그러므로 이 글에서 앞의 세 지를 한 곳에서 해석하는 것은 모두 이끄는 주체(能引)이기 때문이다. 둘째는 본식本識의 종자로 식지를 삼는다. 그러므로 이 가운데 식識의 종자와 명색 등의 종자가 무명(惑)과 업業의 이끌어 윤택하게 하는 힘 때문에 이 종자를 일으켜 고통의 결과를 생겨나게 한다.

就自相七支內。論分爲三。一報相名色共阿黎耶識生者。謂名色支中有義通攝一切名言種子。阿賴耶卽識支。[1] 通有三義。一依雜集論弟*四。以業種爲識支。故屬能引。識種入名支攝。是故。此文前三支一處釋者。以俱是能引故。二以本識種爲識支。是故。此中識種及名色等種。爲[2]惑業引潤力故。起此種子。令生苦果。

1) ㉯ '支'는 저본에 '支'로 되어 있으나 편자가 '支'로 고쳐 썼다. 전후는 이와 같다. 2) ㉮ 『華嚴經探玄記』(K47, 650b25; T35, 312b25)에는 '爲'가 '爲前'으로 되어 있다.

셋째는 현행하는 제8(식)이 또한 식지이다. 그러므로 이 가운데 (저것으로) 인한 상(因相)을 "명색이 본식을 여의지 않기 때문이다."라고 한 것이다. 말하자면 이것이 식識과 함께 생겨나는 바이고 명색이 생겨나서는 현행하는 제8(식)에 의거하여 저(8식)를 붙잡아 지니기 때문에 '(저것

하였으며 티베트역도 현존한다. 후대 법상종에서는 『유가사지론』의 교의를 잘 해석한 이른바 유가십지론瑜伽十支論의 하나로 일컬어진다. 16권 8품으로 구성되어 있다. 이에 대한 주석서로는 규기의 『大乘阿毘達磨雜集論述記』, 신배信培의 『述記貫練編』이 현존한다.

54 『잡집론』 「本事分中三法品」(K16, 254a6~256c4; T31, 711b5~713a11)에서 연생緣生에 대해 밝히는 부분으로 생각된다. 여기에서는 12지연기를 원인일 때의 능인能引(무명·행·식)과 소인所引(명색·육입·촉·수), 그리고 결과일 때의 능생能生(애·취·유)과 소생所生(생·노사)으로 구분하고 이 가운데 식識이 능인에 속하는 이유를 설명하고 있다.

으로 인한 상)'이라고 이름한 것이다. 이법상 실제로는 이 가운데 식識 등의 다섯 종자[55]가 앞의 훈습이 일어남으로 말미암아 동시에 생겨나지만 다만 앞으로 구분된 자리(分位)를 나타내 일으킴에 차례가 있는 것에 의거하는 까닭에 앞과 뒤로 설한 것이다. 그러므로 '저것의 과보가 차례를 이루는 상(彼果次第相)'이라고 이름한 것이다.

三現行弟*八亦是識支。是故。此中因相云名色不離本識故。謂此共識所生。名色生已。依於現行弟*八。爲彼執持。故名因相。理實此中識等五種。由前熏發。同特[1)]而生。但依當來現起分位。有次弟*故。說爲前後。是故。名爲彼果次弟*相也。

1) ㉾『華嚴經探玄記』(K47, 650b30; T35, 312c2)에는 '特'이 '時'로 되어 있다.

애愛와 취取와 유有의 셋은 비록 생겨나는 대상(所生)은 아니나 그러나 바로 생겨날 때 이것을 갖추어 있기 때문에 『성유식론成唯識論』에서 '생겨남과 이끔이 동시'[56]라고 한 것이 이 뜻이다. 운운. 이것은 본식이 능히 의지하는 (주체)와 화합함을 이름하여 과보의 상이라고 함을 밝힌 것이다.

愛取有三。雖非所生。然正生時。具有此故。唯識論說生引同時。是此義也。云云。此明本識與能依和合名爲報相。

둘째, 능히 의지하는 주체(能依)에 체體가 없어 의지하는 바 대상(所依)에 의거하기 때문에 이 식識을 '(저것으로) 인한 상(因相)'으로 이름함을

55 식識 등의 다섯 종자 : 식識·명색名色·육입六入·촉觸·수受의 종자를 가리킨다.
56 『성유식론成唯識論』(K17, 572b10; T31, 43c15).

나타낸 것이다.

셋째, 능히 의지하는 주체의 모습이 다하고 오직 의지하는 바 대상이 바뀌어 저 자리에 바뀌어 들어가는 것을 결과라고 이름한다. 또한 본식이 바뀜으로 이 결과를 삼는다. 그러므로 점차 간략히 하여 나머지 모습이 모두 다하고 오직 식이 있을 뿐이다. 이상은 시교를 기준으로 한 것이다. 만약 종교를 기준으로 하면 이 본식이 여래장이니, 처음에는 물듦(染)과 화합하고, 다음에는 물든 법이 진여(眞)에 의거하며, 나중에는 물듦이 진여와 다르지 않기 때문에 오직 진여가 바뀐 것일 뿐이다. '이와 같이 인연'[57] 아래는 고통의 무더기를 매듭지은 것이다. '이 가운데 나가 없고'[58] 아래는 전도상顚倒相을 나타낸 것이니 『십지경론』의 해석과 같다.

二現能依無體於[1)]於所依故說此識名爲因相。三能依相盡。唯所依轉。轉入彼位名果。亦以本識轉爲此果。是故漸略。餘相皆盡。唯有識在。此上約始教。若約終教。則此本識是如來藏。初則與染和合。次則染法依眞。後乃染不異眞故。唯眞轉也。如是因緣下。結苦聚也。是中無我下。現顚倒相。並如論釋。

1) ⓔ『華嚴經探玄記』(K47, 650c10 ; T35, 312c11)에는 '於'가 '依'로 되어 있다.

십이인연관

징관 스님의 『십이인연관』[59]에서 이른다. 십이인연은 이에 생사生死의

57 하권 1 각주 43) 참조.

58 하권 1 각주 44) 참조.

59 『십이인연관』 : 『총수록』에서 관사觀師의 저작으로 인용하고 있는 이 문헌은 의천의 『신편제종교장총록』(T55, 1166c23)과 일본의 화엄종 승려 교넨(凝然, 1240~1321)의 『華嚴宗經論章疏目錄』(『大日本佛教全書』 1卷)에서는 징관의 저작으로 전하고 있다. 여기 인용문 외에는 그동안 일실된 것으로 전해졌지만 20세기 초에 일본 가나자와문고에

큰 나무이며 또한 생사의 큰 강이라고도 이름한다. 무슨 까닭에 나무라고 이름하는가? 세간의 나무가 뿌리·줄기·가지·잎·꽃·열매가 있어 서로 이어서 생겨나듯이 십이인연 또한 다시 이와 같다. 과거에 두 원인이 있으니 이를 이름하여 뿌리라고 한다. 두 원인이란 첫째는 무명지無明支이고, 둘째는 행지行支이다. 현재에 다섯 결과가 있다. 다섯 결과란 첫째는 식지識支, 둘째는 명색지名色支, 셋째는 육입지六入支, 넷째는 촉지觸支, 다섯째는 수지受支이다. 현재에 세 원인이 있다. 세 원인이란 첫째는 애지愛支이고, 둘째는 취지取支이며, 셋째는 유지有支이다. 미래에 두 과보가 있다. 두 과보는 첫째는 생지生支이고, 둘째는 노사지老死支이다.

觀師十二因緣觀云。十二因緣者。乃是生死大樹。亦名生死大河。何故名樹。如世間樹有根莖枝葉花果。相續而生。十二因緣亦復如是。過去有二因。名之爲根。二因者。一無明支。二行支。現在有五果。五果者。一識支。二名色支。三六入支。四觸支。五受支。現在有三因。三因者。一愛支。二取支。三有支。未來有二報。二報。一生支。二老死支。

과거의 두 원인 가운데 첫째의 무명지는 말하자면 과거 일체의 번뇌를 무명지라고 이름하고, 또 연緣에 대해 알지 못하는 것을 무명이라 이름한다. 둘째의 행지는 말하자면 일체 몸과 입과 마음의 선악 등의 업을 모두 다 행行이라고 이름하니, 무명인 까닭에 행行을 발생시킨다. 무

서 전문이 발견되었다. 여기 인용문은 전문의 처음부터로서 분량은 전체의 3분의 2 정도에 해당한다. 가나자와문고판에는 『십이인연관』 또는 『십이인연관문』이라는 제목은 기록되어 있지만 저자는 밝히고 있지 않다. 여기에 인용되어 있지 않은 후반부에는 십이인연을 관하는 구체적인 방법으로서 의상계 화엄의 독특한 관법으로 간주되는 인연관·연기관·성기관의 삼관三觀을 들고 이에 대해 설명하고 있다. 이에 이 문헌의 저자가 징관이 아니라 혹 의상계 화엄과 관련된 인물이 아닌가 의심되기도 한다.

명과 행行의 두 가지가 과거의 두 원인이다. 행行이란 생사의 업이다. 이 둘이 현재의 다섯 결과를 불러일으키기 때문에 이를 이름하여 뿌리라고 한다.

過去上[1]因中。一無明支者。謂過去一切煩惱名無明支。又云於緣不了名無明。二行支者。謂一切身口意善惡等業。悉皆名行。以無明故發生於行。無明與行二種。是過去二因也。行者。生死業也。此二。能感現在五果故。名之爲根。

1) ㉯ 을본에는 '上'이 '二'로 되어 있다. ㉰ 高에는 '[illegible]'으로 되어 있으며 문맥과 글자 형태상 '二'로 보인다. 번역에서는 '二'로 바꾸었다.

현재의 다섯 결과 가운데 첫째의 식지識支는 과거의 행업이 있어서 현재의 식識인 정신을 일으키는 것이다. 처음 생生을 받을 때 태胎에 들어가는 한 찰나의 마음을 이름하여 식識이라고 한다.

둘째의 명색지名色支는 생을 받은 식識이 있기 때문에 명색을 일으키는 것이다 명색이란 오온이다. 말하자면 두 번째 찰나 이후의 마음이 부모의 붉고 흰 정혈精血과 합하여 백 일에 이르기까지이다. 모든 포개져 있는 (신체기관들이) 아직 열리지 않아서 다만 한 덩어리의 육신(肉團)일 뿐 아직 눈·귀·코·혀의 모습을 이루지 않아 다만 색色과 마음(心)만 있기 때문에 명색이라고 이름한다.

셋째의 육입지六入支는 명색을 말미암아 육입을 발생시키는 것이니 육입이란 육근이 식識의 길을 통틀어 생기게 하기 때문에 육입이 된다. 이것은 말하자면 태 안에 있은 지 백 일 이후이다. 한 덩어리의 육신 안에 업으로 생겨난 바람이 일어나 부니 한 덩어리의 육신이 열리고 펼쳐져 모든 육근의 모습을 변화시켜 짓는 것을 이름하여 육입지라고 한다.

現在五果中。一識支者。以有過去行業。發起現在識神。初受生時。入胎一念心。名之爲識。二名色支者。以有受生識故。發起名色。名色者。五蘊也。謂弟*二念已去心也。與父母赤白精血和合。乃至百日。諸包未開。但是肉團。未成眼耳鼻舌相。但有色心。故名名色。三六入支者。由名色故。發生六入。六入者。六根通生[1]識道故。爲六入。此謂在胎內百日已外也。肉團之內。起業生風吹。肉團開敷。變作諸根相。名爲六入支。

1) 원 을본에는 '生'이 '住'로 되어 있다.

넷째, 촉지觸支는 육입을 말미암아 발생하는 것이니 근根과 진塵과 식識 등의 세 가지가 화합하여 만나고 상대하는 것을 촉觸이라고 이름한다. 이것은 말하자면 태어난 이후 두 살(까지)이다. 다른 대상(塵)은 분별하지 못하고 다만 배고픔·목마름·더위·추위만을 느낄 수 있다. 불에 데거나 독에 닿으면 소리 내어 눈물 흘리며 우는 것을 촉지라고 이름한다.

다섯째, 수지受支는 대상에 닿음(觸)으로 말미암아 수受를 발생시키는 것이니 받아들임(領納)을 수受라고 이름한다. 이것은 말하자면 두 살 이후에 마음이 점차 모든 대상을 분별하여 다섯 살, 여섯 살까지를 수지受支라고 이름한다. 이 다섯 지支가 과거의 두 원인에 응대하니 현재의 다섯 결과라고 이름한다.

四觸支者。由六入故發生。根塵識等三事和合觸對。名觸。此謂出胎已去兩歲也。未分別餘塵。但能覺飢渴熱寒。犯火觸毒。則啼哭之。名爲觸支。五受支者。由觸境故發生於受。領納名爲受。此謂兩歲已去。心漸分別諸塵。五六歲已來。名爲受支。此五支。酬過去二因。名爲現在五果。

세간의 나무에 이미 나무 몸통이 있으면 반드시 가지와 줄기와 꽃과 열매가 있는 것처럼, 애愛와 취取와 유有의 세 원인이 다시 미래의 생生과 노병사老病死의 두 과보를 불러일으킨다. 현재의 세 원인 가운데 첫째의 애지愛支는 받아들임(領納)으로 말미암아 애愛를 발생시키니, 연緣에 대해서 물듦(染)을 일으키는 것을 애愛라고 이름한다. 이것은 말하자면 일곱 살 이후부터 열다섯 살까지, 꽃을 사랑하고 열매를 탐하여 마음이 바라고 추구함을 이름하여 애愛라고 한다. 둘째의 취지取支는 물든 애愛로 말미암아 취取를 발생시키니 연緣에 대한 물듦(染)에 들어가 집착하는 바가 있기 때문에 이름하여 취取라고 한다. 셋째의 유지有支는 취하여 집착함으로 말미암아 유有를 발생시킨다. 몸과 입과 마음의 지음(造作)이 미래의 존재를 부르니, 미래의 결과로 지목하여 현재의 세 원인으로 삼기 때문에 유有라고 이름한다. 이것은 말하자면 그 취하는 대상에 따라서 재물·색色·살생·도둑질·삿된 음행을 취득하여 손에 넣어서 본래 마음에 칭합하고 순응하니 기억하고 생각하여 업業을 이루어 미래의 결과가 있음을 이름하여 유지有支라고 한다.

如世間樹。旣有樹身。須有枝柯花果。愛取有三因。復感未來生老病死二報。現在三因中。一愛支者。由領納故。發生於愛。於緣起染名爲愛也。此謂七歲已去。十五已來。愛花貪果。心欲追求。名之爲愛。二取支者。由染愛故。發生於取。於緣染入。有所執故。名之爲取。三有支者。由取着故。發起於有。身口意造作。能招未來有。以未來果。目爲現在三因。故名有也。此謂隨其所取財色殺盜邪婬。取得入手。稱遂本心。憶思成業。能有當來果。名爲有支。

꽃이 열매를 맺음에 이 꽃이 뒤의 열매를 생기게 하는 것을 다시 원인이라고 이름하는 것처럼, 이미 그 원인이 있어서 미래의 두 과보를 불러일으킨다. 두 과보란 첫째, 생지生支는 현재로 말미암아 일어나서 미래에 삶을 받음이 있게 하니, 법에 있어서 처음 일어나는 것을 이름하여 생生이라고 한다. 둘째, 노사지老死支는 생生이 있음으로 말미암아 노사老死를 일으키니, 생生이 노사의 연이기 때문에 생生을 연緣한 노사이다. 이 두 지支는 뒤에 생겨나는 결과이며, 결과는 다시 원인이 되어서 원인과 결과가 서로를 낳음이 마치 큰 나무와 같다.

如花結果。此花能生後果。復名爲因。旣有其因。能感未來兩報。兩報者。一生支。由現在發起。令有未來受生。於法始起。名爲生也。二老死支者。由有生故。起於老死。生是老死之緣故。生緣老死。此二支是後生果。果復爲因。因果相生。猶如大樹。

일체중생이 모두 십이인연에 떴다가 가라앉으며 흘러 돌아다님이 되어서 생사를 따라 좇으며 삼계의 감옥 가운데를 오고 가서 고통을 받음이 끝이 없으니, 세간의 강에 떴다가 가라앉는 것과 같다. 범부가 깨닫지 못하기 때문이다. 지혜로운 이는 깨달아 통달하면 흐름을 따르지 않고 도道를 닦아 끊어 제하여 곧 벗어나게 된다. 무릇 십이인연은 생사에 얽어매는 인연이니, 반드시 이 인연을 없애야만 생사를 면할 수 있게 된다. 그러므로 경에 이르기를, "무명이 멸하면 행行이 멸하고, 내지 생生이 멸하면 늙음과 죽음이 멸한다."[60]라고 한 것이다. 이 인연을 멸하는 것은 반드시 도道를 닦는 것이 필요하다.

一切衆生。皆爲十二因緣漂沒流轉。隨逐生死。往來三界牢獄之中。受苦無窮。如世間河漂沒相似。凡夫不覺故。智者了達。則不從流。修

60 『팔십화엄』「십지품」(K8, 652a10~11 ; T10, 194b9).

道斷除。卽得出離。夫十二因緣者。生死繫縛之因緣也。必須滅此因緣。乃得免[1]於生死。是故經云。無明滅則行滅。乃至生滅則老死滅。滅此因緣。要須修道。

1) ㉯ 을본에는 '免'이 '兌'로 되어 있다. 또 을본은 각주에서 '兌'가 '脫'로 의심된다고 한다.

문 어떻게 도道를 닦는가?

답 십이인연의 근본을 추구한다면 이는 곧 무명이다. 무명으로 인한 까닭에 번뇌의 업을 일으키고, 업으로 인한 까닭에 과보를 일으키고, 과보가 있기 때문에 고통이 있으니, 다 무명으로 근본을 삼음으로 인하여 생사에 흘러 돌아다니며 삼세에 나뉘어 떨어짐이 나무와 같고 강과 같다. 지혜로운 이는 깨달아 알고 그 뿌리를 베고 그 근원을 끊고자 한다. 마치 나무를 베려면 먼저 그 뿌리를 베는 것과 같고, 또한 물을 끊으려면 먼저 그 근원을 끊는 것과 같이, 지금 십이인연의 나무와 강을 베고 끊고자 한다면 먼저 무명을 끊어야 한다.

問。云何修道。答。推求十二因緣根本乃是無明。因無明故。起煩惱業。因業故。起果報。有果報故。有苦。皆因無明爲根本。流轉生死。分離三世。如樹如河。智者了知。欲伐其根及斷其源。猶如伐樹。先伐其根。亦如斷水。先斷其源。今欲伐斷十二因緣樹河。先斷無明。

문 무명이란 무엇인가?

답 깨닫지 못하는 마음이 이것이다. 깨닫지 못하기 때문에 허망되게 분별을 일으켜 마음 밖의 경계를 보고는, 있다고 하고 없다고 하며, 옳다고 하고 그르다고 하며, 얻었다고 하고 잃었다고 한다. 모든 과보의 법인 몸과 마음 등의 고통이 다 무명의 힘이다.

問。無明何者是。答。不覺心是。以不覺故。妄起分別。心外見境。謂有謂無。謂是謂非。謂得謂失。諸果報法。身心等苦。皆是無明之力。

내가 지금 무명을 끊고자 하니 먼저 마음의 근원을 스스로 깨닫는 것이 필요하다. 마음을 따라 일어난 일체 망상이 모두 깨닫지 못한 마음을 따라 생겨난 것이다. 지금 자기 마음의 본성이 생겨남도 없고 멸함도 없으며 옴도 없고 감도 없음을 아는 것이 필요하다.

(문) 어떻게 일체의 망념이 홀연히 허망되게 일어난 것임을 알 수 있는가?

(답) 깨달으면 생겨나지 않는다.

我今欲斷無明。先須自覺心源。隨心所起一切妄想。皆從不覺心生。今須知自心之本性無生無滅無來無往。何得知一切妄念忽然妄起。覺則不生。

(문) 무엇을 깨달음이라고 하는가?

(답) 탐욕과 성냄과 어리석음이 일어날 때 도리어 자기의 마음으로 관찰하고 생각하고 헤아려 추구하는 것과 같다. 이 탐욕과 성냄과 어리석음에 어떤 형상이 있는가, 푸른가 노란가, 과거인가 미래인가 현재인가, 안에 밖에 중간에 있는가라고, 탐욕과 성냄과 어리석음을 추구해도 도무지 형상이 없다. 만약 탐욕과 성냄과 어리석음이 본래 있다면 오늘 깨달을 때에도 또한 마땅히 볼 수 있어야 하나 지금 깨달으면 곧 없기 때문에, 깨닫지 못한 까닭에 홀연히 허망되게 일어남을 안다. 깨달으면 생겨나지 않기 때문에 깨달음은 무명을 대하여 다스리는 것이니, 이 깨달음이 현재에 있으면 무명은 마음에 있을 수 없다. 무명이 없기 때문에 일체의 망상과 번뇌가 생겨나지 않는다. 번뇌가 생겨나지 않기 때문에

업이 생겨나지 않는다. 업이 생겨나지 않기 때문에 과거의 두 원인이 없다. 두 원인이 없기 때문에 현재의 다섯 결과가 생겨나지 않는다. 다섯 결과가 생겨나지 않기 때문에 애愛와 취取와 유有의 세 원인이 생겨나지 않는다. 세 원인이 생겨나지 않기 때문에 미래의 두 과보가 생겨나지 않는다. (이를) 십이인연의 큰 나무를 끊고 십이인연의 큰 강을 말리는 것이라고 이름한다. 이 십이인연이 없는 것을 이름하여 열반이라 하고, 이 스스로 깨달은 성인의 지혜를 이름하여 보리菩提라고 한다.

云何名覺。如貪嗔癡起時。還以自心觀察思量推求。此貪嗔癡有何形狀。爲靑爲黃。爲過去爲未來爲現在。爲在□□□[1)]間。推求貪嗔癡。都無形狀。若貪嗔癡本來是有。今日覺時。亦應可見。今覺卽無故。知由不覺故忽然妄起。覺則不生故。覺是無明對治。此覺現在。無明不得在心。以無無明故。一切妄想煩惱不生。煩惱不生故。業不生。業不生故。無過去二因。無二因故。現在五果不生。五果不生故。愛取有三因不生。三因不生故。未來二報不生。名斷十二因緣大樹涸十二因緣大河。此十二因緣無處。名爲涅槃。此自覺聖智。名爲菩提。

1) ㉢ 저본에는 □□□의 글자가 마멸되어 있다. 을본에는 '內外中'으로 되어 있다. ㉣ 高에는 '內外中'으로 되어 있다.

진수기

『진기』에 이른다. '위대한 성인이 중생을 섭수하여 이理에 계합하고 사事를 버리게 하려는 것이다' 등이란, 이것은 동교의 뜻을 기준으로 하여 말한 것이다. 첫째, '과보의 상(報相)'이란 여래장이 물듦(染)과 화합하여 명색의 과보를 이루는 것이니, 큰 바다의 물이 바람으로 인하여 파도를 이루는 것과 같다. 둘째, '저것으로 인한 상(彼因相)'이란 일으켜진 명색이 곧 여래장진식인 것이니, 일으켜진 파도가 곧 물인 것과 같다. 셋째, '저것의 과보가 차례를 이루는 상(彼果次第相)'이란, 저 일으켜진 결과가 다른 것이 없고 오직 하나의 진심이 돌고 돈 것이니, 차이나서 구별되는 파도 파도가 오직 하나의 바닷물이 돌고 돈 것인 것과 같다. '이 중에는 나(我)와 나의 것(我所)을 여의었으며'란, 오직 하나의 진심의 체體이고 다른 것이 없으니 무엇이 나이고 무엇이 나의 것이겠는가? '중생의 품수가 아님'은 마치 흐르는 물이 항상 흘러 끊이지 않아 싫어하여 버리는 때가 없으니 생각이 없음을 말미암은 까닭인 것과 같다. 중생도 또한 그러하여 생사에 흐르고 굴러서 끊고 그만두는 이가 없는 것은 다만 자체가 무아이기 때문에 그러하다. 이런 까닭에 중생의 품수가 아니라고 하는 것이다.

眞記云。大聖攝生欲令契理捨事等者。此約同教義云也。一報相者。如來藏與染和合成名色報。如大海水。因風成波也。二彼因相者。所起名色。卽是如來藏眞識。如所起波。卽是水也。三彼果次弟*相者。彼所起果。無有餘物。唯一眞心之所廻轉。如差別波波。唯一海水所廻轉也。此中離我我所者。唯一眞心之體。無有餘物。何者是我。何是我所乎。非衆生數者。猶如流水。恒流不絶。無厭捨時。由無念故也。衆生亦尒。流轉生死。無斷絶者。只由自體無我故尒。是故云非衆生數也。

'아려야식은 미세하고'란 아려야식은 곧 여래장이기 때문이다. '곧 참된 본성을 이룸'이란, 삼승을 기준으로 하여 말하면 여래장의 참된 본성이다. 일승을 기준으로 하여 말하면 매우 깊은 진성이다. 아래에서 이르기를, "이 뜻이 삼승에 있으나 또한 일승에도 통한다."라고 한 까닭이다.

黎耶微細者。黎耶卽如來藏故也。卽成實性者。約三乘云。如來藏實性也。約一乘云。甚深眞性也。下云此義在三乘亦通一乘故也。

고기

'고기'에 이른다. 신림 대덕이 당唐에 들어가 융순 화상을 만나서 물었다. "일승에서 아려야식이라고 말하는 것은 무엇입니까?" 융순 화상이 말하였다. "일체 모든 법이 다 아려야식으로 근본을 삼으니 넓게는 한량없지만 간략하게는 다섯 가지가 있다. 말하자면 첫째는 희고 청정한 무기식(白淨無記識)이니 삼성三性[61]의 종자를 지닌다. 둘째는 아마라식阿摩羅識[62]이니 갠지스강의 모래와 같이 (수많은) 덕을 지닌다. 셋째는 성기식性起識이니 열 보법을 지닌다. 넷째는 법계안립식法界安立識이니 세 가지 세간[63]의 법을 지닌다. 다섯째는 법계인다라식法界因陀羅識이니 다함없는 인드라 다라니의 법을 지닌다. (이 다섯이) 온전한 법계의 유위이며 온전한 법계의 무위이다. 따라서 '아려야식이 선善 등의 삼성과 무위가 함께 모여 일어난 것이다'[64]라고 한 것이다."

古記云。林德入唐。得逢融順和尚。問云。一乘中言黎耶者何耶。順曰。一切諸法。皆以黎耶爲本。廣則無量。略則有五。謂一白淨無記識。持三性種。二阿摩羅識。持恒沙德。三性起識。持十普法。四法界安立識。

61 삼성三性 : 여러 가지를 가리킬 수 있지만 문맥상 선善·불선不善·무기無記를 가리키는 것으로 생각된다. 상권 1 각주 51) 참조.

62 아마라식阿摩羅識 : Ⓢ amalavijñāna. 무구식無垢識, 청정식淸淨識으로 의역하며 제9식이라고도 한다. 진제계에 속하는 섭론종에서 주장하는 식識으로 중생의 본래 마음이 청정하여 미혹함이 없음을 가리킨다. 제8아뢰야식이 전의轉依하여 청정무구식인 아마라식이 된다고 설한다. 지론종과 천태종에서도 제9식설을 수용했지만 현장계의 법상종은 청정의 측면을 아뢰야식에 포함시켜서 별도의 청정식인 제9아마라식을 부정했다.

63 세 가지 세간(三種世間) : 지정각세간·중생세간·기세간을 가리킨다. 상권 1 각주 34) 참조.

64 지엄의『수현기』(K47, 14a17~18 ; T35, 28b6~7)에서『육십화엄』「보살명란품」의 열 가지 매우 깊음을 설하는 가운데 첫 번째, 연기의 매우 깊음을 풀이하는 구절 중 일부분이다.

持三種世間法。五法界因陁羅識。持無盡因陁羅尼法。全法界之有爲。全法界之無爲。故云黎耶共善等三性及無爲集起。

법융기

『법기』에 이른다. '이른바 인연이 나뉘어 차례가 있음'에서 '인연'은 중생의 12지인연이다. '있음(有)'은 세 존재(三有)[65]이다. '나뉘어(分)'는 12지의 구별이다. '차례(次第)'는 처음 무명지에서 마지막 노사지까지이다.

'한마음(一心)에 포섭된다'에서 한마음은 포섭의 주체(能攝)이고, 포섭의 대상(所攝)은 십이인연이다.

'자상과 업으로 이룬다'란 다른 삿된 원인을 가려내고 자신의 불법 가운데 먼 연緣은 가려내지 않는 것이다. 앞의 문에서 십이인연이 한마음이 지은 것이라고 하니, 어떤 이가 의심하여 "오직 한마음이 짓는다면 연緣을 기다리지 않는 것인가?"라고 할까 염려한 까닭에 반드시 업으로 말미암기 때문에 십이인연을 지음을 밝힌 것이다.

法記云。所謂因緣有分次弟*者。因緣者。生十二支因緣也。有者。三有也。分者。十二支別也。次弟*者。初無明支乃至最後老死支也。一心所攝者。一心是能攝也。所攝是十二因緣也。自業成者。簡他邪因。不簡自佛法中踈緣義也。前門中云。十二因緣是一心所作。恐有疑云。唯一心作。不待緣耶。故明要由業故作十二因緣也。

'서로 버리거나 여의지 않는다'란, 앞의 지支가 뒤의 지支를 여의지 않고

65 세 존재(三有) : '삼유三有'는 여러 가지 의미로 쓰일 수 있지만 여기에서는 중생의 삶을 구분하여 차례대로 살펴보는 십이인연의 문맥상 생유生有(잉태하는 순간의 존재)·본유本有(태어나서 죽을 때까지의 존재)·사유死有(죽는 순간의 존재)의 삼유를 가리키는 것으로 보인다.

뒤의 지支가 앞의 지支를 여의지 않기 때문이다. 앞의 문(자상과 업으로 이룸)에서는 자신의 원인으로 생겨나는 가운데 증상연이 십이인연을 이루는 뜻을 드러냈으며, 이 관觀에서는 자신의 원인으로 생겨나는 가운데 인연이 십이인연을 이루는 뜻을 드러낸 것이다.

'세 길(三道)이 끊어지지 않는다'란 세 길을 끊지 않기 때문에 12지가 서로 여의지 않음을 나타내고자 한 것이다.

不相捨離者。前支不離後支。後支不離前支故也。前門現自因生中增上緣之成十二緣義。此觀現自因生中因緣之成十二緣義。三道不斷者。欲現不斷三道故十二支不相離也。

'과거와 미래를 관한다'란, 앞의 문에서 세 길을 끊지 않음이 과거의 무명으로 현재의 다섯 결과를 낳고, 현재의 세 원인으로 미래의 노사를 낳는 것임을 밝히기 때문이다.

'세 괴로움(三苦)이 모인 것이다'란, 삼세의 원인으로 이 세 괴로움을 갖춘 몸을 얻음을 나타낸 것이다. 이 관觀은 원인으로 얻은 결과를 취하여 세운 것이고 생기게 하는 원인을 취한 것은 아니다.

'인연으로 생긴다'란, 인연은 속제의 의지하는 바이고 생긴다(生)는 생겨난 결과의 법이다. 인연의 가깝고 먼 치우친 힘을 깨뜨리고 온전한 힘으로 결과를 낳는 뜻을 나타낸 것이다.

觀先後際者。明前門中不斷三道者。以過去無明生現在五果。以現在三因生未來老死故也。三苦集者。現其以三際因得此具足三苦之身。此觀取因所得果以立也。不取能生因也。因緣生者。因緣是俗諦所依也。生是所生果法也。破因緣親疎偏力。現全力生果義也。

'인연의 생함과 멸함에 묶여 있다'란, 속제가 의거하는 바를 증거한 것이다. '생함(生)'은 생겨난 결과의 법이고 '멸함(滅)'은 곧 인연으로 생겨난 결과의 힘을 여읜다는 뜻이다. '묶여 있다(縛)'는 수순하여 묶여 있는 것이다. 말하자면 생겨나면 멸滅에 수순하여 묶이고, 멸하면 생生에 수순하여 묶이기 때문이다.

의상 화상이 이르기를, "생은 곁이 없는 생이니 이 생은 곧 생이 없음이다. 멸은 곁이 없는 멸이니 이 멸은 곧 멸이 없음이다. 이 둘의 둘 없음이 만족된 생과 멸이다."라고 하였다. 멸로써 생을 묶을 때 생은 비록 멸이 아니나 또한 멸을 여의지도 않는다. 비유하면 새끼줄로 두 사람을 묶어 놓으면 비록 서로 여의지 않으나 또한 합하여 하나의 몸이 되는 것도 아닌 것과 같다. 이것은 부분적인 비유이고 원만한 비유는 아니다. 이 가운데 생과 멸은 오늘 사용하는 법이니 앞에 나타남을 생으로 삼고 본래 생하지 않음을 멸로 삼는다. 그러므로 멸로 생을 묶으면 멸은 능히 묶는 것이고 생은 묶이는 것이다. 생으로 멸을 묶는 것도 또한 이와 같다. 이 관觀은 앞의 온전한 힘으로 결과를 낳는 뜻을 깨뜨려서 힘도 없고 낳음도 없는 연緣을 도와 결과의 법을 낳는 뜻을 나타낸 것이다.

因緣生滅縛者。牒俗諦所依也。生者。所生果法也。滅者。卽離因緣生果之力義也。縛者。順縛也。謂生則順縛於滅。滅則順縛於生故。和尚云。生是無側之生。此生卽無生也。滅是無側之滅。此滅卽無滅也。此二無二。是滿足生滅也。以滅縛生時。生雖非滅亦不離滅。猶如以繩縛置二人。雖不相離。亦非合爲一身。此則分喩。非是滿喩也。此中生滅。則今日[1]所用之法。現前爲生。以本不生爲滅也。是故。以滅縛生。滅是能縛。生是所縛。以生縛滅。亦如是也。此觀破前全力生果之義。以現資於無力無生之緣生果法義也。

---

1) ㉼ 을본에는 '日'이 '曰'로 되어 있다.

또는 이른다. 마음이 미혹됨이란 세간과 출세간의 마음의 번뇌이다. 세간법에 미혹함을 세간의 마음의 번뇌라고 이름하고 출세간법에 미혹함을 출세간의 마음의 번뇌라고 이름한다. 이와 같이 집착의 대상인 법에 더욱 집착하여 그 이법과 현상에 미혹함을 사람과 법의 두 아我에 대한 집착이라고 이름한다. 이 두 아我에 대한 집착은 앞의 여덟 번째 관觀이 그것을 다스리고 미혹하는 마음은 이 관觀에서 다스린다.

又云。心惑者。世出世間心煩惱也。迷世間法。名爲世間心煩惱也。迷出世法。名出世間心煩惱也。如是增執於所執法。迷其理事。名爲人法二我執也。此二我執。前弟*八觀治之。能迷之心。於此觀中治也。

'있음과 다함을 따르는 관觀'이라는 것은,

문 무슨 까닭에 이 성기문 중에 앞의 연기문의 힘도 없고 낳음도 없는 연緣이 공空한 결과를 낳는 뜻으로 다스리는 대상을 삼는 것인가?

답 성기문 중에 공空과 유有가 함께 나타나기 때문에 앞의 문의 치우친 공空의 집착을 다스릴 수 있는 것이다.

隨順有盡觀者。問。何故。此性起門中。以前緣起門無力無生之緣生空果之義爲所治耶。答。性起門中。空有並現故。能治於前門偏空之執也。

'열 번이 비록 다르나 한가지로 무아를 이룬다'라는 것은, 일승에서는 해인삼매의 체體로 무아를 삼는다.

'십이인연의 설과 같이, 나머지 연緣으로 생겨난 모든 법도 예에 준하여 알 수 있다'라는 것은, 위에서 법성을 바로 나타냈지만 근기가 깨달음을 얻기 어려운 까닭에 진성이라 고쳐 말하고 연기의 체體를 가리켜 장차 습득하게 하고자 한 것이다. 또 중생의 12지를 기준으로 하여 열 번의 관觀

으로써 그것을 가리켜 보였기 때문에 다른 일체법 또한 그렇게 관觀한다. 이와 같이 가르쳐 보이기 때문에 '예에 준하여 알 수 있다'라고 한 것이다.

十番雖別而同成無我者。一乘中以海印體爲無我也。如十二因說。餘緣生諸法。准例可解者。上來直現法性。而機難得訂*故。改云眞性。指緣起體。將欲令習。且約衆生十二支。以十番觀。而指示之故。餘一切法。亦爾觀也。如是教誨故。云准例可解也。

진수기

『진기』에 이른다. '만약 별교일승을 기준으로 하면, 간략히 열 가지 문을 설한다'란 (다음과 같다.) 앞에서 『십지경론』을 인용하여 이르기를, "세제世諦를 따라 관觀하여 곧 제일의제第一義諦에 들어간다."[66]라고 한 것은, 동교이다. 지금 열 번의 뜻을 바로 변별하기 때문에 '만약 별교일승을 기준으로 하면' 등이라고 한 것이다. 만약 열 번으로 첫째 무명지를 관하면 삼세간을 갖추어 첫째 무명지의 체體를 이루기 때문에 허물과 근심을 움직이지 않음이 곧 성性이 중도에 있는 법이다. 첫째 무명지와 같아서 내지 노사 등도 다 또한 이러하다.

眞記云。若約別教一乘略說十門者。前引論云。隨順觀世諦卽入弟*一義諦者。是同教也。今直辨十番意故。云若約別教一乘等也。若以十番觀一無明支。則具三世間。成一無明支體故。不動過患。卽是性在中道之法也。如一無明。乃至老死等。皆亦爾也。

문 관하는 바(所觀)가 이와 같다면 능히 관함(能觀)은 어떠한가?

---

66 『십지경론』(K15, 68b2; T26, 169a17). 하권 1 각주 10) 참조.

답 능히 관함도 또한 그러하다. 처음 하나의 '인연이 나뉘어 (차례가) 있음' 가운데 나머지 아홉을 갖추어 거두고 나머지 아홉 또한 그러하다. 그러나 비록 각각 나머지 아홉을 거두나 처음은 나뉘어 차례가 있음을 관하고, 둘째는 열 가지의 성기심(十種性起心)[67]을 관하고, 내지 여덟째는 인연, 아홉째는 연기, 열째는 성기(를 관하니) 이와 같이 문을 달리 하는 것이다.

문 『영락경』의 열 번[68]이 『화엄경』의 열 번과 어떻게 다른가?

답 『영락경』의 열 번은 하나의 법계의 체體를 그린 것이고, 이 경의 열 번은 다함없는 법계를 그린 것이다. 그러므로 '가르침에 따라서 차별되어 같지 않다'라고 한 것이다.

問。所觀如是。能觀云何。答。能觀亦爾。初一因緣有分中。具攝餘九。餘九亦爾也。然雖各攝餘九。而初則觀有分次弟。* 二則觀十種性起心。乃至八因緣。九緣起。十性起。如是爲門別也。問。瓔珞經十番。與花嚴經十番。何別耶。答。瓔珞經十番。畫於一法界體。此經十番。則畫於無盡法界。故云准敎差別不同也。

대 기

『대기』에 이른다. 진정 대덕은 열 번에 대해 세 가지 생멸로 풀이한다.

---

67 열 가지의 성기심(十種性起心) : 『육십화엄』 「보왕여래성기품」(K8, 244c10~247b7 ; T9, 622b12~625a13)에서 열 가지 비유를 통해 설해지는 여래의 마음으로 여래의 지혜와 동일시된다. 화엄교학에서는 이것을 열 가지 성기심으로 풀이하여 왔다. 지엄, 『수현기』(K47, 61a1 ; T35, 80c14). 특히 열 번째 비유인 미진경권유微塵經卷喩, 즉 티끌 하나에 삼천대천세계와 같은 경권이 들어 있는데 중생들이 이익을 얻지 못하나, 어느 지혜 있는 사람이 이를 꺼내어 중생들을 이롭게 하리라는 비유는 여래장사상과 여래성기사상에 있어서 중요한 경증이기도 하다.

68 하권 1 각주 16) 참조.

말하자면 앞의 일곱은 변계의 생멸이고, 여덟 번째는 인연의 생멸이며, 뒤의 둘은 도리의 생멸이다.

신림 대덕은 네 가지 생멸로 풀이한다. 말하자면 앞은 인연의 생멸이고, 아홉 번째는 연기의 생멸이며, 열 번째는 성기의 생멸이고, 유정有情의 견해를 뛰어넘은 자리는 머무름 없는 생멸이다.

大記云。眞定德。於十番中。以三生滅釋也。謂前七遍計生滅。弟*八因緣生滅。後二道理生滅也。林德。以四生滅釋也。謂前因緣生滅。弟*九緣起生滅。弟*十性起生滅。越情見處無住生滅也。

표훈 대덕은 다섯 가지 생멸로 풀이한다. 말하자면 중간의 다섯 관觀은 변계의 생멸이고, 여덟 번째는 인연의 생멸이며, 아홉 번째는 연기의 생멸이고, 열 번째는 성기의 생멸이며, 처음 두 관觀은 머무름 없는 생멸이다. 지금 표훈 대덕의 뜻에 의거하여 풀이하면, 머무름 없는 생멸 가운데 두 번째 관觀의 후반[69]은 머무름 없음의 체體이고, 첫 번째 관觀과 두 번째 관觀의 처음 반은 머무름 없음의 지위이다. 그 십이인연의 모습 등으로 머무름 없는 별교 가운데 22위[70]를 삼기 때문이다.

69 두 번째 관觀의 후반 : 열 가지 십이인연관에서 두 번째 한마음에 포섭되는 관(一心所攝觀)을 둘로 나눈 가운데 뒷부분을 가리킨다. 두 번째 관觀에 해당하는 경문은 다음과 같다. "삼계는 허망하여 다만 마음이 지은 것이다. 십이인연분도 모두 마음에 의지한다.……(三界虛妄但是心作。十二緣分是皆依心。〈後略〉)" 『육십화엄』(K8, 178c24~179a6; T9, 558c10~16). 이 가운데 '삼계는~'이 앞 부분이고 '십이인연분은~'이 뒷부분이다. 법장은 이에 대해 앞은 마음이 삼계를 짓는 것을 밝힘이니 모아 일어나는 문(集起門)을 기준으로 한 것이고, 뒤는 마음이 십이인연을 지니는 것을 밝힘이니 의거하여 지니는 문(依持門)을 기준으로 한 것이라고 구분하고 있다. 『화엄경탐현기』(K47, 682b26~27; T35, 346c27~28).

70 22위 : 상권 1 각주 145) 참조.

訓德。以五生滅釋也。謂中間五觀則遍計生滅。弟*八因緣生滅。弟*九緣起生滅。弟*十性起生滅。初二觀無住生滅也。今依訓德之意釋。則無住生滅中。弟*二觀後半。是無住體。初觀及弟*二觀初半。是無住位也。以其十二緣相等。爲無住別敎中二十二位故也。

청량소

청량의 제6지 주석에 이른다.[71] 지금 경문에서 간략히 열 가지 거듭을 나타내어 체성(性)과 모습(相)을 궁구하여서 다함없음을 나타내니, 오직 지위에 기대어 이승과 같은 것은 아니다. 열 가지 거듭이라고 말한 것은, 첫째는 존재(有)의 지支가 서로 이어짐이고, 둘째는 한마음에 포섭되어 돌아감이고, 셋째는 자상과 업으로 도와 이룸이고, 넷째는 서로 버리거나 여의지 않음이고, 다섯째는 세 길이 끊어지지 않음이고, 여섯째는 삼세에 윤회함이고, 일곱째는 세 괴로움이 모여 이룸이고, 여덟째는 인연으로 생함과 멸함이고, 아홉째는 생함과 멸함에 얽혀 묶임이고, 열째는 있지 않음과 다함에 수순함이다. 각기 거스름과 수순함이 있으므로 곧 스물을 이룬다. 그러므로 아래의 경에서 이르기를, "이와 같이 거스름과 수순함으로 관찰한다."[72]라고 한 것이다. 거스르면 연이 멸하고, 수순하면 연이 생겨난다. 운운.

清涼弟*六地䟽云。今經文內。略現十重。窮究性相。以現無盡。非唯寄位同於二乘。言十重者。一有支相續。二攝歸一心。三自業助成。四不相捨離。五三道不斷。六三際輪廻。七三苦集成。八因緣生滅。九生

71 『청량소』(T35, 802b8~802c3).

72 『팔십화엄』에서 다음 구절의 뜻을 취한 것으로 보인다. "보살마하살은 이와 같이 열 가지의 거스름과 수순함으로 모든 연기를 관觀한다.(菩薩摩訶薩。如是十種逆順。觀諸緣起。)"(K8, 652b2; T10, 194b24~25)

滅繫縛。十隨順無所有盡。各有逆順。卽成二十。故下經[1)]云。如是逆順觀察。逆則緣滅。順則緣生。云云。

1) 역『淸涼疏』에는 '經'이 '結'로 되어 있다.

연기에 대해 세 가지 관觀을 논하면, 첫째는 모습(相)과 진리(諦)로 차별하는 관觀이고, 둘째는 대비大悲로 수순하는 관觀이며, 셋째는 일체의 모습(相)에 대한 지혜의 관觀이다. 첫째는 다만 두 진리(二諦)를 관觀하여 유위에 나(我)가 있지 않기 때문에 곧 대비를 으뜸으로 하는 관이다. 둘째는 대비가 중생(物)을 따라 늘어나니 곧 대비가 증상하는 관이다. 셋째는 곧 인연의 체성과 모습의 모든 문을 자세히 다 궁구하는 관이기 때문에 곧 대비가 만족된 관이다.[73] 처음 하나는 아래로 이승의 일체지와 같고, 다음 하나는 보살도의 모습에 대한 지혜를 스스로 나타내며, 마지막은 곧 위로 모든 부처님의 일체종지一切種智와 같다.

於緣起論三觀者。一相諦差別觀。二大悲隨順觀。三一切相智觀。初但觀二諦有爲無有我故。卽大悲爲首觀也。二悲隨物增卽大悲增上觀。三卽委悉窮究因緣性相諸門觀故。卽大悲滿足觀。初一下同二乘一切智也。次一自現菩薩道相智。後卽上同諸佛一切種智。

따라서『열반경』에 이르기를, "십이인연을 하열한 지혜(下智)로 관하기 때문에 성문의 보리를 얻고, 중간의 지혜(中智)로 관하기 때문에 연각의 보리를 얻으며, 뛰어난 지혜(上智)로 관하기 때문에 보살의 보리를 얻고, 가장 뛰어난 지혜(上上智)로 관하기 때문에 부처님의 보리를 얻는다."[74]

73 십중십이인연관을 세 가지 관법으로 거듭 관하는 것은 세친의『십지경론』에 처음으로 보인다. 이에 대해서 징관이 자신의 해석을 가한 것이다.

74『대반열반경』에는 이와 유사한 구절이 두 군데 있다. (1)「師子吼菩薩品」(K38,

라고 한 것이다. 처음 두 보리는 곧 첫째 관觀의 뜻이고, 나머지 두 (보리)는 각각 하나씩이니 알 수 있을 것이다. 앞에서는 중생을 위함을 기준으로 하여 셋 모두 '대비'라고 일컬었으며[75] 지금은 관觀하는 마음을 기준으로 하니 셋 모두 지혜의 관觀이다.[76] 이로써 세 구절에 각각 대비와 지혜가 서로 인도함이 있음을 안다. 이 세 관을 원융하게 함이 오직 한마음에 있으니, 매우 깊은 지혜(般若)가 이에 나타난다.

故涅槃云。十二因緣。下智觀故。得聲聞菩提。中智觀故。得緣覺菩提。上智觀故。得菩薩菩提。上上智觀故。得佛菩提。初二菩提卽初觀意。餘二各一。可知。前約爲物。三皆稱悲。今約觀心。三皆智觀。是知三句各有悲智相導。融此三觀。唯在一心。甚深般若。於是而現。

961b2~9; T12, 524b1~8), "선남자야! 십이인연을 관하는 지혜에는 무릇 네 종류가 있다. 첫째는 하열, 둘째는 중간, 셋째는 뛰어남, 넷째는 가장 뛰어남이다. 하열한 지혜로 관하면 불성을 보지 못하니 보지 못하기 때문에 성문의 길을 얻는다. 중간의 지혜로 관하면 불성을 보지 못하니 보지 못하기 때문에 연각의 길을 얻는다. 뛰어난 지혜로 관하면 명료하게 깨닫지 못하니 명료하게 깨닫지 못하기 때문에 십주의 지위에 머무른다. 가장 뛰어난 지혜로 관하면 (불성을) 보고 명료하게 깨닫기 때문에 아뇩다라삼먁삼보리의 길을 얻는다. 이러한 뜻 때문에 십이인연을 불성이라고 이름하는 것이다.(善男子。觀十二緣智。凡有四種。一者下。二者中。三者上。四者上上。下智觀者。不見佛性。以不見故。得聲聞道。中智觀者。不見佛性。以不見故。得緣覺道。上智觀者。見不了了。不了了故。住十住地。上上智觀者。見了了故。得阿耨多羅三藐三菩提道。以是義故。十二因緣名爲佛性。)" (2) 「憍陳如品」(K38, 1082a23~b3; T12, 852a13~16), "선남자야! 이 모습(相)은 법계 구극의 지혜이고 제일의제이며 제일의공이다. 하열한 지혜로 관하기 때문에 성문의 보리를 얻고 중간쯤의 지혜로 관하기 때문에 연각의 보리를 얻으며 뛰어난 지혜로 관하기 때문에 위없는 보리를 얻는다.(善男子。是相。法界畢竟智。第一義諦。第一義空。下智觀故。得聲聞菩提。中智觀故。得緣覺菩提。上智觀故。得無上菩提。)"

75 앞에서 연기에 대한 세 관觀을 대비를 기준으로 해서 대비를 으뜸으로 하는 관(大悲爲首觀)·대비가 증상하는 관(大悲增上觀)·대비가 만족된 관(大悲滿足觀)으로 일컬은 것을 가리킨다.

76 연기에 대한 세 관觀을 지혜를 기준으로 해서 이승의 일체지·보살도의 모습에 대한 지혜·부처님의 일체종지一切種智로 일컬은 것을 가리킨다.

화엄경탐현기[77]

『탐현기』에 이른다.[78] 무엇이 열 가지 관觀인가? 첫째는 인연이 나뉘어 차례가 있음이고 운운. 열째는 있지 않음과 다함에 수순함이다. 그중에 각각 따르는 관觀과 거스르는 관觀이 있기 때문에 스무 문이 있다. 말하자면 따르는 관觀은 대비大悲이니 열반에 머무르지 않고, 거스르는 관觀은 대지大智이니 생사에 머무르지 않는 까닭에 머무르지 않는 도道라고 이름한다. 운운.

探玄云。何者十觀。一因緣分次弟。* 云云。十隨順無所有盡。於中各有順觀逆觀故。有二十門也。謂順觀大悲不住涅槃。逆觀大智不住生死。故名不住道。云云。

첫째, 인연이 나뉘어 차례가 있음 가운데 존재(有)의 지支가 무아無我임을 바로 나타낸다. 그중에 두 가지가 있다. 처음은 나(我)가 있다고 거꾸로 집착하여 망령되이 인연을 일으키는 분위를 밝힌다. 두 번째는 모든 진리의 이법에 미혹하여 인연을 일으키는 차례를 밝힌다. 처음 가운데 셋이 있다. 첫째는 무아를 변별하여 정하는 것이고, 둘째는 미혹하여 연기를 이루는 것이고, 셋째는 운운.[79] 첫째 가운데 두 구절[80]에서 첫째에 "세간에서 몸 받음은 모두 나에 집착함을 말미암은 까닭이다."라고 한

77 저본은 '탐현운探玄云'이 청량소 내의 인용문처럼 편집되어 있으나 이는 『청량소』와 별도로 『총수록』의 편자가 인용한 것이다. 高에도 각각 별도의 인용으로 구분되어 있다.

78 『화엄경탐현기』(K47, 680a26~687c16; T35, 344b11~352b22).

79 이 '운운'은 "자리에 의지한 행을 맺는다.(結依位行)"를 생략한 것이다.

80 『육십화엄』「十地品」(K8, 178b25~c3; T9, 558b14~15)의 다음 구절을 가리킨다. "세간의 있는 바 몸 받아 (어떤) 곳에 태어남은 모두 나를 탐하고 집착하기 때문이다. 만약 나에 집착함을 여의면 (어떤) 곳에 태어남이 없을 것이다.(世間所有受身生處。皆以貪著我故。若離著我則無生處。)"

것은, 미혹된 생각(惑情)을 반대로 들어 나(我)가 이법이 아님을 밝힌 것이다. 만약 나에게 이법이 있다면 나에 집착함은 이법에 따르는 것이라 마땅히 세간을 벗어나야 할 것이나, 이미 세간에 태어났으니 나(我)가 이법이 아님을 밝혔다. 둘째에 "만약 나에 집착함을 여의면 곧 태어남이 없다."라는 것은, 이해하는 마음을 따라서 들어 이법이 나가 아님을 밝힌 것이다. 만약 이법에 나가 있다면 나를 여읨은 이법을 위배하는 것이라 마땅히 세간에 태어나야 할 것이나 이미 세간을 벗어났으니 이법이 무아임을 밝혔다. 두 번째는 이 무아에 미혹하여 저 존재(有)의 지支를 일으킴을 밝힌 것이다. 그중에 먼저 연기를 따라서 관觀하고 나중에 무아를 거꾸로 관觀한다. 운운.

一因緣分次弟*中。正現有支無我。於中有二。初明倒執有我妄起緣分。二明迷諸諦理起緣次弟。* 初中有三。一辨定無我。二迷成緣起。三。云云。初中二句。初言世間受身皆由着[1)]我者。反擧惑情。明我非理。若我理有。着*我順理。應得出世。旣生世間。明我非理。二若離着*我卽無生者。順擧解心。明理非我。若理有我。離我違理。應生世間。旣得出世。明理無我。二[2)]明迷此無我起彼有支。於中先順觀緣起。後逆觀無我。云云。

1) ㉤ 을본에는 '着'이 '著'으로 되어 있다. 이하도 동일하다. 2) ㉠ 『華嚴經探玄記』(K47, 680c25~26; T35, 345a14~15)에는 '二' 다음에 '一切凡夫下'가 있다.

둘째, 한마음에 포섭된 바에서 "삼계가 허망하여 오직 한마음이 지은 것이다."[81]라고 설한 이 한 경문을 여러 논이 함께 인용하여 유식을 이룸을 증명하였다. 지금 이 설한 바는 어떠한 것들이 '마음'이고 무엇을 '지은 것'이라고 이름하는가? 이제 이 뜻을 해석한다. 여러 훌륭한 가

81 『육십화엄』「十地品」(K8, 178c24~25; T9, 558c10).

르침에 의거하여 여러 문이 있음을 설한다. 첫째는 상분相分과 견분見分[82]이 함께 있기 때문에 유식이라고 설한다. 둘째는 상분을 거두어 견분에 돌아가기 때문에 유식이라고 설한다. 셋째는 심소(數)를 거두어 심왕(王)으로 돌아간다. 운운. 넷째는 지말로써 근본으로 돌아간다. 다섯째는 모습을 거두어 체성에 돌아간다. 여섯째는 진실(眞)을 굴려서 현상(事)을 이룬다. 일곱째는 이법과 현상을 함께 융섭한다. 여덟째는 현상을 융섭하여 상입한다. 아홉째는 전체의 현상이 상즉한다. 열째는 인드라그물의 걸림 없음이다. 그중에 처음 셋은 초교를 기준으로 하여 설한 것이고, 다음 넷은 종교와 돈교를 기준으로 하여 설한 것이며, 뒤의 셋은 원교 중 별교를 기준으로 하여 설한 것이다. 전부 열 문을 갖춘 것은 동교를 기준으로 하여 설한 것이다. 운운.

二一心所攝中。言三界虛妄唯一心作。此之一文。諸論同引。訂*成唯識。今此所說。是何等心。云何名作。今釋此義。依諸聖教。說有多門。一相見俱存。故說唯識。二攝相歸見。故說唯識。三攝數歸王。云云。四以末歸本。五攝相歸性。六轉眞成事。七理事俱融。八融事相入。九全事相卽。十帝網無㝵。於中初三。約初教說。次四約終頓說。後三約圓教中別教說。摠具十門。約同教說。云云。

셋째, 자상과 업으로 도와 이룸에서, 이 12지가 모두 두 뜻이 있다. 첫째는 자신의 행상을 밝히는 것이고, 둘째는 뒤의 작용을 도와 이루는 것이다. 말하자면 연緣 가운데 어리석음과 미혹은 무명의 자상이고, 행行

82 상분相分과 견분見分 : 유식학파에서 인식작용을 그 기능에 따라 구분한 것이다. 상분의 '상相'은 '상상相狀'으로서 인식작용의 대상(所緣)인 영상을, 견분의 '견見'은 '견조見照'로서 인식작용의 주체(能緣)를 의미한다. 인식작용을 이렇게 둘로 나눈 것을 이분설이라고 하며 인도의 십대 유식논사 중 난타難陀(Ⓢ Nanda)의 이분설이 대표적이다.

에 원인을 지어 주는 것은 도와 이루는 업이다.

三自業助成中。此十二支。皆有二義。一明自行相。二助成後用。謂緣中癡惑。是無明自相。與行作因。是助成業。

넷째, 서로 버리거나 여의지 않음에서, 앞은 뒤를 능히 일으키고 뒤를 여의고는 앞이 없으며, 뒤는 앞에 의지해서 일어나니 앞을 여의고는 뒤가 없다. 서로 여의지 않기 때문에 각각 자성이 없고, 자성이 없이 연기하니 환상(幻)이 앞에 나타나는 것과 같다.

四不相捨離中。前能起後。離後無前。後依前起。離前無後。不相離故。各無自性。無性緣起。如幻現前。

다섯째, 세 길이 끊어지지 않음이란 정의보살淨意菩薩의 『십이인연론』[83]에서 이르는 바와 같다.

번뇌는 첫째와 여덟째와 아홉째이고, 업은 둘째와 열째이며,
나머지 일곱은 괴로움이라 설하니, 셋이 열두 법을 거둔다.
세 (번뇌)를 따라서 두 (업)을 낳고,
두 (업)을 따라서 일곱 (괴로움)을 낳으며
일곱 (괴로움)을 따라서 다시 세 (번뇌)를 낳으니,
그러므로 바퀴가 도는 것과 같다.

83 『십이인연론』: 『고려대장경』이나 『대정신수대장경』 등에는 '정의보살淨意菩薩' 지음으로 되어 있으나, 현존하는 범본과 티베트역에는 용수龍樹의 저작으로 되어 있다. 6세기 초 보리류지가 한역하였다. 12지연기에 대해서 게송으로 설하고 이를 주석한 것이다. 이역본으로 용맹보살勇猛菩薩의 『因緣心論頌因緣心論釋』이 있다.

일체의 세간법은 오직 인과일 뿐 중생(人)은 없으니,

다만 공한 법을 따라서 다시 공한 법을 낳는다.

풀이하면 이것은 세 길이 서로 낳음을 변별하여 두 무아를 나타낸 것이다.

五三道不斷中。如淨意菩薩十二緣論云。煩惱初八九。業二及與十。餘七說爲苦。三攝十二盡。[1] 從三故生二。從二故生七。從七復生三。是故如輪轉。一切世間法。唯因果無人。但從於[2]空法。還[3]生於空法。解云。此辨三道相生。現二無我。

1) ㉮ 인용 원문인 『十二因緣論』(K17, 812a8; T32, 480c23)과 『華嚴經探玄記』(K47, 684c11; T35, 349a27)에는 '盡'이 '法'으로 되어 있다. 2) ㉮ 인용 원문인 『十二因緣論』(K17, 812a10; T32, 480c27)과 『華嚴經探玄記』(K47, 684c13; T35, 349a29)에는 '於'가 '諸'로 되어 있다. 3) ㉮ 인용 원문인 『十二因緣論』(K17, 812a11; T32, 480c27)과 『華嚴經探玄記』(K47, 684c13; T35, 349a29)에는 '還'이 '唯'로 되어 있다.

여섯째, 먼저(先際)와 나중(後際)을 분별함 중에서, 이 12지의 처음 둘은 능인能引이고 다음 다섯은 소인所引이며 다음 셋은 능생能生이고 마지막 둘은 소생所生이다.[84] 운운. (그중에 삼세를 분별함에 여러 훌륭한 가르침 중에 간략히 세 가지 설이 있다.)[85] 첫째는 이 경에 의거하여 능인과 소인을 열어서 먼저와 중간을 구분하고, 능생과 소생을 합하여 통틀어 나중으로 삼는다. 이끎(引)은 멀기 때문에 열고, 낳음(生)은 가깝기 때문에 합한 것이다.

84 능인能引·소인所引·능생能生·소생所生에 대해서는 하권 1 각주 54) 참조.

85 이해를 위해 인용문 중 생략된 부분을 『화엄경탐현기』(K47, 684c29~685a1; T35, 349b17~18)에서 보충한 것이다. "於中分別三際。諸聖教中。略有三說。"

六分別先後際中。此十二支。初二是能引。次五是所引。次三是能生。後二是所生。云云。一依此經。開能所引。分先際中際。合能所生。摠爲後際。以引遠故開之。生近故合也。

일곱째, 세 괴로움을 분별함에 두 문이 있다. 첫째는 이법과 실제로서 두루 통하는 문이다. 운운. 둘째는 모습에 따라서 더하여 나타나는 문이다. 이 경에서 설한 것과 같다. 말하자면 처음 다섯 지支는 옮겨 흐르는 모습이 나타나기 때문에 행고行苦라 일컫는다. 촉觸과 수受 두 가지는 접촉하여 상대해서 괴로움을 낳기 때문에 고고苦苦라고 한다. 나머지가 괴고壞苦가 된다는 것은 단지 즐거움이 무너지는 것을 괴고라고 이름할 뿐이다. 노사老死의 지支는 이미 무너질 즐거움이 없는데 어째서 괴고라고 이름하는가? 해석하면 두 가지가 있다. 첫째는 즐거움이 무너지는 것을 괴로움으로 삼는 것이니 무너지는 바를 바라보아 설한 것이다. 둘째는 무너짐이 괴로움이기 때문에 괴고라고 한다. 이 노사의 지支가 능히 삶(生)을 무너뜨리기 때문에 괴고에 속한다.

七三苦分別中。有二門。一理實遍通門。云云。二隨相增現門。如此經說。謂初五支迁流相現。故稱行苦。觸受二種。觸對生苦。故云苦苦。餘爲壞苦者。但壞樂名壞苦。老死支既無樂可壞。何故名壞苦耶。釋有二。一樂壞爲苦。望所壞說。二以壞是苦。故云壞苦。此老死□。[1] 能壞生故。屬壞苦也。

1) ㊙ 저본에는 □의 글자가 마멸되어 있다. 을본에는 '支'로 되어 있다. ㊖ 高와 인용 원문인 『華嚴經探玄記』(K47, 686a17; T35, 350c12)에는 '支'로 되어 있다.

여덟째, 인연으로 생김에서, 이법상 실제로 무명이 행行을 바라봄에 인연의 뜻이 없으나, 인연으로 행行을 낳는다고 말하는 것[86]은 두 가지 뜻이 있다. 첫째는 (행行) 자신의 종자가 인因이 되고 무명이 연緣이 되어 합하여 설하기 때문에 인연이라고 하지만, 그러나 저 가까운 (인因) 종자를 숨기고 이 수승한 연緣을 드러내기 때문에 무명의 인연이라고 하는 것이다. 둘째는 다만 저 (무명의) 증상연으로 (행行) 자신의 증상과를 바라보면 도리어 가까운 인因이 되기 때문에 무명이 행行의 인연이 된다고 설한 것이다. 나머지 또한 이와 같다. 결과는 스스로 일어나지 않고 반드시 인연을 따라야 함을 밝히고자 한 것이다. 인연의 나타남을 빼앗아 다시 각각 본성이 없으니 이런 까닭에 인연으로 생김이 곧 생김이 없음을 나타낸다고 말한다. 이것은 순관과 같다. 역관은 한결같이 없어짐으로서 생김과 생기지 않음이 아니니 알 수 있을 것이다. 운운.

八因緣生中。理實無明望行。無因緣義。而言因緣生行者。有二義。一自種爲因。無明爲緣。合說故云因緣。然隱彼親種。現此勝緣。故云無明因緣也。二但彼增上緣。望自增上果。還是親因。故說無明爲行因緣。餘亦如是。欲明果不自起要從因緣。因緣形奪。復各無性。是故言因緣生乃現無生。此猶順觀。逆觀一泯。非生不生。可知。云云。

이 깊은 관(深觀)[87] 중에서 뒤의 세 문(三門)[88]을 거두어, 합해서 네 구

---

86 이 구문에 대해서 『화엄경탐현기』가 근거하고 있는 『성유식론』은 이 구절을 『잡집론』의 설로서 설명하고 있다. 『성유식론』(K17, 574a6~9; T31, 44c25~27), "그러나 『잡집론』에서 무명이 행을 바라봄에 인연이 있다고 설한 것은 무명에 의지할 때의 업의 습기를 설한 것이다. 무명이 함께하기 때문에 무명이라고 짐짓 설한 것이니 실제로는 행行의 종자이다.(而集論說。無明望行。有因緣者。依無明時。業習氣說。無明俱故。假說無明。實是行種。)" 『잡집론』(K16, 254c5~6; T31, 711c13), "또 무명이 행을 바라봄에 전생의 습기 때문에 인연이 되는 것과 같다.(且如無明望行。前生習氣故。得爲因緣。)"

를 이룬다. 첫째는 스스로 생겨나지 않음이고, 둘째는 남에게서 생겨나지 않음이고, 셋째는 함께함에서 생겨나지 않음이고, 넷째는 원인 없이 생겨나지 않음이다.

此深觀中。攝後三門。合成四句。一不自生。二不他生。三不共生。四不無因生。

이 네 구를 해석함에 여러 논이 같지 않으나 간략히 다섯 가지 설이 있다.

---

87 깊은 관(深觀) : 『십지경론』(K15, 67b8~71b22 ; T26, 168b21~171b12)에서 십중 십이인연관을 다시 관법으로 거듭 구분하는 가운데 한 관법이다. 이를 표로 정리하면 다음과 같다.(대비수순관에 4종이 있고 일체상지분별관에 9종이 있는 것은 표에서 생략하였다.)

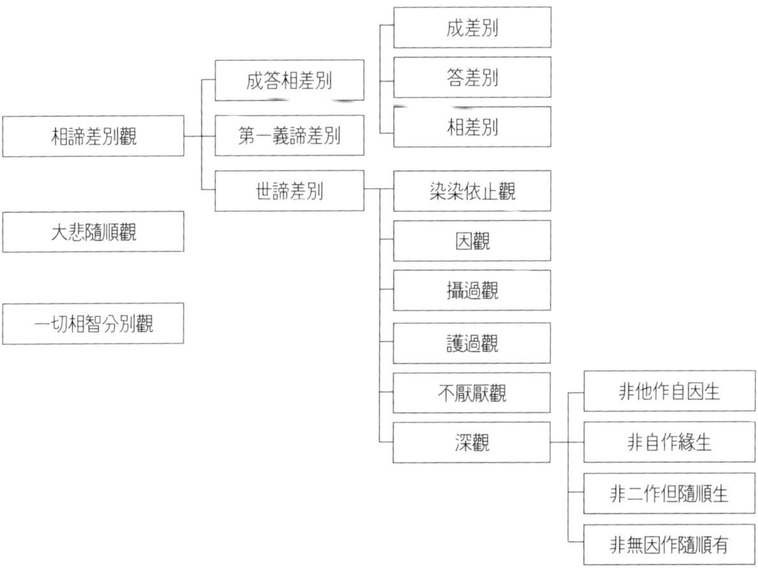

88 뒤의 세 문(三門) : 10종의 십이인연관 가운데 제8 · 제9 · 제10의 삼관(八因緣觀。九因緣生滅觀。十隨順有盡觀。)을 가리킨다.

첫 번째는 외도를 깨뜨리는 것을 기준으로 하는 해석이다. 말하자면 모든 법은 그윽한 진리인 자성으로부터 생겨나는 것이 아니기 때문에 스스로 생겨나지 않음이라고 한다. 둘째는 범천이나 자재천 등으로부터 생겨나는 것이 아니기 때문에 남에게서 생겨나지 않음이라고 한다. 셋째는 또한 미세한 티끌과 같은 사대종四大種의 화합에서 생겨나는 것이 아니기 때문에 함께함에서 생겨나지 않음이라고 한다. 넷째는 또한 원인 없이 저절로 일어나는 것이 아니기 때문에 원인 없이 생겨나지 않음이라고 한다.

釋此四句。諸論不同。略有五說。一約破外道釋。謂諸法不從冥諦自性生。故云不自生。二不從梵天自在天等生。故云不他生。三亦非微塵大種和合生。故云不共生。四亦非無因自然而起。故云不無因生。

두 번째는 이승을 깨뜨리는 것을 기준으로 하는 것이다. 첫째는 말하자면 모든 법이 결정코 자신의 동류인同類因[89]으로부터 생겨나지 않기 때문에 스스로 생겨나지 않음이라고 한다. 둘째는 결정코 이숙인異熟因[90]으로부터 생겨나지 않기 때문에 남에게서 생겨나지 않음이라고 한다. 셋째는 또한 저 구유인俱有因[91]에서 생겨나지 않기 때문에 함께함에

89 동류인同類因 : Ⓢ sabhāgahetu. 유부 아비달마에 의하면 원인을 여섯 가지로 나눈 육인六因 가운데 하나로서 일체법 가운데 그것이 일으키는 결과(等流果)와 유사한 성질(同類)을 지니면서 시간상 무간無間으로 선행하는 원인을 가리킨다. 즉 선인선과善因善果, 악인악과惡因惡果 등에서 원인이다. 육인 가운데 변행인遍行因(Ⓢ sarvatragahetu)은 그것의 결과(등류과)에 무간으로 선행하며 유사한 성질을 지닌다는 점에서 동류인과 비슷하지만 일체의 번뇌와 염오심에 두루 작용(遍行)하는 변행혹에만 한정된다는 점에서 다르다.

90 이숙인異熟因 : Ⓢ vipākahetu. 육인 가운데 하나로서 일체법 가운데 그것이 일으키는 결과(異熟果)와 시간상 무간으로 선행하면서 결과와는 성질이 다른(異熟) 원인을 가리킨다. 즉 선인락과善因樂果, 악인고과惡因苦果에서 원인이다.

91 구유인俱有因 : Ⓢ sahabhūhetu. 육인 가운데 하나로서 일체법 가운데 그것이 일으키

서 생겨나지 않음이라고 한다. 넷째는 소승 가운데 무명지 앞에 바르지 않은 생각이 허공에 의탁하여 일어나는 것을 허용하여[92] 원인이 없는 것 같으나, 이제는 또한 그렇지 않기 때문에 원인이 없음을 여읜다.

二約破二乘。一謂諸法不定從自同類因生。故云不自生。二不定從異熟因生。故云不他生。三又亦非彼俱有因生。故云不共生。四小乘中。許無明支前不正思惟托虛而起。似若無因。今亦不尒。故離無因。

세 번째는 법을 기준으로 해서 공空을 나타내는 것이다. 첫째는 결과가 스스로 일어나지 않음을 스스로 생겨나지 않음이라고 이름한다. 둘째는 자신을 이미 세우지 않았는데 무엇을 대하여 남을 변별할 것인가? 또 남 또한 각자가 모두 자신을 이루지 않는데 어떻게 남에게서 생겨난다고 하는가? 따라서 남에게서 생겨나지 않음이라고 한다. 셋째는 자신과 남의 인과가 이미 각각 이루어지지 않기 때문에 (자신과 남이) 함께 함에서 생겨나지 않음이라고 한다. 넷째는 인연을 여읜 밖에 다른 결과의 법이 없기 때문에 원인 없이 생겨나지 않음이라고 한다. 이상의 세

는 결과(士用果)와 동시에 존재하면서 서로가 서로의 원인과 결과가 되거나 많은 법이 동시에 하나의 법의 원인이 되는 것을 가리킨다. 구유인 가운데 마음(心)과 마음작용(心所)의 동시적 상호 인과 관계에만 한정한 것을 상응인相應因(Ⓢ saṃprayuktahetu)이라고 한다.

92 법장은 무명지 이전에 바르지 않은 생각이 허공에 의탁하여 일어나서 무명의 원인이 되며 따라서 최초의 원인인 바르지 않은 생각이 원인 없이 일어나는 것이라는 주장을 소승, 그중에서도 경량부의 설로서 소개하고 있음을 『十二門論宗致義記』(T42, 228b22~23)에서 알 수 있다. "넷째, 원인 없이 짓는다에 대해 혹자는 다음과 같이 말한다. 경부사經部師는 무명지 전에 허공에 의탁하여 일어나기 때문에 또한 원인이 없다(고 한다.)(四無因作。或云。經部師。無明支前。託空而起。故亦無因。)" 이와 관련하여 세친의 『아비달마구사석론』(K27, 281c16~18; T29, 206b7~8)에서 다음 구절을 참조할 수 있다. "어떤 다른 사람(師)은 설한다. 다른 경에서 설하기를 무명은 바르지 않은 생각을 원인으로 삼고 바르지 않은 생각은 무명을 원인으로 삼는다.(有餘師說。於餘經中說。無明以不正思惟爲因。不正思惟以無明爲因。)"

거듭은『반야등론』[93]과『중론』[94] 등에서 설한 것과 같다.

三約法現空。一果不自起。名不自生。二自旣不立。對誰辨他。又他亦各自皆不成自。云何他生。故云不他生。三自他因果。旣各不成。故云不共生。四離因緣外。無別果法。故云不無因生。此上三重。如般若燈論及中論等說。

네 번째는 인연의 나타남을 빼앗는 것을 기준으로 한다.『대법론』[95]에 이르기를, "자신의 종자가 있기 때문에 남을 따르지 않고 뭇 연을 기다리기 때문에 자신이 짓는 것이 아니다. 작용이 없기 때문에 함께 생겨나지 않고 공능功能이 있기 때문에 원인이 없는 것이 아니다. 무릇 모든 연기에서 둘을 부정하는 두 구절도 이미 매우 심오한데 하물며 모두 부정하는 네 구절이겠는가? 그러므로 연기는 매우 가장 깊이 심오한 것이다."[96]라고 한다.

四約因緣形奪。對法論云。自種有故不從他。待衆緣故非自作。無作用故不共生。有功能故非無因。凡諸緣起。雙亡[1)]二句。已爲甚深。[2)] 況摠亡*四句。是故緣起。最極甚深。

93『반야등론』: 용수龍樹의『中頌』을 6세기경에 활약한 인도 중관학파의 논사 분별명分別明, 즉 청변淸辯(Ⓢ Bhāvaviveka, 또는 Bhavya)이 주석한『般若燈論釋』(15권)을 가리킨다. 여기에서는『반야등론석』「觀因果和合品」(K16, 490b4~495a17; T30, 111a18~114b18)의 내용을 가리킨다.

94『중론』: 용수龍樹의『中頌』을 4세기경 인도의 중관학파 논사 청목靑目(Ⓢ Piṅgalnetra)이 주석한 것이다. 혹은『중송』자체를『중론』으로 부르기도 한다. 여기에서는『중송』이 포함된 청목의 주석을 구마라집이 번역한『중론』「觀因緣品」(K16, 351c9~353b8; T30, 2b6~3c4)의 일부 구절을 가리킨다.

95『대법론』:『잡집론』을 가리킨다. 하권 1 각주 53) 참조.

96『잡집론』(K16, 256a15~17; T31, 712c10~14).

1) ㉯ 을본에는 '亡'이 '士'로 되어 있다. ㉰ 高에는 '土'로 되어 있으며 '亡'의 이체자로 보인다. 이하도 동일하다. 인용 원문인 『華嚴經探玄記』(K47, 686c10; T35, 351b7)에는 '雙亡'이 '亡雙'으로 되어 있다. 2) ㉰ "凡諸緣起。雙云二句。已爲甚深。"이 『잡집론』(K16, 256a17~19; T31, 712c12~13)에서는 "若緣起理非白非他。遣雙句者。猶爲甚深。"으로 되어 있다.

다섯째는 연기의 걸림 없는 문을 기준으로 한다. 다만 인연이 결과를 낳으나 인연이 서로 바라봄에 각각 두 가지 뜻이 있다. 첫째는 온전히 힘이 있는 것이고, 둘째는 온전히 힘이 없는 것이다. 말하자면 인因이 결과를 바라봄에 온전히 생겨나지 않음이 있고, 연緣에서 반드시 온전히 생겨난다. 그러므로 "인에서 생겨나는 것이 아니다. 연에서 생겨나기 때문이다."라고 하는 것이다. 둘째는 연緣이 결과를 바라봄에 또한 온전히 생겨나지 않고, 인에서 반드시 생겨난다. 그러므로 "연에서 생겨나는 것이 아니다. 자신의 인에서 생겨나기 때문이다."라고 하는 것이다.[97] 셋째는 (인과 연의) 두 힘이 함께하지 않기 때문에 (인과 연이) 함께함에서 생겨나지 않는다. 넷째는 두 힘이 없음 또한 함께하지 않기 때문에

97 첫째와 둘째의 인용문("因不生緣生故", "緣不生自因生故")의 출처를 법장은 그의 다른 저술에서 다음과 같이 『십지경론』으로 밝히고 있다. 『화엄일승교의분제장』(T45, 502b28~c1), "『십지경론』에 이르기를, '인에서 생겨나는 것이 아니다. 연에서 생겨나기 때문이다. 연에서 생겨나는 것이 아니다. 자신의 인에서 생겨나기 때문이다. (인과 연이) 함께함에서 생겨나는 것이 아니다. 아는 이가 없기 때문이고 짓는 때에 머무르지 않기 때문이다. 원인 없이 생겨나는 것이 아니다. 존재(有)에 수순하기 때문이다.(地論云。因不生。緣生故。緣不生。自因生故。不共生。無知者故。作時不住故。不無因生。隨順有故。)" 그러나 『십지경론』에 이와 정확히 일치하는 구절은 없고 다음 구절의 뜻을 취한 것으로 보인다. 『십지경론』(K15, 70a22~b7; T26, 170b19~26), "깊은 관(深觀)에 네 종류가 있다. 첫째는 존재의 분위를 남이 짓는 것이 아니니 자신의 인에서 생겨나기 때문이다. 둘째는 자신이 짓는 것이 아니니 연에서 생겨나기 때문이다.……셋째는 (인과 연) 둘이 짓는 것이 아니니 다만 생겨남에 수순하기 때문이고 아는 이가 없기 때문이고 짓는 때에 머무르지 않기 때문이다.……넷째는 원인 없이 짓는 것이 아니니 존재에 수순하기 때문이다.(深觀者有四種。一者有分非他作。自因生故。二者非自作。緣生故〈中略〉三者非二作但。隨順生故。無知者故。作時不住故〈中略〉四者非無因作。隨順有故。)"

원인 없이 생겨나지 않는다.

五約緣起無㝵門。但因緣生果。因緣相望。各有二義。一全有力。二全無力。謂因望於果。有全不生。緣必全生。故云因不生緣生故。二緣望於果。亦全不生。因必生。故云緣不生自因生故。三二力不俱故。不共生。四二無力亦不俱故。不無因生。

이 문에 두 가지 뜻이 있다. 첫째는 힘(力)에 있음과 있지 않음을 갖춘 뜻에 의거하므로 상입하게 한다. 말하자면 인(因)이 힘이 있을 때 연(緣)에는 반드시 힘이 없다. 그러므로 인이 힘이 있음을 말미암은 까닭에 남을 거둘 수 있고, 연에 힘이 없음을 말미암은 까닭에 남에게 들어갈 수 있다. 저 연의 힘을 모아서 모두 인의 힘으로 돌아가게 함을, 남에게서 생겨나지 않음이라고 이름한다. 비록 남에게서 (생겨남이) 아니라고 말하나 반대로 뒤집으면 자신에게서 생겨남을 나타내는 것이다. 인의 힘이 연으로 돌아가 자신에게서 (생겨나지) 않음도 또한 이러하다. 앞을 뒤집어서 생각하라. (인과 연의) 두 힘과 두 힘 없음이 각각 함께하지 않으므로 저것이 상입하지 않음이 없고, 하나의 힘과 하나의 힘 없음이 서로 돌아가기 때문에 항상 상입한다. 서로 장애하지 아니하여 증상연이 넓기 때문에 일체 모든 법이 상입하지 않음이 없다.

「십인품」에 이르기를, "보살이 연기법을 잘 관하여 하나의 법에서 여러 많은 법을 이해하고 여러 많은 법에서 하나의 법을 이해하여 깨닫는다."[98]라고 하니, 진실로 이 문을 말미암은 까닭이다.

此門有二義。一據力具有不有義。故令相入。謂因有力時。緣必無力。

98 『육십화엄』(K8, 200c3~5; T9, 580c27~29).

是故。由因有力故能攝他。由緣無力故能入他。會彼緣力。摠歸因力。名不他生。雖言不他。反現自生。因力歸緣。不自亦尒。反前思之。以二力二無力各不俱故。無彼不相入。一力一無力相歸故。恒時相入。以不相障导增上緣寬故。一切諸法。無不相入。十忍[1]品云。菩薩善觀緣起法。於一法中。解衆多法。衆多法中。解了一法。良由此門故也。

1) ㉦ 을본에는 '忍'이 '忽'로 되어 있다.

둘째는 체體에 공함과 공하지 않음이 있는 뜻에 의거하므로 상즉이 있다. 말하자면 인의 힘이 연에 돌아가 그 상입함을 밝힐 뿐만 아니라, 또한 인의 체가 연을 말미암아 인의 체성이 공하며 연에 거두어져 같음을 나타내는 것이다. 무엇인가? 말하자면 만약 연이 없으면 곧 인이 없기 때문이다. 결과를 낳는 것을 인이라고 이름하며, 연이 없으면 결과가 생겨나지 않는다. 이때는 인이라고 이름하지 않는다. 이 인이 저 연을 만나 돌아가서 자신에게서 생겨나지 아니함을 분명히 안다. 그러므로 연은 있음의 뜻이니 능히 거두지 않음이 없으며, 인은 공의 뜻이니 거둠을 받지 않음이 없다. 인이 거둠을 받기 때문에 자기를 폐하여 연과 같고, 연이 거두기 때문에 인을 거두어 자기와 같다. 나머지 인이 거두고 연이 받는 등도 아울러 준하여 생각하면 알 것이다. 이 뜻을 말미암은 까닭에 모든 법이 상즉하여 장애되는 바가 없다. 위 경문에서 이르기를, "하나가 곧 많음이고 많음이 곧 하나임을 안다."[99]라고 한 등이 모두 이 뜻이다. 그러므로 다함없는 대연기법의 걸림 없는 자재로움이 모두 이 문으로부터 펼쳐져 나타난 것이다.

二據體有空不空義。故有相卽。謂非直因力歸緣明其相入。亦乃因體

99 『육십화엄』「십주품」(K8, 55c7~8; T9, 446a5).

由緣。現因性空攝同於緣。何者。謂若無緣。卽無因故。以生果名因。無緣果不生。是時不名因。明知此因會歸彼緣爲不自生。是故緣是有義。無不能攝。因是空義。無不受攝。因受攝故。癈已同緣。緣能攝故。攝因同已。餘因攝緣受等。並准思知。由此義故。諸法相卽。無所障㝵。上文云。知一卽多多卽一等。皆此義也。是故無盡大緣起法無㝵自在。皆從此門而開現矣。

아홉째, 인연에 묶여 있음을 설함 가운데, 인연의 생함에 묶여 있음은 말하자면 이 연기가 서로서로 묶여서 머무르니 생함을 얻을 수 없고, 이 묶임 때문에 다시 멸함도 아니다. '묶임(縛)' 한 글자로 이 법의 체體를 도장 찍어서 모든 분별을 여읜다. 그러나 이 연기가 묶여 있음의 모습 또한 여의었기 때문에 말에 기대어 나타낸 것이다. 그러므로 '묶여 있음을 설함'이라고 한 것이니, 이 묶여 있음이 다만 설하는 가운데 있음을 밝히기 위한 것이다. 이 문은 연기법이 현상의 모습을 향하여 다함에 이법의 체성이 장차 나타나는 매우 미묘한 곳을 나타낸다. 그러므로 논에서 "세제를 따라 관觀하여 곧 제일의제에 들어간다."라고 말한 것이 이 문이다.

九因緣縛說中。因緣生縛者。謂此緣起。互相縛住。不得是生。以是縛故。復非是滅。以一縛字。印此法體。離諸分別。然是緣起縛相亦離故。寄言以現。故云縛說。爲明此縛但在說中。此門現緣起法。事相向盡。理性將現。極微妙處故。論云。隨順觀世諦。卽入弟*一義諦。是此門也。

열째, 있지 않음(無所有)과 다함(盡) 가운데 이 존재(有)의 지支의 허망한 모습이 이미 다함에 있지 않음(無所有)을 수순하여 제일의에 철저히 도달함을 밝힌다. 이것은 세속을 무너뜨리지 않고서 항상 진실임을 나타낸다. 그러므로 "무명을 인연으로 모든 행이 생겨나니 이것이 있지 않음을 수순하는 것이다."[100]라고 한 것이다.

十無所有盡中。明此有支虛相既盡。隨順無所有徹到弟*一義。此現不壞俗而恒眞也。故云。無明因緣諸行生。是隨順無所有。

문 무명이 행行을 생기게 하는 것은 있음을 수순하는 것인데, 무슨 까닭에 "있지 않음을 수순한다."라고 설하는 것인가?

답 앞의 여러 문의 차례를 거쳐 여기에 이르러 저 무명이 바로 행行을 생기게 하는 때에 생겨남이 없음을 따라서 이법에 들어감을 밝히기 때문이다. 운운.

問。無明生行。是順所有。何故乃言順無所有。答。乘前諸門次弟*至此。現彼無明正生行時卽順無生入理故也。云云。

(문) 무슨 까닭에 경에서는 없음을 따르고 논에서는 있음을 따른다고 이름하는가?

(답) 경의 뜻을 풀이하면 연緣으로써 이법에 돌아가는 것이고, 논의 뜻을 설하면 체성으로써 모습을 따르는 것이니, 설함이 각각 다른 뜻을 나타내므로 이 말을 한 것이다. 운운.

何故。經中順無。論名順有。釋經意。以緣歸理。說論意。以性從相。說各現別意故。作是說。云云。

100 『육십화엄』「십지품」(K8, 179b15~16; T9, 559a22~23).

첫째는 존재의 지支의 나열, 둘째는 한마음에 포섭되어 돌아감, 셋째는 힘과 작용이 서로 낳음, 넷째는 앞과 뒤가 서로 이어짐, 다섯째는 세 길이 바퀴처럼 돌아감, 여섯째는 삼세의 원인과 결과, 일곱째는 세 괴로움의 과실, 여덟째는 인연을 따라 체성이 없음, 아홉째는 있음과 비슷하지만 없음과 같음, 열째는 없어져 같고 평등함이니, 앞의 열 가지에 배대하여 맺으면 문장이 나타내는 것을 볼 수 있을 것이다.

一有支行列。二攝歸一心。三力用相生。四前後相屬。五三道輪環。六三際因果。七三苦過失。八從因無性。九似有若無。十泯同平等。配結前十。文垷[1)]可見。

1) ㉠ 을본에는 '垷'이 '現'으로 되어 있다. ㉮ 高에는 '垷'으로 되어 있으며 인출印出할 때 '現'의 일부가 누락된 것으로 보인다. 번역에서는 '現'으로 바꾸었다.

수현기

『수현기』에 이른다.[101] 첫째, 인연이 나뉜 차례에 대한 관觀은, 나(我)라는 견해에 집착함을 다스린다. 운운. 둘째, 한마음에 의지함에 대한 관은 저 바깥 경계가 자성이 (있다고) 집착함을 다스린다. 운운. 셋째, 자신의 인연에 대한 관은 인연을 다르다고 헤아려 집착함을 다스린다. 운운. 넷째, 버리거나 여의지 않음에 대한 관은 원인과 결과가 다른 때라고 헤아림을 다스린다. 다섯째, 세 길에 대한 관은 인연에서 현상을 폐하고 이법을 헤아려 집착함을 다스린다. 여섯째, 삼세에 대한 관은 원인이 없다고 집착함을 다스린다. 일곱째, 세 괴로움에 대한 관은 즐거움과 깨끗함에 집착함을 다스린다.

101 『수현기』(K47, 45c20~49a20; T35, 63c12~67b29).

搜玄云。初因緣分次弟*觀。治我見執。云云。二依止一心觀。治彼外境自性執。云云。三自因觀。治異計因緣執。四不捨離觀。治因果異時計。五三道觀。治因緣癈事計理執。六三際觀。治無因執。七三苦觀。治樂淨執。

여덟째, 인연에 대한 관은 단지 원인에 힘이 있어서 결과를 생기게 한다고 (집착함을) 다스린다. 운운. 인연의 생겨남의 이법은 인에는 결정하는 작용이 있고 연에는 결과를 일으키는 능력이 있어 비로소 법이 생겨날 수 있다. 만약 다만 인의 힘뿐이고 연이 결과를 일으키는 능력이 없으면 그 인因의 여섯 가지 뜻[102]이 앞에 나타나지 않는다. 운운.

---

102 인因의 여섯 가지 뜻에 대해서 『수현기』에는 바로 이어지는 생략된 부분에서 『섭대승론』을 재해석하여 다음과 같이 설한다. "무엇이 여섯 가지 뜻이 되는가? 첫째는 찰나찰나 멸함(念念滅)이니 이 멸함은 공하고 힘이 있어 바깥의 연을 기다리지 않는다(空有力不待外緣). 힘이 있어서 연을 기다리지 않는 까닭은 인의 체가 연의 일을 기다리지 않고서 스스로 옮겨 움직이기 때문이다. 둘째는 함께 있음(俱有)이니 공하고 힘이 있어도 연을 기다린다(空有力待緣). 그 까닭은 바깥의 연을 얻음은 오직 체가 공하여 함께 힘의 작용을 이룸을 나타내기 때문이다. 셋째는 따라 좇아서 다스림의 끝에 다다름(隨逐至治際)이니 (체體가) 있고 힘이 없어서 연을 기다린다(有無力待緣). 알 수 있는 까닭은 남을 따르기에 없을 수 없고 연을 거스를 수 없기에 힘이 없기 때문이다. 넷째는 결정됨(決定)이니 (체體가) 있고 힘이 있어 연을 기다리지 않는다(有有力不待緣). 알 수 있는 까닭은 바깥의 연이 이르지 않아도 체성이 바뀌지 않고 스스로 이루기 때문이다. 다섯째, 인과 연을 관함(觀因緣)이니 공하고 힘이 없어 연을 기다린다(空無力待緣). 알 수 있는 까닭은 바깥의 연을 기다림은 오직 가까운 인이 있지 않아 힘이 없어도 결과를 생기게 함을 나타내기 때문이다. 여섯째는 자신의 결과를 이끌어 나타냄과 같음(如引顯自果)이니 (체體가) 있고 힘이 있어도 연을 기다린다(有有力待緣). 알 수 있는 까닭은 바깥의 연을 얻을 때 오직 자신의 인이 자신의 결과를 얻음을 나타내기 때문이다."(출전은 아래) 참고로 『화엄일승교의분제장』과 『섭대승론』에 보이는 이 여섯 가지 인의 뜻에 대한 명목을 아울러 비교 도시하면 다음과 같다.

진제 역 『섭대승론』	『수현기』		『화엄일승교의 분제장』		현장 역 『섭대승론』
種子六種	因六義		緣起因門六義		種子六種
① 念念滅	① 念念滅	空有力不待外緣	① 刹那滅	空有力不待緣	① 刹那滅
② 俱有	② 俱有	空有力待緣	② 俱有	空有力待緣	② 俱有

또 소승에 의하면 육인六因·사연四緣이고, 만약 삼승에 의하면 곧 십인十因[103]·이십인二十因[104] 등이다. 만약 일승에 의하면 곧 법에 따라서 인을 변별하니 하나하나의 인연이 이법과 현상에 각각 달라서 법계와 더불어 같다. 지금 여섯 가지 인의 뜻은 오직 일승이라야 능히 끝까지 다하니 이것은 별교를 기준으로 하여 설한 것이다.

八因緣觀。治單因有力生果。云云。因緣生理。因有決定用。緣有發果能。方得法生。若但因力。無緣發果能者。其因六義不現在前。云云。又依小乘。六因四緣。若依三乘。卽十因二十因等。若依一乘。卽隨法辨因。爲一一[1)]因緣理事各別。與法界等。今六因義。唯一乘能窮。此約

---

③ 隨逐至治際	③ 隨逐至治際	有無力待緣	⑥ 恒隨轉	有無力待緣	③ 恒隨轉
④ 決定	④ 決定	有有力不待緣	④ 決定	有有力不待緣	④ 決定
⑤ 觀因緣	⑤ 觀因緣	空無力待緣	③ 待衆緣	空無力待緣	⑤ 待衆緣
⑥ 如引顯自果	⑥ 如引顯自果	有有力待緣	⑤ 引自果	有有力待緣	⑥ 唯能引自果
K16, 1056b21~23; T31, 115c1~4	K47, 48a2~11; T35, 66a23~b4		T45, 501c28~502a23		K16, 1288c17~19; T31, 135a23~26

* 각 항목의 원숫자는 설해진 순서를 나타낸 것이다.

103 십인十因 : 『수현기』나 현존하는 지엄의 다른 저술에서는 10인의 항목을 정확하게 명시하고 있지 않지만 지엄에게 많은 영향을 미친 정영사 혜원의 『대승의장』이나 지엄과 법장을 계승한 징관의 『청량소초』에서는 10인의 항목을 『유가사지론』과 그 부분역인 『보살지지경』 등에 의거하여 다음과 같이 밝히고 있다.

『유가사지론』 (K15, 498c14~17; T30, 301b9~12) 『청량소초』 (T36, 442a16~19)	① 隨說因 ② 觀待因 ③ 牽引因 ④ 生起因 ⑤ 攝受因 ⑥ 引發因 ⑦ 定異因 ⑧ 同事因 ⑨ 相違因 ⑩ 不相違因
『보살지지경』 (K14, 92c3~7; T30, 977a5~8) 『대승의장』 (T44, 540b19~21)	① 隨說因 ② 以有因 ③ 種殖因 ④ 攝因 ⑤ 生因 ⑥ 長因 ⑦ 自種因 ⑧ 共事因 ⑨ 相違因 ⑩ 不相違因

104 이십인二十因 : 지엄의 『공목장』「보장엄동자의 처소에서 인과를 세우는 장(普莊嚴童子處立因果章)」(T45, 539b17~540b3)에서 삼승의 초교를 기준으로 하여 육인 중 능작인의 자성차별에 따라서 이십인으로 구별하고 있다.

別教說也。

1) ㉮ 을본에는 '一一'이 '二'로 되어 있다.

아홉째, 인연의 생함과 멸함에 묶여 있음에 대한 관에서, 이 아래 두 관은 다만 마음의 번뇌를 다스리니 공통된 뜻은 알 수 있을 것이다. 말하자면 인과 연이 함께하는 힘으로 결과를 불러일으킨다는 집착이다. 운운. 앞의 인연에서 결과가 생겨남은 생겨남의 뜻이 두드러지고 공의 뜻이 미미하니, 인연법이 생겨남에 수순하여 미혹이 두드러지게 되기 때문이다. 지금 연에 묶여 있는 법은 공의 뜻이 늘어나고 생겨나는 힘의 뜻이 미미하니 연기법이, 생겨남에 대한 분별없는 지혜를 수순하기 때문이다. 그러므로 아래의 경에서 이르기를, "연기의 법이 있음과 없음을 여읜 것이다."[105]라고 한 것이다. 이것은 비록 생겨남의 힘이 없으나 공의 뜻으로 이루어지기 때문에 자성으로 생겨남을 여읜다. 경에서 이르기를, "머무름이 없음을 근본으로 한다."[106]라고 하기 때문이다.

九因緣生滅縛觀。此下二觀。但治心惑。通義可知。謂因緣共力能感果執。云云。前因緣生果。生義是增。空義是微。爲因緣法順生迷增故。今緣縛法。空義是增。生力義微。爲緣起法順生無分別智故。故下經云。緣起之法。離有無也。此雖無生力。以空義成故。離自性生。經云。無住爲本故。

열째, 있지 않음과 다함의 관에서 다스리는 대상은 마음의 번뇌에 국

105 『육십화엄』「이세간품」(K8, 301c10; T9, 672c29~673a1)의 다음 게송을 뜻에 따라 취한 것으로 보인다. "연기법이 있지도 않고 또한 없지도 않다고 연설하여 진실한 뜻을 깊이 이해하니 그것에 집착하는 바가 없다.(演說緣起法。非有亦非無。深解眞實義。於彼無所著。)"

106 『유마힐소설경』(K9, 992b14; T14, 547c20).

한되지만 또한 모든 번뇌를 통섭할 수 있으니 (모든 번뇌가) 속제에 통섭되기 때문이다. (번뇌는) 집착의 인연이 되어 다만 속제에 응하는 모습만 있을 뿐, 자신의 체體인 공空의 뜻은 앞에 나타나지 않기 때문에 장애이다. 운운. 모든 연으로 생겨난 법은 일어나지 않으면 그만이지만 일어나면 곧 (속제의 모습과 공의 뜻이) 쌍으로 나타난다. 저 목마른 사슴이 신기루의 물을 보면 건조함과 습함이 함께 나타나는 것과 같으며, 또 거울의 영상에 물듦과 깨끗함이 함께 나타나는 것과 같으니 이것이 바른 이법이다.

十無所有盡觀。所治局心惑。亦可通諸使。俗諦通攝故。爲執因緣。但有應俗相。自體空義。不現在前故。是障也。云云。諸緣生法。不起則已。起則雙現。如彼渴鹿。見陽炎水。乾濕並彰。又如鏡像。染淨雙現。此是正理。

문 그 나타난 공은 진제인가, 속제인가? 또 이 관법은 앞의 인연으로 생겨남(에 대한 관) 및 (인연의) 생함에 묶여 있음(에 대한 관)과는 어떻게 다르게 취해야 하는가?

답 인연(으로 생겨남)과 묶여 있음은 오직 있음(有)에 수순함만을 이룬다. 지금의 열째 관은 공空과 유有를 함께 수순한다. 또 이 공과 유는 아울러 속제이다. 무릇 진제와 속제를 밝힘에 여기에는 많은 뜻이 있다. 첫째는 체體와 상相의 상대이고, 둘째는 공과 유有의 상대이다. 이와 같이 진제와 속제를 나눔에 그 뜻이 하나가 아니다. 만약 공과 유로 진제와 속제를 나누면 유는 속제가 되고 공은 진제가 되니 곧 증득한 지혜로 알 바이다. 만약 체와 상으로 상대하면 공과 유를 서로 논할 수 있기 때문에, 만약 이 뜻을 기준으로 하면 속제가 공과 유를 통섭하니, 이 공은 자신의 체가 공한 것이고 현상이 공한 것이 아니다. 그러므로 논에서 이르기를, "이 심진여의 모습이 마하연의 체를 능히 보여준다."[107]라고 한 것이다. 그러므로 알라. 비록 진여라는 이름을 얻었으나 속제의 모습이 체는 아니다. 이것은 공과 유가 한가지로 하나의 모습이 되어서 연으로써 본성을 따르니 이법과 현상이 이 관의 체가 된다. 그러므로 위의 경문에서 이르기를, "십이인연으로 생함이 무위이다."[108]라고 한 것이다.

問。其所現空。爲是眞諦。爲是俗諦。又此觀法。與前緣生及以生縛。云何取別。答。因緣及縛。唯成順有。今弟*十觀。空有俱順。又此空有。並是俗諦。汎明眞俗。此有多義。一體相相對。二空有相對。如此分眞俗。其義非一。若空有分眞俗。有則爲俗。空則爲眞。卽訂*智所知。若體相相對。空有可以相論故。若約此義。俗諦通空有。此空是自體空。非事空也。故論云。是心眞如相。能示摩訶衍體。故知。雖是眞如。得名俗相。不是體也。此則空有同爲一相。以緣順性。理事爲此觀體。故上文云。十二緣生。是無爲也。

열 가지의 관에도 또한 서로 생겨남의 차례가 있다. 모든 허망함의 허물을 알기 위한 까닭에, 그러므로 첫째가 있다. 이미 허망함을 알지만 허망한 법이 무엇에 의거하여 생겨나는지 알지 못하기 때문에 둘째가 있다. 의거하는 바 대상을 인식하여 알지만 무슨 이법이 있는지 알지 못하기 때문에 셋째가 있다. 생겨남의 이법을 이미 알지만 어느 때에 의거하는지 알지 못하기 때문에 넷째가 있다. 때는 인식하여 알지만 무슨 뜻

107 『대승기신론』(K17, 614b21~22; T32, 575c23~23).

108 『육십화엄』「菩薩十無盡藏品」(K8, 85a16~18; T9, 476a9~10)의 다음 구절의 뜻을 취한 것으로 보인다. "무엇을 무위법이라고 하는가? 이른바 허공, 열반, 택멸(數緣滅), 비택멸(非數緣滅), 십이연기 및 법계이다.(何等爲無爲法。所謂。虛空。涅槃。數緣滅。非數緣滅。十二緣起及法界。)"

을 기준으로 하는지 알지 못하기 때문에 다섯째를 밝히고 있다.

十觀亦有相生次弟。* 爲知諸虛妄過故。故有弟*一。旣識妄已。未知妄法依何得生。故有弟*二。識知所依。未知有何理。故有弟*三。已知生理。未知依何時。故有弟*四。識知時已。未知約何義。故明弟*五。

그 뜻을 이미 알지만 무엇이 근본이고 지말인가라 하기 때문에 여섯째가 있다. 근본과 지말을 이미 알지만 어떤 허물이 있는지 알지 못하기 때문에 일곱째가 있다. 그 허물을 이미 알지만 어떻게 현상에 대하여 이루어지는가라고 하기 때문에 여덟째가 있다. 이루어짐을 이미 알지만 어떠한 모습이 있는지 알지 못하기 때문에 아홉째가 있다. 모습을 이미 알지만 의심하여 이법에 어긋난다고 하기 때문에 열째가 있다. 경에 의거한 열 번을 마친다.

知其義已。有何本末。故有弟*六。知本末已。未知有何過。故有弟*七。知其過已。云何對事成。故有弟*八。知成已。未知有何相。故有弟*九。知相已。疑謂乖理。故有弟十。依經十番訖。

추혈기[109]

『추혈기錐穴記』에서 열째 관觀에 대해 이른다.[110] 이것이 곧 인연이 스스로 여여함에서 다하는 것이다. 이것은 곧 속제가 분별을 여읜 때이다. 이 이후의 곳에서는 곧 처음의 가장 거친 근심과 어리석음과 전도顚倒가

109 저본의 『추혈기』는 『수현기』에서 인용한 것처럼 보이나 『총수록』의 편자가 인용한 것이다. 高에도 각각 별도의 인용으로 구분되어 있다.

110 『추혈기』 즉 『지통기』의 이본으로 추정되는 『화엄경문답』(T45, 606a14~23)에서 상응하는 구절과 차이 나는 곳은 p.425. 원문 각주 2)~4)와 같다.

바로 이 매우 깊은 법이다. 하나를 듦에 따라서 일체의 다함없음을 거두니 자재로운 연기법이 바로 열의 수로 나타난 바이며 보법의 연기도리이다.

錐穴記弟*十觀幺。[1] 此卽因緣[2]盡於自如也。此卽俗諦[3]離分別之際。自此去所。卽是初最麁愚[4]癡顚倒卽此甚深法。隨擧一盡攝一切無盡自在緣起法。正十數所現普法緣起道理也。

1) ㉯ 을본에는 '幺'가 '云'으로 되어 있다. ㉰ 高에는 '幺'로 되어 있으며 문맥상 '云'의 잘못으로 보인다. 번역에서는 '云'으로 바꾸었다. 2) ㉰『華嚴經問答』에는 '緣' 다음에 '法'이 있다. 3) ㉰『華嚴經問答』에는 '諦'가 '事'로 되어 있다. 4) ㉰『華嚴經問答』에는 '初最麁愚'가 '移衆庶盡'으로 되어 있다.

2. 육문 분별 緣起一言至無分別者

'연기라는 한마디 말'부터 '분별이 없다는 것'까지[111]
緣起一言至無分別者

대 기

『대기』에 이른다. '연기라는 한마디 말'로부터 내지 '왜 많은 문이 필요한가' 등에서, 이 질문을 일으킨 뜻은, 처음에 진성을 나타내어 연기의 체體를 보이니 곧 분별이 없는 이법이 이미 드러나 있는데 왜 번거롭게 다시 중문과 즉문 등의 여러 문을 설하는가? 이와 같이 질문한 것이다. 답한다.

111 『총수록』(H6, 821c8). 이에 해당하는 『일승법계도』 원문은 H2, 3c1~9; H6, 811a 23~24.

맡김과 빼앗음을 갖추었으니[112] 글이 나타내는 것을 알 수 있을 것이다.

문 어째서 여섯 번째 문을 풀이하지 않고서 문답하는가?

답 여섯 번째 문은 위의 뜻을 총괄하여 끝맺은 까닭이며, 다섯 문을 풀이함으로써 그 뜻이 이미 다했기 때문이다. 손을 마쳤다(了手)는 것은 일이 끝났다는 말이다.

大記云。緣起一言。乃至何須多門等者。起此問意。初標眞性。示緣起體。卽無分別理。已現了手。何煩更說中卽等多門耶。如是問也。答具縱奪。文現可知。問。何不釋六門而問答耶。答。弟*六門者。摠結上意。故釋五門。其義已盡故也。了手者。事畢之言也。

법융기

『법기』에 이른다. '음욕(婬)과 분노(怒)와 어리석음(癡)의 성품이 곧 보리菩提이다'라는 것은, 옛사람이 이르기를, "다만 물을 써서 물건을 깨끗하게 할 줄만 알고 더러운 물을 깨끗하게 할 줄은 모른다."라고 하였으니 이 뜻이 무엇인가? 말하자면 마치 물을 깨끗하게 하려고 (바닥의) 돌을 집으면 물은 깨끗해지지 않고, 흙과 돌을 움직이지 않아야 물이 비로소 스스로 깨끗해지는 것과 같다. 자기의 마음을 깨끗하게 하는 것 또한 이와 같아서 만약 세 가지 독의 번뇌를 끊어 없애고자 한다면 마음이 깨끗함을 얻을 수 없다. 세 가지 독을 움직이지 아니하여야 마음이 스스로 청정해진다. 그러므로 무릇 승열 바라문 선지식의 처소에 나아가서 어리석음의 법문을 받음이 곧 편안히 머물러 밝게 비춤을 얻는 것이고, 만족왕 선

112 맡김은 물음의 뜻을 일단 긍정하는 것으로 『일승법계도』에서 체를 알면 멀리서 구할 필요가 없다고 한 부분이다. 빼앗음은 힐난을 부정하고 어리석은 자들을 위해 많은 문이 필요하다고 설한 것을 가리킨다.

지식을 만나서 성냄의 법문을 받음이 곧 편안히 즐거운 삼매를 얻는 것이고, 바수밀다 선지식을 만나서 탐냄의 법문을 받음이 곧 욕망을 여읜 실제를 얻는 것이다.[113]

法記云。婬怒癡性卽是菩提者。古人云。只知用水令淨於物。不知令淨濁水也。此意云何。謂如欲淨於水。若取於石。水不得淨。不動土石。水方自淨。淨自心者。亦復如是。若欲斷除三毒煩惱。則心不得淨。三毒不動。心自淸淨。是故。凡詣勝熱婆羅門善知識所。受癡法門。卽得安住照明。遇滿足王知識。受嗔法門。卽得安樂三昧。遇婆須密知識。受貪法門。卽得離欲實際也。

화엄경탐현기

『화엄경탐현기』에서 방편명方便命 선지식을 주석하여 이른다.[114] 이와 같이 반대로 된 도道가 위아래의 경문 가운데 모두 세 종류가 있다. 첫째는 이 자리이니 삿된 견해와 같고, 둘째는 만족왕 선지식이니 성냄과 같고, 셋째는 바수밀다 선지식이니 탐하여 애착함과 같다. 그러므로 세 가지 독의 모습이 바른 법과 함께 있다.

探玄。方便命知識䟽云。如是反道。上下文中。摠有三類。一此位同邪見。二滿足王同嗔恚。三婆須密同貪愛。是故三毒相並有正法。

그런데 (여기에) 네 가지 뜻이 있다. 첫째는 마주한 모습이 곧 공하기 때문이다. 『제법무행경』에 이르기를, "탐욕이 곧 도이고 성냄과 어리

113 승열 바라문과 만족왕과 바수밀다 선지식은 『화엄경』 「입법계품」의 선지식 중에서 특히 탐·진·치와 관련된 법문으로 논소에서 자주 거론된다. 이와 관련하여 상권 1 각주 126) 참조.

114 『화엄경탐현기』(K47, 790c6~15; T35, 463a29~b10).

석음 또한 그러하니, 이 세 가지 일에 한량없는 부처님의 법이 있다."[115] 라고 한다. 풀이하면 이것은 (세 가지 일이) 곧 공한 것이 부처님의 법임을 기준으로 한 것이고, (세 가지) 일이 곧 부처님의 법은 아니다. 둘째는 교묘하게 중생을 거두는 것을 기준으로 하여 부처님의 법이 됨을 설하는 것이고, (세 가지 일이) 바로 이 (부처님의 법)이라고 말하는 것은 아니다. 『정명경淨名經』에서 "먼저 욕망으로써 잡아 끌어당기고 나중에 부처님의 지혜에 들어오게 한다."[116] 등이라고 하는 것과 같다. 셋째는 번뇌에 머물러 중생을 윤택하게 하여 보살도를 기르는 것을 부처님의 법이 있다고 설하는 것이고, (세 가지 독이) 바로 이 (부처님의 법)이라고 말하는 것은 아니다. 『정명경』에서 "일체의 번뇌가 여래의 종자가 된다."[117]라고 하는 것과 같다. 넷째는 마주하는 모습이 바로 이 (부처님의 법)이니 앞의 셋과 같지 않다.

然有四義。一當相卽空故。諸法無行經云。貪欲卽是道。恚癡亦復然。於此三事中。有無量佛法。解云。此約卽空是佛法。非事[1)]卽是佛法。二約巧攝生說爲佛法。非謂卽是。如淨名云。先以欲拘牽。後令入佛智等。三留惑潤生。長菩薩道。說有佛法。非謂卽是。如淨名云。一切煩惱。爲如來種。四當相卽是。不同前三。

1) ㊇ 인용 원문인 『華嚴經探玄記』에는 '非事'가 '非謂三事'로 되어 있다.

---

115 『諸法無行經』(K10, 1168a19~20; T15, 759c13~15), "탐욕이 열반이고 성냄과 어리석음 또한 이와 같다. 이와 같은 세 가지 일에 한량없는 부처님의 도가 있다.(貪欲是涅槃。恚癡亦如是。如此三事中。有無量佛道。)"

116 『유마힐소설경』(K9, 995b23~24; T14, 550b6~7), "혹은 음탕한 여인으로 나타나 모든 호색한을 이끄니 먼저 욕망의 갈고리로써 끌어당기고는 나중에 부처님의 도道에 들어오게 한다.(或現作婬女。引諸好色者。先以欲鉤牽。後令入佛道。)"

117 『유마힐소설경』(K9, 994c8~9; T14, 549b13).

법융기

『법기』에 이른다. '일곱 가지 괴로움의 진리'는 일곱 가지 생사生死이다. 말하자면 분단分段에 셋이 있고 변역變易에 넷이 있다. 분단의 셋이란 삼계이다. 변역의 넷이란 첫째는 방편의 생사, 둘째는 인연의 생사, 셋째는 유유有有의 생사, 넷째는 무유無有의 생사이다.

法記云。七種苦諦者。七種生死也。謂分段有三。變易有四。分段三者。是三界也。變易四者。一方便生死。二因緣生死。三有有生死。四無有生死。

섭대승론석소

법상法常[118] 공의 『섭론소』에 이른다. 첫째, 방편의 생사는 곧 무명으로 연緣을 삼아 생사를 불러일으키니 가까운 인(親因)이 아니기 때문에 방편이라고 일컫는다. 둘째, 인연의 생사는 곧 무루의 업으로 인因을 삼아 생사를 불러일으키니 가까운 인因을 말미암기 때문에 인연이라고 이름한다. 셋째, 유유(의 생사)는 앞의 인연을 말미암아 존재(有)의 결과를 불러일으켜 생기게 하니 이 결과가 있기 때문에 유유라고 이름한다. 넷째, 무유(의 생사)는 노사의 지支가 시들어 지나가(落謝) 그 과보가 다하니 뒤에 다시 존재(有)의 결과가 있지 않기 때문에 무유라고 한다. 운운.

法常公攝論疏云。一方便生死。卽以無明爲緣。感[1)]生死。非是親因。

118 법상法常(567~645) : 당대唐代의 승려로서 남양백수南陽白水(하남성) 출신이며 속성은 장張이다. 『속고승전』(T50, 540c14~541b23)에 의하면 담연曇延(516~588)의 제자로서 열반·화엄·유마·승만 등의 경과 『섭대승론』 등에 주석을 남겼다고 전해진다. 의천의 『신편제종교장총록』(T55, 1176b25)은 『攝大乘論釋疏』 16권(혹은 8권)을 법상 또는 도증道證의 저술일 것으로 소개하고 있다.

故稱方便。二因緣生死。卽以無漏業爲因。感*生死。由是親因。故名因緣。三有有。則由前因緣。感生有果。有此果故。名有有。四無有。則老死支謝。其報盡。後更無有有果。故曰無有。云云。

1) ㉻ '感'은 '惑'에 통한다.(편집자)

청량소초

『청량연의』에 이른다.[119] 『무상의경無上依經』에 이르기를, "아라한·벽지불·대지보살은 네 가지 장애로 인해 여래법신의 네 가지 덕[120]을 얻지 못한다. 첫째는 생겨남의 연인 번뇌(生緣惑)이고, 둘째는 생겨남의 인인 번뇌(生因惑)이고, 셋째는 유유이고, 넷째는 무유이다. 무엇이 생겨남의 연인 번뇌인가? 곧 무명주지無明住地[121]로서 일체의 행行을 낳으니 무명이 업業을 낳는 것과 같다. 무엇이 생겨남의 인인 번뇌인가? 무명주지에 의해 생겨나는 모든 행이니 비유하면 무명이 낳는 모든 업과 같다. 무엇이 유유인가? 무명주지를 연으로 하고 무명주지를 인으로 해서 일어나는 무루의 행이 일으키는 세 종류의 의생신意生身[122]이다. 비유하면 네 가지 취取[123]를 연으로 하고 세 가지 유루의 업[124]을 인으로 해서 일

119 『청량소초』(T36, 57a23~b20).

120 『불설무상의경』(K11, 474b5~c4; T16, 471c7~472a1)에서는 여기 인용된 경문 앞부분에서 여래법신의 네 가지 덕을 상常·낙樂·아我·정淨으로 설하고 있다.

121 무명주지無明住地 : Ⓢ avidyāvāsabhūmi. 일체 번뇌의 근본으로서 아라한·벽지불·대지보살도 끊지 못하고 오직 여래의 지혜로만 끊을 수 있는 것으로 설해진다. 『승만경』(K6, 1364a21~1366a18; T12, 219b5~220c7) 등에 의하면 번뇌는 주지번뇌住地煩惱와 이로부터 일어나는 기번뇌起煩惱의 두 종류가 있다. 견일처주지見一處住地·욕애주지欲愛住地·색애주지色愛住地·유애주지有愛住地의 네 종류인 주지번뇌는 두루 다양한 기번뇌를 일으키지만 이 주지번뇌 또한 무명주지를 근본으로 하며, 이를 합하여 다섯 가지 주지번뇌(五住地惑)라고도 한다. 아라한·벽지불·대지보살은 무명주지를 연緣으로 하여 의생신을 일으키며 앞의 네 주지번뇌는 끊지만 이 무명주지를 끊지 못하기 때문에 누진지漏盡智를 깨달아 알지 못해서 남음이 있는 해탈과 청정과 공덕을 얻는다고 한다.

122 세 종류의 의생신意生身 : 아라한·벽지불·대지보살을 가리킨다.

으키는 세 종류의 존재(有)[125]이다. 무엇이 무유인가? 세 종류의 의생신을 연으로 하여 깨달아 알지 못하고 미세하게 사라짐에 떨어지는 것이니 비유하면 세 가지 존재 가운데 생生을 연으로 하여 찰나찰나 늙고 죽는 것(老死)이다. 운운.

清涼演義云。無上依經云。阿羅漢辟支佛大地菩薩。爲四種障。不得如來法身四德。一者生緣惑。[1)]二者生因惑。三者有有。四者無有。何者生緣惑。卽是無明住地。生一切行。如無明生業。何者是生因惑。是無明住地所生諸行。比如無明所生諸業。何者有有。緣無明住地。因無明住地。所起無漏行。起三種意生身。比如四取爲緣。三有漏業爲因。起三種有。何者無有。緣三種意生身。不可覺知。微細墮滅。比如緣三有中生。念念老死。云云。

1) 역 『淸涼疏鈔』와 그 인용 원문인 『佛說無上依經』에는 '感'이 '惑'으로 되어 있다. 번역에서는 이에 따라 '惑'으로 바꾸었다.

삼계에 네 종류의 어려움이 있으니, 첫째는 번뇌의 어려움이고, 둘째는 업業의 어려움이고, 셋째는 생生으로서의 과보의 어려움이고, 넷째는 과실過失의 어려움이다. 무명주지가 일으키는 방편의 생사는 삼계 안의 번뇌의 어려움과 같다. 무명주지가 일으키는 인연의 생사는 삼계 안

123 네 가지 취取 : Ⓢ catvāry upādānāni. 욕취欲取(Ⓢ kāmopādāna)·견취見取(Ⓢ dṛṣṭyupādāna)·계금취戒禁取(Ⓢ śīlavratopādāna)·아어취我語取(Ⓢ ātmavādopādāna)를 가리킨다.

124 세 가지 유루의 업 : 요遼나라 도종道宗(재위 1055~1100) 때의 화엄학승 선연鮮演이 지은 『華嚴經談玄抉擇』(卍11, 950b15)에서는 이 구절의 세 가지 유루의 업을 풀이하여 결과에 있을 때에는 욕계·색계·무색계이며 원인에 있을 때에는 복福·복 아님·움직이지 않음으로 풀이한다. 한편 원元나라 때의 승려인 보서普瑞가 지은 『華嚴懸談會玄記』(卍12, 348a6~7)에서는 이를 선·악·움직이지 않음의 세 가지 업으로 풀이한다.

125 세 종류의 존재(有) : 선연의 『화엄경담현결택』(卍11, 950b15~16)과 보서의 『화엄현담회현기』(卍12, 348a7~8)에서 모두 욕계·색계·무색계의 존재로 풀이한다.

의 업의 어려움과 같다. 무명주지가 일으키는 유유의 생사는 삼계 안의 생으로서의 과보의 어려움과 같다. 무명주지가 일으키는 무유의 생사는 삼계 안의 과실의 어려움과 같다."[126]라고 한다.

於三界中。有四種難。一者煩惱難。二者業難。三者生報難。四者過失難。無明住地所起方便生死。如三界內煩惱難。無明住地所起因緣生死。如三界內業難。無明住地所起有有生死。如三界內生報難。無明住地所起無有生死。如三界內過失難。

법융기

『법기』에 이른다. '분별이 없다는 것'이란,

문 각각 상즉하지 않음 등의 네 구[127]를 합해 취하여 이르는 것인가?

답 그렇다. 말하자면 앞의 세 구는 즉문인 까닭에 체體의 문이다. 상즉하지 않음의 구는 중문인 까닭에 자리가 움직이지 않는 문(位不動門)이다. 자리가 움직이지 않기 때문에 비로소 상입하여 일치될 수 있다. 그러므로 상즉하지 않음의 뜻을 합해 취하여 '그윽하여 분별이 없다'라고 하는 것이다.

法記云。無分別者者。問。各各不相卽等四句合取云耶。答。尒也。謂前三句。卽門故是體門也。不相卽句。是中門故。位不動門也。位不動故。方得相入。能成一致。是故合取不相卽義。云冥然無分別也。

---

126 『佛說無上依經』(K11, 475a13~b19; T16, 472a24~b20).

127 각각 상즉하지 않음 등의 네 구 : 『일승법계도』(H2, 6a15~17; H6, 830a1~3)에 보이는 상즉상입과 관련된 네 구절을 가리킨다. "이법(理)과 이법(理)의 상즉 또한 가능하고, 현상(事)과 현상(事)의 상즉 또한 가능하며, 이법(理)과 현상(事)의 상즉 또한 가능하며, 각각 상즉하지 않음 또한 가능하다.(理理相卽亦得。事事相卽亦得。理事相卽亦得。各各不相卽亦得。)" 여기에서 앞의 세 구는 즉문을, 뒤의 한 구는 불상즉문 곧 중문을 나타낸다.

[2] 이타행 約喩得名至無不如意

'비유를 기준으로 하여 이름을 붙인 것이다'부터 '뜻대로 아님이 없는'까지[128]
約喩得名至無不如意

대 기

『대기』에 이른다. '해인海印이란 비유를 기준으로 하여 이름을 붙인 것이다'란, 아수라와 제석천이 서로 싸울 때 모든 무기 등이 밝고 깨끗한 바다에 나타나는 뜻으로, 그 세 가지 독의 바로 그 모습을 움직이지 않음이 곧 안으로 증득한 해인(삼매)의 궁극의 법체인 것에 비유한 까닭이다.

大記云。海印者。約喩得名者。以修羅帝釋相戰之時。諸兵具等。現於明淨海中之義。喩其三毒當相不動卽是內証*海印。究竟法體故也。

고기

'고기'에 이른다. 운화 존자雲華尊者[129]가 이르기를, "오직 『화엄경』에 설해진 법만 해인삼매에 의거하여 일어난 것이다."라고 하였다. 그때 지적국통智積國統이 있어 힐난해 이르기를, "『대집경』에 '마치 염부제의 일체 중생의 몸과 외부의 색色, 이와 같은 색상色相이 바다에 모두 도장 찍힌 모습(印相)이 있으니, 이 까닭에 큰 바다를 이름하여 인印이라 하는 것처럼, 보살도 그러하여 대해인삼매를 얻어서 일체중생의 마음행동을 본

128 『총수록』(H6, 822c10). 이에 해당하는 『일승법계도』 원문은 H2, 3c11~4a4; H6, 811b9~20.

129 운화 존자雲華尊者 : 지엄 스님이 말년에 운화사雲華寺에 머물렀기 때문에 '운화 존자'라고도 부른다.(『唐大薦福寺故寺主翻經大德法藏和尙傳』, T50, 281b2 등)

다. 운운.'[130]라고 한다. 곧 아래의 네 가르침의 법 또한 해인삼매에 의거하여 일어난 것인데 무슨 까닭에 그렇지 않다고 하는가."라고 하였다.

古記云。雲華尊者云。唯花嚴經所說之法依海印定起也。時有智積國統。難云。大集經云。如閻浮提一切衆生身及外色。如是色相。海中皆有印相。是故名大海爲印。菩薩亦尒。得大海印三昧。見一切衆生心行。云云。則下四敎法。亦依海印定起。何故云不尒耶。

운화 존자가 답하여 이르기를, "해인에는 다섯 가지가 있다.

첫째는 세 대아승지겁을 지내도록 수행한 제석천이 법공法空수미산 정상에 올라 소지장所知障[131]아수라와 서로 싸울 때 삼과백법[132]의 형상이 대원경지大圓鏡智[133]의 바다 가운데 나타나는 해인이다.

둘째는 셀 수 없는 겁을 지내도록 수행한 제석천이 본각本覺수미산의 정상에 올라 근본무명아수라와 서로 싸울 때 갠지스강의 모래처럼 (많은) 성공덕性功德의 형상이 한마음 진여의 바다에 나타나는 해인이다.[134]

---

130 『大方等大集經』(K7, 156c21~157a5; T13, 106c11~16).

131 소지장所知障 : Ⓢ jñeyāvaraṇa. 두 종류의 장애(二障) 가운데 하나로서 지장智障·지애智礙라고도 한다. 알아야 할 바를 장애한다는 의미로서 알아야 할 대상에 대한 지혜를 장애하는 무지無知의 측면을 가리킨다. 두 종류의 장애 중 다른 하나인 번뇌장煩惱障(Ⓢ kleśāvaraṇa)은 열반을 장애하는 번뇌인 장애로서 나에 대한 집착으로 말미암은 것이고, 소지장은 법공에 대한 무지로 인해 일어나는 것으로 구분하기도 한다.

132 삼과백법三科百法 : 일체법을 구분하는 방법이다. '삼과'는 오온五蘊·십이처十二處·십팔계十八界로 구분하는 방법으로서 불교 전반에 걸쳐서 통용된다. '백법'은 유식법상종에서 일체법을 나누는 방법으로 이를 다시 다섯 가지로 나누어 '오위백법'이라고도 한다. 그 다섯 가지는 심왕心王·심소心所·색色·심불상응心不相應·무위無爲이다.

133 대원경지大圓鏡智 : Ⓢ ādarśajñāna. 유식학파에서 설하는 부처님의 지혜로서 모든 법을 여실하게 비추는 큰 거울과 같은 지혜이다. 유식학파에 의하면 전의轉依에 의해 염오식이 네 종류의 청정한 지혜로 바뀌는데 그중 네 번째의 지혜로서 알라야식이 지혜로 변한 것이다.

134 뒤에서 종교終敎의 설로 밝힌 이 해인은 본각—근본무명—성공덕의 조합과 그 내용

雲華答曰。海印有五。一者。三大阿僧祇劫歷修之帝釋。昇法空須彌山頂。與所知障阿修羅鬪戰之時。三科百法像。現於大圓鏡智海中之海印也。二者。不可數劫歷修之帝釋。升本覺須彌頂。與根本無明阿修羅相戰之時。恒沙性德像。現於一心眞如海之海印也。

셋째는 한 생각도 일으키지 않는 제석천이 일행삼매一行三昧수미산의 정상에 올라 망상妄想아수라와 서로 싸울 때 모습도 없고 분별도 없는 형상이 둘 없는 실상實相의 바다에 나타나는 해인이다.

넷째는 두 부처님 국토의 티끌 수처럼 (많은) 겁을 지내도록 수행한 제석천이 총상摠相수미산의 정상에 올라 변계아수라와 서로 싸울 때 열 가지 보법의 형상이 세계해에 나타나는 해인이다.

다섯째는 열 부처님의 제석천이 법성수미산의 정상에 올라 머무름이 없는 실상아수라와 서로 싸울 때 삼종세간의 형상이 국토해에 나타나는 해인이다. 이상."라고 하였다.

三者。一念不生之帝釋。升一行三味須彌頂。與妄想阿修羅相戰之時。無相無分別像。現於不二實相海之海印也。四者。二佛刹微塵數劫歷修之帝釋。升摠相須彌頂。與遍計阿修羅相戰之時。十種普法像。現於世界海之海印也。五者。十佛之帝釋。升法性須彌頂。與無住實相阿修羅相戰之時。三種世間像。現於國土海之海印也。已上。

이 다섯 가지 가운데 앞의 셋은 차례대로 시교·종교·돈교이고, 뒤의 둘은 차례대로 밖으로 교화함과 안으로 증득함이다. 여기에 인因으로서의 해인을 기준으로 한 것을 덧붙여 논하면 여섯 가지가 있어야 한다. 말

을 볼 때『대승기신론』에 바탕한 것으로 보인다.

하자면 보현의 제석천이 해행解行수미산의 정상에 올라 백 가지 장애[135] 아수라와 서로 싸울 때 다함없는 보법의 형상이 정광파려의 거울에 나타나는 해인이다. 만약 앞의 세 거듭의 뜻을 기준으로 하면 삼승도 분수에 따라서 해인을 논한다. 그러나 삼승이 모두 해인삼매 밖에서 설한 것이라고 말하는 것은 일승의 해인을 기준으로 하여 이른 것일 뿐이다.

此五之中。前三如次始終頓也。後二如次外化內訂*也。於此加論約因海印。應有六種。謂普賢之帝釋。升解行須彌頂。與百障阿修羅相戰之時。無盡普法像。現於錠光玻瓈鏡之海印也。若約前三重意。則三乘隨分亦論海印也。而言三乘皆是海印定外所說者。約一乘海印云耳。

청량소

『청량소』에서 해인을 풀이하여 이른다.[136] 열 가지 뜻으로 이것을 풀이하여 다함없는 작용을 드러낸다. 첫째는 무심히 능히 나타내는 뜻이다. 둘째는 나타내되 나타나는 바가 없는 뜻이다. 셋째는 나타내는 것과 나타나는 바가 하나가 아닌 뜻이다. 넷째는 (나타내는 것과 나타나는 바가) 다르지 않은 뜻이다. 다섯째는 (나타내는 것과 나타나는 바가) 가고 옴이 없는 뜻이다. 여섯째는 (나타냄이) 광대한 뜻이다. 일곱째는 널리 나타나는 뜻이다. 여덟째는 몰록 나타나는 뜻이다. 아홉째는 항상 나타나는 뜻이다. 열째는 나타나지 않아도 나타나는 뜻이다.

135 백 가지 장애 : 『육십화엄』「보현보살행품」(K8, 230b10~231a3; T9, 607a12~b25. 『팔십화엄』은 「보현행품」)에 설해지는, 보살이 한 번 성내는 마음을 일으켰을 때 얻게 되는 장애이다.

136 『청량소』(T35, 621b16~c23).

清涼釋海印云。以十義釋之。表無盡之用。一無心能現義。二現無所現義。三能現與所現非一義。四非異義。五無去來義。六廣大義。七普現義。八頓現義。九常現義。十非現現義。

대 기

『대기』에 이른다. '여의如意란 비유를 따라 이름 붙인 것이다. 내지 뜻대로 아님이 없는' 등은 (다음과 같다.) 마치 여의주왕을 복덕이 없는 사람이 얻으면 변하여 독사가 되어 오히려 그 사람을 해치고, 만약 복덕이 있는 사람이 얻으면 그 뜻에 좋아함에 따라서 다함없는 보배를 비 내려 가난한 사람들에게 널리 베푸는 것과 같이, 일승보법의 의리義理도 또한 그러하다. 만약 원만한 믿음이 없는 하열한 근기가 이것을 들으면 자신의 망정妄情으로 인한 견해에 집착하여 의심을 내어 비방을 일으키니 도리어 악도에 떨어져 다함없는 고통을 받는다. 만약 큰 마음에 바른 믿음이 있는 사람이 이것을 들으면 겨우 듣자마자 곧 믿어서 곧 일승의 본성에 칭합하는 이익을 얻어 자신과 남을 널리 이롭게 하여 뜻과 같지 않음이 없다.

大記云。如意者從喩得名乃至無不如意等者。猶如如意珠王。無福德人得之。則變爲毒蛇。反害其人。若有福德之人得。則隨其意樂。雨無盡寶。廣施貧人。一乘普法義理亦尒。若無圓信下劣之機聞之。則執己情見。生疑起謗。反墮惡道。受無盡苦。若有大心正信之人聞之。則纔聞卽信。卽得一乘稱性之益。廣利自他。無不如意也。

[3] 수행방편

1. 일승과 오승 見聞一乘至如五乘說

'일승(의 보법)을 보고 들은'부터 '오승의 설과 같다'까지[137]
見聞一乘至如五乘說

대 기

『대기』에 이른다. '행자行者란 일승을 보고 보법을 탄 이후 아직 보법을 원만히 증득하기 이전까지를 말한다' 등에서, 만약 머무름 없는 별교를 기준으로 하면 보고 들음이 곧 원만한 증득이다. 지금은 지위에 기댐을 기준으로 하기 때문에 '일승을 보고 들음'을 말하고, 내지 '아직 보법을 원만히 증득하지 않음' 등을 말하는 것이다.

大記云。行者者。謂見一乘乘普法已去。未滿圓訂*普法等者。若約無住別教。則見聞卽是圓訂。* 今約寄位故云見聞一乘。乃至云未滿圓訂*普法等也。

고기

'고기'에 이른다. 삼생에 많은 거듭이 있다. 첫 번째, 과보를 기준으로 하면 과거는 견문見聞이고 현재는 해행解行이며 미래는 증입證入이다. 두 번째, 세계를 기준으로 하면 세계 안은 견문이고 출세出世는 법을 얻

137 『총수록』(H6, 823b18). 이에 해당하는 『일승법계도』 원문은 H2, 4a6~15; H6, 811b23~c8.

음이며 출출세出出世는 증득하여 이룸이다. 또 세계 안은 견문과 해행에 통하고 출세는 법을 얻음(得法)이며 출출세는 증득하여 이룸(證成)이다. 세 번째, 자신 분위에 의해 위로 나아감(自分勝進)을 기준으로 하면, 십신 이전은 견문이고 십신은 해행이며 십신이 원만한 마음이 앞으로 나아감은 증입이다. 네 번째, 신해信解를 증장하는 문을 기준으로 하면 십신은 견문이고 삼현은 해행이며 십지는 증입이다.

古記云。三生有多重。一約報。則過去見聞。現在解行。未來訂*入。二約界。則界內見聞。出世得法。出出世訂*成。又界內通見聞解行。出世得法。出出世訂*成。三約自分勝進。則十信已前見聞。十信解行。十信滿心勝進訂*入。四約信解增長門。則十信見聞。三賢解行。十地訂*入。

다섯 번째, 증득을 비교하는 것을 기준으로 하면 지 이전(地前)은 견문이고 초지부터 일곱째 지(七地)까지는 해행이고 여덟째 지(八地) 이상은 증입이다. 여섯 번째, 일승과 삼승을 기준으로 하면 넷째 지地는 견문이고 다섯째, 여섯째, 일곱째 지地는 해행이며 여덟째 지地는 증입이다. 일곱 번째, 오승으로 일승에 문을 배대하는 뜻을 기준으로 하면, 여덟째 지地는 견문이고 아홉째 지地는 해행이며 열째 지地는 증입이다. 여덟 번째, 선지식을 기준으로 하면 문수는 견문이 되고 덕운 이후는 해행이다. 미륵보살이 "앞으로 나를 보게 될 것이다."[138]라고 고하여 이른 것은 증입이 된다. 또 보현보살 선지식은 증득한 과보의 바다가 된다.[139]

---

138 『육십화엄』「입법계품」(K8, 420b4~5; T9, 783b8~9), "선남자야, 내가 거기에서 수명을 다하여 아래에 태어나 바른 깨달음을 이룰 때 너와 문수사리보살이 함께 나를 보게 될 것이다.(善男子。我於彼中。壽終下生。成正覺時。汝及文殊師利。俱得見我。)"

139 이상의 다중삼생多重三生을 도시하면 다음과 같다.

五約比訂。* 則地前見聞。從初地至七地解行。八地以上訂*入。六約一乘三乘。則四地見聞。五六七地解行。八地訂*入。七約五乘配門一乘義。則八地見聞。九地解行。弟*十地訂*入。八約知識。則文殊爲見聞。德雲以去解[1]行。彌勤[2]告云當來見我爲訂*入。又普賢知識爲訂*果海也。

1) ㉥ 을본에는 '解'가 '能'으로 되어 있다. 2) ㉥ 을본에는 '勤'이 '勒'으로 되어 있다. ㉾ 高에는 '勤'으로 되어 있으며 '勒'의 이체자로 보인다. 번역에서는 '勒'으로 바꾸었다.

지통기

『지통기』에 이른다.

문 견문 등의 세 지위는 보법의 바른 지위입니까?

답 아니다. 다만 삼승을 따라서 이 말을 할 뿐이다. 만약 보법의 바른 법이라면 곧 지위도 없고 지위 아님도 없으니, 일체의 육도와 삼계의 법계에 대한 법문이 보법의 바른 지위 아님이 없다. 또 한 지위가 일체의 지위이고 일체의 지위가 한 지위이다. 지위의 법문과 같이 일체의 행, 가르침(敎)과 뜻(義) 등의 법문도 또한 그러하니 생각할 수 있을 것이다.

문 만약 그렇다면 보법 가운데 무엇으로 처음을 삼습니까?

답 하나의 법문 얻음으로 시작을 삼는다. 이것은 곧 마지막과 다름이

번호	기준	見聞	解行	證入
1	報	과거	현재	미래
2	界	界內	出世(界內)	出出世
3	自分勝進	十信 이전	十信	十信滿心勝地
4	信解增長門	十信	三賢	十地
5	地證	地前	初地~七地	八地 이상
6	一乘三乘	四地	五, 六, 七地	第八地
7	五乘配門一乘義	八地	九地	第十地
8	知識	文殊	德雲이후	彌勒(當來見我) 普賢(訂果海)

없다.

智通記云。問。見聞等三位。普法正位耶。答。不也。但從三乘。作是說耳。若普法正法。卽無位無不位。一切六道三界法界法門。無不普法正位。又一位一切位。一切位一位。如位法門。一切行敎義等法門亦尒。可思。問。若尒普法中以何爲始。答。得一法門以爲始。此則與終無別也。

대종지현문본론

『대종지현문론大宗地玄文論』[140]에 이른다.[141] '차례를 뛰어넘음 없이 점차 나아가는 지위'란 게송에 이르기를, "51위五十一位[142] 가운데 차례대로 뛰어넘음 없이 나아가니 하나에 일체를 갖추는 것을 '점차 나아가는 지위'라고 이름한다."라고 한다. 논에서 풀이하여 말한다. 오직 한 수행자만 쉰한 가지의 다른 모습의 지위 가운데 그 차례대로이니 법을 뛰어넘음이 없다.

大宗地玄文論云。無超次弟*漸轉位者。偈云。五十一位中。如次無超轉。一中具一切。名爲漸轉位。論釋曰。唯一行者。五十一種別相位

140 『大宗地玄文論』:『大宗地玄文本論』이다. 마명馬鳴 지음, 진제眞諦 번역으로 전해지지만 위작僞作으로 의심되며 내용적으로는 도교의 영향 또한 보인다. 전체 20권으로 구성되어 있고 7세기 후반에 성립된 것으로 추정된다.

141 『대종지현문본론』「一種金剛道路大決擇分」(K37, 957b3~ 959c15; T32, 671a15~671c18).

142 51위五十一位 : 한 종류의 금강의 길에 다섯 종류가 있으며 그것이 각각 쉰한 가지의 차별을 지니고 있다고 설하고 있다. 차례를 뛰어넘음 없이 점차 나아가는 지위는 이 다섯 종류 가운데 첫 번째로서, 허가광명분虛假光明分이 40종, 진금강眞金綱이 10종, 대극자연다라니지大極自然陀羅尼地가 1종 등 쉰한 가지로 설명된다.(K37, 957b3~958a21; T32, 671a15~671c12)

中。[1] 如其次弟。* 無超過法也。

1) ㉮ 인용 원문인『대종지현문본론』에는 '中' 다음에 '迴向趣入'이 있다.

'남음 없이 구경에 모두 지니는 지위'란 게송에 이른다. "오십일위 가운데 먼저 들어간 바에 따라서 일체와 일체를 거두니 '남음 없는 구경'이라고 이름한다." 논에서 풀이하여 말한다. 오십일위의 다른 모습 가운데 혹 어떤 수행자는 믿음으로써 나아가 들어가고, 혹 어떤 수행자는 진여의 지위로써 나아가 들어가고, 혹 어떤 수행자는 대극大極의 지위로써 나아가 들어간다. 운운. 등은, 먼저 들어간 바에 따라서 일체의 일체 지위를 다 거두어 구경에 남음이 없으며, 또한 옮겨 다님도 없으며, 또한 나고 듦도 없어서 하나하나 희고 희다.

無餘究竟摠持位者。偈曰。五十一位中。隨其先得入。攝一切一切。名[1] 無餘究竟。論釋曰。五十一位別相中。或有行者。以信趣入。或有行者。以眞如地趣入。或有行者。以大極地趣入。云云。等隨先得入。盡攝一切一切位地。究竟無餘。亦無移轉亦無出入。一一白白也。

1) ㉯ 을본에는 '名'이 '各'으로 되어 있다.

'널리 두루하여 원만하고 광대한 지위'란 게송에 이른다. "쉰한(五十一) 종류의 지위가 앞뒤가 없어 한 때에 함께 옮겨가고(轉) 함께 행해지기 때문에 '널리 두루하여 원만함'이라고 이름한다." 논에서 풀이하여 말한다. 쉰하나의 지위는 앞뒤가 없어 한 때에 함께 옮겨가고 함께 행해져서 남는 바가 없다. 또한 쉰하나의 다른 모습의 지위 가운데 있는 바 한량없고 가없는 모든 지위가 앞뒤가 없어 한 때에 함께 옮겨가고 함께 행해져서, 맘대로 옮겨감에 향함이 없는 도인(橫轉無向道人)[143]이다.

周遍圓滿廣大位者。偈曰。五十一種位無前後。一時俱轉俱行故。名周遍圓滿。論釋曰。五十一位。無有前後。一時俱轉[1]俱行。無有所餘。亦五十一別相位中。所有無量無邊諸位。無有前後。一時俱轉一時俱行。橫轉無向道人也。

1) ㉾ 인용 원문인『大宗地玄文本論』에는 '轉' 다음에 '一時'가 있다.

'일체의 모든 법이 함께 아닌 지위'란 게송에 이른다. "모든 한량없고 가없는 일체의 갖가지 지위가 모두 다 건립된 것이 아닌 것을 '함께 아닌 지위'라고 이름한다." 논에서 풀이하여 말한다. 원인도 아니고 결과 등도 아니다. 운운. 그 아님(非)의 뜻으로 지위를 세우기 때문이다.

'일체의 모든 법이 함께 그것인 지위'란 게송에 이른다. "일체의 갖가지 법이 금강의 몸이 아님이 없다. 한 몸의 뜻인 까닭에 함께 그것인 문이라고 이름한다." 논에서 풀이하여 말한다. 이는 병病 없는 도인이라 이름한다.

한 몸인 금강보륜산왕은 그 모습이 어떠한가? 게송에 이른다. "점차가 끝까지 다해서 원만하여 아니나. 한 때와 앞과 뒤, 함께와 함께 아님, 하나와 다른 때와 장소에서 옮겨간다."[144]

143 맘대로 옮겨감에 향함이 없는 도인(橫轉無向道人) : 『대종지현문본론』에서는 『法界法輪無盡中藏修多羅』로부터 인용한 것으로 되어 있으나, 이러한 이름의 경은 현존하지 않으며 현존하는 경록에도 그 이름이 보이지 않는다.

144 이 게송에 대해서 『대종지현문본론』(K37, 959c2~8; T32, 672c7~12)에서는 다음과 같이 풀이한다. "지금 이 게송에서는 어떤 뜻을 밝히려고 하는가? 한 몸인 금강대력보륜산왕의 체體에서 차례로 점차 옮겨가니 모든 법이 똑같이 남음 없이 구경에 널리 두루하고 원만하여 다 끊어지고 여의지 아니함을 나타내 보이고자 하는 것이다. 이 다섯 가지 지위는 한 때에 옮겨가고 앞과 뒤로 옮겨가며, 다 바뀜이 있고 다 바뀌지 않으며, 또는 한 때에 옮겨가거나 또는 여러 때에 옮겨가며, 또는 한 곳에서 옮겨가거나 또는 여러 곳에서 옮겨가 구족하고 구족하여 자재하고 자재하니 장애되는 바가 없기 때문이다.(今此偈中爲明何義。爲欲現示。一身金剛大力寶輪山王體中。次第漸轉。諸法等是無餘究竟周遍圓滿俱非絶離。此五種位。一時轉前後轉。俱有轉俱非轉。亦一時轉亦異

一切諸法俱非位者。偈曰。諸無量無邊。一切種種位。皆悉非建立。名俱非位地。論釋曰。非因非果等。云云。以其非義立爲位故也。一切諸法俱是位者。偈曰。一切種種法。無非金剛身。以一身義故。名爲俱是門。論釋曰。是名無病道人也。一身金剛寶輪山王。其相云何。偈曰。漸是盡非滿。[1] 一時及前後。與俱并俱非。一異時處轉。

1) ㊟ 인용 원문인 『大宗地玄文本論』에는 '非滿'이 '滿非'로 되어 있다. 번역에서는 이를 따랐다.

대 기

『대기』에 이른다. '오승이 모두 일승에 들어가 포섭된다. 일승으로부터 흘러나오는 것(一乘所流)이고, 일승을 목표로 하는 것(一乘所目)이고, 일승의 방편(一乘方便)이기 때문이다'란 다음과 같다. '흘러나오는 것'이라고 말한 것은 마치 백 개의 내(川)가 저 큰 바다로부터 흐르지 않음이 없는 것과 같이, 삼승과 오승 등 일체의 모든 법이 근본의 일승으로부터 흘러서 이루어지지 않음이 없는 것이다. 목표로 하는 것이란 삼승을 기준으로 하면 안목의 뜻이 되고, 일승을 기준으로 하면 명목의 뜻이 된다. 삼승에서 안목이 된다고 말한 것은 그 훈습되는 일체 모든 법이 온전히 일승의 보법이기 때문에 이 상즉으로 화엄보법에 들어가는 안목을 삼는 것이다. 일승에서 명목이 된다는 것은 만약 생겨남이 없는 부처님의 법을 기준으로 하면 이름하여 지목(名目)할 수 없으나, 그러나 근기의 연緣을 위하여 여러 이름으로 제목하여 보인 것이다.

大記云。五乘摠是入一乘攝。以一乘所流一乘所目一乘方便故者。言所流者。猶如百川。無不從彼大海而流。三乘五乘等一切諸法。無不從本一乘而

時轉。亦一處轉亦異處轉。具足具足自在自在無所障礙故)"

流成也。所目者。約三乘則爲眼目之義也。約一乘則爲名目之義也。言三乘中爲眼目者。其所熏習一切諸法。全是一乘普法故。以此卽爲入花嚴普法之眼目也。一乘中爲名目者。若約無生佛法。則不可名目。然爲機緣。以諸名字題目而示也。

방편이란 마치 높은 집에 오르고자 함에 용감하고 빠른 사람은 한번 뛰어 바로 올라가지만, 저 끝의 사람은 서너 걸음 정도를 물러나 가도록 가르쳐 물러나 걸을 때부터 이미 집에 오르는 힘을 얻는 것과 같다. 이처럼 상근기의 사람은 한 번 보법을 듣고 바로 일승에 들어가지만, 중·하근기는 일승의 보법에 바로 들어갈 수 없어서 부처님께서 대비로써 삼승을 베풀어 펼치셔서 일승에 들어가는 방편을 삼는 것이다.

方便者。猶如欲登高堂。勇疾之人。一躍便登。如其末者。敎令退行三四步許。從却步時。已得升堂之力。如是上根之人。一聞普法。直入一乘。中下之根。未能直入一乘普法。佛以大悲。施設三乘。爲入一乘之方便也。

'흘러나오는 것(所流)과 목표로 하는 것(所目)은 연기의 도리를 기준으로 한 말'이라는 것은 대연기의 도리를 일컫는 것이 아니다. 일승의 법이 근기의 연緣에서 일어나기 때문이다. '방편은 지혜를 기준으로 한 말'이란 아래 가르침의 근기가 자신의 삼승이 임시로 베풀어 펼쳐진 것임을 알고 돌이켜 일승에 들어가는 지혜를 기준으로 하여 이른 것이다. '또한 성자의 뜻을 기준으로 설한 것'이란 교화하는 위대한 성인이 훌륭한 방편으로써 일승 가운데 삼승을 나누어 설하여 중·하근기를 이끌어 근본의 일승으로 들이는 뜻이다. 그러므로 '성자의 뜻을 기준으로 설한 것'이라고 한 것이다. 무슨 까닭인가? 훌륭하고 교묘한 방편으로 중생을 맞아들여 이끌기 때문이다.

所流所目約緣起道理語者。非謂大緣起道理也。一乘之法。於機緣中起故也。方便者約智語者。約下敎機知自三乘是假施設廻入一乘之智云也。亦可約聖者意者。能化大聖。以善方便。於一乘中。分說三乘。引中下根。入本一乘之意也。是故云。約聖者意說。何以故。以善巧方便。接引衆生故。

십구장원통기

『십구장기』[145]에 이른다.[146] 목표로 하는 것(所目)은 이 경이고, 흘러나오는 것(所流)과 방편 등은 아래의 네 가르침이다.

문 근기와 연緣에서 일어남은 어느 근기와 연緣을 기준으로 하는 것인가?

답 아래 가르침의 근기와 연緣이다.

문 만약 그렇다면 목표로 하는 것 또한 아래 가르침인가?

답 『화엄경』 중 목표로 하는 법이 밖으로 향하여 흘러서 아래 가르침의 근기의 연緣 가운데 일어난 것이다. 이 연緣 가운데 일어난 아래 가르침의 법이 본래 『화엄경』 중의 목표로 하는 것임을 나타내고자 하기 때문에, 그 이유로 목표로 하는 것을 함께 논한 것일 뿐이다.

十句章記云。所目者是此經。所流方便等者。是下四敎也。問。於機緣中起者。約何機緣耶。答。下敎機緣也。問。若爾。所目亦是下敎耶。答。花嚴經中所目之法。向外而流。於下敎機緣中起也。爲欲現此緣

145 『십구장기』: 『십구장원통기』를 가리킨다. 『십구장원통기』는 지엄이 지은 요의要意 5권 첫 쪽의 '10구十句'에 대해 법융(또는 융불 등)이 주석한 『십구장』에 대하여 균여(927~973)가 다시 풀이한 것이다. 전체 2권이며 10구 하나하나에 먼저 『십구장』을 인용하고 이어서 균여가 해석을 가하는 구성으로 되어 있다. 상권 1 각주 148) 참조.

146 『십구장원통기』의 두 부분(K47, 100a27~28; 101a13~17)을 합쳐서 인용한 것으로 내용이 정확하게 일치하지는 않는다.

中所起下敎之法本是花嚴經中所目故。所以并論所目耳。

대 기

『대기』에 이른다. '오승의 설과 같다. 사람(人)과 법法, 원인(因)과 결과(果) 내지 예에 준하면 이와 같다' 등에서, 오승은 삼승·소승·인천승이고, '예에 준하면 이와 같다' 등은 근기와 연緣에 따라서 오승이 비록 다르나 그 오승의 법이 일승과 다르지 않다는 것이다.

말하자면 앞에서는 근기에 따라서 나뉜 오승을 기준으로 하여 수행자를 논하였고, 여기에서는 그 법을 기준으로 하니 예에 준하여 알 수 있다는 것이다. 어떤 이는 "일승의 열 가지 보법을 기준으로 하여 '예에 준하면'이라고 말한 것이 아니다. 오승 중에 있는 사람과 법 등을 기준으로 하여 말한 것일 뿐이다. 말하자면 오승을 거두어 일승 중에 들어가면 그 오승에 있는 사람과 법 등도 또한 모두 거두어 일승에 들어가기 때문이다."라고 한다.

大記云。如五乘說。人法因果乃至准例如是等者。五乘則三乘小乘人天乘也。准例如是等者。隨機緣而五乘雖別。其五乘法。與一乘不異也。謂前約隨機所分五乘。論行者已。此中約其法則准例可知也。一云。非約一乘十種普法言准例也。約五乘中所有人法等云耳。謂如攝五乘入一乘中。其五乘所有人法等。亦得摠攝入一乘故也。

2. 증교證敎 무분별 : 칠종 문답 所謂五乘至勝妙能也

'이른바 오승'에서 '수승하고 오묘한 능력'까지[147]

所謂五乘至勝妙能也

대 기

『대기』에 이른다.

문 '이른바 오승 등의 법은 설하는 가르침(能詮敎法)인가, 설해지는 뜻(所詮義)인가' 등에서, 이 아래에 일곱 거듭의 문답이 있다.[148] 이 첫 문답 가운데 질문의 뜻은 오승의 가르침 밖에 별도로 말을 여의고 모습을 끊은 뜻(旨)이 있는지를 나타내고자 하기 때문에, 또 저 오승의 가르침의 법이 곧 이름과 모습을 여읜 설해지는 바인지를 나타내고자 하기 때문에 물은 것이다.

大記云。問。所謂五乘等法。爲是能詮敎法耶。爲是所詮之義耶等者。此下有七重問答。此初問答中問意。欲現五乘敎外別有離言絶相之旨故也。又

147 『총수록』(H6, 825a6). 이에 해당하는 『일승법계도』 원문은 H2, 4a18~5b9; H6, 811c11~813b4.

148 일곱 문답의 출전은 아래와 같다.

문답	『일승법계도』
1	H2, 4a18~24; H6, 811c11~812a6.
2	H2, 4b1~13; H6, 812a7~19.
3	H2, 4b14~c11; H6, 812a20~812b18.
4	H2, 4c12~16; H6, 812b19~24.
5	H2, 4c17~5a23; H6, 812a1~813a17.
6	H2, 5a24~b5; H6, 813a18~24.
7	H2, 5b5~9; H6, 813b1~4.

欲現彼五乘敎法卽是離名相之所詮故問也。

답의 뜻은 (다음과 같다.) 옛 대덕이 이르기를, "이것은 저 누런 잎을 가져 곧 바로 진짜 황금이다라고, 이와 같이 손가락으로 가리켜서 가르치는 곳이다."[149]라고 하였다. 옛말에 이르기를, "원효 스님이 의상 화상을 만나서 의심을 해결한 것이 세 가지가 있다. 말하자면 첫째는 시각이 본각과 같으니 범부가 되고 성인이 되는 뜻이고, 둘째는 습기를 지나는 바다의 갖가지 마음의 뜻[150]이고, 셋째는 이 설하는 가르침과 설해지는 뜻이 모두 말 가운데 있는 자리이다."라고 하였다. 원효 스님의 뜻은 곧 말하자면 아래 가르침 가운데 실제로 법의 체體가 있다고 했는데 이 글을 보고서 설하는 가르침과 설해지는 뜻이 모두 말 가운데 있고 실제의 법의 체體가 없음을 알았다는 것이다.

答意。則古德云。此是將彼黃葉卽正眞金。如是指誨之處也。古辭云。曉師遇相和尚。決疑有三。謂一始覺同本覺爲凡爲聖之義。二濕過海種種心之義。三此能詮所詮皆在言中之處也。曉師之意。則謂下敎中實有法體。及見此文。乃知能詮所詮皆在言中無實法體也。

문 이 '설하는 가르침과 설해지는 뜻이 모두 말 가운데 있다'는 것은 어

149 누런 잎과 황금에 관한 비유는『대반열반경』「嬰兒行品」(K38, 903b14~17; T12, 729a3~6)의 다음 구절이 대표적이며 이후 여러 논서에 이용된다. "마치 저 어린아이가 큰 소리로 울 때 부모가 곧 버드나무의 누런 잎으로 그 아이에게 '울지마라 울지마라, 우리가 너에게 황금을 줄 것이다'라고 말하자 어린아이가 보고서는 진짜 황금이라는 생각을 내어 문득 그쳐 울지 않았지만 이 누런 잎이 실제로 황금이 아닌 것과 같다.(如彼嬰兒啼哭之時。父母卽以楊樹黃葉而語之言莫啼莫啼。我與汝金。嬰兒見已。生真金想。便止不啼。然此楊*葉實非金也)" * 다른 판본에는 '楊'이 '黃'으로 되어 있다.

150 이에 대해서는 상권 1 각주 178) 참조.

느 자리에 서서 말하는 것인가?

답 보현보살이 흘러나오는 것과 목표로 하는 것의 근기를 위하여 생겨남도 없고 이름도 없는 곳에 갖가지 이름으로 제목을 붙이니, 이때에 설하는 가르침과 설해지는 뜻이 차별을 이루기 때문에 이 자리를 기준으로 하여 '모두 말 가운데 있다'라고 말하는 것이다. 또 여기에서 더 나아가 말하면 부처님이 밖으로 향하여 산왕山王[151]의 근기를 위해서 항상 설하시고 두루 설하시기 때문에 이때에 십현문과 열 가지 법이 구족하고 자재하다. 그런데 또한 위로 열 부처님의 안으로 증득하심을 바라보면 오히려 이것도 가르침과 상응하기 때문에 이 자리를 기준으로 해서 또한 '모두 말 가운데 있다'라고 할 수 있는 것이다.

問。此能詮所詮。皆在言中者。立在何處云耶。答。普賢爲所流所目之機。於無生無名處。以種種名題目。於此時中。能詮所詮。成差別故。約此處云。皆在言中也。又進此而云。佛乃向外。爲山王機。常說遍說。故於此時。十玄十法具足自在。然亦望上十佛內訂。* 則猶是與敎相應故。約此處。亦得可云皆在言中也。

'큰 자비와 본원의 힘인 까닭에 내지 말로 된 가르침(言教)을 베풀어' 등은 (다음과 같다.) 모든 부처님 세존께서 성품 바다의 과분(性海分)을 따라서 대비의 서원을 일으켜 스스로 깨달으신 법으로써 밖으로 근기의 마음을 향해 두 가지 언설을 일으키신다. 말하자면 법계문 중에 세계해의 이루어짐과 무너짐에 관한 청정한 지혜 등의 불가사의를 설하시고, 반야문 중에 부처님 국토의 불가사의를 설하시는 것이다.[152] 이 두 가지 언설은

151 산왕山王 : 상권 1 각주 256) 참조.

152 이와 관련하여 법장은『화엄경』「입법계품」의 모든 선지식의 법문을 법계문과 반야문으로 구분하여 설명한다. 법계문은 보현보살로 대표되는데 들어가는 바(所入)를 나타

비록 보현보살과 문수보살이 선정에서 나온 이후이지만, 그러나 지상 스님의 과분의 지위인 다섯 바다와 열 지혜(五海十智)[153]의 뜻에 의거하면 사자분신삼매(奮迅定)[154] 가운데 이 언설을 일으키신 것이다. 그러므로 부처님 국토의 불가사의에 대한 언설은 안으로 증득함의 국토바다에 칭합하여 일어난 것이며, 보현보살과 문수보살 등은 이 언설에 칭합하여 증득하기 때문에 증분을 직접 증득한다고 한다. 따라서 이 문에서 부처님과 보살이 하나의 상속이다. 그러므로 이르기를, "안으로 향하면 열 부처님이고 밖으로 향하면 보현보살이다."라고 하는 것이다.

以大慈悲本願力故。乃至施設言教等者。諸佛世尊。從性海分。發大悲願。以自證法。外向機心。起二言說。謂法界門中說世界海成敗淸淨智等不思議。般若門中說佛國土不可思議也。此二言說。雖普賢文殊出定以去。然依至相果地五海十智之義。則奮迅定中起此言說也。是故佛土不思議之言。稱於內訂*土海而起。普賢文殊等。稱此言說而訂*故。云親訂*訂*分。故此門中。佛與菩薩。一相續也。是故云。向內則十佛。向外則普賢也。

내고 반야문은 문수보살을 상수로 하여 들어가는 주체(能入)를 드러내서 이 둘이 함께 '법계에 들어감(入法界)'을 보여준다고 한다.(K47, 770c14~18; T35, 441c24~28)

153 다섯 바다와 열 지혜(五海十智) : 『육십화엄』「노사나불품」에서 보현보살이 일체여래정장삼매 속에서 다섯 바다를 관찰하고 열 지혜를 설한다. 지엄은 이에 대해 『화엄경』 정종분의 본분本分을 밝히는 구절이라고 중시하며 과분을 나타내는 표현으로 '오해십지五海十智'를 사용한다. 다섯 바다와 열 지혜에 대해서는 각각 상권 1 각주 168), 상권 2 각주 141) 참조.

154 사자분신삼매(奮迅定) : Ⓢ siṃhavijṛmbhitasamādhi. 사자빈신삼매師子嚬伸三昧라고도 한다. 『화엄경』「입법계품」의 근본법회(K8, 304b22~24; T9, 677a11~14)에서 부처님께서 입정하시는 삼매이다. 법장은 『화엄경탐현기』(K47, 772c26~773a6; T35, 444a21~28)에서 이 삼매에 대해 마치 사자가 기지개를 켜며 포효하면 그 위세가 드러나 다른 모든 짐승이 힘을 잃고 엎드리지만 사자새끼들은 더욱 용맹해지는 것처럼, 지금 부처님이 이 삼매로 대비법계의 몸을 떨치고 대비의 문을 열며 법계의 법문을 포효하면 이승은 숨어서 귀머거리와 장님이 되지만 보살들은 그 삼매와 다라니가 더욱 증장되기 때문에 비유로써 이 삼매의 이름을 붙였다고 설한다.

문 보현보살의 안으로 증득하는 정장삼매가 부처님이 밖으로 향하신 것이다. 무슨 까닭에 "안으로 향하면 열 부처님이고 밖으로 향하면 보현보살이기 때문에 하나의 상속이다."라고 하는가?

답 부처님이 밖으로 향하실 때 보현보살의 원만한 인因을 함께 아우른다. 이 원만한 인因이 안을 향하면 열 부처님이기 때문에 "하나의 상속이다."라고 한 것이다.

問。普賢內訌*之淨藏三昧。是佛外向也。何故向內則十佛。向外則普賢故。是一相續也耶。答。佛外向際。並普賢圓因。此圓因向內。則是十佛故。云一相續也。

법융기

『법기』에 이른다. '본원의 힘'이란 부처님이 인행因行을 닦으실 때 곧 서원을 일으켜 생각하기를, '내가 마땅히 부처를 이루어 삼승의 근기를 위하여 가르침을 베풀어서 자취에 머무르게 하지 않고 반드시 일승의 실체로 돌아가 들어가게 하리라'라고 이렇게 서원을 일으키시는 것이다. '법이 으레 이러하다'란 삼세 모든 부처님이 바른 깨달음을 이루실 때 법이 으레 이러하여 이 서원을 일으키시는 것이다.

法記云。本願力者。佛修因時。卽發誓念。我當成佛。爲三乘機。施設敎已。不令住跡。要必廻入一乘實體。如是起願也。法如是者。三世諸佛。成正覺時。法爾如是。起此願也。

대 기

『대기』에 이른다. 두 번째 문답의 질문에서 '증분과 교분의 두 법이 항상 두 변에 있게 되는 허물'이라는 것은, 앞에서 "설해지는 법은 말의 모습이 미치지 못한다."라고 하고, 또 "일체 모든 법이 모두 다 말에 있다."라고 한 까닭에 그 두 말을 근거로 하여 이 질문을 일으킨 것이다. 답에서 먼저 두 가지 뜻[155]을 들어서 바로 답한다. '까닭을 알 수 있는 것은'이란 거듭 물은 것이고, '변계는 모습이 없고' 아래는 거듭 답한 것이다.

大記云。弟*二問答。問中訂*敎兩法常在二邊過者。前云所詮之法。言相不及。又云一切諸法皆悉在言故。牒其二言。起此問也。答中先擧二義正答。所以得知者重問。遍計無相下重答也。

법융기

『법기』에 이른다. '증분과 교분의 두 법이 예부터 중도이고 하나로서 무분별이다'란, 비유하면 물에 여러 영상이 나타나는데 물가에 있는 사람이 다만 그 물이 영상과 다른 것만 보니, 단지 그 물로 안목을 삼지 않음을 말미암을 뿐인 것과 같다. 이와 같이 만약 해인(삼매)로 안목을 삼지 않으면 삼세간의 법이 곧 해인(삼매)임을 보지 못한다. 만약 해인(삼매)로 안목을 삼으면 모든 법이 곧 해인(삼매)의 체體임을 보세 된다. 해인(삼매)에 나타나는 삼세간은 교분이고 삼세간을 거두는 해인(삼매)는 곧 증분이다. 그러므로 "증분과 교분의 두 법이 하나로서 무분별이다."라고 한다.

法記云。訂*敎兩法。舊來中道。一無分別者。猶如水中現現諸像。在水邊人。但見其水與像別異。只由不以其水爲眼故也。如是若不以海印爲眼。則不見三世間法卽是海印。若以海印爲眼目。則得見諸法卽海印體。海印所現三世間。是敎分也。攝三世間之海印。卽是訂*分也。是故云。訂*敎二法。

155 두 가지 뜻 : 『일승법계도』(H6, 812a9~10)에서 두 번째 물음에 대한 답에서 '망정(情)'과 '이법(理)' 두 가지를 기준으로 답하는 것을 가리킨다.

一無分別也。

‘변계遍計는 모습(相)이 없고 의타依他는 생겨남이 없으며 진실은 성품이 없어서 세 가지의 자성이 항상 중도에 있으니’ 등에서, 세 가지 자성은 교분이고 세 가지 자성이 없음은 증분이다. 그러므로 증분과 교분을 구족한다.

遍計無相。依他無生。眞實無性。三種自性。常在中道等者。三性是敎。三無性是訂。* 是故具訂*敎也。

만약 망정을 기준으로 하여 말하면, 변계가 모습이 없다는 것은 실제로 집착함이 없는 것이고 사유似有가 없는 것이 아니다. 의타가 생겨남이 없다는 것은 사유似有가 없는 것이고 자체가 공한 것이 아니다. 원성이 성품이 없다는 것은 자체가 공한 것이고 연緣이 성품이 없는 것이 아니다. 그러므로 세 가지 자성을 없애어 세 가지 자성이 없음을 나타내는 것이다.

만약 이법을 기준으로 하여 말하면, 다만 하나의 진실이 곧 모습이 없음이며 곧 성품이 없음 등일 뿐이므로, 곧 이것이 변계의 모습 없음을 없애고 이것이 의타의 생겨남 없음을 없앤다는 등으로 나눌 수가 없다. 따라서 세 가지 자성 없음이 곧 한 경계이다. 다만 하나의 진실에 의거하여 셋으로 나눈 것이기 때문에 세 가지 자성 또한 한 경계이다. 그러므로 “세 가지의 자성이 항상 중도에 있다.”라고 하는 것이다.

若約情云。遍計無相。是實執之無。非似有之無。依他無生。是似有之無。非自體空。圓成無性。是自體空。非緣之無性。是故遣三性。現三無性也。若約理云。只是一眞。卽是無相。卽是無性等故。卽不可分此是遣遍計之無相此是遣依他之無生等。故三無性卽一際也。但依一眞所分三故。三性亦一際也。是故云。三種自性。常在中道也。

만약 나무숲을 기준으로 하여 논하면, 이것은 세 가지 자성을 설하여 뜻하기 때문에 초교이다. 만약 금을 나누어 셋으로 함을 기준으로 하여 세 가지 자성을 논하면 세 가지 자성의 뜻을 설하여 뜻함이 있고 또 숙교 중의 뜻이 있다. 만약 연유(酥)를 셋으로 나누는 것을 기준으로 하여 세 가지 자성을 논하면 숙교의 종宗에 해당한다. 만약 허공을 나누어 셋으로 함을 기준으로 하여 세 가지 자성을 논하면 동교일승에 해당한다.

두 번째 뜻에 나아가서 금을 셋으로 나눔에 경우마다 다른 것이 세 가지 자성이다. 그 경우가 다름을 따라서 금의 형상 또한 다른 것은 세 가지 자성 없음이다. 이것은 거듭이 있기 때문에 세 가지 자성을 설하여 뜻하는 것(초교)이다. 만약 금의 체를 기준으로 하면, 세 경우의 금이 오직 한 종류인 것은 세 가지 자성 없음이고, 세 경우의 금의 형상이 한 가지 금으로 이루어진 것은 세 가지 자성이다. 이 뜻은 숙교에 해당한다.

若約樹林論。則是詮旨三性故。初教也。若約析金爲三論三性。則有詮旨三性義。又有熟教中義。若約以酥分三論三性。則[1]當熟教宗。若約分虛空爲三而論三性。則當同教一乘也。就弟*二義中。以金分於三。處處別者。是三性。隨其處別。金像亦別者。是三無性。此則有重故。是詮旨三性也。若約金體。則三處之金。唯一種者。是三無性也。三處金像。是一金所成。是三性也。此義當熟教也。

1) ㉤ 을본에는 '則'이 '別'로 되어 있다.

세 번째 뜻에 나아가서 연유를 나누어 셋으로 한 것은 세 가지 자성이다. 세 그릇의 연유가 체體와 덕德이 가지런히 하나인 것은 세 가지 자성 없음이다. 만약 이법의 실제를 기준으로 하면, 세 가지 자성은 초교 중에서는 분수 따라 논한 것이고 숙교의 처음에서는 끝까지 논한 것이며 숙교의 마지막에서는 쓰지 않는 것이다.

동교일승 중에서는 삼승의 세 가지 자성에 익숙한 사람을 이끌어 들이고자 그 익숙한 세 가지 자성의 법칙에 의거하여 우선 큰 허공을 나누어 셋으로 그리기 때문에 하나를 들면 전체를 거두어들여서 나눌 수가 없는 것이다.[156]

就弟*三義中。分酥爲三者。是三性。三器之酥。體德齊一者。三無性也。若約理實。則三性者。初敎之中。隨分而論。熟敎之初。究竟而論。熟敎之終。不用也。同敎一乘中。欲引三乘習三性之人。依其所習三性之軌。且分大空以爲三畫故。擧一全收。不可分也。

진수기

『진기』에 이른다. '변계는 모습이 없고 의타는 생겨남이 없으며, 내지 세 법 이외에 다시 증분과 교분이 없다'란, 일승의 증분과 교분을 바로 변별하는 것이 가장 어렵기 때문에 저 숙교에서 논하는 세 가지 자성에 기대어서 이 뜻을 보인 것이다. 첫째, 변계는 모습이 없음에 나아가면 이해의 문(解門)과 수행의 문(行門)이 있다. 이해의 문이란 변계의 정유情有를 여의고 의타의 사유似有 등에 들어가는 것이다. 수행의 문이란 정유情有가

156 이상의 내용은 세 가지 자성(三性)과 세 가지 자성 없음(三無性)을 초교와 종교(숙교)와 동교일승에서 자주 쓰는 비유를 통해 설명한 것이다. 첫째, 나무숲의 비유는 초교 즉 법상유식에 해당한다. 둘째, 금의 비유를 통한 이해는 초교와 종교에 해당하는 것으로 보고 있다. 금의 비유는 금으로 여러 가지 장신구 등을 만드는 경우로서 『대반열반경』 등에 보이며, 『대승기신론』에 보이는 물과 파도의 비유와도 비슷하다. 셋째, 연유의 비유는 종교에 대응하는 것으로 『대반열반경』 등에 보이며, 우유로부터 유즙(酪)·연유(酥)·제호醍醐 등이 생겨나는 것을 통한 비유이다. 마지막으로 동교일승에서 세 가지 자성 등을 허공에 비유한 것은 허공을 그어서 셋으로 나누어 셋으로 삼아도 허공에는 구분이 없는 것을 비유한 것이다.

곧 진실의 자리인 것이다. 그러므로 강장 스님이 이르기를, "연緣에 별도의 연緣이 없고 체體가 곧 연緣이다. 그러므로 차별 있는 연기가 곧 매우 깊은 국토의 바다이다."[157]라고 한 것이다.

眞記云。遍計無相。依他無生。乃至三法以外。更無訂*敎者。直辨一乘訂*敎最難故。寄彼熟敎所論三性。示此義也。就一遍計無相中。有解門行門也。解門者。離遍計情有。入依他似有等也。行門者。情有卽是眞位也。故康藏云。緣無別緣。以體盡[1)]緣。是故差別緣起卽是甚深土海也。

1) ㊊ 인용 원문인 『華嚴經探玄記』에는 '盡'이 '卽'으로 되어 있다. 번역에서는 이에 따랐다.

대 기

『대기』에 이른다. 세 번째 문답 가운데 질문의 뜻은 앞의 "성자가 변계를 따른다."라는 말로 인하여 『섭대승론』을 인용하여 힐난한 것이다. 답 가운데 처음부터 '다른 의미는 이와 같다'까지는, 말에 나타난 질문을 바로 납한 것이다. '만약 실제를 기준으로 설하면' 아래는 뜻에 갖추어진 질문을 겸하여 답한 것이다. '허공의 꽃(空花)을 말하는 것'은 (다음과 같다.) 깨끗한 눈의 사람은 허공의 꽃을 보지 않지만 그 병든 눈을 따라서 그 허공의 꽃을 말하는 것처럼, 성자 또한 그러하여 이미 변계가 공함을 통달하였으나 변계의 사람을 따라서 세 가지 자성을 세우는 것이다. 혹은 이 허공 꽃의 비유가 다섯 가르침에 통한다고 한다. 말하자면 소승에서는 인공人空의 허공 꽃을 설하고, 내지 돈교에서는 한 생각도 나지 않음의 허공 꽃을 설하고, 일승에서는 움직이지 않음의 허공 꽃을 설하니 변계가 곧 보현의 머무름 없는 별교의 구경법인 것이다.

157 『화엄경탐현기』(K47, 517b8~9; T35, 170b6~7).

大記云。弟*三問答中。問意則因前聖者隨遍計之言。引論而難也。答中從初至別義如是者。正答言現之問。若約實說下。兼答意具之問也。言說空花者。如淨眼人不見空花。隨其病眼。說其空花。聖者亦介。已達遍計之空。隨遍計人。建立三性也。一云。此空花喩。通於五敎。謂小乘中說人空之空花。乃至頓敎中說一念不生之空花。一乘之中不動空花。遍計卽是普賢無住別敎究竟法也。

법융기

『법기』에 이른다. '세 가지 자성은 모두 범부의 경계이다'라는 것은 의타와 원성은 범부의 경계가 아니나, 그러나 "이것이 변계이며, 이것이 의타이고 원성이다."라고 설하여 보여주기 때문에 범부가 성품 없음에 들어가는 까닭이다.

法記云。三種自性。皆是凡夫境界者。依他圓成。非凡夫境。然爲說示此是遍計此是依圓故。凡夫得入無性故也。

'이해의 문(解門)을 기준으로 한 까닭에 세 가지 자성 없음을 따로 세운 것'에서,

문 이해의 문 가운데 세 가지 자성 없음은 무엇인가?

답 이무理無가 사유似有에 미치지 못하고, 무성無性이 수연隨緣에 미치지 못하는 것이다. 말하자면 숙교 중에서는 삼계가 오직 무명이 지은 바이고, 또는 진실과 허망이 화합하여 지은 바라고 하고, 또는 오직 하나의 진심이 지은 바라고 한다. 이 세 거듭의 지은 바를 버려서 없앰의 이치를 나타내기 때문에 변계의 이무理無가 진실과 허망의 사유似有에 미치지 못하고 이 사유의 무성이 진여의 수연에 미치지 못하는 까닭이다.[158]

約解門故。別立三無性者。問。解門中三無性云何。答。理無不及似有。無性不及隨緣。謂熟教中三界唯是無明所作。又云眞妄和合所作。又云唯一眞心所作。遣此三重所作。以現滅理故。遍計之理無。不及眞妄之似有。此似有之無性。不及眞如之隨緣故也。

'수행의 문(行門)을 기준으로 한 까닭에 세 가지 자성 이외에 세 가지 자성 없음을 세우지 않은 것'에서,

문 수행의 문 중에 만약 따로 세 가지 자성 없음을 세우지 않는다면 무엇을 기준으로 하여 세 가지 자성 없음을 삼는가?

답 다만 없음을 말미암기 때문에 세 가지 자성 없음이라고 할 뿐이다. 만약 있음이라면 어떻게 자성 없음이겠는가?

문 만약 그렇다면 무슨 까닭에 (『수현기』에서) 여섯 째 지地를 주석하여 이르기를, "실제를 버려서 경계가 없어질 때 곧 일부분의 모습 없음의 성품을 얻는다. 모습 없음이 나타나기 때문에 오직 식識이어서 영상과 경계가 함께 곧 생겨나지 않음을 성품 없음의 성품이라고 이름한다. 이것이

158 이깃은 법장의 『화엄일승교의분제장』(T45, 499a9~501c28)에서 설하는 '세 가지 자성의 같음과 다름의 뜻(三性同異義)'을 끌어와서 설명한 것으로 보인다. 본문의 이해를 위해 법장의 설명을 간략히 도시하면 아래와 같다.
※ 三性同異義

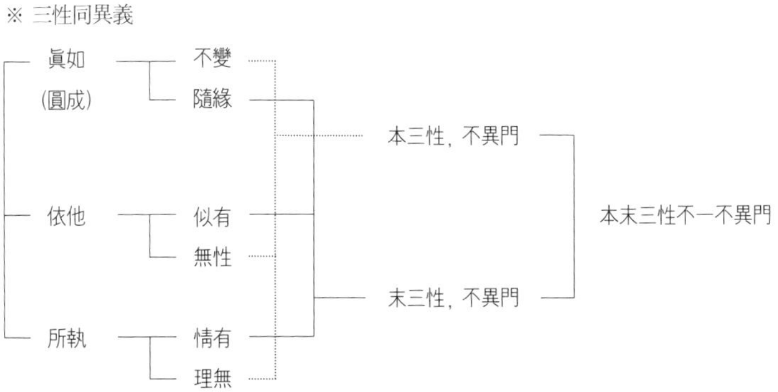

수행의 문의 유식관법이다."[159]라고 하였는가?

답 다만 버림을 말미암기 때문에 비로소 없음을 아는 것뿐이다.

約行門故。三性以外。不立三無性者。問。行門中。若不別立三無性者。約何爲三無性耶。答。只由無故得云三無性耳。若是有者。云何無性耶。問。若尒。何故六地踈云。遣實境滅時。卽得一分[1)]無相性。無相現故。唯識想境並卽不生。名得無性性。此是行門唯識觀耶。答。只由遣故方知無耳。

1) ㉰『搜玄記』에는 '分' 다음에 '空'이 있다.

도신장

『도신장』에 이른다. 일승 중에서 만약 의타가 아니면 변계가 없다라면 변계는 결과이고 의타는 원인이 된다. 만약 변계가 아니면 의타가 없다라면, 의타는 결과이고 변계는 원인이 된다. 이러한 뜻이 곧 연기일 뿐이다.

문 변계가 연기가 된다면 그루터기 중에 진짜 귀신(實鬼)이 있는 것인가?

답 그루터기 중에 비슷한 귀신과 진짜 귀신으로 삼는 뜻이 있음을 말미암기 때문에 계탁하여 귀신으로 삼는 것이다. 만약 그루터기에 진짜 귀신으로 삼는 뜻이 없다면 마땅히 그루터기 중에서 계탁하여 진짜 귀신으로 삼음이 없어야 하기 때문이다. 운운. 또 이른다. 세 가지 자성을 버려서 세 가지 자성 없음을 변별하는 것은 두 종宗이 같지 않다. 시교에서는 다만 변계를 버린다. 또 단지 집착하는 바(所執)로 변계를 삼고 집착하는 마음(能執)은 의타에 속하여 거두어진다.

159 『수현기』(K47, 46c11~13; T35, 64c15~17).

道身章云。一乘中。若非依他無遍計。則遍計是果。依他爲因。若非遍計無依他。則依他是果。遍計爲因。如是之義。卽是緣起耳。問。遍計爲緣起者。杌中有實鬼耶。答。杌中由有爲似鬼及實鬼之義故。計爲鬼也。若杌中無爲實鬼之義。應無杌中計爲實鬼故。云云。又云。遣三性辨三無性。兩宗不同。始敎但遣遍計。又但以所執爲遍計。能執之心。屬依他攝。

만약 그렇다면 세 가지 자성을 버려서 세 가지 자성 없음을 나타내는 것은 무엇인가? 다만 변계 중의 세 가지 자성을 버릴 뿐이다. 이른바 푸른색 등을 계탁하여 실제라고 하는 것은 변계의 변계가 된다. 집착하는 마음을 계탁하여 실제로 삼는 것은 의타 중의 변계가 된다. 만약 원성을 계탁하여 실제로 삼으면 원성 중의 변계가 된다. 이 종은 이해의 문(解門)에 해당한다. 종교에서는 삼성 모두를 버리고 또한 계탁하는 마음을 합하여 변계라 한다. 이것은 수행의 문(行門)에 해당한다. 또 이른다. 세 가지 자성을 하나(一際)로 합하는 것은 세 가지 자성이 곧 세 가지 (자성) 없음인 것과, 셋이 아닌 수행의 문의 세 가지 자성을 기준으로 하여, 세 가지 자성의 원융을 나타내 보인 것이다. 이것은 방편으로 나아간 것이니 일승의 다함없는 성품을 나타내기 위함일 뿐이다.

若介。遣三性現三無性者何。但遣遍計中三性耳。所謂計靑色等謂實爲遍計遍計。計能執心爲實爲依他中遍計。若計圓成爲實。爲圓成中遍計。此宗當解門。終敎三性皆遣亦能計心合爲遍計。此當行門。又云合三性一際者。約三性卽三無非三之行門三性。示現三性圓融。此是方便所趣。爲現一乘無盡性耳。

대 기

『대기』에 이른다. '오히려 두 자성 이외에 진실이 없으니'라는 것은, 모습 없는 지혜로써 변계로 집착하는 바 분별의 경계를 버릴 때에 능히 취하는 의타도 함께 곧 생겨나지 않는다. 모습이 나타남이 없기 때문에 이외에 달리 원성의 실제가 없는 것이다. '모습 없는 평등한 지혜가 앞에 나타나'란 모습 없는 지혜가 나타남에 의타의 마음과 경계가 모두 없기 때문에 '모습 없는 평등한 지혜가 나타나'라는 것이다. '상대할 만한 법이 없고'란 의타가 생겨남이 없어서 진리가 나타날 때에 다시 원성의 진실이 없기 때문이다.

大記云。尙二性以外無有眞實等者。以無相智。遣遍計所執分別境時。能取依他。並卽不生。無相現故。此外無別圓成實也。無相等智現前者。無相智現。依他心境皆無。故云無相等智現也。無法可對者。依他無生眞理現時。更無圓成眞實故也。

법융기

『법기』에 이른다. '반드시 가르침을 세우는 이유를 알아야 한다'란, 앞에서 비록 증분과 교분의 중도와 세 가지 자성 외에 세 가지 자성 없음이 없는 도리를 나타내었으나, 만약 가르침을 세우는 그 이유를 알지 못하면 이것이 숙교의 세 가지 자성과 세 가지 자성 없음의 중도인지, 이것이 일승의 중도인지를 알 수 없기 때문이다. 또 숙교 중에 비록 세 가지 자성을 버려서 세 가지 자성 없음을 나타낸다고 하나 다만 그 모습을 융섭하여 진실의 본성에 돌아가게 하는 것일 뿐이고, 일승이라야 비로소 체體가 융섭된 진실을 말하기 때문이다. 곧 이것은 앞에 있는 기둥(露柱)의 이름과 모습이 바로 해인(삼매)의 구경의 법체이기 때문에 "증분과 교분의 두 법이 항상 중도에 있다."라고 하는 것이다. 그러므로 무릇 들은 바에 대해서 삼가 말대로 뜻을 취하지 말고 반드시 이유를 알아야 한다.

法記云。須解立教所由者。前雖已現訂*教中道及三性外無三無性之道理。若不解其立教所由。則不得知此是熟教三性三無性之中道此是一乘之中道故也。又熟教中。雖云遣三性現三無性。但融其相令歸眞性耳。一乘方云體融眞故。卽卽此在前露柱名相正是海印究竟法體故。云訂*教兩法常在中道。是故凡於所聞。愼勿如言取義。須解所由也。

도신장

『도신장』에 이른다. 일승의 연기법은 망정(情)으로 미칠 바가 아니다. 비록 망정으로 미칠 바가 아니나 멀리서 구할 것도 아니니, 망정을 돌이키면 곧 이것이다.

문 망정을 돌이키는 방편은 무엇인가?

답 방편은 한량없으나 그 요점은 보는 곳을 따라서 마음에 집착하지 않음이 그것이다. 들은 법을 따라서 문장대로 취하지 않고 곧 그 이유를 깨달으며 또 법의 실상을 깨닫는 것이다.

道身章云。一乘緣起法。非情所及。雖非情及而不遠求。反情卽是。問。反情方便云何。答。方便無量。而其要者。隨所見處。不着[1]心爲是。隨所聞法。不取如文。卽能解其所由。又解法實相。

1) ㉻ 을본에는 '着'이 '著'으로 되어 있다.

문 이 말은 무엇인가?

답 무릇 성인의 말씀이 일어나는 것이 모두 근기와 연緣의 말미암은 바이다. 말하자면 가르침은 좋은 약이라 중생의 병을 다스릴 수 있다.

만약 생겨남으로 다스릴 수 있으면 생겨남으로 하고, 만약 생겨나지 않음으로 다스릴 수 있으면 생겨나지 않음으로 한다. 만약 법이 결정코 생겨남이나 생겨나지 않음이라면, 생겨남으로 옳음을 삼으면 생겨나지 않음은 곧 그르고, 생겨나지 않음으로 옳음을 삼으면 생겨남이 옳지 않다. 그 법은 생겨남과 생겨나지 않음에 있지 않기 때문에, 능히 생겨남과 생겨나지 않음으로써 병을 다스림에 걸림이 없다.[160]

問。此言何耶。答。凡聖言起。皆機緣之所由。謂敎是良藥。能治生病。若以生可治。則以生。若以不生可治。則以不生。若法定是生不生者。以生爲是。不生卽非。不生爲是。生則非是。其法不在於生不生故。能以生不生。治病無障。

십구장

『십구장』에서 두 번째 구를 풀이하여 이른다.[161] 두 번째, 문장을 따라서 뜻을 취함에 다섯 종류의 허물이 있다는 것은 운운. 만약 범부의 이름을 듣고 성자 등이 아니라고 한다면 곧 다섯 가지 허물이 있다. 첫째는 바르게 믿지 않음이고, 둘째는 용맹함에서 물러남이고, 셋째는 남을 속임이고, 넷째는 부처님을 비방함이고, 다섯째는 법을 가벼이 여김이다.[162]

---

160 이와 거의 동일한 구절이 『화엄경문답』(T45, 60a14~25)에도 수록되어 있다.

161 이 구절이 『십구장』으로부터 직접 인용한 것인지, 균여의 『십구장원통기』(K47, 88a29~b1)로부터 재인용한 것인지는 불분명하다.

162 이에 대해 균여는 『석화엄교분기원통초』(K47, 241a19~25)에서 다음과 같이 풀이한다. "문 무슨 까닭에 범부의 이름을 듣고 부처님과 보살이 아니라는 것에 다섯 가지 허물이 있는가? 답 연기법 중에 범부와 성인이 다르지 않으니 대연기법을 믿지 않기 때문에 범부의 이름을 듣고 계탁하여 부처님과 보살이 아닌 것으로 삼기 때문에 '바르게 믿지 않음'이라고 한다. 연기법을 굳건히 믿기 때문에 능히 용맹정진하여 끝

十句章釋弟*二句云。二隨文取義。有五種過者。云云。若聞凡名非聖等者。卽有五過。一不正信。二退勇猛。三詐他。四謗佛。五輕法也。

대 기

『대기』에 이른다. 네 번째 문답 가운데 망정을 기준으로 함과 이법을 기준으로 함에 통틀어 근거해서 질문한 까닭에 다름과 다르지 않음으로써 차례대로 답한 것이다. 혹은 앞에서는 세 가지 자성과 세 가지 자성 없음의 설을 기준으로 하여 증분과 교분의 중도를 나타내었고, 지금은 근본과 지말이 서로 돕는 등의 뜻을 기준으로 하여 중도를 나타내는 까닭에 질문하는 것이고, 답 가운데 다름과 다르지 않음의 뜻은 모두 이법의 문을 기준으로 한 것이라고 한다. 혹은 앞에서는 증분과 교분을 기준으로 하여 하나의 분별없는 뜻을 밝힌 까닭이고, 만약 그렇다면 증분과 교분은 어떻게 다른가, 이와 같이 묻는 것이라고 한다.

大記云。弟*四問答中。通據約情約理問故。以別不別。如次答也。一云。前約三性三無性之詮。現訂*敎中道。今約本末相資等義。現中道故問也。答中別不別義。並約理門也。一云。前約訂*敎。明一無分別之義故。若爾。訂*

내 퇴전하지 않는데, 믿지 않기 때문에 '용맹함에서 물러남'이라고 한다. 스스로 연기법을 믿기 때문에 비로소 남을 위해 설하여 남이 미혹하지 않게 하는데, 대연기법을 믿지 않기 때문에 범부와 성인이 다르다고 계탁하여 남을 속여서 설하기 때문에 '남을 속임'이라고 한다. 부처님의 세계가 곧 범부의 세계이고 범부의 세계가 곧 부처님의 세계라 범부와 성인이 둘이 없는데, 범부와 성인을 다르다고 계탁하기 때문에 '부처님을 비방함'이라고 한다. 이와 같기 때문에 또한 '법을 가벼이 여김'인 것이다.(問。何故聞凡名。不是佛菩薩者。有五過耶。答緣起法中。凡聖不異。以不信大緣起法故。聞凡名計爲非是佛菩薩故。云不正信也。以於緣起法。決定信故。能勇猛精進。永不退轉。爲不信故。云退勇猛也。以自信緣起法故。方爲他說。不令他迷。以不信大緣起法。計凡聖異。誑他而說故。云誑他也。佛界卽凡界。凡界卽佛界。凡聖無二而計凡聖別故。云謗佛也。由如是故。亦輕法也。)"

教云何別耶。如是問也。

표훈 대덕의 뜻은 이 네 번째 문답 이하에 네 단계의 뜻이 있다는 것이다. 말하자면 '문 위에서 말한 바'부터 '그러므로 다르지 않다'까지는 '표시함(標)'이다. '문 만약 이와 같다면'부터 '둘이 함께 서로 방해하지 않는다'까지는 '풀이함(釋)'이다. '말함과 말하지 않음' 등은 '맺음(結)'이다. '그러므로 경에 이르기를' 아래는 '인용하여 증명함(引證)'이다.

訓德之意。則此弟*四問答以下。有四段義。謂從問如上所言至是故不別者。標也。問若如是至二俱不相防者。釋也。說與不說等者。結也。是故經云下。引訂*也。

표시함 가운데 처음 표시함은 증분과 교분이 상대하여 다른 뜻을 밝히고, 뒤의 표시함은 근본과 지말이 상대하여 다르지 않음을 밝힌다. 두 번째, 풀이함 가운데 다섯이 있다. 첫째, '문 만약 이와 같다면'부터 '근본과 다르지 않다'까지는 근본과 지말의 상대를 풀이한다. 둘째, '근본과 다르지 않기 (때문에)'부터 '말하지 아니하되 말한다'까지는 고요함과 작용함이 걸림 없는 것으로 뜻과 설함의 상대를 풀이한다. 셋째, '말하지 아니하되 말하기 (때문에)'부터 '말하는 것이 곧 말하는 것이 아니다'까지는 위의 증분 또한 설할 수 있고 교분 또한 설할 수 없는 뜻을 풀이한 것이다. 넷째, '말하는 것이 곧 말하는 것이 아니기 (때문에)'부터 '말하지 않는 것을 곧 얻을 수 없다'까지는 증분과 교분의 두 법의 성性이 중도에 있어서 한 맛인 뜻을 풀이한다. 다섯째, '둘을 함께 얻을 수 없기 (때문에)'는 갖가지가 장애하지 않고 한 맛임을 나타내기 때문에 설함과 설하지 않음을 갖춘다. 이상 다섯 단계의 풀이하는 구절은 오중해인에 준한 것이다.

標中初標。訂*敎相對。以明別義。後標。本末相對。以明不別。二釋中有五。一問若如是至與本不異者。釋本末相對。二與本不異至不說而說者。是寂用無㝵。釋義說相對。三不說而說至說則非說者。釋上訂*分亦是可說敎分亦是不可說義。四說卽非說至不說卽不可得者。釋訂*敎兩法性在中道一味之義也。五二俱不可得者。現種種不㝵一味故。具說不說也。此上五段釋句。准於五重海印也。

세 번째, 맺음에서 '말함과 말하지 않음'의 뜻은 두 가지 큼(二大)[163]을 설하는 것이다. '생겨남과 생겨나지 않음'은 '서원이 잘 결정되어 있다(願善決定)'에서 여섯 가지 결정되어 있음의 자리[164]이다. '움직임과 움직이지 않음'은 근본의 들어감과 아홉 가지 들어감 등이다.[165]

---

163 두 가지 큼(二大) : 뜻이 큼(義大)과 가르침이 큼(敎大)을 가리킨다. 상권 2 각주 80) 참조.

164 '서원이 잘 결정되어 있다(願善決定)'는 『화엄경』「십지품」에서 금강장보살이 삼매에서 일어나 바로 십지의 이름을 열거하기 전에 설하는 구절의 일부분이다. 세친은 『십지경론』에서 이 구절을 여섯 가지(六種)의 '잘 결정되어 있음(善決定)'으로 풀이한 후 이를 육상설로 회통시키고 있다. 여섯 가지 선결정을 『십지경론』의 해당 『십지경』 구절과 함께 도시하면 다음과 같다.

六善決定 『십지경론』		『십지경』
(願善決定)		(諸佛子。是諸菩薩。願善決定。)
① 觀相善決定		無雜
② 眞實善決定		不可見
③ 勝善決定		廣大如法界
④ 因善決定	成無常愛果因善決定	究竟如虛空
	常果因善決定	盡未來際
⑤ 大善決定		覆護一切衆生界
⑥ 不怯弱善決定		佛子。是諸菩薩乃能入過去諸佛智地。乃能入未來諸佛智地。乃能入現在諸佛智地。

출전 : K15, 6a11~c9; T26, 126b27~127a11

165 표훈이 시설한 이상의 4단의 내용을 『일승법계도』 원문과 함께 정리하면 다음과 같다.

三結中。說與不說義。說二大。生與不生。願善決定六決定處。動與不動者。根本入九入等也。

대 기

『대기』에 이른다. 다섯 번째 문답에서 질문의 뜻은 앞의 문답 가운데 다만 연기가 자성이 없어서 근본과 다르지 않은 것만을 밝히고, 그 근본이 지말과 다르지 않은 것을 나타내지 아니한 까닭에 이 뜻을 드러내고자 이 질문을 일으킨 것이다. 답 가운데 먼저 그 뜻을 총괄하여 답한다. '만약……한다면'은 거듭 묻는 것이다. '깨달은 것이 말(言)에 있다' 아래는 널리 답한 것이다. 이 널리 답한 것에서 앞의 다름과 다르지 않음의 뜻을 함께 나타낸다. 그 가운데 둘이 있다. 먼저 교분과 증분의 중도를 밝히고, 나중에 '또한 바르게 설한' 아래는 바른 뜻(正義)과 바른 말(正說)의 둘이 없는

<table>
<tr><th colspan="2">表訓四段義</th><th colspan="2">『일승법계도』</th></tr>
<tr><td rowspan="2">標</td><td>初標</td><td>問。如上所言訂分之法及緣起分法。有何差別。答。別不別。其義云何。訂分之法。約實相說。唯訂所知。緣起分法。爲衆生說。與緣相應。是故全別。</td><td rowspan="2">제4문답</td></tr>
<tr><td>後標</td><td>緣起之法。從衆緣生。無有自性。與本不異。是故不別。</td></tr>
<tr><td rowspan="5">釋</td><td>一</td><td>問。若如是者。以自所訂。爲衆生。與末不異。尋常差別耶。答。亦得其義。若爲所訂在言。與末不異。言說在訂。與本不異。</td><td rowspan="11">제5문답 중 전반부</td></tr>
<tr><td>二</td><td>與本不異故。用而常寂。說而不說。與末不異故。寂而常用。不說而說。</td></tr>
<tr><td>三</td><td>不說而說故。不說卽非不說。說而不說故。說卽非說。</td></tr>
<tr><td>四</td><td>說卽非說故。說卽不可得。不說卽非不說故。不說卽不可得.*</td></tr>
<tr><td>五</td><td>二俱不可得(故。二俱不相防)</td></tr>
<tr><td rowspan="5">結</td><td rowspan="2">說二大</td><td>以此義故。</td></tr>
<tr><td>說與不說。(等無差別。)</td></tr>
<tr><td>願善決定
六決定處</td><td>生與不生。(等無差別。)</td></tr>
<tr><td rowspan="2">根本入九入</td><td>動與不動。(等無差別。)</td></tr>
<tr><td>(一切差別相對法門。准例如是。)</td></tr>
<tr><td colspan="2">引訂</td><td>是故經云。有爲無爲一切諸法。有佛無佛。性相常住。無有變異。是其義也。</td></tr>
</table>

* 高에는 '불가득不可得'이 '비불설非不說'로 되어 있다. 갑본과 이곳『대기』에는 '불가득'으로 되어 있으며 번역에서는 '불가득'으로 바꾸었다.

중도를 나타낸다. 이 바른 뜻과 바른 말은, 혹은 바른 뜻은 안으로 증득함이고 바른 말은 밖으로 교화함이라고 한다. 그러나 바른 뜻은 일승이고 바른 말은 삼승이다.

大記云。弟*五問答中。問意。則前問答中。但明緣起無性與本不異。不現其本與末不異故。欲現此義。起此問也。答中先摠答其義。若爲者。牒問。所訂*在言下。廣答。此廣答中。并現前中別不別之義。於中有二。先明敎訂*中道。後亦可正說下。現正義正說無二中道。此正義正說者。一云。正義內訂。* 正說外化也。然正義則一乘。正說則三乘也。

'모든 법의 실상實相은 말에 있지 않으니'에서,

문 말로 뜻을 삼으면 말이 중도인데 어째서 실상이 말에 있지 않다고 하는가?

답 말과 뜻이 구경인 곳에는 말이 바로 뜻이니 곧 중도인 까닭에 말에 있지 않다고 하는 것이다.

'근기의 이익에 있으므로 이름에 진성이 없으며'라는 것은, '진성에 있지 않으니'를 근거로 하여 진성이 없음을 삼은 것이 아니다. 자성의 실체가 없음을 기준으로 한 까닭에 '진성이 없으며'라고 한 것이다. '(제법의 실상은) 이름의 성품을 여의었으므로 이름하되 이름이 없다' 아래는 '모든 법의 실상實相은 말에 있지 않으니'의 뜻을 근거로 하여 나타낸 것이다. '이름에 진성이 없으므로' 아래는 '말의 법은 진성眞性에 있지 않으니'의 뜻을 근거로 하여 나타낸 것이다.

諸法實相不在言中者。問。以言爲義。則言是中道。何云實相不在言耶。答。言義究竟之處。言正是義。卽是中道。故云不在言也。在機益故名無眞性者。非是牒上不在眞性爲無眞性。約無自性之實。故云無眞性也。離名性故名而無名下。牒現諸法實相不在言中之義。名無眞性故下。牒現言說之法不在眞性之義也。

법융기

『법기』에 이른다. '중도는 말과 말 아닌 것에 통한다. 무슨 까닭인가? 모든 법의 실상實相은 말에 있지 않으니' 등에서,

문 중도와 실상이 어떻게 다른가?

답 중도는 이미 말과 말 아닌 것에 통한다고 한 까닭에 증분과 교분에 통한다. 실상은 이미 말에 있지 않은 까닭에 오직 증분일 뿐이다. 말하자면 뜻으로 가르침을 삼으면 가르침 밖에 뜻이 없다. 가르침에 곁이 없기 때문에 가르침이 중도이다. 뜻 또한 이와 같기 때문에 증분이 중도이다.

法記云。中道者。通言非言。何以故。諸法實相不在言中等者。問。中道與實相何別。答。中道則旣云通言非言故。通於訂*敎。實相則旣不在言故。唯是訂*也。謂以義爲敎。敎外無義。敎無側故。敎是中道。義亦如是故。是訂*中道也。

대 기

『대기』에 이른다. 여섯 번째 문답에서 '앞과 뒤의 두 뜻'이란 '또한 바르게 말한 법 중에는'을 기준으로 하여, 위는 앞의 뜻이고 아래는 뒤의 뜻이다. '근본과 지말이 상즉' 등에서, 근본은 부처님이며 일승이고 지말은 중생이며 소승·삼승이다. 이들은 모두 법성의 집안의 진실한 덕용이기 때문이다. '이름(名)과 뜻(義)이 서로 객客이 됨으로써'는 일체 모든 법이 이름과 뜻을 벗어나지 않으니, 이름과 뜻의 자성에 고정되어 집착하는 사람을 위하여 그 서로 객이 되어 자성이 없는 도리를 나타낸 것이다. '자체의 이름 없는 참된 근원'은, 바로는 증분이며 겸으로는 연기이니 머무름 없는

별교이다.

大記云。弟*六問答中。前後兩義者。約亦可正說法中以上爲前義。以下爲後義也。本末相卽等者。本則佛也一乘也。末則衆生也小乘三乘也。此等摠是法性家內眞實德用故也。名義互爲客者。一切諸法。不出名義也。爲定執名義自性之人。現其互相爲客無有自性之道理也。自體無名眞源者。正是訂*分。兼是緣起。無住別敎也。

문 참된 근원은 곧 근본과 지말이 서로 도와서 나타나는 바이기 때문에 깊다면, 서로 돕는 근본은 비록 증분이라 할지라도 오히려 얕은가?
답 우선 삼승을 따라서 이 말을 할 뿐이고, 만약 실제를 기준으로 하면 한가지로 한 자리이다.

이 중도로써 중생을 교화하는 것은 구경은 바로 일승이기 때문에 "교화함과 교화됨의 핵심(宗要)이 여기에 있다."라고 한 것이다.

問。眞源則本末相資之所現故深也。相資之本。雖云是訂*而猶淺耶。答。且順三乘作是說耳。若約實則同是一處也。以此中道。化衆生者。究竟正是一乘。故云能化所化宗要在此也。

법융기

『법기』에 이른다. '근본과 지말이 상즉하고'는 (다음과 같다.) 숙교에서는 근본에 의거하여 일어난 지말을 없애 근본으로 되돌이켜야 비로소 한 마음을 드러낸다. 그것에 기대어서 일승의 증분과 교분의 두 법의 성이 중도에 있음을 나타낸 것이다. '이름(名)과 뜻(義)이 서로 객客이 됨'은 (다음과 같다.) 초교에서는 이름과 뜻이 서로 객이 됨으로써 이름과 뜻의 무아의 도리를 나타낸다. 그것에 기대어서 일승의 증분과 교분의 두 법의 자성이 없는 뜻을 나타낸 것이다. '드러나는 도리는 다르지 않으나 설명하는 방편이 다르다'라는 것은, 초교와 숙교가 세우는 바 뜻은 다르나 그것에 기대어서 나타나는 바 무아와 중도의 뜻은 일승의 증분과 교분의 둘이 없는 뜻을 나타내기 때문이다.

法記云。本末相卽者。熟敎中。泯依本所起之末。還歸於本。方現一心。寄彼以現一乘訂*敎二法性在中道也。名義互爲客者。初敎中。以名義互爲[1)]客。現名及義無我道理。寄彼以現一乘訂*敎二法無自性義也。所現道理不異能詮方便別者。初敎熟敎所立義別。而寄彼所現無我及中道之義。以現一乘訂*敎無二之義故也。

1) (원) 을본에는 '爲'가 '憑'으로 되어 있다.

(대 기)[166]

일곱 번째 문답에서 질문의 뜻은 곧 차별을 없애서 중도에 돌아가는 것은 종교 가운데 이 뜻을 논할 수 있으나, 그러나 맨 끝을 기준으로 한 까닭에 '이 뜻은 돈교頓敎의 근본(宗)에 해당하는데'라고 한 것이다. 대답의 뜻은 곧 유마는 문수보살의 말을 떨쳐 버리고 오로지 적막한 가운데에서 침묵하나, 여덟 번 모임(八會)[167]의 부처님의 침묵은 말을 움직이지 않는 침묵이기 때문에 다르다. 말하자면 그 말함과 말하지 않음, 이름과 뜻, 근본과 지말을 없애서 중도에 돌아가게 하는 것은 또한 삼승의 설에 따르는 것이다. 만약 일승의 실제의 뜻을 기준으로 하면 이름과 뜻, 근본과 지말을 움직이지 않음이 곧 법성의 집 안의 진실한 덕이기 때문에 돈교의

166 저본과 [高]에는 『대기』로 명시하고 있지 않으나, 앞에서 『대기』가 『일승법계도』의 해당 구절을 일곱 문답으로 구분하고 여기서 일곱 번째 문답을 풀이하는 등의 문맥으로 볼 때 『대기』로부터의 인용으로 보인다.

167 『육십화엄』을 가리킨다.

근본(宗)에 해당하지 않는다.

弟*七問答中。問意。則泯差別歸中道。終教之中。得論此義。然約最極。故云此義當頓教宗也。答意。則維摩拂文殊之言。默於一寂。八會佛默。不動言說之默故。別也。謂泯其說與不說名義本末。令歸中道者。且順三乘之說。若約一乘實意。則不動名義本末。卽是法性家內眞實德故。不當頓教宗也。

법융기

『법기』에 이른다. '우선 분별을 막기 위하여 삼승의 설에 따른 것이니' 등은 바로 삼승의 사람이 그 익숙한 바를 버리고 일승에 들어가게 하면 믿어서 받아들이기 어려울까 염려한 까닭에 방편으로 그 집착에 기대어 따라서 분별을 막는 것이다. 어떤 이는 이른다. 비록 아래의 사교四敎가 모두 진실한 덕이지만 만약 소승과 초교 등이 곧 일승이라고 말하면 그 익힌 바를 드러내어 분별을 더하므로 저 삼승의 차별하는 병이 다하는 돈교의 뜻에 기대어 설하였기 때문에, "우선 분별을 막기 위하여 삼승의 설에 따른 것이니, 대개 지혜로운 이의 수승하고 오묘한 능력이다."라고 한 것이다.

法記云。且護分別故順三乘說等者。直令三乘之人捨其所習入於一乘。恐難信受。故以方便。寄順其執。護分別也。一云。雖下四教摠是實德。若言小乘及初教等卽是一乘。則稱其所習增分別故。寄彼三乘差別病盡頓教義說。故云且護分別故順三乘說蓋是智者勝妙能也。

3. 귀가歸家 如說修行至名曰爲家

'말씀대로 수행하여'부터 '이름하여 집(家)이라고 한다'까지[168]
如說修行至名曰爲家

대 기

『대기』에 이른다. '말씀대로 수행하여 성자의 뜻을 얻음'이란, 수행은 깨달음에 나아가야 비로소 옳으니 모든 부처님께서 미혹한 무리가 필경에 마침내 법성의 집에 이르게 하려는 까닭이다. (이것이) 말로 된 가르침을 시설하는 큰 뜻이다. '법성의 참된 공空'은 구경을 기준으로 하면 증분의 법성의 집이다. 그러나 이 가운데의 뜻은 증분과 교분을 나누지 않고 총괄하여 수행자의 수행방편을 밝히기 때문에 증분과 교분을 통틀은 것이다. '법계다라니'는 증분이고 '인다라니의 집' 등은 교분이니 머무름 없는 별교이다.

大記云。如說修行得聖者意者。修行趣訂*方得。諸佛欲令群迷畢竟終至法性家故。施設言敎之大意也。法性眞空者。約究竟。則訂*分法性家也。然此中意。不分訂*敎。揔明行者修行方便故。通訂*敎也。法界陁羅尼者。訂*分。因陁羅尼家等者。敎分。無住別敎也。

법융기

『융기』에 이른다. '집(宅)'은 증분이고 '집(舍)'은 연기분이다. '법계다라니

168 『총수록』(H6, 828c23). 이에 해당하는 『일승법계도』 원문은 H2, 5b12~5b19; H6, 813b7~15.

의 집'은 이법이고 '인다라니와 미세' 등은 현상(事)이다. 말하자면 한 법을 기준으로 하여 법계를 온전히 거두어 곁이 없고 남음이 없는 것은 법계다라니이다. 하나하나의 법법마다 거듭거듭 서로 거두어 끝이 없고 끝이 없는 것은 인다라니이다. 하나의 법에 일체 모든 법이 가지런히 함께 나타나는 것은 미세(다라니)이다. '성자가 의거하여 머무르는 곳이므로 이름하여 '집(家)'이라고 한다'라는 것은 십현문이다.

문 이 십현문은 교분이 되는가, 또한 증분인가?

답 만약 자신의 깨달음을 기준으로 하면 증분이고 남을 위해 시설한 것이라면 교분이다.

融記云。宅者訂*分。舍者緣起分也。法界陁羅尼家者理也。因陁羅尼及微細等者事也。謂約一法。全攝法界。無側無遺者。法界陁羅尼也。一一法法。重重相攝。無盡無盡者。因陁羅尼也。於一法中。一切諸法。齊頭並現者微細也。聖者所依住故名曰爲家者。十玄門也。問。此十玄門。爲是教分。亦訂*分耶。答。若約自訂*則訂*分。爲他施設則教分也。

『법계도기총수록』 하권 1

法界圖記叢髓錄卷下之一

법계도기총수록 하권 2

| 法界圖記叢髓錄 卷下之二 |

법계도기총수록 하권 2

『일승법계도』 원문 四 (二得益~一時成佛) / 481

주석

• 석문釋文 3 (別解印相 중 釋文意 : [4] 得益)

글에 이른다. 두 번째 이익 얻음이다. '다라니'라고 하는 것은 모두 지니기(總持) 때문이다. 아래의 열 개의 동전을 세는 법(數十錢法) 가운데 설하는 것과 같다. '실제實際'란 법성을 끝까지 다하기 때문이다. '중도'란 두 변邊을 원융하게 하기 때문이다. '자리에 앉는다(坐床)'란 일체를 섭수하기 때문이다. 법계의 열 가지 열반의 광대한 보배자리에 편안히 앉아서 일체를 섭수하므로 '자리에 앉는다'라고 이름한 것이다. '보배'란 귀하기 때문이며, '자리(床)'란 곧 섭수하여 지니는 뜻인 까닭이다. '열 가지 열반'은 아래 경의「이세간품」에서 설한 것[1]과 같다.

文云。二1)得益。謂陁羅尼者。摠持故。如下數十錢法中說。實際者。窮法性故。中道者。融二邊故。坐坐2)者。攝一切故。安坐3)法界十種涅槃廣大寶床。4)攝一切故。名曰坐床。寶者。可貴故。床者。攝持5)義故。十種涅槃者。如下經離世間品說。

1) ㉯ 갑본에는 '文云二'가 '二明'으로 되어 있다. 2) ㉯ 갑본에는 '坐'가 '床'으로 되어 있다. ㉮ 底·高에는 '坐'로 되어 있지만 번역에서는 韓·卍·大를 따라 '床'으로 바꾸었다. 3) ㉯ 갑본에는 '坐'가 '在'로 되어 있다. 4) ㉯ 갑본에는 '床'이 '牀'으로 되어 있다. 5) ㉯ 갑본에는 '攝持'가 '卽攝攝'으로 되어 있다.

'예부터 움직이지 않는다.(舊來不動)'란 예부터 부처를 이루었다는 뜻이기 때문이다. 이른바 열 부처님이니『화엄경』에서 설하는 것과 같다. 첫째는 무착불無着佛이니 세간에 편안히 머물러 바른 깨달음을 이루기 때문이다. 둘째는 원불願佛이니 출생하기 때문이다. 셋째는 업보불業報佛이니 믿

1 『육십화엄』「이세간품」(K8, 299a18~b9; T9, 669a26~b12).

기 때문이다. 넷째는 지불持佛이니 따라주기 때문이다. 다섯째는 열반불涅槃佛이니 영원히 건너갔기 때문이다. 여섯째는 법계불法界佛이니 이르지 않는 곳이 없기 때문이다. 일곱째는 심불心佛이니 편안히 머무르기 때문이다. 여덟째는 삼매불三昧佛이니 한량없이 집착 없기 때문이다. 아홉째는 성불性佛이니 결정되어 있기 때문이다. 열째는 여의불如意佛이니 두루 덮기 때문이다.

어째서 열의 수로 설하는가? 많은 부처님을 드러내고자 하는 까닭이다. 이 뜻은 모든 법의 참된 근원이며 구경의 오묘한 핵심(宗)이어서 매우 깊고 난해하니 깊이 생각해야 한다.

舊來不動者。舊來成[1]佛義故。所謂十佛。如花[2]嚴經說。[3] 一無着[4]佛。安住世間成正覺故。二願佛。出生故。三業報佛。信故。四持佛。隨順故。五涅槃[5]佛。永[6]度故。六法界佛。無處不至故。七心佛。安住故。八三昧佛。無量[7]無着*故。九性佛。決定故。十如意佛。普覆故。何故十數說。欲現[8]多佛故。此義。諸法之眞源。究竟之玄宗。甚深難解。且[9]可深思。

1) ㉯ 갑본에는 '成'이 없다. 2) ㉯ 갑본에는 '花'가 '華'로 되어 있다. 3) ㉯ 갑본에는 '說'이 없다. 4) ㉯ 갑본에는 '着'이 '著'으로 되어 있다. 이하도 동일하다. 5) ㉯ 갑본에는 '涅槃'이 '化'로 되어 있다. ㉧ 韓·卍·大에도 '化'로 되어 있다. 6) ㉯ 갑본은 관주에서 '永'이 어느 본에는 '求'로 되어 있다고 한다. 7) ㉯ 갑본은 관주에서 '量'이 어느 본에는 '碍'로 되어 있다고 한다. 8) ㉯ 갑본에는 '現'이 '顯'으로 되어 있다. 이하도 동일하다. 9) ㉯ 갑본에는 '且'가 '宜'로 되어 있다.

문 얽매여 있는 중생이 아직 번뇌를 끊지 못했고 아직 복덕과 지혜를 이루지 못했는데 무슨 뜻으로 예부터 부처를 이루었다고 하는가?

답 번뇌를 아직 끊지 못했으면 부처를 이루었다고 이름하지 않는다. 번뇌를 다 끊고 복덕과 지혜를 이루어 마쳐야, 이로부터 이후로 이름하여 '예부터 부처를 이루었다'라고 한다.

問。具縛有情。未[1)]斷煩惱。[2)] 未成福智。以何義故。舊來成佛耶。[3)] 答。煩惱* 未斷。不名成佛。煩惱*斷盡。福智成竟。自此已去。名爲舊來成佛。

1) ㉠ 갑본에는 '未'가 '永'으로 되어 있다. 갑본은 관주에서 '永'이 '未'로 의심된다고 한다. 2) ㉠ 갑본에는 '煩惱'가 '菩薩'로 되어 있다. 갑본은 관주에서 '菩薩'이 '煩惱'로 의심되며 아래도 이와 같다고 한다. 이하도 동일하다. 3) ㉠ 갑본에는 '耶'가 '也'로 되어 있다.

문 번뇌를 끊는다는 것은 무엇인가?

답 『십지경론』에서 설한 것[2]과 같이, 처음도 아니고 중간도 나중도 아니니, 앞과 가운데와 뒤에서 취하기 때문이다.

어떻게 끊는가? 허공과 같다. 이와 같이 끊으므로 아직 끊기 이전을 '끊었다'라고 이름하지 않고, 이미 끊은 이후를 '예부터 끊었다(舊來斷)'라고 이름한다. 마치 꿈을 깸(覺)과 꿈을 꿈(夢), 잠을 잠(睡)과 잠을 깸(悟)이 같지 않은 것과 같다. 그러므로 이룸(成)과 이루지 않음, 끊음과 끊지 않음 등을 세우지만, 그 참된 도리는 모든 법의 실상實相이 늘지도 않고 줄지도 않으며 본래 움직이지 않는 것이다. 그러므로 경에서 이르기를, "번뇌의 법 가운데 한 법도 줄어드는 것을 보지 못하며, 청정한 법 가운데 한 법도 늘어나는 것을 보지 못한다."[3]라고 한 것이 그 일이다.

問。斷惑云何。答。如地論說。非初非中後。前中後取故。云何斷。如虛空。如是斷故。未斷已還。不名爲斷。旣[1)]斷已去。名爲舊來斷也。猶如覺夢睡悟不同。故建立成不成斷不斷等。其實道理。諸法實相。不增不減。本來不動。是故經云。[2)] 煩惱*法中。不見一法減。淸淨法中。不見一法增。是其事也。

2 『십지경론』(K15, 15a4~b17; T26, 133a8~b12).

3 『십지경론』(K15, 52b5~6; T26, 158b21~22). 『육십화엄』에서의 해당 위치는 다음과 같다. K8, 173a11~12; T9, 552b13.

1) (원) 갑본에는 '旣'가 '現'으로 되어 있다. 2) (원) 갑본에는 '云'이 '言'으로 되어 있다. 이하 동일.

어떤 사람은 말하기를, 이와 같은 등의 경문은 이법(理)에 즉함을 기준으로 하여 설한 것이고 현상(事)에 즉하여 설한 것이 아니라고 한다. 만약 삼승의 방편 가르침의 문을 기준으로 하면 합당히 이 뜻이 있으나, 일승의 실다운 가르침의 문을 의거하면 그 이치를 다하지 못한다. 이법과 현상이 그윽하여 하나로서 분별이 없으며 체體와 용用이 원융하여 항상 중도에 있으니, 자기의 일 이외에 어디에서 이법을 얻겠는가?

有人說云。* 如是等經文。約卽理說。非卽事說。若約三乘方便敎門。合有此義。若依一乘如實敎門。不盡其理。理事冥[1]然。一無分別。體用圓融。常在中道。自事以外。何處得理。

1) (역) [韓]·[卍]·[大]에는 '冥'이 '寞'으로 되어 있다.

문 삼승의 가르침 가운데 또한 고요하되 항상 작용하고 작용하되 항상 고요함이 있는데, 이와 같은 뜻을 무슨 까닭에 위에서 이법에 즉한 문에 치우치고 현상에 즉하지 않아서 자재롭지 않다고 말하였는가?

답 이법과 현상이 상즉하므로 이와 같은 뜻이 있다. 현상과 현상이 상즉함을 말하는 것은 아니다. 무슨 까닭인가? 삼승의 가르침에서는 분별하는 병을 다스리고자 현상을 모아서 이법에 들어가는 것을 근본으로 하기 때문이다. 만약 별교일승에 의하면 이법과 이법의 상즉 또한 가능하고, 현상과 현상의 상즉 또한 가능하며, 이법과 현상의 상즉 또한 가능하며, 각각 상즉하지 않음도 또한 가능하다. 무슨 까닭인가? 중中과 즉卽이 같지 않기 때문이며, 또한 이법의 인다라니因陀羅尼와 현상의 인다라니 등의 법문을 구족함이 있기 때문이다. 열 부처님과 보현(보살)의 법계의 집 가운데 이 같은 등의 걸림 없는 법계의 법문이 있어서 매우 자재하기 때문이다. 그 나머지 거스름(逆)과 따름(順), 주主와 반伴의 서로 이루는 등의 법문은, 예에 준하여 서로 거두면 뜻에 따라 풀이할 수 있다.

問。三乘敎中。亦有寂而常用。用而常寂。如是等義。何故上云。* 偏[1]卽理門。不卽事中。不自在耶。答。理事相卽故。有如是義。非謂事事相卽。何以故。三乘敎中。欲治分別病。會事入理爲宗故。若依別敎一乘。理理相卽亦得。事事相卽亦得。理事相卽亦得。各各不相卽亦得。[2] 何以故。中卽不同故。亦有具足理因陁羅[3]及事因陁[4]等法門故。十佛普賢法界宅中。有如是等無障㝵法界法門。極自在故。其餘逆順主伴[5]相成等法門。准例相攝。隨義消息。

1) ㉆ 갑본에는 '徧'이 '偏'으로 되어 있다. 을본에는 '遍'으로 되어 있다. ㉇ 번역에서는 韓·卍·大를 따라 '偏'으로 바꾸었다. 2) ㉆ 갑본에는 '得' 다음에 '相卽'이 있다. 3) ㉇ 韓·卍·大에는 '羅' 다음에 '尼'가 있다. 4) ㉆ 갑본에는 '陁' 다음에 '羅尼'가 있다. 5) ㉆ 갑본에는 '伴'이 '半'으로 되어 있다.

만약 연기의 실상인 다라니법을 관觀하고자 한다면, 먼저 열 개의 동전을 세는 법(數十錢法)을 배워야 한다. 이른바 한 동전(一錢) 내지 열 동전(十錢)이다. 열(十)을 말한 까닭은 한량없음을 나타내고자 하는 까닭이다. 이 가운데 둘이 있다. 첫째는 하나 가운데 열이고 열 가운데 하나이다. 둘째는 하나가 곧 열이고 열이 곧 하나이다.

若欲觀緣起實相陁羅尼法者。先應學[1]數十錢法。所謂一錢乃至十錢。所以說十者。欲現*無量故。此中有二。一者一中[2]十十中一。二者一卽十十卽一。

1) ㉆ 갑본에는 '學'이 '覺'으로 되어 있다. 2) ㉆ 갑본에는 '中'이 '卽'으로 되어 있다. 갑본은 관주에서 '卽'이 '中'으로 의심된다고 한다.

첫째 문 가운데 둘이 있으니, 첫 번째는 위로 향하여 오고(向上來) 두 번째는 아래로 향하여 간다(向下去). 위로 향하여 온다고 말한 가운데 열 문이 있어 같지 않다. 첫째는 하나이다. 무슨 까닭인가? 연緣으로 이루어지는 까닭이니 곧 근본수이다. 내지 열째는 하나 가운데 열이다. 무슨 까닭인가? 만약 하나가 없으면 열은 곧 이루어지지 않으며 또한 열은 하나가 아닌 까닭이다. 나머지 문 또한 이와 같으니 예에 준하면 알 수 있다.

初門中有二。一者向上來。二者向下去。言向上來中。有十門不同。一者一。何以故。緣成故。卽是本數。乃至十者一中十。何以故。若無一。十卽不成。仍十非一。[1] 餘門亦如是。准例可知。

1) ⓔ 갑본에는 '一' 아래에 '故'가 있다. 여기서는 '向下去'의 경우와 같이 '故'를 넣어 해석하였다.

아래로 향하여 간다고 말한 가운데 또한 열 문이 있다. 첫째는 열이다. 무슨 까닭인가? 연緣으로 이루어지는 까닭이다. 내지 열째는 열 가운데 하나이다. 무슨 까닭인가? 만약 열이 없으면 하나는 곧 이루어지지 않으며 또한 하나는 열이 아니기 때문이다. 나머지 또한 이와 같다. 이와 같이 오가며 견주어 맞추어 보면 곧 낱낱의 동전 가운데 열 문이 갖추어졌음을 안 것이다. 근본과 지말의 두 동전 가운데 열 문이 갖추어진 것처럼, 나머지 여덟 동전 가운데도 예에 준하면 알 수 있다.

言向下去中。亦有十門。一者十。何以故。緣成故。乃至十者十中一。何以故。若無十。一卽不成。仍一非十故。餘亦如是。如是往反[1]勘當。卽知一一錢中具足十門。如本末兩錢中具足十門。餘八錢中。准例可解。

1) ⓔ 갑본에는 '如是往反'이 '生變如是'로 되어 있다.

문 이미 하나라고 말했다면 어떻게 하나 가운데 열이라고 이름할 수 있는가?

답 대연기의 다라니법에는 만약 하나가 없으면 일체가 곧 이루어지지 않기 때문에, 반드시 이와 같이 그 모습이 어떠한지 알아야 한다. 말한 바 하나란 자성으로서의 하나가 아니라 연緣으로 이루어지는 까닭에 하나이며, 내지 열이란 자성으로서의 열이 아니라 연緣으로 이루어지는 까닭에 열이다. 일체의 연緣으로 생겨나는 법은 한 법도 결정코 자성을 가지고 있는 것이 없다. 자성이 없기 때문에 곧 자재하지 않다. 자재하지 않다란 곧 생겨나되 생겨나지 않고 생겨나지 않되 생겨남이다. 생겨나지 않되 생겨남이란 곧 머무르지 않음의 뜻이다. 머무르지 않음의 뜻이란 곧 중도의 뜻이다. 중도의 뜻이란 곧 생겨남과 생겨나지 않음에 통한다. 그러므로 용수龍樹가 이르기를, "인연으로 생겨난 법을 나는 곧 공이라고 설하며, 또한 가명假名이라고 설하며, 또한 곧 중도의 뜻이라고 한다."[4]라고 하니, 곧 그 뜻이다. 중도의 뜻이란 무분별의 뜻이다. 무분별의 법은 자성을 고수하지 않기 때문에 연緣을 따라 다함이 없으며 또한 머무르지 않는다.

問。既[1)]言一者。何得一中名爲十耶。[2)] 答。大緣起陁羅尼法。若無一。一切卽不成故。[3)] 定知如是。其相如何。[4)] 所言一者。非自性一。緣成故一。乃至十者。非自性十。緣成故十。一切緣生法。無有一法定有自[5)]性。無自性故。卽不自在。不自在[6)]者。卽生不生[7)]不生生。不生生者。卽是不住義。不住義者。卽是中道義。中[8)]道[9)]義者。卽通生不生。故龍樹云。因緣所生法。我說卽是空。亦說是[10)]假名。復[11)]是中道義。卽其義也。中道[12)]者。是無分別義。無分別法。不守自性故。隨緣無盡。亦是不住。

---

4 용수龍樹, 『中論』「觀四諦品」(K16, 392b14; T30, 33b11~12), "뭇 인연으로 생겨나는 법을, 나는 곧 무無라고 설한다. 또한 가명假名이 되며 또한 중도의 뜻이다.(衆因緣生法。我說卽是無。亦爲是假名。亦是中道義。)"

1) ㉯ 갑본에는 '旣'가 '現'으로 되어 있다. 2) ㉯ 갑본에는 '耶'가 '也'로 되어 있다. 3) ㉯ 갑본에는 '故'가 없다. 4) ㉯ 갑본에는 '何'가 없다. 5) ㉯ 갑본에는 '有自'가 '相有'로 되어 있다. 6) ㉯ 갑본에는 '不自在'가 없다. 7) ㉯ 갑본에는 '不生'이 없다. 8) ㉯ 갑본에는 '義中'이 없다. 9) ㉯ 갑본은 관주에서 '道' 앞에 '中'이 탈락된 것으로 의심된다고 한다. 10) ㉯ 갑본에는 '是' 앞에 '爲'가 있다. 갑본은 관주에서 '是'가 필요 없는 것으로 의심된다고 한다. 11) ㉯ 갑본에는 '復'가 '亦'으로 되어 있다. 12) ㉯ 갑본에는 '道' 다음에 '義'가 있다.

그러므로 마땅히 알아라. 하나 가운데 열과 열 가운데 하나는 서로 용납하여 걸림 없으나 또한 상즉(相是)은 아니다. 이미 하나의 문 가운데 열 문을 갖추므로 하나의 문 가운데 다함없는 뜻이 있음을 분명하게 안다. 하나의 문과 같이 나머지 또한 이와 같다.

是故當知。一中十。十中一。相容無导。仍不相是。旣[1]一門中。具足十門故。明知[2]一門中有無盡義。如一門。餘亦如是。

1) ㉰ 韓·卍·大에는 '旣'가 '現'으로 되어 있다. 2) ㉯ 갑본에는 '知'가 '中智'로 되어 있다.

문 하나의 문 가운데 열을 포섭하여 다하는가, 다하지 않는가?

답 다하기도 하고 다하지 않기도 하다. 그 까닭은 무엇인가? 다함을 구하면(須) 곧 다하고, 다하지 않음을 구하면 곧 다하지 않기 때문이다. 그 뜻은 무엇인가? 하나의 일(一事)로써 하나의 많음을 변별하는 까닭에 곧 다하고, 다른 일(異事)로써 하나의 많음을 변별하는 까닭에 곧 다하지 않는다. 또 하나의 일 가운데 하나와 많음의 뜻은 상즉(相是)하지 않으니 곧 많음이고, 하나의 일인 까닭에 곧 하나이다. 네 구절로 잘못을 막고 틀림을 제거하여 덕을 나타내니,[5] 이것에 준하면 이해할 수 있다. 다른 일 또

5 '잘못을 막고 틀림을 제거하여 덕을 나타내니(護過去非現德)'에 대해 『법융기』는 세 개의 항목(護過·去非·現德)으로 풀이한 반면, 균여는 세 개의 항목으로 보는 풀이를 소개하

한 준하여 같다.

問。一門中攝十盡不盡。[1] 答。盡不盡。所以者何。須盡卽盡。須不盡卽不盡故。其義云何。以一事辨一多故。卽盡。以異事辨一多故。卽不盡。又[2]一事中一多義不相是卽是多。一事故卽[3]是一。四句護過去[4]非現[5]德。准之可解。異事亦准同。

1) ㉯ 갑본에는 '盡'이 없다. 2) ㉯ 갑본에는 '又'가 '文'으로 되어 있다. 갑본은 관주에서 '文'이 '又'로 의심된다고 한다. 3) ㉯ 갑본에는 '卽' 다음에 '多'가 있다. 4) ㉯ 갑본에는 '去'가 '失'로 되어 있다. 5) ㉯ 갑본에는 '現'이 '離'로 되어 있다. 갑본은 관주에서 '離'가 '顯'으로 의심된다고 한다.

문 '구함(須)'이란 무슨 뜻인가?

답 '구함'이란 연緣으로 이루어진다는 뜻이다. 무슨 까닭인가? 인연법은 하나로서 차이가 없기 때문이다. 다르고 다른 모든 현상(事)의 부문 가운데도 예에 준하면 이와 같다. 연기의 오묘한 이법(理)은 마땅히 이와 같이 알아야 하기 때문이다. 첫째 문을 마친다.

問。須者[1]何義。答。須者緣成義。何以故。因緣法一不差失。[2] 別別諸事門中。准例如是。緣起妙理。應如是[3]知故。弟[4]一門訖。

1) ㉭ 韓·卍·大에는 '者'가 없다. 2) ㉯ 갑본에는 '失'이 '故'로 되어 있다. 3) ㉯ 갑본에는 '是' 다음에 '可'가 있다. 4) ㉯ 갑·을본에는 '弟'가 '第'로 되어 있다. 이하도 동일하다.

둘째 문은 이 가운데 두 가지 문이 (있다.) 첫 번째는 위로 향하여 가고(向上去), 두 번째는 아래로 향하여 온다(向下來). 첫 번째 문 가운데 열 문이

면서도 두 개의 항목(護過去非·現德)으로 해석한다. 『총수록』(H6, 840a22~b8), 『일승법계도원통기』(H4, 30c15~20).

같지 않다. 첫째는 하나이다. 무슨 까닭인가? 연緣으로 이루어지는 까닭이다. 내지 열째는 하나가 곧 열이다. 무슨 까닭인가? 만약 하나가 없으면 열은 곧 이루어지지 않기 때문이며, 연緣으로 이루어지는 까닭이다.

두 번째 문 가운데도 또한 열 문이 있다. 첫째는 열이다. 무슨 까닭인가? 연緣으로 이루어지는 까닭이다. 내지 열째는 열이 곧 하나이다. 만약 열이 없으면 하나가 곧 이루어지지 않기 때문이다. 나머지는 예에 준한다. 이 뜻으로 인한 까닭에 마땅히 알아라. 하나하나의 동전 가운데 열 문을 갖춘다.

弟*二門。此中二門。一者向上去。[1] 二者向下來。初門中。十門不同。一者一。何以故。緣成故。乃至十者一卽十。何以故。若無一。十卽不成故。緣成故。第二門中。亦有十門。一者十。何以故。緣成故。乃至十者十卽一。若無十。一卽不成故。餘者准例。以此義故。當知一一錢中具足十門。

1) ㉯ 갑본에는 '去' 다음에 '之'가 있다. 갑본은 관주에서 어느 본에는 '之'가 없다고 한다.

문 위와 같은 많은 문이 일시에 함께 원만한가, 앞과 뒤가 같지 않은가?

답 곧 원만하기도 하고 곧 앞과 뒤가 같지 않기도 하다. 무슨 까닭에 이와 같은가? 원만함을 구하면 곧 원만하고 앞과 뒤를 구하면 곧 앞과 뒤이다. 무슨 까닭인가? 법성의 집 안에 덕용德用이 자재하여 걸림이 없기 때문이니 연緣으로 이루어지는 까닭에 모두 이와 같다.

問。如上多門。一時俱圓耶。前後不同耶。答。卽圓卽前後不同。何故如是。須圓卽圓。須前後卽前後。何以故。法性家內德用。自在無障[1]导故。由緣成故。皆得如是。

1) 역 韓·卍에는 '障'이 '鄣'으로 되어 있다.

문 위에서 설한 바와 같은 오고 감의 뜻은 그 모양이 어떠한가?

답 자기 자리를 움직이지 아니하되 항상 오고 간다. 무슨 까닭인가? '오고 감'이란 연緣을 따르는 뜻이니 곧 인연의 뜻이다. '움직이지 않음'이란 근본을 향하는 뜻이니 곧 연기의 뜻이다.

問。如上所說來去義。其相云何。答。自位不動而恒來去。何以故。來去者。隨緣義。即是因緣義。不動者。向本義。即是緣起義。

문 인연과 연기는 어떻게 다른가?

답 다르기도 하고 같기도 하다. 이른바 다르다는 뜻은, 인연은 속제俗諦의 차별을 따른다. 곧 인因과 연緣이 서로 바라보아 자성이 없는 뜻을 나타내니, 바로 속제의 체體이다. 연기는 성품의 분별없음을 따른다. 곧 상즉하고 상융하여 평등의 뜻을 나타내니, 바로 제일의제第一義諦의 체體를 따른다. 속제는 자성이 없기 때문에 제일의제를 따른다. 그러므로 경에서 이르기를, "세제世諦를 따라 관觀하여 곧 제일의제에 들어간다."[6]라고 하니, 곧 그 뜻이다. 다른 뜻은 이와 같다. 같은 뜻은 앞의 용수보살의 해석[7]과 같다. 낱낱의 동전에 나아가 동시에 구족함(同時具足) 등의 열 가지 문에 의해서 돌려보면, 그것에 준하여 이해할 수 있다. 열 가지 문은 아래에 설하는 것과 같다.[8]

問。[1] 因緣與[2]緣起何別。答。亦別亦同。所謂別義者。因緣者。隨[3]俗差[4]別。

6 『십지경론』(K15, 68b2; T26, 169a17).

7 H2, 6b20~22; H6, 830b7~9.

8 뒤의 십현문을 구체적으로 설하는 부분을 가리킨다.(H2, 8a10~b7; H6, 832a12~b10).

即是因緣相望。現*無自性義。正俗諦體也。緣起者。順[5]性無分別。即是相即相融。現*平等義。正順*第一義體也。俗諦。無自性故。順弟[6]一義。是故經云。隨順觀世諦。即入弟*一義諦。即其[7]義[8]也。別義如是。同義。如前龍樹釋。就一一錢中。依同時具足等十[9]門。以廻轉者。准之可解。十門。如下[10]說。

1) ㉻ 을본에는 '問'이 '間'으로 되어 있다. 2) ㉻ 을본에는 '與'가 '焉'으로 되어 있다. 3) ㉻ 갑본에는 '隨' 다음에 '隨'가 있다. 갑본은 관주에서 어느 본에는 '隨'가 '相'으로 되어 있다고 한다. 4) ㉻ 갑본에는 '差'가 '義'로 되어 있다. 5) ㉻ 갑본에는 '順'이 '隨'로 되어 있다. 이하도 동일하다. 6) ㉻ 갑본에는 '弟'가 '第'로 되어 있다. 이하도 동일하다. 7) ㉻ 갑본은 관주에서 '其' 아래에 '義'가 탈락된 것으로 의심된다고 한다. 8) ㉻ 갑본에는 '義'가 없다. 9) ㉻ 갑본에는 '十'이 '一'로 되어 있다. 10) ㉻ 갑본에는 '下'가 '上'으로 되어 있다.

동전 가운데 첫 번째 내지 열 번째가 같지 않으나 상즉하고 상입하여 걸림 없이 서로 이루어지는 것과 같이, 비록 원인(因)과 결과(果), 이법(理)과 현상(事), 사람(人)과 법法, 앎(解)과 행行, 가르침(敎)과 뜻(義), 주主와 반伴 등의 여러 많은 문이 다르나 한 문에 의탁함을 따라 일체를 다 포섭한다. 나머지 뜻도 이에 준한다.

위에서의 동전을 세는 법이란 우선 변계遍計인 현상(事)의 동전에 의지하여 의타依他인 인연과 연기의 동전을 나타내 보인 것이다. 또한 가리킴에 의지하여 보일 수는 있지만 연으로 생겨난 일체 모든 법은 끝내 얻을 수 없다. 변계의 사물에 집착하여 연기의 법에 미혹하면 법을 나타내어 머무름이 전혀 다르다.

如錢中。弟*一乃至弟*十。不同而相卽相入。無导相成。[1] 雖因果理事人法解行敎義主伴等衆多門。別而隨托[2]一門。盡攝一切。餘義准之。上來數錢法者。且依遍計事錢。現*示依他因緣緣起錢也。亦可依指示緣[3]生一切諸法終不可得。執遍計物。迷緣起法。現*法逗留全別。

1) ㉯ 갑본에는 '成'이 없다. 2) ㉯ 갑본에는 '托'이 '說'로 되어 있다. 3) ㉯ 갑본에는 '緣'이 '顯'으로 되어 있다. 이하도 동일하다.

경에 이르기를, "처음 발심한 보살의 일념一念 공덕이 다할 수 없다."[9] 라고 한 것이 첫째 동전과 같다. 무슨 까닭인가? 하나의 문을 기준으로 하여 다함없음을 나타내는 까닭이다. "어찌 하물며 한량없고 가없는 모든 지地의 공덕이겠는가?"[10]라고 한 것은 둘째 동전 이후와 같다. 무슨 까닭인가? 다른 문을 기준으로 하여 설한 까닭이다. "처음 발심할 때에 문득 바른 깨달음을 이룬다."[11]라고 한 것은, 하나의 동전이 곧 열 (동전)인 것과 같기 때문이다. 무슨 까닭인가? 수행의 체體를 기준으로 하여 설한 까닭이다.

經云。初發心菩薩一念功德。不可盡者。如弟*一錢。何以故。約一門。現*無盡故。何況無量無邊諸地功德者。如弟*二錢已去。何以故。約異門說故。初發心時便成正覺者。如一錢卽十故。何以故。約行體說故。

문 '처음 발심한 보살'이란 믿음의 지위(信地)의 보살이니 곧 제자의 지위이다. '바른 깨달음을 이룬다'란 부처님의 지위이니, 곧 대사大師의 지위이다. 높고 낮음이 같지 않고 지위가 전혀 다르다. 무엇 때문에 같은 곳에 머리와 다리를 나란히 두는가?

답 삼승의 방편법과 원교일승의 법은 법의 작용과 머무름이 각각 달라

9 『육십화엄』「初發心菩薩功德品」(K8, 40c23~24; T9, 432c29~433a3)의 전체 내용을 취한 것으로 보인다.

10 『육십화엄』「현수보살품」(K8, 40c25; T9, 433a4~5)에 있는 다음 구절이 참조된다. "어찌 하물며 한량없고 무수하고 가없는 겁에 모든 바라밀을 갖추어 닦은 모든 지地의 공덕이겠는가?(何況於無量。無數無邊劫。具足修諸度。諸地功德行。)"

11 『육십화엄』「梵行品」(K8, 60a16; T9, 449c14).

서 섞어 쓸 수 없다. 그 뜻이 어떠한가? 삼승의 법은 머리와 다리가 각각 다르고 아버지와 아들의 나이(年月)가 같지 않다. 무엇 때문에 이와 같은가? 모양을 기준으로 하여 설하기 때문이고, 믿는 마음을 내게 하려는 까닭이다. 원교일승의 법은 머리와 다리가 모두 하나이며, 아버지와 아들의 나이가 모두 같다. 무슨 까닭인가? 연緣으로 이루어짐을 말미암은 까닭이고 도리를 기준으로 하여 설한 까닭이다.

問。初發心菩薩者。信地菩薩。卽是弟子位。成正覺者佛地。卽是大師位。高下不同。位地全[1]別。何[2]故同處並頭脚耶。答。三乘方便法。與[3]圓教一乘法。法用逗留各別。不得雜用。其[4]義云何。三乘法者。[5] 頭脚各別。阿耶[6]兒子年月不同。何故如是。約相說故。生信心故。圓教一乘法者。頭脚摠一。阿耶兒子年月皆同。[7] 何以故。由緣成故。約道理說故。

1) ㉯ 갑본에는 '全'이 '今一'로 되어 있다. 갑본은 관주에서 어느 본에는 '今一'이 '亦'으로 되어 있다고 한다. 2) ㉯ 갑본에는 '何' 다음에 '以'가 있다. 3) ㉯ 갑본에는 '與'가 '焉'으로 되어 있다. ㉰ 韓·卍·大에는 '與'로 되어 있다. 4) ㉯ 갑본에는 '其' 다음에 '其'가 있다. 갑본은 관주에서 이 '其'가 필요 없는 것으로 의심된다고 한다. 5) ㉯ 갑본에는 '者'가 없다. 6) ㉯ 갑본에는 '阿耶'가 '何耶'로 되어 있다. 갑본은 관주에서 '何耶'가 '阿爺'로 의심된다고 한다. 7) ㉯ 갑본에는 '同' 다음에 '總'이 있다. 갑본은 관주에서 '總'이 필요 없는 것으로 의심된다고 한다.

문 '하나(一)'란 무슨 뜻인가?

답 '하나'란 하나로서 분별이 없다는 뜻이다.

또,

문 '같다(同)'란 무슨 뜻인가?

답 '같다'란 머무르지 않는다는 뜻이다. 분별이 없고 머무르지 않기 때문에 처음과 끝이 같은 곳이며 스승과 제자가 머리를 나란히 한다.

문 '같은 곳에 머리를 나란히 한다'란 무슨 뜻인가?

답 '같은 곳에 머리를 나란히 한다'란 서로 알지 못하는 뜻이다. 왜냐면 분별이 없기 때문이다.

問。一者何義。答。一者一無分別義。又問。同者何義。答。同者[1)]不住義。無分別不住故。始終同處。師弟[2)]並頭。問。同處並頭者何義。答。同處並頭者。不相知義。何以故。無分別故。

1) 역 韓·卍·大에는 '者' 다음에 '同'이 있다. 2) 원 갑본에는 '弟' 다음에 '子'가 있다.

또,

문 '분별이 없다'란 무슨 뜻인가?

답 '분별이 없다'란 연緣으로 생겨난다는 뜻이다. 곧 처음과 마지막 등이 둘이 없고 다름이 없다. 무엇 때문에 이와 같은가? 일체 연緣으로 생겨나는 법은 짓는 자도 없으며 이루는 자도 없으며 아는 자도 없다. 고요함과 작용함이 한 모양이며 높음과 낮음이 한 맛이니 마치 허공과 같다. 모든 법이 으레 그러하여 예부터 이와 같다. 그러므로 경에서 이르기를, "일체법이 생겨남도 없으며 없어짐도 없으나 인연으로 있음을 관한다."[12]라고 한, 이와 같은 등의 문장이 그 뜻이다.

又問。無分別者何義。答。無分別者。緣生義。卽是始終等是無二無[1)]別。何故如是。一切緣生法。無有作者。無有成者。無有知者。寂用一相。高下一味。猶如虛空。諸法法尒。舊來如是。是故經云。觀一切法不[2)]生不*滅因緣而有。如是等文。是[3)]其義也。

1) 원 갑본에는 '無'가 없다. 2) 원 갑본에는 '不'이 '無'로 되어 있다. 이하도 동일하다. 3) 원 갑본에는 '是'가 '卽'으로 되어 있다.

12 『십지경론』(K15, 52b5~6; T26, 158b21~22).

문 믿음의 지위의 보살 내지 부처님이 같은 곳에 머리를 나란히 두는 것을 알 수 있는 까닭은 (무엇인가?)

(답) 아래의 경에 이르기를, "처음 발심할 때 문득 바른 깨달음을 이룬다."[13]라고 함과 같으며, 또한『십지경론』에서 해석하기를 '믿음의 지위의 보살 내지 부처님이 육상으로 이루어진 까닭이다'[14]라고 함과 같으니, 이와 같은 뜻이 있음을 분명하게 안다. 육상은 위와 같으니, 이 말은 법성의 집에 들어가고자 하는 중요한 문이며 다라니의 곳집(藏)을 여는 좋은 열쇠이기 때문이다. 위에서 밝힌 것은 오직 일승다라니의 대연기법을 나타내 보인 것이며, 또한 일승의 걸림 없는 변재辯才의 체體를 논한 것이니 삼승의 분제分際는 아니다.

문 초교初敎 이후는 일체 모든 법이 곧 공空하고 곧 여여(如)하여 하나로서 분별이 없으니, 무슨 까닭에 위에서 머리와 다리가 각각 다르다고 말했는가?

답 이 뜻이 없지 않으나 아직 원만하지 않은 까닭에 아래로부터 말한 것이다.

問。所以得知信位菩薩乃至佛同處並頭。如下經云。初發心時便成正覺。亦如地論釋。信地菩薩乃至佛。六相成故。明知有如是義。六相如上。此語。欲入法性家要門。開陁羅尼藏好鑰匙[1)]故。上來所明者。唯現*示一乘陁羅尼大緣起法。亦可論一乘無导辯才[2)]體。非三乘分齊。問。初敎已去。一切諸法。卽空卽如。一無分別。何故上言頭脚各別耶。答。非無此義。未圓[3)]故。從下爲言。

1) ㉯ 갑본에는 '鑰匙'가 '䥫鍉'로 되어 있다. 2) ㉯ 갑본에는 '才'가 '大'로 되어 있다. 3) ㉯ 갑본에는 '圓'이 '滿'으로 되어 있다.

13 『육십화엄』「梵行品」(K8, 60a16; T9, 449c14).

14 『십지경론』(K15, 3a~c; T26, 124c~125a).

문 삼승으로부터 이외에 따로 원교일승의 분제가 있음을 알 수 있는 까닭은 (무엇인가?)

(**답**) 아래 경에서 이르기를, "일체 세계의 많은 중생(群生)들의 무리가, 성문의 길을 구하고자 하는 자 적고, 연각을 구하는 자는 더욱 적으며, 대승을 구하는 자는 매우 드물다. 대승을 구하는 것은 오히려 쉬우나, 이 법을 믿을 수 있는 것이 매우 어렵다."[15]라고 하고, "만약 중생이 하열하여 그 마음에 싫어하는 자이면 성문도로써 보여 뭇 고통에서 벗어나게 한다. 만약 다시 어떤 중생이 모든 근기가 조금 밝고 예리하여 인연법을 좋아하면 (그를) 위하여 벽지불을 설한다. 만약 어떤 이가 근기가 밝고 예리하여 큰 자비심이 있어서 중생을 이롭게 한다면 (그를) 위하여 보살도를 설한다. 만약 위없는 마음이 있어서 결정코 큰 일을 좋아하면 (그를) 위하여 부처님 몸을 보여서 다함없는 부처님의 법을 설한다."[16]라고 한 것과 같다. 성스러운 말씀이 손바닥의 밝은 구슬과 같으니 놀라고 의심할 필요가 없다.

問。所以得知自三乘以外別有圓教一乘分齊。如下經云。1) 一切世界群生類。尠有欲求聲聞道。求緣覺者轉復少。求大乘者甚希2)有。求大乘者猶爲易。能信是法甚爲難。若衆生下劣其心厭沒者。示以聲聞道。令出於衆苦。若復有衆生。諸根小明利。樂於因緣法。爲說辟支佛。若人3)根明利。有大慈悲心。饒4)益於衆生。爲說菩薩道。若有無上心。決定樂大事。爲示於佛身。說無盡佛法。聖言如掌5)明珠。不須驚怪。6)

1) ㉯ 갑본에는 '云'이 '言'으로 되어 있다. 2) ㉯ 갑본에는 '希'가 '希'로 되어 있다. 을본에는 '又布'로 되어 있다. ㉰ 번역에서는 '希'를 '希'의 이체자로 보았다. 3) ㉯ 갑본에는 '人'이 '有'로 되어 있다. 4) ㉯ 갑본에는 '饒'가 '余'로 되어 있다. 갑본은 관주에

15 『육십화엄』「賢首菩薩品」(K8, 51a14~16; T9, 441a14~16).

16 『육십화엄』「十地品」(K8, 187b12~15; T9, 567c13~20).

서 '全'이 '樂'으로 의심된다고 한다. ㉮ 저본의 갑본의 관주에는 '余'가 '樂'으로 의심된다고 되어 있다. 5) ㉯ 갑본에는 '掌'이 '常'으로 되어 있다. 갑본은 관주에서 어느 본에는 '常'이 '掌'으로 되어 있다고 한다. 6) ㉮ 韓 · 卍에는 '怪'가 '恠'로 되어 있다.

문 일승과 삼승의 분제가 다른 뜻을 무엇으로 인하여 알 수 있는가?

답 우선 열 가지 문에 의거하면 곧 안다.

첫째, 동시에 구족하여 상응하는 문(同時具足相應門)이다. 그 가운데 열 가지 문이 있다. 이른바 사람과 법, 이법과 현상, 가르침과 뜻, 앎과 행, 원인과 결과이다. 이들 열 가지 문[17]이 상응하여 앞과 뒤가 없다. 둘째, 인드라그물의 경계인 문(因陀羅網境界門)이다. 이 가운데 앞의 열 가지 문을 갖추었으나 다만 뜻이 비유를 따라서 다를 뿐이다. 나머지도 이에 준할 수 있다. 셋째, 비밀스럽게 숨은 것과 나타난 것이 함께 이루는 문(秘密隱顯俱成門)이다. 이 또한 앞의 열 가지 문을 갖추었으나 다만 뜻이 연緣을 따라 다를 뿐이다.

問。一乘三乘分齊別義。因何得知。答。且依十門卽知也。一同[1)]具足相應門。於中有十門。所[2)]謂人法理事敎義解行因果。此等十門。相應無有前後。二因陁羅網境界門。此中具前十門。但[3)]義從喩異耳。餘可准之。三秘密隱現*俱成門。此亦具前十門。但*義從緣異耳。

1) ㉯ 갑본에는 '同' 다음에 '時'가 있다. ㉮ 번역에서는 저본의 갑본을 따랐다. 2) ㉯ 갑본에는 '門所'가 '相'으로 되어 있다. 3) ㉯ 갑본에는 '但'이 '俱'로 되어 있다. 이하도 동일하다.

17 人·法, 理·事, 敎·義, 解·行, 因·果 : 『수현기』(K47, 2b18~21 ; T35, 15b2~5)는 다음과 같은 열 가지의 구족을 설하고 있다. ① 가르침(敎)과 뜻(義), ② 이법(理)과 현상(事), ③ 앎(解)과 행行, ④ 원인(因)과 결과(果), ⑤ 사람(人)과 법法, ⑥ 분제와 경계(境位), ⑦ 스승(師)과 제자(弟), 법法과 지혜(智), ⑧ 주主와 반伴, 의보(依)와 정보(正), ⑨ 역逆과 순順, 체體와 용用의 자재, ⑩ 중생의 근기와 욕구에 따라 나타냄.

넷째, 미세한 것도 서로 용납하여 안립하는 문(微細相容安立門)이다. 이 또한 앞의 열 가지 문을 갖추었으나 다만 뜻이 모양을 따라 다를 뿐이다. 다섯째, 십세十世가 법과 나뉘어 달리 이루는 문(十世隔法異成門)이다. 이 또한 앞의 열 가지 문을 갖추었으나 다만 뜻이 때(世)를 따라 다를 뿐이다. 여섯째, 순수하고 잡박한 것을 모두 갈무리하여 덕을 갖춘 문(諸藏純雜具德門)이다. 이 또한 앞의 열 가지 문을 갖추었으나 다만 뜻이 문門을 따라 다를 뿐이다. 일곱째, 하나와 많음이 서로 용납하나 같지 않은 문(一多相容不同門)이다. 이 또한 앞의 열 가지 문을 갖추었으나 다만 뜻이 이理를 따라 다를 뿐이다.

四微細相容安立門。此亦具前十門。但*義從[1]相異耳。五十世隔法異成門。此亦具前十門。但*義從世異耳。六諸藏純雜具德門。此亦具前十門。但*義從門[2]異耳。七一多相容不同門。此亦具前十門。但*義從理異耳。

1) ㉟ 갑본에는 '從' 다음에 '緣'이 있다. 2) ㉟ 갑본에는 '門'이 '事'로 되어 있다.

여덟째, 모든 법이 상즉하여 자재하는 문(諸法相卽自在門)이다. 이 또한 앞의 열 가지 문을 갖추었으나 다만 뜻이 작용(用)을 따라 다를 뿐이며, 또한 성품을 의지하는 것이기도 하다. 아홉째, 오직 마음이 회전하여 잘 이루는 문(唯心廻轉善成門)이다. 이 또한 앞의 열 가지 문을 갖추었으나 다만 뜻이 마음(心)을 따라 다를 뿐이다. 열째, 현상(事)에 의탁해서 법을 나타내어 이해를 내는 문(托事顯法生解門)이다. 이 또한 앞의 열 가지 문을 갖추었으나 다만 뜻이 지혜(智)를 따라 다를 뿐이다. 나머지는 이에 준할 수 있다.

八諸法相卽自在門。此亦具前十門。但*義從用異耳。亦可依性。九唯[1]心廻轉善成門。此亦具前十門。但義從心異耳。十托[2]事現*法生解門。此亦具前[3)]十門。[4)] 但*義從智異耳。餘可准之。

1) ㉯ 갑본에는 '唯'가 '隨'로 되어 있다. 2) ㉯ 갑본에는 '托'이 '託'으로 되어 있다. 3) ㉯ 갑본은 관주에서 '前' 다음에 '二'가 탈락된 것으로 의심된다고 한다. 4) ㉯ 갑본에는 '十門'이 없다.

위의 열 가지 현묘한 문은 아울러 다 다르다. 만약 가르침과 뜻의 분제가 이것과 상응한다면 곧 일승원교와 돈교頓敎에 거두어진다. 만약 모든 가르침과 뜻의 분제가 이와 상응하되 구족하지 못하면 곧 삼승의 점교漸敎에 거두어진다. 이와 같이 안다. 이와 같은 열 가지 문이 구족하여 원만한 것은『화엄경』의 설과 같다. 나머지 넓은 뜻은 경經과 논論과 소疏와 초抄와『공목孔目』과『문답問答』등에서 분별한 것과 같다.

上十門玄。[1)] 並皆別異。若敎義分齊與[2)]此相應者。卽是一乘圓敎及頓敎攝。若諸敎義分齊[3)]與此相應而不具足者。卽是三乘漸敎攝。[4)] 如是知也。如是十門具足圓者。如花[5)]嚴經說。餘廣義者。如經論疏抄孔目問答等分別也。

1) ㉯ 갑본에는 '門玄'이 없다. ㉾ 韓·囮·因에는 '門玄'이 '玄門'으로 되어 있다. 2) ㉯ 갑본에는 '與'가 '焉'으로 되어 있다. 3) ㉯ 갑본에는 '齊'가 없다. 4) ㉯ 갑본에는 '攝'이 없다. 5) ㉯ 갑본에는 '花'가 '華'로 되어 있다. 이하도 동일하다.

일승법계도의 시詩와 하나의 도인圖印을 합한 것은『화엄경』과『십지론』에 의거하여 원교의 핵심(宗要)을 나타낸 것이다. 총장總章 원년元年[18] 7월 15일에 기록하다.

一乘法界圖合詩一印。依花*嚴經及十地論。表圓敎宗要。總章元年七月十五日記。

18 총장總章은 당唐 고종高宗의 연호로서 원년元年은 서기 668년이다.

문 무슨 까닭에 지은 사람(集者)의 이름이 보이지 않는가?

답 연緣으로 생겨나는 모든 법은 주인이 없음을 나타내는 까닭이다.

또,

문 무슨 까닭에 해와 달(年月)의 이름이 있는가?

답 일체 법이 연緣에 의거하여 생겨남을 보이는 까닭이다.

또,

문 연緣은 어느 곳으로부터 오는가?

답 전도顚倒된 마음 가운데로부터 온다.

問。何故不着[1)]集者名字。答。表緣生諸法無有主者故。又問。何故存[2)]年月名。答。示一切[3)]法依緣生故。又問。緣從何處來。答。從顚倒心中來。

---

1) ㉯ 갑본에는 '着'이 '看'으로 되어 있다. 갑본은 관주에서 어느 본에는 '看'이 '著'로 되어 있다고 한다. 을본에는 '著'로 되어 있다. ㉰ 번역에서는 [韓]·[卍]·[大]를 따라 '看'으로 바꾸었다. 2) ㉯ 갑본에는 '存'이 '在'로 되어 있다. 3) ㉯ 갑본에는 '切' 다음에 '諸'가 있다.

전도된 마음은 어느 곳으로부터 오는가?

비롯함이 없는 무명으로부터 온다.

비롯함이 없는 무명은 어느 곳으로부터 오는가?

여여如如로부터 온다.

여여는 어느 곳에 있는가?

여여는 자기의 법성法性에 있다.

자기의 법성은 무엇으로 모양을 삼는가?

분별이 없음으로써 모양을 삼는다. 그러므로 일체의 법은 보통 중도에 있으니 무분별 아님이 없다. 이 뜻인 까닭에 글 첫머리의 시詩에서 "법성은 원융하여 두 모양 없고,"[19] 내지 "예부터 움직이지 아니함을 이름하여 부처라 한다."[20]라고 하였으니 뜻이 여기에 있다.

시詩에 의지한 까닭은 헛됨(虛)에 즉하여 참됨(實)을 나타내기 때문이다.

顚倒心從何處來。從無始無明來。無始無明從何處來。從如如來。如如在何處。如如在自法性。自[1)]法性以何爲相。以無分別爲相。是故。一切法[2)]尋常在中道。無非無分別。以此義故。文首詩言。[3)] 法性圓融無二相。乃至舊來不動名爲佛。意在於此。所以依詩。卽虛[4)]現*實故。

1) ㉺ 갑본에는 '自'가 없다. 2) ㉺ 갑본에는 '法'이 없다. 3) ㉺ 갑본에는 '言'이 없다. 4) ㉸ 韓·卍에는 '虛'가 '虗'로 되어 있다.

서원한다. 일승의 보법의 이름과 뜻을 보고 듣고 닦아 모아서 이 선근으로 일체중생에게 돌려 베푸니, 널리 훈습하고 널리 닦아서 온 중생계가 일시에 성불하여지이다.[21]

誓願。見聞修集一乘普法名字及義。以斯善根。廻施一切衆生。普熏[1)]普[2)]修。盡衆生界。一時成佛。[3)]

1) ㉺ 갑본에는 '熏'이 '重'으로 되어 있다. 갑본은 관주에서 '重'이 '熏'으로 의심된다고 한다. 2) ㉺ 갑본에는 '普'가 없다. 3) ㉺ 갑본에는 '佛' 다음에 "法界圖章。一乘法界圖終。華嚴宗香鳥大師。末葉非人。釋題。頭法師之執筆也。建曆二年三月三日子。始許於高山以法勝寺仝本一校。賢穴八吁。"가 있다.

19 『일승법계도』(H2, 1a〈반시〉; H6, 768a).

20 『일승법계도』(H2, 1a〈반시〉; H6, 768a).

21 韓·卍·因에는 다음의 내용이 부기되어 있다. "「법계도장」『일승법계도』 끝." "화엄종 향조 대사香鳥大師는 말엽의 뛰어난 분으로서 제목을 해석하였고 두 법사頭法師가 집필하였다. 건력建曆 2년(1212) 3월 3일에 고산高山에서 법승사法勝寺의 동본同本으로써 한 번 교감하는 것을 허락받았다. 현혈팔우賢穴八吁."(H2, 8c1~4)

주석

- 석문釋文 3 (別解印相 중 釋文意 : [4] 得益)

1. 십불十佛 所謂十佛至甚深難解

'이른바 열 부처님'부터 '매우 깊고 난해하니'까지[22]
所謂十佛至甚深難解

대 기

『대기』에 이른다. '이른바 열 부처님'이란 만약 '부처님(佛)' 자의 도장으로 도장 찍으면 증분의 열 부처님이고, 만약 '보普' 자의 도장으로 도장 찍으면 교분의 열 부처님이다.

大記云。所謂十佛者。若以佛字印印之。則訂*分十佛。若以普字印印之。則是教分十佛也。

법융기

『법기』에 이른다. '첫째는 무착불無着佛이니 세간에 편안히 머물러 바른 깨달음을 이루기 때문이다'란 (다음과 같다.) 집착 없음이 곧 집착이며 집착하되 집착이 없음이다. '세간에 편안히 머무름'이란 삼승에서는 세간을

22 『총수록』(H6, 832c4). 이에 해당하는 『일승법계도』 원문은 H2, 5c4~5c11 ; H6, 829b9~16.

벗어나 부처님을 이루기 때문에 편안히 머무름이 아니며, 일승에서는 삼세간으로 자기의 몸과 마음을 삼기 때문에 '세간에 편안히 머무름'이라고 하는 것이다. 깨달은 마음으로 보면 다만 마음일 뿐이니 상대하는 바 경계가 집착할 것임이 없으니 분별하는 의식이 별도의 대상을 취하여 집착하는 것과는 같지 않다. '집착 없음이 곧 집착'이란 비록 마음이 경계를 보지 아니하되 일체의 경계가 내 마음 아님이 없는 것이다. '집착하되 집착 없음'이란 일체가 내 마음의 태양이 무릇 나아가 향한 바 아님이 없지만, 기준으로 하는 것마다 곁이 없는 것이다.

法記云。一無着[1)]佛安住世間成正覺故者。無着*卽着。* 着*而無着*也。安住世間者。三乘中。出世成佛。故非安住。一乘中。以三世間爲自身心。故云安住世間也。以訂*心看。只是心耳。無所對境是爲着*也。非如分別意識取着*別境也。無着*卽着*者。雖心不見境。而一切境。無非我心也。着*而無着*者。一切無非我心之日凡所趣向。約約無側也。

1) ㉯ 을본에는 '着'이 '著'으로 되어 있다. 이하도 동일하다.

'바른 깨달음을 이룸'이란 마치 안식眼識이 안근과 티끌(塵)로 체體를 삼지만 고름과 피와 피부의 깨끗하지 않음에 물드는 바가 되지 않으면서 청정한 안식을 이루는 것과 같다. 만약 귓구멍에 침을 놓아서 고름과 피를 제거하게 하면 청정한 안식을 이루지 못한다. 지혜의 바른 깨달음 또한 이와 같다. 삼세간으로 자기의 몸과 마음을 삼으나 중생의 업과 번뇌에 물드는 바가 되지 않으면서 바른 깨달음을 이룬다. 그러나 대연기 가운데는 한 법을 제거함을 따라서 일체 모든 법이 전체가 성립하지 않는다. 그러므로 중생의 업으로 인한 미혹과 번뇌에 대해서 만약 하나라도 제거한다면[23] 바른 깨달음을 이루지 못한다.

成正覺者。猶如眼識。以眼根塵爲體。而不爲膿血皮膚不淨所染。成淨眼識。若針耳孔。許除膿血。則淨眼不成。智正覺者。亦復如是。以三世間爲自身心。而不爲衆生業煩惱所染。得成正覺。然大緣起中。隨去一法。一切諸法。擧體不立。故於衆生業惑煩惱。若云一物。不成正覺也。

'둘째는 원불願佛이니 출생하기 때문이다'란 (다음과 같다.) 해인삼매 중에 삼세간의 일체 모든 법을 출생시키고 또 삼세간의 낱낱의 법은 법계의 모든 법을 출생시킨다. 찰나찰나에 새롭고 새로우며 다함없고 다함없기 때문에 이 뜻을 기준으로 하여 '출생'이라고 하는 것이다. 이러한 법과 법은 혹 수행하거나 수행하지 않거나 일체중생의 몸과 마음 가운데 항상 그러하고 항상 그러하다. 그 까닭에 여래가 이 법을 나타내 보이는 것은 다만 서원함을 말미암기 때문에 능히 이러한 법을 출생시키는 것이다. 중생이 보지 못하는 것은 다만 능히 서원하지 못함을 말미암기 때문이다. 이 출생의 뜻을 기준으로 하여 '원불'이라고 한다.

二願佛出生故者。海印中。出生三世間一切諸法。又三世間一一之法。出生法界諸法。於念念中。新新無盡無盡故。約此義云。出生也。如是法法。若修不修。一切衆生身心之中。常然常然。所以如來現見此法者。只由願故。能出生如是法也。衆生不見者。只由不能願故。約此出生義。云願佛也。

'셋째는 업보불業報佛이니 믿기 때문이다'란 (다음과 같다.) 세간인 육

23 저본에는 '云'으로 되어 있으나 여기서는 '去'로 바꾸어 '제거한다면'으로 번역하였다. 참고로 지정각과 안식의 비유 관계를 도시하면 아래와 같다.

眼識	眼根塵爲體	不爲膿血皮膚不淨所染	成淨眼識	若針耳孔 許除膿血	淨眼不成
智正覺	以三世間 爲自身心	不爲衆生業煩惱所染	得成正覺	於衆生業惑煩惱 若去一物	不成正覺

도의 원인과 출세인 성문·연각·보살의 원인 등을 업業으로 삼는다. 제9지地의 업행 조림稠林[24]의 글[25]에서 볼 수 있다. '보報'는 육도의 결과와 성문·연각·모든 부처님 등의 결과를 보報로 삼는다. 이것이 곧 해인삼매의 두렷하고 밝은 법이니, 그러므로 '업보불'이라고 한다. 일체 중생이 자신의 참된 부처가 그 몸과 마음에 있음을 알지 못하는 것은 다만 믿지 않기 때문이다. 오직 믿는 마음만으로 업보불을 이룰 수 있기 때문에 '믿음'이라고 하는 것이다.

三業報佛信故者。世間六道之因。出世聲聞緣覺菩薩因等爲業。弟[1)]九地業行稠林文可見。報者。六道之果。聲聞緣覺諸佛等果爲報。此乃海印圓明之法。故云業報佛也。一切衆生。所以不知自眞佛之在其身心者。只由不信。

---

24 조림稠林 : Ⓢ gahana. 번뇌를 포함한 중생의 마음의 여러 모습들을 빽빽한 밀림이 무성하고 헤쳐나오기 어렵고 알기 어려운 것 등에 비유한 것이다. 세친은 조림을 많다는 뜻과 알기 어렵다는 뜻으로 풀이한다. 『십지경론』(K15, 94c8; T26, 187a2~3).

25 『화엄경』「십지품」 또는 『십지경』 제9선혜지善慧地에서는 11조림稠林을 설하는데 그 가운데 세 번째 조림이 업행조림이다. 『십지경론』(K15, 94b17~21; T26, 186c19~23), 『팔십화엄』(K8, 661b22~25; T10, 202a23~26), 『육십화엄』에는 '稠林'이 '難'으로 되어 있다.(K8, 187c7~9; T9, 568a12~14) 경에서는 업행조림에 대해서 다음과 같이 설한다. "이 보살은 (다음을) 여실하게 안다. 모든 업의 선·불선·무기의 모습, 지음과 짓지 않음의 모습, 마음과 함께 생겨나 여의지 않는 모습, 자성을 인하여 결과를 다 모음에 순서를 잃지 않는 모습, 과보가 있고 과보가 없는 모습, 검은 업과 흰 업과 검기도 하고 희기도 한 업과 검지도 않고 희지도 않은 업보를 바르게 받는 업의 차별된 모습, 업의 원인이 한량없는 모습, 성인과 세간이 차별된 모습, 현생에 받는 과보·내생에 받는 과보·내생 이후에 받는 과보의 모습, 승乘과 승乘 아님에 정해지고 정해지지 않은 모습과 내지 8만 4천의 모든 업의 차별된 모습을 여실하게 안다.(是菩薩如實知。諸業善不善無記相。有作未作相。心共生不離相。因自性盡集果7不失次第相。有報無報相。黑業白業黑白業不黑不白業。正受業差別相。業因無量相。聖世間差別相。現報生報後報相。乘非乘定不定相。乃至如實知八萬四千諸業差別相。)"[『십지경론』(K15, 95b17~c1; T26, 187b19~24)] 세친은 이 가운데 '모든 업의 선·불선·무기의 모습'을 도道의 원인의 차별을 나타낸 것으로 풀이하고[『십지경론』(K15, 95c2~4; T26, 187b25~26)] 법장은 이를 업業이 육도六道의 원인이 되는 것을 나타낸 것으로 해석한다.[『화엄경탐현기』(K47, 702b17~20; T35, 368a7~10)]

唯於信心得成業報佛。故云信也。

1) ㉢ 을본에는 '弟'가 '第'로 되어 있다.

'넷째는 지불持佛이니 따라주기 때문이다'란 (다음과 같다.) 만약 한 티끌을 들면 곁이 남김없이 일어나기 때문에 곁이 없이 그것을 다하는 것이다. 무슨 까닭인가? 일체 모든 법이 한 티끌을 따르지 않음이 없기 때문이다. 만약 따르지 않는다면 이 한 티끌이 어찌 일체의 법을 다할 수 있겠는가? 나머지 모든 법에서도 이와 같이 준하여 생각하라. 하나가 곧 일체이고 일체가 곧 하나이다와 주主와 반伴이 구족해서 한량없이 자재하다는 도리는 모두 이 뜻이다. 이와 같이 듦에 따라서 거두어 지니는 뜻을 기준으로 '지불'이라고 이름하는 것이다.

四持佛隨順故者。若擧一塵。側無遺起故。無側而盡之。所以者何。一切諸法。無不隨順一塵[1)]故。若不隨順。則此一塵*那得盡一切法乎。餘諸法中。如是准思。一卽一切。一切卽一。主伴具足。無盡自在之道理。皆此義也。約如是隨擧攝持之義。名爲持佛也。

1) ㉢ 을본에는 '塵'이 '坐'로 되어 있다. 이하도 동일하다.

'다섯째는 열반불涅槃佛이니 영원히 건너갔기 때문이다'란 (다음과 같다.) 삼승에서는 반드시 생사를 버려야 비로소 열반을 증득하니 이를 말미암아 도리어 생사 가운데 빠지기 때문에 '영원히 건너감'이 아니다. 말하자면 둘이 있기 때문에 중생이고 둘이 없기 때문에 곧 부처이다. 그러므로 만약 생사와 열반 가운데 둘이 있다고 본다면 어찌 생사 중에 빠지지 않을 수 있겠는가? 일승에서는 또한 내 몸의 별보別報[26]인 하나의 눈동

26 별보別報 : 과보를 총(總報)과 별(別報)로 구분한 것 가운데 하나이다. 대소승에 따라

자가 곧 해인의 구경의 경계를 꿰뚫으니 이 이상 다시 옮겨갈 곳이 없다. 그러므로 '영원히 건너감'이라고 한다. 다른 일체법도 기준으로 하고 기준으로 하는 것이 모두 그러하다. 이러한 뜻을 기준으로 하여 부처님의 이름으로 삼은 것이다.

五涅槃佛永度故者。三乘中。要捨生死。方訂*涅槃。由是還沒生死之中。故非永度也。謂有二故衆生。無二故卽佛。是故。若於生死涅槃之中見有二者。何得不沒生死中哉。一乘中。且約吾身別報一眼瞳子。卽徹海印究竟之際。於此以上。更無轉處。故云永度。餘一切法。約約皆然。約如是義。爲佛名也。

'여섯째는 법계불法界佛이니 이르지 않는 곳이 없기 때문이다'란 (다음과 같다.) 만약 이 집 위의 용마루 서쪽 끝에 집착하여 서쪽의 분제를 구한다면 서쪽 허공을 다하더라도 그 분제를 얻지 못할 것이다. 동쪽 허공을 다하도록 이 서쪽 끝을 구하여 이르지 않은 곳이 없더라도 그 서쪽 분제는 끝내 얻을 수 없다. 무슨 까닭인가? 법계의 서쪽 끝이기 때문이며 서쪽이 곧 동쪽이기 때문이다. 나머지 쪽도 모두 그러하다. 이 한 용마루와 같이 일체 모든 법도 다 또한 이와 같다. 하나하나의 법과 법이 들고 들며 잡고 잡음에 곳마다 이르지 않음이 없으니 이것이 '법계불'이다.

六法界佛無處不至故者。若執此舍上棟之西末[1)]求西分齊。盡西方虛空而

서 설명이 다르지만, 법상종의 『成唯識論述記』(T43, 299b25~c12)에 의하면 제8식이 총보이고 전6식이 별보이다. 이때 총보(異熟)를 불러일으키는 강력한 업(異熟習氣)을 인업引業이라고 하고 총보가 있어야 생겨나는 별보(異熟生)를 일으키는 약한 업을 만업滿業이라고 한다. 이에 따르면 사람은 총보이고 사람의 사지나 개별 인식 등은 별보이다.

不得分齊。盡東方虛空。求此西末。無處不至。其西分齊。終不可得。所以者何。法界西末故。西方卽東方故。餘方皆然。如此一棟。一切諸法。皆亦如是。一一法法。擧擧約約。無處不至。是法界佛也。

1) ㉠ 을본에는 '末'가 '末'로 되어 있다. ㉧ 高에는 '末'로 되어 있으며 번역에서는 '末'로 바꾸었다.

'일곱째는 심불心佛이니 편안히 머무르기 때문이다'란 (다음과 같다.) 만약 마음을 말할 때면 일체 모든 법이 마음 아님이 없다. 이 뜻은 (일체 모든 법이) 식識 가운데 두루하기 때문에 (일체 모든 법을) 마음이라 한다고 말하는 것이 아니며, 진심이 이루는 바이기 때문에 말하는 것이 아니며, 또한 허망한 마음이 짓는 바이기 때문도 아니다. 다만 마음을 볼 때 단지 마음뿐이기 때문에 '심불'이라고 한다. 말하자면 한 법계의 성기심과 조림심 등이다. 삼승 가운데 마음은 반연하고 생각함(緣慮)이며 색色은 질량으로 인한 장애(質礙)이다. 일승 가운데 마음은 여러 가지(種種)라는 뜻이며 색은 질량으로 인한 장애가 없다는 뜻이다. 이미 마음이 여러 가지라는 뜻이기 때문에 마음을 볼 때 마음 아닌 사물이 없고 이미 색이 질량으로 인한 장애가 없다는 뜻이기 때문에 만약 색을 말할 때면 색 아닌 사물이 없다. 만약 습기를 뛰어넘는 바다의 뜻을 기준으로 하여 이를 밝히면 뛰어넘는 가운데의 진실을 '마음'이라고 이름한다. 일체 모든 법이 자신의 자리를 움직이지 않음이 바로 곧 이 '마음'이기 때문에 '편안히 머무른다'라고 한다. 이와 같은 뜻을 기준으로 하여 '심불'이라고 이름하는 것이다.

七心佛安住故者。若心言時。一切諸法。無不是心。此義。非謂遍於識中故云心[1]也。非謂眞心之所成故。亦非妄心之所作故。但心見時。只是心耳。故云心佛。謂一法界性起心稠林心等也。三乘中。心是緣慮。色是質㝵。一乘中。心是種種義也。色是無質导義也。旣心是種種義故。以心見時。無物不心。旣色是無質导義故。若色云時。無物不色。若約濕過海義明之。過中實而名心。一切諸法。自位不動。正卽是心。故云安住。約如是義。名爲心佛也。

1) ㉯ 을본에는 '云心'이 '忘'으로 되어 있다.

'여덟째는 삼매불三昧佛이니 한량없이 집착 없기 때문이다'란 (다음과 같다.) 「현수품」 가운데 열 가지 대삼매[27]와 모든 모임모임의 모든 대삼매가 다 삼매불이다. 하나의 삼매를 따라서 일체 모든 법이 만족하지 않음이 없기 때문에 '한량없음'이라고 한다. 한량없음에 나아가 매 하나하나의 법마다 듦에 따라서 곁이 없기 때문에 '집착 없음'이라고 한다. 삼매에 의거하여 법을 보는 것이 이와 같기 때문에 '삼매불'이라고 이름하는 것이다.

27 「현수품」 가운데 열 가지 대삼매(총 200頌 半)의 이름과 경에서의 해당 위치를 밝히면 아래와 같다.

대삼매의 이름		게송 수 (200頌 半)	해당 경문	해당 위치
一	圓明海印三昧門	5頌 半	或有剎土無有佛~海印三昧勢力故	K8, 42c9~19; T9, 434b25~c6
二	華嚴妙行三昧門	2頌 半	不可思議莊嚴剎~華嚴三昧勢力故	K8, 42c20~24; T9, 434c7~11
三	因陀羅網三昧門	4頌	入微塵數諸三昧~亦無量稱解脫力	K8, 42c25~43a8; T9, 434c12~19
四	手出廣供三昧門	17頌	若欲供養一切佛~大仙三昧自在力	K8, 43a9~b18; T9, 434c20~435a24
五	現諸法門三昧門	8頌	欲安一切衆生類~是自在勝三昧力	K8, 43b19~c10; T9, 435a25~b11
六	四攝攝生三昧門	16頌 1句	出生隨樂勝三昧~如是方便無有量	K8, 43c11~44a19; T9, 435b12~c15
七	窮同世間三昧門	17頌 1句	隨順世間度衆生~是名說法三昧力	K8, 44a19~c5; T9, 435c16~436a20
八	毛光覺照三昧門	89頌	安隱衆生勝三昧~速成無上功德幢	K8, 44c6~47c10; T9, 436a21~438b2
九	主伴嚴麗三昧門	6頌	出生微妙勝三昧~示現三昧自在力	K8, 47c11~22; T9, 438b3~14
十	寂用無涯三昧門	35頌	十方世界有緣故~不思議劫說不盡	K8, 47c23~48c20; T9, 438b15~439a26

八三昧佛無量無着*故者。賢首品中。十種大三昧。及諸會會諸大三昧。皆爲三昧佛也。隨一三昧。一切諸法。無不滿足。故云無量。就無量中。每一一法。隨擧無側。故云無着。* 依於三昧。見法如是。故名三昧佛也。

'아홉째는 성불性佛이니 결정되어 있기 때문이다'는 (다음과 같다.) '성性'은 머무름 없는 법성을 일컫는다. 일체의 법과 법이 모두 결정코 머무름이 없다는 이법은 부처님이 계시거나 부처님이 계시지 않거나 본성과 모습이 항상 머무른다.[28] 이와 같은 뜻을 기준으로 하여 부처님의 명호로 삼는 것이다.

九性佛決定故者。性謂無住法性也。一切法法。皆是決定無住之理。有佛無佛。性相常住。約如是義。而爲佛名也。

'열째는 여의불如意佛이니 널리 덮기 때문이다'란 (다음과 같다.) 사갈라용왕娑竭羅龍王[29]의 궁전에 여의보왕이 있으니 이름이 '생겨남이 다함없음'이다. 이 여의보주왕은 바다와 육지 일체의 진귀한 보물과 큰 바다의 물을 능히 생겨나게 한다. 큰 바다의 일체중생 무리는 이 물을 집으로 삼고 이 물을 먹을 것으로 하여 다 태어나 자라난다. 큰 바다로 인하여 큰 땅이 있을 수 있으며 강과 시내와 모든 연못과 우물이 일체 풀과 나무와 모든

28 '부처님이 계시거나 부처님이 계시지 않거나 본성과 모습이 항상 머무른다'에 대한 경전 출전은 하권 1 각주 28) 참조.

29 사갈라용왕娑竭羅龍王 : Ⓢ Sāgaranāgarāja. 용왕들 가운데 하나. '사갈라'는 바다를 뜻한다. 『화엄경』에서는 「세주묘엄품」에 세주로서 등장하며, 또 「여래출현품」에서는 여래음성의 열 번째 모습에서 사갈라용왕이 큰 구름을 일으켜 음성을 비롯한 갖가지 방편으로 중생을 이롭게 한다는 비유를 설한다. 『팔십화엄』(K8, 742b5~743b20; T10, 269b29~270b29). 징관은 사갈라의 뜻을 바다로 해석하면서 다른 용왕도 바다에 머무르지만 이 사갈라용왕이 가장 존귀하기 때문에 이 용왕만 홀로 바다를 이름으로 한다고 풀이한다. 『청량소』(T35, 539b22~23).

곡식과 과일에 물을 주어 더욱 자라게 하고 중생을 기른다. 만약 이 '다함 없음' 여의보왕이 없다면 바닷물이 마르고 곡식과 과일이 시들 것이니 물과 육지의 중생들이 무엇으로 성장하는 이익을 얻을 수 있겠는가? 이 여의보왕은 모든 부처님의 중생을 성장시키려는 본원에 인해서 생겨나는 바이다. 만약 모든 부처님의 본원의 힘이 없다면 이 여의보왕이 없을 것이다. 따라서 일체중생이 성장하는 이익을 얻을 수 있는 까닭은 다 여의불이 덮어주고 길러주는 덕德임을 안다.

十如意佛普覆故者。娑竭羅龍王宮殿之中。有如意寶王。名出生無盡。此寶珠王。能生海陸一切珍寶及大海水。大海之中一切生類。此水爲家。此水爲食。皆得生長。因於大海。得有大地。若河若川及諸池井。潤益生長一切草木及諸穀[1]菓。養育衆生。如其無此無盡寶王。則海水乾渴。穀菓焦枯。水陸衆生。由何能得長養利也。此如意王。唯因諸佛長養衆生本願所生也。若無諸佛本願力。則無此寶王。故知一切衆生所以能得長養利益者。皆如意佛之蔭焉養焉之德也。

1) ㉯ 을본에는 '穀'이 '殺'로 되어 있다.

이와 같은 뜻은 오직 내 몸과 마음인 참 부처가 지니는 도리를 열 가지 이름으로 설하여 보인 것일 뿐이다.

如是等義。唯吾身心眞佛之所有道理。以十種名說示之耳。

'이 뜻은 모든 법의 참된 근원이며'란 (다음과 같다.)

문 이 자리에 또한 열 이름이 있는가?

답 없다. 말하자면 연기분에 열 이름이 있을 뿐이니, 증분 중에는 열 이름이 없다.

문 그렇다면 이 열 부처님의 이름은 증분의 바깥인가?

답 증분 가운데 실제 이름이 있다.

문 「열 가지 정토의 장(十種淨土章)」에서 이르기를, "분량을 알고자 하면 그 열 부처님에 준하여 곧 알 수 있다."[30]라고 하니 그 뜻이 무엇인가?

답 '무착'이다, '원'이다 등은 다만 이름을 설한 것일 뿐이고, 부처님은 설할 수 없다. 이와 같은 여러 가지 이름 등은 다만 말의 모습(詮相)을 설한 것일 뿐이다. 국토해는 설할 수 없기 때문에[31] '준하여 알 수 있다'라고 한 것이다.

此義諸法之眞源者。問。此處尚有十名耶。答。無也。謂緣起分有十名耳。訂*分之中無十名也。問。然則此十佛名訂*分外耶。答。訂*分之中。有實名也。問。十種淨土章云。欲知分量。准其十佛。卽可知之。其義云何。答。無着*也願也等者。但說名耳。佛則不可說。如是種種名等。但說詮相耳。土海則不可說。故云。准可知也。

대 기

『대기』에 이른다. '모든 법의 참된 근원'은 연기분이고, '구경의 오묘한 핵심(宗)'은 증분이다. 이 뜻은 증분과 교분의 둘에 통틀어 열 부처님이 있기 때문이다. 만약 오직 증분 가운데에만 열 부처님이 있다면, 증분이 교분의 근원이기 때문에 '참된 근원'이라고 한 것이다. 또 수업秀業[32]의 뜻은

---

30 지엄, 『공목장』(T45, 541a25~26).

31 법장은 '세계해'를 해석하면서 일승에는 설할 수 없는 과분의 열 부처님 자체의 국토해와 중생을 거두어 교화하는 곳을 기준으로 하는 세계해의 두 종류가 있다고 한다. 이 가운데 첫째, 과분의 열 부처님 자체의 국토해는 설할 수 없지만 연緣에 기대어 열 가지로 설할 수 있으니 제2회에 설하는 것과 같다고 한다. 『화엄경탐현기』(K47, 505c22~506a23; T35, 158a8~b12).

32 수업秀業 : 『일승법계도』에 대한 해석이 있는 것으로 보아 의상계 승려로 보이지만 생

'참된 근원'은 지혜(智)이고, '오묘한 핵심'은 대상(境)이다. 참 지혜가 보는 대상이라야 비로소 '오묘하다'고 할 수 있을 뿐이니, 그래서 '매우 깊고 난해하니'라고 한 것이다.

大記云。諸法之眞源者。緣起分。究竟之玄宗者。訂*分也。此義。訂*敎二分。通有十佛故也。若唯訂*分之中有十佛。則訂*分是敎分之源故。云眞源也。又秀業之意。則眞源則智。玄宗則境也。眞智所見之境。方得云玄耳。故云甚深難解也。

고기

'고기'에 이른다.

의상 화상이 태백산 대로방에 머무를 때 진정 스님과 지통 스님 등을 위하여 설하였다. "수행인이 열 부처님을 보고자 한다면 마땅히 먼저 안목을 지어야 한다."

지통 스님 등이 여쭈었다. "무엇이 안목입니까?" 의상 화상이 말씀하였다. "『화엄경』으로 자신의 안목을 삼는다. 이른바 문장과 문장, 구절과 구절이 모두 열 부처님이니 이 이외에 부처님 보기를 구한다면 세세생생 끝내 보지 못할 것이다."

古記云。相和尙。住大伯山大蘆房時。爲眞定智通等說。行人欲見十佛者。應先作眼目。通等問云。何是眼目耶。和尙曰。以花嚴經爲自眼目。所謂文文句句皆是十佛。自此以外。求觀佛者。生生劫劫。終不見也。

몰 연대나 저서 등은 알려진 바가 없으며 현존 자료에는 이곳에만 이름이 보인다.

의상 화상이 말씀하였다. "이른바 '무착불이니 세간에 편안히 머물러 바른 깨달음을 이루기 때문이다'란 (다음과 같다.) 오늘 내 오척 되는 몸을 세간이라고 이름하며, 이 몸이 허공법계에 두루 가득 차서 이르지 않는 곳이 없기 때문에 '바른 깨달음'이라고 한다. 세간에 편안히 머무르기 때문에 열반에 대한 집착을 여의고, 바른 깨달음을 이루기 때문에 생사에 대한 집착을 여읜다. 만약 실제를 기준으로 하여 말하면 세 가지 세간이 원만히 밝고 자재하기 때문에 '무착불'이라고 한다.

和尚曰。所謂無着*佛安住世間成正覺故者。今日吾五尺之身。名爲世間。此身遍滿虛空法界。無處不至。故曰正覺。安住世間故。離涅槃之着。* 成正覺故。離生死之着。* 若約實而言。三種世間圓明自在。故曰無着*佛也。

'원불이니 출생하기 때문이다'란 (다음과 같다.) 백사십원百四十願[33]·십회향원十廻向願[34]·초지원初地願[35] 및 성기원性起願[36] 등이 모두 원불이다. 이 부처님은 머무름이 없음(無住)으로써 몸을 삼기 때문에 한 물건도

33 백사십원百四十願 : 『화엄경』「淨行品」의 백사십일원을 가리킨다. 보살이 어떻게 신身·구口·의意 삼업을 수승하게 할 수 있는지 등 지수보살智首菩薩의 질문에 문수보살이 답하면서 그 구체적인 방법으로 다양한 서원을 일으키도록 권한 것이다.

34 십회향원十廻向願 : 『화엄경』「십회향품」 전체를 가리킨다. 화엄교학에서는 「십회향품」이 원願을 체體로 삼는다고 풀이하여 「십회향품」을 「십회향원」 또는 「십회향대원」으로 불러왔다. 법장, 『화엄경탐현기』(K47, 586a23; T35, 244a6).

35 초지원初地願 : 『화엄경』「십지품」(또는 『십지경』)의 초환희지에 설해진 열 가지 서원(十大願)을 가리킨다. 『육십화엄』(K8, 165c8~166b23; T9, 545b10~546a18), 『팔십화엄』(K8, 636c8~637b17; T10, 181c11~182b11), 『십지경론』(K15, 22c9~26a18; T26, 138b4~140c7).

36 성기원性起願 : 『육십화엄』「보왕여래성기품」 전체를 일컫는다. 지엄, 『수현기』(K47, 16a24~27; T35, 30c11~15)와 법장, 『화엄경탐현기』(K47, 585b7~8; T35, 243a12~13)도 성기법문을 서원으로 풀이하고 있다.

부처님의 몸 아님이 없다. 이른바 한 법을 듦에 따라서 일체를 다 거두어 법계에 들어맞아 두루함을 원불이라고 이름한다.

願佛出生故者。百四十願。十廻向願。初地願。及性起願等。皆願佛也。此佛。以無住爲身故。無有一物非佛身者。所謂隨擧一法。盡攝一切。稱周法界。名爲願佛也。

'업보불이니 믿기 때문이다'란 (다음과 같다.) 22위의 법이 본래 움직이지 아니하며 두렷이 밝게 비추니, 만약 모든 수행인이 능히 이와 같이 믿으면 곧 '믿음'이라고 한다. 만약 실제 도리를 들어서 설하면 위로 묘각으로부터 아래로 지옥에 이르기까지 모두 부처님 일(佛事)이다. 그러므로 만약 사람이 이 일을 공경히 믿으면 '업보불'이라고 말할 수 있다.

業報佛信故者。二十二位之法。本來不動。圓明照矚。若諸行人。能如是信。卽云信也。若擧實道理而說。上自妙覺。下至地獄。皆是佛事。是以。若人敬信此事。可道業報佛也。

'지불持佛이니 따라주기 때문이다'란 (다음과 같다.) 법계의 삼라 모든 법을 비록 다함없다고 하여도 만약 해인삼매로써 도장 찍어 정하면 오직 하나의 해인삼매의 법일 뿐이니, 저가 나를 지니고 내가 저를 지니기 때문에 '따라준다'고 한다. 그러므로 세계로써 부처님을 지니고 부처님으로써 세계를 지니니, 이 이름이 '지불'이다.

持佛隨順故者。法界森羅諸法。雖云無盡。若以海印印定。則唯一海印定法。彼持我。我持彼。故云隨順。是故。以世界持佛。以佛持世界。是名持佛也。

'열반불이니 영원히 건너갔기 때문이다'란 생사와 열반이 본래 평등함을 증득하여 보기 때문에 '영원히 건너감'이라고 한다. 이른바 생사가 시끄럽게 요동함이 아니고 열반이 평온하게 고요함이 아닌 것이 이 뜻이다.

涅槃佛永度故者。訂*見生死涅槃本來平等。故云永度。所謂生死非喧動。涅槃非寂靜。是此義也。

'법계불이니 이르지 않는 곳이 없기 때문이다'란, 하나의 티끌법계, 소나무법계, 밤나무법계 내지 시방삼세의 허공법계가 모두 부처님의 몸이다. 이른바 진여는 지나간 때에도 없어지지 않으며, 뒤의 때에도 생겨나지 않으며, 현재에도 움직이지 않는다. 여래도 또한 이러하여 과거에도 없어짐이 없으며, 미래에도 생겨남이 없으며, 현재에도 움직임이 없다. 형태도 없고, 모습도 없어서 허공계와 같다. 헤아릴 수 없기 때문에 백천만 겁 동안 이미 설했고, 지금 설하며, 앞으로 설하여도 끝내 다할 수 없으며, 가장자리가 없기 때문에 '법계불'이라고 한다.

法界佛無處不至故者。一塵法界。松木法界。栗木法界。乃至十方三際虛空法界。摠是佛身。所謂眞如。前際不滅。後際不生。現在不動。如來亦爾。過去無滅。未來無生。現今無動。無形無相。如虛空界。不可量故。百千萬劫。已說今說當說。終不可盡。無有邊際。故曰法界佛也。

'심불이니 편안히 머무르기 때문이다'란, 마음을 쉬면 곧 부처님이고 마음을 일으키면 부처님이 아니다. 마치 사람이 물로 그릇을 깨끗하게 하나 더러워진 물을 깨끗하게 할 줄은 모르는 것과 같다. 물이 깨끗하면 그림자도 밝고 물이 탁하면 그림자도 어두우니 마음법 또한 그러하여 마음을 쉬면 법계가 두렷이 밝고 마음을 일으키면 법계가 차별이다. 그러므로 마음이 편안하게 머무르면 법계의 모든 법이 내 오척 되는 몸에 나타나는 것이다.

心佛安住故者。息心卽佛。起心非佛。如人以水淨器。不知能淨濁水也。水淨影明。水濁影昏。心法亦尒。息心法界圓明。起心法界差別。是故。心安住。則法界諸法現於吾五尺身也。

'삼매불이니 한량없이 집착 없기 때문이다'란, 해인삼매의 법은 들고 들며 잡고 잡음에 머물러 집착함이 없기 때문에 한량없이 집착 없는 삼매불이라고 하는 것이다.

三昧佛無量無着*故者。海印三昧之法。擧擧約約。無住着。* 故曰無量無着*三昧佛也。

'성불이니 결정되어 있기 때문이다'란, 법성에 두 가지가 있다. 이른바 큰 법성과 작은 법성이다. 무엇인가? 만약 한 법이 일어나 삼세의 끝까지 다하면 안도 없고 밖도 없으므로 '큰 법성'이라고 한다. 한 법의 지위가 일체 가운데 두루하여야 비로소 이루어지는 것은 '작은 법성'이라고 이름한다. 이른바 하나의 기둥이 법계의 끝을 다하도록 다만 기둥인 것은 '큰 법성'이라고 이름하고, 이 하나의 기둥 가운데 서까래와 대들보와 기둥 등의 모든 지위가 나타나는 것은 '작은 법성'이라고 이름한다.

性佛決定故者。法性有二。所謂大性及與小性。何者。若一法起。竟三世際。無內無外。故曰大性。一法之位。遍一切中。方得成者。是名小性。所謂一柱盡法界際。但是柱者。名爲大性。此一柱中。椽栿瓦等。諸位現者。名爲小性也。

'여의불이니 두루 덮기 때문이다'란 (다음과 같다.) 마치 큰 용왕이 큰 보왕寶王을 가지고 있으니 만약 이 보배가 없으면 일체중생이 입고 먹을 것이 없으므로 다섯 곡식과 아홉 곡식과 천 가지 만 가지 모두 이루어지는 것은 오직 이 보왕의 덕인 것처럼, 여의불의 은혜 또한 이와 같다.

如意佛普覆故者。如大龍王。有大寶王。若無此寶。一切衆生。無所衣食。故五穀九穀。千種萬種。並成就者。唯此寶[1)]王之德也。如意佛恩。亦如是也。

1) ㉾ 을본에는 '寶'가 '室'로 되어 있다.

정원신역화엄경소[37]

『정원경貞元經』[38]의 길상운 선지식(吉祥雲知識)[39]을 주석하여 이른다.[40]

문 법문이 한량없는데 왜 첫 선지식이 바로 염불을 가르치는가?

답 간략히 열 가지 뜻이 있다. 첫째, 염불삼매가 뭇 수행에 우선하기

37 『貞元新譯華嚴經疏』: 징관이 『사십화엄』을 풀이한 주석서이다.

38 『貞元經』: 40권본 『화엄경』을 가리킨다. 갖춘 경명은 『大方廣佛華嚴經入不思議解脫境界普賢行願品』이다. 『육십화엄』과 『팔십화엄』의 「입법계품」에 해당하며, 제40권의 「보현행원품」이 추가되었다. 당唐 정원貞元 연간(795~798)에 계빈국 반야삼장에 의해 번역되었기 때문에 '『정원경』'이라고도 한다.

39 길상운 선지식(吉祥雲知識) : 『정원경』에서 선재동자가 처음 문수보살의 권유에 의해 찾아간 비구 선지식이다. 현존 범본에는 'Meghaśri'로 되어 있으며, 『육십화엄』에는 '공덕운功德雲', 『팔십화엄』에는 '덕운德雲'으로 번역되어 있다. 여기에 인용되어 있는 『화엄경행원품소』는 길상운 선지식이 그를 찾아온 선재동자에게 스물한 가지 염불해탈문에 대해 설하는 부분에 대한 주석이다. 『사십화엄』(K36, 23a11~b22; T10, 680a12~b19).

40 『화엄경행원품소』(卍7, 571a12~573b5).

때문이다. 둘째, 부처님에 의지해야 비로소 수승한 행을 이룰 수 있기 때문이다. 셋째, 공덕이 높고 쉽게 나아갈 수 있어서 중생들에게 권하기 때문이다. 넷째, 관觀이 깊음과 얕음을 통틀어서 능히 두루 거두기 때문이다. 다섯째, 두터운 장애를 없애서 수승한 연緣이 되기 때문이다. 여섯째, 사람과 법을 쌍으로 겸하여 쉽게 가호加護하기 때문이다. 일곱째, 십지의 보살이 모두 염불하기 때문이다.

貞元經吉祥雲知識疏云。問。法門無量。何以初友。便敎念佛。答。略有十義。一念佛三昧衆行先故。二依佛方能成勝行故。三功高易就以弊[1)]物故。四觀通深淺能遍攝故。五消滅重障爲勝緣故。六雙兼人法易加護故。七十[2)]地菩薩皆念佛故。

1) ㉯ 을본에는 '弊'이 '將寸'으로 되어 있다. ㉰ 인용 원문인 『華嚴經行願品疏』에는 '獎'으로 되어 있다.(卍7, 571a15) 2) ㉰ 高에는 '七'로 되어 있다. 인용 원문인 『華嚴經行願品疏』에는 '十'으로 되어 있다.(卍7, 571a16)

여덟째, 삼보三寶의 길상을 경의 처음에서 설하기 때문이다. 처음 이것은 염불이고, 해운海雲[41]은 법을 설하며,[42] 묘주妙住[43]는 승僧에 의지하는 것[44]으로 차례를 삼기 때문이다. 아홉째, 마음에 즉하고 부처님에 즉

41 해운海雲 : 범어로는 sāgaranegha이며 비구선지식으로서 53선지식 중 세 번째 선지식이다.

42 해운 비구가 12년간 바다를 관찰할 때 바다에 큰 연화가 생겨나 그 연화 위의 여래로부터 '보안법문普眼法門'을 듣고 이를 여러 중생들에게 설하는 것을 가리킨다. 『사십화엄』(K36, 24c3~25c22; T10, 681a26~682b3).

43 묘주妙住 : 범어로는 supratiṣṭhita이며 『육십화엄』과 『팔십화엄』에서는 선주善住로 번역되어 있다. 53선지식 중 네 번째로서 비구선지식이다. 12년간 바다를 관찰하는 것은 12연기관十二緣起觀을 상징하며 연기법을 법보의 대표로 설정한 것으로 여겨진다.

44 징관은 묘주 비구를 풀이하는 곳에서 "또한 비구란 도道에 들어간 지 오래되지 않아서 마땅히 승가에 의지해야 하기 때문이다. 앞 선지식은 법이고 이 선지식은 승가이니 뜻의 차례이기 때문이다.(亦比丘者。入道未久。宜依僧故。前法此僧。義次第故。)"라고 하여 묘주 선지식의 법문을 승가에 해당하는 것으로 보고 있다.(卍7, 577a12~13).

하여 하나의 경계로 바꾸기 때문이다.[45] 열째, 초주初住[46]에 부처님을 반연하여 발심해서 즐겁게 공양함을 보이기 위한 까닭이다. 운운.

八三寶吉祥經初說故。初此念佛。海雲說法。妙住依僧。爲次弟[1)]故。九卽心卽佛易一境故。十爲表初住緣佛發心樂供養故。云云。

1) ㉠ 을본에는 '弟'가 '第'로 되어 있다. 이하도 동일하다.

간략히 세 문이 된다.[47] 첫 번째는 염念하는 대상의 차별을 밝힌다. 두 번째는 경문을 모아서 풀이한다. 세 번째는 염念하는 주체로써 모아서 묶는다.

이제 처음은 말하자면 십신十身과 삼신三身이니 관觀하는 것이 같지 않은 것이다. 간략히 열 종류가 된다. 운운. 열 종류라고 말한 것은 (다음과 같다.)

첫째, 만약 이 관觀을 지음에 부처님은 법으로 몸을 삼아 청정하기가 허공과 같고 염念함이 없는 염念이라면 곧 진여를 염念하는 것이니, 이것은 법신을 염念하는 것이다.

둘째, 화장세계해이니 법계에 차별이 없어서 진실에 의지하여 머무르고 국토에 의지하지 않으니, 이것은 성토性土를 염念하는 것이다.

略爲三門。一明所念差別。二會釋經文。三以能念扠[1)]束。今初謂十身三身。爲觀不同。略爲十種。云云。言十種者。一若作是觀。佛以法爲

45 『청량소초』(T36, 667b10)는 "아홉째, 마음에 즉하고 부처님에 즉하여 하나의 경계가 되기 때문이다.(九卽心卽佛爲一境故)"로 설하고 있다.

46 징관을 비롯한 화엄교가들은 「입법계품」의 선지식을 화엄계위에 배대할 때 덕운 비구를 십주十住 가운데 초발심주初發心住에 해당시킨다. 『화엄경행원품소』(卍7, 568b6).

47 『화엄경행원품소』의 이 세 문은 덕운 비구가 스물한 가지 염불문을 설하는 경문을 주석하는 부분이다. 『사십화엄』(K36, 23a14~b22; T10, 680a15~b19).

身。淸淨如虛空。無念念者。卽念眞如。是念法身。二花藏世界海。法界無差別。依眞而住。不依國土。是念性土。

1) ㉯ 을본에는 '扠'가 '収'로 되어 있다. 이하도 동일하다. ㉰ 高에는 '扠'으로 되어 있으며 '収'의 이체자로 보인다. 인용 원문인 『華嚴經行願品疏』(卍7, 571b13)에는 '収'로 되어 있다.

셋째, 열 연화장의 티끌 수의 모습이니, 이들은 모두 보신報身의 모습을 염念하는 것이다.

넷째, 다함없는 덕이 있어서 하나하나 생각하기 어려우니, 보신 안의 덕을 염念하는 것이다. 그러므로 위의 경에서 이르기를, "일체의 위의 가운데 항상 부처님의 공덕을 염念하여 밤낮으로 잠깐도 끊어짐이 없으니 이와 같은 업을 마땅히 지어야 한다."[48]라고 한 것이다.

다섯째, 화장세계의 한량없는 보배장엄의 양이 법계에 두루함을 관觀하는 것이니, 이것은 보토報土를 염念하는 것이다.

三十蓮花藏塵數相。此等皆是念報身相。四有無盡德。一一難思。念報內德。故上經云。一切威儀中。常念佛功德。晝夜無暫斷。如是業應作。五觀花藏刹無量寶嚴量周法界。是念報土。

여섯째, 혹은 부처님의 모습이 삼십이상을 갖춘 것을 혹은 총摠으로 혹은 별別로, 혹은 역으로, 혹은 순으로, (혹은) 1장 6척(丈六)으로, (혹은) 천 척千尺으로[49] 관觀하는 것이니, 이들은 모두 화신의 모습을 염念하는

48 이 구절은 『팔십화엄』「광명각품」(K8, 499a22; T10, 64a27~28)의 한 게송이다.
49 여러 경전에서 석가모니부처님의 키는 1장 6척(丈六), 미륵불은 천척千尺이라 설한다. 『生經』(K19, 983a2~5; T03, 87b2~5), 『佛說彌勒下生成佛經』(K11, 214a5~14; T14, 424b10~18 등). 징관은 이에 대해 이러한 화신불의 키의 차이는 다만 교화의 대상인 중생에 따라서 그런 것일 뿐이라고 풀이한다. 『청량소초』(T36, 197c16~19).

것이다. 일곱째, 십력十力과 사무외四無畏와 십팔불공법十八不共法이니, 이들은 모두 화신의 모습을 염念하는 것이다. 여덟째, 다른 곳의 정토의 물과 새와 나무숲이니, 이들은 모두 화신의 의보依報를 염하는 것이다. 아홉째, 앞의 둘은 체성(性)이고 뒤의 여섯은 모습(相)이니 모습 밖에 본성이 없고 본성 밖에 모습이 없어서 서로 사무침이 참 부처님이고 참 국토이다. 이것이 아홉째, 체성과 모습이 걸림 없음을 염念하는 것이다.

六或觀佛相具三十二。若摠若別。若逆若順。丈六千尺。此等皆是念化身相。七十力無畏十八不共。此等皆是念化身相。八餘方淨土水鳥樹林。此等皆是念化身依。九前二是性。後六是相。相外無性。性外無相。交徹眞佛眞土。是念弟*九性相無㝵。

열째, 체성(性)으로써 모습(相)을 융섭하고 모습이 체성을 따라 융섭되어 앞의 아홉 문이 합해져 하나의 도리가 되게 하기 때문에, 덕과 덕이 다함없고 모습과 모습이 끝이 없으며 티끌과 티끌이 국토에 가득 차니 마치 인드라그물과 같다. 이것이 열째, 거듭거듭 융섭함을 염念하는 것이다. 뒤의 두 문을 얻어야 앞이 모두 진실이니, 경에서 비록 달리 설하나 뜻은 반드시 모두 융섭된다. 운운.

十以性融相。相隨性融。令前九門合爲一揆。故德德無盡。相相無窮。塵塵刹滿。猶如帝網。是弟*十念重重融攝。得後二門。前皆眞實。經雖別說。義必該融。云云。

세 번째, 염念하는 주체를 모아 묶음에 간략히 다섯 종류가 있다. 첫째, 반연하는 경계를 바로 관觀하는 염불문이다. 혹 법신, 혹 응신과 혹 의보依報, 혹 정보正報가 모두 경계이기 때문이다. 이름만 부르는 것(稱

名)은 '입에 속함(屬口)'이니, 참된 염念이 아니기 때문에 생략하여 말하지 않는다.

둘째, 경계를 거두어 오직 마음뿐인 염불문이다. "이 마음이 부처이고 마음이 부처를 지으니 모든 부처님의 바르고 두루한 지혜의 바다가 마음의 생각(心想)으로부터 생겨난다."[50] 하물며 "마음과 부처와 중생의 셋이 차별이 없다."[51]라는 것이겠는가?

弟*三能念扠*束。略有五種。一緣境正觀念佛門。若眞若應。若依若正。皆是境故。稱名屬口。非眞念故。略而不言。二攝境唯心念佛門。是心是佛。是心作佛。諸佛正遍知海。從心想生。況心佛衆生三無差別。

셋째, 마음과 경계가 함께 없는 염불문이다. 마음이 곧 부처이니 마음은 곧 마음이 아니다. 부처가 곧 마음이니 부처 또한 부처가 아니다. 마음도 아니고 부처도 아니어서 일체를 멀리 여읜다. 그러므로 염念하는 바가 없어야 비로소 참된 염念이 된다.

넷째, 마음과 경계가 걸림 없는 염불문이다. 현상(事)과 이법(理)을 함께 비추어 있음과 없음에 걸림이 없다. 평등한 참된 문이 고요하고 고요하니 무엇이 부처이고 무엇이 마음인가? 차별한 현상과 이법이 밝고 밝으니 언제나 마음이고 언제나 부처이다. 쌍으로 잊고 바르게 들어가면 고요함과 비춤이 쌍으로 흐른다.

---

50 『佛說觀無量壽佛經』(K11, 180a20~21; T12, 343a21~22).

51 『육십화엄』「夜摩天宮菩薩說偈品」(K8, 74b21; T9, 465c28~29)에서 여래림보살如來林菩薩이 마음을 화가에 비유하며 읊는 게송의 일부분이다. "마음과 같아서 부처 또한 그러하다. 부처와 같아서 중생 또한 그러하다. 마음과 부처와 중생, 이 셋이 차별이 없다.(如心佛亦爾。如佛衆生然。心佛及衆生。是三無差別。)"

三心境俱泯念佛門。心卽是佛。心卽非心。佛卽是心。佛亦非佛。非心非佛。遠離一切。故無所念。方爲眞念。四心境無㝵念佛門。雙照事理。存亡無㝵。等眞門之寂寂。何佛何心。鑑事理之明明。常心常佛。雙亡正入。寂照雙流。

다섯째, 거듭거듭 다함없는 염불문이다. 이법이 이미 다함없으니 이법으로써 현상을 융섭하면 현상 또한 다함이 없다. 그러므로 한 문을 따라서 일체의 문을 거둔다. 이 다섯 문을 융섭하여 일치되게 하니 곧 이 중에 염念하는 주체인 마음이 앞의 열 부처님의 경계와 합해져서 합함도 아니고 흩어짐도 아닌 것으로 거듭거듭 생각하기 어려운 경계에 좇아 들어간다.

五重重無盡念佛門。理旣無盡。以理融事。事亦無盡。故隨一門。攝一切門。融斯五門。以爲一致。卽是此中。能念之心。與前[1)]十佛境合。非合非散。涉入重重難思境也。

1) ㉮ 인용 원문인 『華嚴經行願品疏』(卍7, 573a18)에는 '前' 다음에 '所念'이 있다.

염불의 한 문을 모든 가르침에서 찬탄하는 바이니 이치가 깊고 멀어서 세상에서 많이 함께 행하기 때문에 다시 간략히 서술하니 번쇄함을 마다하지 않고 설한다. 운운.

念佛一門。諸敎攸[1)]讚。理致深遠。世多共行。故復略敍。無厭繁說。云云。

1) ㉮ 인용 원문인 『華嚴經行願品疏』(卍7, 573b4)에는 '攸'가 '欣'으로 되어 있다.

보현보살 선지식[52]을 주석하여 이른다.[53] 첫 번째, 모든 부처님을 예경하는 것이다. 문장의 세 단락은 (다음과 같다.) 첫째, 이름을 근거로 하는 것이다. 마음으로 공경함을 말미암아 몸과 입을 움직여서 두루 예경하기 때문에 아만의 장애를 제거하고 공경하여 믿음의 선善을 일으킨다. 늑나마제 삼장(勒那三藏)[54]이 '칠종례七種禮'[55]를 설했는데 이제 덧붙여서 열 가지로 한다.

普賢知識疏云。弟*一禮敬諸佛。文三段者。弟*一牒名。由心恭敬。運於身口而遍禮故。除我慢障。起敬信善。勒那三藏。說七種禮。今加爲十。

말하자면 첫째는 아만례我慢禮이다. 방아가 올라갔다 내려갔다 하듯이 공경하는 마음이 없다. 둘째는 창화례唱和禮이다. 높은 소리로 시끄럽고 잡되어 말만 어지럽다. 이 둘은 예의가 아니다. 셋째는 공경례恭敬禮이다. 오체(五輪)를 땅에 대고 (부처님의) 발을 받들기를 정성스럽게

52 보현보살 선지식은 『사십화엄』에서 선재동자가 역참하는 선지식 가운데 마지막으로 등장한다. 여기에 인용되어 있는 『화엄경행원품소』는 선재동자와 보현보살이 예경에 대해 문답하는 부분에 대한 주석이다. 『사십화엄』(K36, 225c13~24; T10, 844b29~c11).

53 『화엄경행원품소』(卍7, 760a10~b1).

54 늑나마제 삼장(勒那三藏) : Ⓢ Ratnamati. 북위北魏의 역경승으로 중인도 출신이다. 북위 선무제宣武帝 정시正始 5년(508)에 낙양에 와서 보리류지와 함께 세친의 『십지경론』을 번역하고, 후에 『妙法蓮華經論優波提舍』, 『究竟一乘寶性論』 등을 역출하였다. 『歷代三寶紀』(K31, 553c18~22; T49, 86b26~c2)와 『속고승전』(K32, 913c11~24; T50, 429a5~17) 등에서는 『십지경론』의 이해와 관련하여 보리류지와 늑나마제 사이에 차이가 있었다고 한다. 『십지경론』 연구를 중심으로 하는 지론종 가운데 혜광慧光을 시조로 하는 남도파는 늑나마제의 『십지경론』 이해를 따르고, 도총道寵에서 시작된 북도파는 보리류지의 입장을 바탕으로 한다는 설이 『속고승전』 「도총전」 등에 전한다.(K32, 990c6~991a24; T50, 482b16~c23).

55 칠종례七種禮 : 북위 늑나마제가 번역 또는 설했다고 전해지는 일곱 가지 예경법으로서 도세道世의 『法苑珠林』(K39, 462a09~463b19; T53, 435a8~4367)과 도선道宣의 『釋門歸敬儀』(T45, 865a2~c10) 등에 인용되어 있다. 또한 지엄의 『공목장』 「第二會名號品初禮佛儀式章」에도 칠종예법과 유사한 내용이 설해져 있다.

하는 것이다. 넷째는 무상례無相禮이다. 깊이 법성에 들어가 주체와 대상의 모습을 여의는 것이다. 다섯째는 작용을 일으키는 예(起用禮)이다. 비록 주체와 대상이 없지만 널리 몸과 마음을 움직임이 그림자와 같아서 널리 두루 예경할 수 없는 것에 예경하는 것이다.

謂一我慢禮。如碓上下。無恭敬心。二唱和禮。高聲喧雜。辭句渾亂。此二非儀。三恭敬禮。五輪着*地。捧足殷重。四無相禮。深入法性。離能所相。五起用禮。雖無能所。普運身心。如影普遍禮不可禮。

여섯째는 안으로 관하는 예(內觀禮)이다. 다만 몸 안의 법신인 참 부처님만을 예경하고 밖을 향해서 구하지 않는 것이다. 일곱째는 실상의 예(實相禮)이다. 혹 안과 혹 밖이 동일한 실상인 것이다. 여덟째는 대비의 예(大悲禮)이다. 하나하나의 예를 따라서 널리 중생을 대신하는 것이다. 아홉째는 모두 거두는 예(摠攝禮)이다. 앞의 여섯 문[56]을 거두어 하나의 관觀으로 삼는 것이다. 열째는 다함없는 예(無盡禮)이다. 인드라그물의 경계에 들어가서 혹 부처님과 혹 예경이 거듭거듭 다함없는 것이다.

六內觀禮。但禮身內法身眞佛。不向外求。七實相禮。若內若外。同一實相。八大悲禮。隨一一禮。普代衆生。九摠攝禮。攝前六門。以爲一觀。十無盡禮。入帝網境。若佛若禮。重重無盡。

추혈기

『추혈문답』에 이른다.[57]

---

56 앞의 여섯 문 : 예의가 아닌 첫째와 둘째를 제외한 셋째부터 여덟째 예를 가리킨다.
57 이와 거의 같은 내용이 『화엄경문답』(T45, 604c20~605a17)에도 수록되어 있다.

문 자신의 미래불이 도리어 자신의 현재를 교화한다는 것은 어느 글로써 아는가?

답 『영락경』 제8지 보살에 이르기를, "자기 몸의 미래의 과보인 모든 부처님이 정수리를 만지며 법을 설하시는 것을 스스로 본다."[58]라고 한 까닭에 성인의 말씀임을 밝게 알 수 있다. 또 이미 여러 경에 이르기를, "삼세의 모든 부처님을 예배하고 공경하기 때문에 모든 죄업이 없어진다."라고 하니 미래의 모든 부처님이란 누구이겠는가?

> 錐穴問答云。問。自未來佛還化自現在者。以何文知乎。答。瓔絡經弟*八地菩薩云。自見己身當果諸佛摩頂說法故。則聖說炳然可知。又既諸經云。三世諸佛拜敬故。諸罪業滅。未來諸佛者何乎。

문 이것은 남이 이미 이룬 부처님을 예배하는 뜻이니 어떻게 자기의 아직 이루지 않은 부처님이 되는가?

답 남의 부처님을 예배하는 뜻이 없지는 않으나 멀고 성글다. 까닭은 무릇 모든 부처님이 중생을 위하여 부처님의 덕을 설하시니, 뜻이 중생 스스로 또한 그 과보를 얻게 하고자 함이기 때문에 수행하게 하는 것이다. 그러므로 중생이 자신의 미래에 얻을 과덕을 바라보아 그것을 얻고자 하기 때문에 몸과 목숨을 아끼지 않고 수행하는 것이고, 남의 부처님의 과보를 얻기 위해서 수행하는 것은 아니다. 그러므로 바로 내가 발심하여 수행하게 하는 부처님은 다만 나의 미래의 과보이며 이미 이룬 부처님은 남의 부처님이 아니다. 이 뜻은 의심하거나 괴이하게 여길 것이 아니다. 또 남이 이미 이룬 부처님이 곧 나의 미래의 과보인 부처님이다. 무슨 까닭인가? 남이 부처님을 이룰 때 곧 삼세 부처님의 평등한 과

58 『보살영락본업경』(K14, 385c9~10; T24, 1018a20~21).

보를 얻는다. 또 나의 미래의 과보인 부처님은 곧 남이 지금 이룬 부처님이다. 무슨 까닭인가? 내가 미래의 과보인 부처님을 얻을 때 곧 삼세 부처님의 평등한 법을 얻기 때문이다. 이와 같이 반복하여 다시 서로 평등하니 평등하여 차별 없는 과덕이다.[59] 또 이 나의 부처님이 일체 법계의 유정과 무정 가운데 완전하고 완전히 계시니, 한 사물도 나의 체體로서의 부처님 아님이 없기 때문이다. 만약 자체불自體佛을 예배할 수 있다면 예배할 바 아닌 사물이 없다. 이것이 매우 큰 핵심이니 항상 생각해야 할 것이다.

問。此他已成佛拜義。何爲自未成佛乎。答。拜他佛之義。非無而遠疎。[1] 所以者。凡諸佛爲衆生說佛德。意爲欲[2]衆生自亦得彼果。故令修行。是故。衆生望[3]自當來所得之果德。爲欲得彼。不惜身命修行。不爲得他佛果故修行。是故。正令吾發心修行佛。但吾當果。已成佛非他佛也。此義不疑恠也。又他已成佛卽是自當果佛。所以者何。他成佛時。卽得三世佛平等果。又吾當果佛卽是他今成佛。所以者何。吾得當果佛時。卽得三世佛平等法故。如是轉展。更互平等。平等無差別果德。[4] 又此吾佛。於一切法界有情無情中。全全卽作在。[5] 無一物非吾體佛故。若能拜自體佛者。無物不所拜。此甚大要。常可思之。

1) ㉑ 高에는 '疎'가 이체자인 '踈'로 되어 있다. 2) ㉑『華嚴經問答』(T45, 604c27)에는 '欲' 다음에 '令'이 있다. 3) ㉑『華嚴經問答』(T45, 604c28)에는

59 『화엄경문답』(T45, 605a7~11)에는 다음 구절도 있다. "이 뜻 또한 없지 않기 때문이다. 혹은 지금 나의 몸 전체가 여래장불 등인 것이 이것이다. 지금의 나는 곧 나를 반연한 성性으로서의 부처님이나 이에 즉하여 알지 못하기 때문에 슬픔과 괴이함을 일으킨다. 지극한 마음으로 수행하여 미혹함을 돌이키고자 하니, 그러므로 나를 교화하는 부처님이 곧 나의 체體로서의 부처님임을 관하는 것이다. 멀리서 남의 부처님을 구하는 것이 아니다. 이 뜻이 올바로 관觀하는 행자의 큰 핵심이다.(其義亦非無故也。或今吾身全體如來藏佛等是也。今吾卽緣吾性佛。以卽是而不知故悲怪發。至心修行欲返迷。是故其觀化吾佛卽是吾體佛。非遠求他佛。此義其正觀行者大要也。)"

'望'이 '證'으로 되어 있다. 4) ㉮『華嚴經問答』(T45, 605a7)에는 '德' 다음에 '皆化今吾令修行'이 있다. 5) ㉮『華嚴經問答』(T45, 605a13)에는 '作在'가 '在'로 되어 있다.

자체불관론

『자체불관론自體佛觀論』[60]에 이른다.

문 무엇이 자성계自性界이며, 무엇이 자체불自體佛인가?

답 머무름 없음(無住)이 자성계이며, 실상實相이 자체불이다.

문 이 자체불은 어떻게 관觀하는가?

게송으로 답하여 이른다.

모든 연緣의 근본은 나이며,
일체법의 근원은 마음이며,
말(語言)은 매우 중요한 근본이니,
진실한 선지식이다.[61]

自體佛觀論云。問。何自性界。何自體佛耶。答。無住自性界。實相自體佛。問。此自體佛。何觀耶。以偈答曰。諸緣根本我。一切法源心。語言大要宗。眞實善知識。

60 『自體佛觀論』: 현존하는 자료로는 여기 『총수록』에 1회 인용되어 있는 것이 유일하며 저자나 저술 시기 또한 알 수 없다. 다만 자체불自體佛에 대한 논의를 의상이 그의 제자들에게 설했다는 사구게로써 설명하는 점 등을 볼 때 의상이나 의상계 문헌으로 보인다. 의상의 사구게를 『대기』에서 소개하고 있는 점으로 보아 『자체불관론』의 논자가 혹 『대기』의 저자와 연관이 있는 것은 아닌가 생각된다.

61 이 게송은 표훈과 진정 등이 의상 스님에게 움직이지 않는 내 몸이 바로 법신 자체의 뜻임을 어떻게 볼 수 있는지 질문한 것에 답한 의상 스님의 사구게이다. 『총수록』(H6, 775b9~15).

문 이 뜻은 무엇인가?

답 '일체법의 근원은 마음이다'라는 것은 자체불이다. '매우 중요한 근본'은 자체의 원만한 원인이다. '진실한 선지식'은 자체의 원만한 결과이다. 세 뜻을 갖춘 까닭에 '나(我)'이다. 이것이 곧 자체불이다.

문 이 불과佛果는 닦음이 있는가, 닦지 않는가?

답 닦음과 닦지 않음을 가려내지 않으며 유정과 무정을 택하지 않으니, 삼세간에 움직이지 않기 때문이다.

문 이 부처님은 중생을 교화하여 제도하시는가?

답 큰 허공 안에 모든 법이 큰 허공 아님이 없다. 그러므로 허공이 허공을 교화하는 것과 같으니, 이 이름이 자체불의 교화이다.【어느 본에는 이르기를, "자체불 안에 자체불 아님이 없는 것이, 이 이름이 자체불의 교화일 뿐이다."라고 한다.】

問。此義云何。答。一切法源心。是自體佛。大要宗。是自體圓因。眞實善知識。是自體滿果。具三義故我也。此卽自體佛也。問。此佛果。有修耶。不修耶。答。不簡修不修。不擇情非情。三世間不動故。問。此佛。化度衆生耶。答。大虛之內。諸法無不大虛。是故。如虛空化虛空。是名自體佛化也。【一本云。自體佛內。無不自體佛者。是名自體佛化耳。】

문 알지 못하겠다. 무엇이 '말(語言)'인가?

답 너의 '알지 못하겠다'는 말(語言)과 같으니 이 말이 매우 중요하다.

문 이 말은 무엇인가?

답 연기제緣起際의 말과 같다.

문 무엇이 연기제인가?

답 나의 마음은 움직이고 큰 허공은 움직이지 않으니, 움직임과 움직이지 않음을 여의는 것이 연기제가 된다.

問。不知。云何語言乎。答。如汝不知語言。此言甚大也。問。此言云何。答。如緣起際言也。問。何緣起際耶。答。我心是動。大虛不動。離動不動。爲緣起際也。

문 연기제를 기준으로 하면 그 법은 항상 그러하니, 처음 닦는 사람이 어떻게 그 마음에서 노니는가?

답 법을 기준으로 하여 논하면 닦음과 닦지 않음을 여의나, 시험삼아 나의 마음과 나의 몸에 처음 나아가【어느 본에는 '처음 일으켜'라고 한다.】 서로 말하게 함을 밝힌다. 말하자면 마음을 가지고 몸을 찾고 몸을 가지고 마음을 찾으니, 마음이 몸에 두루하고 몸이 마음에 두루한다. 그러니 이름하여 '말(語言)'이라고 한다.

문 서로 두루하기 때문에 다시 말하는 바가 없으니 무엇을 '말'이라고 하는가?

답 마음을 말할 때에는 말 이외에 말하는 바가 없고, 몸을 말할 때에는 말 이외에 말하는 바가 없다. 그러므로 말이 없는 말이고, 들음이 없는 들음이다.

問。約緣起際。其法常然。初修之人。何遊其心耶。答。約法論。離修不修也。試明初趣。【一本云初起。】我心及我身令相語言也。謂將心而尋身。將身而尋心。心遍於身。身遍於心。然名爲語言也。問。相遍故。更無所語。何曰語言耶。答。心言時。言以外無所語。身言時。言以外無所語。是故。無言言無聞聞也。

문 이것은 다만 나의 마음과 나의 몸인데, 어째서 '일체법의 근원'이라고 하는가?

답 나의 마음의 끝을 구하는 것은 법계의 끝을 다하는 것이니, 내 몸의 사대四大도 또한 다시 이와 같다.

문 만약 이와 같다면 오직 나의 몸과 마음인데, 어째서 '진실한 선지식'이라고 하는가?

답 법계의 모든 법은 나의 몸과 마음 아닌 것이 없으니, 모두 수순함을 이름하여 '선지식'이라고 한다.

문 만약 그렇다면 미혹과 깨달음의 다름이 없는데, 무엇을 '부처'라고 이름하는가?

답 둘이 있기 때문에 중생이고 둘이 없기 때문에 곧 자체불이다. 이와 같이 관觀하면 바른 관觀이 된다.

問。此但我心我身。何云一切法源耶。答。求我心邊際。盡法界際。我身四大。亦復如是。問。若如是者。唯我身心。何云眞實善知識耶。答。法界諸法。無不我身心。皆順名爲善知識也。問。若尒。則無迷悟別。何名佛耶。答。有二故衆生。無二故卽自體佛。如是觀者。爲正觀也。

대법계의 연기란, '모든 연緣의 근본인 나'는 불보佛寶이고, '일체법의 근원인 마음'은 승보僧寶이며, '말(語言)이 매우 중요한 근본'인 것은 법보法寶이니, '진실한 선지식'이다. 이 대법계 연기의 뜻을 마음에 얻은 사람은 비록 육도六道와 사생四生에 가더라도 결정코 의심하거나 두려워하지 않는다. 이를 자체의 삼보三寶라고 하니, 말하자면 신업身業이 불보이고 구업口業이 법보이며 의업意業이 승보이다. '불佛'이란 말하자면 연緣이 합하여 이루어지기 때문이고, '법'이란 일체법이 솟아나오기 때문이며, '승僧'이란 일체법 가운데 걸림이 없기 때문이다. 이 부처님을 섬기는 사람은 삼업의 가사를 입으니, 신업은 오조五條이고 구업은 칠조七條이며 의업은 구조九條이다.[62] 이러한 세 가사를 모든 곳에서 입으면, 이 부처님을 모시는 사람은 오래지 않아 끝까지 참된 법계의 법을 볼 것이며, 다시 보고 보는 곳곳에 세 종류 세간을 갖추어 얻을 것이다. 그러므로 세 가지 세간이 옳지 않음이 없다.

大法界緣起者。諸緣根本我佛寶。一切法源心僧寶。語言大要宗法寶。眞實善知識。此大法界緣起義心得人。雖往六道四生。決定不疑畏。此云自體三寶。謂身業佛寶。口業法寶。意業僧寶。佛者謂緣合成故。法者一切法涌出故。僧者一切法中無障导故。此佛仕人三業袈娑[1]着。身業五條。口業七條。意業九條。如是三袈娑。*着*一切處。此佛仕人。不久窮實法界法見也。復見見處處。三種世間具得也。故三種世間無不是也。

1) ㉯ 을본에는 '娑'가 '裟'로 되어 있다. 이하도 동일하다.

2. 구래단舊來斷 具縛有情至隨義消息

'얽매여 있는 유정'부터 '뜻에 따라 풀이할 수 있다'까지[63]
具縛有情至隨義消息

62 5조五條와 7조七條와 9조九條는 석가모니부처님 당시부터 인도의 불교승단에서 허용된 세 종류의 가사(三衣, Ⓢ trīṇi cīvarāṇi)를 가리킨다. 이 가운데 9조 가사(僧伽梨, Ⓢ saṃghāti)는 아홉에서 스물다섯 조각의 천으로 기워 지으며 법석에 오르거나 탁발을 하거나 왕궁에 출입할 때 입고, 대의大衣라고도 한다. 7조 가사(鬱多羅僧, Ⓢ uttarāsaṅga)는 일곱 조각의 천으로 기워 지으며 예배·청강·포살 등을 할 때 입고, 상의上衣라고도 한다. 5조 가사(安陀會, Ⓢ antarvāsa)는 다섯 조각의 천으로 기워 지으며 일상생활이나 취침 때 입고, 내의內衣라고도 한다.

63 『총수록』(H6, 837b5). 이에 해당하는 『일승법계도』 원문은 H2, 5c12~6a21; H6, 829b19~830a7.

대 기

『대기』에 이른다. '얽매여 있는 유정은 아직 번뇌를 끊지 못했고 아직 복덕과 지혜를 이루지 못했는데 무슨 뜻으로 예부터 부처를 이루었다고 하는가?'라는 것은, 이 물음을 일으킨 뜻은 (다음과 같다.) 만약 열 부처님을 기준으로 하면 법계의 모든 법이 부처님 아님이 없다. 그러나 이것은 오늘 우리들은 눈이 먼 범부이니 어떻게 곧 열 부처님일 수 있는가? 이와 같이 힐난한 것이다. 답의 뜻은 망정을 뛰어넘는 법은 망정을 돌이키면 바로 이것인 것이다. 만약 망정을 돌이켜 보면 법계가 두렷이 밝아서 일체중생이 번뇌를 끊어 다하고 복덕과 지혜를 이루어 마치니 어찌 부처님이 아니겠는가? 이와 같이 답한 것이다. 무릇 이와 같이 묻고 답하는 뜻은 저 삼승의 장애를 끊어서 부처를 이루는 뜻에 기대어, 일승의 예부터 부처를 이룸을 나타내고자 한 것이다.

大記云。具縛有情。未斷煩惱。未成福智。以何義故。舊來成佛耶者。起此問意。若約十佛。則法界諸法。無非是佛。然此今日。我等盲冥凡夫。何能卽是十佛耶。如是難也。答意。則超情之法。反情卽是。若反情見。法界圓明。一切衆生。煩惱斷盡。福智成竟。豈非佛耶。如是答也。凡如是問答意者。寄彼三乘斷障成佛之義。欲現一乘舊來成佛也。

문 본래 번뇌를 끊은 것인가, 본래 번뇌가 움직이지 않음을 아는 것인가?

답 본래 끊어진 것임을 알 뿐이다. 꿈을 깬 자는 꿈꾸는 사람이 보는 바 오척의 귀신을 보지 못하기 때문이다.

문 그렇다면 인용된 경 가운데 "번뇌의 법 가운데 한 법도 줄어드는 것을 보지 못한다."라는 뜻에 어긋나는 것인가?

답 본래 없으므로 어떻게 '줄어드는 것'을 보겠는가?

問。爲是本來斷煩惱耶。爲知本來煩惱不動耶。答。知本來斷耳。以覺者不見夢人所見五尺鬼故。問。然則。違於所引經中。煩惱法中不見一法滅之義耶。答。本來無故。云何見滅。

진수기

『진기』에 이른다. '처음도 아니고 중간도 나중도 아니니'란 (다음과 같다.) 세 찰나로 나누어서 끊을 바 장애를 구함이니, 저 첫 찰나에 지혜에 의거하여 장애를 구하면 지혜의 체體 아님이 없어서 (장애를) 끊을 수가 없다. 가운데와 뒤의 (찰나도) 또한 그러하기 때문이다.

'앞과 가운데와 뒤에서 취하기 때문이다'란, 끊지 아니하되 끊기 때문이다. '허공과 같다. 이 같이 끊으므로'란, 만약 지위에 기대어 말하면 허공은 사물이 없는 뜻이기 때문에 끊는 주체와 대상이 없는 것이 허공과 같이 끊음이 된다. 일승을 기준으로 하면 허공은 곁이 없는 뜻이기 때문에 지혜와 장애의 체體가 서로 곁이 없다. 곁이 없음의 뜻으로 허공과 같이 이와 같이 끊음이 될 뿐이다.

眞記云。非初非中後者。分三刹那。求所斷障。如初刹那。擧智求障。無非智體。不可得斷。中後亦爾故也。前中後取故者。不斷而斷故也。如虛空如是斷者。若寄位云。則虛空者。無物義故。無能所斷。爲如虛空斷也。約一乘則。虛空者。無側義故。智與障體。互無側也。以無側義。爲如虛空如是斷耳。

법융기

『법기』에 이른다. '마치 꿈을 깸(覺)과 꿈을 꿈(夢), 잠을 잠(睡)과 잠을 깸(悟)이 같지 않은 것과 같다'란 (다음과 같다.) 두 사람이 있어서 함께 한 침상에 있음에, 한 사람은 처음부터 잠을 자지 않은 까닭에 세 때에 꿈을 구해도 첫 때에 얻지 못하고 중간과 뒤에도 또한 그러하였으며, 그 다른 한 사람은 밤이 끝나도록 잔 까닭에 세 때에 항상 꿈을 꾼 것과 같다. 이와 같이 일승의 장애를 끊고 부처를 이룸을 기준으로 하면, 온전히 남을 자신으로 삼아서 항상 깨어 있는 까닭에 처음부터 잠을 자지 않으며, 온전히 자기를 남으로 삼아서 항상 꿈을 꾸는 까닭에 언제나 항상 깨어 있지 않다. 그러므로 삼승의 장애를 끊음은 아직 끊지 않음을 끊는 곳에는 이르지 못하고, 일승은 아직 끊지 않음을 끊는 곳에 이른다. 삼승의 부처님이 끊음에 이르지 못하는 것은 자신의 상속 이외의 중생의 장애이고, 일승의 부처님이 끊는 곳에 이름은 자신이 증득한 중생바다(衆生海)의 장애이다. 일체중생이 오늘 발심하여 장애를 끊고 수행하여 증득함은 모든 부처님의 다함없는 문의 덕德이다.

法記云。猶如覺夢瞑[1]悟不同者。如有二人。共在一床。一人初初不瞑*故。三時求夢。初時不得。中後亦爾。其一人則竟夜瞑*故。三時恒夢。如是約一乘斷障成佛。則全他爲自而恒覺故。初初不瞑。* 全自爲他而恒夢故。常常不悟。是故三乘斷障者。不及斷於未斷之處。一乘及斷未斷之處。三乘之佛不及斷者。自相續外。衆生之障。一乘之佛及斷之處。是自所訂*衆生海之障也。一切衆生。今日發心。斷障修訂。* 卽是諸佛不盡門德也。

1) ㉷ 을본에는 '瞑'가 '睡'로 되어 있다. 이하도 동일하다.

'그 참된 도리는 모든 법의 실상實相이 늘지도 않고 줄지도 않으며'란 (다음과 같다.) 중생과 부처님이 이미 하나의 법성의 침상에 함께 있으니, 비록 중생이라고 하여도 모자라거나 남는 것이 없고, 비록 모든 부처님이라고 하여도 보태거나 뺄 것이 없기 때문이다. '이법과 이법의 상즉' 등이란, 앞의 세 구는 즉문이고 뒤의 한 구는 중문이다.

문 이법과 이법의 상즉은 (이법과 이법) 두 공함이 함께하는가?

답 함께하지 않는다.

문 만약 그렇다면 상즉하지 않는가?

답 상즉하기 때문에 함께하지 않는다.

其實道理。諸法實相。不增不減者。生佛旣共一法性床。雖云衆生。無所欠[1)] 剩。雖云諸佛。無所添除故也。理理相卽等者。前三句卽門。後一句中門也。問。理理相卽者。二空並耶。答。不並也。問。若爾。不相卽耶。答。相卽故。不並也。

1) ㉣ 을본에는 '欠'이 '缺'로 되어 있다.

대 기

『대기』에 이른다. '열 부처님과 보현보살의 법계의 집'이란, 곧 위의 법성의 집(法性家)과 법계다라니의 집 등이니, 바로 밖으로 교화함을 기준으로 하여 안으로 증득함을 통틀은 것이다. '그 나머지 거스름(逆)과 따름(順), 주主와 반伴이 서로 이룸 등'이란, 거스름은 오열五熱과 아중비(衆鞞)[64]이고, 따름은 십바라밀의 바른 수행 등이다. 이것으로써 으뜸으로 삼아 일체 다함없는 법을 통틀어 취하기 때문에 '예에 준하여 서로 거두면 뜻에 따라 풀이할 수 있다'라고 한 것이다.

大記云。十佛普賢法界宅者。卽上法性家及法界陁羅尼家等。正約外化而通內証*也。其餘逆順主伴相成等者。逆則五熱衆鞞。順則十度正行等也。以此爲首。通取一切無盡之法。故云。准例相攝。隨義消息。

64 오열五熱과 아중비(衆鞞) : 『화엄경』「입법계품」의 승열 바라문과 바수밀다녀의 법문을 가리킨다. 자세한 내용은 상권 1 각주 127) 참조.

3. 수십전법數十錢法 欲觀緣起至逗留全別

'연기를 관觀하고자 한다면'부터 '까닭이 전혀 다르다'까지[65]
欲觀緣起至逗留全別

대 기

『대기』에 이른다. '연기를 관하고자 한다면, 내지 열 개의 동전을 헤아린다'란 (다음과 같다.) 개종開宗이 이르기를, "열 개의 동전을 세는 법(數十錢法)은 집착의 병을 다스리는 제일의 약이고 걸림 없는 덕을 이루는 가장 수승한 문이다."[66]라고 하였다. 풀이하면 혹 이 동전 세는 법을 체달하는 자는 날마다 쓰는 모든 경계에서 듣고 보는 바에 따라서 취하지 않고 집착하지 않으니, 하나하나의 털구멍과 하나하나의 티끌에서 일체의 부처님을 보고 일체의 법을 듣는다. 마음을 일으키고 생각을 움직이며 다리를 올리고 다리를 내림의 무릇 베풀어 행하는 바가 구경 아님이 없어서 부처님의 일을 만족시킨다. 그러므로 '병을 다스리는 제일의 약이고 덕을 이루는 가장 수승한 문이다'라고 한 것이다.

大記云。若欲觀緣起乃至數十錢者。開宗云。數十錢法。治執着*病之弟*一藥。成無导德之最勝門也。解云。若得體達此數錢之法者。於諸境界日用之中。隨所聞見。不取不着。* 一一毛孔一一塵中。見一切佛。聞一切法。起

65 『총수록』(H6, 838a8). 이에 해당하는 『일승법계도』 원문은 H2, 6a22~7b2; H6, 830a7~831a21.

66 '개종開宗'이 사람 이름인지 문헌의 이름인지는 불분명하다. 다만 균여의 『일승법계도원통기』(H4, 25b4~6; 26c13~16)에 「開宗記」라는 이름으로 두 번 인용되어 있는 가운데 처음 인용문이 이와 동일한 내용이다.

心動念。擧足下足。凡所施爲。無非究竟。滿足佛事。故云。治病之弟*一藥。成德之最勝門也。

고기

'고기'에 이른다. 운화 존자가 이르기를, "하나의 누각이 있으니 안의 장엄은 일승이고 밖의 장엄은 삼승이다. 여기에 문이 있으니 '깨달음의 문'이라고 이름한다. 보리수를 향해 있으나 모든 중생의 망상과 번뇌(纏縛)가 이 문을 막아서, 이러함을 말미암은 까닭에 일승의 진귀한 보배장엄을 보지 못한다. 그러므로 천친보살이 육상의 열쇠로 이 문을 열어 보였으나 천축 사람들이 육상을 이해하지 못한 까닭에 그 익숙한 실담장의 총지법으로 가르쳐서 보인 것이다. 이상."[67]라고 하였다. 동쪽 땅의 사람들은 또 그 실담장의 총지법을 이해하지 못하였다. 이런 까닭에 운화 존자가 그 익숙한 동전 세는 법으로 가리켜 보인 것이다.

古記云。雲華尊者曰。有一樓觀。內莊一乘。外嚴三乘。此中有門。名曰覺門。向菩提樹。而諸衆生妄想纏縛。以障此門。由如是故。不見一乘珍寶莊嚴。是故。天親菩薩。以六相鑰匙。示開此門。而天竺人未解六相故。以其所習悉曇章摠持之法。所[1)]誨示也。已上。東土之人。又不解其悉曇章摠持之法。是故。雲華尊者。以其所習數[2)]錢之法。而指示也。

1) ㉑ 高에는 '而'로 되어 있다. 번역에서는 高를 따랐다. 2) ㉑ 을본에는 '數'가 '敎'로 되어 있다.

67 이 인용문 가운데 앞의 누각의 비유는 지엄의 『화엄오십요문답』(T45, 522a18~29)에 보인다. 그러나 세친보살 이하 뒷부분의 실담장에 관련된 부분의 출전은 분명하지 않다.

문 이 실담장과 동전 세는 비유는 성스러운 가르침 중에 있는가, 없는가?

답 있다. 말하자면 실담의 비유는 「십지품」에서 설하고,[68] 수를 세는 법의 비유는 제4회의 정진림보살의 게송에 이르기를, "비유하면 수를 세는 법과 같으니 하나에서 늘어나 무량에 이른다. 수를 세는 법은 체성이 없으니 지혜인 까닭에 차별하다."[69]라고 한다.

問。此悉曇章。及數錢之喩。於聖教中。有耶。無耶。答。有之也。謂悉曇之喩。十地品中說之。數法之喩。弟*四會精進林菩薩頌曰。比如筭數法。增一至無量。數法無體性。智惠故差別。

문 이 동전 가운데 무엇이 변계이며 무엇이 인연인가?

답 이와 같은 열 개의 동전이 첫 번째, 두 번째 내지 열 번째가 모두 자성이 있기 때문에 하나를 취하면 하나가 없고 둘을 취하면 둘이 없는 것 등은 변계의 동전이다. 인연의 동전은 이 하나의 동전의 지위가 중문과 즉문을 갖추었기 때문에, 만약 나머지 아홉 개가 없으면 곧 이 하나의 동전도 또한 이루어질 수 없다. 그러므로 이 하나의 동전이 곧 다함 없는 하나이다.

問。此錢之中。何是遍計。何是因緣耶。答。如是十錢。弟*一弟*二乃至弟*十。皆有自性故。取一則無一。取二則無二等者。是遍計錢也。

68 실담 비유의 출전과 내용은 상권 2 각주 137), 138) 참조.

69 『팔십화엄』의 제4회 설법 중 「夜摩宮中偈讚品」에 나오는 게송이다.(K8, 540b25; T10, 101b17~18) 이에 해당하는 『육십화엄』「夜摩天宮菩薩說偈品」(K8, 74a10; T9, 465a22~23)의 게송은 다음과 같다. "비유하면 열을 세는 법과 같으니 하나에서 늘어나 무량에 이른다. 모두 다 근본수이니 지혜인 까닭에 차별하다.(譬如數法十。增一至無量。皆悉是本數。智慧故差別。)"

因緣錢者。此一錢位。具中卽故。若無餘九。卽此一錢。亦不得成。是故。此一錢卽是無盡之一也。

문 이 열 개 동전의 비유로써 어린이처럼 몽매한 이(童蒙)를 처음 인도하는 방편은 무엇인가?

답 의상 화상이 어린이처럼 몽매한 이에게 가르쳐 일렀다. "너는 먼저 열 개의 동전을 세로로 나열해 보아라." 그 사람이 지시에 따라서 세로로 나열하니, 의상 화상이 말씀하였다. "이 열 개의 동전이 자성의 열인가, 연기로서 자성이 없는 열인가?" 그 사람이 아뢰었다. "이 동전은 실로 자성의 열입니다." 의상 화상이 말씀하였다. "그런 말을 하지 말라. 이 열은 이에 연緣으로 이루어진 열인 까닭에 하나하나가 열을 갖추었을 뿐이다." 그러나 그 어리석은 사람은 아직 이 뜻을 깨닫지 못하니, 의상 화상이 가르쳐 일렀다. "만약 이 열 개의 동전이 모두 자성의 열 개 동전이라면 너는 마땅히 그것을 세어 보아라." 어리석은 사람이 지시에 따라서 그 동전을 세어서 "하나, 둘,……열"이라고 하였다.

問。以此十錢之喩。初導童蒙方便云何。答。和尚告童蒙曰。汝先竪列十錢。其人應命竪列。和尚曰。此十錢。爲是自性十耶。爲是緣起無性十耶。其人白云。此錢實是自性十也。和尚曰。莫作是說。此十乃是緣成十故。一一具十耳。然其迷人。未會此意。和尚告曰。若此十錢。悉是自性。十箇錢者。汝當數之。迷人應命。數其錢云。一二乃至十也。

그때에 의상 화상이 첫 번째 하나의 동전을 치워 버리고 물었다. "몇 개가 있는가?" (어리석은 사람이) 아뢰었다. "다만 아홉 개가 있을 뿐입니다." 의상 화상이 말씀하였다. "너는 다시 세어 보아라." 그 사람이 세어서 "하나, 둘,……아홉"이라고 하였다. 의상 화상이 말씀하였다. "너는 전에는 이미 말하기를 '이 열이 결정코 자성의 열이다'라고 했는데, 어째서 너는 이전의 두 번째 (동전)으로 첫 번째를 삼고 내지 이전의 열 번째로 아홉 번째를 삼는가?" (그 사람이) 아뢰었다. "화상이 하나의 동전을 치워 버렸기 때문에 그렇습니다." 이에 화상이 다시 하나의 동전을 놓고는 물었다. "몇 개가 있는가?" (그 사람이) 답하였다. "열 개가 있습니다." 화상이 말씀하였다. "너는 마땅히 다시 세어 보아라." 그 사람이 지시를 받들어 다시 그것을 세어서, "하나, 둘 내지 열"이라 하고는 아뢰었다. "화상이 하나의 동전을 치워 버렸을 때는 두 번째로 첫 번째를 삼았으나 화상이 다시 하나의 동전을 놓으니 또한 다시 첫 번째로써 두 번째 등을 삼았습니다. 그러므로 자성의 열이 아닙니다. 마땅히 하나를 말미암아 열이 있고 열을 말미암아 하나가 있습니다. 그러므로 하나하나가 연기로서 자성이 없을 뿐입니다."

爾時。和尙去却弟*一一[1)]錢。問。有幾耶。曰[2)]云。只有九耳。和尙曰。汝可更數。其人數云。一二乃至九。和尙曰。汝前旣云。此十定是自性之十。何故。汝令以前弟*二爲弟* ·。乃至前十爲九耶。白云。由和尙去却一錢故爾。於是和尙。還置一錢。問有幾何。答有十也。和尙曰。汝應復數。彼人承命復數之云。一二乃至十。白云。和尙去却一錢時。以弟*二爲弟*一等。和尙還置一錢。亦得復以弟*一爲弟*二等。然則非自性十。應是由一有十。由十有一。是故。一一緣起無性耳。

1) (원) 을본은 각주에서 '一一'이 '二'로 의심된다고 한다. 2) (원) 을본에는 '曰'이 '白'으로 되어 있다. (역) [高]에는 '**日**'으로 되어 있으며 문맥과 형태상 '白'의 윗 획이 마멸된 것으로 생각된다.

법융기

『법융(기)』에 이른다. '첫 번째는 위로 향하여 옴(向上來)'이라는 것은 (다음과 같다.) 어떤 이는 "이 문의 첫 번째 동전은 다만 감(去)의 뜻만 있고 옴(來)의 뜻은 없으며, 열 번째 동전에는 다만 옴의 뜻만 있고 감의 뜻은 없다."라고 한다. 어떤 이는 "이와 반대이다. 말하자면 첫 번째 동전이 힘이 있으면 열 동전을 가지고 오기 때문에 '옴'이라고 하고, 열 번째 동전이 힘이 있으면 열 동전을 가지고 가기 때문에 '감'이라고 한다."라고 한다.

法融云。一者向上來者。一云。此門初錢。但有去義。無來義。弟*十錢中。但有來義。無去義。一云。反此也。謂初錢有力。將十錢來。故云來。弟*十錢有力。將十錢去。[1] 故云去也。

1) ㉑ 을본에는 '去'가 '云'으로 되어 있다.

'근본수(本數)'라는 것은,

문 '근본의 하나(本一)'가 '근본수(本數)'와 어떻게 다른가?

답 지위를 주지 않았을 때에는 '하나'를 부르면 열 개가 모두 응하여 "나도 하나이다.", "나도 하나이다."라고 말한다. 그러므로 첫 번째 내지 열 번째 등의 지위를 줄 때, 첫 번째의 하나가 본래 하나이기 때문에 첫 번째의 지위를 주는 까닭에 '근본수인 하나'라고 하는 것이다. 또 열을 세는 것의 처음 하나이기 때문에 '근본의 하나'라고 한다.

本數者。問。本一與本數。何別。答。位不授時。呼一則十皆應口[1]云。吾亦一吾亦一。故授弟*一乃至弟*十等位時。以弟*一之一本是一故。授弟*一位故云本數一也。又以數十之初一故。云本一也。

1) ㉑ 을본에는 '口'가 없다.

대 기

『대기』에 이른다. '첫째는 하나이다. 내지 곧 근본수이다'에서,

문 첫 번째 하나가 '근본법'이라는 이름을 받는 것을 어떻게 아는가?

답 부처님이 스스로 증득하신 법은 하나나 둘이라는 말을 여의어서 자성을 고수하지 않고 연緣을 따라 이룰 때, 만약 '하나'를 부르면 온 법계가 하나이다. (그러나) 이미 지위를 주어서 이르기를 '하나이다, 둘이다, 내지 열이다'라고 하는 까닭에, 첫 번째 하나가 근본법이라고 일컬어지는 이름을 받는다고 하는 것이다.

大記云。一者一乃至卽是本數者。問。何知初一受本法名耶。答。佛自訂*法。離一二詮。而不守自性隨緣成時。若呼一則。全法界是一也。旣授位云一也二也乃至十也。故云初一得受稱本法名也。

문 이미 가로로 열 개의 동전을 나열하고, 내가 드는 바를 따라서 첫 번째로 삼아 세기 때문에 열 개가 모두 근본수인가?

답 이미 드는 바를 따라서 첫 번째로 삼아 세어야 비로소 근본수가 된다. 드는 바를 따름을 말미암아서 차례로 두 번째, 세 번째 등의 이름을 받기 때문에 지말수(末數)이다.

問。旣橫列十錢。隨我所擧。爲初而數故。十皆本數耶。答。旣隨所擧。爲初而數。方爲本數。由隨所擧。次弟*受二三等名故。是末數也。

문 만약 이 (의상) 화상이 하나로 근본을 삼으면, 경 가운데 "비유하면 열을 세는 법과 같으니, 모두 다 근본수이다."[70]라는 문장을 어떻게 회통하는가?

답 이 하나의 열이기 때문에 열을 든 것뿐이다. 그러므로 하나의 열이

70 하권 2 각주 69) 참조.

기 때문에 열이 모두 하나이다. 따라서 "모두 다 근본수이다."라고 한 것이다.

問。若此和尙。以一爲本。則經中比如數法十皆悉是本數之文。如何通耶。答。是一之十故擧十耳。是故。一之十故。十皆是一。故云。皆悉是本數也。

문 만약 그렇다면 마땅히 열이 모두 근본수이어야 하는데, 어째서 그렇지 않은가?

답 그 지위를 줄 때에 이미 '둘', '셋' 등이라고 한 까닭에 오직 첫 번째 하나만 근본수이다. 그러나 그 열이 하나의 열이기 때문에 모두 근본수이다.

問。若爾。應是十皆本數。何不爾耶。答。授其位時。旣云二三等故。唯初一是本數也。然而其十是一之十故。皆是本數也。

법융기

『법융(기)』에 이른다. '곧 생겨나되 생겨나지 않고' 등이란, '곧 생겨나되'는 무명의 인연으로 행行의 결과가 생겨나기 때문에 '곧 생겨나되'이다. 생겨남에 묶여 있는 것을 설하는 것은 '생겨나지 않고'이다. '생겨나지 않되 생겨남'이란, 무명이 멸하기 때문에 행行이 멸한다는 것은 '생겨나지 않되'이다. 멸함에 묶여 있는 것을 설하는 것은 '생겨남'이다. '머무르지 않음의 뜻'이란, 또한 하나의 티끌이 자기의 자리에 머무르지 않음을 기준으로 하여 법계를 다하는 것이니, 기준으로 하고 기준으로 하는 것이 모두 그렇기 때문이다. '중도의 뜻'이란, 듦을 따라서 곁이 없기 때문이다.

法融云。卽生不生等者。卽生者。無明因緣行果生故。卽生也。生縛說者不生也。不生生者。無明滅故行滅。則不生也。滅縛說者生也。不住義者。且約一塵不住於自位。盡於法界。約約皆然故也。中道義者。隨擧無側故也。

대 기

『대기』에 이른다. '자재하지 않다'란, 자기가 공하다는 뜻이다. '곧 생겨나되 생겨나지 않고 생겨나지 않되 생겨남이다'란 두 가지 뜻을 포함하고 있다. 첫째, '생겨나되 생겨나지 않음'은 중생과 부처님의 법이 없는 증분이다. '생겨나지 않되 생겨남'은 연기분이다. 둘째, 연기분에 나아가서 '생겨나지 않음'은 연기관이니 힘이 없어서 생겨남이 없기 때문이다. '생겨남'은 인연관이니 힘이 있어서 생겨남이 있기 때문이다. '용수가 이르기를, 인연으로 생겨난 법' 등이라는 것은 두 가지 해석이 있다. 어떤 이는, 처음 세 구는 동교이고 뒤의 한 구는 별교라고 한다. 어떤 이는, '곧 공이다'는 연기관이고, '가명이다'는 인연관이고, '중도의 뜻'은 성기관이라고 한다.

大記云。不自在者。自已空義也。卽生不生不生生者。含有二意。一生不生者。無生佛法之訂*分也。不生生者。緣起分也。二就緣起分。不生者緣起觀。無力無生故。生者因緣觀。有力有生故。龍樹云。因緣所生法等者。有二釋。一云。初三句同敎。後一句別敎也。一云。卽是空者緣起觀。是假名者因緣觀。中道義者性起觀也。

법융기

『법융(기)』에 이른다. '무분별'이란 이 열 개의 동전 가운데 매 하나하나의 동전이 듦을 따라 곁이 없어서 표시하여 가리킬 수 없기 때문이다. '자성을 고수하지 않는다'란 둘이 자성을 고수하지 않고 셋과 넷과 열도 또한 자성을 고수하지 않고 하나의 체體를 이루기 때문에 '연緣을 따른다'라고 하니, 그러므로 '머무르지 않는다'라고 한다.

法融云。無分別者。此十錢中每一一錢。隨擧無側。不可摽指故也。不守自性者。二不守性。三四及十。亦不守自。成一之體。故云隨緣。故云不住也。

'하나의 일(一事)로써 하나의 많음을 변별한다'란 (다음과 같다.) 하나를 말미암아 열이 있기 때문에 만약 그 하나를 취해 버리면 둘과 셋 내지 열이 다 이루어지지 않으므로, '하나'를 부를 때 열이 모두 대답하기를, '나도 하나다', '나도 하나다'라고 한다. 하나의 많음이기 때문에 '하나의 많음을 변별하는 까닭에 곧 다함이다'라고 하는 것이다.

以一事辨一多者。由一有十故。若取其一。則二三乃至十皆不成故。呼一之時。十皆口許。吾亦一吾亦一也。以一之多故。云辨一多故卽盡也。

'다른 일(異事)로써 하나의 많음을 변별한다' 등이란, '둘'을 부를 때 열이 모두 대답하되, '나는 둘이다' 등이라고 하는 것이다. 그러므로 '다른 일로써 하나의 많음을 변별하는 까닭에 다하지 않는다'라고 하는 것이다. 말하자면 둘로써 열을 다하고, 셋으로써 열을 다하고, 내지 열로써 열을 다하는 것이 다 첫 번째 하나의 동전의 다하지 않는 덕德이다.

以異事辨一多等者。呼二之時。十皆口許。我是二等。故云以異事辨一多故不盡也。謂以二盡十。以三盡十。乃至以十盡十。皆初一錢之不盡德也。

문 둘의 일(二事)로써 둘의 많음을 변별하는 것은 두 번째 동전의 다함이다. 이 두 번째 (동전)의 다하지 않음은 무엇인가?

답 하나의 일로써 하나의 많음을 변별하고, 셋의 일로써 셋의 많음을 변별하는 것 등은 모두 두 번째 (동전)의 다하지 않음이다.

문 법장 스님이 이르는 바 '하나 가운데 열이기 때문에 다한다'[71]의 하나가 '열 가운데 하나이기 때문에 다하지 않는다'[72]의 하나와 어떻게 다른가?

답 같다.

問。以二事辨二多者。是弟*二錢之盡也。此弟*二之不盡。何耶。答。以一事辨一多。以三事辨三多等。皆是弟*二之不盡也。問。藏師所云。一中十故盡之一。與十中一故不盡之一。何別。答。同也。

문 만약 그렇다면 무슨 까닭에 열 가운데 하나가 다하지 않음인가?

답 하나 가운데 열을 갖추니, 그러므로 '하나 가운데 열이기 때문에 다한다'라고 한다. 열을 갖춘 하나는 다만 첫 번째의 하나가 되어서 열을 다할 뿐이고, 두 번째, 세 번째 내지 열 번째가 되어서 열을 다하는 것이 아닌 까닭에, '열 가운데 하나이기 때문에 다하지 않는다'라고 하는 것이다. 말하자면 하나 가운데 열의 하나는 둘을 갖추고 셋을 갖추고, 내지 열을 갖춘 하나이다. 열 가운데 하나의 하나는 둘이 되어서 열을 거두지 못하며, 셋이 되어서 열을 거두지 못하며, 내지 열이 되어서 열을 거두지 못하는 하나이다.

問。若爾。何故十中一則不盡耶。答。一中具十故。云一中十故盡也。具十之一。但爲弟*一之一而盡十。不爲弟*二弟*三乃至弟*十而盡十。故云十

71 법장, 『화엄일승교의분제장』(T45, 503c22).
72 법장, 『화엄일승교의분제장』(T45, 503c22~23).

中一故不盡也。謂一中十之一者。具二具三乃至具十之一也。十中一之一者。不能爲二攝十。不能爲三攝十。乃至不能爲十攝十之一也。

대기

『대기』에 이른다.

문 '하나의 일(一事)로써 하나의 많음을 변별'하는 것은 열 동전에 통하는가?

답 그렇다. 말하자면 동전의 체體를 기준으로 하기 때문이다. 또 지위에 따라서 말하면 둘의 일(二事)로써 둘의 많음을 변별하는 것 등도 또한 가능하며, 다른 문도 예에 따라 그러하니 말하자면 동전의 지위를 기준으로 하기 때문이다. 여기에서는 동전의 체體를 기준으로 하여 말한 것이다. 이 가운데 '다른 일(異事)로써' 등은 (다음과 같다.) 변계의 사람으로 하여금 인연을 익히게 하려는 까닭에 나열된 지위의 이구지離垢地 등의 다른 일을 기준으로 한다. 만약 인연의 사람으로 하여금 연기를 익히게 한다면 하나하나가 열을 갖추기 때문에 그 환희지歡喜地가 갖춘 열 가운데의 이구지 등을 기준으로 하여 다른 일로써 삼을 뿐이고, 나열된 지위의 이구지 등을 기준으로 하지 않는다. 그러므로 아래에서 또 해석하는 중에 하나의 문을 기준으로 하여 다함과 다하지 않음을 변별한 것이다.[73] 그러므로 처음의 뜻을 기준으로 하면 다하지 못하기 때문에 다하지 않음이고, 나중의 뜻을 기준으로 하면 다함이 없기 때문에 다하지 않음이다.[74]

---

73 '다른 일(異事)로써' 바로 다음에 이어지는 다음의 구절을 가리킨다. "또 하나의 일 가운데 하나와 많음의 뜻은 상즉(相是)하지 않으니 곧 많음이고, 하나의 일인 까닭에 곧 하나이다. 네 구절로 잘못을 막고 틀림을 제거하여 덕을 나타내니, 이것에 준하면 이해할 수 있다.(又一事中一多義不相是卽是多。一事故卽是一。四句護過。去非現德。准之可解。)"(H2, 6c7~9; H6, 830b18~20)

74 처음의 뜻은 변계의 사람을 위하여 나열된 지위 가운데의 이구지 등을 다른 일로 삼아서 변별하여 다하지 못함을, 나중의 뜻은 인연의 사람을 위하여 환희지 하나가 갖추는

大記云。問。以一事辨一多者。通十錢耶。答。爾也。謂約錢體故。又隨位云。以二事辨二之多等亦得。餘門例爾。謂約錢位故。此中約錢體云也。此中以異事等者。令遍計人習因緣故。約列位之離垢等異事。若令因緣人習緣起。則以一一具十故。約其歡喜所具十中離垢等爲異事耳。不約列位之離垢等也。故下又釋中。約一門辨盡不盡。是故。約初義則不能盡故不盡也。約後義則以無盡故不盡也。

문 '다른 일로써'는 다만 환희지가 갖춘 이구지 등일 뿐이고, 나열된 지위의 이구지가 아님을 어떻게 아는가?

답 법장 스님이 이르기를, "(**문**) 다만 자기의 하나의 문의 다함없음만을 거두는가, 또한 나머지 다른 문의 다함없음도 거두는가? **답** 혹은 함께 거두고 혹은 다만 자기 하나의 문의 다함없음만을 거둔다. 무슨 까닭인가? 만약 자기 하나의 문의 다함없음이 없다면 나머지 일체 문 중의 다함없음도 모두 다 이루어지지 않는다. 그러므로 첫 문의 동체同體가 곧 동체와 이체異體 두 문 중의 다함없음과 다함없음을 거두어 그 원만한 궁극의 법계를 다하여 거두어 다하지 않음이 없는 것이다. 이상."[75]라고 하였다. 옛 스님이 이르기를, "'나머지 다른 문'이란 위에서 이른 하나의 문에 이미 열이 있는 것이다."라고 하였다. 그러나 이 열이 다시 스스로 상즉상입하여 거듭거듭 다함없음을 이루는 것이다. 그러므로 자신이 거둔 바를 기준으로 하여 나머지 다른 문을 삼는 까닭에 나열된 지위의 이구지가 아님을 안다.

問。何知以異事者。但是歡喜所具離垢等耳。非列位之離垢耶。答。藏師云。

열 가운데의 이구지 등을 다른 일로 삼아서 변별하여 다하지 못함을 가리킨다.

75 『화엄일승교의분제장』(T45, 504c8~14).

爲但攝自一門無盡[1]卽。[2] 爲亦攝餘異門無盡耶。答。或俱攝。或但攝自一門無盡。何以故。若無自一門無盡。餘一切門中無盡。皆悉不成。是故。初門同體。卽攝同異二門中無盡無盡。[3] 窮其圓極法界。無不攝盡。已上。古德云。餘異門者。上云一門中旣有十。然此十復自相卽入。重重成無盡也。是故。約自所攝爲餘異門。故知非是列位之離垢也。

1) 역 인용 원문인 『華嚴一乘教義分齊章』(T45, 504c9)에는 '盡' 다음에 '重重'이 있다. 2) 원 을본에는 '卽'이 '耶'로 되어 있다. 역 高에는 '耶'로 되어 있다. 문맥과 형태상 '耶'로 추정된다. 인용 원문인 『華嚴一乘教義分齊章』(T45, 504c9)에는 '耶'로 되어 있다. 3) 역 인용 원문인 『華嚴一乘教義分齊章』(T45, 504c13)에는 '無盡' 다음에 '無盡無盡無盡無盡無盡無盡無盡無盡'으로 반복되어 있다.

법융기

『법기』에 이른다. '또 하나의 일 가운데의 뜻은 상즉(相是)하지 않으니 곧 많음이고' 등이란, 어떤 이는 "이것은 이 가운데 다함과 다하지 않음의 뜻이다."라고 한다. 그러나 첫 다함의 구절 가운데 '하나의 많음'의 뜻을 거듭 풀이한 것일 뿐이다.

'네 구절로 잘못을 막고' 등이란,

문 만약 하나라고 집착하면 어떤 허물이 있는가?

답 단斷과 상常의 허물이다. 말하자면 열이 있어야 비로소 하나가 있는데 열이 없이 하나를 말하는 것은 단斷이다. 열이 없이 하나에 집착하기 때문에 상常이다.

法記云。又一事中義不相是卽是多等者。有云。此是此中盡不盡義也。然重釋初盡句中一多之義耳。四句護過等者。問。若執爲一有何過耶。答。斷常過也。謂有十方有一。無十謂一。是斷也。無十而執一故。是常也。

'틀림을 제거하여'란, 문 하나인가? 답 아니다. 하나가 곧 열이기 때문이다. **문** 열인가? **답** 아니다. 열이 곧 하나이기 때문이다.

하나이기도 하고 열이기도 한가? 아니다. 서로 어긋남을 여의었기 때문이다. 하나도 아니고 열도 아닌가? 아니다. 희론을 여의었기 때문이다.

'덕을 나타내니'란 하나인가? 그렇다. 열이 곧 하나이기 때문이다. 열인가? 그렇다. 하나가 곧 열이기 때문이다. 하나이기도 하고 열이기도 한가? 그렇다. 둘이 존재하는데 걸림이 없기 때문이다. 하나도 아니고 열도 아닌가? 그렇다. 상대를 끊고 모습을 여의었기 때문이다. '다른 일 또한 준하여 같다'란, 첫 번째 동전에서 다함과 다하지 않음 그리고 네 구절로 잘못을 막음 등을 논한 것과 같이, 두 번째 동전 등에서도 또한 그러하니 준하여 알 수 있다.

去非者。問。一耶。答。不也。一卽十故。問。十耶。答。不也。十卽一故。亦一亦十耶。不也。離相違故。非一非十耶。不也。離戲論故。現德者。一耶。是也。十卽一故。十耶。是也。一卽十故。亦一亦十耶。是也。雙存無导故。非一非十耶。是也。絶待離相故。異事亦准同者。如弟*一錢論盡不盡及以四句護過等。弟*二錢等亦爾。准知也。

'구함(須)이란 연緣으로 이루어진다는 뜻'은 (다음과 같다.) 어떤 곳에서는 연緣은 구함의 뜻이고 구함은 남(他)이 없다는 뜻이라고 하며, 어떤 곳에서는 구함은 연緣의 뜻이고 연緣은 남(他)이 없다는 뜻이라고 한다.

'첫 번째는 위로 향하여 가고(向上去) 두 번째는 아래로 향하여 온다(向下來)'란 (다음과 같다.) 오직 첫 하나의 동전 전체가 둘이 되며, 내지 열이 되기 때문에 '향하여 간다'라고 할 뿐이지, 가지고 감을 기준으로 해서 '간다'라고 하는 것은 아니다. 열로부터 하나를 향하여 전체로서 오기 때문에 온다고 할 뿐이지, 가지고 옴을 기준으로 해서 '온다'라고 하는 것은 아니다. 말하자면 이 즉문은 형체를 빼앗는 문인 까닭에 그 자체의 가고 오는 뜻을 기준으로 하여 '감'이고 '옴'이라고 할 뿐이다. 앞의 중문은 모습을 따르는 뜻인 까닭에 가지고 오고 가지고 가는 뜻을 기준으로 하여 '간다', '온다'라고 하는 것이다.

須者緣成義者。或處云。緣者須義。須者無他義。或處云。須者緣義。緣者無他義也。一者向上去。二者向下來者。唯初一錢擧體。爲二乃至爲十故。云向去耳。非約將去云去也。從十向一。擧體而來。故云來耳。非約將來云來也。謂此卽門。是形奪門。故約其自體去來之義。云去來耳。前中門。是相順義。故約將來將去之義。云來去也。

'자기 자리를 움직이지 아니하되 항상 오고 간다'란,

문 앞의 중문은 곧 힘의 문(力門)이기 때문에 '움직이지 않는다'라고 할 수 있으나, 이 즉문은 체體의 문이기 때문에 자리가 움직이는 문이다. 어떻게 '자신의 자리를 움직이지 않는다'라고 할 수 있는가?

답 비록 이르기를, "하나가 곧 둘이다. 하나가 곧 셋이다. 내지 하나가 곧 열이다."라고 하지만, '하나'라는 이름을 버리지 않고서 열 번째 동전에 이르기 때문에 "자기 자리를 움직이지 아니하되 오고 간다."라는 것이다.

自位不動而恒來去者。問。前中門則是力門故。可云不動。此卽門者。是體門故。位動門也。何云自位不動耶。答。雖云一卽二一卽三乃至一卽十。而不捨一名至弟*十錢。故云自位不動而來去也。

대 기

『대기』에 이른다. '오고 감이란 연緣을 따른다는 뜻이니 곧 인연의 뜻이다. 움직이지 않음이란 근본을 향하는 뜻이니 곧 연기의 뜻이다'란 (다음과 같다.) 법장 스님이 이르기를, "가고 옴과 움직이지 않음은 곧 하나의 사물이기 때문이다. 이상."[76]라고 하였다. 각각 한 뜻을 나타내기 때문에 또한 서로 허용한다. 평등하여 일어나지 않기 때문에 연기라고 이름한다. 그러므로 '근본을 향하는 뜻이니 곧 연기의 뜻이다'라는 것이다.

大記云。來去者。隨緣義。卽是因緣義。不動者。向本義。卽是緣起義者。藏師云。去來不動。卽一物故。已上。各現一義故。亦互許也。平等不起。故名緣起。故云向本義卽是緣起義也。

법융기

『법융기』에 이른다. '인因과 연緣이 서로 바라보아' 등이란 (다음과 같다.) 인연의 동전은 하나하나가, 힘이 있어서 생겨나게 할 수 있는 온전한 힘을 서로 빌려서 열 개의 동전을 이룬다. 연기의 동전은, 힘이 없어서 생겨남이 없는 공空의 힘을 빌려서 열 개의 동전이 있다. 만약 힘이 없어서 생겨남이 없는 공空의 힘을 빌리지 않으면 성립하지 않기 때문에, 연緣이 흩어지면 곧 없고 연緣이 모이면 곧 있다. 성기의 동전은 자체가 공空하기 때문에 연緣이 모이고 연緣이 흩어짐에 늘거나 줄어들지 않는다.

法融記云。因緣相望等者。因緣錢者。一一相資有力能生之全力。而成十錢。緣起錢者。資無力無生之空力。而有十錢。若不資無力無生之空力。則不立故。緣散卽無。緣集卽有。性起錢者。自體空故。緣集緣散。不增減也。

---

76 『화엄일승교의분제장』(T45, 504a27~28).

대 기

『대기』에 이른다. '우선 변계遍計인 현상(事)의 동전에 의지하여 의타依他인 인연과 연기의 동전을 나타내 보인 것이다. 또한 가리킴에 의지하여 보일 수는 있으나 연으로 생겨난' 등에서, 첫 구절은 변계의 동전에 의거하여 인연과 연기의 동전을 나타내 보이기 때문에 동전으로써 비유를 삼은 것이 아니다. 말하자면 삼성의 차례대로 변계의 사물에 의거하여 의타의 법을 나타내고 의타의 법을 기준으로 하여 인연과 연기 등을 나타내는 것이다. 뒤 구절의 뜻은 동전으로써 설명을 한 것이다.

大[1)]記云。且依遍計事錢。現示依他因緣緣起錢也。亦可依指示緣生等者。初節則依遍計錢。現示因緣緣起錢故。不以錢爲喩也。謂如三性次弟。* 依遍計事。現依他法。約依他法。現因緣緣起等也。後節意則以錢爲詮也。

1) ㉾ 을본에는 '大'가 '六'으로 되어 있다.

어떤 이는 이른다. 처음은 다시 얕은 곳에서부터 깊은 것을 나타내니, 문장과 같이 알 수 있다. '또한 (가리킴을) 의거하여' 아래에서는 이 세는 법을 밝힌 까닭이 미혹하고 어리석은 이를 깨우치게 하려는 것이기 때문에 거듭 해석하여 이르기를, 연緣으로 생겨난 법은 자성이 없으며 이름과 모습을 여의었기 때문에 끝내 얻을 수 없음을 바로 가리켜 보인 것이라고 한 것이다. 그러므로 또한 변계의 사물에 집착하여 연기의 법에 미혹한 사람이 이해하는 열 개의 동전에 의거하여서 세는 법을 나타낸 것이 위에서 밝힌 바 모습을 여읜 법과 까닭이 전혀 다르다. 말하자면 또한 이 세속에서 아는 바 동전 세는 법도 오히려 이와 같이 매우 깊고 현묘한데 하물며 저 성스러운 지혜로 깨닫는 바인 말을 여의고 모습을 끊은 법이겠는가? 이와 같이 나타낸 것이다. 다만 '의依'의 글자가 앞에 있기 때문에 문장의 모습이 벼줄기의 끝과 같아서 숨어 있을 뿐이다. '두류逗留'란 일의 까닭(事由)이다.

一云。初復次從淺現深。如文可知。亦可依下。所以明此數法者。欲解迷愚故。重釋云。直指示緣生之法無有自性離名相故終不可得。是故。且依執遍計物迷緣起法者之所解十錢。以現數法。與上所明離相之法。逗留全別。謂且此世俗所知數錢之法。尙能如是甚深玄妙。況彼聖智所訂*離言絶相之法乎。如是現也。但依字在前故。文相稍似隱耳。逗留者事由也。

남악관공기

『남악관공기』에 이른다. 동전에는 일곱 가지가 있다. 말하자면 변계·의타·인연·연기·성기·무주·실상이다.

첫째, 변계의 동전에 둘이 있으니 범부와 이승이 보는 바이다. 범부는 단지 이 동전이 모나고 둥근 모습만 볼 뿐 사대四大와 사진四塵[77]이 합하여 이루어진 것인지는 보지 않는다. 또한 다만 하나이고 둘이 아니며 셋이 아니라는 등의 차별된 모습만을 볼 뿐 끝내 동전에 자성이 없음을 보지 않는다. 이승은 점차 임시로 모인 공空의 모습을 보지만 이 또한 오히려 변계의 동전일 뿐이다. 이승이 비록 사상四相[78]을 보더라도 아직 법공法空의 이치를 알지 못하기 때문이다. 이상을 함께 변계의 동전이라고 이름한다.

---

77 사진四塵 : 색(형태와 색깔)·향기·맛·감촉을 가리킨다. 지수화풍의 사대에 의해 구성되기 때문에 사대소조四大所造라고도 한다. 동전과 같은 색법은 최소한 사대와 사진의 여덟 법(八事 혹은 八物)이 함께해야 이루어진다. 세친, 『아비달마구사론』(K27, 478a13~14; T29, 18b23~25).

78 사상四相 : 생生·주住·이異·멸滅을 말한다.

南嶽觀公記云。錢有七重。謂遍計依他因緣緣起性起無住實相也。一遍計錢有二。凡夫二乘所見也。凡夫但見此錢方圓之相。不見四大四塵之所合成。亦但見一非二非三等差別相。終不見錢無自性。二乘漸見假集空相。此亦猶爲遍計錢耳。以二乘雖見四相而未得解法空理故。此上並名遍計錢也。

삼승의 사람은 이 동전이 다른 인연을 의지하여 일어나니 일어날 때 생겨남이 없음을 비로소 이해하기 때문에 의타라고 이름하지만, 인연에 가까움과 멂의 둘이 없음을 아직 이해하지 못한다.

三乘之人。方解此錢依他因緣而起起時無生故。名依他。而未解因緣親疎無二。

일승에 나아가서 이 인연에 가까움과 멂이 없음을 밝히기 때문에 인연의 동전이라고 이름한다. 그러나 앞의 병을 따라서 그 병을 다스리기 때문에 인연이라고 이름할 뿐이다. 삼승도 가까움과 멂이 없는 뜻을 부분적으로 설하지만, 그러나 지금은 일승이 가까움과 멂에 둘이 없는 뜻을 바로 밝히는 것이다. 그런데 오히려 이 문은 다만 연기하여 앞에 나타나면 힘이 있어서 결과를 낳는 뜻을 밝힐 뿐이다.

다음은 연기가 본성이 없어서 공空하고 평등한 뜻을 나타내기 때문에 연기의 동전이라고 이름한다. 그러므로 경에서 이르기를, "평등하여 일어나지 않기 때문에 연기라고 이름한다."[79]라고 하였다.

다음은 공空과 있음이 둘이 아니니 합하여 일체가 되고 그 자체가 공

79 『대반야바라밀다경』(K4, 1223b14~15; T7, 1069a25), "평등하여 일어남이 없기 때문에 연기라고 이름한다.(平等無起故名緣起)"

空하다는 뜻을 밝히기 때문에 성기관이라고 이름한다. 이것들은 십이연생에 대한 열 번의 관觀을 많이 기준으로 하여 세운 것이다. 그래서 혹은 삼승의 뜻에 따른다고도 한다.

就一乘中。明此因緣無親疎故。名因緣錢。然從前病。治其病故。名因緣耳。三乘分說無親疎義。然今直明一乘親疎無二之義。然猶此門。但明緣起現前有力生果義耳。次現緣起無性空平等義故。名緣起錢。是故經云。平等不起故名緣起。次明空有不二混爲一體自體空義故。名性起觀。此等多約十二緣生十番觀立。是故。或云順三乘義。

문 위 세 문보다 어떤 수승한 곳이 있길래 다시 무주無住와 실상實相 등을 설하는가?

답 다시 또한 수승함이 있다. 말하자면 머무름이 없음(無住)을 논할 때에는 공空을 말하면 곧 만족하니 '있다(有)'는 말을 덧붙이지 않는다. '있다'를 말함도 또한 그러하다. 그 한 척尺을 말하면 곧 법을 만족시키니 다른 말을 덧붙이지 않는다. 늘고 듦에 곧 만족하고 본성과 본성이 함께 원만하다. 본래의 자리를 고치지 않고 만족시키며, 앞의 이름을 바꾸지 않고 원만하게 하며, 좁은 것을 펼치지 않고 넓게 하며, 낮음을 높이지 않고 높게 한다. 그러므로 옛사람이 이르기를, "무주는 움직이지 않음의 다른 이름이다."라고 하였다. 실상은 처음에 이름 없는 참된 근원의 문에 들어가, 마지막에 연기의 구극의 끝을 없애는 것이다. 앎이 끝나 행에 들어가고 행이 이루어져 깨달음에 들어간다.

問。於上三門。有何勝處。復說無住實相等耶。答。更亦有勝。謂論無住時。語空卽足。不加有語。語有亦尒。語其一尺。卽滿足法。不加餘語。攄攄卽足。性性並圓。不改本位以令滿。不轉前名而使圓。不布俠而令寬。不崇卑而令高。故古人云。無住者。不動之異名也。實相者。初入無名眞源之門。終消緣起究竟之際。解終入行。行成入訂*也。

4. 발심공덕發心功德　菩薩一念至無礙辯才

'보살의 일념'부터 '걸림 없는 변재'까지[80]
菩薩一念至無㝵辯才

대 기

『대기』에 이른다. '처음 발심한 보살의 일념一念 공덕 내지 하나의 문을 기준으로 하여' 등은 첫 번째 문의 동체同體이다. '하물며 한량없고 가없는 모든 지地의 공덕이겠는가? 내지 다른 문을 기준으로 하여'는 두 번째 문 이후의 동체이다. '처음 발심할 때에 내지 수행의 체體를 기준으로 하여'는 이체異體의 문이다.[81] 그러나 비록 이 뜻이 있으나 지금 해석하는 뜻은, 동체와 이체를 묻지 않고 하나의 문을 기준으로 하여 다함없음을 나타내는 것 등은 첫 번째 동전이 다함없음을 나타내는 것이고, 동체와 이체를 묻지 않고 다른 문을 기준으로 하여 설하는 것은 두 번째 동전 이후의 뜻이다.

大記云。初發心菩薩一念功德。乃至約一門等者。初門同體也。無量無邊諸

---

80 『총수록』(H6, 841b19). 이에 해당하는 『일승법계도』 원문은 H2, 7b2~7c12; H6, 831a22~c7.

81 이와 동일한 구절을 균여는 『일승법계도원통기』(H4, 33b23~c11)에서 '영관덕靈觀德'의 설로서 소개하고 있다.

地功德。乃至約異門者。弟*二門以去同體也。初發心時。乃至約行體者。是異體門也。然雖有是義。今釋之義。無問同異體。約一門現無盡等者。是弟*一錢現無盡也。無問同異體。約異門說者。是弟*二錢以去義。

'하나의 동전이 곧 열인 것과 같고 수행의 체體를 기준으로 하여 설한 까닭이다'란 (다음과 같다.) 위에서부터 비록 하나의 문이 다함없음을 나타내는 것을 밝혔고, 또 '다른 문을 기준으로 하여 설한다'고도 말했으나, 그 갖춘바 다함없음의 거듭거듭을 밝히지 않은 까닭에 지금 하나의 문과 다른 문 안에 갖춘 것을 가리키기 때문에 '하나의 동전이 곧 열인 것과 같기 때문이다'라고 하는 것이다. '수행의 체體를 기준으로 하여 설한다'라는 것은, 어떤 이는 이르기를, "처음 발심함이 곧 모든 수행의 체體이기 때문이며, 또 믿음이 원만하여 성불함이 행불行佛이기 때문이다."라고 하였다.

如一錢卽十。約行體說故者。上來雖明一門現無盡。又云約異門說也。而不明其所具之無盡重重故。今指一門及異門內所具故。云如一錢卽十故也。約行體說者。一云。以初發心卽萬行體故。又信滿成佛是行佛故也。

'아버지와 아들의 나이가 모두 같다'란, 일념이 곧 구세九世이기 때문에 아들의 나이가 적지 않고, 구세가 곧 일념이기 때문에 아버지의 나이가 많지 않다. 그래서 옛글(古辭)에 이르기를, "한 살의 여자가 50년 동안 임신하여 출산해서 쉰 살의 대장부를 얻었다."[82]라고 한다. 말하자면 처음 발심한 보살이 50위를 거두어서 곧 묘각妙覺의 지위를 이루는 것이다.

'하나란 분별이 없다는 뜻이다'라는 것은, 모든 법의 체體가 하나이기

---

82 균여의 『일승법계도원통기』(H4, 34a9~11)에서 인용한 옛글(古辭)에는 쉰한 살로 되어 있다. "한 살의 어머니가 50년 동안 임신하여 쉰한 살의 대장부를 낳았다.(一年母懷五十年。生五十一年大丈夫也。)"

때문이다. '같다란 머무르지 않는다는 뜻이다'라는 것은, 이것이 자재하지 않기 때문에 저것과 같고 저것이 자재하지 않기 때문에 이것과 같은 것이다. '같은 자리에 머리를 함께한다란 서로 알지 못한다는 뜻이다'라는 것은, 머리를 들면 머리 외에 다리가 없고 다리를 들어도 또한 그러하여 상대할 만한 것이 없기 때문에 곧 서로 알지 못하는 것이다.

阿耶兒子年月皆同者。一念卽九世故。兒年非小。九世卽一念故。父歲非多。故古辭云。一歲女妊五十年產。得五十歲大丈夫也。謂初發心菩薩。攝五十位。卽成妙覺位也。一者無分別義者。諸法體一故。同者不住義者。此不自在故。同於彼。彼不自在故。同於此也。同處並頭者不相知義者。擧頭則頭外無足。擧足亦尒。無可對故。卽不相知也。

'짓는 자도 없으며'란 작용이 없다는 뜻이다. '이루는 자도 없으며'란 체體의 본성이 없다는 뜻이다. '아는 자도 없다'란 체體와 작용이 함께 없다는 뜻이다. 이것은 연기관이니 체體와 작용이 없음을 말미암아야 비로소 공空한 결과를 이루기 때문이다.

'법성의 집'은 증분이고 '다라니의 곳집(藏)'은 연기분이다. 말하자면 머무름 없는 별교의 문에서 법의 도리를 기준으로 하여 육상을 밝히는 것은 증분의 집에 들어가는 중요한 문이다. 동교의 문에서 방편인 육상을 설하는 것은 머무름 없는 별교의 곳간을 여는 좋은 열쇠이다.

無有作者。無作用義。無有成者。無體性義。無有知者。體用俱無義。此是緣起觀。由無體用。方成空果故也。法性家者。訂*分也。陁羅尼藏者。緣起分也。謂無住別敎門中。約法道理。明六相者。是入訂*分家之要門也。同敎門中。說方便六相者。是開無住別敎藏之好鑰匙也。

문 '집에 들어가는 좋은 문'과 '곳집을 여는 열쇠'는 육상 이외에 별도로 들어가는 곳과 여는 곳 등이 있는가?

답 어떤 이는 이르기를, "들어가는 곳은 증분이고 육상은 바로 연기분이기 때문에 다르다."라고 한다. 어떤 이는 이르기를, "육상이 곧 법성의 집과 다라니의 곳간이기 때문에 다시 들어가는 곳과 여는 것은 없다. 그러나 '육상방편'이라고 하는 것은 법의 체體의 빼어난 모습을 모아 이룬 방편이다."라고 한다.[83]

'걸림 없는 변재辯才의 체體가 삼승의 분제分際가 아니다'라는 것은, 비록 머무름 없는 별교이나 육상방편으로 언설을 삼았기 때문이다. 말하자면 별교 중에 비록 뜻이 곧 말이며 말이 곧 뜻이나 말과 뜻이 섞이지 않는 것이다.

問。入家之要門。開藏之鑰匙。則六相以外別有所入所開等耶。答。一云。所入乃是訂*分。六相正是緣起分故。別也。一云。六相卽是法性家及陁羅尼藏故。更無所入所開也。然云六相方便者。是約法體巧相集成方便也。無㝵辯才體非三乘分齊者。雖是無住別教。而以六相方便爲言說故也。謂別教中。雖義卽是言。言卽是義。而言義不雜也。

83 『총수록』의 『대기』는 육상에 대한 두 입장을 상권 2에서는 융질 대덕과 사유 대덕의 설로서 소개하고 있다. 상권 2 각주 40)과 45) 및 해당 본문 참조.

'동시에 구족하여'부터 '『화엄경』(의 설)과 같다'까지[84]
同時具足至如華嚴經

대 기

『대기』에 이른다. '동시에 구족하여 상응한다(同時具足相應)'는 것은 여러 뜻의 해석이 있다. 혹은 대소大疏(『화엄경탐현기』)의 "같음과 다름이 원만하게 갖추어짐 가운데 말하자면 앞의 아홉 문을 전부 합하여 하나의 대연기의 법으로 삼아서 다양한 종류의 뜻의 문이 동시에 구족하게 한다."[85]라는 글에 의거하여 오직 총상이고 별상이 아니라고 한다. 혹은 강목綱目[86]의 "말하자면 이 하나의 티끌이 위의 열 가지 쌍(十對)을 거두고, 동시에 구족함도 또한 뒤의 아홉 문의 현묘한 뜻을 거둔다."[87]라는 글에 의거하여, 앞의 구절은 별상의 동시라는 뜻이고 뒤의 구절은 총상의 동시라는 뜻이라고 한다. 지금은 두 뜻이 모두 그러하니 부분에 집착하지 말라고 이른다. '동시'라고 말한 것은, 어떤 이는 해인(삼매)가 두렷이 밝은 때라고 하고, 어떤 이는 세상의 물든 열두 때를 나눈 것 중에 어떤 (때)를 따

84 『총수록』(H6, 842a13). 이에 해당하는 『일승법계도』 원문은 H2, 8a10~8b6.

85 법장, 『화엄경탐현기』(T35, p124c24~26), "열 번째, 같음과 다름이 원만하게 갖추는 뜻이다. 말하자면 앞의 아홉 문을 전부 합하여 하나의 대연기를 삼기 때문에 다양한 종류의 뜻의 문이 동시에 구족하게 하기에 이른다.(十同異圓備義。謂以前九門總合爲一大緣起故。致令多種義門同時具足也。)"

86 강목綱目 : 이름만으로는 법장의 『花嚴經文義綱目』으로 생각되지만 이 문헌에는 이 구절과 유사한 부분이 없다. 아래에 밝혔듯이 이 구절은 징관의 『대방광불화엄경소』의 이른바 「玄談」의 한 구절로부터 인용한 것으로 보인다.

87 『청량소』(T35, 515a26~28), "한 송이 연꽃잎 혹은 하나의 미세한 티끌이 가르침 등의 열 가지 쌍을 갖추고, 동시에 상응하여 구족함이 원만함도 또한 뒤의 아홉 문을 갖춘다.(一蓮華葉。或一微塵。則具教等十對。同時相應具足圓滿。亦具後之九門。)"

라 이르는 것일 뿐이라고 한다. 또 이 두 설이 또한 모두 이치가 있는 말이다.

大記云。同時具足相應者。有多義釋。或依大䟽同異圓備中謂前九門摠合爲一大緣起法令多種義門同時具足之文。而云唯摠非別也。或依綱[1]目謂此一塵攝上十對同時具足亦攝後之九門玄義之文。而云初節別同時義。後節摠同時義也。今云二義皆然。不可局執。言同時者。有云。海印圓明之時也。有云。於世染分十二時中。隨何云耳。又此二說。亦皆有理。

1) 원 을본에는 '網'이 '綱'으로 되어 있다. 역 高에는 '網'으로 되어 있으며 '綱'의 이체자로 보인다. 번역에서는 '綱'으로 바꾸었다.

'그 가운데 열 가지 문이 있다. 이른바 사람(人)과 법法, 이법(理)과 현상(事)' 등이라고 말한 것은, 「보법장」[88]에 의하면 오직 다섯 쌍의 열 법으로 묶으니, 대소大䟽[89] 등의 열 쌍의 이십 법과 같지 않다. 다만 열고 합한 것일 뿐으로 뜻에는 더하고 덜함이 없다. '열 가지 문'이라고 말한 것에서, 무슨 까닭에 열 가지 법法인데 '문門'이라고 말하는가? 말하자면 지혜로써 들어가는 바의 뜻이 같은 까닭일 뿐이다. '상응하여 앞과 뒤가 없다'라고 말한 것에서, 어떤 이는 시간과 법이 상응하는 것이라고 하고, 어떤 이는 열 보법 가운데 매 하나하나의 법이 서로 알지 못하는 뜻이라고 한다.

言於中有十門。所謂人法理事等者。依普法章。唯束五對十法。不同大䟽等十對二十法也。但開合耳。義無加減也。言十門者。何故十法而云門耶。謂以智之所入義同故耳。言相應無有前後者。一云。時法相應也。一云。十普法中。每[1]一一法。不相知義也。

88 「보법장」의 출전은 상권 1 각주 38) 참조.
89 대소大䟽(『화엄경탐현기』)의 출전은 상권 1 각주 38) 참조.

1) ㉮ 을본에는 '毎'가 '海'로 되어 있다.

'인드라그물의 경계(因陁羅網境界)'란 (다음과 같다.) 인드라신(帝釋)의 궁전의 오색구슬 그물이 서로 영상을 그려내어(瀉)[90] 거듭거듭 끝이 없는 것과 같이, 연기의 법과 법이 으레 그러하여 서로 거두되 거두어진 것이 다시 거두는 것이 되어서 거듭거듭 서로 거두어 다함이 없다. 다함이 없기 때문에 안으로 향하여 중심을 찾음에 들어가고 들어가도 오히려 밖이고, 밖으로 향하여 가장자리를 찾음에 나가고 나가도 오히려 안이다. 그러므로 옛사람이 이르기를, "비유하면 (다음과) 같다. 왕궁에 여러 겹의 문이 있어서 밖으로부터 안으로 들어갈 때에 이 문을 들어가면 곧 안이라고 하나 그 문 안에 다시 다른 문이 있기 때문에 전에 들어간 곳이 도리어 밖이며, 또 여기로 들어가면 곧 안이라고 하나 그 문 안에 또 다른 문이 있기 때문에 전에 들어간 곳이 도리어 밖이다. 이와 같이 거듭거듭인 까닭에 들어가고 들어가도 도리어 밖이다. 안으로부터 밖으로 나갈 때에 이 문을 나가면 곧 밖이라고 하나 그 문 밖에 또 다른 문이 있기 때문에 전에 나간 곳이 도리어 안이다. 이와 같이 거듭거듭인 까닭에 나가고 나가도 도리어 안이다."라고 하였다.

因陁羅網境界者。如帝釋殿五色珠網。互[1)]相瀉影。重重無極。緣起法法。法尒相攝。所攝復爲能攝。重重相攝無盡。無盡故。向內尋心。入入猶外。向外尋邊。出出猶內也。故古人云。比如王宮有多重門。從外入內之時。謂入此門。卽爲內也。而其門內。復有異門。故前所入。還是外也。又謂入此。卽爲內也。而其門內。又有異門。故前所入。還是外也。如是重重故。入入

90 그려내어(瀉) : '瀉'는 뒤에 인용되어 있는 『花嚴略策』에도 보이며 그 인용 원문에는 '寫'로 되어 있다. 여기서도 '寫'로 해석하였다.

猶外也。從內出外之時。謂出此門。卽是外也。而其門外。又有異門。故前所出。還是內也。如是重重故。出出猶內也。

1) ㉺ 을본에는 '互'가 '玄'으로 되어 있다.

'경계'라고 말한 것은 다른 문을 가려내는 것이니 (다른 문도) 어찌 증득한 지혜의 경계가 아니겠는가? 무슨 까닭에 이 문만 치우쳐 이 말을 얻는 것인가?

답 『십지경론』에서 이르기를, "인드라그물의 차별이란 진실한 뜻의 모습이니, 진실한 뜻의 모습은 증득한 자의 경계이기 때문이다."[91]라고 하였다. 이 논의 글을 따라서 이 문의 이름을 세웠을 뿐이고 나머지 문이 지혜의 경계가 아니라고 하는 것은 아니다.

'이 가운데 앞의 열 가지 문을 갖추었으며'란,

(**문**) 한 종류의 열 보법이 되는가, 문을 따라서 각각 따로 세우게 되는가?

답 두 뜻 모두 가능하다. 말하자면 문과 문마다 모두 앞의 열(十)을 갖춘다고 하기 때문에 한 종류 또한 가능하다. 그러나 문을 따라서 섞이지 아니하고, 내지 백 문, 천 문에 각각 갖추는 바가 있기 때문에 각각 따로 또한 가능하다.

言境界者。簡餘門。豈非訂*智境界。何故此門偏得此言耶。答。地論云。帝網差別者。眞實義相。眞實義相。訂*者境界故。從此論文。立此門名耳。非謂餘門非智境界也。此中具前十門者。爲是一種十普法耶。爲是隨門各別立耶。答。二義皆得。謂門門皆云具前十故。一種亦得。然而隨門不雜。乃

91 『십지경론』(K15, 24c19~22; T26, 139c14~17), "인드라그물의 차별과 같다는 것은 진실한 뜻의 모습이기 때문이다.……진실한 뜻의 모습은 오직 지혜로만 알 수 있다.(如帝網差別者。眞實義相故。〈中略〉眞實義相者。唯智能知。)"

至百門千門。各有所具故。各別亦得。

'비유를 따라서 다르다'란 법을 기준으로 하면 마땅히 거듭거듭 다함없음을 따라서 다를 뿐이라고 하여야 한다.

문 무슨 까닭에 첫 문에는 ('비유를 따라 다를 뿐이다'와 같은) 이 가려내는 말이 없는가?

답 이미 첫 문이므로 나머지와 섞이지 않기 때문이다. 만약 뒤의 모든 문을 대하여 가려낸다면 "앞과 뒤가 없음을 따라서 다를 뿐이다."라고 할 수 있다.

'나머지도 준하여 알 수 있다'란 (다음과 같다.) 앞 문의 열 가지 법을 함께 구족하니, 구족하기 때문에 이에 준하면 마땅히 '사람(人)과 법法의 인드라(그물) 내지 원인과 결과의 인드라' 등이라고 해야 하며, 다른 문의 예도 이러하다. 이런 까닭에 열 번째 문의 마지막에 또 이 말이 있는 것이다.[92]

從喻異者。約法應云。從重重無盡異耳。問。何故初門無此簡辭。答。既是初門。餘不濫故。若對後之諸門簡者。可云從無前後異耳。餘可准知[1)]者。前門十法並具足。具足故。准此應云。人法因陁羅。乃至因果因陁羅等。餘門例爾。是故。弟*十門末。亦有此言也。

1) 역『一乘法界圖』원문과『叢髓錄』의『一乘法界圖』인용문에는 '知'가 '之'로 되어 있다.

'비밀스럽게 숨은 것과 나타난 것이 함께 이룬다(秘密隱現俱成)'란 (다음

92 십현문 열 번째 문인 현상(事)에 의탁해서 법을 나타내어 이해를 내는 문(托事顯法生解門)의 마지막에도 "나머지는 이에 준할 수 있다.(餘可准之)"라는 구절이 있음을 가리킨다.『일승법계도』(H2, 8b1).

과 같다.) 어떤 글에서는 이르기를, “하나의 미세한 티끌에서 삼매(正受)에 들어가고 하나의 털 끝머리에서 삼매로부터 일어난다. 이와 같이 자재로이 저기서 숨고 여기에서 나타나 삼매와 삼매로부터 일어남이 동시에 비밀스럽게 이루어진다.”[93]라고 한다. 어떤 글에서는 이르기를, “숨음은 비밀이고 나타남은 나타나 드러남이니 ‘비밀스럽게 숨은 것과 나타난 것이 함께 이루는 문’이라 이름한다.”[94]라고 한다. 처음 뜻은 숨음이 나타남과 한 때에 함께 이루어지기 때문에 비밀이라고 하는 것이다. 뒤의 뜻은 비밀스러운 숨음이 나타남과 함께 이루어진다고 하는 것이다.

‘연緣을 따라 다르다’란 (연緣은) 근기의 연緣이다. 그러므로 『십현장』에 이르기를, “연緣을 따라서 보는 바이기 때문에 늘어남과 줄어듦이 있다.”[95]라고 하였다. 또는 구하는 바의 연緣이라고도 한다. 말하자면 열 보법 가운데 사람을 구하면 사람이 나타나고 다른 것은 숨으며, 다른 것을 구함도 또한 이와 같기 때문이다.

秘密隱現俱成者。有文云。於一微塵入正受。一毛端頭三昧起。如是自在。彼隱此現。正受起定。同時秘密成矣。有文云。隱則秘密。現則現著。名爲秘密隱現俱成門也。初意云。隱與現。一時俱成。故秘密也。後意云。秘密隱與現。俱成也。從緣異者。是機緣也。故十玄章云。隨緣所見故。有增減也。又云。所須緣也。謂十普法中。須人則人現餘隱。須餘亦如是故也。

‘미세한 것도 서로 용납하여 안립한다(微細相容安立)’란 (다음과 같다.)

---

93 법장, 『화엄일승교의분제장』(T45, 506b26~28).

94 법장의 『大方廣佛華嚴經金師子章』의 한 구절이다. 이 문헌은 그 주석서에 원문이 실려 있고 다른 화엄관련 문헌에도 인용되어 있다. 정원淨源, 『金師子章雲間類解』(T45, 665c3~5), 승천承遷, 『華嚴經金師子章註』(T45, 669c4~5), 심승審乘, 『華嚴五教章問答抄』(T72, 670b8~9) 등.

95 지엄, 『華嚴一乘十玄門』(T45, 516c12).

'미세'는 품는 주체를 지목한 것이고, '서로 용납함'은 품는 대상을 지목한 것이며, '안립함'은 주체와 대상을 통틀은 것이다. 혹은 이와 반대로 '미세'는 품는 대상이고, '서로 용납함'은 품는 주체이며, '안安'은 안립의 주체이고, '립立'은 안립의 대상이라고 한다.

아래의 '하나와 많음이 서로 용납하는 문'은 하나가 많음을 용납하고 많음이 하나를 용납하는 등의 두 가지 뜻을 갖추었는데, 이 미세의 문은 하나가 많음을 용납하는 뜻을 기준으로 한 것이다. 그래서 옛사람이 이르기를, "유리병에 담긴 많은 겨자와 같다."[96]라고 하였다.

微細相容安立者。微細目能含。相容目所含。安立通能所也。或反此云。微細則所含。相容則能含。安則能安。立則所立也。下一多相容門具一容多多容一等二義。此微細門。約一容多之義。故古人云。如瑠璃瓶盛多芥子也。

또 이른다. '미세'란 알기 어렵다는 뜻이다. 말하자면 티끌이 큰 것으로 바뀌지 아니하되 세계를 용납할 수 있고, 세계가 작은 것으로 바뀌지 아니하되 티끌에 들어갈 수 있으니, 이러한 도리는 매우 깊어서 알기 어렵기 때문이다. '서로 용납함'이란 하나가 많음을 용납할 수 있기 때문이며, 또 하나하나의 법이 모두 또한 이와 같기 때문이다. '안립'이란 하나와 많음이 무너지지 않기 때문이다. 또 이르기를, 만약 신통 변화의 지은 바라면 안립이라고 하지 않는다. 곧바로 연기의 실덕이며 으레 그러하여 서로 용납하기 때문에 '안립'이라고 하는 것이다. '모습(相)을 따라 다르다'란, 이것은 모습에 나아가 설한 것이니, 말하자면 작은 모습과 큰 모습, 하나인 모습과 많은 모습 등이다.

96 징관, 『청량소초』(T36, 10a19) 등.

又云。微細者。難知之義。謂塵不轉大而能容剎。剎不轉小而能入塵。如是道理。甚深難知故也。相容者。一能容多故。又一一法。[1] 皆亦如是故也。安立者。一多不壞故也。又云。若是神通變化所作。非謂安立。直是緣起實德法爾相容故。云安立也。從相異者。此就相說。謂小相大相一相多相等也。

1) ㉾ 을본에는 '法'이 '皆'로 되어 있다.

'십세十世가 법과 떨어져서 달리 이룬다(十世隔法異成)'란 (다음과 같다.)

문 마땅히 '구세九世가 법과 떨어져서'라고 해야 하는데, 무슨 까닭에 총상의 일념을 함께 취하여 '법과 떨어져서'라고 하였는가?

답 총상과 별상의 시간으로 총상과 별상의 법과 떨어지는 것이 또한 어려움이 없다.

'때(世)를 따라 다르다'란, 하나하나의 때(世)에 각각 열 가지 법을 갖추니 이것이 때의 문이 갖추는 바이기 때문이다.

十世隔法異成者。問。應云九世隔法。何故并取摠一念云隔法耶。答。以摠別時。隔摠別法。亦無難也。從世異者。一一世中。各具十法。此是世門所具故也。

'모든 갈무리의 순수하고 잡박한 것이 덕을 갖춘다(諸藏純雜具德)'란 「십무진장품」에 의거하여 세운 것이다. '문門을 따라 다르다'란 하나의 행을 오래 닦으면 '순수한 문'이라고 하고, 온갖 행을 가지런히 닦으면 '잡박한 문'이라고 하는 것이다.

諸藏純雜具德者。依十無盡藏品立也。從門異者。一行長修則云純門。萬行齊修[1]則云雜門也。

1) ㉾ 을본에는 '修'가 '終'으로 되어 있다.

'하나와 많음이 서로 용납하되 같지 않다(一多相容不同)'란 (다음과 같다.) 옛사람이 이르기를, "미세하게 서로 용납함과 하나와 많음이 서로 용납함의 두 문은 어떻게 다른가? 서로 용납함은 비록 같으나 뜻이 다르다. 말하자면 '무엇이 서로 용납하는가'라는 까닭에 하나와 많음이 서로 용납하는 문이 있고, '서로 용납하는 모양이 어떠한가'라는 까닭에 미세하게 서로 용납하는 문이 있다."라고 한다. '이理를 따라 다르다'란 진여의 이법을 말하는 것이 아니고 인과의 도리이다. 말하자면 원인이 결과를 갖출 수 있고, 하나가 많은 것을 갖출 수 있는 것 등이기 때문이다.

一多相容不同者。古人云。微細相容。一多相容。二門何別耶。相容雖同而義別也。謂何者相容。故有一多相容門。相容之皃如何。故有微細相容門也。從理異者。非謂眞如之理。是因果道理也。謂因能具果一能具多等故也。

'모든 법이 상즉하여 자재하다(諸法相卽自在)'란 (다음과 같다.) 인연의 당체가 곧 원인이고 곧 결과이니, 이루는 주체인 원인 이외에 따로 이루어지는 대상인 결과의 법이 없다. '작용(用)을 따라 다르다'란 덕德의 작용이 자재하기 때문이다. 말하자면 전체가 상즉하는 작용이다. '또한 본성을 의거하는 것이기도 하다'란 머무름 없는 법성이다.

문 다른 문은 어째서 머무름 없는 법성에 의거하는 것이 아닌가?

답 비록 모두 법성에 의거하지만 멀고 가까움의 다름이 없는 것은 아니다. 말하자면 중문은 다만 역용을 기준으로 하여 논한 것이고, 여기에서는 머무름 없는 본성의 이루는 바 법이 당체가 곧 공空하여 전체가 상즉함을 밝힌 것이니 법성과 극히 가깝기 때문이다.

諸法相卽自在者。因緣當體。卽因卽果。能成因外。無別所成果法也。從用異者。德用自在故也。謂擧體相卽之用也。亦可依性者。無住法性也。問。

餘門。何不依無住法性耶。答。雖皆依性。非無遠近之殊。謂中門者。但約力用而論。此中明無住本性所成之法當體卽空全體相卽。與性切近故也。

'오직 마음이 회전하여 잘 이룬다(唯心廻轉善成)'란, (마음은) 열하나의 조림심(十一稠林心)[97]과 열 가지의 성기심(十種性起心)[98] 등이다. '마음(心)을 따라 다르다'란 오직 마음이 회전하되 움직이지 않기 때문이다.

唯心廻轉善成者。十一稠林心。及十種性起心等也。從心異者。唯心廻轉。而不動故也。

'현상(事)에 의탁해서 법을 나타내어 이해를 낸다(托事現法生解)'란, 의탁되는 현상의 모습이 바로 곧 나타나는 다함없는 법의 체體이니 이것에 의탁하여 달리 드러나는 바가 있는 것은 아니다. '지혜(智)를 따라 다르다'라는 것은 이해를 생겨나게 함을 기준으로 하여 말한 것이다.

托事現法生解者。所托事相。正卽所現無盡法體。非是托此別有所表也。從智異者者。約生解云也。

대화엄경략책

『화엄략책華嚴略策』[99]에 이른다.[100] 열 번째는 다함없음을 나타낸다.

---

97 열하나의 조림심(十一稠林心) : 『화엄경』「십지품」의 제9선혜지에 설해진다. 자세한 내용은 하권 2 각주 25) 참조.

98 열 가지의 성기심(十種性起心) : 『화엄경』「보왕여래성기품」에서 여래출현법의 네 번째로 설해지는, 열 가지 여래의 마음을 가리킨다. 하권 1 각주 67) 참조.

99 『華嚴略策』 : 청량 징관이 80권 『화엄경』을 주석한 『대방광불화엄경소』를 다시 42개의 항목으로 요약한 것으로서 『大華嚴經略策』이라고도 한다.

100 징관, 『대화엄경략책』(T36, 707b12~23).

하나하나가 현묘함을 지어내어 한 법을 듦에 따라서 곧 열을 갖춘다. 말하자면, 첫째, 동시에 구족하여 상응하는 문이다. 바다의 한 물방울이 백 개의 내(川)의 맛을 갖추는 것과 같다. 둘째, 넓음과 좁음이 자재하여 걸림 없는 문이다. 직경 한 척의 거울에서 천 리의 영상을 보는 것과 같다. 셋째, 하나와 많음이 서로 용납하되 같지 않은 문이다. 한 방의 천 개 등이 빛과 빛이 사귀어 들어가는 것과 같다. 넷째, 모든 법이 상즉하여 자재하는 문이다. 금과 금 색깔이 둘이 서로 여의지 않는 것과 같다. 다섯째, 비밀스럽게 숨은 것과 나타나는 것이 함께 이루는 문이다. 맑은 하늘의 조각달에 어두움과 밝음이 서로 함께하는 것과 같다.

花嚴略策云。十表無盡。一一造玄。隨擧一法。卽具十。謂一同時具足相應門。如海一滴具百川味。二廣俠自在無导門。如徑尺鏡見千里影。三一多相容不同門。一室千燈光光涉入。四諸法相卽自在門。如金金色二不相離。五秘密隱現俱成門。澄空片月晦明相映。[1)]

1) ㉵ 인용 원문인『花嚴略策』에는 '映'이 '竝'으로 되어 있다. 번역에서는 '竝'으로 바꾸었다.

여섯째, 미세하게 서로 용납하여 안립하는 문이다. 유리병에 담긴 많은 겨자와 같다. 일곱째, 인드라그물의 경계인 문이다. 두 거울이 서로 비춤에 빛을 전하여 서로 그려내니 번갈아 나타남이 끝이 없다. 여덟째, 현상(事)에 의탁해서 법을 나타내어 이해를 내는 문이다. 서 있는 불상과 들어 올린 팔, 눈 닿는 것이 모두 도道이다. 아홉째, 십세十世가 법과 떨어져서 달리 이루는 문이다. 한밤의 꿈에 백 년을 돌아다니는 것이다. 열째, 주主와 반伴이 두렷이 밝아서 덕을 갖춘 문이다. 북극성이 머무는 곳을 뭇 별들이 받드는 것이다.

六微細相容安立門。如瑠璃瓶盛多芥子。七因陁羅網境界門。兩鏡互[1)]照。傳輝相瀉。[2)] 遆出無窮。八托事現法生解門。立像竪臂。觸目皆道。九十世隔法異成門。一夕之夢。翱翔百年。十主伴圓明具德門。北辰居所。衆星拱之。

1) ⓔ 을본에는 '互'가 '玄'으로 되어 있다. 2) ⓨ 인용 원문인『花嚴略策』에는 '瀉'가 '寫'로 되어 있다. 번역에서는 '寫'로 바꾸었다.

원통수좌기

『원통수좌기圓通首座記』[101]에 이른다.[102] 또 내 몸을 기준으로 하여 열 가지 쌍의 열 문을 논하면 (다음과 같다.) 첫째, 나의 오척 되는 몸이 중생으로 하여금 깨닫도록 함을 나타내는 것은 가르침(敎)이고, 곧 이것이 설하는 바는 뜻(義)이다. 둘째, 내 오척 되는 몸이 곧 법성과 같은 것은 이법(理)이다. 경에 이르기를, "중생이 곧 법신이고 법신이 곧 중생이다."[103]라고 하기 때문이다. 오체五體[104]와 사대가 분명하게 차별되는 것은 현상(事)이다. 셋째, 내 오척 되는 몸이 머리부터 발까지 공空하고 고요하여 걸림 없는 것이 관觀의 대상인 경계(境)이고, 이와 같이 관觀하는 것인 내 마음의 지혜가 관觀의 주체인 지혜(智)이다.

圓通首座記云。且約吾身論十對十門者。一吾五尺身。表令生解爲敎。

101 『圓通首座記』: 여기에서는 법장의 『화엄일승교분기』에 대한 균여의 주석서인 『釋華嚴教分記圓通鈔』를 가리킨다.

102 균여, 『석화엄교분기원통초』(K47, 233a7~31). 여기의 인용 구절과 『고려대장경』의 『석화엄교분기원통초』가 정확하게 일치하지는 않는다. 크게 차이나는 부분은 해당 개소에서 밝히기로 한다.

103 『佛說不增不減經』(K13, 1311a9~10; T16, 467b17~18), "중생계가 곧 법신이고 법신이 곧 중생계이다.(衆生界卽法身。法身卽衆生界。)"

104 오체五體 : 사람의 신체 전체를 가리킨다. 구체적인 항목은 머리와 사지四肢를 가리키며, 혹은 근육(筋)·혈맥(脈)·살(肉)·뼈(骨)·털피부(毛皮)를 가리키기도 한다.

卽是所詮爲義。二吾五尺身。卽同法性爲理。經云。衆生卽法身。法身卽衆生故。五體[1]四大。歷然差別爲事。三吾五尺身。從頭至足。[2] 空寂無㝵。爲所觀境。如是觀者。是吾心智。爲能觀智。

1) ㉠ 인용 원문인 『釋華嚴敎分記圓通鈔』에는 '體'가 '根'으로 되어 있다. 2) ㉠ 인용 원문인 『釋華嚴敎分記圓通鈔』에는 '吾五尺身從頭至足'이 '觀吾五尺'으로 되어 있다.

넷째, 내가 짓는 선善·악惡·무기 등의 행위가 행行이고, 이 행을 말미암기 때문에 얻는 범부의 지위 등이 지위(位)이다. 다섯째, 내가 짓는 업이 원인(因)이고, 이 업을 말미암기 때문에 불러오는 과보가 결과(果)이다. 여섯째, 내 오척 되는 몸이 8만 마리 벌레들의 의거하는 곳이기 때문이며, 또 모든 부처님이 내 털구멍에 두루하면서 법을 설하시고, 또 경에 이르기를, "중생 형태의 세계이다."라고 하기 때문에 의보(依)이고, 그러면서도 유정이기 때문에 정보(正)이다. 일곱째, 나의 본래 깨달음의 성품이 본래 항상 머물러 옮기지 않고 움직이지 않음이 체體이고, (그 체體가) 완연히 나타남이 작용(用)이다.

四吾之所造。善惡無記等行爲行。由此行故。得[1]凡夫位等。爲位。五吾所造業爲因。由此業故。[2] 所感之報爲果。六吾五尺身。八萬戶虫所依處故。又諸佛遍吾毛孔說法。[3] 又經云。衆生形世界故爲依。而是有情故爲正。七吾本覺性。本來常住。不迁[4]不動爲體。宛然現現[5]爲用。

1) ㉠ 인용 원문인 『釋華嚴敎分記圓通鈔』에는 '由此行故得'이 '今日所受'로 되어 있다. 2) ㉠ 인용 원문인 『釋華嚴敎分記圓通鈔』에는 '由此業故'가 없다. 3) ㉠ 인용 원문인 『釋華嚴敎分記圓通鈔』에는 '說法' 다음에 '度生'이 있다. 4) ㉯ 을본에는 '迁'이 '還'으로 되어 있다. 5) ㉠ 인용 원문인 『釋華嚴敎分記圓通鈔』에는 '宛然現現'이 '應於五尺之身死然顯現'으로 되어 있다.

여덟째, 내 오척 되는 몸이 사람(人)이고, 연기법에 거두어지는 바이기 때문에 법法이다. 아홉째, 내가 짓는 선하지 않은 법이 진실을 거스르기 때문에 거스름(逆)이고, 지은 바가 선한 행위와 비슷함은 따름(順)이다. 열째, 나의 당래 과보로서의 부처님이 안으로 내 몸을 훈습하여 잠시도 버려둠이 없으니 내가 만약 선善을 지으면 도와서 더욱 늘어나게 하고, 내가 만약 악惡을 지으면 싫어함에 의지해서 벗어나게 함이 응應이고, 이는 나의 미혹한 마음이 얻는 바이기 때문에 감感이다.[105]

八吾五尺身爲人。以緣起法之所攝故爲法。九吾所造作不善之法。逆於眞故爲逆。所造相似善行[1)]爲順。十吾當果佛。內熏我身。無暫捨頃。我若作善。助令增長。我若作惡。依厭令脫爲應。是我迷心之所得故爲感。

1) ㉠ 인용 원문인『釋華嚴敎分記圓通鈔』에는 '所造相似善行'이 '似善之行順於眞故'로 되어 있다.

이와 같이 나의 오척 되는 몸이 본래 스스로 만족하여 원만하거나 부분이거나 곧 가르침(敎) 등의 열 가지 쌍을 갖추니 동시에 구족하여 상응하는 문이 된다. 오척을 움직이지 아니하고 시방삼세에 두루하니 넓음과 좁음이 자재하여 걸림 없는 문 등이 된다. 그러므로 수행자가 이 관觀을 닦으면 움직이지 않는 범부의 몸이, 곧 자체의 비로자나불이며 다함없는 법의 바다이며 총상으로서의 보현이며 곧 안으로 깨닫는 국토이며 또한 화장세계이며 또한『대방광불화엄경』이라고 일컬을 수 있다.

如是吾五尺身。本自滿足。若圓若分。卽具敎等十對。爲同時具足相應門。不動五尺。周遍十方三際。[1)] 爲廣俠[2)]自在無导門等。[3)] 是故行

105 부처와 중생과의 교화 관계에 대해 감응感應을 구분하여 설명하는 것에 대해서는 상권 1 각주 128) 참조.

者。若修此觀。不動凡身。卽是自體毘盧。無盡法海。搃相普賢。卽是內訂*國土。亦是花藏世界。亦可謂之大方廣佛花嚴經也。4)

1) ㊔ 인용 원문인 『釋華嚴敎分記圓通鈔』에는 '際'가 '世'로 되어 있고 다음에 '無所不至'가 있다. 2) ㊙ 을본에는 '俠'이 '狹'으로 되어 있다. 이하도 동일하다. 3) ㊔ 인용 원문인 『釋華嚴敎分記圓通鈔』에는 '等' 다음에 '於吾身具門法也'가 있다. 4) ㊔ 인용 원문인 『釋華嚴敎分記圓通鈔』에는 '不動凡身~花嚴經也'가 '不動自身。卽是無盡法門之海。卽是自體盧舍那佛。卽是普賢法界。卽是花藏世界海。卽是大方廣佛花嚴經也.'로 되어 있다.

규봉 선사圭峯禪師[106]의 『행원품초』 가운데 "피부를 벗겨서 종이로 삼고 피를 내서 먹으로 삼고 뼈를 꺾어 붓으로 삼아 경전을 베껴 쓴다."[107]는 등의 문장을 풀이하여 이르기를,[108] "둘째, 관觀하는 지혜를 기준으로 하여 풀이한다. 말하자면 이 몸을 관찰하면 피부나 뼈가 도무지 정해진 실체가 없으니 전체가 완전히 공空하여 나와 나의 것이 없다. 비록 그러나 눈으로 보면 몸의 모습이 있는 듯하지만, 그것은 마치 거품이 모인 것과 물거품과 불꽃과 파초와 같다. 이미 자체가 없어서 원래로 법계

106 규봉 선사圭峯禪師 : 규봉 종밀圭峯宗密(780~841). 선종 하택계의 선사로도 알려져 있다. 중국 화엄종 제5조이며 당나라 과주果州 서충西充(사천성) 출신으로 속성은 하何이다. 섬서陝西 악현鄠縣의 규봉 초당사草堂寺에 주로 머물러 규봉 대사 또는 규산 대사圭山大師라고도 하며, 시호는 정혜 선사定慧禪師이다. 807년 도원 선사道圓禪師에게서 가르침을 받고 출가하였으며, 810년 청량 징관淸涼澄觀에게서 화엄의 교의를 배웠다. 교선일치敎禪一致에 대해서 많은 관심을 기울였으며 화엄과 선 관련에 대해 많은 저술을 남겼다. 대표적으로 『禪源諸詮集』 100권의 서문인 「都序」·『華嚴經行願品行疏鈔』·『注華嚴法界觀門』·『圓覺經大疏』·『圓覺經大疏鈔』와 『禪源諸詮集』 100권 등이 현존한다.

107 보현보살의 십대행원에서 여덟 번째, 항상 부처님을 따라서 배우겠다는 원(恒隨佛學願) 가운데 한 구절이다. 『사십화엄』(K36, 227a11~12 ; T10, 845c7~8).

108 종밀의 『화엄경행원품소초』의 이 인용 부분은 직접 인용이 아니라 앞에서 인용된 균여의 『석화엄교분기원통초』로부터의 간접 인용이다. 저본에서는 앞의 『석화엄교분기원통초』와 『화엄경행원품소초』를 각각 개별의 인용으로 편집하고 있지만 高에는 『원통수좌기』 중의 인용으로 되어 있다. 『화엄경행원품소초』의 해당 부분 출전은 다음과 같다.(卍7, 935a18~b6).

와 같다. 이와 같이 미루어 궁구하면 세 진리(三諦)[109]가 구족하여 공空·가假·중中의 미묘한 세 관觀을 이룬다. 이 뜻을 설함에 이 앎을 내어서 마음의 기틀에 계합하면 곧 이것이 경전을 베껴 쓰는 것이다. 경전은 설하여 나타내어 앎을 생겨나게 하는 뜻이기 때문이다. 만약 관찰하지 않으면 마음이 미혹하여 모습을 취하니 곧 경전이 없는 것이다. 이상."라고 하니, 또한 이 뜻에 해당한다.【화엄의 학인이 어찌 힘쓰지 않겠는가?】

圭峯禪師行願品抄[1)]中。釋剝皮爲紙刺血爲黑折骨爲筆[2)]書寫經典等文云。二約觀智釋。謂觀察此身。若皮若骨。都無定實。擧體全空。無我我所。雖然目覩。[3)] 似有身[4)]相。其猶聚沫泡焰芭蕉。[5)] 旣無自體。元同法界。如是[6)]推窮。[7)] 三諦具足。成空假中微妙三觀。詮於此義。生得此解。契合心機。卽是寫經。以經是詮表生解義故。若不觀察。[8)] 心迷取相。卽無經也。[9)] 已上 亦當此義。花嚴學人。胡不勉旃。[10)]

1) ⓔ 인용 원문인 『釋華嚴敎分記圓通鈔』에는 '圭峯禪師行願品抄'가 '宗密法師行願品記'로 되어 있다. 2) ⓦ 을본에는 '筆'이 '筆'로 되어 있다. ⓔ 인용 원문인 『釋華嚴敎分記圓通鈔』에는 '筆'로 되어 있다. 3) ⓦ 을본에는 '覩'가 '觀'으로 되어 있다. 4) ⓔ 『華嚴經行願品疏鈔』에는 '身'이 '之'로 되어 있다. 5) ⓔ 『華嚴經行願品疏鈔』에는 '猶聚沫泡焰芭蕉'가 '如聚沫如泡如燄如芭蕉'로 되어 있다. 6) ⓔ 『華嚴經行願品疏鈔』에는 '如是' 다음에 '一一'이 있다. 7) ⓔ 『華嚴經行願品疏鈔』에는 '窮'이 '徵'으로 되어 있다. 8) ⓔ 『華嚴經行願品疏鈔』에는 '若不觀察'이 '不觀不推'로 되어 있다. 9) ⓔ 『華嚴經行願品疏鈔』에는 '詮於此義~卽無經也'가 '詮此義時。生得此解。契合圓機。便是寫經。經是詮表生解義。不觀不推。卽心迷取相。是無經也.'로 되어 있다. 10) ⓔ 인용 원문인 『釋華嚴敎分記圓通鈔』에는 '花嚴學人。胡不勉旃.'이 '若華嚴學人。何不勉修此觀耶。此上門。依科簡門釋也.'로 되어 있으며, 본문이 아니라 본문에 대한 협주이다.

109 세 진리(三諦) : 제법실상諸法實相의 진리를 공空·가假·중中의 세 가지로 구분한 것을 가리킨다.

남악관공기

『남악관공기南嶽觀公記』에 이른다.

문 열 가지 문이 매우 깊어 보기가 어려우니, 청컨대 우선 문의 모습을 시설하여 주십시오.

답 열 가지 연기의 도리가 있다. 말하자면 첫째, 동시에 구족하여 (상응하는 문)은 법계의 상응하는 도리이다. 둘째, 인드라그물의 (경계인 문)은 법계의 다함없는 도리이다. 셋째, 비밀스럽게 숨는 것과 나타나는 것이 (함께 이루는 문)은 법계의 서로 이루는 도리이다. 넷째, 미세하게 서로 용납하여 (안립하는 문)은 법계의 가지런히 나타나는 도리이다. 다섯째, 십세十世가 법과 떨어져서 (달리 이루는 문)은 법계의 흘러 바뀌는 도리이다. 여섯째, 모든 갈무리의 순수하고 잡박한 것이 (덕을 갖춘 문)은 법계의 덕을 갖추는 도리이다. 일곱째, 하나와 많음이 서로 용납하되 (같지 않은 문)은 법계의 인과도리이다. 여덟째, 모든 법이 상즉하여 (자재하는 문)은 법계의 덕의 작용(德用) 도리이다. 아홉째, 오직 마음이 돌아 바뀌어 (잘 이루는 문)은 법계의 모여 일어나는 도리이다. 열째, 현상(事)에 의탁해서 법을 나타내어 (이해를 내는 문)은 법계의 앞에 나타나는 도리이다. 깊이 생각할 것이다.

南嶽觀公記云。問。十門甚深。難可得見。請且施設門相。答。有十種緣起道理。謂一同時具足者。法界相應道理。二因陁羅網者。法界無盡道理。三秘密隱現者。法界相成道理。四微細相容者。法界齊現道理。五十世隔法者。法界流轉道理。六諸藏純雜者。法界具德道理。七一多相容者。法界因果道理。八諸法相卽者。法界德用道理。九唯心廻轉者。法界集起道理。十托事現法者。法界現前道理。深思之矣。

문 열 가지 현묘한 연기(十玄緣起)의 관법을 어떻게 이룰 수 있습니까? 만약 열 가지 문을 따라서 열 가지 관觀을 이루면 정진하는 마음이 흩어져 비어서 한 관觀도 이루지 못합니다. 왜냐하면 열 가지 문의 다름을 따라서 그 마음에 노닐기 때문입니다. 만약 열 가지 문을 버린다면 관행이 좁아져서 다함없음에 응하지 못하니 곧 삼승과 같습니다.

답 이 뜻은 실로 어렵다. 그러나 두 가지 뜻이 있으니 이해를 냄(生解)과 행을 이룸(成行)이다. 혹은 이해를 냄을 기준으로 하여 열 가지 문을 갖추어 설한다. 그렇지 않으면 다함없는 이해를 낼 수 없기 때문이다. 혹은 행行을 이룸을 기준으로 하여 열 가지 문을 갖추어 설한다. 말하자면 '연기'라는 한마디 말에 모든 법이 둘이 아님이 곧 이미 드러나 있는데 왜 많은 문을 필요로 하겠는가?[110] 그러나 하나를 말하는 것이 많음을 어기지 않고, 많음을 말하는 것이 하나를 어기지 않는다. 그러므로 경에 이르기를, "만약 연기법을 보면 곧 노사나불을 뵙는다."[111]라고 하니 이것을 일컫는 것이다. 만약 하나의 연기관을 이룬다면 열 가지 문이 상응한다.

問。十玄緣起觀法。如何可成。若隨十門而成十觀。進心曠蕩。不成一觀。何以故。隨十門別。遊其心故。若捨十門。觀行局促。不應無盡。卽同三乘。答。此義實難。然有二義。生解成行。若約生解。具說十門。不爾。不得生無盡之解故也。若約成行。具說十門。謂緣起一言。諸法無

110 『일승법계도』(H2, 3c1~2; H6. 811a23~24).

111 이와 관련하여 다음 구절 등이 참조된다. 『佛說稻芉經』(K11, 605a9~10; T16, 816c24~25), "십이인연을 보는 것이 곧 법을 보는 것이고 곧 부처님을 보는 것이다.(見十二因緣。卽是見法。卽是見佛。)", 『대반열반경』(K38, 961a22~b1; T12, 768c9~10), "만약 어떤 사람이 십이인연을 보면 곧 법을 보는 것이고 법을 보는 것이 곧 부처님을 보는 것이다.(若有人見十二緣者。卽是見法。見法者。卽是見佛。)", 『육십화엄』(K8, 52c4; T9, 442c5~6), "일체법이 모두 다 진실함이 없음을 분별하여 이와 같이 모든 법을 알면 곧 노사나불을 뵙는다.(分別一切法。皆悉無眞實。如是解諸法。則見盧舍那。)"

二。卽現了手。何須多門。然言一不違多。言多不違一。故經云。若見緣起法。卽見盧舍那。此之謂也。若成一緣起觀。則十門相應也。

문 그 성해의 과분은 인드라(그물의 경계) 등을 논하지 않으니 마음 지혜의 길이 끊어져서 오직 성해를 관觀하면 족한데, 왜 열 가지 문의 관觀을 이룰 필요가 있습니까?

답 다만 성해만을 관觀한다면 그 관觀이 치우침이 있다. 저 삼승의 보살도 오히려 두 진리를 함께 비추어 공空과 있음에 함께 노님을 머무름 없음이라고 이름하는데, 하물며 일승이겠는가! 일어나지 않으면 그만이나, 일어나면 처음과 마지막을 여읜다. 그러므로 일어남이 일어나지 않음과 합하여 하나의 경계(際)가 되어야 비로소 머무름 없는 연기의 중도관이 된다.

問。其性海果分。不論因陁羅等。心智路絶。唯觀性海足矣。何須成十門觀耶。答。但觀性海。其觀有偏。彼三乘菩薩。尙雙照二諦。俱遊空有。名爲無住。況乎一乘。不起則已。起則離始終。故起與不起合爲一際。方爲無住緣起中道觀也。

문 일승의 행자가 어느 지위에 이르러야 열 가지 문의 걸림 없는 작용이 있습니까?

답 해행解行의 지위에 이르러야 비로소 큰 작용이 있다. 만약 견문見聞의 중생이라면 겨우 금강의 종자를 이룰 뿐이다. 또 견문 가운데 곧 걸림 없는 큰 작용을 일으킨다.

問。一乘行者。至於何位。有十門無㝵用耶。答。至解行位。方有大用。若見聞生。纔成金剛種耳。又見聞中。卽起無㝵大用。

문 넓음과 좁음이 (자재하여 걸림 없는) 문에서 4구四句와 6구六句를 어떻게 봅니까?

답 혹은 넓어서 끝이 없으며, 혹은 분한이 역연하며, 혹은 넓음과 좁음이 함께 있으며, 혹은 넓음과 좁음이 함께 없다. 혹은 앞의 넷을 갖추니, 이해의 경계(解境)이기 때문이다. 혹은 앞의 다섯을 끊으니, 행의 경계(行境)이기 때문이다. 이 가운데 앞의 세 구는 연기가 앞에 나타나는 뜻이고, 다음 한 구는 연기가 생겨남이 없는 뜻이다.

문 무슨 까닭에 앞의 네 구를 갖추는 것이 이해의 경계입니까?

답 이해를 일으킨 사람이 모든 법의 두루함(普)과 개별(別), 본성(性)과 모습(相)을 따로 알아야 비로소 바른 이해를 일으킨다. 만약 따로 알지 못하면 곧 삿된 견해에 집착한다. 그러므로 앞의 두 구는 두루함과 개별이 서로 마주한 것이고 뒤의 두 구는 본성과 모습이 서로 마주한 것이다.

問。廣俠*門中。四句六句。云何見耶。答。或廣無際。或分限歷然。或廣俠*俱存。或廣俠*俱泯。或具前四。是解境故。或絶前五。是行境故。此中前三句。是緣起現前義。次一句。是緣起無生義。問。何故具前四句是解境耶。答。起解之人。以別知諸法普別性相。方起正解。若不別知。卽滯邪見。是故。前二句。是普別相對。後二句。是性相相對。

그러므로 「유전장流轉章」[112]에 이르기를, "**문** 한 문[113]의 생각 없음(無

112 법장의 『華嚴經明法品內立三寶章』 중 「流轉章」을 가리킨다. 이 구절은 삶과 죽음의 흘러 바뀜(流轉)을 열 항목으로 나누어 설하는 가운데 열 번째 항목인 관을 이룸(成觀) 중의 구절이다.

113 「유전장」의 열 번째 항목인 관을 이룸(成觀)에서 마지막으로 논하는 이해(解)와 행行 가운데 무념을 내용으로 하는 행行에 관한 문을 가리킨다.

念)이 바로 충분하거늘 어찌 위와 같이 널리 분별함을 필요로 하는가?

답 만약 앞과 같이 그 뜻을 깊이 생각하지 않는다면 견해가 굴복되지 않고 생겨난다. 만약 이해(解)와 행行이 다름을 구별하여 알지 못한다면 곧 망령되게 이해로 행行을 삼아서 망정을 깨뜨리지 못한다. 설령 총체적으로 앎이 없더라도 다만 억지로 마음을 억눌러서 여러 관觀을 짓는다. 아울러 그중에 짓는다고 말하나 참된 행行이 아니니, 끝내는 악한 견해를 늘려서 마魔의 그물에 들어가 이익을 이룰 수 없다. 그러므로 경에 이르기를, '백천의 벙어리 양羊 같은 중(瘂羊僧)[114]은 지혜 없이 삼매(精慮)를 닦으니 설령 백천 겁이라도 열반을 얻는 이 하나 없고, 총민하고 지혜로운 사람은 능히 법을 듣고 법을 설하니 바란다고 생각하는 잠깐 사이에 빠르게 열반에 이를 수 있다'[115]고 하였다."[116]라고 한다.

故流轉章云。問。一門無念便足。何須如上廣分別耶。答。若不如前深思彼義。則見不伏生。若不別[1)]知解行別者。卽妄以解爲行。情謂不破。設總無知。但强伏心而作諸觀。並謂中作。非是眞行。究竟增惡見。入

114 벙어리 양羊 같은 중(瘂羊僧) : 지혜가 없는 승려를 벙어리 양에 비유한 것이다.『대지도론』(K14, 520c7~11; T25, 80a18~22)에서 다음과 같이 설한다. "누구를 벙어리 양 같은 중이라고 이름하는가? 비록 계를 파하지 않아도 근기가 둔하고 지혜가 없어서 좋음과 추함을 구별하지 못하고 가벼움과 중대함을 알지 못하고 죄가 있음과 죄가 없음을 알지 못한다. 혹 승가의 일이 있어서 두 사람이 함께 싸워도 결단을 내릴 수 없어서 잠자코 말이 없다. 비유하면 흰 양羊이 사람에게 죽임을 당하게 되었는데도 소리를 내지 못하는 것과 같다. 이를 벙어리 양羊 같은 중이라고 이름한다.(云何名啞羊僧。雖不破戒。鈍根無慧。不別好醜。不知輕重。不知有罪無罪。若有僧事。二人共諍。不能斷決。默然無言。譬如白羊。乃至人殺。不能作聲。是名啞羊僧。)"

115『本事經』(K20, 1014b2~5; T17, 679b19~22), "백천의 벙어리 양 같은 중은 지혜 없이 삼매를 닦으니 설령 백천 년을 지난다 해도 열반을 얻는 이 하나 없고, 열심히 닦는 지혜로운 사람은 즐겨 법을 듣고 법을 설하니 바란다고 생각하는 잠깐 사이에 열반을 빠르게 증득할 수 있다.(百千瘂羊僧。無慧修靜慮。設經百千歲。無一得涅槃。勤修智慧人。樂聽法說法。斂念須臾頃。能速證涅槃。)"

116 법장,『화엄경명법품내입삼보장』「유전장」(T45, 619c11~19).

於魔網。不能成益。故經云。百千啞[2]羊僧。無惠修靜慮。設於百千劫。無一得涅槃。聰敏智惠人。能聽法說法。歛[3]念須臾頃。能速至涅槃。

1) ㉮『華嚴經明法品內立三寶章』「流轉章」에는 '別'이 없다. 2) ㉮『華嚴經明法品內立三寶章』「流轉章」과 인용 경전인『본사경』에는 '啞'가 '瘂'로 되어 있다. 번역에서는 '瘂'로 바꾸었다. 3) ㉯ 을본에는 '歛'이 '欲'으로 되어 있다. ㉮ 高에는 '欽'으로 되어 있으며『華嚴經明法品內立三寶章』「流轉章」에는 '歛'으로 되어 있다.

문 무슨 까닭에 혹은 앞의 다섯을 끊음이 행의 경계(行境)입니까?

답 오직 관법을 총괄하면 한 몸이기 때문에 다섯 구의 차별이 없다. 그러므로 운화 존자가 이르기를, "많은 말을 하지 말라. 다만 하나를 말할 뿐이기 때문이다."[117]라고 하였다. 또 경에 이르기를, "모든 법에 두 가지 이해를 내지 않는다."[118]라고 하였다.

問。何故或絶前五是行境耶。答。唯是摠觀法是一身故。無五句差別也。是故。雲華云。莫須多譜。只言一故。又經云。於諸法中。不生二解。

문 관법을 총괄하면 한 몸이어서, 넓음 등의 4구를 짓지 않는다면 넓음과 좁음이 (자재하여 걸림 없는 문)에 거두어지지 않는 것입니까?

답 비록 하나의 관觀을 갖추어도 머무름이 없기 때문에 필요에 따라서 걸림이 없다. 운화 존자가 이르는 바와 같이, "무분별하여 머무르지 않기 때문에 뭇 일을 이룰 수 있다."[119]라고 한 것과 같다.

問。摠觀法是一身。不作廣等四句者。不爲廣俠*攝耶。答。雖具一觀。

117 『총수록』에 인용된『도신장』(H6, 783a11~19)에 같은 내용이 수록되어 있다.
118 『팔십화엄』「범행품」(K8, 526a8; T10, 89a1).
119 『수현기』(K47, 14a23~24; T35, 28b13~14).

而是無住故。隨須無㝵。如雲華所云。無分別不住故。能成衆事。

문 이해(解) 중의 네 구는 어째서 무분별이 아닙니까? 또 행의 경계에서 비록 하나의 관觀이지만 네 구를 방해하지 않는다면 이해와 행行의 차별을 어떻게 볼 수 있습니까?

답 (이해와 행의) 둘이 아울러 각각 통하지만 그러나 치우쳐 더함이 있다. 말하자면 이해(解)를 이루고자 하면 하나의 많은 뜻으로써 그 이해가 치우치지 않고, 만약 행行을 이루고자 하면 바로 많음의 하나인 관觀으로 그 행行이 어지럽지 않다.

問。解中四句。豈非無分別耶。又行境中。雖是一觀不防四句者。解行差別。云何可見。答。二並各通。然有偏增。謂欲成解。則以一之多義。其解不偏。若欲成行。便是多之一觀。其行不亂。

문 무슨 까닭에 다만 함께 끊음으로 행行을 삼습니까? 마땅히 보현의 행行 가운데에 모든 구절의 걸림 없는 작용을 갖추었다고 해야 합니까?

답 운화 존자가 이르기를, "진제와 속제 두 진리는 분별로 아는 것이 아니다. 다만 유정의 견해에 상대하기 때문에 두 모습으로 나눈 것뿐이다. 오직 유정의 견해를 넘는다면 역관과 순관이 상응할 것이다."[120]라고 하였다. 이로써 그 다섯 (구)를 끊는 것은 오직 유정의 견해를 넘게 하고자 할 뿐임을 안다.

問。何故但以俱絶爲行耶。應云。普賢行中具足諸句無㝵用耶。答。雲

120 『수현기』(K47, 49c9~11; T35, 68a25~27).

華云。眞俗二諦。非分別知。但對情見。[1] 故分二相。[2] 唯越情見。逆順相應。以此故知。絶其五者。唯是令越情見耳。

1) ㊄ 인용 원문인 『搜玄記』에는 '情見'이 '見情'으로 되어 있다. 이하도 동일하다. 2) ㊄ 인용 원문인 『搜玄記』에는 '相' 다음에 '欲知逆順者'가 있다.

문 앞의 다섯 구를 끊어서 그 하나의 관觀을 이룬다는 것은 무엇입니까?

답 만약 넓다고 말하면 다른 말은 필요 없고 좁다고 말하는 것도 또한 그러하다. 그러나 유정의 견해를 넘으면 넓음과 좁음이 상응한다. 또 옛사람이 이르기를, "걸음을 걷는 것은 이해이고 걸음을 걷지 않는 것은 행行이다."라고 하였으니 이 말이 일리가 있다. 신림 대덕이 이르기를, "별상을 여읜 총상이 있으니 모든 법의 구경의 체體이다."[121]라고 하였다. 넓음 등의 네 구를 끊어야 비로소 넓음 등이 구경이 되는 까닭에 별상인 모든 연을 모두 끊음이 바로 구경의 총상임을 안다. 또 어떤 이는 이른다. 이해란 닦음에 나아가는 사람의 이해이다. 경계란 넓음과 좁음 등의 법이다. 처음 수행하는 사람은 연기분의 걸림 없는 법으로 이해의 대상으로 삼기 때문이다. 행行이란 연기분의 보현의 행行이다. 경계란 열 부처님의 성해性海이다. 말하자면 연기분의 행行하는 사람이 저 성해로 행의 경계(行境)를 삼기 때문이다. 저 옛사람이 "일승의 행자는 오직 국토해를 닦는다."라고 함이 바로 여기에 있다.

問。絶前五句成其一觀者。何耶。答。若言廣不須餘語。言俠*亦爾。然越情見。廣俠*相應也。又故人云。行步是解。不行步是行。此言有在

121 『총수록』의 『대기』(H6, 800b13~c17)는 신림의 설로서 다섯 가지 총상과 별상을 소개하는데 첫째가 별상을 여읜 총상으로서 오중해인 가운데 첫 번째, 모습을 잊은 해인(忘像海印)에 배대하고 있다.

也。林德云。有離別摠相。是諸法究竟之體也。以絶廣等四句方爲廣等究竟故。知都絶別相諸緣。正是究竟摠相也。又有云。解者是進修者解也。境者廣俠*等法也。初修之人。以緣起分無导之法爲所解故。行者是緣起分普賢之行。境是十佛性海。謂緣起分行人。以彼性海爲行境故。如古人言。一乘行者。唯修國土海。正在玆乎。

대 기

『대기』에 이른다. '『화엄경』과 같다'란 (다음과 같다.) 옛사람이 이르기를, "『대경』의 제목 중에서 '대방大方'은 기세간이다. '광불廣佛'은 부처님의 세계이다. '화花'는 원인이니 위로 등각等覺에서부터 아래로 육취에 이르기까지 곧 중생계이다. '엄嚴'은 이 셋이 연기하여 서로 융섭하고 즉卽해서 두렷이 밝고 자재한 것이다. '경經'은 앞의 경계를 육상으로 관觀하는 지혜로써 이해(解)와 행行을 꿰뚫어 지녀서 잃어버리지 않기 때문이다. 만약 관觀하는 지혜에 사이가 있다면 서로 이어져서 꿰뚫어 지니지 못하니 곧 '경經'이 아니다. 총상은 일곱 글자의 제목이고, 별상은 다함없는 품과 모임이며, 동상은 품과 모임이 모두 같은 것이고, 이상은 품과 모임이 각각 다른 것이며, 성상은 연기하여 모아 이루는 것이고, 괴상은 품과 모임이 각각 머무는 것이다.

大記云。如花嚴經者。古人云。大經題名中。大方則器界。廣佛則佛界。花則是因。上從等覺下至六趣。卽是生界。嚴則此三緣起。互相融卽。圓明自在。經則於前境界。以六相觀智。是解是行。貫持不失故也。若觀智有間。不得相續貫持。則非經矣。摠則七字題名。別則無盡品會。同則品會皆同。異則品會各異。成則緣起集成。壞則品會各住。

화엄금관초

『화엄금관초花嚴錦冠鈔』[122]에 이른다. 첫 번째, 경의 제목을 해석한다. 운운. '대大' 등 일곱 글자를 간략히 일곱 문으로 분별한다. 운운.

네 번째 펼쳐서 폄에 끝이 없음은 미세한 것에서 분명한 것에 이르기까지 간략히 여덟 거듭이 있고 자세히는 열 거듭이다. 처음, 가장 청정한 법계를 굳이 이법(理)과 지혜(智)의 두 문으로 나누니 곧 보리와 열반의 다름이다. 둘째, 이법에 체體와 모습(相)과 작용(用)을 열어서 '대방광大方廣'으로 삼고, 지혜에 원인과 결과를 열어서 '불화엄佛華嚴'으로 삼으니 '엄嚴'은 원인과 결과에 통하기 때문이다. 연결하여 합해서 말을 이루니 이에 '경經'이라고 이름한다. 곧 제목 중 일곱 글자에서 위의 둘[123]은 법을 펼친 것이고 아래는 모두 장소를 펼친 것이다.

花嚴錦冠鈔云。弟*一釋經題目。云云。大等七字。略以七門分別。云云。弟*四展演無窮者。從微至著。略有八重。廣則十重。初於最淸淨法界。强分理智二門。卽菩提涅槃之異。二於理開體相用爲大方廣。於智開因果爲佛花嚴。嚴通因果故。連合成詮。乃名爲經。卽題中七字。上二展法。下皆展處。

셋째, 일곱 글자를 펼쳐서 (『화엄경』의) 첫 모임을 이룬다. 첫 모임은 총摠이기 때문에 거기에는 열 바다[124]와 열 지혜가 있다. 열 바다 가운데

122 『花嚴錦冠鈔』: 의천의 『신편제종교장총록』(T55, 1167b6)에는 '錦冠鈔四卷。【或二卷。】傳奧述。'로 되어 있으나 현존하지 않는다. 전오傳奧는 규봉 종밀에게서 화엄을 전해 받았다고 전해지며 속성은 한韓이다. 북경北京 석벽사石壁寺에 머무르며 화엄을 비롯한 여러 분야에 다양한 저술을 지었으나 현존하는 것은 『梵網經記』(2권)뿐이다. 『盂蘭盆經疏鈔餘義』(卍94, 826a2~4) 등.

123 위의 둘은 『대방광불화엄경』 제목 일곱 글자를 일곱 문으로 분별하는 가운데 첫 번째(理智分別)와 두 번째(體相用因果分別)를 가리킨다.

체體와 모습(相)과 작용(用)이 있으니 곧 '대방광大方廣'이고, 열 지혜 가운데 원인이 있고 결과가 있으니 곧 '불화엄佛華嚴'이다. 이것을 말로 풀이하니 곧 이름하여 '경經'이라고 한다. 나머지는 모두 이것을 예로 한다.

三展七字以成初會。初會摠故。彼有十海十智。十海之中。有體相用。卽大方廣。十智之中。有因有果。卽佛花嚴。詮釋於此。卽名爲經。餘皆例此。

넷째, 첫 모임을 펼쳐서 뒤의 여덟 모임을 이룬다. 여덟 모임 가운데 네 거듭의 원인과 결과가 있다. 그 관觀의 대상과 증득의 대상이 곧 '대방광大方廣'이고 관觀의 주체와 증득의 주체가 모두 '불화엄佛華嚴'이다. 다섯째, 펼쳐서 법계의 같은 부류의 세계에 변만하니 모두 아홉 모임이 있다. 여섯째, 같은 부류의 세계의 티끌에 변만하다. 일곱째, 법계의 다른 부류의 세계에 변만하다.

四展初會以成後八會。八會之中。有四重因果。其所觀所訂。* 卽大方廣。能觀能訂。* 皆佛花嚴。五展遍於法界同類刹中。皆有九會。六遍同類刹塵。七遍法界異類刹中。

---

124 열 바다(十海) : 『팔십화엄』「世界成就品」에서 보현보살이 관찰하는 바다와 같이 한량없고 불가사의한 열 가지 경계를 가리킨다.(K10, 465a13~17; T10, 34b10~14) 구체적으로는, ① 일체 세계(一切世界海), ② 일체중생(一切衆生海), ③ 일체 모든 부처님(一切諸佛海), ④ 일체 법계(一切法界海), ⑤ 일체중생의 업(一切衆生業海), ⑥ 일체중생의 근기와 욕구(一切衆生根欲海), ⑦ 일체 모든 부처님의 법륜(一切諸佛法輪海), ⑧ 일체 삼세(一切三世海), ⑨ 일체 여래의 원력(一切如來願力海), ⑩ 일체 여래의 신통변화(一切如來神變海)이다. 『육십화엄』에서 대응하는 곳은 「盧舍那佛品」(K10, 465a13~17; T10, 34b10~14)에 보이며 열 바다가 아니라 다섯 바다(五海)로 되어 있다. 상권 1 각주 167) 참조.

여덟째, 법계의 다른 부류의 세계의 티끌에 변만하다. 혹은 같고 혹은 다름에 각각 주主와 반伴을 겸하여서 곧 열 거듭을 이룬다.[125] 혹은 허공의 티끌길[126]의 인드라그물 세계(刹土)에 변만함으로써 열 거듭을 삼는다. 이것은 법계 안에는 한 티끌, 한 세계(刹)도 이 경을 설하지 않음이 없는 것이다. 그러므로 『대경』에 이르기를, "비로자나불의 원력이 법계에 두루하니, 일체 국토 가운데 항상 위없는 법륜을 굴린다."[127]라고 하고, 또 "이곳에서 부처님이 앉아 계시는 것을 보는 것처럼, 일체의 티끌에서도 또한 그러하다. 부처님의 몸은 가심도 없고 또한 오심도 없으나, 있는 바 국토에서 모두 분명하게 본다."[128]라고 한 것이다.

八遍法界異類刹塵。若同若異。各兼主伴。卽成十重。或以遍虛空塵道帝網刹土。以爲十重。斯則法界之內。無有一塵一刹。不說此經也。故大經云。毘盧遮那佛。願力周法界。一切國土中。恒轉無上輪。又如於此處見佛坐。一切塵中亦復然。佛身無去亦無來。所有國土皆明見。

다섯 번째 말아서 거듭이 서로 다함은 (다음과 같다.) 말하자면 다른 부류의 세계의 티끌에서 설하는 바가 다른 부류의 세계 가운데 설하는 바와 다르지 않다. 다른 부류의 세계 가운데 설하는 바가 같은 부류의 세계의 티끌에서 설하는 바와 다르지 않다. 같은 부류의 세계의 티끌

125 같은 부류의 세계가 주主와 반伴을 겸하는 것이 아홉째이고, 다른 부류의 세계가 주主와 반伴을 겸하는 것이 열째가 되어, 합하여 열 거듭을 이룬다는 것이다.

126 상권 1 각주 92) 참조.

127 『팔십화엄』「여래현상품」(K8, 462c19; T10, 32c11~12).

128 『팔십화엄』「세주묘엄품」(K8, 450c21~22; T10, 21c23~25), "이 모임에서 부처님이 앉아 계시는 것을 보는 것처럼, 일체의 티끌에서도 다 이와 같다. 부처님의 몸은 가심도 없고 또한 오심도 없으나, 있는 바 국토에서 모두 분명하게 나타나신다.(如於此會見佛坐。一切塵中悉如是。佛身無去亦無來。所有國土皆明現。)"

에서 설하는 바가 같은 부류의 세계에서 설하는 바와 다르지 않다. 같은 부류의 세계에서 설하는 바는 보광명전 (이후의) 여덟 모임에서 설하는 바와 다르지 않다. 여덟 모임에서 설하는 바는 첫 모임에서 설하는 바와 다르지 않다. 첫 모임에서 설하는 바는 제목의 일곱 글자를 벗어나지 않는다. 제목의 일곱 글자는 이법과 지혜를 벗어나지 않는다. 이법과 지혜는 청정한 법계를 벗어나지 않는다. 다만 이 '청정한 법계'라는 이름 또한 안립한 것일 뿐이니 체體는 얻을 수 없다. 이것은 곧 자취가 없고 흔적이 끊어졌으니 말과 생각으로는 미치지 못한다. 그러므로 『대경』에 이르기를, "법성은 본래 공空하고 고요하여 취함도 없고 또한 봄도 없다. 성품이 공함이 곧 부처이니 생각으로 헤아릴 수 없다."[129]라 하고, 또 "혹 진실하고 혹 진실하지 않고 혹 허망하고 허망하지 않음이 세간과 출세간에 다만 임시의 말만 있을 뿐이다."[130]라고 한 것이다.

弟*五卷攝相盡者。謂異類刹塵所說。不殊異類刹中所說。異類刹中所說。不殊同類刹塵所說。同類刹塵所說。不殊同類刹中所說。同類刹中所說。不殊普光八會所說。八會所說。不殊初會所說。初會所說。不出題中七字。題中七字不出理智。理智不出淸淨法界。只此淸淨法界之名。亦是安立。體不可得。斯則泯蹤絶跡言思所不及也。故大經云。法性本空寂。無取亦無見。性空卽是佛。不可得思量。又云。若實若不實。若妄若不妄。[1] 世間出世間。但有假言說。

1) ㉮『팔십화엄』(K8, 501b22; T10, 66b25)에서는 '不妄'이 '非妄'으로 되어 있다.

여섯 번째, 펼치는 것과 마는 것이 걸림이 없음은 운운. 펼치는 것과 마

129 『팔십화엄』「수미정상게찬품」(K8, 518b13; T10, 81c15~16).
130 『팔십화엄』「보살문명품」(K8, 501b22; T10, 66b24~25).

는 것이 한 때이니 걸림이 없다. 자세함이 곧 간략함이고 간략함이 곧 자세함이어서 모두 걸림이 없기 때문이다.

弟*六展卷無㝵。云云。展卷一時。無有障㝵。廣卽是略。略卽是廣。皆無障㝵故。

일곱 번째, 마음을 관觀하는 데로 거두어 돌아감은, 이제까지는 가르침의 말과 뜻을 기준으로 하여 많은 문이 있었으나, 만약 한마음에 거두어 돌아가지 않으면 내가 어디에 참예하겠는가. 지금은 마음을 일으켜 수행하게 하는 행이 있음을 알게 하는 것이다. 말한 바 '대大'란 곧 마음의 체體이니, 마음의 체體는 가없어서 '대大'라고 이름한다. '방方'은 마음의 모습(相)이니, 마음이 덕 있는 모습의 법을 갖추었기 때문에 '방方'이라고 이름한다. '광廣'은 마음의 작용(用)이니, 마음에 체體에 걸맞는 작용이 있기 때문에 '광廣'이라고 이름한다. '불佛'은 마음의 결과이니, 마음이 해탈한 곳을 이름하여 '불佛'이라고 한다. '화花'는 마음의 원인이니, 마음이 행하는 바의 행行을 '화花'로 비유한 것이다. '엄嚴'은 마음의 공용功用이니, 마음이 훌륭하고 교묘하게 장엄하고 꾸밀 수 있음을 지목하여 '엄嚴'이라고 한다. '경經'은 마음의 가르침이니, 마음이 이름과 말을 일으켜서 말이 여기에 나타나기 때문에 이름하여 '경經'이라고 한다.

弟*七攝歸觀心者。上來約教詮義。有是多門。若不攝歸一心。則於我何預。今則令知有行發意修行。所言大者。卽是心體。心體無邊。故名爲大。方是心相。心具德相之法。故名爲方。廣是心用。心有稱體之用。故名爲廣。佛是心果。心解脫處。名之爲佛。花是心因。心所行行。喩之以花。嚴是心之功用。心能善巧嚴飾。目之爲嚴。經是心教。心起名言。詮現於此。故名爲經。

이것은 '대大' 등의 일곱 글자가 함께 마음을 여의지 않은 것이다. 그러나 '마음(心)'이라는 한 글자는 체體도 아니고 작용도 아니며, 원인도 아니고 결과도 아니며, 뜻도 아니고 가르침도 아니다. 비록 일체가 아니나 일체가 될 수 있다. 무슨 까닭인가? 하나의 법계의 마음은 상대를 끊은 법이기 때문이다.

斯則大等七字。並不離心。然心之一字。非體非用。非因非果。非義非教。雖非一切。能爲一切。何以故。以一法界心是絶待法故。

문 말한 바 관행觀行은 행하는 모습이 어떠한가?

답 운운. 현상과 현상이 걸림 없는 법계(事事無礙法界)를 마주하여 곧 현상과 현상이 걸림 없음에 대한 관觀을 이루기 때문에 상즉상입하여, 넓음과 좁음, 숨음과 나타남, 주主와 반伴이 서로 참여하여 거듭거듭 다함 없음 등도 또한 법을 근본으로 한다. 이와 같이 법에 의거하여 관觀하는 까닭에 이름하여 '관觀'이라고 한다. 관觀에 의거하여 행行을 일으키니 행行 또한 이와 같다.

問。所言觀行者。行相如何。答。云云。對事事無导法界。卽成事事無导觀故。相卽相入。廣俠*隱現。主伴交叅。重重無盡等。亦以法本。如此依法而觀。故名爲觀。依觀起行。行亦如之。

사대상전법륜관

『사대상전법륜관四大常轉法輪觀』[131]에 이른다. 이 경의 뜻을 얻고자 하

131 『四大常轉法輪觀』: 현존하는 불전 목록류에는 이러한 이름의 저술이 보이지 않는다. 또 다른 문헌에 인용된 것도 보이지 않는다.

면 합하여 세 단이 있다. 첫째는 '대방광불大方廣佛' 등의 일곱 글자를 설하는 것이고, 둘째는 39품의 큰 뜻(大意)을 해석하는 것이며, 셋째는 도리를 나타냄에 관觀에 의거하여 자세히 해석하는 것이다.

四大常轉法輪觀云。欲得此經意。合有三段。一說大方廣佛等七字。二釋三十九品大意。三現道理依觀廣釋。

첫째, 제목을 설하는 것은 (다음과 같다.) '대방광大方廣'은 관觀하는 대상인 경계이고 '불화엄佛華嚴'은 관觀하는 주체인 마음이며 '경經'은 경계와 지혜에 통한다. 이른바 '대大'는 사대이고 '방方'은 사대의 띠끌이며 '광廣'은 하나하나의 티끌의 모습이 법계허공계와 구세·십세에 두루하지 않는 바가 없는 것이다. '불佛'은 이 이법을 이해하는 마음이다. '화花'는 이 마음이 청정하여 맑고 물듦을 여읜 것이다. '엄嚴'은 물듦을 여읜 마음에 거스름과 따름의 덕을 갖춘 것이다. '경經'은 주체와 대상(能所)에 둘이 없는 것이다.

初說題目者。大方廣者。所觀之境。佛花嚴者。能觀之心。經者。通於境智。所謂大者。四大。方者。四大之塵。廣者。一一塵相。法界虛空界。九世十世中。無所不周。佛者。解此理心。花者。此心淸淨。湛然離染。嚴者。離染心中。具逆順德。經者。能所無二。

둘째, 품의 큰 뜻(大意)을 해석함에 총摠과 별別이 있음을 설한다. 총摠이란 세 가지 독이 곧 세 가지 지혜이니 하나하나의 지혜 가운데 열 가지 덕을 갖추기 때문에 이것이 서른 (품)이 된다. 또 하나의 지혜에 삼세를 갖추고, 견문·해행·증입을 갖추고, 삼세간을 갖추기 때문에 이것이 아홉 품이 된다. 별別이란 운운.

二釋品大意。說有摠別。摠者。三毒卽三智。一一智中。具十德故。是爲三十。又一智中。具三世。具見聞解行訂。* 具三世間故。是爲九品。別者。云云。

셋째, 도리를 나타냄에 관觀에 의거하여 자세히 해석하는 것은, 먼저 마음의 모습을 융섭하여 이 경의 뜻을 풀이한다. 무엇이 마음의 모습을 융섭하는 것인가? 한 생각도 내지 않는 바른 생각으로 마음을 관觀하여 실상의 이법과 상응하는 때에 모든 마음의 모습을 여읜다. 이때 세 가지의 이익을 갖추어 얻는다. 하나는 열 가지 외도가 행하여 짓는 일을 뛰어넘는 것이다. 둘은 열 가지 이익을 얻는 것이다. 셋은 자기의 몸과 마음 중에 모든 법을 갖추어 보는 것이니, 밝은 거울을 집어 얼굴의 모습을 스스로 보는 것과 같다.

三現道理依觀廣釋者。先融心相。解此經意。云何融心相。一念無生正念觀心。與實相理。相應時中。離諸心相。尒時。具得三種利益。一者。超過十種外道所爲作事。二者。獲得十種利。三者。自身心中。具見諸法。如執明鏡自見面像。

열 가지 이익이란 (다음과 같다.) 첫째, 자기의 몸과 마음에 계戒와 선정과 지혜의 일체 법을 갖춘다. 경에 이르기를, "마음을 한 곳에 제어하니 변별하지 않는 일이 없다."[132]라고 한 것과 같다. 마음을 묶어 한 곳에 두면 지혜의 문을 열 수 있다. 하나를 지켜 옮기지 아니하면 정신이 흩어지지 않고 온갖 영령이 돕고 지킨다. 처음 부사의한 삼매를 배움에

---

132 『佛垂般涅槃略說敎誡經』[속칭 『遺敎經』(K13, 1180b19 ~20 ; T12, 1111a20)], "그것을 한 곳에 제어하니 변별하지 않는 일이 없다.(制之一處。無事不辦。)"

마음을 하나의 연緣에 묶어서 만약 오래 익히는 자이면, 마음을 관觀하는 것을 성취하고 다시 마음의 모습이 없어서 항상 선정과 함께 한다. 일체의 마음의 모습이 곧 마음이 아니기 때문에 부사의한 선정이라고 이름한다. 운운.

十種利益者。一者。自身心中。具戒定惠一切法。如經云。制心一處。無事不辨。繫心在一處。能開智惠門。守一不移。精神不散。萬靈扶衛。初學不思議三昧。繫心一緣。若久習者。觀心成就。更無心相。恒與定俱。一切心相。卽非心故。是名不思議定。云云。

경經에 다섯 종류가 있으니, 첫째는 일체경이고, 둘째는 한마음의 경(一心經)이고, 셋째는 자체의 경(自體經)이고, 넷째는 머무름 없음의 경(無住經)이고, 다섯째는 참모습의 경(實相經)이다. 말하자면 하나의 법계에 한마음의 도장으로써 모든 연緣의 체體에 도장 찍으면 일체의 모든 연緣이 도장의 무늬가 아님이 없기 때문에 일체경이다. 이 일체경이 오직 한마음의 양이기 때문에 한마음의 경이다. 마음의 모든 법이 체體가 있기 때문에 자체의 경이다. 자체가 '나'가 없어서 일체에 집착이 없기 때문에 머무름 없음의 경이다. 이 머무름 없음의 경은 맑아서 모습이 없기 때문에 참모습의 경이다. 첫째는 문자의 경이고, 다음은 뜻의 경(義經)이고, 다음은 관의 경(觀經)이고, 다음은 선정의 경(定經)이고, 마지막 하나는 법의 경(法經)이다.

經有五種。一一切經。二一[1]心經。三自體經。四無住經。五實相經。謂於一法界。以一心印。印諸緣體。一切諸緣。無不印文故。一切經也。此一切經。唯一心量故。一心經也。心之諸法。有體故。自體經也。自體無我。於一切中。無着*故。無住經也。此無住經。湛然無相故。實相經也。初文字經。次則義經。次則觀經。次則定經。後一法經也。

1) ㉯ 을본에는 '一'이 없다.

심륜초

『심륜초心輪鈔』에 이른다. 비로소 바른 깨달음을 이룬 부처님이 해인삼매에 들어가 증득하는 바 법문에 간략히 여섯 거듭의 경이 있다. 첫째는 안과 밖을 여읜 경이다. 둘째는 안을 향하는 경이다. 셋째는 밖을 향하는 경이다. 넷째는 안과 밖이 상응하는 경이다. 다섯째는 안에서 간략히 설하는 경이다. 여섯째는 근기를 위하여 장차 설하는 경이다. 이른바 앞의 세 경은 과분果分의 자리自利이기 때문에 과분의 별교이고, 뒤의 세 경은 인분因分의 자리自利이기 때문에 인분의 별교이다.

心輪鈔云。始成正覺佛。入海印三昧。所訂*法門。略有六重經。一者。離內外經。二者。向內經。三者。向外經。四者。內外相應經。五者。內中略說經。六者。爲機將說經。所謂前三經。是果分自利故。果分別敎。後三經。是因[1)]分自利故。因分別敎。

1) ㉮ 高에는 '囩'으로 되어 있다. '圓'의 이체자로 보이지만 번역에서는 문맥을 고려하여 저본을 따랐다.

원통수좌기

『원통수좌기圓通首座記』[133]에 이른다. 『화엄경』 첫머리의 '여시아문如是

133 『圓通首座記』: 여기 인용문에도 저술의 이름 없이 『圓通首座記』로만 되어 있다. 앞의 『원통수좌기』는 『석화엄교분기원통초』이나(하권 2 각주 102) 참조) 여기의 구절은 현존하는 균여의 저술에 일치하는 부분이 없다. 그런데 인용문 가운데 지엄의 『공목장』의 한 구절을 '장주章主'라는 표현과 함께 설하고 있으며, 균여가 그의 현존 저술에서 그가 주석하고 있는 저술의 저자를 '장주章主'로 표현하고 있는 점을 볼 때, 이 인용문은 혁련정이 지은 『균여전』(K47, 260b02)에 소개되어 있는 균여의 저술 중 현존하지

我聞' 네 글자를 해석함에 세 가지 뜻이 있다. 이것에 대하여 아래의 '시성정각始成正覺'도 또한 세 가지 뜻이 있다. 첫 번째는 말을 여읜 현묘하고 고요한 곳이다. 말하자면 모습이 끊어져 지목할 수 없는 법성이 현묘하고 미세하게 뛰어넘어서 생각 밖(意外)의 곳이다. 지목할 수 없는 법성이란 법계의 법의 이름과 지위가 움직이지 않는 곳이다. 만약 지금 내 오척 되는 몸이라면 오직 오척이 이것일 뿐이다. 이 오척에 다시 부처님의 이름, 법의 이름을 지목하는 것을 허용하지 않는다. 그러므로 '지목할 수 없는 법성'이라고 한 것이다. 이 '오척이라는 이름이 바로 곧 법의 체體인데 이 이름이 법 위에 세워진 것이라고 하니 이와 같이 헤아리는 자는 미치지 못하는 곳이므로 '뛰어넘어서 생각 밖'이라 하고, 또 '모습이 끊어져'라고 하는 것이다.

圓通首座記云。花嚴經首。如是我聞四字。釋有三義。對此則下始成正覺。亦有三義也。弟*一離言玄寂之處。謂絶相不可目法性。玄微超出。意外之處也。不可目之法性者。法界法之名位不動處也。若今我五尺身者。唯五尺是耳。此五尺上。不許更目佛名法名。故云不可目之法性也。此五尺名。正卽法體。而謂此名是法上所立。如是計者。所不及處故。云超出意外。又云絶相也。

문 '오직 오척이 이것일 뿐이다'란, 연기의 경계에서는 이 뜻을 허용할 수 있지만 어째서 성해性海라고 하는가?

답 이 '오척'이라는 이름의 연緣 가운데 오척의 법을 세우는 것은 연기의 인분이고, 이 이름 이외에 다시 한 법도 세울 수 없는 것은 성해의 과분이다. 그러므로 법장 스님이 이르기를, "연緣이 별도의 연緣이 없어

않는『孔目章記』일 것으로 생각된다.

서 체體로써 연緣을 다하니, 따라서 차별 있는 연기가 곧 매우 깊은 국토의 바다이다."[134]라고 한다. 또 의상 화상이 이르기를, "말이 깨달음에 있으면 근본과 다르지 않다."[135]라고 한 것이다. 그러므로 교분 가운데 말은 설하는 것이고 설해지는 뜻을 설하지만, 지금 이 가운데 말은 곧 깨달음의 체體이기 때문에 설함과 설해짐의 차이가 없다.

問。唯五尺是耳者。緣起之際。可許此義。何云性海耶。答。於此五尺名之緣中。立五尺法者。緣起因分也。此名以外。更無一法可立者。性海果分也。是故。藏師云。緣無別緣。以體盡[1)]緣。是故差別緣起。卽是甚深土海。又相和尚云。言說在訂。* 與本不異也。然則敎分之中。言是能詮。詮所詮義。今此之中。言卽訂*體故。無能所詮之異也。

1) 역 인용 원문인『華嚴經探玄記』에는 '盡'이 '卽'으로 되어 있다. 번역에서는 이에 따랐다.

문 내 오척에 다시 부처님과 법의 이름을 허용하지 않는 뜻을 무엇으로 증명을 삼아서 알 수 있는가?

답 이와 같이 일어난 내 말이 증명이 된다. 그러나 겸하여 증명할 것을 찾으면「광명각품」에 이르기를, "많음 가운데 하나의 성품이 없고 하나도 또한 많음이 없다."[136]라고 한다. 지상 스님은 이를 인용하여 즉문의 경증으로 삼았다.[137] 그러나 말한 바 '많음'이란 다만 많음일 뿐이니,

134 『화엄경탐현기』(K47, 517b8~9; T35, 170b6~7).

135 『일승법계도』(H2, 4c19~20; H6, 812c3~4).

136 『팔십화엄』「광명각품」(K8, 499c25; T10, 65a10), 『육십화엄』「광명각품」(K8, 34a24; T9, 425a13)의 해당하는 구절은 다음과 같다. "여러 많은 법 가운데 하나의 모습이 없고 하나의 법 가운데 또한 많음이 없다.(衆多法中無一相。於一法中亦無多。)"

137 지엄은 『수현기』(K47, 13a21~b4; T35, 27a27~b11)에서 해당 구절을 진수보살進首菩薩의 제7지 게송으로 주목하지만 이에 대해 즉문, 중문, 수십법 등을 설하지는 않는다. 단 그전의 목수보살目首菩薩의 제6지 게송으로 설해지는, "하나가 능히 한량없

많음 가운데 다시 하나를 이루는 성품은 없다. 말한 바 '하나'란 다만 하나일 뿐이니, 하나 가운데 다시 많음을 이루는 성품은 없다. 이런 까닭에 오직 내 오척이 이것일 뿐이니, 여기에 부처님과 법의 이름을 얻을 수 없다.

問。吾五尺上。不可更許佛之與法名目之義。以何爲訂*而得知耶。答。如是所發我言爲訂。* 然不見[1]兼訂*者。光明覺品云。多中無一性。一亦無有多。至相引此爲卽門之訂*也。然而所言多者。只是多耳。多中更無成一之性。所言一者。只是一耳。一中更無成多之性。是故。唯吾五尺是耳。此上不得佛法名目也。

1) ㉠ 을본에는 '不見'이 '覔'으로 되어 있다. ㉡ 高에는 '覔'로 되어 있으며 번역에서는 글자의 형태와 문맥을 고려해 '覓'의 이체자 '覔'으로 바꾸었다.

이 뜻으로써 이 글을 풀이하면 (다음과 같다.) '여如'는 진여(如)이니 곧 법의 근본인 '여如'는 '같아서 균등한 것'이다. 그러므로 바로 곧 '이것이 내가 들은 것'이다. 이 뜻은 오직 내가 들었을 뿐이니, 내가 들은 것인 이상 다시 다른 말을 붙이지 않는다는 것이다. 이미 '나'를 기준으로 해서 논한 까닭에 다만 나일 뿐이고 위에 다시 부처님과 보살의 이름이나 지위 등을 붙이지 않는다. 듣는 것은 나에게 국한된 것이다.

以此義釋此文者。如者如也。卽是法本如者如均也。是故正卽是我聞

음이 되고, 한량없음이 능히 하나가 된다.(一能爲無量。無量能爲一。)"(K8, 33c19 ; T9, 424c9~10) 등의 부분을 주석하며 중문과 즉문에 대해서 풀이한다. 또한 지엄의 저술로 전해지지만 위찬설이 제기되는 『화엄일승십현문』(T45, 514b17~19)에서는 「광명각품」(K8, 32b5 ; T9, 423a1~2)의 "하나 가운데 한량없음을 알고 한량없음 가운데 하나를 안다. 변화하여 생겨나 진실이 아니니 지혜로운 자는 두려운 바가 없다.(一中解無量。無量中解一。展轉生非實。智者無所畏。)"라는 구절을 수십법 가운데 중문의 경증으로 사용하기도 한다.

也。此意者。唯我聞耳。我聞以上。更不加餘語也。既約我論。故但我耳。上不更加佛與菩薩名位等也。聞者。局於我也。

문 이미 이름을 끊고 모습을 여의었다면, 어째서 '오척'이라는 이름을 거론하는가?

답 이 증분에서는 '오척'이라는 이름이 곧 참된 법의 체體이다. 이 이름 이외에 다시 법의 체體가 없기 때문이다. 연기분 중에서는 이름과 뜻의 두 지위가 같지 않기 때문에 상즉하게 하나, 지금 이 증분 중에서는 곧 이와 같지 않다.

問。既絶名離相。何故擧五尺名耶。答。此訂*分中。五尺之名。卽實法體。此名以外。更無法體故也。緣起分中。名之與義。二位不同。故令相卽。今此訂*分之中卽不如是。

두 번째는 닦음을 여의고 깨달음을 여읜 원만하고 지극한 도道이다. 장소와 사람을 가리지 않으니 기준으로 하는 것을 따라 부처님이고, 정보(主)와 의보(器)를 구별하지 않으니 현상(事)을 대함이 이와 같다. 그러므로 「광명각품」에 이르기를, "국토와 중생이 동일함과 다름을 얻을 수 없으니, 이와 같이 잘 관찰함을 부처님 법의 뜻을 안다고 이름한다."[138] 라고 한다. 장소와 사람을 가리지 않고 정보와 의보(主器)를 구분하지 않으며 기세간과 중생이 본래 다르지 않으니, 하나의 부처님의 체體이기 때문이다. 또한 동일하지도 않으니 각각 자신의 이름과 지위를 움직이지 않기 때문이다. 이를 말미암아 알 수 있으니, 비록 삼세간이 하나의

138 『팔십화엄』「광명각품」(K8, 500a2; T10, 65a14~15). 경에는 '衆生及國土'이니 '衆生'과 '國土'의 자리가 전후로 바뀌어 있다.

부처님의 체體이지만 셋을 융섭하여야 비로소 하나가 되는 것은 아니다. 비록 하나의 부처님의 체體가 삼세간에 즉하나 하나를 나누어서 셋을 짓는 것은 아니다. 그런즉 삼세간의 이름과 지위가 움직이지 않음이 곧 부처님이다.

弟*二離修離訂*圓極至道也。不簡處之與人。隨約是佛。不別主之與器。觸事如是。是故光明覺品云。國土及衆生。一異不可得。如是善觀察。名知佛法義。處人不簡。主器不分。器與衆生。本非異也。以一佛體故。又亦非一。以各各不動自名位故。由是得知。雖[1]三世間是一佛體。而非融三方爲一也。雖一佛體卽三世間。而非分一以作三也。然則三世間之名位不動。是卽佛也。

1) ㉯ 을본에는 '雖'가 '離'로 되어 있다.

이 뜻으로 이 글을 풀이하면 '여如'는 '나(我)'와 '들음(聞)'이 하나가 되는 때(一時)이니 곧 부처님이다. 이상의 두 거듭의 뜻을 기준으로 하여 그것을 말하면 '여시아문'의 네 글자가 바로 곧 구경의 법의 체體이기 때문에, 이로써 머리를 삼아 아래 글의 목표로 하는 바(所目)를 헤아려 가려내는 뜻은 없다.[139]

以此義釋此文者。如者。我與聞爲一之時。卽是佛也。約此上二重之義。言之則如是我聞四字。正卽究竟法體故。無以此爲首科[1]簡下文所目之義也。

1) ㉯ 을본에는 '科'가 '料'로 되어 있다.

139 지엄의『공목장』중 한 구절이다. 출전은 하권 2 각주 140) 참조.

세 번째는 바른 깨달음의 지혜의 해가 보리수(道樹)에 떠오름이다. 말하자면 부처님을 기준으로 부처님을 논하면 법계의 모든 법이 부처님 아님이 없다. 그러나 중생의 연緣을 따라서 부처를 이룸이 있음을 보이고 법을 설함이 있음을 보이기 때문에 보리수에서 비로소 바른 깨달음을 이룬다.

이 뜻을 기준으로 하여 풀이하면 (다음과 같다.) 일곱 장소 여덟 모임의 법은 부처님이 설하신 바인데, 결집한 사람이 "이와 같이 내가 들었다."라고 말한 것이다. 그러므로 『공목장』을 지은 저자(章主)가 이 뜻에 의거하여 "아래 글의 목표로 하는 바를 헤아려 가려내는 뜻이다."[140]라고 한 것이다.

弟*三正覺智日出於道樹。謂約佛論佛。則法界諸法。無非是佛也。然而隨衆生緣。示有成佛。示有說法故。於道樹。始成正覺。約此義釋者。七處八會之法。是佛所說而結集人言如是我聞也。是故章主。依此義云。料簡下文所目之義也。

위의 셋 중에 나아가 첫 번째 부처님은 깨닫는 대상이고, 두 번째 부처님은 깨닫는 주체이다. 이 두 부처님을 갖추는 것이 해인삼매이다. 이 삼매와 깨닫는 주체인 지혜를 함께하여 큰 허공(大空)이라고 이름한다. 이 큰 허공은 근기가 필요로 하는 바를 따라서 갖가지 이름을 이룬다. 이루는 바 법은 티끌의 수처럼 궁구하기 어려우나 중요한 것만 간추려 말하면 열 가지를 벗어나지 않는다. 삼승에서 밝히는 바인 삼과백법三科百法은 이숙식異熟識을 따라서 생겨난 것이기 때문에 주主와 반伴이 서로 이루는 뜻을 논하지 않는다. 지금 이 열 가지 법은 깨달음의 지혜인

140 지엄, 『공목장』(T45, 536c21~22), "初會如是我聞首。料簡下文。所目之義。"

큰 허공을 근본으로 하는 가운데 온전히 완전하게 목표로 하는 바이기 때문에 주主와 반伴이 이루어진 종지(宗)라고 한다. 또 세 부처님 중 처음 두 부처님은 비로소 바른 깨달음을 이룸의 증분이고, 세 번째 부처님은 비로소 바른 깨달음을 이룸의 교분이다. 증분에 나아가 첫 번째 뜻은 증득하는 바이고, 두 번째 뜻은 증득하는 주체인 원만한 지혜이다. 교분은 곧 이 원만한 지혜가 연緣과 상응하는 뜻이다.

就上三中。弟*一佛所訂。* 弟*二佛能訂*也。具此二佛。是海印定。與此定俱能訂*之智。名爲大空。此大虛空。隨機所須。成種種名也。所成之法。塵筭難窮。要略而言。不出十種也。三乘所明三科百法。從異熟識之所生故。不論主伴相成之義。今此十法。本於訂*智大虛空中。全全所目故。云主伴成宗也。又三佛中。初二佛則始成正覺之訂*分也。弟*三佛則始成正覺之敎分也。就訂*分中。初義則所訂*也。弟*二義則能訂*圓智也。敎分者。卽此圓智。與緣相應之義也。

문 만약 처음의 풀이로써 보면 '진여 이것(如是)'이 곧 '내가 들은 것(我聞)'이다. '비로소 바른 깨달음을 이루다(始成正覺)'는 어떻게 풀이하는가?

답 아울러 이 예로써 풀이한다. 말하자면 '한 때(一時)'란 또한 곧 법성을 만족한 것이니 다시 더하는 것이 없고 장소 또한 그러하다. '비로소 바른 깨달음을 이루다(始成正覺)'란 또한 예전에 미혹했다가 지금 깨닫는 것이 아니라, 법계에 응하여 들어맞고 삼세의 때를 다하니 곧 구경의 법체를 만족한 것이며, 내지 60권『(화엄)경』끝의 "중생의 마음은 미세한 티끌"[141] 등의 게송도 또한 이와 같다.

141『육십화엄』「입법계품」(K8, 424c13~14; T9, 788a27~b1)의 가장 마지막 게송을 가리킨다. "중생의 마음은 미세한 티끌과 바다의 물방울 (같아도) 셀 수 있으며 허공 또한 헤아릴 수 있지만 부처님의 덕을 설함은 다함이 없다. 이 법을 듣고 환희하며 믿는 마

만약 두 번째 풀이로써 보면 '여如'는 '나(我)'와 '들음(聞)'이 하나가 되는 때(一時)이니 곧 부처님이다. '나'는 듣는 주체이고 '들음'은 듣는 대상이니 듣는 주체인 내가 듣는 법과 둘이면서 둘이 아니라서 오직 하나의 체體인 것이 곧 부처님의 체體와 같음(如)이다. 장소(處)는 보리도량이 부처님의 체體이다. 원만하게 나타남을 기준으로 하여 본다면 '비로소 정각을 이루다'는 세 번째 부처님이다.[142] 이러한 뜻 등으로써 (『화엄경』) 한 부의 처음부터 끝까지를 풀이해야 비로소 '묘함(妙)'이 될 것이다.

問。若以初釋見者。如是卽我聞也。始成正覺則如何釋耶。答。並以此例釋也。謂一時者。亦卽滿足法性。更無所加。處亦爾也。始成正覺者。亦非古迷今覺。應稱法界。竟三世際。卽是滿足究竟法體。乃至六十卷經末。衆生心微塵等偈。亦如是也。若以弟*二釋見者。如者是我與聞爲一之時。卽是佛也。我是能聞。聞是所聞。能聞之我。與所聞法。二而不二。唯是一體者。卽是如佛體也。處者菩提場。是佛體也。約圓現而見也。始成正覺者。弟*三佛也。以此義等。釋一部始終。方爲妙也。

고기

'고기'에 이른다. 『대경』에 간략히 열 거듭의 해석이 있다. 말하자면 첫 번째는 『영락경』의 삼현십지三賢十地는 삼승이고, 이 경에서 변별하는 삼현십지는 일승이다. 만약 이 뜻을 기준으로 하여 이 경문을 풀이하

음에 걸림이 없는 자는 위없는 도를 빠르게 이룰 것이니 모든 여래와 더불어 동등하다.(衆生心微塵。海水渧可數。虛空亦可量。佛德說無盡。聞此法歡喜。信心無疑者。速成無上道。與諸如來等。)"

142 두 번째 뜻에 의하면 '如是我聞一時佛'이 첫 번째 부처님, '摩竭提國寂滅道場'이 두 번째 부처님, '始成正覺'이 세 번째 부처님이 된다.

면, '이와 같이 내가 들었다. 일시에 부처님께서 비로소 바른 깨달음을 이루시고', 첫째의 적멸도량에서 화장세계를 설하시고, 둘째의 보광법당에서 십신十信을 설하시고, 내지 여덟째의 사위국舍衛國에서 입법계를 설하신다.

古記云。大經略有十重解釋。謂弟*一。瓔珞經三賢十地三乘。此經所辨三賢十地一乘。若約此義。釋此經文。則如是我聞。一時佛始成正覺。於弟*一寂滅場中。說花藏世界。弟*二普光堂中。說十信。乃至弟*八舍衛國中。說入法界。

두 번째는 이 경에 나아가 항포行布의 차례는 삼승이고 육상원융은 일승이다. 이 뜻을 기준으로 하여 풀이하면, '이와 같이 내가 들었다' 내지 적멸도량에서 화장세계를 설하시고, 둘째의 적멸도량 내 보광법당에서 십신을 설하시고, 내지 여덟째의 적멸도량 내 사위국에서는 입법계를 설하신다.

弟*二。就此經中。行布次弟*者三乘。六相圓融者一乘。約此義釋。如是我聞。乃至寂滅場中。說花藏世界。弟*一[1]寂滅場內普光堂中。說十信。乃至弟*八寂滅場內舍衛國中。說入法界。

1) ㉯ 을본에는 '一'이 '二'로 되어 있다. ㉰ 高에는 '⼀'로 되어 있다. 형태와 문맥상 '二'의 위의 획 일부분이 마멸된 것으로 보인다. 번역에서는 '二'로 바꾸었다.

세 번째는 앞의 둘은 모습을 표시하기 때문에 삼승이고 안은 일승이다. 이 뜻을 기준으로 하여 풀이하면, '이와 같이 내가 들었다' 내지 첫째의 사위국에서 화장세계를 설하시고, 둘째의 보광법당에서 십신을 설하시고, 셋째의 타화자재천궁에서 십주十住를 설하시고, 넷째의 도솔천궁에서 십행十行을 설하시고, 내지 여덟째의 적멸도량에서는 입법계를 설하신다. 이 뜻은 보현 22위가 지위에 즉하여서 지위를 벗어나기 때문에 수승함과 열등함이 없다. 『명란기明難記』[143]에서 밝힌 것과 같다.

弟*三。前二是表相故三乘。內則一乘。約此義釋。則如是我聞乃至弟*一舍衛國中。說花藏世界。弟*二普光堂中。說十信。弟*三他化天宮。說十住。弟*四兜率天宮。說十行。乃至弟*八寂滅場中。說入法界。此義者。是普賢二十二位。卽位脫位。故無勝劣。如明難記所明。

네 번째는 앞의 안에서 표시한 것은 함께 삼승이고 보현의 다함없는 법의 수를 나타내는 것은 일승이다. 이 뜻을 기준으로 하여 풀이하면 '이와 같이 내가 들었다' 내지 적멸도량에서는 화장세계를 설하고, 둘째의 적멸도량에서는 십신을 설하고, 내지 여덟째의 적멸도량에서는 입법계를 설한다. 다섯 번째는 앞은 함께 종이와 먹으로 쓰인 것이기 때문에 삼승이고, 문자가 없는 허공이 일승이다.

弟*四。前之內表並是三乘。普賢無盡法數現者是一乘也。約此義釋。如是我聞乃至寂滅場中。說花藏世界。弟*二寂滅場。說十信。乃至弟*八寂滅場。說入法界。弟*五。前並紙墨所載故是三乘。無文字之虛空是一乘也。

여섯 번째는 문자가 없는 허공은 삼승이고 문자가 있는 허공은 일승

143 『明難記』: 『육십화엄』의 「보살명란품」의 해석 부분인 것으로 보이나 누구의 어떤 주석서인지는 불분명하다. 다만 '보현 22위'설은 지엄의 『수현기』에 보인다.

이다. 일곱 번째는 앞은 함께 교분이니 보현의 인문因門이기 때문에 삼승이고, 부처님의 밖으로 향함은 일승이다. 여덟 번째는 부처님의 밖으로 향함은 삼승이고, 부처님의 안으로 향함은 일승이다. 아홉 번째는 부처님의 안으로 향함은 삼승이고, 향함과 등짐을 여의는 것은 일승이다. 열 번째는 향함과 등짐을 여의는 것은 삼승이고, 법성은 일승이다.

弟*六。無文字之虛空是三乘。有文字之虛空是一乘也。弟*七。前並敎分是普賢因門故是三乘。佛外向是一乘也。弟*八。佛外向是三乘。佛內向是一乘也。弟九。佛內向是三乘。離向背是一乘也。弟*十。離向背是三乘。法性是一乘也。

이것은 범체梵體 대덕이 전한 것이며 윤현潤玄 대덕[144]이 받은 것이다. 범체 대덕이 이르기를, "옛적에 질응 대덕이 세달사(世達藪)[145]에 있으면서 『기신론』을 강의할 때, '만약 『화엄경』 중 열 거듭의 해석을 알 수 없다면 끝내 『화엄경』의 글의 뜻을 얻을 수 없을 것이고, 또 만약 『기신론』 중 여덟 거듭의 해석을 알지 못하면 또한 이 논의 글의 뜻을 얻을 수 없

144 윤현潤玄 대덕 : 윤현 대덕은 이곳 '고기'에서 전하는 것처럼 범체 대덕에게서 『화엄경』의 열 가지 대의를 전해 받았고 '윤현덕潤玄德'이라고 호칭되는 것으로 보아 의상계 화엄학승으로 보인다.

145 세달사(世達藪) : 『삼국사기』(권50 「열전」 〈궁예〉조)와 『삼국유사』 「洛山二大聖觀音正趣調信」(H6, 331c9~332a1) 등에 의하면, 세달사는 고려 전기에 흥교사興敎寺로 이름이 바뀌었다. 그 위치에 대해서는 『新增東國輿地勝覽』이 경기도 풍덕군豊德郡의 백련산(권13)과 강원도 영월군寧越郡 태화산 서쪽(권46)에 소재하는 두 곳의 흥교사를 기록하고 있어 논란이 있었으나, 근래에 영월군 태화산 서쪽의 흥교사지가 세달사였던 것으로 밝혀졌다. 균여는 『십구장원통기』(H4, 40a12~13)에서 신림을 '세달사문신림世達寺沙門神林'으로 부르고, 의천은 신림에 대해 「興敎寺禮神林祖師影」이라는 찬讚을 남기고 있다.(『大覺國師文集』 권18) 또한 질응과 범체가 세달사에서 강의를 했다는 이 본문의 기록 등을 볼 때 세달사는 의상계 화엄 승려들과 깊은 연관을 갖고 있음을 알 수 있다. 또한 『삼국사기』에 의하면 세달사는 궁예弓裔(?~918)가 출가하여 수도한 곳이기도 하다.

을 것이다'라 하였다."라고 한다.

此是梵體德所傳。潤玄德所受也。梵體德云。昔質應德。在世達藪。講起信論時。云若不得知花嚴經中十重解釋者。終不能得花嚴文義。又若不知起信論中八重解釋。則亦不能得此論文義也。

화엄경행원품소초[146]

법장 스님(賢首大師)의 『화엄삼매관문花嚴三昧觀門』[147] 중,

문 중생이 수행함에 반드시 성인의 가르침을 받아 지녀야 하는가, 가르침을 버려야 하는가?

답 열 부류가 있다. 첫째는 스스로 중생이 (가르침을) 알지 못해서 성인의 말씀을 미리 버리고 자신의 어리석은 마음을 스승으로 삼으며, 또 나쁜 벗을 따라서 가르침에 어긋나게 수행하여 교묘한 거짓으로 속

146 아래의 인용문은 종밀의 『화엄경행원품소초』에서 법장의 저술을 인용한 것을 『총수록』의 편자가 재인용한 것이다.(卍7, 955b2~956b4).

147 『花嚴三昧觀門』: 법장의 『화엄경탐현기』(K47, 6다3a26~27; T35, 347c3~4)와 『화엄경전기』(T51, 172b12), 그리고 최치원의 『법장화상전』(T50, 281a5) 등에서는 법장의 저술로 『華嚴三昧觀』 1권을 들고 있다. 이 문헌은 현존 대장경에는 수록되어 있지 않지만 일본 고산사高山寺에 송宋나라 때의 판본이 소장되어 있는 것으로 전해진다. 한편 이 문헌은 법장의 저술로 전해지는 『華嚴發菩提心章』과 깊은 관계를 가지고 있으니, 일례로 여기에 '화엄삼매관문'이라는 제목으로 인용되어 있는 부분이 『화엄발보리심장』(T45, 651b28~652a4)에 거의 그대로 수록되어 있는 점을 들 수 있다. 『화엄발보리심장』은 전체 1권으로서, 첫 번째, 마음을 일으킴(發心第一)·두 번째, 가르침을 가려냄(簡教第二)·세 번째, 잘못을 드러냄(顯過第三)·네 번째, 덕을 표시함(表德第四)으로 구성되어 있는데, 여기 인용된 부분은 그중 두 번째 전체에 해당한다. 그러나 종밀이 이 부분을 '네 번째, 가르침을 가려내는 문(第四簡教門)'이라고 인용하는 점과 『화엄경전기』에 '화엄삼매관 1권 열 문(華嚴三昧觀一卷十門)'으로 기록되어 있는 점 등을 볼 때, 현존 『화엄발보리심장』이 『화엄삼매관』과 동일하지는 않음을 알 수 있다. 아래에서는 종밀의 『화엄경행원품소초』와 법장의 『화엄발보리심장』의 해당 부분과 교감하여 내용상 크게 차이나는 부분만을 밝힌다.

이고 미혹함이 있으니 이는 악인惡人이다. 둘째는 중생이 또한 성스러운 가르침을 등지고 순박하고 곧은 마음으로 (앞의 교묘한 거짓의 사람을 따르며) 벗어나는 중요한 (길)이라고 생각해서 고된 수행을 열심히 하지만 끝내 이익되는 바가 없음이 있다. 이 두 사람은 함께 성스러운 가르침을 버리고 뜻과 이치에 의거하지 않는다.

賢首大師花嚴三昧觀門中。問云。衆生修行。爲要受持聖敎耶。爲須捨敎耶。答。有十類。一者。自有衆生無識。[1] 懸捨聖言。師自愚心。復隨邪友。違敎修行。巧僞誑惑。此爲惡人也。二[2]有衆生。亦背聖敎。以質直心。[3] 謂爲出要。勤苦修行。竟無所益。此二人。俱捨聖敎。不依義理。

1) ⓔ『華嚴發菩提心章』에는 '識' 다음에 '敎'가 있다. 번역에서는 이를 따라 '敎'를 추가하였다. 2) ⓦ 을본에는 '二'가 '三'으로 되어 있다. 3) ⓔ『華嚴發菩提心章』에는 '心' 다음에 '隨逐前巧僞人'이 있다. 번역에서는 이를 따라 추가하였다.

셋째는 성인의 말씀을 오직 외우기만 할 뿐 뜻과 의도를 이해하지 못하며 성인의 가르침에 의거하여 명성을 구하고 이익을 구하면서 자신이 외운 바를 거스르니 또한 악인이다.

넷째는 오직 문구만을 좇아서 뜻과 이법을 알지 못하니 다만 곧은 마음으로 읽고 외울 뿐이니, 비록 교묘한 거짓은 없으나 또한 이익되는 바도 없다. 이상의 두 사람은 함께 가르침을 버리지는 않으나 뜻과 이법을 얻지 못한다. 이상의 네 문은 모두 의지해서는 안 된다.

三者。唯誦聖言。不解義意。依傍聖敎。求名求利。違自所誦。亦爲惡人。四者。唯逐文句。不知義理。但以直心讀誦。雖無巧僞。亦無所益。此上二人。俱不捨敎。不得義理。此上四門。

다섯째는 성인의 가르침을 읽고 외워서 해解와 행行을 조금 알지만 문구를 많이 읽고 조금 수행함이 있다. 여섯째는 성인의 가르침을 널리 생각하여 해解와 행行을 두루 안다. 성인의 말씀을 점차 간략히 하고 뜻을 취하여 오로지 닦는다. 일곱째는 받아 지님에 뜻을 얻어서 오직 수행에 있고 다시 말을 생각하지 않는다. 여덟째는 가르침을 생각하고 뜻을 얻어서 일체법이 본성에 걸맞지 않음이 없음을 안다. 이런 까닭에 가르침에 대해서도 또한 버림을 기다리지 않는다. 곧 이 말로 된 가르침이 본성에 들어맞아 가르침을 기준으로 하여 수행한다. 아홉째는 본성에 들어맞는 말을 항상 지니고 버리지도 않고 집착하지도 않으며, 말을 끊은 이법을 항상 관觀하여 그만두지도 않고 막혀 있지도 않다. 이상의 다섯 문은 아직 궁극의 경계가 아니다.

皆不可依。五者。讀誦聖教。分知解行。多讀文句。少有修行。六者。廣尋聖教。徧[1)]知解行。漸略聖言。取意專修。七者。受持得意。唯在修行。不復尋言。八者。尋教得旨。知一切法無不稱性。是故。於教亦不持捨。[2)] 卽此言教稱性。約教修行。九者。常持稱性之言。不捨不着。* 恒觀絶言之理。不棄不滯。此上五門。猶未究竟。

1) ㉸ 을본에는 '徧'이 '遍'으로 되어 있다. 2) ㉧『華嚴發菩提心章』에는 '不持捨'가 '不待捨離'로 되어 있다. 번역에서는 문맥과『華嚴發菩提心章』을 따라 '持'를 '待'로 바꾸었다.

열째는 가르침을 생각하여 참된 이법을 얻어서 이법과 가르침에 걸림이 없다. 항상 이법을 관觀하나 가르침을 지니는 데 걸리지 않고 항상 가르침을 지니나 공空을 관하는 데 걸리지 않는다. 이는 곧 가르침과 이법이 함께 융섭되어 합하여 하나의 관觀이 된 것이니 비로소 궁극의 경계라고 이름한다.

十。尋教得實理。理教無导。常觀理而不导持教。常持教而不导觀空。此則教理俱融。合爲一觀。方名究竟。

이상의 열 가지 문에서 앞의 넷은 전적으로 의지할 수 없다. 다음의 다섯은 얕은 곳에서 깊은 곳으로 나아가 근기에 따라서 깨달아 들어가지만, 범부를 바꾸어 성인을 이루는 방편이니 아직 궁극의 경계가 아니다. 오직 열 번째 문만이 비로소 궁극의 경계가 된다.

此上十門。前四全不可依。次五從淺轉深。隨根悟入。然革凡成聖之方便。猶未究竟。唯弟*十門。方爲究竟也。

또 현수 대사가 이른다.[148] 대승경전을 받아 지님에 반드시 다섯 법을 알아야 한다. 첫 번째, 그 문장을 밝힘에 다섯이 있다. 말하자면 문단이 일어나고 다함과, 앞과 뒤가 서로 이어짐과, 차례로 연결되어 합해짐과, 설하는 뜻의 원만함과, 늘어남도 없고 줄어듦도 없음을 잘 아는 것이다. 두 번째, 그 일(事)을 이해함도 또한 다섯이다. 말하자면 설하는 곳과 설하는 주체와 (듣는) 대중과 (설법을) 청하는 위의와 원만한 음성으로 설해지는 바를 아는 것이다.

又賢首大師明。[1)] 受持大乘經。須知五法。一明其文有五。謂善知分段起盡。前後相續。次弟*連合。詮義圓滿。無增無減。二解其事亦五。謂說處。說主。徒衆。請儀。及知圓音所說。

---

1) ㉮『華嚴經行願品疏鈔』에는 '明'이 '云'으로 되어 있다. 번역에서는 '云'으로 바꾸었다.

---

148 이곳에 현수 법장의 설로서 인용되는 부분은 현존하지 않는 법장 저술의 일부분인 것으로 추정되지만 정확한 문헌의 이름은 알 수 없다.

세 번째, 그 뜻에 다다름도 또한 다섯이다. 말하자면 강요를 간략히 나타냄과, 자세히 풀이하여 의심을 제거함과, 비유하여 이해하게 함과, 일을 들어서 깨달음을 이루게 함과, 이익을 들어서 배우기를 권함이다.

네 번째, 그 뜻을 얻음도 또한 다섯이다. 큰 마음을 일으키게 함과, 진리를 관觀함과, 번뇌를 굴복시킴과, 자비로 중생을 구제함과, 부지런히 온갖 행行을 닦음이다.

三達其義亦五。謂略摽[1]網[2]要。廣釋除疑。譬喻令解。引事訂*成。擧益勸學。四得其意亦五。令發大心。觀眞理。伏煩惱。慈悲救物。勤修萬行。

---

1) ⓨ『華嚴經行願品疏鈔』에는 '摽'가 '標'로 되어 있다. 번역에서는 '標'로 바꾸었다 2) ⓦ 을본에는 '網'이 '綱'으로 되어 있다. ⓨ 高에는 '綱'으로 되어 있으며『華嚴經行願品疏鈔』에는 '綱'으로 되어 있다. 번역에서는 '綱'으로 바꾸었다.

다섯 번째, 그 행行을 닦음에 스스로 다섯 종류가 있다.

첫째, 들은 바 법을 행行함이 몸과 마음에 있어서 일찍이 잠시도 쉬지 않는 것이다. 둘째, 앞의 네 문을 지나면서 차례로 수승한 마음을 일으키는 것이다. 앞의 (첫 번째) 글로 된 가르침에 대해서 만나기 어렵다는 생각을 일으킨다. 앞의 (두 번째) 일의 모습에 대해서 존중하는 마음을 일으켜 부처님을 만나 뵙기 어렵다고 찬탄하며 자기가 복이 적음을 근심한다. 앞의 (세 번째) 뜻과 이법에 대해서는 좋아하고 즐거워하는 마음을 일으킨다. 앞의 (네 번째) 의지에 대해서는 슬픔과 기쁨이 번갈아 모인다.

五修[1]其行。自有五種。一於所聞法。[2] 行在身心。未曾暫息。二歷前四門次[3]起勝心。於前文教。起難遭想。於前事相。起尊重心。嘆[4]佛難逢。傷己[5]薄祜。於前義理。起愛樂心。於前意旨。悲喜交集。

1) (역) 『華嚴經行願品疏鈔』에는 '修'가 '順'으로 되어 있다. 2) (역) 『華嚴經行願品疏鈔』에는 '所聞法'이 '前四門法'으로 되어 있다. 3) (역) 『華嚴經行願品疏鈔』에는 '次'가 '以'로 되어 있다. 4) (역) 『華嚴經行願品疏鈔』에는 '嘆'이 '念'으로 되어 있다. 5) (역) 『華嚴經行願品疏鈔』에는 '己'가 '已'로 되어 있다.

셋째, 바른 법을 받아 지니는 것이다. 말하자면 (앞의) 글로 된 가르침에 대해 서사하여 유통시키고 그 일의 모습을 그림으로 그려서 부처님의 법회를 나타내고 뜻의 취지를 간략히 취하여 행行하는 사람에게 자세히 보여준다. 넷째, 자신의 행行을 증장하는 것이다. 착한 벗을 가까이하며 생각을 집중하여 사유한다. 다섯째, 걸림 없는 행行을 이루는 것이다. 말하자면 뜻을 얻어 말을 잊기 때문에 (가르침을) 고수할 수 없으며, 말을 잊음이 가르침을 말미암기 때문에 (가르침을) 버릴 수 없다. 이런 까닭에 가르침에 대해 고수함도 없고 버림도 없는 행行을 낸다.

三受持正法。謂於文[1]敎。繕[2]寫流通。圖畫[3]事[4]相。表佛法會。撮略義趣。[5] 曲示行人。四自行增長。[6] 爲親[7]善友。繫念思惟。五成無㝵行。謂得旨忘詮故不可守。忘[8]詮由敎故不可捨。是故。於敎生無守無捨行。

1) (역) 『華嚴經行願品疏鈔』에는 '文' 앞에 '前'이 있다. 2) (역) 『華嚴經行願品疏鈔』에는 '繕'이 '書'로 되어 있다. 번역에서는 '書'로 바꾸었다. 3) (원) 을본에는 '畫'가 '盡'으로 되어 있다. (역) [高]에는 '[illegible]'으로 되어 있으며 『華嚴經行願品疏鈔』에는 '畫'로 되어 있다. 4) (역) 『華嚴經行願品疏鈔』에는 '事'가 '形'으로 되어 있다. 5) (역) 『華嚴經行願品疏鈔』에는 '義趣'가 '意旨'로 되어 있다. 6) (역) 『華嚴經行願品疏鈔』에는 '長'이 없다. 7) (역) 『華嚴經行願品疏鈔』에는 '親' 다음에 '近'이 있다. 8) (원) 을본에는 '忘'이 '志'로 되어 있다.

지금 여기에 비록 열 가지를 열었지만, 법의 행行은 다만 뭇 연緣이 도와 이루고 바른 행(正)과 돕는 행(助)이 서로 겸한 것이니 총괄하여 받아 지녀 닦아 익힘이라고 한다. 이것을 온전히 의거하는 자는 인因을 원만하게 하였다고 할 만하니, 부지런히 닦아서 물러나지 아니하여 모두 원만한 과보를 증득한다. (부처님의) 가르침으로부터 (지금의) 당唐에 이르기까지 고금에 법에 의거하여 배움을 닦아서 신령스러운 상서로움을 통감한 것은 그 부류가 실로 많으니 갖추어서 『화엄경전기華嚴經傳記』와 『찬영기纂靈記』[149]에 설한 바와 같다.

今此雖開爲十。法行但是。衆緣資成。正助相兼。摠曰受持修習。全依此者。可謂圓因。勤修不退。皆訂*滿果。自教至唐。[1] 古今有依法修學。[2] 通感靈瑞。[3] 其類實繁。具如花嚴傳[4]及纂靈記[5]所說。

1) ㉮ 『華嚴經行願品疏鈔』에는 '唐' 앞에 '大'가 있다. 2) ㉮ 『華嚴經行願品疏鈔』에는 '學' 다음에 '者'가 있다. 3) ㉮ 『華嚴經行願品疏鈔』에는 '通感靈瑞'가

149 『華嚴經傳記』와 『纂靈記』 : 이 두 문헌의 관계에 대해서는 예로부터 이견이 있어 왔다. 최치원의 『법장화상전』(T50, 283a3~8)에는 법장의 저술로 『화엄경전기』 5권을 들고 있는데 이를 '찬영기'라고도 하며 법장이 스스로 마치지 못하여 그의 제자 혜원慧苑과 혜영慧英이 마쳤다고 전한다. 이에 따르면 『화엄경전기』와 『찬영기』는 같은 책으로서 다른 이름일 뿐이다. 그러나 의천의 『신편제종교장총록』(T55, 1167c12~14)에는 법장의 저술로 『화엄경전기』 5권을 소개하면서 동시에 그의 제자 혜원慧苑의 저술로서 『찬영기』 5권을 별도로 기록하고 있다. 또한 시기상 앞의 두 기록보다 앞서는 이곳의 인용문, 즉 종밀의 『화엄경행원품소초』에서는 『화엄경전기』 5권과 『찬영기』 2권을 다른 책으로 들고 있다. 따라서 이 두 자료에 따르면 『화엄경전기』와 『찬영기』는 서로 다른 저술로 생각된다. 한편 화엄 관련 문헌에 『화엄경전기』 혹은 『찬영기』로 인용되는 내용을 현존하는 『화엄경전기』에서 확인하여 보면 『찬영기』로 인용되는 상당 부분이 현존 『화엄경전기』에서 찾아지지만 일부의 경우 현존 『화엄경전기』에 없는 경우가 있다. 종밀의 『大方廣圓覺修多羅了義經略疏』에 '찬영기'로 인용되는 부분(T39, 528b29~c1)이 그러하며 또한 최치원의 『법장화상전』에서도 『찬영기』를 인용하여 법장의 전기를 서경西京(長安) 화엄사華嚴寺 승려 천리千里가 지었다는 내용을 전한다. 이 구절은 현존 『화엄경전기』에 없을 뿐만 아니라 내용상으로도 법장이 지은 문헌에 있을 수 있는 내용이 아니다.

이상의 내용을 종합하면 법장이 저술하다 마치지 못한 『화엄경전기』의 원형과 후에 혜원과 혜영이 끝마친 『화엄경전기』의 보완본의 두 종류가 있는데 이를 시대와 사람에 따라서 『화엄경전기』와 『찬영기』라는 두 이름으로 구분하거나 구분하지 않고 사용하여 혼란이 생긴 것으로 추정된다.

'靈通感瑞'로 되어 있다. 4) ⑲『華嚴經行願品疏鈔』에는 '傳' 다음에 '五卷'이 있다. 5) ⑲『華嚴經行願品疏鈔』에는 '記' 다음에 '兩卷'이 있다.

법계도기총수록 하권 2

法界圖記叢髓錄卷下之二

옮긴이의 말

『법계도기총수록』의 역주본을 문광부로부터 지원받는 동국대학교 불교학술원 ABC사업의 결과물로 출간하게 되어 먼저 인연 깊은 모든 분들께 감사의 말씀을 올린다.

역주자가 『법계도기총수록』을 처음 접한 것은 1990년에 취득한 박사학위 논문을 준비하면서부터였다. 『일승법계도』(668)와 그 주석서에 보이는 의상(625~702)의 화엄성기사상을 살피고자 함에 있어서, 『일승법계도』에 대한 신라시대의 세 주석서인 『대기』·『법융기』·『진수기』와 그 이해를 돕기 위해 인용한 화엄 전적을 『일승법계도』와 합해 고려시대에 편찬된 『법계도기총수록』은 너무나 중요한 화엄 전적이었다. 이 책은 편찬자를 정확히 알 수 없으나 1254년경 『고려대장경』 보유판에 입장되어 오늘날까지 전해져 왔다.

『법계도기총수록』은 해동화엄의 초조인 의상의 화엄세계를 전승하고 발달시킨 의상계 화엄사상을 잘 알 수 있게 한다. 바로 우리들의 본래세계인 법계에 되돌아가는 길을, 서로의 관계 속에서 펼치는 연기의 방편을 포섭하여, 예부터 부처인 자신의 모습을 그대로 드러내는 법성성기로 잘 제시하고 있다. 뿐만 아니라 의상과 직제자들이 문답한 내용과 그 법손들에게 전승되는 모습도 많이 보여주고 있어서, 한국 화엄의 사자상승 전통을 엿볼 수 있는 드물고 귀한 자료라 할 수 있다.

그래서 10여 년 전부터 『일승법계도』와 『법계도기총수록』을 대학원 석·박사 수업시간에 교재로 사용하여 수차례 강의해 왔다. 그러다가 역경원으로부터 번역 제의를 받은 적이 있었으나 연구년을 맞아 외국에 나갈 즈음이었으므로 사양하였고, 다시 몇 년 전 『한국불교전서』 역주사업단으로부터 『법계도기총수록』의 재번역을 의뢰받아서 이제야 역주본을 출간하게 되었다.

이제 『법계도기총수록』의 역주본을 출간함에 있어서 『일승법계도』 원문 부분의 주석은 역주자인 본인이 팀장이 되어 역주하고, 대한불교조계종 한국전통사상서 간행위원회에서 간행한(2010) 『정선 화엄 Ⅰ』의 각주를 참고해 주시도록 다소 불편을 끼친 점에 대해서 이 책을 읽게 될 독자들에게 양해를 구한다.

그리고 이 책이 나오기까지 도움 받은 모든 분들에게 다시 한번 감사드린다. 특히 박보람 박사는 『법계도기총수록』 이본의 교감을 비롯하여 역주본을 내는 데 전체적으로 노고가 많았다. 박보람 박사와 함께 교열·윤문을 맡아 세밀하게 교정해 준 박인석 박사에게도 감사드린다. 또한 동국대 불교학술원 원장님을 비롯해 동국대출판부 관계자 여러분들에게도 고마움을 전한다.

끝으로 『법계도기총수록』을 만날 수 있었던 인연에 감읍하고, 그 정점에 계시는 의상 스님과 법손들에게 합장하고 공경의 예를 올리면서 역자 후기를 마친다.

나무 시아본사 석가모니불!

2014년 6월

해주

찾아보기

ㄱ

ㄴ

ㄷ

ㅁ

ㅂ

ㅅ

ㅈ

『법계도기총수록法界圖記叢髓錄』은 1254년 전후에 조판된 『고려대장경』 보유판에 입장되었는데, 편찬자의 이름이 적혀 있지 않고 관련 기록도 전해지지 않는다. 이 책은 의상(625~702)의 『일승법계도』와 그에 대한 신라 삼대기(『대기』·『법융기』·『진수기』), 그리고 여타 인용문들로 구성되어 있고, 편찬자 자신의 해석은 보이지 않는다. 인용문에 균여(923~973)의 저술도 보이므로 균여 이후 보유판에 입장되기 이전 의상계 화엄가에 의해 편찬된 것으로 보인다.

옮긴이 해주

호거산 운문사로 출가하고, 계룡산 동학사 전문강원을 졸업한 후, 동국대학교 불교대학과 동 대학원 석·박사 과정을 마치고 철학박사학위를 받았다. 불교학연구회 제1대·제2대 회장, 한국불교학회 법인이사, 대한불교조계종 제11대·제12대 중앙종회의원을 역임하였으며, 현재 동국대학교 불교학부 교수, 학교법인승가학원 이사, 수미정사 주지이다. 저서로 『의상화엄사상사연구』, 『화엄의 세계』 등이 있고, 번역서로 『정선 원효』, 『정선 화엄 1』, 『정선 지눌』 등 다수가 있다.

교열 및 윤문

박보람(동국대학교 불교학과 강사)

박인석(동국대학교 불교학술원 조교수)